I0824517

MEDIOEVI
Monumenta

Collana diretta da Paolo Borsa e Roberto Tagliani

1

La collana «Medioevi» prende vita da un'idea di Paolo Borsa e Roberto Tagliani e dalla disponibilità dell'editore Nicola Cavalli per Ledizioni. Si compone di due sezioni: la prima – Monumenta *– si pone l'obiettivo di riproporre al pubblico degli studiosi e all'attenzione delle biblioteche alcune tra le opere più rilevanti della medievistica letteraria, filologica e linguistica d'area romanza, italiana e latina: strumenti, saggi, edizioni di testi tuttora fondamentali nel panorama scientifico – pur nell'avanzare dei progressi delle produzioni scientifiche di settore – ma ormai di difficile reperibilità sul mercato librario.*

Accanto a questo, la sezione Novissima *si propone come sede editoriale moderna e dinamica, disponibile a ospitare e promuovere lavori di valore, nella convinzione che sia utile offrire alla comunità degli studiosi una pluralità d'occasioni di confronto e di diffusione del sapere scientifico negli ambiti disciplinari cui la collana è dedicata, favorendo l'incontro tra le diverse generazioni di ricercatori che, a vario titolo, operano nel mondo accademico e della saggistica specializzata.*

Bibliographie der Troubadours

von
Dr. Alfred Pillet

ergänzt, weitergeführt und herausgegeben von
Dr. Henry Carstens

Ristampa anastatica dell'edizione Halle (Saale),
Max Niemeyer Verlag, 1933, a cura di
Paolo Borsa e Roberto Tagliani

con una presentazione di
Maria Luisa Meneghetti

e un aggiornamento del *corpus* testimoniale di
Stefano Resconi

ISBN 978-88-95994-64-2

© 2013

Ledizioni – LEDIpublishing
Via Alamanni, 11
20141 Milano, Italia
www.ledizioni.it

Presentazione

di Maria Luisa Meneghetti

«Les provençalistes sont gens heureux» scriveva Charles Samaran, fornendo, nella prima annata da lui diretta della "Bibliothèque de l'École des Chartes" (96, 1935), una breve notizia della *Bibliographie des manuscrits littéraires en ancien provençal* di Clovis Brunel, ancora fresca di stampa. E spiegava le ragioni di questa fortuna: «Leur domaine est vaste, mais non démesuré. Ils peuvent, sans tomber dans le découragement, en dénombrer les richesses; ils peuvent aussi revenir de temps en temps sur les répertoires existants pour les améliorer encore» (p. 157).

La situazione che Samaran aveva sotto gli occhi era certo eccezionale, dato che, nel giro di un paio d'anni, ben due repertori di grande impegno avevano rinnovato e accresciuto il benemerito *Grundriss zur Geschichte der provenzalischen Literatur* di Karl Bartsch (1872): la più generalista *Bibliographie* di Brunel, che offriva un catalogo completo di tutti i manoscritti o frammenti di manoscritti latori di testi provenzali – lirici e non lirici –, era stata infatti preceduta (1933) dall'altrettanto completa (per l'epoca) *Bibliographie der Troubadours* correntemente ascritta ad Alfred Pillet e Henry Carstens.

Uscita ad Halle cinque anni dopo la scomparsa di Pillet, suo ideatore e sostanziale autore, per le cure dell'allievo Carstens, la *Bibliographie der Troubadours* (*BdT*) ha rappresentato per generazioni di provenzalisti uno strumento di lavoro irrinunciabile. Pur trovando il suo modello anche formale nel pionieristico *Alphabetisches Verzeichnis der lyrichen Dichter*, che occupava più della metà del *Grundriss* di Bartsch ed elencava, per ogni testo di ciascun trovatore, testimoni manoscritti ed edizioni, la *BdT* non ha solo provveduto al necessario aggiornamento – basti ricordare che diversi importanti canzonieri, tra cui **J**, il catalano **Sg** ed **a**[1] (seconda parte della copia cinquecentesca del perduto canzoniere di Bernart Amoros) erano sconosciuti a Bartsch –, ma ha anche rivelato un interesse per la fisionomia delle singole testimonianze – penso, in proposito, alla registrazione delle attribuzioni discordanti o alla valorizzazione delle varianti incipitarie –, che all'epoca (siamo agli albori del bédierismo) doveva apparire poco usuale anche alla maggior parte dei provenzalisti.

Della dichiarazione di Samaran riportata più sopra merita però di essere messo in evidenza soprattutto il passo finale, i cui contenuti possiamo ancora pienamente sottoscrivere: i provenzalisti sono fortunati (anche) perché i grandi repertori del passato non sono soltanto dei monumenti degni di rispetto, ma restano fruibili, dato che il metodo su cui si sono fondati mantiene tuttora la sua validità e produttività. In effetti, per le ricerche bibliografiche relative alla tradizione trobadorica disponiamo oggi di uno strumento elettronico duttile e ricco di potenzialità performative come la *Bibliografia elettronica dei Trovatori* (*BEdT*), concepita e diretta da Stefano Asperti, che consente di acquisire non solo i dati della *BdT*, ma anche dati che la *BdT* ignorava (a partire dallo schema metrico dei diversi componimenti), e di acquisirli attraverso i percorsi più diversi (per testi e per autori, ovviamente, ma anche per epoche, per testimoni manoscritti, per generi, e, appunto, per schemi metrici); in più, come tutte le moderne banche dati informatizzate, la *BEdT* può essere aggiornata in tempo reale, in particolare per quanto attiene alla bibliografia secondaria: una possibilità che naturalmente presuppone risorse umane ed economiche adeguate, purtroppo non sempre disponibili. Però nucleo fondamentale del moderno repertorio *on line* resta sempre il vecchio repertorio dato alle stampe nel 1933: si tratta di quella bibliografia primaria, relativa tanto ai prodotti appartenenti agli oltre 450 trovatori di cui ci sono stati conservati i nomi quanto ai prodotti pervenutici in forma anonima, cui ogni studioso ricorre al momento di formarsi una rapida idea sulla tradizione di un determinato *corpus* autoriale o di un singolo testo.

Proprio la sostanziale fruibilità che la bibliografia primaria della *BdT*, ove debitamente aggiornata, mantiene tuttora ha suggerito di procedere alla ristampa anastatica che qui si presenta, e che ha il merito di rimettere in circolazione un volume da tempo fuori commercio corredandolo di un'appendice d'aggiornamento, allestita da Stefano Resconi, che tiene conto di tutti i testimoni manoscritti (perlopiù frammentari) non ancora noti a Pillet e Carstens.

Questa ristampa ha anche un suo peculiare valore simbolico, dal momento che l'originale dal quale è stata prodotta è appartenuto a Rita Lejeune (1906-2009), per molti anni professore all'Università di Liegi e figura di grandissimo rilievo nella provenzalistica moderna. L'esemplare, molto ben conservato, reca comunque alcune notevoli tracce d'uso, di cui fornisco qui sommaria notizia.

Il *terminus post quem* di queste tracce dev'essere naturalmente indicato nel 1937, data che accompagna la firma della proprietaria sul frontespizio del volume: un volume, si può dunque arguire, acquistato non all'epoca del giovanile soggiorno parigino (conclusosi proprio nel 1933, anno di pubblicazione della *BdT*), durante il quale sono soprattutto le indagini su Jean Renart romanziere ad occupare la studiosa, bensì poco prima della sua partenza da Liegi per Tolosa, dove una borsa di studio le permetterà di approfondire, negli anni drammatici della guerra, lo studio dell'antica letteratura provenzale sotto la guida di Joseph Salvat.

Il volume, come ho già accennato, mostra pochi ma significativi indizi degli interessi della sua antica proprietaria. Per cominciare, un foglietto autografo rimasto al suo interno registra alcuni *items* bibliografici relativi al trovatore Cerverí de Girona (a partire dall'edizione diplomatica del manoscritto **Sg**, latore di un'ampia porzione della sua opera, curata da Francesco Ugolini), *items* tutti posteriori all'uscita della *Bibliographie* ma pubblicati nell'arco cronologico che va dal 1936 al 1939. A una sicura attenzione per Cerverí rinviano anche alcuni segni (piccole croci, croci decussate o trattini, quasi sempre orizzontali, a matita rossa o a penna nera) posti accanto a diversi *incipit* dei testi del poeta ordinati nel *Reimregister* della *BdT* (pp. 441-518); non mi sembra però possibile identificare un unico disegno dietro queste procedure selettive, che hanno del resto l'aria di essere state condotte in momenti diversi e probabilmente anche con diverse finalità: ad esempio le crocette nere, talora accompagnate da una P maiuscola, evidenziano sì gli *incipit* delle pastorelle di Cerverí, ma anche gli *incipit* di tutti o quasi i componimenti dello stesso genere attribuibili ad altri trovatori o tramandati in forma anonima. Solo nel caso del *Vers de Tristayn* (434a, 64) possiamo forse datare con una qualche approssimazione la *mise en relief*, in questo caso doppia – al lungo tratto orizzontale a penna nera che ne evidenzia l'*incipit* nel rimario fa in effetti riscontro una grossa riga verticale (a matita nera) tracciata nella bibliografia vera e propria, *ad locum* (p. 392) –, collegandola al periodo, a cavallo tra anni Cinquanta e Sessanta, in cui la Lejeune si interessa alla circolazione della leggenda tristaniana nella cultura francese meridionale.

In non molti altri casi sembra possibile operare analoghe connessioni. Uno riguarda sicuramente, a p. 257, l'evidenziazione, tramite una doppia lineetta verticale d'inchiostro nero, degli estremi bibliografici dell'articolo di un erudito guascone, Stanislas Mondon, intitolato *D'où était originaire Marcabru Panperdut, troubadour gascon du XIIe siècle?* Il titolo, quantomeno, deve aver attirato la Lejeune al momento dell'elaborazione del saggio su *Le chien Pan-perdu e le chat Marcabrun de Frédéric Mistral*, pubblicato nel 1971, benché poi, nel saggio stesso, il contributo di Mondon non risulti citato. Anche l'attenzione per la tradizione manoscritta di una composizione di Richart de Berbezill[1], *Atressi cum Persavaus* (a p. 381 le sigle della maggior parte dei suoi testimoni vengono cerchiate in nero), potrebbe rinviare al già ricordato periodo delle indagini sulle conoscenze trobadoriche di materia bretone, periodo che oltre a tutto coincide con quello delle ricerche sulla datazione dell'opera dello stesso Richart. Da notare, infine, l'attenzione per il genere *ensenhamen* e, più nello specifico, per *Fadet joglar*, opera di Guiraut de Calanson. *Ad locum* (p. 217) viene aggiornata l'indicazione della testimonianza del ms. **R** (la *BdT*, seguita dalla *BEdT*, segue sempre la numerazione antica del codice, per cui l'attuale carta 135*r* appare come 136)[2]; nel *Reimregister* (p. 476) un tratto verticale collega due testi (rispettivamente, il *sirventes joglaresc* di Raimon de Miraval *Forniers, per mon enseignamens* e *La grans beutatz e·l fis enseignamens*, celebre componimento di Arnaut de Maruelh), i cui *incipit* espongono il rimante *ensenhamens*. È molto probabile che l'interesse per il termine, per il suo referente concreto e per il testo di Guiraut de Calanson risalgano agli anni Sessanta, cioè al periodo in cui François Pirot preparava,

[1] Qui e più oltre tanto i nomi dei trovatori quanto gli *incipit* delle loro composizioni sono citati secondo le grafie proposte dalla *BdT*.

[2] Lejeune corregge anche l'indicazione relativa alla testimonianza del ms. R dell'epistola metrica *Amics seigner, no·us o cal dir* di Guillem de Berguedan nonché del *salut d'amor* attribuito a Raimon de Miraval (*Dona, la genser c'om demanda*) che si trovano nella stessa carta 135*r* contenente il testo di *Fadet joglar*.

sotto la direzione della Lejeune, la sua tesi dottorale dedicata ai *sirventes-ensenhamens* di Guerau de Cabreira, Guiraut de Calanson e Bertran de Paris[3].

Ma la maggior parte dei segni d'uso della *BdT*, concentrati soprattutto nel *Reimregister*, sembrano piuttosto far intravedere ricerche in embrione o spunti per ricerche mai, a quanto mi consta, pubblicate: oltre all'attenzione per Cerverí de Girona e al già ricordato inventario delle pastorelle, citerei a questo proposito la segnalazione-spoglio (mediante una crocetta a matita rossa) degli *incipit* che si aprono con l'avverbio *Ara*/*Ar*; e ancora quella (mediante trattino orizzontale rosso) degli esordi metalirici che forniscono etichette tipologico-testuali (*vers*, *so*, *sonet*, *mig vers*, *mig sirventes*, *lais*...); o infine, nella sezione degli *Anonyma* (461), il risalto dato (col sistema della croce decussata rossa) a prodotti fortemente legati alla componente musicale, come le *baladas*, gli *acortz*, i *descortz*, le *dansas*, le *albas*, i mottetti.

Tracce della curiosità inesausta di una grande studiosa, ma anche delle potenzialità euristiche che un "vecchio" strumento ancora conserva.

[3] Alle pp. 30-38 delle *Recherches sur les connaissances littéraires des troubadours occitans et catalans des XIIe et XIIIe siècles*, Barcelona 1972, Pirot fornisce in effetti un censimento e uno studio tipologico degli *ensenhamens* provenzali. Da notare pure che due studi della stessa Lejeune (del 1959 e del 1966) riguardano rispettivamente la data dell'*ensenhamen* di Arnaut-Guilhem de Marsan e la struttura metrica di quello di Guerau de Cabreira.

Aggiornamento del corpus *testimoniale della BdT*

a cura di Stefano Resconi

1. Premessa

La pubblicazione della *Bibliographie der Troubadours (BdT)* di Pillet e Carstens, avvenuta nel 1933 per i tipi di Niemeyer, va certamente annoverata tra i momenti decisivi per gli sviluppi della moderna provenzalistica: essa si costituì immediatamente quale imprescindibile punto di riferimento per gli studiosi, offrendo in particolare una salda guida nel graduale processo di edizione critica dei singoli *corpora* d'autore, e, per via delle modalità della sua organizzazione interna, lasciò una forte impronta nelle forme dell'approccio stesso alla materia.[4] La grande opera sistematizzatrice dei due filologi tedeschi affonda naturalmente le sue radici nei pionieristici lavori di Bartsch e Jeanroy, oltre che nello stato delle conoscenze del periodo in cui fu redatta; non stupisce dunque che, una trentina d'anni dopo, István Frank, pur fondandosi proficuamente proprio sulla *BdT* per

[4] Su questo aspetto, con particolare attenzione per un problema decisamente spinoso in ambito trobadorico come quello delle attribuzioni discordanti, cfr. ASPERTI 1992 e PULSONI 2001, soprattutto alle pp. 3-7.

redigere il suo *Répertoire métrique*, ne notasse un certo numero di incongruenze e mancanze: componimenti non riconosciuti o indicizzati più volte per ragioni materiali, contraddittorietà nella repertoriazione dei testi non lirici, *coblas triadas* individuate come *esparsas* anonime e come tali classificate, e così via.[5] Oggi la *Bibliografia Elettronica dei Trovatori (BedT)* offre a chi la consulti nell'Interrete una versione della *BdT* che, pur rispettosa della struttura del repertorio originario (a riprova della sua efficacia), è stata attentamente rivista alla luce del progresso degli studi critici, della disponibilità di un sempre più nutrito *corpus* di testi éditi scientificamente, della prolifica interrelazione con altri strumenti (a partire proprio dal *Répertoire* di Frank), e, soprattutto, della possibilità di verificare i dati ricorrendo alla ricognizione diretta dei manoscritti o di loro riproduzioni.[6] Questo tipo di fondamentale revisione, che si traduce talvolta anche in modifiche nell'attribuzione del numero identificativo di alcuni *items*, riguarda comunque un numero relativamente ridotto di testi, così che l'impianto originario della *BdT* risulta ancora a tutt'oggi ben saldo, oltre che di eccezionale valore per chi voglia ripercorrere la storia degli studi provenzali. In questa sede sarebbe dunque inutile elencare tali sviste, facilmente rilevabili consultando uno strumento oggi indispensabile come la *BEdT*; più significativo mi pare invece il tentativo di tracciare un quadro dell'espansione del *corpus* testimoniale trobadorico alla luce dei ritrovamenti che, dopo la pubblicazione della *BdT*, hanno permesso non solo di accrescere il

[5] Cfr. FRANK 1966, alle pp. XIX-XXIX.

[6] La *BEdT* (direzione scientifica di Stefano Asperti; direzione informatica di Luca De Nigro), è consultabile in Internet all'indirizzo www.bedt.it; sulla sua natura e le sue finalità cfr. ASPERTI-ZINELLI 2000. Il non secondario rilievo che i dati emersi nel corso della revisione della *BdT* in vista dell'allestimento della *BEdT* possono ricoprire nello studio di singoli testi è ben esemplificato da ASPERTI 2009.

novero dei latori, ma anche di integrare il repertorio lirico provenzale con testi prima sconosciuti.[7]

In queste pagine descriverò dunque sinteticamente, oltre ai pochi casi di testimoni sfuggiti a Pillet e Carstens, i ritrovamenti avvenuti negli anni successivi alla pubblicazione della *BdT* che trasmettono testi compatibili con l'arco cronologico in essa contemplato,[8] escludendo però la tradizione indiretta e i *descripti*;[9] i dati verranno poi organizzati in forma di tavola, in modo da permetterne la facile integrazione nel *corpus* originario. Nel preparare l'aggiornamento ho tenuto conto, oltre che dei testi lirici, anche di quelli scritti in metri narrativi di cui siano autori trovatori,[10] nonché di *vidas* e *razos*, prose legate alle poesie trobadoriche da uno strettissimo rapporto di tipo paratestuale.

Anche la semplice osservazione del materiale qui repertoriato può permettere di formulare qualche osservazione epidermica sulla

[7] Questo lavoro viene così a integrare e aggiornare il repertorio bibliografico parziale approntato, con finalità diverse dalle nostre, da VATTERONI 1996.

[8] Vale a dire entro il XIII secolo, dunque, tradizionalmente, fino all'opera di Guiraut Riquier. Resta così esclusa la successiva produzione autoctona (per la quale cfr. ZUFFEREY 1981), oltre a quella degli autori catalani (riguardo ai quali è ancora utile il classico quadro d'insieme di JEANROY 1941). Non possono inoltre rientrare nella casistica neppure i tre interessanti testi rinvenuti da UGOLINI 1932.

[9] Così, ad esempio, non ho inserito nella tavola di complemento quei componimenti che $\mathbf{M}^{h2}$ ha tratto da un apografo di **M**, oppure i contenuti del canzoniere di Béziers (sul quale cfr. BRUNEL-LOBRICHON 1987), *descriptus* di **I**.

[10] Come già accennato, Pillet e Carstens riservano a questi testi un trattamento spesso incoerente: in un buon numero di occorrenze la loro esistenza viene segnalata alla fine della scheda dedicata ai rispettivi autori, ma, oltre a essere privi del numero identificativo, spesso sono sprovvisti dell'indicazione relativa ai testimoni manoscritti.

natura dei ritrovamenti che nel corso degli ultimi dece,nni hanno accresciuto il bacino testimoniale della poesia provenzale. Notiamo innanzitutto che, a parte la fortunata eccezione di **M**^{h2} (e, almeno dal punto di vista tipologico, del canzoniere di Béziers), non sono state rinvenute sillogi precedentemente sconosciute o loro copie: i ritrovamenti successivi alla pubblicazione della *BdT* sono invece costituiti solo da fogli isolati o porzioni di fascicoli riutilizzati già anticamente nella legatura di altri codici, oppure da scritture avventizie.

Dal punto di vista geografico, la netta predominanza delle neoacquisizioni di origine italiana si inserisce pienamente nelle direttrici spaziali note della tradizione manoscritta trobadorica, che vedono proprio nell'Italia – e nel Veneto in particolare – il loro centro di irradiazione primario.[11] Cospicuo si rivela però anche l'apporto di frammenti di materiali circolanti in Catalogna, una regione nella quale è stato compilato un numero relativamente ridotto di canzonieri provenzali, più tardi rispetto a quelli italiani o propriamente occitanici, allestiti con l'intento di istituire un canone in grado di garantire una continuità tra la lirica trobadorica 'classica' e quella coltivata dai poeti catalani del Trecento (si pensi in particolare a **Sg** o a **Ve.Ag.**). Si potrà spiegare tenendo conto proprio di tale contingenza anche la datazione più bassa che caratterizza alcuni di questi ritrovamenti iberici, a dimostrazione della vitalità che contraddistingue la tradizione lirica in lingua d'*oc* in quest'area. Le testimonianze italiane si collocano, invece, soprattutto nella stessa fascia cronologica nella quale furono esemplati anche i grandi canzonieri provenzali della Penisola (XIII*ex.*-XIV*ex.*), a ulteriore riprova della progressiva diminuzione dell'interesse suscitato dalla poesia occitanica in ambienti che, nel corso del Trecento, rivolgeranno la loro attenzione piuttosto alla liri-

[11] I motivi di questa contingenza apparentemente anomala sono ormai ben conosciuti: basti in questa sede il rinvio al classico FOLENA 1976.

ca toscana e poi alla riscoperta umanistica della tradizione classica. I prodromi di questa tendenza si possono forse già individuare in testimonianze più antiche: il ritrovamento dei lacerti di florilegio **C**^{m} e **M**^{i}, entrambi italiani, attesta infatti una volta di più che in quest'area, negli ultimi decenni del Duecento, parte della ricezione trobadorica stava già realizzando le forme di una scolastica e semplificata ipostatizzazione etico-stilistica.

Solo due dei ritrovamenti qui catalogati, tra l'altro ben diversi fra loro, sono provvisti di notazione neumatica: si tratta del noto *planh* per la morte di Giovanni di Cucagna e dei quattro componimenti di Sant Joan de les Abadesses. Il primo episodio risulta significativo soprattutto per due motivi: innanzitutto, esso ci permette, insieme a pochi altri casi affini in ambito romanzo, di farci un'idea di come dovesse effettivamente essere un *Liederblatt*, contribuendo dunque a sostenere empiricamente la teoria gröberiana relativa alle diverse fasi della genesi dei canzonieri.[12] In secondo luogo, questo lacerto mostra chiaramente la vitalità, in Italia nordorientale, delle forme tradizionali della ricezione antica della poesia trobadorica legate alla *performance* esattamente negli stessi anni nei quali venivano allestite le grandi raccolte liriche venete, organizzate al loro interno sulla base di criteri che rimandano a una fruizione dei materiali piuttosto libresca che performativa. Alla luce di ciò risulta ancor più chiaro che l'operazione di progressiva sistematizzazione del canone messa in atto in quest'area, cominciata perlomeno con il soggiorno italiano di Uc de Saint Circ e poi continuata verso la metà del secolo con la compilazione delle fonti poi confluite, riordinate e integrate nei canzonieri che conserviamo, cerca di interpretare e cristallizzare un repertorio ancora vitale, fruibile e in fase di continua trasforma-

[12] Per un quadro generale relativo a questo ordine di problemi, con riferimenti bibliografici puntuali, cfr. AVALLE-LEONARDI 1993, alle pp. 61-63.

zione. Il caso catalano sembra invece suggerire una situazione completamente diversa: la presenza della notazione messina d' accompagnamento per i quattro testi in questione, copiati negli spazi lasciati bianchi in un documento notarile, si potrà probabilmente spiegare tenendo conto sia della spiccatissima simbiosi del loro genere lirico d'appartenenza con la musica (si tratta infatti di *dansas*), sia della natura estemporanea della loro fissazione per iscritto, probabilmente non disgiunta dalla *performance* occasionale di un giullare di passaggio. La diffusione di queste forme non auliche di poesia per musica, di derivazione chiaramente oitanica, non manca comunque di interessare anche l'Italia settentrionale: lo dimostra ad esempio, insieme ad altri episodi che riguardano testi in volgare italiano, la trascrizione di una *dansa* provenzale nel manoscritto Paris, B.N.F., n.a. fr. 7516, vergata come aggiunta nelle carte finali di un manoscritto del *Partenopeus de Blois*, evidenziando così anche materialmente la marginalità di questa tipologia testuale nel sistema dei generi lirici.

Un'ultima annotazione riguarda invece *vidas* e *razos*, che ritroviamo solo nel frammento dell'Aia: la loro disposizione nei confronti dei referenti lirici, dei quali costituiscono un apparato paratestuale in senso proprio, è riconducibile al secondo dei modelli di rapporto tra *vidas*/*razos* e poesie individuati da Stefano Cingolani, nel quale si «pone l'accento soprattutto sulle coordinate biografiche dell'opera cristallizzando la forma del *Liederbuch* postumo».[13] Il reperto va in effetti a incrementare il già nutrito *corpus* di prose dedicate a Bertran de Born; più precisamente, la vicinanza stemmatica (oltre che strutturale) dei testi a tradizione pluritestimoniale tràditi da $\mathbf{m}^2$ al nucleo costituito da **F** + **I K** permette di riconoscere in questo frammento

[13] CINGOLANI 1988, a p. 114.

un importante testimone del cosiddetto *libre* di Bertran, che ne risulta arricchito anche di alcuni *unica*.[14]

I ritrovamenti successivi alla pubblicazione della *BdT* lasciano dunque intravedere le tracce di una tradizione sommersa e frammentaria in fase di costante emersione, che resta ancora in gran parte da studiare nella rete dei suoi rapporti tipologici e stemmatici con il '*corpus* principale' dei grandi canzonieri sistematizzato da Pillet e Carstens.

2. Schede descrittivo-bibliografiche relative ai ritrovamenti successivi alla pubblicazione della BdT

AVVERTENZE PER LA LETTURA DELLE SCHEDE: l'asterisco (*) indica lo studio, comprensivo di trascrizione diplomatica e/o tavola, che ho utilizzato come riferimento per compilare la tabella di complemento. Per indicare i diversi ritrovamenti ho fatto ricorso alle sigle coniate da chi li ha scoperti, o comunque da chi li ha studiati per primo, indicando, ove siano difformi, quali si ritrovano invece nella *BEdT* e/o in altre opere di larga consultazione; al fine di facilitare il rinvio tra la tavola e la descrizione dei manoscritti ho così inserito le nuove sigle **B^{o}**, **Civ**, **PL 753**, **SJA** e **V^{z}**. Il numero identificativo degli *items* sconosciuti alla *BdT*, oltre che di *vidas* e *razos*, è quello loro attribuito dalla *BEdT*.[15]

[14] Sul *libre* di Bertran de Born cfr. in particolare BERTOLUCCI PIZZORUSSO 1991 e MELIGA 2006.

[15] Si noti che, per quanto riguarda *vidas* e *razos*, la *BEdT* attribuisce il numero di repertorio richiamando o integrando opportunamente la numerazione alfanumerica adottata nell'edizione di riferimento di questi testi (BOUTIÈRE-SCHUTZ 1964).

Ambr - *Milano, Biblioteca Ambrosiana, D 55 sup.*

Il codice è, come noto, il più antico e autorevole testimone del *Roman de Troie* secondo l'ipotesi di *recensio* di Constans;[16] sulla carta 197*r*, facente parte di uno dei due binioni palinsesti aggiunti al termine del romanzo di Benoît de Sainte-Maure, una mano norditaliana della prima metà del XIII secolo verga la porzione iniziale di *BdT* 375,26. Cfr. GIANNINI 2002-2003, pp. 79-100 (soprattutto 90-93), e MARTORANO 2004* (con una diversa ipotesi relativa alla localizzazione della testimonianza).

b[c] - *Barcelona, Biblioteca de Catalunya, 10*

Si tratta del canzoniere catalano **K**, copiato in Catalogna nel XV*ex.* (cfr. MASSÓ TORRENTS 1932, a p. 15); al f. 147 è trascritta *BdT* 210,10b = 342b,1, di cui **b**[c] costituisce l'unico testimone noto.[17] Cfr. RIQUER 1971, II, pp. 9 e 267-268*.

B[o] - *Bologna, Archivio di Stato, Procuratori del Comune, busta 5, reg. 53 (1302)*

Si tratta di un foglio pergamenaceo utilizzato, nel 1302, quale coperta di atti variamente datati (1287, 1289, 1290 e 1293), segnalato da ANTONELLI-PEDRINI 2001, p. 28. Una mano coeva vi verga, oltre a numerose scritture latine, anche il verso *incipit*ario di ognuna delle cinque *coblas* nelle quali è articolata *BdT* 421,2, i primi due versi di *BdT* 29,17 e i primi tre di *BdT* 366,9. Anche la presenza di rubriche, delle quali una attributiva, lascia pensare che l'estensore,

[16] Una descrizione del ms. provvista di riferimenti bibliografici a studi dedicati anche alla materialità del reperto si trova in JUNG 1996, pp. 113-116.

[17] *BdT* indica erroneamente **Ve.Ag.** quale testimone di questa *pièce*.

piuttosto che fare affidamento sulla propria memoria, copiasse da un modello. Cfr. ORLANDO 2006*.

Ch - *Chantilly, Musée Condé, 470 (ex 703)*

Si tratta della prima *cobla* di *BdT* 225,10 vergata da una mano italiana del XIII*ex.* su una guardia del celebre manoscritto dell'*Aspremont* di Chantilly (riguardo al quale mi limito a rimandare, anche per ulteriori indicazioni bibliografiche, ai più recenti contributi ad esso dedicati: BRUNETTI 2003, pp. 148-152, e BRUNETTI 2005, pp. 658 e sgg.). Cfr. BERTONI 1915*, n. 2 pp. 190-191, e, per una riproduzione fotografica del reperto, BERTONI 1918, p. 400.

Civ - *Cividale del Friuli (UD), Archivio Capitolare, senza segnatura*

Foglio pergamenaceo (mm. 271x211), utilizzato come copertina di un libro liturgico, vergato in *littera textualis* da una mano italiana (probabilmente friulana), unico latore del *planh* per Giovanni di Cucagna (*BdT* 461,206a), provvisto di notazione musicale; il 1272, anno della morte di questo personaggio di spicco del patriarcato di Aquileia, costituisce sicuro *terminus post quem* per il lacerto, comunque databile entro il XIII secolo. Cfr. GRATTONI 1981, pp. 278-282, e GRATTONI 1982* (ulteriori rimandi bibliografici sul *planh* in VATTERONI 2003B, n. 27 p. 720, da integrarsi con le notazioni relative allo schema metrico di ASPERTI 1991, pp. 20-21). Il frammento, a prescindere dalla sua importanza nel delineare le modalità della penetrazione della cultura trobadorica in Friuli (per cui cfr. in particolare VATTERONI 2003B, pp. 719-720), costituisce uno dei rarissimi casi di sopravvivenza di *Liederblätter* (cfr. AVALLE-LEONARDI 1993, p. 62).

C[m] - *Castagnolo Minore di Bentivoglio (BO), Archivio Parrocchiale, senza segnatura*

Due fogli pergamenacei (mm. 240x164 e 155x85 – margine inferiore – / 80 – margine superiore –), utilizzati come coperta di uno *Status animarum*: sul lato carne si legge una porzione di florilegio lirico vergato in *littera bononiensis* databile XIII*ex.*-XIV*in.* Cfr. ALLEGRI 1986*. Pur non arricchendo il repertorio trobadorico di nuovi componimenti, questo ritrovamento risulta decisamente significativo per lo studio della ricezione italiana della poesia provenzale e, per via dei suoi stretti rapporti con l'antologia chigiana (**F**) e soprattutto con quella di Ferrarino da Ferrara (**D**[c]), dell'origine e diffusione della forma-florilegio in quest'area: cfr. in particolare MENEGHETTI 1991.

FdS - *Barcelona, Biblioteca de Catalunya, 850*

Ms. cartaceo di ricette mediche e farmaceutiche in catalano, dono di Ferrán de Segarra (da cui la sigla); al f. 9*v* una mano databile XIV*in.* (ma la datazione dovrà forse essere abbassata al 1380-1400: cfr. VATTERONI 2003A, p. 215) vi trascrive una parte di *BdT* 335,51a. Cfr. FRANK 1950*.
Questa testimonianza di rivela decisamente importante sia per la ricostruzione critica del testo provenzale interessato, sia ai fini della discussione relativa alla sua paternità e cronologia:[18] cfr. in ultimo VATTERONI 2003A.

[18] Non è tra l'altro improbabile che, venuta meno l'attribuzione a Peire Cardenal, il testo in questione possa esulare dai limiti cronologici della *BdT*.

m - *Milano, Biblioteca della Facoltà di Giurisprudenza*

Un foglio pergamenaceo (mm. 340x220, ma smembrato in due parti) utilizzato per ricoprire il piatto di una cinquecentina, vergato da una mano italiana settentrionale della prima metà del XIV secolo (inaccettabile la datazione alla prima metà del XIII proposta da MONTEVERDI 1939, p. 212); si tratta di un lacerto del medesimo manoscritto al quale appartenevano i frammenti che costituiscono **m**[2]. Cfr. MONTEVERDI 1939*.

Il frammento, latore di un buon numero di poesie di PAlv (oltre che di *BdT* 389,18 erroneamente attribuita al trovatore alverniate), è tra l'altro l'unico testimone noto di *BEdT* 323,15a, purtroppo mutilo a causa dei tagli effettuati sulla pergamena.

m[2] - *Den Haag, Koninklijke Bibliotheek, 135 F 28*

Si tratta di otto frammenti estratti dai piatti di un'edizione veneziana del 1595 del *Directorium inquisitorum* di Nicolau Eymerich (carta 1: mm. 348-353x155-157; c. 2: mm. 348-353x260-263; c. 3: 348-353x139-143; le cc. 4-8 sono di forma semicircolare con raggio di mm. 25-58), vergati da una mano italiana della prima metà del XIV secolo. Sono di lacerti del medesimo manoscritto al quale apparteneva **m**. Cfr. CRESPO 1983*.

Il ritrovamento si rivela particolarmente significativo per la *recensio* del *corpus* lirico e biografico relativo a Bertran de Born, essendo tra l'altro l'unico latore noto di tre *razos* appartenenti al *libre* dedicato al trovatore di Autafort altrimenti non attestate (*BEdT* 80.B.U, 80.B.V e 80.B.Z): cfr., oltre al già citato CRESPO 1983 che edita criticamente questi tre testi e colloca nella tradizione la testimonianza degli altri, anche PFISTER 1986.

M^{h} - *Madrid, Biblioteca de la Real Academia de la Historia, 9-24-6 / 4579*

Siglato **M^{h1}** nella *BEdT* e **M^{a}** in varie edizioni critiche trobadoriche. Quattro carte sciolte (mm. 295x207), con numerazione antica (29, 30, 31, 32), vergate da una mano catalana, datate XIII*ex.*-XIV*in.* da Pellegrini ma XIV*ex.*-XV da Zufferey. Cfr. PELLEGRINI 1967 e ZUFFEREY 1987, pp. 274-279 e 345-348*.

M^{h2} - *Madrid, Biblioteca de la Real Academia de la Historia, 2 Ms 26*

Siglato **b^{3}** nella *BEdT* (cfr. *infra*). Manoscritto cartaceo (mm. 305x206) di 84 carte (con aggiunta di 9 carte bianche sia all'inizio che alla fine) copiato alla fine del XVIII secolo, con alcune correzioni e un'aggiunta di mano di Gioacchino Pla. Si tratta del codice preparatorio utilizzato proprio dal Pla per compilare la sua antologia di testi trobadorici (Città del Vaticano, Biblioteca Apostolica Vaticana, Barberiniano Latino 3965, nota ai provenzalisti come **e**): per questo motivo, inserisco nella tavola di aggiornamento della *BdT* solo la sezione del manoscritto di Madrid che CARERI 1991, p. 337, ha denominato **b^{3}**, nella quale rientrano quei componimenti che **M^{h2}** ha tratto dal *Libre* di Miquel de la Tor, per i quali **M^{h2}** viene dunque a sostituirsi ad **e** nella *recensio*. Tralascio invece i materiali derivati dall'altra fonte di **M^{h2}**, cioè un apografo di **M** (**g^{3}**) indipendente dai conservati **g^{1}** e **g^{2}**, per i quali il canzoniere di Madrid è dunque *descriptus*. Cfr. CARERI 1991*.
Il codice è un tassello fondamentale per la ricostruzione del *Libre* di Miquel de la Tor: cfr. CARERI 1996. È inoltre l'unico testimone noto di *BEdT* 214,1a: cfr. CARERI 1989.

M^{i} - *Milano, Biblioteca Ambrosiana, N 168 Sup.*

Alle cc. 41*v*-43*v* di questo manoscritto, non facili a leggersi a causa del deterioramento della scrittura, una mano italiana databile alla prima metà del XIV secolo verga, oltre ad alcuni testi moraleggianti in franco-italiano, anche poco più di ottanta versi in provenzale, una decina dei quali vennero pubblicati da Pio Rajna, il primo studioso a essersi occupato di questo codice (cfr. RAJNA 1878A), che vi riconobbe poi degli *excerpta* di poesie trobadoriche (cfr. RAJNA 1878B). MORLINO 2012* ha ripreso in esame i versi in questione, fornendone l'edizione integrale: la raccolta si configura come un florilegio del tutto particolare, nel quale sono trascritti brevissimi estratti di poesie provenzali dai contenuti paremiologici, di norma limitati a due o tre versi, senza soluzione di continuità e privi di indicazione della paternità autoriale. Si noterà che tre di essi non paiono riconducibili a nessuno dei componimenti a noi noti: si tratta dunque probabilmente di lacerti di testi trobadorici non altrimenti conservati, che per questo motivo potrebbero essere catalogati con nuovi numeri progressivi nella serie 461, che raccoglie gli adespoti.

N.A.7516 - *Paris, Bibliothèque Nationale de France, n.a.fr., 7516*

Si tratta di un codice italiano settentrionale del *Partenopeus de Blois*, databile alla seconda metà del XIII secolo e poi entrato nella biblioteca dei Gonzaga. Due mani di fine Duecento o inizio Trecento, di area padana centro-orientale, vergano sulle ultime quattro carte del codice (145*v*-148*v*), rimaste bianche, una piccola silloge poetica costituita da nove testi italiani, uno provenzale e uno francese. Il testo occitano, il cui *incipit* è *Se nus om por ben servir*, non è repertoriato dalla *BdT*, ma la *BEdT* vi ha attribuito il numero 461,220b; si tratta di una *dansa*, ascritta in rubrica a un *dominus Iohanes*, linguisticamente interessante anche per la copresenza di oitanismi e tratti propri dei testi provenzali trascritti in Italia settentrionale. La segnalazione di questa raccolta spetta a DE BARTHOLOMAEIS 1912; cfr. poi FORMISANO-ZAGGIA 1985*, riepilogativo anche della bibliografia pregressa, e, per ulteriori considerazioni critiche, ASPERTI 1995, pp. 109-114, BRUNETTI 2000, pp. 168-178, GIANNINI 2002-2003, pp. 496-499.

Ol - *Olot, Arxiu Històric Comarcal, Fons notarials, Santa Pau, 2*

Manoscritto notarile nel quale, alle cc. 25*v*-26*r* e 25*r* (l'inversione è probabilmente dovuta a un'errata valutazione degli spazi da parte del copista) è stato trascritto *BdT* 156,II, probabilmente nel 1276. Cfr. SQUILLACIOTI 1995*. Per quanto riguarda le complesse questioni relative a paternità e natura linguistica dell'originale del testo in questione, cfr. anche SQUILLACIOTI 1999, pp. 453-466, ove si rimanda alla bibliografia pregressa.

Pe - *Sarrià, Monestir de Sant Pere de les Puelles, ms. literari* [perduto]

Si tratta del canzoniere catalano **x**[11] (cfr. MASSÓ TORRENTS 1932, a p. 43), un manoscritto miscellaneo cartaceo che il colofone data 1378, nel quale è trascritto, alla c. 101*v*, *BdT* 156,II. Il codice è oggi perduto, anche se la trascrizione del testo provenzale è stata fortunatamente pubblicata da VALLS Y TABERNER 1912*; cfr. poi SQUILLACIOTI 1995.
Per quanto riguarda le complesse questioni relative a paternità e natura linguistica dell'originale del testo in questione, cfr. anche SQUILLACIOTI 1999, pp. 453-466, ove si rimanda alla bibliografia pregressa.

PL 753 - *Città del Vaticano, Biblioteca Apostolica Vaticana, Pal. Lat. 753*

Si tratta di un manoscritto duecentesco del *Digestum Novum*, che alla carta 216 presenta numerose scritture avventizie apposte da diverse mani databili XIII*ex.*-XIV*in.*; vi si trovano trascritti anche tre

vv. di *BdT* 282,8, oltre alle prime parole di un ulteriore v. non identificato.[19] Cfr. SORRENTO 1943, pp. 236-237 e 264-265* (la segnalazione della presenza di tracce provenzali nel manoscritto è già in SORRENTO 1929, in particolare alle pp. 236-239, di cui SORRENTO 1943 costituisce una riedizione aggiornata, mentre il riconoscimento dell'appartenenza a *BdT* 282,8 è in SORRENTO 1934).

P^{a} - *Padova, Biblioteca del Seminario, 54*

Foglio pergamenaceo (mm. 264x176) utilizzato come guardia di una copia quattrocentesca delle satire di Giovenale e Persio, vergato da una mano italiana databile al XIII*ex.* e con note in latino di un lettore quattrocentesco; faceva parte del medesimo codice al quale appartenevano i frammenti **A**^{a} e **A**^{b}, talvolta indicato esso stesso con la sigla **A**^{a}. Cfr. BENEDETTI 2003*.

SJA - *Barcelona, Biblioteca de Catalunya, 3871*

Si tratta di due fogli cartacei di forma irregolare (ca. mm. 196x146 e 195x137) estratti dalle coperte di un registro notarile degli archivi dell'abbazia di Sant Joan de les Abadesses, a lungo creduti perduti (gli studi successivi ad ANGLÈS 1935 e fino a RIQUER-GÓMEZ MUNTANÉ 2001 si erano così basati su due riproduzioni fotografiche conservate all'Arxiu Mas di Barcellona). Questi due frammenti

[19] *Homs ch'es pris ni de...*; ne rilevo una certa vicinanza al v. incipitario di *BdT* 392,19 (RbVaq, *Ja hom pres ni dezeretatz*), che introduce una *cobla* contraddistinta da toni gnomici simili a quelli dell'*excerptum* di *BdT* 282,8 trascritto dalla stessa mano in **PL 753**. L'edizione critica curata da Linskill non segnala però in apparato varianti significative che permettono di sovrapporre perfettamente l'*incipit* rambaldiano al verso di **PL 753**, per cui non risulta possibile dimostrare l'eventuale identità dei due versi.

costituiscono i soli testimoni noti di *BdT* 461,20b (interessante caso di mescidanza linguistica tra provenzale e italiano, nonché di influsso della poesia siciliana in area catalana: cfr. SCHULZE 2002, LARSON 2007, pp. 790-797 e LANNUTTI 2012, pp. 317-328); 461,27b (461,24a per BOND 1985; notevole è invece in questo testo la presenza di oitanismi); 461,215c e 461,251b, tutti trascritti con notazione musicale – caso unico per i testimoni della lirica provenzale copiati in Catalogna – da una mano databile alla fine del XIII secolo. La segnalazione della loro esistenza e la loro prima descrizione spetta ad ANGLÈS 1935, pp. 182-183, 53-54 e 405-407, poi recepito da FRANK 1966, I, a p. XXVIII, che provvede a fornire un numero identificativo a tre dei quattro componimenti qui trascritti.[20] Cfr. in particolare BOND 1985, RIQUER-GÓMEZ MUNTANÉ 2001, RIQUER-GÓMEZ MUNTANÉ 2003 e LANNUTTI 2012*.

T^{o} - *Torino, collezione privata*

Quattro lacerti pergamenacei recuperati da una legatura, vergati da un'unica mano italiana databile XIII*ex.*-XIV*in.*; i primi due ricostituiscono un bifolio (ora di mm. 290x233), mentre i restanti sono due strisce verticali (mm. 235x65). Cfr. GASCA QUEIRAZZA 1983*.[21]

[20] *BdT* 461,20b è escluso dall'assegnazione in quanto ritenuto testo originariamente italiano poi catalanizzato nella trascrizione.

[21] GASCA QUEIRAZZA 1983 non offre l'edizione diplomatica del frammento, ma una tavola, alle pp. 98-99: mi sono basato sui dati in essa presentati per inserire i componimenti trascritti in **T**^{o} nella tavola di complemento della *BdT*. Dal momento che lo studioso scrive che «chaque poème est précédé par la rubrique du nom du poète, répété le cas échéant» (p. 93), nel complemento riporto l'indicazione dell'attribuzione anche in quei casi in cui l'impostazione tipografica adottata per redigere la tavola di **T**^{o} lascerebbe dei margini di dubbio (*BdT* 437,28; 330,18; 418,2; 419,1; 335,40 e 335,46).

Il frammento raccoglie quasi esclusivamente sirventesi e, oltre a risultare davvero significativo ai fini della ricostruzione testuale di molte delle *pièces* trascritte (spesso tràdite da un numero esiguo di testimoni, rispetto ai quali **T**° sembra, almeno a una prima analisi, afferire a una tradizione diversa), è l'unico latore noto di *BEdT* 26,1a; 330,22; 335,III e 418,2. Cfr., oltre al già citato GASCA QUEIRAZZA 1983, anche GASCA QUEIRAZZA 1987, che si concentra su *BEdT* 26,1a.

V' - *Venezia, Biblioteca Nazionale Marciana, Latino Zanetti 479 (=1914)*

Codice pergamenaceo al quale lavorano due mani principali databili XIII*ex.*-XIV*in.*; alla c. 1*r* è vergato un frammento di *BEdT* 309,V, elemento non secondario ai fini della ricostruzione della fisionomia originaria di un manoscritto donato da Carlo I d'Angiò ad Alfonso X di Castiglia, del quale il codice marciano costituisce una copia arricchita con alcune aggiunte. Cfr. ZAMUNER 1998*.

z' - *Bologna, Archivio di Stato, Raccolta Manoscritti, Busta I bis, 10*

Siglato **z**² nella *BEdT*. Bifolio pergamenaceo (mm. 620x390) utilizzato come coperta di un protocollo notarile, vergato da una mano italiana del terzo quarto del XIII secolo; con tutta probabilità faceva parte dello stesso manoscritto del quale sono sopravvissuti i due bifoli che costituiscono il frammento **z** (studiato da DE BARTHOLOMAEIS 1915). Cfr. LONGOBARDI 1990*. Già LONGOBARDI 1990 si preoccupa di individuare le fonti stemmatiche alle quali far risalire i materiali copiati in **z'**, mentre non secondaria si rivela l'importanza del lacerto nell'ambito della tradizione di PMilo (cfr. BORGHI CEDRINI 1998 e BORGHI CEDRINI 2008, pp. 30-34) e delle questioni attributive relative agli ultimi componimenti qui trascritti (cfr. BORGHI CEDRINI 1996 e GOURC 2001). **z'** è l'unico testimone noto di *BEdT* 3,5.

ψ - Paris, Bibliothèque Nationale de France, n.a.fr., 23789

Siglato **K"** da ZUFFEREY 1987. Due fogli pergamenacei di un medesimo fascicolo privi della porzione superiore (mm. 290x190 e 280x190) esemplati da due mani differenti, entrambe italiane e attive nel medesimo periodo e nella medesima area di produzione dei due canzonieri 'gemelli' **I K**, se non nel medesimo *atelier*.[22] Cfr. BRUNEL 1935, 251 *ter*; BARROUX 1942-1943; ZUFFEREY 1987, pp. 67-78 e 328-331*.

[22] Cfr. ZUFFEREY 1987, pp. 69-71; recenti studi hanno convincentemente individuato in Venezia il luogo di compilazione di **I K** (cfr. in particolare CORTESE 2002, ZINELLI 2007 e CANOVA MARIANI 2008). Secondo Zufferey, i testi trascritti nel primo foglio discenderebbero, così come anche quelli vergati in **K**[a] (Udine, Bibl. Arciv., Cod. frag. I. 265, siglato **K'** da Zufferey), dal modello di **I K**, dunque il *k* avalliano; i componimenti copiati da altra mano nel secondo foglio, invece, sarebbero un'integrazione aggiunta poco più tardi negli spazi lasciati bianchi nella porzione finale dell'ultimo fascicolo della sezione di canzoni, del quale i due fogli superstiti dovevano far parte. Cfr. anche ASPERTI 2002, a p. 530.

3. Tavola di complemento del corpus testimoniale della BdT

LEGENDA:

a.u. = attestazione unica
c. = *cobla/coblas*

r. = rubrica
M = provvisto di notazione musicale

№ BdT	*Testimone*	*Attrib.*	*Inizio a*	*Fine a*	*Note*
3,4	z'	- -	2*r*A	2*r*A	testo acefalo
3,5	z'	AdNegre	2*v*A	2*v*A	a.u.
10,3=16,3	M^i	- -	43*v*B	43*v*B	2 vv.
26,1a	T^o	→			r.: *Arnauz de Brantalon e Guillems de Gap*; a.u.
29,1	ψ	- -	2*r*A	2*r*A	testo acefalo
29,14a	ψ	ArnDan	2*r*A	2*v*A	
29,16	ψ	ArnDan	2*v*B	2*v*B	testo incompleto
29,17	B^o	- -			2 vv.; r.: *cobla proençals*
30,8	C^m	ArnMar	2*v*B	2*v*B	*c.triadas* (florilegio)
30,15	C^m	ArnMar	2*r*B	2*v*A	*c.triadas* (florilegio)
30,19	C^m	ArnMar	2*v*A	2*v*B	*c.triadas* (florilegio)
30,22	C^m	ArnMar	2*r*A	2*r*A	*c.triadas* (florilegio)
30,23	C^m	ArnMar	2*r*A	2*r*B	*c.triadas* (florilegio)
	M^i	- -	43*v*A	43*v*A	3 vv.
30,I	M^i	- -	43*v*B	43*v*B	2 vv.
70,16	M^i	- -	43*v*B	43*v*B	4 vv.
70,20	z'	AdNegre	2*r*B	2*v*A	
70,29	M^i	- -	43*v*B	43*v*B	2 estratti contigui di 2 vv. ciascuno
70,36	M^i	- -	43*v*B	43*v*B	3 vv.
70,41	M^i	- -	43*v*B	43*v*B	2 vv.
80.B.A.a	m^2	→	1*r*A	1*r*A	testo di *vida*; r.: *Bertrans deborn.*

№ BdT	*Testimone*	*Attrib.*	*Inizio a*	*Fine a*	*Note*
80.B.L	m^{2}		1*r*A	1*v*A	testo di *razo*, senza rubrica
80.B.M	m^{2}		2*r*B	2*r*B	testo di *razo*, senza rubrica
80.B.O	m^{2}		1*v*B	1*v*B	testo di *razo*, senza rubrica
80.B.U	m^{2}		2*v*A	2*v*B	testo di *razo*, acefalo; a.u.
80.B.V	m^{2}		3*r*B	3*r*B	testo di *razo*, senza rubrica; a.u.
80.B.Z	m^{2}		3*v*A	3*v*A	testo di *razo*, senza rubrica; a.u.
80,8a	M^{h2} (=b^{3})	LanfCig	83		
80,13	m^{2}	- -	2*r*B	2*v*A	testo preceduto da *razo*
80,23	m^{2}	- -	3*r*B	3*r*B	testo acefalo
80,25	T^{o}	BtBorn			
80,26	M^{h}	- -	29*r*	29*v*	testo acefalo
80,28	m^{2}	- -	2*v*B	2*v*B	testo preceduto da *razo*
80,32	m^{2}	- -	1*v*A	1*v*B	testo preceduto da *razo*
80,36	m^{2}	- -	3*r*B	3*v*A	testo preceduto da *razo*
80,44	m^{2}	- -	2*r*A	2*r*A	testo acefalo
82,45	M^{i}	- -	43*r*B	43*r*B	1 v.
124,16	M^{i}	- -	43*v*A	43*v*A	3 vv.
124,II	M^{i}	- -	43*r*B	43*v*A	11 estratti contigui di pochi vv. ciascuno
126,1	T^{o}	DurSartr			
126,2	T^{o}	- -			testo acefalo
155,8	M^{i}	- -	43*v*A	43*v*A	2 vv.
155,10	M^{i}	- -	43*v*B	43*v*B	3 vv.
155,16	M^{i}	- -	43*v*B	43*v*B	estratti contigui di 2 e 1 v.
155,18	M^{i}	- -	43*v*A	43*v*A	2 vv.
156,10	M^{h}	- -	29*v*	30*v*	
156,II	Ol Pe	- - - -	25*v* 101*v*	25*r*	
167,6	z'	AdNegre	2*r*A	2*r*B	

№ BdT	*Testimone*	*Attrib.*	*Inizio a*	*Fine a*	*Note*
167,51	M^{i}	- -	43*v*B	43*v*B	3 vv.
167,62	M^{i}	- -	43*v*B	43*v*B	2 vv.
190,1	M^{h2} (=b^{3})	JfrRud	78		
192,4	T^{o}	GuiCav			
202,7	M^{h}	- -	32*r*	32*r*	*c.triadas* (r. *Cobles espases*)
208,1	M^{h2} (=b^{3})	GlBal	58		
209,2	T^{o}	→			r.: *Bertranz del Baus* [= GlBaux?]
210,10b	b^{c}	→	147	147	r.: *En Guillem de Bergada a·N Pe de Gauseran*; a.u.
210,13	M^{h2} (=b^{3})	GlBerg	65		
210,14	M^{h2} (=b^{3})	GlBerg	64		
210,16	M^{h2} (=b^{3})	GlBerg	63		il testo-base (varianti marginali=**M**)
	M^{i}	- -	43*r*B	43*r*B	1 v.
211,1	M^{h2} (=b^{3})	GlBiars	59		
213,1	M^{h2} (=b^{3})	GlCapest	55		il testo-base (varianti marginali=**M**)
213,3	M^{h2} (=b^{3})	GlCapest	54		
213,5	M^{h2} (=b^{3})	GlCapest	52		
213,6	M^{h2} (=b^{3})	GlCapest	53		
	M^{i}	- -	43*r*B	43*r*B	2 vv.
214,1	M^{h2} (=b^{3})	GlDurf	65		
214,1a	M^{h2} (=b^{3})	GlDurf	66		a.u.
223,1	M^{h2} (=b^{3})	GlMagr	61		
223,2	Mh2 (=b3)	GlMagr	60		*il testo-base (varianti marginali=M)*
223,3	M^{h2} (=b^{3})	GlMagr	62		il testo-base (varianti marginali=**M**)
225,2	M^{h2} (=b^{3})	GlMont	70		

№ BdT	*Testimone*	*Attrib.*	*Inizio a*	*Fine a*	*Note*
225,10	Ch	→			r.: *Dominus Guilielmus porcelliti provinc*
	M^{h2} (=b^3)	GlMont	68		le varianti marginali (testo-base=**M**)
225,13	M^{h2} (=b^3)	GlMont	69		
235,1	M^{h2} (=b^3)	GlSal	56		
235,2	M^{h2} (=b^3)	GlSal	57		
240,1	M^{h2} (=b^3)	GrdoRos	71		
240,4	M^{h2} (=b^3)	GrdoRos	71		
240,5	M^{h2} (=b^3)	GrdoRos	72		
242,60	M^{h}	- -	32*r*	32*v*	*c.triadas* (sotto r. *Cobles espases*)
262,1	M^{h2} (=b^3)	JfrRud	73		
262,2	M^{h}	JfrRud	31*r*	31*v*	
	M^{h2}	JfrRud	79		
262,3	M^{h2} (=b^3)	JfrRud	77		la prima versione trascritta
262,4	M^{h2} (=b^3)	JfrRud	79		
262,5	M^{h2} (=b^3)	JfrRud	75		la prima versione trascritta
262,6	M^{h2} (=b^3)	JfrRud	74		la prima versione trascritta
282,2	M^{h2} (=b^3)	LanfCig	81		
282,6	M^{i}	- -	43*v*A	43*v*A	1 v.
282,8	PL 753	- -	216	216	3 vv.
282,23	M^{h2} (=b^3)	LanfCig	82		
290,1	M^{h2} (=b^3)	LuqGat	81		
309,V	V^{z}	- -	1*r*A	1*r*A	frammentario
323,1	M^{i}	- -	43*r*B	43*r*B	2 estratti contigui di 2 vv.
323,7	m	- -	1*r*A	1*r*B	
323,9	m	- -	1*v*B	2*r*A	
323,10	m	- -	1*v*A	1*v*B	
323,12	m	- -	1*r*A	1*r*A	testo acefalo
323,15a	m	- -	1*r*B	1*v*A	a.u.

№ *BdT*	*Testimone*	*Attrib.*	*Inizio a*	*Fine a*	*Note*
323,16	m	- -	2*v*A	2*v*B	
330,18	T°	PBremRN			
330,22	T°	PBremRN			a.u.
335,25	T°	- -			testo acefalo (probabile attr. PCard)
335,40	T°				(probabile attr. PCard)
335,46	T°				(probabile attr. PCard)
335,51a	FdS	- -	9*v*	9*v*	testo acefalo e danneggiato
335,III	T°				(probabile attr. PCard?); a.u.
349.B.A	z'	- -	1*r*A	1*r*A	testo molto danneggiato di *vida*; a.u.
349,1	z'	PMilo	1*v*A	1*v*B	
349,6	z'	PMilo	1*v*A	1*v*A	
349,7	z'	PMilo	1*r*A	1*r*B	
349,8	z'	PMilo	1*v*B	1*v*B	solo i vv. iniziali
349,9	z'	PMilo	1*r*B	1*v*A	
364.B.A	M^{h2} (=b^3)		1		Testo di *vida*. R.: *La uida de peire vidal*
364.B.B.b	M^{h2} (=b^3)		8		Testo di *razo*, senza rubrica
364.B.C	M^{h2} (=b^3)		12		Testo di *razo*, senza rubrica
364,2	M^{h2} (=b^3)	PVid	1		la prima versione trascritta
364,4	M^{h2} (=b^3)	PVid	6		la prima versione trascritta
364,13	M^{i}	- -	43*v*B	43*v*B	3 vv.
364,15	M^{h2} (=b^3)	PVid	26		
364,16	M^{h2} (=b^3)	PVid	12		
364,22	M^{h2} (=b^3)	PVid	31		la prima versione trascritta
364,30	M^{h2} (=b^3)	PVid	21		la prima versione trascritta

№ BdT	*Testimone*	*Attrib.*	*Inizio a*	*Fine a*	*Note*
364,36	M^{h2} (=b^3)	PVid	18		la prima versione trascritta
364,37	M^{h2} (=b^3)	PVid	9		la prima versione trascritta
364,39	M^{h2} (=b^3)	PVid	16		la prima versione trascritta
364,40	M^{h2} (=b^3)	PVid	14		la prima versione trascritta
364,43	M^{h2} (=b^3)	PVid	27		la prima versione trascritta
364,48	M^{h2} (=b^3)	PVid	23		la prima versione trascritta
366,1	M^i	- -	43*v*B	43*v*B	2 vv.
366,6	M^i	- -	43*v*B	43*v*B	2 estratti contigui di 3 e 4 vv.
366,9	B^o	- -			3 vv.; r.: *Ca(n)tio p(ro)vi(n)cialis q(ue) sic incipit*
372,5	T^o	Pist			
375,1	P^s	PoChapt	1*r*B	1*v*A	
375,10	P^s	- -	1*r*A	1*r*B	testo acefalo
375,19	P^s	PoChapt	1*v*B	1*v*B	testo incompleto
375,26	Ambr	- -	197*r*	197*r*	testo incompleto
376,1	T^o	PoFabre			
389,3	Ψ	RbAur	1*v*A	1*v*B	
389,13	Ψ	RbAur	1*v*B	1*v*B	testo incompleto
389,18	M ψ	- - - -	2*r*A 1*rA*	2*v*A 1*r*B	 testo acefalo
389,27	Ψ	RbAur	1*r*B	1*v*A	
390,1	To	[...]oc			la r. indicava probabilmente RbBelj
392,19	Mh	→	30v	31r	c.triada (r.: cobla espasa den .G magret)
406,7	Cm	RmMirav	1vA	1vA	c.triada (florilegio)
406,8	C^m	RmMirav	1*r*B	1*r*B	*c.triada* (florilegio)
406,9	C^m	RmMirav	1*r*B	1*v*A	*c.triada* (florilegio)
406,12	C^m	RmMirav	1*v*A	1*v*A	*c.triada* (florilegio)

№ BdT	*Testimone*	*Attrib.*	*Inizio a*	*Fine a*	*Note*
406,20	C^m	RmMirav	1*r*A	1*r*A	*c.triadas* (florilegio)
406,23	C^m	- -	1*r*A	1*r*A	*c.triada* (florilegio), acefala
406,24	C^m	RmMirav	1*r*B	1*r*B	*c.triada* (florilegio)
406,30	T^o	- -			testo acefalo
406,38	C^m	RmMirav	1*r*B	1*r*B	*c.triada* (florilegio)
411,3	ψ	ArnDan	2*v*A	2*v*B	
418,1	T^o	RefForcalq			
418,2	T^o	RefForcalq			a.u.
419,1	T^o	RefForcalq			
421,2	B^o	RicBerb			v. *incipit*ario di ognuna delle *coblas*
422,1	M^i	- -	43*r*B	43*r*B	2 vv.
437,2	M^{h2} (=b^3)	Sord	51		le varianti marginali (testo-base=**M**)
437,28	T^o	Sord			
437,29	T^o	Sord			
461,20b	SJA	- -			M
461,27b	SJA	- -			M
461,206a	Civ	- -	f. unico	f. unico	r.: *En mort den ioan de cucanh*; M
461,215c	SJA	- -			M
461,220b	N.A.7516	→			r.: *dominus Iohanes*
461,251b	SJA	- -			testo danneggiato; M

RIFERIMENTI BIBLIOGRAFICI

ALLEGRI 1986: Laura Allegri, *Frammento di antico florilegio provenzale*, in «Studi Medievali», s. III, XXVII/1 (1986), pp. 319-351.

ANGLES 1935: Higini Anglès, *La música a Catalunya fins al segle XIII*, Barcelona, IEC – Biblioteca de Catalunya, 1935.

ANTONELLI-PEDRINI 2001: Armando Antonelli e Riccardo Pedrini, *Appunti sulla formazione socio-culturale del ceto funzionariale del tempo di Dante: sondaggi su documenti e tracce*, in «Il Carrobbio», XXVII (2001), pp. 15-37.

ASPERTI 1991: Stefano Asperti, *Contrafacta provenzali di modelli francesi*, in «Messana», n.s. VIII (1991), pp. 5-49.

ASPERTI 1992: Stefano Asperti, *Répertoires et attributions: une réflexion sur le système de classification des textes dans le domaine de la poésie des troubadours*, in *Contacts de langues, de civilisations et intertextualité*. Actes du IIIème Congres International de l'Association Internationale d'Études Occitanes. Montpellier, 20-26 septembre 1990, Montpellier, Université Paul Valéry, 1992, II, pp. 585-594.

ASPERTI 1995: Stefano Asperti, *Carlo I d'Angiò e i trovatori. Componenti «provenzali» e angioine nella tradizione manoscritta della lirica trobadorica*, Ravenna, Longo, 1995.

ASPERTI 2002: Stefano Asperti, *La tradizione occitanica*, in *Lo spazio letterario del Medioevo, 2. Il Medioevo volgare*, diretto da Piero Boitani, Mario Mancini e Alberto Varvaro, Roma, Salerno, 2002, II, pp. 521-554.

ASPERTI 2009: Stefano Asperti, *Testi e frammenti recuperati per il* corpus *della lirica trobadorica*, in «Medioevo Romanzo», XXXIII/2 (2009), pp. 264-294.

ASPERTI-ZINELLI 2000: Stefano Asperti e Fabio Zinelli, *Bibliografia elettronica dei trovatori (BEdT)*, in «Le médiéviste et l'ordinateur», XXXIX (2000), pp. 20-31.

AVALLE-LEONARDI 1993: D'Arco S. Avalle, *I manoscritti della letteratura in lingua d'oc*. Nuova edizione a cura di Lino Leonardi, Torino, Einaudi, 1993.

BARROUX 1942-1943: Robert Barroux, *Fragment de chansonnier provençal (ψ)*, in «Romania», LXVII (1942-1943), pp. 504-513.

BEdT: *Bibliografia Elettronica dei Trovatori*, direzione scientifica di Stefano Asperti, direzione tecnica di Luca De Nigro, versione 2.5, consultabile in Internet all'indirizzo: www.bedt.it.

BENEDETTI 2003: Roberto Benedetti, *Un terzo foglio del canzoniere provenzale A'*, in *Scène, évolution, sort de la langue et de la littérature d'oc*. Actes du Septième Congrès International de l'Association Internationale d'Études Occitanes. Reggio Calabria-Messina, 7-13 juillet 2002, a cura di Rossana Castano, Saverio Guida e Fortunata Latella, Roma, Viella, 2003, I, pp. 71-98.

BERTOLUCCI PIZZORUSSO 1991: Valeria Bertolucci Pizzorusso, *Osservazioni e proposte per la ricerca sui canzonieri individuali*, in *Lyrique romane médiévale: la tradition des chansonniers*. Actes du Colloque de Liège, 1989, édités par Madeleine Tyssens, Liège, Université de Liège, 1991, pp. 273-302.

BERTONI 1915: Giulio Bertoni, *Sordello e Reforzat*, in «Studj Romanzi», XII (1915), pp. 187-209.

BERTONI 1918: Giulio Bertoni, Recensione ad Alfred Jeanroy, *Bibliographie sommaire des chansonniers provençaux*, in «Archivum Romanicum», II (1918), pp. 396-400.

BOND 1985: Gerald A. Bond, *The Last Unpublished Troubadour Songs*, in «Speculum», LX/4 (1985), pp. 827-849.

BORGHI CEDRINI 1996: Luciana Borghi Cedrini, *Una recente acquisizione trobadorica e il problema delle attribuzioni*, in «Medioevo Romanzo», XX/1 (1996), pp. 3-44.

BORGHI CEDRINI 1998: Luciana Borghi Cedrini, *Osservazioni sulla tradizione manoscritta di Peire Milo*, in *Atti del XXI Congresso Internazionale di Linguistica e Filologia Romanza*. Centro di studi filologici e linguistici siciliani. Università di Palermo 18-24 settembre 1995, a cura di Giovanni Ruffino, Tübingen, Niemeyer, 1998, VI, pp. 37-45.

BORGHI CEDRINI 2008: Luciana Borghi Cedrini, *Il trovatore Peire Milo*, Modena, Mucchi, 2008.

BOUTIÈRE-SCHUTZ 1964: *Biographies des troubadours. Textes provençaux des XIIIe et XIVe siécles*, a cura di Jean Boutière e Alexander H. Schutz con la collaborazione di Irénée M. Cluzel, Paris, Nizet, 1964.

BRUNEL 1935: Clovis Brunel, *Bibliographie des manuscrits litteraires en ancien provençal*, Paris, Droz, 1935.

BRUNEL-LOBRICHON 1987: Geneviève Brunel-Lobrichon, *Le chansonnier provençal conservé à Béziers*, in *Actes du premier Congrès International de l'Association Internationale d'Études Occitanes*, a cura di Peter T. Ricketts, London, A.I.E.O.-Westfield College, 1987, pp. 139-147.

BRUNETTI 2000: Giuseppina Brunetti, *Il frammento inedito «Resplendiente stella de albur» di Giacomino Pugliese e la poesia italiana delle origini*, Tübingen, Niemeyer, 2000.

BRUNETTI 2003: Giuseppina Brunetti, *Un capitolo dell'espansione del francese in Italia: manoscritti e testi a Bologna fra Duecento e Trecento*, in *Bologna nel Medioevo*. Atti del Convegno, Bologna, 28-29 ottobre 2002, con altri contributi di Filologia romanza (= «Quaderni di Filologia Romanza», XVII [2003], pp. 125-164).

BRUNETTI 2005: Giuseppina Brunetti, *La* Chanson d'Aspremont *e l'Italia: note sulla genesi e ricezione del testo*, in «Critica del Testo», VIII/2 (2005), pp. 643-668.

CANOVA MARIANI 2008: Giordana Canova Mariani, *Il poeta e la sua immagine: il contributo della miniatura alla localizzazione e alla datazione dei canzonieri provenzali A I K e N*, in *I trovatori nel Veneto e a Venezia*. Atti del Convegno Internazionale. Venezia, 28-31 ottobre 2004, a cura di Giosuè Lachin, Roma-Padova, Antenore, 2008, pp. 47-76.

CARERI 1989: Maria Careri, *I sirventesi di Guillem Durfort de Caors in un apografo sconosciuto del "Libre di Miquel de la Tor"*, in «Vox Romanica», XLVIII (1989), pp. 77-84.

CARERI 1991: Maria Careri, *Alla ricerca del libro perduto: un doppio e il suo modello ritrovato*, in *Lyrique romane médiévale: la tradition des chansonniers*. Actes du Colloque de Liège, 1989, a cura di Madeleine Tyssens, Liège, Bibliothèque de la Faculté de Philosophie et Lettres de l'Université de Liège, 1991, pp. 329-378.

CARERI 1996: Maria Careri, *Per la ricostruzione del* Libre *di Miquel de la Tor. Studio e presentazione delle fonti*, in «Cultura neolatina», LVI/3-4 (1996), pp. 251-408.

CINGOLANI 1988: Stefano M. Cingolani, *Considerazioni sulla tradizione manoscritta delle* vidas *trobadoriche*, in *Actes du XVIIIe Congrès International de Linguistique et de Philolgie Romanes*. Université de Trèves (Trier) 1986, a cura di Dieter Kremer, Tübingen, Niemeyer, 1988, VI, pp. 108-15.

CORTESE 2002: Andrea Cortese, *Per la miniatura veneziana del Duecento: un* Tresor *alla Biblioteca capitolare di Verona*, in «Arte veneta», LIX (2002), pp. 7-21.

CRESPO 1983: Roberto Crespo, *Bertran de Born nei frammenti di un canzoniere provenzale*, in «Studi Medievali», s. III, XXIV/2 (1983), pp. 749-791.

DE BARTHOLOMAEIS 1912: Vincenzo De Bartholomaeis, *Liriche antiche dell'Alta Italia*, in «Studj Romanzi», VIII (1912), pp. 219-238.

DE BARTHOLOMAEIS 1915: Vincenzo De Bartholomaeis, *Avanzi di un canzoniere provenzale*, in «Studj Romanzi», XII (1915), pp. 139-186.

FOLENA 1976: Gianfranco Folena, *Tradizione e cultura trobadorica nelle corti e nelle città venete*, in *Storia della cultura veneta*, I, pp. 453-562; poi in Id., *Culture e lingue nel Veneto medievale*, Padova, Programma, 1990, pp. 1-137.

FORMISANO-ZAGGIA 1985: Luciano Formisano e Massimo Zaggia, *Le composizioni liriche del codice gonzaghesco della Biblioteca Nazionale di Parigi, fr. 7516 Nouv. Acq.*, in Giancarlo Schizzerotto, *Sette secoli di volgare e di dialetto mantovano*, Mantova, Publi-Paolini, 1985, pp. 40-71.

FRANK 1950: István Frank, *Nouveau manuscrit catalan du sirventès "Si tots temps vols"*, in «Romania», LXXI (1950), pp. 393-396.

FRANK 1966: István Frank, *Répertoire métrique de la poésie des troubadours*, Paris, Champion, 1966, 2 voll.

GASCA QUEIRAZZA 1983: Giuliano Gasca Queirazza, *Un nouveau fragment de chansonnier provençal*, in «Marche Romane», XXXIII/2-4 (1983), pp. 93-99.

GASCA QUEIRAZZA 1987: Giuliano Gasca Queirazza, *Exercises d'interprétation du texte d'un sirventes inédit*, in *Actes du premier Congrès International de l'Association Internationale d'Études Occitanes*, a cura di Peter T. Ricketts, London, A.I.E.O.-Westfield College, 1987, pp. 213-217.

GIANNINI 2002-2003: Gabriele Giannini, *Produzione e circolazione manoscritte del romanzo francese in versi dei secoli XII e XIII in Italia*, tesi di dottorato, Università degli Studi di Roma - La Sapienza, Anno Accademico 2002-2003, *tutor*: Roberto Antonelli.

GOURC 2001: Jacques Gourc, *Le retour d'Azemar*, in *Le rayonnement de la civilisation occitane à l'aube d'un nouveau millénaire*. VIe Congrès International de l'Association Internationale d'Études Occitanes. 12-19 septembre 1999, a cura di Georg Kremnitz, Barbara Czernilofsky, Peter Chicon e Robert Tanzmeister, Wien, Praesens, 2001, pp. 405-410.

GRATTONI 1981: Maurizio Grattoni, *Cavalieri erranti, menestrelli e tradizione musicale medievale*, in *Castelli del Friuli*, a cura di Tito Miotti, Udine, Del Bianco, 1981, VI, pp. 265-295.

GRATTONI 1982: Maurizio Grattoni, *Un planh inedito in morte di Giovanni di Cucagna nell'Archivio Capitolare di Cividale*, in «La Panarie», XV (1982), pp. 90-98.

JEANROY 1941: Alfred Jeanroy, *La poésie provençale dans le Sud-Ouest de la France et en Catalogne du début au milieu du XIVe siècle*, in *Histoire littéraire de la France*, Paris, Imprimerie Nationale, 1941, XXXVIII, pp. 1-138.

JUNG 1996: Marc-René Jung, *La légende de Troie en France au moyen âge. Analyse des versions françaises et bibliographie raisonnée des manuscrits*, Basel-Tübingen, Francke, 1996.

LANNUTTI 2012 : Maria Sofia Lannutti, *L'ultimo canto: musica e poesia nella lirica catalana del Medioevo (con una nuova edizione del* cançoneret *di Sant Joan de les Abadesses)*, in «Romance Philology», LXVI (2012), pp. 309-363.

LARSON 2007: Pär Larson, Ço es amors *e altre possibili tracce italiane in poesia occitanica del secolo XIII*, in *Studi di Filologia Romanza offerti a Valeria Bertolucci Pizzorusso*, a cura di Pietro G. Beltrami, Maria Grazia Capusso, Fabrizio Cigni e Sergio Vatteroni, Pisa, Pacini, 2007, I, pp. 777-803.

LONGOBARDI 1990: Monica Longobardi, *Frammenti di un canzoniere provenzale nell'Archivio di Stato di Bologna*, in «Studi Mediolatini e Volgari», XXXVI (1990), pp. 29-55.

MARTORANO 2004: Antonella Martorano, *Il frammento ambrosiano del* Gay descort *di Pons de Capduoill (BdT 375,26) con una nuova edizione del testo*, in «Cultura Neolatina», LXIV/3-4 (2004), pp. 411-441.

MASSO TORRENTS 1932: Jaume Massó Torrents, *Repertori de l'antiga literatura catalana. I. La poesia*, Barcelona, Editorial Alpha, 1932.

MELIGA 2006: Walter Meliga, *La raccolta con* razos *di Bertran de Born*, in *Studi di filologia romanza offerti a Valeria Bertolucci Pizzorusso*, a cura di Pietro G. Beltrami, Maria Grazia Capusso, Fabrizio Cigni e Sergio Vatteroni, Pisa, Pacini, II, 2006, pp. 955-991.

MENEGHETTI 1991: Maria Luisa Meneghetti, *Les florileges dans la tradition lyrique des troubadours*, in *Lyrique romane médiévale: la tradition des chansonniers*. Actes du Colloque de Liège, 1989, a cura di Madeleine Tyssens, Liège, Bibliothèque de la Faculté de Philosophie et Lettres de l'Université de Liège, 1991, pp. 43-59.

MONTEVERDI 1939: Angelo Monteverdi, *Pier d'Alvernia nel foglio supersite di un canzoniere provenzale del Duecento*, in «Studi Medievali», n.s. XII (1939), pp. 133-159; poi in Id., *Saggi neolatini*, Roma, Edizioni di Storia e Letteratura, 1945, pp. 209-247.

MORLINO 2012: Luca Morlino, *Un florilegio trobadorico recuperato*, in «Cultura Neolatina», LXXII/1-2 (2012), pp. 7-51.

ORLANDO 2006 : Sandro Orlando, *Tracce di un canzoniere trobadorico nella Bologna del primissimo Trecento*, in *«Liber», «fragmenta», «libellus» prima e dopo Petrarca. In ricordo di D'Arco Silvio Avalle*. Seminario internazionale di studi. Bergamo, 23-25 ottobre 2003, a cura di Francesco Lo Monaco, Luca C. Rossi e Niccolò Scaffai, Firenze, SISMEL-Edizioni del Galluzzo, 2006, pp. 107-114.

PELLEGRINI 1967: Silvio Pellegrini, *Frammento inedito di canzoniere provenzale*, in Id., *Varietà romanze*, a cura di Giuseppe E. Sansone, Bari, Adriatica, 1977, pp. 143-153 [precedentemente pubblicato in «Studi mediolatini e volgari», XV-XVI (1968), pp. 89-99 e in «Anuario de estudios medievales», IV (1967), pp. 385-391].

PFISTER 1986: Max Pfister, *Neuausgabe und neuentdecktes Fragment zu Bertran de Born. Anmerkungen zu zwei grundlegenden Neuerscheinungen der Troubadourforschung*, in «Zeitschrift für Romanische Philologie», CII (1986), pp. 368-376.

PULSONI 2001: Carlo Pulsoni, *Repertorio delle attribuzioni discordanti nella lirica trobadorica*, Modena, Mucchi, 2001.

RAJNA 1878A: Pio Rajna, *Estratti di una raccolta di favole*, in «Giornale di Filologia Romanza», I/1 (1878), pp. 13-42.

RAJNA 1878B: Pio Rajna, *Correzioni e aggiunte*, in «Giornale di Filologia Romanza», I/2 (1878), p. 200.

RIQUER 1971: Martín de Riquer, *Guillem de Berguedà*, Espluga de Francoli, Abadía de Poblet, 1971, 2 voll.

RIQUER-GÓMEZ MUNTANÉ 2001: Isabel de Riquer e Maricarmen Gómez Muntané, *La* desdansa *de Sant Joan de les Abadesses: édition philologique et musicale*, in *Convergences Médiévales. Épopée, lyrique, roman. Mélanges offerts à Madeleine Tyssens*, a cura di Nadine Henrard, Paola Moreno e Martine Thiry-Stassin, Bruxelles, De Boeck, 2001.

RIQUER-GOMEZ MUNTANÉ 2003: Isabel de Riquer con la colaboración de Maricarmen Gómez Muntané, *Las Canciones de Sant Joan de les*

RIQUER-GOMEZ MUNTANÉ 2003: Isabel de Riquer con la colaboración de Maricarmen Gómez Muntané, *Las Canciones de Sant Joan de les Abadesses. Estudio y edición filológica y musical*, Barcelona, Real Acadèmia de Bones Lletres de Barcelona, 2003.

SCHULZE 2002 : Joachim Schulze, *Eine bisher ubersehene sizilianische Kanzone mit Melodie in Katalonien*, in «Zeitschrift für romanische Philologie», CXVIII (2002), pp. 430-440.

SORRENTO 1929: Luigi Sorrento, *Una pagina di cultura medievale (con facsimile)*, in «Aevum», II (1929), pp. 228-272.

SORRENTO 1934: Luigi Sorrento, *Intorno alla figura del trovatore Lanfranco Cigala. Nota*, in «Rendiconti del Reale Istituto Lombardo di Scienze e Lettere», s. II, LXVII/11-15 (1934), pp. 681-694.

SORRENTO 1943: Luigi Sorrento, *Una pagina medievale di cultura e poesia*, in Id., *Medievalia. Problemi e studi*, Brescia, Morcelliana, 1943, pp. 228-272.

SQUILLACIOTI 1995: Paolo Squillacioti, Senher Dieu[s], que fezist Adam *di Folchetto di Marsiglia e due versioni catalane*, in «Studi mediolatini e volgari», XLI (1995), pp. 127-164.

SQUILLACIOTI 1999: *Le poesie di Folchetto di Marsiglia*. Edizione critica a cura di Paolo Squillacioti, Pisa, Pacini, 1999.

UGOLINI 1932: Francesco A. Ugolini, *Poesie guasco-provenzali inedite in un ms. Vaticano*, in «Archivum Romanicum», XVI (1932), pp. 385-410.

VALLS Y TABERNER 1912: Ferran Valls y Taberner, *Manuscrit literari del monestir de St. Pere*, in «Estudis universitaris catalans», VI (1912), pp. 347-350.

VATTERONI 1996: Sergio Vatteroni, *Fragments of Provençal Lyrical Manuscripts: a Bibliography*, in «Tenso», XII/1 (1996), pp. 14-30.

VATTERONI 2003A: Sergio Vatteroni, *Un sirventese catalano-occitanico falsamente attribuito a Peire Cardenal*, in «Studi Mediolatini e Volgari», XLVIII (2003), pp. 203-227.

VATTERONI 2003B: Sergio Vatteroni, *La poesia trobadorica nel Friuli medievale. Ipotesi sulla circolazione di un canzoniere provenzale nel Patriarcato di Aquileia*, in *Scène, évolution, sort de la langue et de la littéra-*

ture d'oc. Actes du Septième Congrès International de l'Association Internationale d'Études Occitanes. Reggio Calabria-Messina, 7-13 juillet 2002, a cura di Rossana Castano, Saverio Guida e Fortunata Latella, Roma, Viella, 2003, I, pp. 713-727.

ZAMUNER 1998: Ilaria Zamuner, *Una sottoscrizione dedicatoria di Carlo I d'Angiò ad Alfonso X di Castiglia*, in «Critica del Testo», I/3 (1998), pp. 919-966.

ZINELLI 2007: Fabio Zinelli, *Sur les traces de l'atelier des chansonniers occitans I K: le manuscrit de Vérone, Biblioteca Capitolare, DVIII et la tradition méditerranéenne du 'Livre dou Tresor'*, in «Medioevo romanzo», XXXI (2007), pp. 7-69.

ZUFFEREY 1981: François Zufferey, *Bibliographie des poètes provençaux des XIVe et XVe siècles*, Genève, Droz, 1981.

ZUFFEREY 1987: François Zufferey, *Recherches linguistiques sur les chans*

SCHRIFTEN
DER KÖNIGSBERGER GELEHRTEN GESELLSCHAFT
SONDERREIHE BAND 3

BIBLIOGRAPHIE DER TROUBADOURS

VON

DR. ALFRED PILLET †
ORD. PROFESSOR DER ROMANISCHEN PHILOLOGIE
AN DER UNIVERSITÄT KÖNIGSBERG I. PR.

ERGÄNZT, WEITERGEFÜHRT UND HERAUSGEGEBEN VON

DR. HENRY CARSTENS
STUDIENRAT AM LÖBENICHTSCHEN REALGYMNASIUM
ZU KÖNIGSBERG I. PR.

MAX NIEMEYER VERLAG
HALLE (SAALE)
1933

Vorwort.

Als bald nach Prof. Pillets allzu frühem Heimgang am 26. Oktober 1928 an mich die Aufgabe herantrat, sein „umfassendes und mühevolles" Lebenswerk, das den Anregungen von Prof. Levy und Geheimrat Appel seine Entstehung verdankt, fortzuführen und herauszugeben, bewog mich zu ihrer Übernahme außer dem Wunsche, der provenzalischen Wissenschaft zu dienen, eine Art Treueverhältnis, in dem ich zu dem Verblichenen stand. Mannigfache Schwierigkeiten, nicht zum wenigsten geldlicher Art, waren zu überwinden. Vor allem mußte ein genauer Einblick in die Art der Stoffbehandlung, wie Pillet sie ja zuletzt im 47. Bande der „Zeitschrift für Romanische Philologie" angedeutet hatte, gewonnen werden. Ich habe das Manuskript mit Frau Pillets freundlicher Hilfe durchgesehen, wofür ich ihr bereits an dieser Stelle danke. Die Durchsicht ergab folgendes:

Die Bibliographie ist von Pillet bis zu Pistoleta (Art. 372) geführt worden, und zwar etwa bis zum Jahre 1909, da Strońskis Ausgabe des Folquet de Marseilla nicht mehr Berücksichtigung gefunden hat. Lücken fanden sich bei Guillem Magret (Art. 223, 5a) und Pistoleta (Art. 372, 3 und 4). Bei Bertran de Born (Art. 80) waren mit Ausnahme des strittigen Liedes 8a, das ganz fehlte, nur die Handschriftenangaben zu den einzelnen Liedern vorhanden. Vermutlich sollte „il lirico delle armi e della cavalleria" (Crescini, Manuale p. XX) eine besonders sorgfältige Bearbeitung erfahren. Es fehlten völlig: Bertran de Born lo fills (Art. 81), Felip de Valenza (Art. 149a) und Perseval Doria (Art. 371).

Es kam für mich nun darauf an, das bereits Vorhandene aus der seit 1909 erschienenen Literatur zu ergänzen, wobei mir für den ersten Teil, die „Quellen", eine Zusammenstellung der nicht behandelten Liederhandschriften noch besonders nötig erschien. Darüber hinaus habe ich die Bibliographie von Pomairol (Art. 373) an bis zum Ende durchgeführt, wofür mir die in einem besonders eingerichteten Exemplar des „Grundriß" von Bartsch vorgefundenen Handschriftenangaben zu den Liedern zur Verfügung standen. Den Abschluß des Werkes bildet ein Reimregister, das ich im großen ganzen unverändert gelassen habe.

Ich habe nun noch der Notgemeinschaft der deutschen Wissenschaft, Berlin, dem Königsberger Universitätsbund und dem Herrn Landeshauptmann Dr. Blunk für finanzielle Unterstützung zu danken, ferner: den Dekanen der Philosophischen Fakultät Herrn Prof. Dr. Eisenlohr und Herrn Prof. Dr. Sonn, den Herren Professoren Geheimrat Appel (Breslau), Schultz-Gora (Jena), Zenker (Rostock) und Kolsen (Berlin), Herrn Regierungspräsident Dr. von Bahrfeldt, dem Oberstudiendirektor der Hindenburg-Oberrealschule Herrn Dr. Haupt, sowie dem Provinzial-Schulkollegium und dem Stadtschulamt.

Vor allem aber danke ich dem derzeitigen Rektor der Albertus-Universität, Herrn Prof. Dr. Mitscherlich, ohne dessen gütige Hilfsbereitschaft die Bearbeitung und Herausgabe des Werkes unmöglich gewesen wäre.

Königsberg i. Pr., im Oktober 1931.

Dr. Henry Carstens.

Quellen

Die **Bezeichnung** der Liederhss. und der Werke, die Zitate aus den Troubadours bringen, folgt den jetzt fast allgemein angenommenen Vorschlägen von Bartsch, Grdr. p. 27 ff.[1]). Die Lücken der Liste, soweit sie 1877 erkennbar waren, hat Gröber (s. unten) ausgefüllt; ich brauche auch die von ihm eingeführten Bezeichnungen (nur sind φ^1, φ^2 bei mir Fa, Fb). Von den noch später hinzugetretenen Hss. haben die wichtigeren (N^2, Sg, a^1, r, ω) die Namen erhalten, die entweder bei der ersten Beschreibung vorgeschlagen wurden oder nachher in Aufnahme gekommen sind. Ich habe mir selbst erlaubt, drei Hss. (p, q, s) zu taufen und einzureihen, weil sie mir teils wegen ihres Umfanges (q), teils als Bruchstücke von Sammlungen (p, s) ein eigenes Sigel zu verdienen schienen; dazu kommt noch Terramagninos Doctrina als μ. Die Hss. Vega—Aguiló bringe ich als Ve. Ag. nach V. Alle übrigen Hss. habe ich in den Anhang verwiesen und dort nach Bibliotheken geordnet. Ein Register wird die Übersicht des Ganzen erleichtern[2]).

Bartschs Prinzip, die Pergament-Hss. mit großen, die Papier-Hss. mit kleinen lateinischen Buchstaben zu bezeichnen und die Werke, aus denen er Zitate entnahm, sowie die Hss., die nur ein paar Lieder enthalten, mit kleinen griechischen Buchstaben, ist schon von ihm nicht ganz streng durchgeführt worden und seitdem erst recht durchbrochen. Seine Absicht, in diesem Rahmen die Liedersammlungen weiter „nach dem ungefähren Werte, den sie für die Kritik haben", zu ordnen, war von vornherein kaum durchführbar, und nach ihm hat man diese Rücksicht auch nicht mehr genommen, als man neue einschob. Immerhin ist es wünschenswert, daß man in Zukunft eine gewisse Reihenfolge innehält, etwa indem man größere Sammlungen hinter g, kleinere hinter s einfügt. Der Platz wird wohl für lange reichen[3]).

---

[1]) Diese Vorschläge weichen erheblich ab von Bartschs Bezeichnungen in Peire Vidal's Liedern p. LXXXVI ff.

[2]) S. Vorwort.

[3]) S. Jeanroy, Bibliographie sommaire des chansonniers provençaux (manuscrits et éditions), Paris 1916, p. 1—33 (= Les classiques français du moyen âge, 16); dazu: Anglade, AdM. 29/30, 443; Brunel, Bibl. de l'École des Chartes 78, 373; Pelaez, Rassegna 25, 417; Salverda de Grave, Neophilologus 3, 222; Bertoni, Archiv. roman. 2, 396; Millardet, Rlr. 60, 331; Gennrich, Zts. 41, 289. — Vorher erschien: E. Monaci, Appunti bibliografici sui principali fonti per la storia della letteratura provenzale nel medio evo, Città di Castello 1914 (nur Neuausgabe von 1889). Weiter sind zu nennen:

Das einzige System, welches in einen ernsthaften Wettbewerb mit dem Bartschen getreten ist, wurde von Paul Meyer, Derniers Troubadours, p. 11, Anm. 1 aufgestellt. Ich führe es hier vor.

P. Meyer	Hss.	Bartsch
A	Bibl. Nat., franç. 854	I
B	" " " 856	C
C	" " " 1592	B
D	" " " 1749	E
E	" " " 12472	f
F	" " " 12473	K
G	" " " 12474	M
H	" " " 15211	T
I	" " " 22543	R
J	Vaticana 3205	g[1]
K	" 3206	L
L	" 3207	H
M	" 3208	O
N	" 5232	A
O	Chigiana L. IV. 106	F
P	Laurenziana XLI. 42	P
Q	" XLI. 43	U
R	" XC. 26	c
S	Riccardiana 2814	a
T	" 2909	Q
U	Estense α, R, 4, 4	D
V	Marciana, app. XI	V
W	Ambrosiana R 71	G
X	" D 465	Fb
Y	Cheltenham 8335	N
Z	Oxford, Douce 269	S

Für alle Untersuchungen über Anlage, Quellen und Kritik der Hss. ist grundlegend

G. Gröber, Die Liedersammlungen der Troubadours, Rom. Stud. 2 [1877], 337 ff. (zitiert Gröber . . .).

Von den Hss. der Bibliothèque Nationale, die zu dem *ancien fonds français* (1—6170) gehören, gibt der Katalog genau den Inhalt an (auch die Liederanfänge):

Bibliothèque Impériale (Nationale). Département des manuscrits français. Catalogue des mss. français,

---

Bertoni, I trovatori d'Italia p. 185—99 (Manoscritti provenzali contenenti poesie di trovatori italiani). — Anglade, Bibliographie élémentaire de l'ancien provençal, Barcelona, Institut d'Estudis Catalans, 1921, p. 14—21 (= Biblioteca filològica de l'Institut de la llengua catalana, XIII). — Daniel C. Haskell, Provençal literature & language, including the local history of southern France. A list of references in the New York Public Library, New York 1925, p. 21—27 u. 663. — S. auch die kurze Zusammenstellung bei Crescini, Manuale per l'avviamento agli studi provenzali, p. 147—49.

t. I—V. Ancien fonds. Paris 1868—1902. 4⁰. (Zitiert Catalogue, anc. fonds . . .).

Die übrigen Hss. des *fonds français* sind summarisch beschrieben in

Bibliothèque Nationale. Catalogue général des manuscrits français, par Henri Omont [avec la collaboration de C. Couderc, L. Auvray et Ch. de La Roncière]. Paris. 8⁰ mit den Unterabteilungen:

Ancien supplément français [6171—15369], 3 Bde. 1895—96,

Ancien Saint-Germain français [15370—20064], 3 Bde. 1898—1900,

Anciens petits fonds français [20065—33264], 3 Bde. 1898, 1902, 1897;

dazu Nouvelles acquisitions françaises [1—10000], 3 Bde. 1899—1900 (zitiert Catalogue gén. . . .).

Von den Troubadours-Hss. der italienischen Bibliotheken hat Grüzmacher von 1862 bis 1864 im Archiv, Bd. 32—36 Beschreibungen, Inhaltsangaben, z. T. auch Abdrücke geliefert. Nachträge und Berichtigungen gab Bartsch, Jahrbuch 11, 1 ff.; dazu s. Mussafia, Jahrb. 12, 29 ff.

Beschreibung der römischen Hss. durch

Ernest Langlois, Notices des mss. français et provençaux de Rome antérieurs au XVIe siècle, Paris 1889 = Notices et extraits des mss. de la Bibliothèque Nationale et autres bibliothèques, t. 33, II (zitiert Langlois, Notices . . .).

Zur Geschichte der Hss., besonders der italienischen, vgl.

A. Mussafia, Über die prov. Liederhss. des Giovanni Maria Barbieri, Sitzungs-Ber. der K. Akad. der Wiss., philos.-hist. Kl., Bd. 76, Wien 1874, p. 201 ff.

Antoine Thomas, Francesco da Barberino et la littérature provençale en Italie au moyen âge, Paris 1883 (= Bibliothèque des Écoles françaises d'Athènes et de Rome, fasc. 35); s. das ganze Kapitel Les mss. prov. en Italie, p. 97 ff. (zitiert Thomas, F. da Barberino); besprochen von Renier, Giorn. stor. d. let. it. 3, 91.

V. Cian, Un decennio della vita di M. Pietro Bembo. Torino 1885 (zitiert Cian, Un decennio . . .).

A. Pakscher, Aus einem Katalog des Fulvius Ursinus, Zts. 10, 205 ff.

P. de Nolhac, La Bibliothèque de Fulvio Orsini. Paris 1887 = Bibliothèque de l'École des hautes Études, sciences philologiques et historiques, 74e fasc. (zitiert Nolhac, F. Orsini . . .).

C. De Lollis, Appunti dai mss. provenzali Vaticani, Rlr. 33, 157 ff.

C. De Lollis, Ricerche intorno a canzonieri prov. di eruditi italiani del sec. XVI, Rom. 18, 453 ff.

Santorre Debenedetti, Benedetto Varchi provenzalista, Atti della R. Accademia delle Scienze di Torino, vol. 37, 1901—2, p. 114 ff. (zitiert Debenedetti . . .) und Ders., Gli studi provenzali in Italia nel Cinquecento. Torino 1911.

G. Bertoni, Giovanni Maria Barbieri e gli studi romanzi nel sec. XVI. Modena 1905, p. 25 ff. (zitiert Bertoni, G. M. Barbieri . . .).

Über die altfranzösischen Liederhss.[1]), die prov. Lieder enthalten, siehe

L. Gauchat, Les poésies provençales conservées par des chansonniers français, Rom. 22, 364 ff.

G. Raynaud, Bibliographie des chansonniers français des XIIIe et XIVe siècles. 2 Bde. Paris 1884; davon gibt Bd. I die Description des mss. (zitiert Raynaud I . . .).

E. Schwan, Die altfranzösischen Liederhss. Berlin 1886 (zitiert Schwan . . .).

Zu den katalanischen Liederhss. s. J. Massó y Torrents, Riambau de Vaqueres en els cançoners catalans, in Institut d'Estudis Catalans, Anuari MCMVII, Barcelona, p. 414 und Ders., Bibliografia dels antics poetes catalans, ibid. MCMXIII—XIV, p. 3—276 (vgl. Anglade, AdM. 29/30, 447 und Bertoni, Archiv. roman. 2, 400) und in Miscellània Prat de la Riba (Instit. d'Estud. Catal. 1923), p. 422 ff.

Die mit Noten versehenen Liederhss. behandeln

A. Restori, Per la storia musicale dei Trovatori provenzali. Appunti e Note, Riv. mus. ital. 2, 1 ff. und 3, 231 ff., 407 ff.; besonders 2, 2 ff.

J.-B. Beck[2]), Die Melodien der Troubadours, Straßburg 1908; besonders p. 7 ff.

Gesamtverzeichnisse der überlieferten Melodien geben Restori, l. c. 3, 444 ff. und Beck, Melodien p. 29 ff.

A. Rom, Biblioteca Vaticana 5232.

[Meyer N.] Ende 13. Jh. Pergament. 217 Bl. 38×25. Chansos fol. 9 ff. (Nr. 1—502), tensos 177 ff. (503—538), sirventes 189 ff. (539—626). 626 Gedichte, 52 Biographien.

Beschreibung und Inhalt: Grüzmacher, Arch. 34, 141 ff., dazu Bartsch, Jahrb. 11, 19 ff. — Abdruck einzelner Lieder durch dens.,

---

[1]) Jeanroy, Bibliogr. sommaire des chansonniers français du moyen âge, Paris 1918, p. 1—32 (= Les classiques franç. du moyen âge, 18).

[2]) S. auch Corpus cantilenarum medii aevi, 1re série. Bisher: Beck, Les chansonniers des troubadours et des trouvères publiés en facsimilé et transcrits en notation moderne, t. 1—2, Paris et Philadelphie, 1927. (Chansonnier Cangé).

Arch. XXXIII 312 ff., 434 ff. und XXXIV 161 ff.; Abdruck von Nr. 1—203 (mit Ausnahme der von Grüzmacher veröffentlichten) durch Stengel, Arch. LI 1 ff., 129 ff., 241 ff.; vollständiger Abdruck durch Pakscher und De Lollis, Il canzoniere prov. A in Studj di fil. rom. Bd. 3 mit Einleitung von De Lollis. — Monaci, Facsimili di antichi mss. per uso delle scuole di filologia neolatina, fasc. I, Roma 1881, Tafel 1 und 2 und Ders., Facsimili di documenti per la storia delle lingue e delle letterature romanze, Tafel 99.

Zur Geschichte: Pakscher, Zts. 10, 238; P. de Nolhac, F. Orsini p. 316; De Lollis, l. c. p. II; Debenedetti, Gli studi provenzali in Italia nel Cinquecento p. 95, 249, 250 A. 3 und passim. — Quellen: Gröber p. 462 ff.; dgl. und besonders über das Verhältnis zu B: De Lollis p. III ff.[1])

Zu den Miniaturen der Hs. s. Anglade, Rom. 50, 593.

Ich habe Blatt und (in Klammern) Gedichtnummer bei Pakscher-De Lollis angegeben, dazu die entsprechende Stelle des Archivs.

A^a[2]), jetzt eingeklebt in M als Bl. CCLXIX.

Pergamentblatt (21×15) des 13. (14.?) Jhs., war Bl. VI einer verlorenen 4⁰-Hs., enthält 133, 8 ohne Anfang, die Biographie von Albertet und 16, 1.

Zur Geschichte s. P. Meyer, Rom. 39, 414.

A^b[3]). Ravenna, B. Classense 165.

In zwei Stücke zerrissenes Pergamentblatt (29×21), Ende 13. oder Anfang 14. Jh., gehörte nach Renier als Bl. VIII zu derselben Hs. wie A^a und ist nach P. Meyer von derselben Hand wie A und B, enthält 3 Gedichte, die Folquet de Marseilla zugeschrieben werden.

Beschreibung bei G. Mazzatinti, Inventari dei manoscritti delle biblioteche d'Italia, vol. 4 (Forlì 1894), p. 184 und eingehender mit Angaben über Inhalt und Abstammung (und mit einigen Varianten) bei R. Renier, Il lacerto ravennate d'un antico codice trobadorico, Giorn. stor. d. let. it. 26 [1895], 286; vollständiger Abdruck mit Einleitung von Amos Parducci, Fragment d'un ancien chansonnier prov., Rom. 39, 77 und mit einem Nachwort und kleinen Facsimile von P. Meyer (s. auch Rom. 39, 414).

B. Paris, Bibliothèque Nationale, franç. 1592 (anc. 7614).

[Meyer C.] 13. Jh. Pergament. 123 Bl. 4⁰. Chansos fol. 5 ff., sirv. 113 ff. 205 Gedichte, 37 Biographien. Das Register führt

---

[1]) Über eine alte Abschrift von A, die jetzt verlorene Hs. 410 der Bibl. Saibante in Verona, und über einen Auszug aus dieser, der in der Hs. 230, früher 13878 der Bibl. publique von Nîmes erhalten ist, s. Chabaneau, Rlr. 28, 281.

[2]) Jeanroy, Bibliogr. p. 2: A^b.

[3]) Parducci schlägt die Bezeichnung **c1** vor. — Jeanroy p. 2: A^c.

21 Tenzonen auf, die aber nachher nicht eingetragen worden sind, s. De Lollis, p. IX des Abdrucks von A; ich habe ihre Attributionen berücksichtigt.

Inhalt: Catalogue, anc. fonds I 264 ff. Kollation mit A, Abdruck der Biographien und der in A fehlenden Gedichte durch De Lollis, l. c. p. 671 ff. — Quellen: Gröber p. 466 ff. Verhältnis zu A s. oben.

Die Zahl bezeichnet das Blatt. Da die Kollation nicht der Anordnung von B folgt, sondern der von A, und da ein Abdruck von B kaum erfolgen dürfte, so habe ich auf Anführung der Gedichtnummern verzichtet. Man suche die Varianten von B im Anhang von De Lollis unter der entsprechenden Nummer von A. In Ausnahmefällen ist die Seite bei ihm genannt.

C. Paris, Bibl. Nat., franç. 856 (anc. 7226).

[Meyer B.] 14. Jh. Pergament. 397 Bl. Folio. Lieder fol. 1 ff., tensos 386 ff. Gegen 1200 Gedichte. Zwei wichtige Register: eines nach der Reihenfolge der Lieder in der Hs. und ein alphabetisches der Liederanfänge (C Reg.).

Inhalt: Catalogue, anc. fonds I 129 ff.

Zur Geschichte: Chabaneau, Rlr. 28, 279 A. 1; Thomas, Rom. 17, 404 ff.; Jeanroy, Mélanges offerts à M. Émile Picot 1 (Paris 1913), p. 525 ff. — Quellen: Gröber p. 574 ff.

Zu den Miniaturen der Hs.: Anglade, Rom. 50, 603.

Blatt angegeben.

D. Modena, B. Estense, α, R, 4, 4.

[Meyer U.] Teil I nach gewöhnlicher Annahme, die aber Bertoni anzweifelt, von 1254, Teil II vom Ende 13. oder Anfang 14. Jhs. Pergament. 260 Bl. 34×24. 1045 Gedichte. — Teil I enthält die Sammlungen **D** = Bl. 1—151 (Nr. 1—526) und $\mathbf{D}^{a}$ = Bl. 153—211 (Nr. 527—777, aus dem liber Alberici), den Tesaur des Peire de Corbian Bl. 213—6 (Nr. 778), den Liebesbrief *Eu amanz jur* Bl. 216 (Nr. 779) [und altfranz. Lieder [1]) Bl. 217—230]. Teil II umfaßt $\mathbf{D}^{b}$ = Bl. 232—243, Sirventese des Peire Cardenal (Nr. 780—822) und $\mathbf{D}^{c}$ = Bl. 243—260, Biographie und Anthologie des Ferrari aus Ferrara (eigene Zählung: bei Mussafia 221 Nummern, bei Teulié und Rossi 223). Angehängt ist die Papierhs. **d** (s. daselbst).

Mussafia, Del codice Estense di rime provenzali in Sitzungs-Ber. der Kais. Akad. der Wissensch., phil.-hist. Klasse, Bd. 55, Wien 1867, p. 339 ff. (auch separat) gibt Beschreibung und Geschichte, Inhalt, Kollation oder Abdruck einzelner Gedichte; vgl. P. Meyer, Rev. critique, 1867, II 90 ff.

---

[1]) Bei Raynaud I 37 ff. als **M** bezeichnet, bei Schwan p. 216 ff. als **H**. Vgl. J. Camus, Rlr. 35, 230 ff. u. Jeanroy, Bibliogr. somm. des chansonniers franç. p. 4.

Zur Geschichte s. Nolhac, F. Orsini p. 315 und Bertoni, Le manuscrit prov. D et son histoire, AdM. 19, 238; zu Beschreibung und Geschichte s. Giulio Camus, I codici francesi della R. Biblioteca Estense, Modena 1890, p. 56 ff. (Abdruck aus Rassegna Emiliana, II), Bertoni, Archiv. roman. 1, 307; zu den Randbemerkungen von Bembo s. Bertoni, Studj romanzi 1, 19 ff. mit kleinem Faksimile. — Quellen: Gröber p. 462 ff. und für D^c: p. 624 ff.

Vollständiger Abdruck von D^c durch Teulié et Rossi, L'Anthologie prov. de maître Ferrari de Ferrare, AdM. XIII 60 ff., 199 ff., 371 ff. und XIV 197 ff., 523 ff.; wichtige Besprechung mit Kollation der Hs. von Bertoni, Giorn. stor. d. let. it. 42, 378.

Die erste Zahl bezeichnet das Blatt nach freundlicher Mitteilung von Bertoni, die zweite — nach dem Strich — die Nummer in Mussafias Verzeichnis. Nur bei D^c bedeutet die zweite Zahl (in Klammern) die Nummer im Abdruck von Teulié und Rossi, wozu die Stelle der AdM. angegeben ist.

E. Paris, Bibl. Nat., franç. 1749 (anc. 7698).

[Meyer D.] 14. Jh. Pergament. 231 Seiten 4°. Anordnung: 1° chans. und sirv. in alphabetischer Reihenfolge der Verf. mit Ausnahme der ersten 6 Dichter, p. 1 ff.; 2° Biographien (23 Nummern) mit razos, p. 189 ff.; 3° tensos e partimens, p. 211 ff.; 4° anonyme Lieder, p. 227 ff. 413 Gedichte.

Inhalt: Catalogue, anc. fonds I 304 ff.

Zur Geschichte: Canello, A. Daniello p. 67; V. Cian, Un decennio p. 77; Chabaneau, Rlr. 28, 278 A. 3; Nolhac, F. Orsini p. 317 (Benutzung durch Bembo?); Thomas, Rom. 18, 297 (gehörte im 15. Jh. den Este); Debenedetti, Gli studi prov. in Italia . . p. 125 und passim. — Quellen: Gröber p. 583 ff. — Vgl. Santangelo, Dante e i trov. prov. p. 49.

Seite angegeben.

F. Rom, B. Chigiana, L. IV. 106 (früher 2348).

[Meyer O.] 14. Jh. Pergament. 102 Bl. kl. 4°. Bl. 1—8 gehören nicht zur Hs. Verloren sind je ein Blatt vor Bl. 9 und vor 15, sowie 8 Blätter vor 23. Die Lücken sind durch Fa (s. unten) auszufüllen. Die vollständige Hs. enthielt 211 Nummern. Anthologie.

Beschreibung und Inhalt: Bartsch, Jahrb. 11, 24 ff. Diplomatischer Abdruck unter Heranziehung von Fa und mit Varianten und Konkordanz: Die prov. Blumenlese der Chigiana. Erster und getreuer Abdruck. Nach dem gegenwärtig verstümmelten Original und der vollständigen Kopie der Riccardiana besorgt von E. Stengel. Marburg 1878. Stengel hat nur die eigentliche Blumenlese abgedruckt, nämlich Nr. 1—185 (auch coblas) und Nr. 211; außerdem stehen in F noch Bl. 62—101 die Biographie (razos) und 25 Lieder von Bertran de Born (s. Jahrb. 11, 31).

Zur Geschichte s. Stengel p. 64 ff.
Die Hs. wird ergänzt durch die Kopien:

Fa. Florenz, B. Riccardiana 2981,

vollständig, angefertigt 1594 von Antonio Martellino für Piero di Simon del Nero und von diesem mit Varianten versehen (vgl. über ihn Bertoni, Studj romanzi 2, 64 ff. und G. M. Barbieri p. 33 ff.). Papier. 288 Seiten 4°. — Arch. 33, 425 ff.; Jahrb. 11, 9.

Fb[1]) in der Sammelhs. Mailand, B. Ambrosiana, D 465 inf. unter Nr. 25,

[Meyer X.], unvollständig, 1565 durch Antonio Gigante hergestellt. Papier. 44 Bl. Folio. — Arch. 32, 423 ff. und Jahrb. 11, 3; Stengel, Die beiden ältesten prov. Grammatiken p. X ff. — Zur Geschichte: Bertoni, Rom. 38, 131 ff. — Quellen von F und Fa (φ^1 Gröber), Fb (φ^2) s. Gröber p. 629 ff.; dazu Stengel p. 67.

Die erste Zahl bezeichnet für F das Blatt (in Stengels Abdruck die innere, kleinere Zahl der Spalte), für das nur zur Ausfüllung der Lücken herangezogene Fa die Seite, die zweite Zahl (in Klammern) die Gedichtnummer bei Stengel.

G. Mailand, B. Ambrosiana R 71 sup.

[Meyer W.] 14. Jh. Pergament. 143 (ursprünglich 130) Bl. 26×17. Gegen 235 Gedichte (Tenzonen fol. 90—100); 32 coblas. Dazu 3 Enseignamens, 4 Episteln und die Novas del papagai. Musiknoten.

Beschreibung und Inhalt Arch. 32, 389 ff. (dazu Jahrb. 11, 1 ff.), Abdruck einzelner Gedichte Arch. 32, 400 ff. und 35, 100 ff. Verzeichnis der coblas bei Bertoni, Il canzoniere prov. della Riccardiana n° 2909 [s. unter Q], p. XLIV; Abdruck einzelner Nummern daselbst, passim. Vollständiger Abdruck von ihm versprochen[2]). — Neue Beschreibung bei Beck, Melodien p. 14 ff. mit Verzeichnis der Melodien; Schemata der Melodien der meisten Lieder bei Restori, Riv. mus. ital. 3, 440 Anm. 1.

Quellen: Gröber p. 545 ff. und für die coblas: p. 652 ff. Verhältnis zu Q: Bertoni p. XXVI ff.

Die Zahl bezeichnet das Blatt. — Ich habe die Hs. im Herbst 1910 vollständig durchgesehen; vorher hatten die Herren Prof. F. Novati und C. Appel die Güte, mir über Einzelheiten Auskunft zu geben, bzw. Notizen zur Verfügung zu stellen.

---

1) Von Jeanroy, Bibliogr. p. 6 mit **Fc** bezeichnet.

2) G. Bertoni, Il canzoniere provenzale della Biblioteca Ambrosiana R. 71. sup. Edizione diplomatica preceduta da un' introduzione, Dresden 1912 (= Gesellschaft für roman. Lit., Bd. 28); vgl. Liter. Zentralblatt 1913, col. 449.

H. Rom, B. Vaticana 3207.

[Meyer L.] Erste Hälfte des 14. Jhs. oder Ende des 13. Jhs. Pergament. 61 (62) Bl. 22×15. 270 Nummern, inkl. 24 Biographien und razos. Tenzonen von fol. 43 ab.

Beschreibung und Inhalt: Arch. 34, 385 ff., dazu Jahrb. 11, 21 ff. und Stengel, Cod. Vatic. No. 3207, Zts. 1, 93. Abdruck einzelner Gedichte Arch. 34, 392 ff. Vollständiger Abdruck mit Einleitung durch Gauchat und Kehrli, Il canzoniere prov. H, Studj di fil. rom. 5, 341 ff. — Monaci, Facsimili di antichi mss., fasc. I, Tafel 3 und 4 und Facsimili di documenti, Tafel 100 u. 101.

Zur Geschichte s. Nolhac, F. Orsini p. 321; Bertoni, G. M. Barbieri p. 39 A. 1 und Per la storia del cod. H, Rlr. 50, 45. — Pakscher, Zts. 10, 447 ff. glaubt, die Randglossen, die er abdruckt, seien von Dantes Hand; widerlegt durch De Lollis, Giorn. stor. della Lett. ital. 9, 238 ff.

Quellen: Gröber p. 401 ff. Über H als Quelle von Barbieris Libro slegato (s. $\varkappa$) vgl. Mussafia, Sitzungs-Ber. Bd. 76, p. 250; Gröber p. 407; De Lollis (s. unten) p. 158; Bertoni, G. M. Barbieri p. 42. — Pakscher identifiziert es geradezu mit H; dagegen Gauchat-Kehrli p. 344 ff.

De Lollis, Appunti dai mss. prov. vaticani, Rlr. 33, 157 ff. beschäftigt sich eingehend mit H, und zwar vor Gauchat-Kehrli, Anlage, Charakter, Quellen der Hs. und besonders die coblas, Tenzonen und die sogen. Poetik behandelnd.

H enthält nämlich als Nr. 167 eine Art „Poetik", Sammlung von coblas-Zitaten, von Gröber p. 647 mit π bezeichnet. Bartsch, Chrest. col. 325 ff. veröffentlichte einen Teil, De Lollis, l. c. p. 187 ff. den Rest mit Identifizierung der Zitate.

Zu den Miniaturen s. Anglade, Rom. 50, 595.

Blatt und (in Klammern) Gedichtnummer des Abdrucks angegeben.

I. Paris, Bibl. Nat., franç. 854 (anc. 7225).

[Meyer A.] 2. Hälfte des 13. Jhs. Pergament. 199 Bl. Folio. Chans. fol. 11 ff., tens. 152 ff., sirv. 164 ff. 858 Gedichte, 86 (bzw. 87) Biographien (razos).

Inhalt: Catalogue, anc. fonds I 119 ff.

Zur Geschichte s. Thomas, Rom. 17, 406. — Quellen: Gröber p. 464 ff.

Zu den Miniaturen: Anglade, Rom. 50, 596.

Blatt angegeben.

J. Florenz, B. Nazionale, Conv. Sopp. F, 4, 776 (Hs. von Santo Spirito).

[Bartsch unbekannt.] Ende 13. Jhs. bis 14. Jh. Pergament. 31×21. Italienische Sammelhs. von 76 Bl.; davon enthalten

Bl. 60—73 prov. Stücke: 52 Gedichte, worunter Novas del papagai, 74 coblas (bei Stengel im ganzen nur 109 Nummern).

Beschreibung und Inhalt: Stengel, Riv. di fil. rom. 1, 25 ff. [1872]; Texte ib. 32 ff.; Nachträge zur Identifizierung der coblas ders., Zts. 1, 387 A. 1. Vollständiger Abdruck mit Einleitung (Beschreibung, Geschichte, Kritik) durch Savj-Lopez, Il canzoniere prov. J, Studj di fil. rom. 9, 489 ff.

Zur Geschichte außerdem Thomas, F. da Barberino p. 99; H. Varnhagen, Über die Fiori e vita di filosafi ed altri savii ed imperadori, nebst dem ital. Texte, Erlangen 1893, p. VII ff. — Quellen: Gröber p. 603 ff. und für die coblas: p. 651 ff.

Die erste Zahl bezeichnet das Blatt (eigene Zählung des prov. Teils der Hs.), die zweite (in Klammern) die Nummer des Abdrucks von Savj-Lopez. Diese Nummer stimmt bei den Liedern mit der von Stengels Inhaltsverzeichnis überein. Den coblas esparsas ist *c. e.* vorgesetzt, da Savj-Lopez sie besonders zählt. Bei den von Stengel abgedruckten Stücken steht ... und Riv. 1 (bzw. auch Nr. . . .).

K. Paris, Bibl. Nat., franç. 12473

(anc. suppl. franç. 2032, ehemals Vat. 3204).

[Meyer F.] 2. Hälfte des 13. Jhs. Pergament. 185 (bzw. 188) Bl. 34×23. Chans. fol. 1 ff., tens. 138 ff., sirv. 149 ff. 860 Gedichte, 86 (bzw. 87) Biographien, wovon 1 doppelt (razos).

Beschreibung: Catalogue gén., anc. suppl. franç. II 538. Inhaltsangabe fehlt.

Zur Geschichte: Cian, Un decennio p. 77; Pakscher, Zts. 10, 235 ff. (von Fulvio Orsini); Nolhac, F. Orsini p. 107 ff. u. 313 ff. (gehörte Bembo); Jeanroy und Bertoni, AdM. 16, 347 ff. (von Tassoni benutzt). Über die Behauptung, daß die Notizen von Petrarca seien, s. Nolhac p. 314 und De Lollis, Rom. 18, 465 ff. Bertoni, Le postille del Bembo sul cod. prov. K, Studj romanzi 1, 9 ff. mit kleinem Faksimile; dazu P. Meyer, Rom. 33, 134. Bertoni, Ancora le postille del Bembo sul ms. provenzale K, Giorn. stor. d. lett. ital. 61, 174 ff. Debenedetti, Gli studi prov. in Italia p. 89, 211 und passim (vgl. Rom. 40, 337). Spätere Schicksale: L. Delisle, Journ. des Sav. 1892, p. 498. — Quellen: Gröber p. 465 ff.

Zu den Miniaturen: Anglade, Rom. 50, 598.

I und K sind sehr nahe verwandt. In Auswahl und Anordnung der Gedichte stimmen sie genau überein. K hat 10 Gedichte weniger als I, nämlich 96, 11; 96, 2; 97, 6 (sofern in I wiederholt); 437, 32; 325, 1; 357, 1; 182, 2; 325, 1a; 182, 1; 306, 2 und die Biographie von Blacasset, und hat dafür 12 Gedichte mehr als I, nämlich 335, 27 (sofern in K wiederholt); 335, 42 (dgl.); 461, 34; 101, 2; 202, 8 (dgl.); 106, 9; 106, 13; 293, 15; 293, 17; 293, 31; 233, 4; 461, 143 und die Biographien von Peire Cardenal (sofern in K wiederholt) und Marcabru. Die Behauptung, K sei aus I geflossen, oder K habe neben I keinen originellen Wert, ist durchaus unbegründet.

Blatt nach meinen Notizen angegeben.

Kp.[1]) Kopenhagen, Kgl. Bibliothek, Thottske Samling Nr. 1087.

[Bartsch unbekannt.] Anscheinend 14. Jh. Pergament. 4⁰. Teil I (103 Bl.) enthält G. Map, Roman de la mort du roi Artus; Teil II = Bl. 104ᵃ—108ᵈ enthält 12 prov. Lieder.

Beschreibung und Abdruck durch Stengel, Die kopenhag. Sammlung prov. Lieder, Zts. 1, 387 ff. [1877]. — Quellen: Gröber p. 595 A. 1.

Blatt und Gedichtnummer (in Klammern) angegeben.

L. Rom, B. Vaticana 3206.

[Meyer K.] 14. Jh., nach Langlois 15. Jh. Pergament. 148 Bl. 15×10. 144 Gedichte, darunter 8 Briefe (einer doppelt); außerdem fol. 1 ff. Chastel d'amors, 71 ff. *En aquel temps c'om era gais*, 84 ff. Fragment des Jaufre, 126 ff. Tesaur des Peire de Corbian. Lückenhaft. Ziemlich viele Anonyma, meist später attribuiert.

Beschreibung und Inhalt: Arch. 34, 418 ff. (Jahrb. 11, 23); vgl. Langlois, Notices p. 253. Abdruck einzelner[2]) Stücke: Arch. 34, 424 ff.

Zur Geschichte: Nolhac, F. Orsini p. 322 und Debenedetti, Gli studi prov. in Italia p. 238, auch p. 246. — Quellen: Gröber p. 433 ff.

Blatt angegeben.

M. Paris, Bibl. Nat., franç. 12474
(anc. suppl. franç. 2033, ehemals Vat. 3794).

[Meyer G.] 14. Jh. Pergament. 268 Bl. [fol. 269 ist Aᵃ] 22×17. Chans. fol. 1 ff., sirv. 207 ff., descortz 249 ff., tens. 252 ff. 463 Gedichte.

Beschreibung: Catalogue gén., anc. suppl. franç. II 539. Inhaltsangabe fehlt.

Zur Geschichte s. Nolhac, F. Orsini p. 318 ff.; E. Pèrcopo, Le Rime di Benedetto Gareth detto il Chariteo secondo le due stampe originali con introduzione e note, I, Napoli 1892 (= Bibl. Napoletana di storia e letteratura edita da B. Croce, I), p. CCXIX ff.; Bertoni, G. M. Barbieri p. 30; Debenedetti, Gli studi prov. p. 13, 215 und passim. Zu den *postille* von Colocci s. De Lollis, Rom. 18, 453 ff. — Quellen: Gröber p. 510 ff. Über das Verhältnis zu Barbieris

---

[1]) i bei Jeanroy, p. 25.

[2]) Vollständiger Abdruck durch Mario Pelaez, Il canzoniere provenzale L (Codice Vaticano 3206), Studj rom. 16, 5 ff.; vgl. Bertoni, Archiv. roman. 5, 274.

Libro in assicelle s. Mussafia, Sitzungs-Ber. etc. Bd. 76, p. 238ff. und Gröber p. 515ff.

Zu den Miniaturen s. Anglade, Rom. 50, 600.

Blatt nach meinen Notizen angegeben.

Abschriften von M:

g¹.[1]) Rom, B. Vaticana 3205.

[Meyer J.] 1. Hälfte des 16. Jhs. Papier. 188 Bl. 34×24. Vollständig. Beschreibung und Inhalt: Arch. 35, 84ff., vgl. Langlois, Notices p. 252.

Zur Geschichte s. Nolhac, F. Orsini p. 320. Über g als Anhang s. unter g.

g².[1]) Bologna, Biblioteca dell' Università 1290 (früher Append. mss. 767).

16. Jh. Papier. 228 Bl. 8⁰. Unvollständig. Arch. 35, 98; Jahrb. 11, 4.

Beschreibung und Inhalt: Mussafia, Del cod. Estense [s. D] p. 447ff.

Diese Abschriften waren zu erwähnen, weil sie oft zitiert worden sind und das Inhaltsverzeichnis von g¹ Dienste leistet, so lange ein solches von M nicht veröffentlicht ist[2]).

N. Cheltenham, Bibliothek des Mr. T. Fitz-Roy Fenwick 8335

(frühere Bibliothek des Sir Thomas Phillipps in Middlehill); auch chansonnier Mac Carthy (2809) genannt.

[Meyer Y.] 14. Jh. Pergament. 296 (bzw. 290) Bl. gr. 4⁰. 465 Nummern in 47 Abteilungen, darunter viele anonym. I—V enthält größere Gedichte, VI anonyme descortz, XI, XIII, XV anonyme coblas, XLVII partimens (meist anonym).

Beschreibung: H. Suchier, Il canzoniere prov. di Cheltenham, Riv. di fil. rom. 2, 49ff., Inhaltsangabe: p. 144ff. Kritische Ausgabe von Inedita Ders., Denkmäler I 301ff. und Constans, Le Chansonnier Mac-Carthy, Rlr. XX 121ff., 157ff., 209ff., 261ff. (Besserungen von Chabaneau ib. 231ff.).

Zur Geschichte s. De Lollis, Rom. 18, 454ff.; Anglade, Pour l'histoire du chansonnier prov. N, Rom. 53, 225; Debenedetti, Gli studi prov. in Italia p. 219 und passim. — Quellen: Gröber p. 563ff., für die coblas: p. 654.

Die erste Zahl bezeichnet das Blatt, die zweite — nach dem Strich — die Nummer in Suchiers Inhaltsverzeichnis.

---

[1]) g¹ u. g² = g u. gᵃ bei Jeanroy, p. 24—25.

[2]) Über einen Auszug aus M (Vat. 4796) s. Casini, Un provenzalista del sec. XVI, Riv. critica della lett. ital. 1884, col. 89 und De Lollis, Rom. 18, 459ff.

N²[1]). Berlin, Kgl. Bibliothek, cod. Phillipps 1910

(früher in der Bibliothek von Sir Thomas Phillipps in Middlehill, bzw. Cheltenham, 1910, ehemals Meerman 842; die sogen. jüngere Cheltenhamer Liederhs.).

[Bartsch unbekannt.] 16. Jh. Papier. 28 Bl. 30×22. 63 Gedichte von 9 Verf., 21 Biographien, z. T. mit razos[2]).

Beschreibung von Constans, Rlr. 19, 261 ff. [1881], Inhaltsangabe und Abdruck einzelner Stücke, bes. Biographien ib. 19, 265 ff. und 20, 105 ff.[3]); s. auch Alfred Schulze, Die romanischen Meerman-Hss. des Sir Thomas Phillipps in der Kgl. Bibliothek zu Berlin, Berlin 1892, p. 3. Vollständiger Abdruck durch Pillet, Die apr. Liederhs. N², Arch. 101, 365 ff. und 102, 179 ff. mit Einleitung, besonders über die Quellen, Arch. 101, 111 ff.

Zur Geschichte s. Chabaneau, Rlr. 23, 11 ff. und meine Einleitung p. 135 ff. — S. auch Santangelo, Dante e i trovatori provenzali p. 33.

Außer dem Blatt und der Gedichtnummer (in Klammern) ist auch die Stelle im Archiv angegeben.

O. Rom, B. Vaticana 3208.

[Meyer M.] Anfang 14. Jh. Pergament. 96 Seiten 31×22. 151 Nummern (wovon 1 Biographie); sehr viele anonym, so der ganze II. Teil (33—73). Tenz. p. 81 ff.

Inhalt: Arch. 34, 368 ff. (Jahrb. 11, 23), Abdruck einzelner Lieder: p. 373 ff. Vollständiger Abdruck mit Vorwort: C. De Lollis, Il Canzoniere prov. O (Cod. Vat. 3208) in Atti della R. Accademia dei Lincei. Anno CCLXXXIII. 1886. Serie quarta. Classe di scienze morali, storiche e filologiche. Vol. II. Parte 1ª (Memorie). Roma 1886, p. 1 ff. (auch Sonderabdruck, Roma 1886). Jeder Seite der Hs. entspricht eine Seite des Abdrucks. Besprechungen: P. Meyer, Rom. 17, 302 ff. und Levy, Lit.-Bl. 8, 356 ff.

Zur Geschichte s. Nolhac, F. Orsini p. 323; Debenedetti, Gli studi prov. in Italia p. 73, 100, 238, 244. — Quellen: Gröber p. 418 ff. Bertoni, Il Canzoniere prov. di Bernart Amoros (complemento Càmpori) p. XVI.

Der Anhang, 3 Bl. Papier, enthält ein prov.-ital. Glossar vom Ende des 16. Jhs. — durch g zu ergänzen — und ein Register, das, von Fulvio Orsini angelegt, für unsere Zwecke wertlos ist.

Die erste Ziffer bezeichnet die Seite (= Seite des Abdrucks bei De Lollis), die zweite (in Klammern) die Gedichtnummer.

---

[1]) Nª bei Anglade, Bibliogr. élém. p. 17.

[2]) Ein Anhang, 16 Bl. dess. Formats, Papier, 17. Jh. enthält Proverbes provençaux, hgb. von Pillet, Die neuprov. Sprichwörter der jüngeren Cheltenhamer Liederhs., Berlin 1897 (= Romanische Studien veröff. von E. Ebering, Heft 1).

[3]) Dieser Artikel ist im Auszug wiedergegeben im Bulletin de la Société historique et archéologique du Périgord, t. 11, Périgueux 1884, p. 86 und 170.

P. Florenz, B. Laurenziana, Plut. XLI cod. 42.

[Meyer P.] Anfang 14. Jh. Pergament. 92 Bl. kl. Folio. 123 Lieder fol. 1 ff., 16 Biographien fol. 39 ff., 165 coblas fol. 55 ff., darunter vollständige Gedichte, nicht alle anonym. Für den übrigen Inhalt der Hs. (Donat proensal, prov.-ital. Glossar, Razos de trobar, afrz. Stücke) s. Stengel.

Beschreibung und Inhaltsangabe: Arch. 33, 299 ff. (Nachtrag Jahrb. 11, 5 ff.), Abdruck einzelner Lieder: Arch. 33, 304 ff. Vollständige Beschreibung von Stengel, Die prov. Liederhs. Cod. 42 der Laurenzianischen Bibl. in Florenz, Arch. 49, 53 ff., vollständiger Abdruck ders., Arch. XLIX 59 ff., 283 ff. (Lieder), L 241 ff. (Biographien, coblas). Vgl. auch Stengel, Die beiden ältesten prov. Grammatiken p. V ff. — Quellen: Gröber p. 442 ff. und für die coblas: p. 649 ff.

Ich gebe das Blatt an und (in Klammern) die Nummer in Stengels Abdruck sowie die entsprechende Stelle des Archivs; die Biographien sind mit römischen Ziffern, die coblas, besonders gezählt, mit vorgesetztem *co.* gekennzeichnet.

Q. Florenz, B. Riccardiana 2909.

[Meyer T.] Der Grundstock, Bl. 11ª—88ª mit Ausschluß der Tenzonen und coblas, vom Ende des 13. Jhs., die übrigen Partien aus der ersten Hälfte des 14. Jhs. Pergament. 115, bzw. 112 Bl. 21×11. 299 Nummern; coblas. Manche Stücke sind auseinandergerissen.

Beschreibung und Inhalt: Arch. 33, 412 ff., Berichtigungen: Jahrb. 11, 9 ff. Abdruck einzelner Gedichte: Arch. 33, 420 ff. Genaue Inhaltsangabe mit Abdruck einiger Gedichte: Bartsch, Die prov. Liederhs. Q, Zts. 4, 502 ff., dazu Stengel, Zts. 5, 89 ff. und Gröber, ib. 92 ff. Vollständiger Abdruck (auch 2 Facsimile-Tafeln) nebst wichtiger Einleitung durch Giulio Bertoni, Il Canzoniere prov. della Riccardiana nº 2909. Edizione diplomatica preceduta da un' introduzione. Dresden 1905 (= Gesellschaft für romanische Literatur, Bd. 8); vgl. meine Besprechung, Lit.-Bl. 28, 21 ff. — Quellen: Gröber p. 546 ff. und für die coblas: p. 652 ff., sowie Zts. 5, 92 ff. und Bertoni, l. c. p. XXV ff.

Die erste Zahl bezeichnet das Blatt nach der neuen Zählung — die alte bleibt von Bl. 72 (früher 71*) um 1 zurück —, die zweite (in Klammern) die Nummer in Bertonis Tavola del ms., wozu mit p ... die Seite gesetzt ist, weil die Nummer leider nicht im Texte selbst steht.

R. Paris, Bibl. Nat., franç. 22543

(La Vallière 14, früher 2701; auch chansonnier d'Urfé genannt).

[Meyer I.] 14. Jh. Pergament. Nach neuerer Zählung 148 Bl. (die Bl. 73—74 alter Zählung fehlen, die Nr. 611—623 sind nach dem Register ergänzt). 43×30. 27 Biographien fol. 1—4; ca. 1090 Lieder und coblas, dazu fast 60 Stücke erzählenden, didaktischen und erbaulichen Charakters, auch in Prosa. Musiknoten.

Beschreibung: Catalogue gén., anc. petits fonds franç. I 520; ausführlicher Beck, Melodien p. 8. Inhalt: P. Meyer, Dern. Troub. p. 157 ff.; Verzeichnis der Melodien: Beck, l. c. p. 11 ff. Ein Facsimile von f. 36 v⁰, 37 r⁰ und v⁰ im Institut d'Estudis Catalans, Anuari 1908, 538.

Zur Geschichte s. Chabaneau, Rlr. 17, 193. — Quellen: Gröber p. 368 ff.

Die erste Zahl nennt das Blatt nach der alten Zählung, die P. Meyer wiederherstellte [1]), die zweite — nach dem Strich — die Nummer in seinem Inhaltsverzeichnis, doch nur bis Nr. 872.

S. Oxford, Bodleian Library, Douce 269.

[Meyer Z.] Letzte Jahre des 13. Jhs. Pergament. 250 Seiten. 8⁰. 164 Nummern.

Beschreibung: P. Meyer, Documents manuscrits de l'ancienne littérature de la France conservés dans les bibliothèques de la Grande-Bretagne. Rapports à M. le Ministre de l'Instruction publique. Ire partie. Paris 1871, p. 160 ff. Inhalt: ib. p. 247 ff. Vgl. auch A Summary Catalogue of Western MSS. in the Bodleian Library at Oxford, by F. Madan, vol. IV, Oxford 1897, p. 574. — Eine Anzahl Lieder nach S gedruckt in: Ungedruckte prov. Lieder von Peire Vidal, Bernard v. Ventadorn, Folquet v. Marseille und Peirol v. Auvergne. Hgb. von Dr. Nicolaus Delius. Bonn 1853. — Vollständiger Abdruck durch William P. Shepard, The Oxford Provençal Chansonnier. Diplomatic edition of the manuscript of the Bodleian Library Douce 269 with introduction and appendices, Princeton-Paris 1927 (= Elliott monographs in the romance languages and literatures, ed. by Edward C. Armstrong, Nr. 21). Besprechungen: Lewent, Zts. f. frz. Spr. u. Lit. 50 (1927), 481; Kolsen, Deutsche Lit.-Ztg. 1928, col. 1710; Anglade, AdM. 41/42 (1929/30), 68.

Zur Geschichte s. Chabaneau, Rlr. 17, 188 A. und Thomas, Rom. 18, 297. — Quellen: Gröber p. 590 ff.

Seite und — nach dem Strich — Nummer in P. Meyers Verzeichnis angegeben.

Sg. Saragossa, bisher Privatbesitz der Witwe des Prof. Don Pablo Gil y Gil [2]).

[Bartsch unbekannt.] 14. Jh. Ungefähr 165 Bl. Anfang verstümmelt. Teil I enthält Serveri de Girona mit 104 Nr.; Teil II

[1]) Da die Herausgeber meistens der neuen Zählung folgen, so hätte es sich am Ende empfohlen, sie zu geben; doch sprachen mancherlei Gründe dagegen, die ich nicht auseinandersetzen möchte. F. 1—72 sind gleich numeriert; 73—74, die ausgerissenen Blätter, sind in der modernen Zählung übergangen; 75—85 alt sind 73—83 neu; 86 = 84. 85(!); 87 ff. = 86 ff. bis Schluß. (Mitgeteilt von Fr. Lubinski.)

[2]) [Nach Massó p. 435 ist der gegenwärtige Besitzer Herr Salvador Babra.] Seit 1910 in Barcelona, Biblioteca de Catalunya, Nr. 146.

bringt 8 Troubadours mit 119 Nr. (Raimbaut de Vaqueiras 21, Bertran de Born 1 [Massó: 2], Guiraut de Borneill 72 [Massó: 73], Arnaut Daniel 8, Guillem de S. Leidier 4, Bernart de Ventadorn 3, Pons de Capdoill 7, Jaufre Rudel 3); Teil III Dichtungen der toulousanischen Schule, die hier nicht zu berücksichtigen waren, und ein Fragment des Roman de Troie.

Beschreibung und Inhalt: Milá y Fontanals, Rlr. 10, 225 ff. [1876] und besser: A. Pagès, AdM. 2, 514 ff. — S. auch Massó y Torrents, Anuari 1907, p. 418 (hier figuriert Sg unter den katalanischen Liederhss. als A) und 420 ff. und ibid. 1913—14, p. 30 ff., auch Miscellània Prat de la Riba p. 423.

Die Blattzahlen kenne ich nur für Guiraut de Borneill durch Kolsens Ausgabe und für Raimbaut de Vaqueiras durch Massó y Torrents; sonst gebe ich bloß die Nummern der Gedichte bei dem einzelnen Troubadour an.

T. Paris, Bibl. Nat., franç. 15211

(anc. suppl. franç. 683, früher 1091).

[Meyer H.] 14.—15. Jh. Pergament. 280 Bl. 17×12, wovon 1 bis 68 r° — Prophéties de Merlin — nicht in Betracht kommen. Teil I = Bl. 68 v°—88 enthält meist Tenzonen und coblas, alle anonym, Schrift des 15. Jhs.; Teil II = Bl. 89—110 nur Sachen von Peire Cardenal in älterer Schrift, 14. Jh.; Teil III = Bl. 111—280 eine Gedichtsammlung mit Angabe der Verf., anscheinend in der Schrift von I. Im ganzen 374 Nummern. Bemerkungen wohl von Jean de Nostredame.

Beschreibung und Inhalt: Chabaneau, Le chansonnier prov. T, AdM. 12, 194 ff.; s. auch Catalogue gén., anc. suppl. franç. III 329. Wichtige Angaben schon bei Gröber nach Suchiers Mitteilungen; eine Tabelle bei Stengel, Die prov. Blumenlese [F] p. 75 Anm., bzw. p. III und IV. — Geschichte: Rlr. 17, 78 A. — Quellen s. Gröber p. 522 ff. und für die coblas: p. 654.

Zu orthographischen und lautlichen Eigentümlichkeiten siehe Appel, Prov. Inedita p. VI ff.

Blatt angegeben.

U. Florenz, B. Laurenziana, Plut. XLI cod. 43.

[Meyer Q.] 14. Jh. Pergament. 143 Bl. 23×16. 153 Nummern.

Beschreibung und Inhalt: Arch. 33, 288 ff. (Jahrb. 11, 5); daselbst auch einzelne Texte mit Varianten der übrigen florentinischen Hss. Vollständiger Abdruck: Arch. 35, 363 ff. Neue Beschreibung, Kollation, Quellen: S. Santangelo, Il ms. prov. U, Studj romanzi 3, 53 ff. — Quellen: Gröber p. 534 ff. und Santangelo, l. c.

Blatt und Stelle im Archiv angegeben.

V. Venedig, B. Marciana, app. cod. XI.

[Meyer V.] Datum vom 30. Mai 1268. Nachträge Ende 14. bis Anfang 15. Jh. Pergament. 20×14. Die ersten 24 Blätter fehlen; erhalten sind Bl. 25—149. Auf Bl. 120—148 a steht das Gedicht des Daude de Pradas von den vier Kardinaltugenden; sonst ca. 185 Nummern.

Beschreibung: Arch. 35, 99, dazu Jahrb. 11, 59 ff.; Crescini[1]), Il canzoniere prov. della Marciana in 'Per gli studi romanzi', Padova 1892, p. 121 ff.; D. Ciàmpoli, I codici francesi della R. Biblioteca nazionale di S. Marco in Venezia descritti e illustrati. Venezia 1897, p. 104 ff. Vollständiger Abdruck: Arch. 36, 379 ff. Besserungen und ausgelassene Lieder bei Crescini. — Quellen: Gröber p. 596 ff.

Blatt und Stelle im Archiv angegeben.

Ve. Ag. Barcelona, Bibl. de l'Institut d'Estudis Catalans[2]).

Die vier katalanischen Liederhss. Vega-Aguiló, von Milá y Fontanals mit A bis D, von mir mit I bis IV bezeichnet, bei Massó y Torrents als die katalanischen Liederhss. HH²KJ. Die Hs. I und ihre Fortsetzung II stammen nach Massó aus dem 14., dagegen III und IV aus dem 15. Jh. Ich habe 25 Nummern aus I aufgenommen, aus den anderen Hss. nur je eine.

Milá hat in Poëtes catalans (Les noves rimades — La codolada), Montpellier-Paris 1876, p. 8 und 39 A. 4 auf die Hss. hingewiesen und in dem Artikel Poëtes lyriques catalans, Rlr. 13, 53 eine Inhaltsangabe und Inedita veröffentlicht. — S. dann Massó Torrents, Institut d'Estudis Catalans, Anuari 1913—14, p. 61 ff. und Butlletí de la Biblioteca de Catalunya 1, 49 ff., auch Miscellània Prat de la Riba p. 431 ff. (?).

Die Blattzahlen waren mir nur bei IV bekannt[3]).

W. Paris, Bibl. Nat., franç. 844 (anc. 7222)[4]).

13. Jh. Pergament. 217 Bl. 31×21. Altfranz. Liederhs.: Pb³ und Pb² bei Raynaud I 78 ff., bzw. 75 ff.; M bei Schwan p. 19 ff. Sie enthält an prov. Liedern nur die Abteilung II = Bl. 188—204 mit 56 Nummern, ferner auf Bl. 212 und 213 zwei prov. lais und von späterer Hand auf mehreren Blättern verstreut 9 Lieder; im ganzen also 67 Nummern. Noten.

---

[1]) Auch Atti della R. Acc. dei Lincei. Rendiconti, ser. 4, vol. 6, semestre 2 (Roma 1890), p. 39 ff.

[2]) S. Jeanroy, Bibliogr. p. 30 und Crescini, Manuale p. 149 (v).

[3]) Für I—III vom Herausgeber nachgetragen.

[4]) Jeanroy, Bibliogr. somm. des chansonniers franç. p. 6.

Beschreibung und Inhalt: Catalogue, anc. fonds I 98 ff. Verzeichnis der Melodien etc. bei Beck, Melodien p. 18 ff. Abdruck der prov. Lieder, aber nur der auf Bl. 188 bis 204, durch Gauchat, Rom. 22, 391 ff.

Nach der Blattzahl ist (in Klammern) die Seite bei Gauchat angegeben.

X. Paris, Bibl. Nat., franç. 20050 (anc. Saint-Germain 1989)[1].

Anfang und Mitte 13. Jh. Pergament. 173 Bl. 18×12. Altfranz. Liederhs. — Pb[12] bei Raynaud I 172 ff., U bei Schwan p. 174 und 181 ff. Für das Prov. kommen nur in Betracht Bl. 81 r°—82 v° mit Noten, 84 r°—91 v° dgl., 148 v°—150 v°. Sämtliche 29 prov. Lieder sind anonym.

Beschreibung: Catalogue gén., anc. Saint-Germain franç. III 474. Verzeichnis der Melodien etc. bei Beck, Melodien p. 21 ff. Phototypie: Le chansonnier français de Saint-Germain-des-Prés (Bibl. Nat. fr. 20050), reproduction phototypique avec transcription par P. Meyer et G. Raynaud, t. I, Paris 1892 (Société des anciens textes français).

Die angegebene Blattzahl stimmt zur Blattzahl der Phototypie.

Y. Paris, Bibl. Nat., franç. 795 (anc. 7192).

13. Jh. Pergament. Altfranz. Sammelhs. Auf die Vorsatzblätter sind ein Dutzend anonyme prov. Lieder und Strophen eingetragen, nach Gauchat im 13. und 14. Jh.

Catalogue, anc. fonds I 83.

Z. Paris, Bibl. Nat., franç. 1745 (anc. 7693).

14. Jh. Pergament. Geistliche Stücke in Versen und Prosa; an Liedern nur Bl. 156 und 157 die Hymnen Grdr. 461, 123 und 206, 1.

Catalogue, anc. fonds I 302.

a[2]). Florenz, B. Riccardiana 2814.

[Meyer S.] Teil I: 1589, Teil II: 16. Jh. Papier. 4°. Teil I umfaßt 3 Bl. und 251 Seiten in 2 Heften, Teil II (als **a II** zu bezeichnen) 40 Bl. Teil I ist Abschrift eines Teils des verlorenen Kodex des Bernart Amoros [s. seine Biographie fol. 1 (Rlr. 41, 350) und Teil II f. 28] durch Jacques Tessier de Tarascon 1589; diese wurde durch Piero di Simon del Nero [s. Fa] korrigiert, und zwar

[1]) Jeanroy, Bibliogr. somm. des chansonniers franç. p. 10.

[2]) a¹ bei Jeanroy, Bibliogr. p. 19. — Bertoni, Il canzoniere provenzale di Bernart Amoros (sezione riccardiana), Friburgo 1911 (= Collectanea Friburgensia, nouv. série, fasc. XII); vgl. Jeanroy, AdM. 24, 145 u. Anglade, Rlr. 55, 471.

offenbar nach dem Originalms. Teil I enthält 230 Nummern und 8 Biographien, Teil II außer Donat proensal und Razos de trobar auf Bl. 29—33 eine Abschrift der 8 Biographien aus Teil I, Bl. 34—38 noch 11 andere Biographien (s. a[1]), Bl. 38—40 ein Gesamtregister, das schon bei Bartsch, Jahrb. 11, 13ff. gedruckt ist (vgl. Mussafia, Jahrb. 12, 31; P. Meyer, Derniers Troubadours p. 204) und bis zur Auffindung von a[1] wichtige Dienste geleistet hat.

Inhalt: Arch. 33, 427ff., dazu Jahrb. 11, 11ff.; Stengel, Die beiden ältesten prov. Grammatiken p. Vff. Vollständiger Abdruck durch Stengel, Rlr. XLI 351ff.; XLII 5ff., 305ff., 500ff.; XLIII 196ff.; XLIV 213ff., 328ff., 423ff., 514ff.; XLV 44ff., 120ff., 211ff. Stengel druckt auch aus Fa und c[a] (s. diese Hss.) 1, bzw. 37 Lieder ab, weil er glaubt, die Hs., mit der Piero di Simon del Nero sie kollationierte, sei die des Bernart Amoros gewesen; er stellt also im ganzen 268 Nummern her. — Zu Teil II s. Debenedetti p. 126ff.

Quellen: Gröber p. 504ff.[1]).

Die erste Zahl bezeichnet beim ersten Teil, der stets mit a gemeint ist, die Seite, bei a II das Blatt, die zweite (in Klammern) die Nummer in Stengels Abdruck; dazu kommt die Archivstelle.

a[1] [2]). Modena, B. Estense, Càmpori γ. N. 8. 4; 11, 12, 13

(früher Càmpori, Appendice nn[i] 494, 427, 426).

[Bartsch unbekannt.] 1589. Papier. Fortsetzung von Teil I der Hs. a, in 3 Heften, die jetzt vereinigt sind: I p. 252—372, II p. 373—449, III 1 p. 450—523, III 2 p. 527—616. 349 (350) Nummern, 10 Biographien (= den 11 von a II mit Abzug der letzten).

Beschreibung und Inhalt: Bertoni, Il complemento del canzoniere prov. di Bernart Amoros, Giorn. stor. della Lett. ital. 34, 118ff. [1899]; dazu Chabaneau, Rlr. 42, 385ff. und 566ff. Abdruck von Inedita: Bertoni, Rime prov. inedite, Studj di fil. rom. 8, 421ff. (dazu De Lollis, Proposte di correzioni ed osservazioni etc., ib. 9, 153ff.), von anderen Stücken: Ders., Nuove rime prov. tratte dal cod. Campori, Studj romanzi 2, 63ff.; Ders., Nuove rime di Sordello di Goito, Giorn. stor. della Lett. ital. 38, 285ff. Vollständiger Abdruck durch Bertoni, Il canzoniere provenzale di Bernart Amoros (Complemento Càmpori). Edizione diplomatica preceduta da un' introduzione, Friburgo 1911 (= Collectanea Friburgensia, nouv. série, fasc. XI). Vgl. dazu Anglade, Rlr. 54, 534; Jeanroy, AdM. 23, 558; Crescini, Rassegna bibliogr. 19, 261.

Blatt und (in Klammern) Gedichtnummer angegeben.

---

[1]) Nach Chabaneau, Rlr. 23, 22 ist der chansonnier du comte de Sault nicht identisch mit dem Original von a, wie Bartsch behauptet hatte. — S. Chabaneau-Anglade, Essai de reconstitution du chansonnier du comte de Sault, Rom. 40, 243.

[2]) a[2] bei Jeanroy p. 20.

b. Rom, B. Vaticana, Barb. 4087

(bisher Barberiniana XLVI. 29, n. a. 2777).

Zwei Teile. b I: Anfang 17. oder gar Ende 16. Jh. nach De Lollis, b II: 16. Jh. Papier. 53 Bl. Folio. b I = Bl. 1—8 enthält dieselben Zitate wie *ϰ* (s. unten), doch nur bis p. 114 der Ausgabe; es ist fast wertlos. b II = Bl. 9—53 hat selbständige Bedeutung: es enthält 1 Biographie, 22 Lieder und Bl. 29 ff. den Romanz dels auzels cassadors von Daude de Pradas.

Notiz Arch. 35, 97; Inhalt Jahrb. 11, 32 ff. Vollständiger Abdruck von b II durch G.-B. Festa, Le ms. prov. de la bibliothèque Barberini, AdM. 21, 201 ff. und 350 ff. Über b I handelt Mussafia, Sitzungs-Ber. etc. Bd. 76, p. 209 ff., über b II und dessen Zusammenhang mit dem Libro di Michele Ders. p. 230 ff. Gröber p. 605 ff., bzw. 612 ff. Vgl. auch De Lollis, Rlr. 33, 159.

Ich habe b I und b II unterschieden und bei beiden die Blattzahl angegeben, bei b II auch (in Klammern) die Nummer in Festas Abdruck und die Stelle der AdM.

c. Florenz, B. Laurenziana, Plut. XC inf. 26.

[Meyer R.] 15. Jh. Papier. 139 Bl. 8⁰. 140 Nummern (inkl. die Sonette von Dante da Majano).

Beschreibung und Inhalt: Arch. 33, 407 ff., dazu Jahrb. 11, 8 ff. Wichtige Beschreibung und vollständiger Abdruck durch Mario Pelaez, Il canzoniere prov. c, Studj di fil. rom. 7, 244 ff.; gleichzeitig erschien ein zweiter Abdruck: Die apr. Liedersammlung c der Laurenziana in Florenz nach einer in seinem Besitz befindlichen alten Abschrift hgb. von E. Stengel. Greifswald 1899 [1]). Wissenschaftliche Beilage zum Vorlesungsverzeichnis der Universität Greifswald, Winter 1899/1900.

Stengels „alte Abschrift" c^a stammt aus dem 16. Jh. 37 Lieder hat Piero di Simon del Nero [s. Fa, a] mit Varianten versehen. Stengel läßt sie an dieser Stelle aus, weil er sie schon mit a abgedruckt hatte.

Zur Geschichte s. Debenedetti p. 123 ff. (Gli studi prov. p. 227, 234 und 236). — Quellen: Gröber p. 539 ff.

Zwei Numerierungen. Nach der alten (Stengel) beginnt die Sammlung mit Bl. 1 (—89 r⁰), nach der neuen (Pelaez) mit Bl. 3 (—91 a); dann ist noch ein Blatt (90 v⁰, bzw. 138 b) beschrieben. Ich gebe das Blatt nach der neuen Zählung an und (in Klammern) die für beide Abdrücke identische Gedichtnummer. Die von Stengel in der Rlr. mit a abgedruckten sind besonders kenntlich gemacht.

d. Modena, B. Estense, Anhang zu D.

Ende 16. Jh. Papier. Folio. Bl. 262—346. 241 Nummern, besonders gezählt. 6 Biographien. Alphabetische Anordnung der Dichter.

[1]) Vgl. L. Brandin, Rom. 28, 622.

Beschreibung und Inhalt s. D. Über den Wert von d, seine vermutete Abhängigkeit von I s. Mussafia, Del cod. Estense p. 423. Suchier, Der papierne Teil der Modenaer Troubadourhs., Zts. 4, 72 ff. erklärt d wie Gröber p. 471 ff. für eine partielle Abschrift von K. Eine Hypothese von De Lollis s. Rom. 18, 467 A. 1. — Vgl. Debenedetti, Gli studi prov. p. 214.

Die erste Zahl bezeichnet das Blatt, die zweite — nach dem Strich — die Nummer in Mussafias Verzeichnis.

e. Rom, B. Vaticana, Barb. 3965 (bisher Barberiniana XLV. 59).

Ende 18. Jh. Papier. 276 Seiten. 4⁰.

Teil I, als e I von mir bezeichnet, = S. 1—18 enthält eine italienische Vorrede und die Biographie von Peire Vidal; Teil II (e) = S. 1—258: Poesie provenzali tradotte in lingua italiana dall' Ab. Don Gioacchino Plà, prefetto della Biblioteca Barberina, prov. Text und italienische Übersetzung[1]). 70 Lieder und eine Anzahl Fragmente. Notiz: Arch. 35, 97. Beschreibung, Inhalt, Quellen: Jahrb. 11, 37 ff. — Quellen außerdem Mussafia, Sitzungs-Ber. Bd. 76, p. 231 (Abhängigkeit eines Teils vom Libro di Michele); Gröber p. 607 ff.

Seite angegeben.

f. Paris, Bibl. Nat., franç. 12 472

(anc. suppl. franç. 5351, auch chansonnier Giraud genannt).

[Meyer E.] Erste Hälfte des 14. Jhs. Papier. 79 (73) Bl. 28 × 20. 207 Nummern. Teil I = Bl. 4 – 22 enthält 64 Nummern; in Teil II = Bl. 23—79 sind die Gedichte numeriert von 1 bis 154 (tatsächlich sind es nur noch 143).

Beschreibung: P. Meyer, Dern. Troub. p. 10 ff., s. auch Catalogue gén., anc. suppl. franç. II 538; Inhalt: P. Meyer p. 141 ff.; dazu Nachträge und Kollationen von Bartsch, Die prov. Liederhs. f, Zts. 4, 353 ff.

Die Hs. f wurde wahrscheinlich von Jean de Nostredame benutzt, s. P. Meyer p. 13 ff. und Bartsch, l. c. p. 354 (zu den Dichterverzeichnissen von dessen Hand). — Zur ferneren Geschichte s. Chabaneau, Rlr. 28, 84 ff. — Quellen: Gröber p. 358 ff. und für die coblas: p. 654.

Blatt angegeben[2]).

---

[1]) Debenedetti, l. c. p. 125 A. 1 handelt über Plà; vgl. Ders., Gli studi prov. p. 113 u. 174.

[2]) Zur Vermeidung von Mißverständnissen bemerke ich, daß außer der alten, gewöhnlichen Zählung, nach der ich mich mit P. Meyer richte, noch eine moderne besteht: f. 2—40 = P. Meyer f. 4—42; 41—64 = 46—69; 65 ff. = 72 ff. (Mitteilung von Dr. Fr. Lubinski.)

g. Anhang von g^1, d. h. von Rom, B. Vaticana 3205 (s. unter M).

Ende 16. Jh. Papier. 4 Bl. kleineren Formats. g enthält auf f. 1 und 4 Übersetzungen in italienischer Prosa von 7 Liedern (s. Arch. 35, 96 und De Lollis, Il canzoniere prov. O p. 7), auf f. 2 und 3 ein ital.-prov. Glossar, das nach demselben Gelehrten die Fortsetzung des Glossars im Anhang von O ist.

Blatt angegeben.

[**g^1, g^2** s. unter M.]

. . . .

[Die folgenden Hss. p—s waren Bartsch noch unbekannt. Mit Ausnahme von r habe ich sie selbst bezeichnet.]

p. Perpignan, Bibliothèque municipale 128.

Von M. Pierre Vidal entdeckt unter den Papieren des Notars M. Chauvet Devy in Saint-Paul de Fenouillet (Pyr.-Or.).

14. Jh. Pergament. Doppelblatt. 27×20. Fragment einer größeren Liederhs. Enthält 3 razos und 3 Lieder von G. Faidit, wovon nur die mittelsten vollständig.

Beschreibung und Abdruck: Chabaneau, Fragment d'un chansonnier prov., Rlr. 35, 88 ff. [1891].

Blatt und Seite des Abdrucks angegeben.

q. Aix-en-Provence, Bibliothek von M. Paul Arbaud,

ehemals im Besitz von Monmerqué (2789).

1372—75. Papier. 71 Bl. 22×15. Sammelhs. von Bertran Boysset, enthaltend le Livre de Sidrac, les Dits de l'Enfant sage, le Roman d'Arles, la Vie de s. Marie-Madeleine. Auf Bl. 20r°—23v° sind 33 coblas des Bertran Carbonel eingetragen, unmittelbar dahinter das Datum: 13. Juni 1372.

Beschrieben von Chabaneau, Rlr. 32, 473 ff. [1888] und P. Meyer, Rom. 22, 87 ff. Inhalt der coblas-Sammlung Rlr. 32, 476.

Die angegebenen Blattnummern wurden mir gütigst mitgeteilt von M. E. Aude, bibliothécaire de la Méjanes, in Aix.

r. Florenz, B. Riccardiana, Vorsatzblätter des Ms. 294.

Ende 13. oder Anfang 14. Jh. Pergament. 2 Bl. 23×17. Auf Bl. 1 stehen 4 Lieder von Lanfranc Cigala und 10, 28, auf Bl. 2 die V. 291—465 der Novelle β^1.

Beschreibung, Untersuchung und Abdruck von P. Rajna, Un frammento di un codice perduto di poesie prov., Studj di fil. rom. 5, 1 ff.[1]) [erschienen 1889].

Blatt und Gedichtnummer angegeben.

---

[1]) Vgl. Levy, Lit.-Bl. 1890, col. 340.

s. Siena, Bibliothek des R. Archivio di Stato, unter Miscellanea.

14. Jh. Pergament. 2 Bl. 20×14. Fragment einer Liederhs., das 5 Gedichte von Bernart de Ventadorn enthält.

Beschrieben und abgedruckt von Georg Steffens, Fragment d'un chansonnier prov. aux archives royales de Sienne, AdM. 17, 63 ff. [1905].

Blatt und Gedichtnummer angegeben.

. . . .

α. Die Zitate im Breviari d'amor

von Matfre Ermengau aus Béziers, 1288 begonnen.

Ausgabe: Le Breviari d'amor de Matfre Ermengaud, suivi de sa lettre à sa sœur, publié par la Société archéologique, scientifique et littéraire de Béziers. Introduction et glossaire par Gabriel Azaïs, secrétaire. 2 vol. Béziers-Paris [1862—81]. Literatur: P. Meyer, Hist. lit. de la France 32, 16 ff.; Gaudenzio Battezzati, El Breviari d'amor di Matfre Ermengau. Studi critici. Torino 1906.

Hss.	Carpentras, Bibl. de la Ville 380 (früher 377, t. I)[1]	Anfang 15. Jh.,	Papier
	Escorial, Biblioteca S. I. 3	14. Jh.,	Pergament
(L)	London, British Museum, Royal 19. C. 1	„	„
	London, British Museum, Harleian 4940	„	„
	Lyon, Bibl. de la Ville 1351 (früher 1223)[1]	„	„
(A)	Paris, Bibl. Nat., franç. 857 (anc. 7226 3. 3)	„	„
(C)	Paris, Bibl. Nat., franç. 858 (anc. 7227)	„	„
(D)	Paris, Bibl. Nat, franç. 1601 (anc. 7619)	„	Papier
(B)	Paris, Bibl. Nat., franç. 9219 (anc. suppl. fr. 2001)	„	Pergament
	St. Petersburg, Kais. Öffentliche Bibliothek, Franç.[2]) F. v. XV, Nr. 7 (früher Kais. Eremitage 5. 3. 66; ehemals Saint-Germain-des-Prés 757)	„	„
(F)	Wien, K. K. Hof-Bibliothek 2563 (früher Eugenianus Fol. 115)	„	„
(G)	Wien, K. K. Hof-Bibliothek 2583* (früher Hohendorf Fol. 42)	„	„

Zu diesen Hss., zu den Fragmenten[3]) (besonders in unserer Hs. Z = Bibl. Nat., franç. 1745), welche aber den Perilhos Tractat

---

[1]) Die jetzigen Signaturen gebe ich nach Catalogue général des mss. des bibliothèques publiques de France. Départements, t. 34, 182, bzw. t. 30, I 352.

[2]) Dies ist die gegenwärtige Signatur nach gütiger Mitteilung der Direktion.

[3]) Anglade, Fragment d'un manuscrit du «Breviari d'amor», Mélanges Antoine Thomas (Paris 1927), p. 1.

nicht berühren, sowie zu der katalanischen Prosaübersetzung s. die Ausgabe I, p. X ff.; Mussafia, Über die zwei Wiener Hss. des Breviari d'amor in Sitzungsber. der K. Akad. der Wissensch., philos.-hist. Klasse, Bd. 46, Wien 1864, p. 407 ff. (= Handschriftliche Studien, III); P. Meyer, l. c. p. 49 ff.; Battezzati, l. c. p. 16 ff.

Die meisten Hss. des Breviari haben auch das Gedicht 297, 4, z. T. mit Noten, nur drei haben noch 297, 8.

Sämtliche Zitate — im ganzen 277, wenn man jede Strophe einzeln rechnet — stammen aus dem Kapitel «le perilhos Tractat d'amor de donas» und den anschließenden (= v. 27791—34597, ed. II 430 ff.). Quellen s. Gröber, p. 640 ff. und Battezzati, p. 115. — Der Text des Perilhos Tractat[1]) läßt leider viel zu wünschen übrig; er beruht im wesentlichen auf A, d. h. B. N., fr. 857. Ein großer Teil dieses Abschnitts ist nach Brit. Mus., Roy. 19. C. 1 gedruckt bei MG. 299 (I 181 ff.); Mussafia, Jahrb. 5, 401 ff. hat dazu die Varianten der Wiener Hss. mitgeteilt. Kleinere Stücke findet man bei Bartsch, Lesebuch p. 153 und Chrest. col. 349; Crescini, Manualetto p. 393, Nr. 66 und Manuale p. 335, Nr. 65 u. 66.

Hinter α ist der Vers nach der Ausgabe von Béziers angegeben und (in Klammern) auch MG. I mit Seitenzahl.

β. Zitate in Werken von Raimon Vidal

(Anfang 13. Jh.), und zwar in:

β¹. So fo el temps qu'om era gais,[2])

Erzählung vom „Minnegericht"; enthalten in unseren Liederhss. L 71, N 13—5 (anonym), R 131 v° (allein vollständig, MG. 341), Fragmente in r fol. 2 (gedruckt Studj di fil. rom. 5, 57 ff.) und auf einem Pergamentblatt vom Ende des 13. Jhs, das Alart in Perpignan, Archives départementales des Pyrénées-Orientales, gefunden und als Un fragment de poésie prov. du XIIIe s., Rlr. 4, 228 ff. (1873) gedruckt hat[3]).

Kritische Ausgabe: Max Cornicelius, So fo e·l temps c'om era iays. Novelle von Raimon Vidal, nach den vier bisher gefundenen Hss. zum ersten Mal hgb. Berliner Diss. 1888. Der Anfang auch bei Bartsch, Chrest. col. 239 ff., Stücke bei Crescini, Manualetto p. 311, Nr. 41 und Manuale p. 267, Nr. 41, auch schon Milá y Fontanals, Trov. en Esp. p. 328. — 39 Zitate, dazu 3 innerhalb einer interpolierten Stelle in r. — Quellen s. Gröber, p. 638.

Vers nach Cornicelius zitiert.

---

[1]) Über ihn jetzt auch A. Parducci, Rom. 51, 1.

[2]) S. besonders Massó Torrents, La cançó provençal en la literatura catalana in: Miscellània Prat de la Riba (Institut d'Estudis Catalans, 1923), p. 345 und bes. p. 346 ff.

[3]) Nach gütiger Mitteilung des Archivars M. Marcel Robin scheint es seitdem verschollen zu sein.

β^2. Abrils issi' e mais intrava,[1])

Lehrgedicht vom Verfall der Poesie und von den Anforderungen des Spielmannsstandes, in R 137 v°.

Kritische Ausgaben von Bartsch, Denkmäler p. 144 ff. und jetzt von W. Bohs, Abrils issi' e mays intrava. Lehrgedicht von Raimon Vidal von Bezaudun, Romanische Forschungen 15, 204 ff. (Teil I als Diss. Rostock 1903); hierbei sind auch die Emendationen von Levy, Zts. 13, 310 ff. benutzt. — Besprochen von Jeanroy, Rom. 33, 612 (mit Nachkollation der Hs.) und E. Herzog, Zts. 31, 378 (gleichfalls mit Besserungen). — Bruchstücke: Choix 5, 342; MW. 1, 250; Milá, Trovadores en Esp. p. 341.

10 Zitate. Quellen s. Gröber, p. 639.

Vers nach Bohs angegeben.

β^3. Las Razos de trobar,[2])

grammatische Abhandlung. Folgende Hss. kommen in Betracht:

1. B = unsere Liederhs. P, f. 79 und 2. C = a II, f. 15, beide von Stengel parallel gedruckt in den Beiden ältesten prov. Grammatiken p. 67 ff. 3. H = Madrid, Biblioteca Nacional (Colección La Romana) 13. 405, früher Ss. 7, 18. Jh., Papier, Abschrift einer verlorenen (?), alten Hs. des Barfüßer-Klosters in Barcelona, Sammlung von katalanischen und prov. Abhandlungen über Grammatik und Poetik; beschrieben von Milá y Fontanals, Antiguos tratados de gaya ciencia, Revista de Archivos, Bibliotecas y Museos VI (1876), 313, 329, 345, 361, der Text der Razos gedruckt von P. Meyer, (Traités catalans de grammaire et de poétique,) Rom. 6, 341 ff. [1877]. 4. L in Florenz, nachgelassene Bibliothek von Orazio Landau, Ende 13. Jh. oder höchstens Anfang 14. Jh., Pergament, gedruckt von L. Biadene, Las Rasos de trobar e lo Donatz proensals secondo la lezione del ms. Landau, Studj di fil. rom. 1, 335 ff. [1885] und Besserungen ib. 2, 93 ff. Auszüge nach L bei Monaci, Testi ant. prov., col. 4 ff.

Eine kritische Ausgabe fehlt; nur die Einleitung ist kritisch hgb. von Appel, Chrest. p. 193, Nr. 123. Ältere Ausgabe von Guessard, Grammaires prov. de Hugues Faidit et de Raymond Vidal de Besaudun, 2e éd., Paris 1858. — 25 Zitate, s. Stengel, p. 148 und Gröber, p. 646. — S. auch Santangelo, Dante e i trovatori provenzali p. 87.

Die Zahl bezeichnet die Seite in Stengels Ausgabe. Die beiden Hss. H und L sind von mir sorgsam verglichen, aber im Text nicht besonders erwähnt worden.

---

1) Massó Torrents, Miscellània Prat de la Riba p. 365.

2) S. auch Massó Torrents, l. c. p. 436 und die Bibliographie von Anglade, Bull. de la Soc. archéol. du midi de la France 45 (1919), p. 239 ff.

γ.[1]) Paris, Bibl. Nat., franç. 1049 (anc. 7337).

Ca. 1343. Pergament.

Inhalt: Catalogue, anc. fonds I 179; Barlaam und Josaphat ... von Gui de Cambrai, hgb. von H. Zotenberg und P. Meyer, Stuttgart 1864 (Bibl. des literar. Vereins in Stuttg., Bd. 75), p. 352 ff. Enthält an prov. lyrischen Stücken nur 461, 133 b auf Bl. 14 ff.

δ. Paris, Bibl. Nat., franç. 12615[2])
(anc. suppl. franç. 184, früher ms. de Noailles 124).

Ende 13. Jh. mit späteren Nachträgen. Pergament. Noten. Altfranz. Liederhs. Pb^{11} bei Raynaud I 153 ff., T bei Schwan p. 20 ff. Catalogue gén., anc. suppl. franç. II 577. Enthält die beiden lais 461, 124 und 122, sowie 461, 170 a.

ε. Zitate im Roman de Guillaume de Dole.

Um 1200. Hs. der Vaticana, Reg. 1725[3]) (13. Jh., Pergament), f. 68^{c}ff. Ausgabe: Le Roman de la Rose ou de Guillaume de Dole, publié d'après le ms. du Vatican par G. Servois, Paris 1893. (Soc. des anc. textes franç.) Über die vielen eingestreuten Zitate aus afrz. Liedern und die drei aus prov. (262, 2; 124, 5; 70, 43) s. G. Paris, p. LXXXIX ff. und besonders p. CXIV ff. der Einleitung dieser Ausgabe; vgl. auch Jahrb. 11, 159 ff.

Vers genannt.

ζ.[4]) Bern, Stadtbibliothek 389.

Ende 13. Jh.[5]) Pergament. 249 Bl. 4°. Altfranz. Liederhs. B^2 bei Raynaud I 5 ff., C bei Schwan p. 173 ff. Enthält aus dem Grdr.: 262, 5; 421, 2; 421, 10; 420, 2 und 461, 148. Vollständiger Abdruck: Brakelmann, Arch. Bd. 41, 42 und 43; Kollation: Gröber und v. Lebinski, Zts. 3, 39 ff.

Blatt und ev. Stelle des Abdrucks angegeben.

η.[6]) Rom, B. Vaticana, Reg. 1659.

Aus zwei Hss. bestehend, deren erste — Ende 13. Jh., Pergament — das afrz. Geschichtswerk des Ambroise (L'Estoire de la

---

1) o bei Jeanroy p. 27.

2) 12645 bei Bartsch ist Druckfehler. — m bei Jeanroy p. 26; vgl. Bibliogr. somm. des chansonniers franç. p. 10.

3) Jeanroy, Bibliogr. somm. des chansonniers franç. p. 28.

4) Jeanroy p. 25: h; vgl. Bibliogr. somm. des chansonniers franç. p. 2.

5) Zur Zeitbestimmung s. H. v. Seydlitz-Kurzbach, Die Sprache der afrz. Liederhs. Nr. 389 der Stadtbibliothek zu Bern, Diss. Halle 1898, p. 81 ff.

6) Jeanroy p. 26: k.

guerre sainte ... par Ambroise, publiée et traduite par G. Paris, Paris 1897 = Collection de documents inédits I 54) und am Schlusse Gedicht 167, 22 mit Noten bringt. A. Keller, Romvart, Mannheim-Paris 1844, p. 411 ff.; Langlois, Notices p. 192 ff.; G. Paris, l. c. p. I ff.

ϑ.[1]) Venedig, B. Marciana, app. cod. VIII.

14. Jh. Hs. des Roman de la Rose, s. Ciàmpoli, I codici franc. [s. V] p. 95 ff. Das Vorsatzblatt, Pergament 26 × 20, enthält 372, 3 (Mussafia, Jahrb. 8, 216).

ι. Zitate bei Francesco da Barberino[2]),

(1264—1348), der im lateinisch geschriebenen Kommentar seiner Documenti d'Amore 10 Stellen aus prov. Gedichten im Original anführt und hier wie in dem Reggimento e costumi di donna andere Aussprüche und Erzählungen von Troubadours berichtet, meist aus nichtlyrischen Werken. Bartsch, Jahrb. 11, 42 ff. hatte aus dem Originalms. der Documenti — Vaticana, Barb. 4076, früher Barberiniana XLVI. 18; Pergament — schon wichtige Mitteilungen gemacht; dann hat A. Thomas, Franc. da Barberino et la littérature prov. en Italie au moyen âge, Paris 1883, p. 169 ff. alle in Betracht kommenden Stellen ausgezogen und abgedruckt und p. 103 ff. kritisch besprochen; zu den Quellen s. auch Ramiro Ortiz, Zts. 28, 556 ff. Die genannte Hs. der Documenti (inkl. lateinische Übersetzung und Kommentar) wird — mit Berücksichtigung von Vaticana, Barb. 4077, früher Barberiniana XLVI. 19 — durch Francesco Egidi diplomatisch abgedruckt (I Documenti d'Amore di Francesco da Barberino secondo i mss. originali a cura di F. E., Roma, vol. I — 1905; II, fasc. 1 und 2 — 1906 und 1907. — Società filologica romana. Documenti di storia letteraria); von dem Reggimento liegt eine neuere Ausgabe vor: Del Reggimento e costumi di donna di messer Francesco Barberino secondo la lezione dell' antico testo a penna Barberiniano per cura del conte Carlo Baudi di Vesme. Bologna 1875. — Collezione di opere inedite o rare dei primi tre secoli della lingua [25].

Ich zitiere den Kommentar der Documenti als ι mit Angabe des Blattes der Originalhs., dazu des Abdrucks bei Egidi, soweit dieser vorgeschritten ist, bei Thomas und ev. bei Bartsch; das Reggimento als ι *Regg.* nach der Ausgabe Baudi di Vesme.

[Alle folgenden Hss. und Werke fehlen noch bei Bartsch.]

κ. Zitate bei Barbieri.

Giovanni Maria Barbieri in Modena (1519—74) hinterließ eine unvollendete Schrift, die G. Tiraboschi herausgab u. d. T.:

---

[1]) Jeanroy p. 27: p.

[2]) Über ihn jetzt auch E. Müller, Die altprov. Versnovelle p. 116 ff.

Dell' Origine della Poesia rimata, opera di Giammaria Barbieri Modenese, pubblicata ora per la prima volta e con annotazioni illustrata dal cav. ab. Girolamo Tiraboschi. In Modena. MDCCLXXXX. — Mussafia, Über die prov. Liederhss. des Giovanni Maria Barbieri. Eine Untersuchung, Sitzungs-Ber. der K. Akad. der Wiss., philos.-hist. Kl., Bd. 76, Wien 1874, p. 201 ff.; s. auch Bertoni, Gi. M. Barbieri e gli Studi romanzi nel sec. XVI. Modena 1905. — Debenedetti, Gli studi prov. in Italia, p. 230 und 284 und passim. — Santangelo, Dante e i trov. prov. p. 48. — Barbieri bringt (besonders in Kap. V und X) Zitate mit Folioangabe aus vier verlorenen Liederhss.:

1⁰ Libro di Michele, angelegt von Miquel de la Tor (Art. 300a), von dem auch b II und e abhängig zu sein scheinen (Mussafia p. 211 ff.) — vgl. auch Gröber p. 346 und 613 —;

2⁰ Libro in assicelle, mit M nahe verwandt (Mussafia p. 234 ff.);

3⁰ Libro slegato, „ein Auszug von H" (p. 240 ff.), „una copia di H più il florilegio" [D^c] nach Bertoni p. 43;

4⁰ Libro siciliano, schwer zu bestimmen (Mussafia p. 252 ff.), wahrscheinlich „una miscellanea messa insieme dallo stesso Barbieri da vari manoscritti" (Bertoni p. 43).

Dazu kommen einige Zitate ohne genauere Nachweise. Auch Biographien und razos werden diesen Hss. in italienischer Sprache nacherzählt; nur die des Ferrari in provenzalischer. — Über b I als Auszug s. b.

Ich gebe zu *x* die Seite in Tiraboschis Ausgabe an, dazu (in Klammern) die Seite aus Mussafias Abhandlung, wo der Text, vollständig oder gekürzt, wiedergegeben und kommentiert ist. Die Biographien [in Klammern] berücksichtige ich auch.

λ. Die Zitate in den Leys d'amors,

die im Auftrage der Sobregaya companhia in Toulouse von Guilhem Molinier ausgearbeitet und 1356 beendigt wurden. Ausgabe[1]) mit Übersetzung: Monumens de la littérature romane depuis le quatorzième siècle, p. p. M. Gatien-Arnoult. Première publication, t. 1—3: Las Flors del gay saber, estier dichas las Leys d'amors. Paris-Toulouse [1841—43]. Die Ausgabe folgt der von Chabaneau als B bezeichneten Hs. der Académie des Jeux floraux in Toulouse, über die wesentlich abweichende Redaktion der Leys in der Hs. A der Académie s. Chabaneau, Hist. générale de Languedoc, t. 10, 177 ff. (Auszüge bei Bartsch, Chrest. col. 403 ff.; P. Meyer, Recueil I 152 ff., Nr. 38; Monaci, Testi ant. prov., col. 21 ff.; Crescini, Manualetto p. 395, Nr. 67 und Manuale p. 339, Nr. 67;

[1]) Dann auch J. Anglade, Las leys d'amors, t. 1—4, Toulouse 1919—20 (= Bibl. mérid., 1re série, t. 17—20) und s. Bibliographie des „Leys d'amors" im Bull. de la Soc. archéol. du midi de la France 45 (1919), p. 237 ff.

Appel, Chrest. p. 197, Nr. 124). Nur 5 Zitate aus Liedern von Troubadours (309, 1; 392, 4; 421, 2; 364, 36; 29, 14); s. auch Gröber p. 648.

Ich zitiere nach der Ausgabe von Gatien-Arnoult.

μ. Die Zitate bei Terramagnino[1])

aus Pisa (zweite Hälfte 13. Jh.), der in der Doctrina d'acort (besser als: de cort) die Razos de trobar in prov. Verse brachte, aber zu den Regeln Raimon Vidals lauter neue Beispiele gab. 33 Zitate. Erhalten in der Madrider Hs. (s. unter β^3); kritisch hgb. von P. Meyer, Rom. 8, 181 ff. [1879], dazu vgl. A. Tobler, Zts. 3, 310 und Chabaneau, Rlr. 16, 83. Nochmals abgedruckt bei Monaci, Testi ant. prov., col. 6 ff.

Ich zitiere nach Versen.

. . . .

ϱ. Rom, B. Vaticana, Barb. 3986

(bisher Barberiniana XLV. 80, n. a. 2775).

17. Jh. (nach Stengel von F. Ubaldini geschrieben). Papier. 85 Bl. 4⁰. 13 Kreuzlieder mit Biographien, Bl. 3—33; außerdem Donat und Razos.

Beschreibung: Arch. 35, 97; Inhalt: Jahrb. 11, 36. — Stengel, Die beiden ältesten prov. Grammatiken p. XII. — Quellen: Gröber p. 544.

Obgleich es ziemlich wahrscheinlich ist, daß diese unbedeutende Hs. nur ein Auszug aus K ist (ein Lied aus F), so habe ich sie doch bis auf weiteres unter dem von Gröber vorgeschlagenen Sigel ϱ aufgenommen. Die Foliierung ist mir unbekannt.

. . . .

ω.[2]) Bergamo, im Besitz des cav. Paolo Gaffuri.

Lateinische Hs. des 12. (?) und 14. Jhs. (Graphia aureae urbis Romae). Pergament. 66 Bl. 20×12. — Bl. 45 ff. Reste einer prov. Liederhs. (18 anonyme Lieder) vom Ende 13. oder Anfang 14. Jh., leider im 14. Jh. überschrieben und entstellt.

Beschreibung, Quellen, Abdruck, Faksimile: De Lollis, Un frammento di canzoniere prov., Studi medievali 1, 561 ff. [1904—05].

Blatt und Seitenzahl des Artikels der Studi angegeben.

---

[1]) Über ihn Bertoni, Rlr. 56, 413 und I trovatori d'Italia p. 120.
[2]) x bei Jeanroy, Bibliogr. p. 31.

Anhang.

I. Handschriften mit einzelnen Liedern.

Bamberg, Kgl. Bibliothek, Ed. V. 11[1]).

14./15. Jh. nach Katalog der Hss. der Kgl. Bibliothek zu Bamberg ... von F. Leitschuh und H. Fischer, I 1, Bamb. 1895—1906, p. 284. Pergament. Auf fol. 32v° dieser lat.-theologischen Hs. wurde ein Teil von 338, 1 eingetragen; gedruckt durch B. Herlet, Ein prov. Fragment auf der Kgl. Bibliothek zu Bamberg, Zts. 22, 249 ff. [1898].

Florenz, B. Laurenziana, Ashburnham 105^{a-b} (fondo Libri 40).

Mitte 14. Jh. Papier. 2 Bände. Sammelhs. des Peyre de Serras, beschrieben von P. Meyer, Rom. 14, 486 ff., in der Bertoni, Noterelle prov., Rlr. 45, 352 ff. [1902] das Gedicht 461, 123 auf 105^{b} fol. 21r° entdeckte.

Limoges, Privatbesitz von M. Étienne Morel[2]).

Pergamenths. des Livre de raison des Bürgers Étienne Benoit von Limoges, angelegt 1426, beendet nach 1454; bringt 156, 10 am Anfang. Ausgabe: Louis Guibert, Le Livre de raison d'Étienne Benoist — 1426 —. Limoges 1882.

London, British Museum, Harleian 3041[3]).

13.—14. Jh. Pergament. Lat. Hs. des Lucidarius von Honorius; enthält f. 30r° unsere Tenzone 6a, 1; s. Konrad Hofmann in Roman. Forschungen 1 [1882], 135 und Suchier, Denkmäler 1, 551.

Montpellier, Bibliothèque de la Faculté de Médecine (H.) 196.

1. Hälfte 14. Jh. Pergament. Noten. E. de Coussemaker, L'art harmonique aux XIIe et XIIIe siècles, Paris 1865; Jacobsthal, Die Texte der Liederhs. von Montpellier H. 196, Zts. III 526 ff., IV 35 ff. und 278 ff. (Abdruck); G. Raynaud, Recueil de motets français des XIIe et XIIIe siècles, I, Paris 1881, p. XI ff. (Neuere musikwissenschaftliche Literatur bei Beck, Melodien p. 27.) Hierin stehen 461, 148a und 461, 170a; s. P. Meyer, Rom. 1, 404 ff. [1872].

---

[1]) Jeanroy, Bibliogr. p. 30: w.

[2]) Nach freundlicher Mitteilung des Direktors der Bibliothèque communale von Limoges, Herrn Grenier.

[3]) Von Jeanroy p. 32 als Harl. 3042 mit z' bezeichnet.

Montpellier, Bibliothèque de la Faculté de Médecine 236.

14. Jh. Pergament. Lat.-franz. Hs. Auf den letzten Blättern sind im 15. Jh. einige franz. Lieder [f bei Schwan] und unter ihnen 372, 3 eingetragen; vgl. Boucherie, Fragment d'une anthologie picarde, Rlr. 3, 311 ff. [1872].

München, Kgl. Hof- und Staatsbibliothek, cod. lat. 759 (Vict. 52).

Auf dem vorderen Deckblatt dieser Hs. medizinischen Inhalts — 14. Jh., Pergament — steht 242, 64; vgl. Wilh. Meyer, Zu Guiraut de Borneil's Tagelied 'Reis glorios', Sitzungsber. der philosophisch-philolog. u. hist. Klasse der k. b. Akad. d. Wiss. zu München, 1885, p. 113 ff.

Nürnberg, Stadtbibliothek, Cent. II 77.

14. Jh. Pergament. Lat. Hs. der Institutiones etc.; enthält fol. 62c zwei coblas (461, 123a und 108a), gedruckt von Suchier, Prov. Verse aus Nürnberg, Zts. 15, 511 ff. [1891].

Oxford, Bodleian Library, Douce 308[1].

1. Hälfte 14. Jh. Pergament. Sammelhs. und altfranz. Liederhs. O bei Raynaud I 40 ff., I bei Schwan p. 194 ff. Abdruck von G. Steffens, Arch. Bd. 97—99. Enthält nur 372, 3.

Paris, Bibliothèque de l'Arsenal 5198[2].

13. Jh. Pergament. Noten. Altfranz. Liederhs. Pa bei Raynaud I 54 ff., K bei Schwan p. 86 ff. Enthält 420, 2.

Paris, Bibliothèque de l'Arsenal 6361[3].

18. Jh. Papier. Abschrift franz. Motette aus der verlorenen Hs. La Clayette. Brakelmann, Jahrb. 11, 102 ff.; Raynaud, Rec. de motets II, p. IX; Schwan p. 7; P. Meyer in Notices et extraits t. 33, I, p. 79. Enthält 461, 170a.

Paris, Bibl. Nat., franç. 845[4] (anc. 7222², Cangé 67).

13. Jh. Pergament. Noten. Altfranz. Liederhs. Pb⁴ bei Raynaud I 94 ff., N bei Schwan p. 86 ff. Enthält 420, 2.

---

[1]) Jeanroy, Bibliogr. somm. des chansonniers franç. p. 5.

[2]) Von Ars. 5198 erscheint eine phototyp. Reproduktion durch Aubry u. Jeanroy. S. jetzt Jeanroy, Bibliogr. somm. des chansonniers franç. p. 5.

[3]) Vgl. Jeanroy, Chansonn. franç. p. 31.

[4]) Jeanroy, ib. p. 7.

Paris, Bibl. Nat., franç. 846 (anc. 7222[3], Cangé 66)[1]).

13. Jh. Pergament. Noten; s. Beck, Melodien p. 24 u. Les chansonniers des troub. et des trouv., t. II. Altfranz. Liederhs. Pb[5] bei Raynaud I 110ff., O bei Schwan p. 119ff. Enthält 372, 3 und 420, 2.

Paris, Bibl. Nat., franç. 12581 (anc. suppl. franç. 198)[2]).

14. Jh. Pergament. Sammelhs. und altfranz. Liederhs. Pb[10] bei Raynaud I 150ff., S bei Schwan p. 155ff. Enthält 372, 3.

Paris, Bibl. Nat., franç. 24406[3]) (La Vallière 59).

13. Jh. Pergament. Noten; s. Beck, Melodien p. 25. Altfranz. Liederhs. Pb[14] bei Raynaud I 186ff., V bei Schwan p. 108ff. und 205ff. Enthält 461, 192a.

Paris, Bibl. Nat., nouv. acq. franç. 1050 (ms. Clairambault)[4]).

2. Hälfte des 13. Jhs. Pergament. Noten. Altfranz. Liederhs. Pb[17] bei Raynaud I 201ff., X bei Schwan p. 86ff. Enthält 420, 2.

Paris, Bibl. Nat., nouv. acq. franç. 4232
(früher im Besitz von Ambroise-Firmin Didot).

Mitte 14. Jh. Papier. Enthält u. a. geistliche Gedichte, ein Mystère de la Passion, Daurel et Beton sowie die Stücke 376, 1; 156, 10; 461, 215a. Beschreibung: Daurel et Beton, chanson de geste prov. publiée ... par P. Meyer, Paris 1880 (Société des anciens textes français), p. lxixff.; vgl. Catalogue, nouv. acq. franç. II 150. Abdruck: p. lxxxvjff.

Rom, B. Vaticana 7182.

16. Jh. Papier. 500 Bl. Sammelhs. aus Coloccis Nachlaß. Die 8 prov. Fragmente, die von unbekannter Hand auf Bl. 281—6 eingetragen wurden, sind nicht unwichtig, so lange die Herkunft aus einer uns erhaltenen älteren Hs. (N?) noch nicht erwiesen ist. Beschrieben von De Lollis, Rom. 18, 460ff.; vgl. vorher Canello, Rlr. 27, 258 [1889].

---

1) Jeanroy, Chansonn. franç. p. 7.
2) Jeanroy, ib. p. 9.
3) n bei Jeanroy, Chansonn. prov. p. 27; vgl. Chansonn. franç. p. 11.
4) Jeanroy, Chansonn. franç. p. 12.

Rom, B. Vaticana, Barb. lat. 3953[1])

(bisher Barberiniana XLV. 47, n. a. 1548).

1. Hälfte 14. Jh. Pergament. Zum Inhalt (italienische Lieder u. a.) s. Langlois, Notices p. 308ff.; Beschreibung und Abdruck: Il canzoniere Vaticano Barberino latino 3953 (già Barb. XLV. 47), publicato per cura di Gino Lega, Bologna 1905 (Collezione di opere inedite o rare). Auf S. 25 steht 225, 10, bemerkt und gedruckt von V. De Bartholomaeis, Une nouvelle rédaction d'une poésie de Guilhem Montanhagol, AdM. 17, 71ff. [1905].

Siena, B. Comunale H, III, 3[2]).

Etwa Mitte 14. Jh. wurde auf das letzte Blatt dieser Pergamenths. juristischen Inhalts Gedicht 461, 123 eingetragen. P. Rajna, Giorn. di fil. rom. 1, 87 [1878] hat auf den Text hingewiesen, A. Jeanroy, Nouveau texte d'une prière à la Vierge du XIVe siècle: Flor de paradis, Rlr. 37, 245ff. ihn abgedruckt.

Turin, B. Nazionale (frühere Universitaria) L. II. 18.

Ende 13. Jh., höchstens Anfang 14. Jh. Pergament. Hs. des Livre dou Tresor von Brunetto Latini, durch den Brand schwer beschädigt (s. Renier, Giorn. stor. della Lett. ital. 44, 417). Eine Hand des 14. Jhs. hat 461, 18a auf Bl. 209v^{o} eingetragen, s. Novati, Rom. 27, 143ff. [1898].

II. Werke mit einzelnen Zitaten.

Das Mysterium von der h. Agnes,

14. Jh., in der Hs. Chigiana C. V. 151 (14. Jh., Pergament), f. 69—85 überliefert, bringt Gesänge (planctus) nach der Melodie (in sonu) älterer Lieder, mit Noten. Zwei dieser Vorbilder sind allbekannte Gedichte von Troubadours (242, 64 und 183, 10); 7 andere prov. Lieder, von denen wir hier die Anfänge (bei einem nur die Überschrift) haben, scheinen volkstümlichen oder geistlichen Ursprungs zu sein[3]). — Ausgaben: Sancta Agnes. Prov. geistliches Schauspiel, hgb. von K. Bartsch. Berlin 1869 (mit wichtiger Einleitung; zu den Liedern s. p. XIXff.); dazu Kollation von L. Clédat, Bibl. des Écoles françaises d'Athènes et de Rome I (Paris 1877), 271ff. — Le Martyre de sainte Agnès, mystère en vieille langue prov.; texte revu sur l'unique ms. original, accompagné d'une traduction

---

1) Jeanroy, Chansonn. prov. p. 26: j.
2) Jeanroy, ib. p. 30: u.
3) Zu den Melodien s. Beck, Melodien p. 23.

littérale en regard et de nombreuses notes par M. A.-L. Sardou, Nouv. éd. enrichie de seize morceaux de chant du XIIe et du XIIIe siècle, notés suivant l'usage du vieux temps et reproduits en notation moderne par M. l'abbé Raillard. Nice-Paris [1877, mit Supplément 1878]. Publikation der Société des Lettres, sciences et arts des Alpes-Maritimes. — Il mistero prov. di S. Agnese. Facsimile in eliotipia dell' unico ms. Chigiano con prefazione di E. Monaci. Roma 1880. — Ich habe alle drei Ausgaben berücksichtigt. (Stück bei Bartsch, Chrest. col. 375ff.)

Le Roman de la Violette[1]),

altfranzösisch, von Gerbert de Montreuil nach 1225 verfaßt, enthält neben anderen Einlagen auch die Lieder 70, 1; 461, 103a; 70, 43. Die Ausgabe: Roman de la Violette, ou de Gérard de Nevers, en vers, du XIIIe siècle, par Gibert de Montreuil; publié, pour la première fois, d'après deux mss. de la Bibliothèque Royale, par Francisque Michel. Paris 1834, folgt im wesentlichen der Hs. Bibl. Nat. fr. 1553 (anc. 7595; 13. Jh., — dieser Teil 1284, bzw. 1285 — Pergament; Kollation bei K. Seelheim, Die Mundart des afrz. Veilchenromans. Diss. Leipzig 1903, p. 9 ff.) mit Varianten von Bibl. Nat. fr. 1374 (anc. 7498[3]; Mitte 13. Jh., Pergament); dazu kommen St. Petersburg, Kais. Bibliothek, ms. fr. F. r. XIV, n° 3 (früher Ermitage 53; Anfang 15. Jh., Pergament) und die Hs. von Mr. Pierpont Morgan in der Lenox Library zu New York (früher J. E. Kerr und vor ihm Lord Ashburnham gehörend; Anfang 15. Jh., Papier, s. P. Meyer, Rom. 34, 90 und 168). Über die Hss. vgl. D. L. Buffum, Le Roman de la Violette. A Study of the Manuscripts and the Original Dialect. Diss. der Johns Hopkins University, Baltimore 1904.

Ich zitiere die Verse nach der Ausgabe von F. Michel.

Serveri de Girona's „Lehrgedicht über den Wert der Frauen"[2])

— s. unter 434 — enthält eine Anspielung auf 370, 3 und ein Zitat aus 194, 3.

'Regles' von Jaufre de Foixá,

in katalanischem Dialekt eine Grammatik der Troubadourssprache, zwischen 1286 und 1291 verfaßt, mit 9 Zitaten aus unseren Dichtern. Erhalten in der zu β^3 und μ genannten Madrider Hs., herausgegeben von P. Meyer, Rom. 9, 51 ff. [1880]. — A. Thomas, Rom. 10, 322 identifiziert den Verf. mit dem Monge de Foissan, der selbst in einer Canzone (304, 1) noch 7 Gedichte zitiert.

Nach Paragraphen der Ausgabe zitiert.

[1]) Vgl. Jeanroy, Chansonn. franç. p. 20. — S. jetzt auch die Ausgabe von Buffum, Paris 1928 (= Soc. des anc. textes franç., 73).

[2]) Vgl. Massó Torrents, Miscellània Prat de la Riba p. 374 (u. 376).

Über verlorene[1]) Liederhss. s. die Artikelserie von Chabaneau, Sur quelques mss. provençaux perdus ou égarés, Rlr. XXI, 209ff.; XXIII, 5ff., 70ff., 115ff.; XXVI, 209ff.; XXVII, 43ff.; XXVIII, 72ff., 259ff. Es kommen besonders in Betracht die Artikel I, III, IV, XIII XX, XXXV, und davon wieder Artikel XVII, Mss. prov. de Francesco Redi, Rlr. 23, 15ff.

Francesco **Redi** (1626—98) bringt in den Annotazioni zu seinem Dithyrambus Bacco in Toscana (1685) eine Anzahl prov. Zitate aus seiner eigenen Liederhs. Ich benutze die Opere di Francesco Redi, gentiluomo aretino e accademico della Crusca. In questa nuova edizione accresciute e migliorate, t. III. Venezia 1712 (zitiert Redi 3, . . .).

Register der Hss.

Aix-en-Provence, P. Arbaud	q
Bamberg, Kgl. Bibliothek, Ed. V. 11	[s. Anhang]
Barcelona, Bibl. de Catalunya, Nr. 146	Sg
„ Bibl. de l'Institut d'Estudis Catalans, Hss. Vega-Aguiló	Ve. Ag. I—IV
Bergamo, P. Gaffuri	ω
Berlin, Kgl. Bibliothek, Phillipps 1910	N^2
Bern, Stadtbibliothek 389	ζ
Bologna, Bibl. dell' Università 1290	g^2 [s. M]
Carpentras, Bibl. de la Ville 380	[s. α]
Cheltenham, T. Fitz-Roy Fenwick (früher Phillipps) 8335	N
Escorial, Bibl. S. I. 3	[s. α]
Florenz, Landau	[s. β^3]
„ Laurenziana, Ashburnham 105^{a-b}	[s. Anhang]
„ „ Plut. XLI. 42	P
„ „ „ XLI. 43	U
„ „ „ XC inf. 26	c
„ Nazionale, Conv. Sopp. F, 4, 776	J
„ Riccardiana 294	r
„ „ 2814	a
„ „ 2909	Q
„ „ 2981	Fa [s. F]
Greifswald, E. Stengel	c^a [s. c]
Kopenhagen, Kgl. Bibliothek, Thott 1087	Kp

1) S. auch V. de Bartholomaeis, Di un presunto canzoniere provenzale di Roberto d'Angiò, Estratto delle Mem. della R. Acc. delle scienze dell'Istituto di Bologna, classe di scienze morali, sez. storico-filologica, serie I, t. IV, 1909/10; vgl. Anglade, AdM. 23, 201.

Limoges, É. Morel	[s. Anhang]
London, British Museum, Harl. 3041	[s. Anhang]
„ „ „ „ 4940	[s. α]
„ „ „ Roy. 19. C. 1	[s. α]
Lyon, Bibl. de la Ville 1351	[s. α]
Madrid, Bibl. Nacional 13. 405	[s. β^3 (μ, Jaufre de Foixá)]
Mailand, Ambrosiana D 465 inf.	Fb [s. F]
„ „ R 71 sup.	G
Modena, Estense α, R, 4, 4	D (bez. D^a, D^b, D^c)
„ „ α, R, 4, 4 Anhang	d
„ „ Campori γ. N. 8. 4; 11—13	a^1
Montpellier, Bibl. de la Faculté de Médecine H. 196	[s. Anhang]
„ „ „ „ 236	[s. Anhang]
München, Hof- u. Staatsbibliothek, lat. 759	[s. Anhang]
New York, Lenox Library, Sammlung Pierpont Morgan	[s. Anh., Rom. de la Violette]
Nîmes, Bibl. publique 230	[s. Anm. zu A]
Nürnberg, Stadtbibliothek, Cent. II 77	[s. Anhang]
Oxford, Bodleiana, Douce 269	S
„ „ „ 308	[s. Anhang]
Paris, Arsenal 5198	[s. Anhang]
„ „ 6361	[s. Anhang]
„ Bibl. Nat. fr. 795	Y
„ „ „ „ 844	W
„ „ „ „ 845	[s. Anhang]
„ „ „ „ 846	[s. Anhang]
„ „ „ „ 854	I
„ „ „ „ 856	C
„ „ „ „ 857	[s. α]
„ „ „ „ 858	[s. α]
„ „ „ „ 1049	γ
„ „ „ „ 1374	[s. Anh., Rom. de la Violette]
„ „ „ „ 1553	[dgl.]
„ „ „ „ 1592	B
„ „ „ „ 1601	[s. α]
„ „ „ „ 1745	Z
„ „ „ „ 1749	E
„ „ „ „ 9219	[s. α]
„ „ „ „ 12 472	f
„ „ „ „ 12 473	K
„ „ „ „ 12 474	M
„ „ „ „ 12 474 Anhang	A^a
„ „ „ „ 12 581	[s. Anhang]

Barbieri, *Dell' Origine della Poesia rimata*	$\varkappa$
Francesco da Barberino, Kommentar der *Documenti d'Amore*	ι
Francesco da Barberino, *Reggimento e costumi di donna*	ι Regg.
Gerbert de Montreuil, *Roman de la Violette*	[s. Anhang]
Guillem Molinier, *Leys d'amors*	λ
Jaufre de Foixá, *Regles*	[s. Anhang]
Matfre Ermengau, *Breviari d'amor*	α
Raimon Vidal, *Abrils issi' e mais intrava*	β^2
„ „ *Razos de trobar*	β^3
„ „ *So fo el temps qu'om era gais*	β^1
Redi, *Annotazioni* zu *Bacco in Toscana*	[s. Anhang]
Serveri de Girona, „Lehrgedicht vom Wert der Frauen"	[s. Anhang]
Terramagnino, *Doctrina d'acort*	μ
Anonym, *S. Agnes*	[s. Anhang]
„ *Roman de Guillaume de Dole*	ε

Register der nicht behandelten Hss.

Bergamo, Bibl. civica, Δ, VIII, 22	br (Bertoni, I trov. d'Italia p. 197)
Bologna, Archivio notarile	z (Jeanroy, Bibliogr. p. 31, Crescini, Manuale p. 149, von De Bartholomaeis und Kolsen q genannt)
Catania, Bibl. Ventimiliana 92, ehemals XI, F, IV	c^v (Crescini p. 148)
Florenz, Nazionale, Magl. Pal. 1198	c^b (Jeanroy p. 22)
Mailand, Ambrosiana R 105 sup.	ambr. (Bertoni p. 197) y (Jeanroy p. 31)
„ Brera, A. G. XIV, 49	A^a (Jeanroy p. 2) A^b (Bertoni p. 187)
Paris, Arsenal 3092	S^a (Jeanroy p. 14)
Parma, Bibl. Palat. 990	F^b (Jeanroy p. 6, Bertoni p. 191)
Rom, Vaticana lat. 3824	l (Jeanroy p. 26)
[Toulouse, Archives de l'Académie des Jeux Floraux	t^1-t^3 (Jeanroy p. 29)]
Udine (Friuli), Archivio capitolare	K^a (L. Suttina, Rom. 54, p. 1)
Wolfenbüttel, Extrav. 268	q (Jeanroy p. 28; vgl. Bibliogr. somm. des chans. franç. p. 29)

Zum «Frammento Romegialli» (ϱ?) s. P. Rajna, Rom. 50, 233, zu den Zitaten im «Mirall de trobar» von Berenguier de Noya s. Anglade, Berenguier de Noya et les troubadours, Homenaje .... Pidal 1, 677, zum Chansonnier français de Zagreb (za) s. Mario Roques in Mélanges Jeanroy p. 509.

Die Troubadours mit ihren Liedern

1. Ademar.

Wahrscheinlich mit einem der folgenden Ademar identisch, nach Andraud mit Ademar lo Negre.

1. **Miraval, tenso grazida**
granda *Hss.*
O 83 (131 und Arch. 34, 379), a[1] 593 (332). Überschrift in den Hss. 'la tenzo de n'Aemar e de Miraval'.
Tenzone (Partimen) mit Raimon de Miraval = 406, 32. — Krit. hgb. P. Andraud, La vie et l'œuvre du troubadour Raimon de Miraval p. 29; s. auch ds. p. 179.

2. Ademar Jordan.

Aimar Jordan Hss. Zur Identifizierung s. Chabaneau, Biogr. p. 327. — C. Brunel, Rom. 52, 505.

1. **Paris viscoms, legz e sojorn**
-com leiz e soior
vis com *Kolsen*
H 55 (230 und Arch. 34, 412). Cobla. — Krit. hgb. Kolsen, Dichtungen p. 240.

2. **Si tot m'ai estat longamens**
D 142—494.
Sirv. — Krit. hgb. Appel, Rlr. 34, 5.

3. Ademar lo Negre.

Auch Aimar lo N. — Hist. lit. 18, 586. O. Schultz[-Gora], Zts. 9, 130 A. 5.

Vida: A 166 (p. 518), I 138, K 124. Parn. occ. p. 359. Choix 5, 56. Mahn, Biogr. p. 60. Chabaneau, Biogr. p. 280.

1. **Ara·m do Deus que repaire**
C 340, D 110–376, F 36 (125), I 138, K 124, T 185; Raimon Jordan de Cofenolt S 198–127; anonym L 143 (Arch. 34, 438). μ 180 zitiert 4 Verse als von Guiraudo lo Ros.
Canzone. — Krit. hgb. Kolsen, Zts. 39, 156.

2. **Ara·m vai meills que no sol, E dirai razo per que**
A 166 (479 und Arch. 34, 178), C 340, D 110—377, I 139, K 124, T 185.
Canzone. — Krit. hgb. Kolsen, Zts. 39, 159.

3. **De solatz e de chansos**
D[a] 184–656, I 139, K 124.
Canz. — Krit. hgb. Appel, Prov. Ined. p. 1.

4. **Ja ogan pel temps florit**
C 340, D[a] 183 - 655, I 138, K 124.
Canz. — Parn. occ. p. 359. MW. 3, 326.

Attribuiert wird ihm noch

217, 7: Totz hom qui be comens' e be fenis (Guillem Figueira); vermutlich ist er beteiligt an 1, 1.

4. Ademar de Peiteus.

N'Aimars de Peiteus wird in D^a genannt für:

1. **Seigner n'Aimar, cauzetz de tres baros**

Tenzone mit Raimbaut de Vaqueiras und Perdigo, s. 392, 15. Er wird aufgeführt im Dichterverzeichnis von $\varkappa$ 133 (Mussafia p. 265).

5. Ademar de Rocaficha.

Auch Aimar de R. und in a^1 Aimeric de Rochafiza.

1. **Ges per freg ni per calor**

C 269, R 97–816, a^1 291 (38), α 28942 und 29977 (auch MG. I 193 und 204); Richart de Berbezill M 99. — Zur Attribution s. Anglade, Rlr. 60, 241.

Canz. — Krit. hgb. Appel, Prov. Ined. p. 3.

2. **No'm lau de midons ni d'amor.**

C 270.

Sirv. — Krit. hgb. Appel, Prov. Ined. p. 6.

3. **Si amors fos conoissens**

C 269, M 150, α 28571 (auch MG. I 189).

Canz. — Krit. hgb. Appel, Prov. Ined. p. 7.

Zugeschrieben werden ihm ferner

223, 3 Enaissi·m pren com fai al pescador (Guillem Magret)
243, 10 Tan doussamen (Guiraut de Calanso)

und (aus 5, 3?) ein nicht sicher nachzuweisendes Zitat 'Amor tante gratiositatis est dominus, quod servos suos humiles facit' etc. in ι 35 (Egidi 2, 36; Thomas p. 183).

6. Aenac.

1. **En amors a tal plazer sen**

Eine Strophe aus einem Gedicht in β^2 1183.

6a. Aicart.

Wohl „del Fossat" (s. Art. 7). Die Identität mit dem folgenden hat schon Chabaneau, Biogr. p. 327 vermutet.

1. **Si paradis et enferns son aital**

Brit. Museum, Harl. 3041, f. 30 (z' bei Jeanroy); Bergamo, Bibl. civica △, VIII, 22, fol. 156 (br bei Bertoni, I trov. d'Italia p. 197; vgl. Archiv. roman. 1, 88 A. 3).

Tenzone (Partimen) mit Girart Cavallazzi = 175a, 1. — Krit. hgb. Konrad Hofmann in Rom. Forschungen 1, 135 und Suchier, Denkm. 1, 297. Bertoni, I trov. d'Italia p. 302 und auch schon Rom. 43, 588.

7. Aicart del Fossat.

Hist. lit. 19, 524. Fauriel, Dante et les origines 1, 270. C. Merkel, Atti e Mem. della R. Acc. dei Lincei, classe di scienze mor., stor. e filol., serie IV, vol. IV (Roma 1888), p. 322. Stiefel, Die ital. Tenzone p. 116. Bertoni, I trov. d'Italia p. 84.

1. **Entre dos reis vei mogut et empres**
   I 196, K 182, d 265–7.
   Sirv. — Choix 4, 230. MW. 3, 273. Krit. hgb. Bertoni, Archiv. roman. 1, 88.

Aimar etc. s. Ademar etc.

8. Aimeric.

Chabaneau, Biogr. p. 327, 373 fragt, ob A. de Peguillan gemeint sei.

1. **Peire del Poi, li trobador** Puei
   M 259 (MG. 1015), ohne Überschrift.
   Tenzone (Partimen) mit Peire del Poi (= Cardenal?) = 354, 1. — Krit. hgb. Bartsch, Denkm. p. 134.

9. Aimeric de Belenoi.

Hist. lit. 19, 507. Diez, Leben u. Werke p. 448. Kurze Notiz bei Anglade, Hist. sommaire de la litt. mérid. p. 93.

Vida: A 119 (p. 369), B 73 (ib. p. 699 und Mahn, Biogr. p. 54), E 200, I 125, K 111, P 52 (XVI, Arch. 50, 262), R 2 d; vgl. auch ϰ 112 (Mussafia p. 214). — Parn. occ. p. 204. Choix 5, 4. Chabaneau, Biogr. p. 257. Monaci, Testi ant. prov., col 57. Chaytor, Troub. of Dante p. 62.

1. **Ailas! per que viu longamen ni dura**
   C 148, E 87, R 53–450 (MG. 905 nach den drei Hss.); zwei Verse b I 5.
   Planch. — Choix 4, 59. MW. 3, 85. Milá y Fontanals, Trovadores en Esp. p. 192.

2. **Aimeric, cill que·us fai aman languir**
   Verlorene Tenzone mit Arnaut Catalan, s. 27, 1.

3. **Aissi co·l pres que s'en cuja fugir** qui, cant
   A 120 (343), C 145 (MG. 194), D 55—192, E 85, F 23 (84), H 2 (6), I 125, K 111, L 36, M 148 (MG. 889), N 259–410,[1] R 53—443, S 144—89, U 120 (Arch. 35, 446), c 57 (80), f 53, α 28827 (auch MG. I 192); Guiraut de Borneill P 3 (7, Arch. 49, 64).
   Canzone. — Krit. hgb. Kolsen, Dichtungen p. 45.

4. **Aissi com hom pros afortitz**
   A 121 (346), B 75 (MG. 10), C 147 (MG. 890), Dª 168–585, I 126, K 111, R 20—164, d 311—143.
   Canzone.

[1]) 9, 3, 7, 12, 14, 17 sind in N zwar anonym, folgen aber im Zusammenhang auf 9, 5.

5. Al prim pres dels breus jorns braus pretz

E 87 (MG. 891), I 127, K 113, N 258—408, d 312—145; Guillem Ademar C 162 (MG. 206). — Stroński, Folquet de Marseille p. 133* A. 1 ist für G. Ademar.
Canzone. — Krit. hgb. Appel, Chrest. p. 71; danach Chaytor, Troub. of Dante p. 65.

6. Anc pos que jois ni chans gioi *Hs.*

T 117.
Sirv. (v. 45 als *presicx* bezeichnet). — Krit. hgb. Appel, Prov. Ined. p. 10.

7. Ara·m destreing amors

A 119 (339), B 73 (MG. 57), C 146, D 54—188, D[c] 258 (194, AdM. 14, 526), E 85, F 23 (83), H 1 (2), I 126, K 112, N 261—413, P 29 (92, Arch. 49, 306), R 53—445, S 148—92, T 116, a 233 (249, Rlr. 45, 245), c 57 (81); Folquet de Marseilla M 30.
Canzone.

8. Cel que promet a son coral amic qui

A 121 (345), B 74 (MG. 45), C 146, D 55—191, D[c] 258 (193, AdM. 14, 526, nur N'Aimeris), E 86 (MG. 892), H 1 (4), I 126, K 112, M 148, R 53—442, a 233 (250, Rlr. 45, 246); anonym unter *coblas esparsas* f 7.
Canzone.

9[1]). Domna, flor

a 236 (253, Rlr. 45, 249).
Marienlied. — Krit. hgb. Chabaneau, Rlr. 32, 571.

10[1]). Consiros com partitz d'amor -is

C 148 (MG. 893), E 89. — Nach Stroński p. 19* u. 131* könnte Folquet de Marseilla der Verfasser sein.
Kreuzlied. — (Choix 5, 5. MW. 3, 86.) Tarbé, Les Œuvres de Blondel de Néele p. 143. Krit. hgb. Lewent, Rom. Forschungen 21, 421 (vgl. p. 339). Stroński p. 106.

11. Ja no creirai qu'afans ni consiriers no er credut(z)

L 140 (Arch. 34, 437; MG. 903. Name des Verf. nur am Rande zugeschrieben); Aimeric de Sarlat a[1] 347 (93); Peire Rogier T 209. — Attribution unsicher; P. Rogier ist auszuschließen.
Canz. — (Choix 5, 7. MW. 3, 89.) Krit. hgb. Appel, Peire Rogier p. 81.

12. Meravill me com pot hom apelar

A 119 (341), B 74 (MG. 69), C 146, D 54—189, H 1 (3), I 127, K 112, M 149 (MG. 894), N 259–411, T 118, a 235 (252, Rlr. 45, 248); Aimeric de Peguillan C Reg., R 51—429.
Canzone.

13. No·m laissa ni·m vol retener

C 149 (MG. 895).
Canzone.

14. Nuls hom no pot complir adrechamen

A 120 (344), B 74 (MG. 77), C 146, D 54—190, D[c] 258 (192, AdM. 14, 525), F 24 (85), H 36 (116), I 127, K 112, L 138, M 149, N 258–409, R 53–446, S 149–93, T 117, b I 3 und

[1]) Die beiden Nummern sind von Bartsch falsch gestellt worden. Es schien mir nicht der Mühe wert, eine neue Numerierung einzuführen.

ϰ 112 (Mussafia p. 236). Die erste Strophe anonym G 130 (p. 437 und Bertoni, Il canzoniere prov. della Riccardiana n. 2909, p. XLV A. 1) und Q 112 (292, p. 215).
Canz. — Monaci, Testi ant. prov., col. 57 u. Poesie in lingua d'oc [1]) p. 21. Chaytor, Troub. of Dante p. 62.

15. Per Crist, s'eu crezes amor
A 120 (342 und Arch. 33, 460; MG. 898), C 147, D 54—187, E 86, H 2 (5), I 125, K 111, R 53–448 (MG. 897), α 29965 (auch MG. I 204).
Canzone. — Krit. hgb. Kolsen, Dichtungen p. 52.

16. Pos de joi mou e de plazer
C 150 (MG. 900), R 54—451 (MG. 899). — Nach Stroński, Folquet de Marseille p. 133* A. 1 zweifelhaft.
Canzone.

17. Pos Deus nos a restaurat
N 260—412 [vgl. p. 5 Anm.]
Canz. — Krit. hgb. Suchier, Denkm. 1, 324. — Zu den historischen Tatsachen s. noch Stroński, Elias de Barjols p. 65.

18. Pos lo gais temps de pascor
A 119 (340), C 145, D 54–186, H 1 (1), I 126, K 111, M 150, R 53–449, a 234 (251, Rlr. 45, 247), α 27821 und 27976 (auch MG. I 181, bzw. 183); Uc Brunec Fa 50 (65), I 104, K 87, d 310–139. — MG. 904 nach CIMR.
Canz. — Parn. occ. p. 204. Chaytor, Troub. of Dante p. 63. De Lollis, Poesie prov. sulla origine e sulla natura d'amore [2]), p. 12.

19. Quan mi perpens ni m'albire
E 89 (MG. 901); Willems e'n Aimerics D^a 191—690. — Zur Autorschaft s. Stroński, l. c. p. 55* und 133* A. 1 (für B. de Born) und Stimming, Bertran von Born [2] p. 44.
Geistliches Lied. — Krit. hgb. Lowinsky, Zts. f. frz. Sprache u. Lit. 20 I 268; s. auch ib. p. 181. Stimming [2] p. 141.

20. S'a midons plazia
C 149 (gedruckt von Stengel bei Klein, Dichtungen des Mönchs v. Montaudon p. 101 A.).
Descort.

21. Tant es d'amor onratz sos seignoratges
A 121 (347), B 75 (MG. 101), C 147, D^a 168—586 (Bertoni, Giorn. stor. d. lett. ital. 38, 141 Anm.), H 35 (115), I 126 (MG. 902), K 112, d 312–144; zwei Verse zitiert b I 6 (?) und ϰ 79 (Mussafia p. 242).
Sirv. als Widerlegung von 16, 13. — Krit. hgb. Appel, B. von Ventadorn p. 293.

Sonst sind ihm attribuiert:

30, 3 Aissi com cel qu'am' e non es amatz (Arnaut de Maroill)
47, 2 Aissi com hom que seigner ocaizona (Berenguier de Palazol?)

---

[1]) Poesie in lingua d'oc e in lingua d'oïl allegate da Dante nel De Vulgari Eloquentia, premesso il testo delle allegazioni dantesche, Roma 1909 (= fasc. 3 der Testi romanzi per uso delle scuole a cura di E. Monaci).

[2]) Poesie provenzali sulla origine e sulla natura d'amore, Roma 1920 (= Nr. 1 der Testi rom. per uso delle scuole a cura di C. de Lollis).

406, 9 Ara m'agr' ops que m'aizis (Raimon de Miraval)
167, 9 Ara nos sia guitz (Gaucelm Faidit)
10, 27 En greu pantais m'a tengut longamen (Aimeric de Peguillan)
11, 2 Fis e lejals e senes tot engan (Aimeric de Sarlat)
132, 8 Mas comjat ai de far chanso (Elias de Barjols?)
16, 18 Mout es greus mals don hom no s'auza plaigner (Albertet)
392, 26 Nuls hom en re no faill (Raimbaut de Vaqueiras)
und ein Zitat bei Redi 3, 183, s. Rlr. 23, 17.

10. Aimeric de Peguillan.

Diez, Leben und Werke p. 342. — Hist. lit. 18, 684. — Cavedoni, (I Trovatori prov. alla corte dei marchesi d'Este nel sec. XIII,) Mem. d. R. Accad. di Scienze .. di Modena, t. 2, p. 269, 278, 302; s. auch Casini, Propugnatore 12 II 95. — Zingarelli, Per un «descort» di Amerigo di Pegugliano, in Intorno a due trovatori in Italia p. 25, zuerst erschienen u. d. T. Un descortz di Aimeric de Pegulhan, per nozze Mattioli - De Alberti, Ferrara 1890; s. Jeanroy, Rev. critique, n. s. 49, 253. — Suchier und Birch-Hirschfeld, Gesch. d. frz. Lit. 1, 85. — Zu den Konflikten mit Guillem Figueira s. E. Levy, Guilhem Figueira, ein prov. Troubadour, Berliner Diss. 1880, p. 9; über seinen Angriff auf Peire Guillem de Luzerna s. Guarnerio, Pietro Guglielmo di Luserna p. 7. — Torraca, Studi su la lirica ital. del Duecento, p. 258. — V. de Bartholomaeis, Il sirventese di Aimeric de Peguilhan „Li fol eil put eil filol", Studj rom. 7, 297 (zu 10, 32); vgl. Bertoni, Giorn. stor. d. lett. ital. 59, 417 und Jeanroy, Rom. 41, 139. — Ders., La „metgia" di Aimeric de P., Mem. della R. Acc. delle scienze dell'Istituto di Bologna, classe di scienze mor., sez. di scienze storico-filol., serie 1, t. 6 (Bologna 1912), p. 69 (zu 10, 26 mit histor. Kommentar); vgl. Lavaud, Rom. 42, 591 und Pelaez, Rassegna bibliogr. 21, 265. — Bertoni, Enchantarel, AdM. 24, 217 (zu 10, 32; Erklärung einer schwierigen Stelle); s. aber Schultz-Gora, Prov. Studien p. 125. — Bergert, Damen p. 78 A. 6 (Geburtsdatum). — Anglade, Bull. de la Soc. archéol. du midi de la France 45, 212 und Hist. somm. de la litt. mérid. p. 92. — Bertoni, Il Duecento p. 12. — Anglade, Les troub. de Toulouse p. 87.

Vida: A 133 (p. 415), B 81 (ib. p. 703 und Mahn, Biogr. p. 48 Nr. 46), E 208, I 50, K 37, P 51 (XIII, Arch. 50, 261), R 2c; dazu vgl. ϰ 112 (Mussafia p. 261). — Über eine Nachricht bei Equicola s. Chabaneau, Rlr. 23, 12 und Biogr. p. 283. — Parn. occ. p. 169. Choix 5, 8. MW. 2, 158. Mahn, Biogr. p. 48 Nr. 47. Chabaneau, Biogr. p. 282. Monaci, Testi ant. prov., col. 63. Chaytor, Troub. of Dante p. 67. Lommatzsch, Prov. Liederb. p. 200.

(1. **Ab marrimens angoissos et ab plor**
stelle ich unter Peire Bremon Ricas Novas 330, 1 a.)

2. Ades vol de l'aondansa
A 139 (400), C 95 (MG. 236), D 66–235, D[c] 246 (35, AdM. 13,72), E 80 (MG. 329), I 53 (MG. 1183), J 5 (21; nur Aimeric), K 39, R 18—148 (MG. 1184), f 79, α 28661 und 30425 (auch MG. I 190 bzw. 209).
Canzone.

3. Albert, cauzetz al vostre sen
N'Albert, *falsch:* N'Albertetz, Albertet
D[a] 200–727, D[c] 247 (44, AdM. 13,200) und 256 (157, AdM. 14,199), E 214 (MG. 330), G 98 (p. 315), I 152 (MG. 693), K 138, [R 74–620, Blatt nicht erhalten,] a[1] 557 (298). — Der eine Streiter heißt in den Überschriften Albertet D[c]GIK, Albert D[a] a[1], der andere Aimeric de Peguillan D[a]D[c]IK, Aimeric Ga[1].
Tenzone (Partimen) mit Albertet = 16, 3. — Monaci, Testi ant. prov., col. 82 nach E mit Varianten von I. Krit. hgb. W. P. Shepard, Modern Philology 23,18.

4. A lei de fol camjador
A 141 (406), C 98 (MG. 204), D 65–230, M 89 (MG. 1186), N 151—223 (MG. 1188), R 15—120 (MG. 1187), f 68.
Canzone.

(**5. Al rei que ten en pes**
Strophe von 10, 49.)

6. Amics n'Albertz, tensos soven
M 254, O 94 (149), R 75–624, a[1] 544 (289). — La tenzon d'Albert e d'en Aimeric Oa[1]. Autorschaft nach 10,3 zu beurteilen.
Tenzone (Partimen) mit Albertet = 16, 5. — Choix 4, 36. MW. 3, 251. Krit. hgb. Shepard, Modern Philology 23, 23.

7. Amors, a vos meteissa·m clam de vos A vos, amors . . .
A 135 (385 und Arch. 34,162; MG. 1176), C 87 (MG. 739), D 65–228, D[c] 246 (33, AdM. 13, 72), E 81 (MG. 740), Fa 57 (75), G 38 (p. 119), I 52, K 38, M 91, N 159–239, Q 13 (31, p. 27), R 51–425, T 178, U 45 (Arch. 35, 393), c 48 (64), f 51, α 28925 und 29162 (auch MG. I 193, bzw. 195); zitiert von Berenguier de Noya (Homenaje . . . Pidal 1, 678).
Canzone.

7a. Anc al temps d'Artus ni d'ara
P 55 (*c.* 4, Arch. 50, 263), anonym.
[Bartsch 461, 22.] Coblaswechsel mit Sordel = 437, 3a. — Krit. hgb. De Lollis, Vita e poesie di Sordello di Goito p. 149; Str. I schon v. A. Tobler, Rom. 2, 241.

8. Anc mais de joi ni de chan
C 96 (MG. 737), D[a] 172–603, E 77 (MG. 738), G 39 (p. 122, von später Hand ist *idem* durchgestrichen und *Guillem Figuiera* unten hinzugesetzt worden), I 56, K 42, Q 14 (33, p. 28), R 18–151, U 40 (Arch. 35, 389; s. auch Arch. 33, 295), c 55 (78), α 29377, 29394, 29435 (auch MG. I 198); Guillem Figueira C Reg., D 83—300, I 187, K 173, R 32–270 (MG 1166b in Bd. IV 47); Guiraut de Borneill P 4 (11, Arch. 49, 65); anonym L 34.
Canz. — Krit. hgb. Levy, Guilhem Figueira p. 58. De Lollis, Poesie prov. sulla ori-

gine e sulla natura d'amore, p. 14. — Zur Attribution s. noch Schultz-Gora, Ein Sirv. v. Guilhem Figueira p. 6 A. 1.

9. Anc tan bela espazada

H 52 (200 und Arch. 34, 408; MG. 1221, 2), ϰ 119 (Mussafia p. 248).
Cobla als Gegenstück z. 217, 1a. — Krit. hgb. Levy, Guilhem Figueira p. 55 Nr. 8b.

10. Ara par be que valors si desfai

A 140 (404), B 85 (MG. 1408), C 94, D 68—240, E 74 (MG. 337), I 198, K 183, R 18–146, a[1] 351 (97).
Planch. — Choix 4, 61. MW. 2, 168. Monaci, Testi ant. prov., col. 61.

11. Ara parra qual seran envejos
cals sera voluntos

C 95, D 65—231, E 75, R 50—418.
Kreuzlied. — Choix 4, 102. MW. 2, 169. Krit. hgb. Appel, Chrest. p. 110, danach Chaytor, Troub. of Dante p. 69. — Zur Datierung vgl. Lewent, Kreuzlied p. 28 und De Bartholomaeis, Osservazioni sulle poesie prov. relative a Federico II, Mem. della R. Acc. delle scienze dell' Istituto di Bologna, ser. 1, t. 6, p. 98.

12. Atressi·m pren com fai al jogador

A 135 (387), B 83 (MG. 35), C 90 (MG. 1167), D 70–249, E 82, Fa 54 (70), G 38 (p. 118), I 54, K 40, L 12, M 91, N 157—236, P 12 (38, Arch. 49, 79, nur n'Aimeric), Q 13 (30, p. 26), R 49—414, S 165—104 (MG. 1168), U 42 (Arch. 35, 391), c 48 (65), f 51, α 28993 (auch MG. I 194) und 33947.
Canzone.

13. Bertram d'Aurel, s'[aucizia] N'Auzers Figueira·l deptor

H 52 (195 und Arch. 34, 408; MG. 646, 2 und 1220, 2).
Cobla, antwortet auf 217, 1 b, wird ihrerseits beantwortet durch 79, 1. — Casini, Propugnatore 12 II 410. Krit. hgb. Levy, Guilhem Figueira p. 56 Nr. 9 b.

14. Car fui de dura coindansa
S'ar, S'ieu, Tan *oder:* dur' acoindansa

A 139 (398 und Arch. 34, 166; MG. 1181), C 90 (MG. 1177), D. 66—233, D[c] 247 (42, AdM. 13, 200; nur die zwei ersten Strophen, s. zu 10, 18), E 79 MG. 1178), I 52, J 4 (20), K 38, M 89 (MG. 1179), N 155—231, Q 11 (25, p. 23), R 50—417 (MG. 1180), T 179, U 44 (Arch. 35, 392), c 50 (69); Gausbert [de Poicibot] P 11 (34, Arch. 49, 77); anonym, aber vor A. de Peg., wie 10, 27 und 10, 52, in G 36 (p. 111).
Canzone.

15. Cel que s'irais ni guerrej' ab qui amor

A 135 (386), B 82 (MG. 343), C 87, D 69—244, D[c] 246 (39, AdM. 13, 199), G 36 (p. 112), I 55, J 5 (22), K 41, M 96, N 149–220, O 10 (15), P 13 (40, Arch. 49, 80, nur n'Aimeric), Q 11 (26, p. 23), S 167–106 (MG. 1166), U 40 (Arch. 35, 389), c 49 (67), f 52, α 28786 (auch MG. I 191),

29317 (dgl. I 197), 31977, 33276; anonym Ve. Ag. I [1]). Canz. — Lex. rom. 1, 430. MW. 2, 165. Monaci, Testi ant. prov., col. 59. Anglade, Anthologie p. 139.

16. Chantar voill. — per que? — ja·m platz
c 52 (73); zitiert von Berenguier de Noya (Homenaje . . . Pidal 1, 678).
Canzone in der Form kurzer Wechselrede. — Krit. hgb. Appel, Rlr. 34, 7.

17. D'aisso don hom a longamen
De so
C 92 (MG. 1164), D^a 171–601, D^c 247 (41, AdM. 13, 199), E 73, I 55, J 6 (27), K 41, P 12 (36, Arch. 49, 78), R 18—143, α 28139 (auch MG. I 185); anonym O 50 (79).
Canz. — Lex. rom. 1, 432. MW. 2, 162.

18. D'avinen sap enganar e traïr
A 138 (395 und Arch. 34, 165; MG. 1192), C 89 (MG. 1191), D 69—246, D^c 247 (die beiden letzten Strophen in 42, AdM. 13, 200; s. 10, 14), E 82 (MG. 1190), M 92, T 179; anonym I 149, K 135; Uc de Pena C Reg; zitiert von Berenguier de Noya (Homenaje . . . Pidal 1, 679).
Canzone.

19. De Berguedan, d'estas doas razos
En, D'en
A 186 (531), C 396 (MG. 50), D 150—523, I 152 (MG. 590), K 138, M 268 (MG. 591), Q 8 (16, p. 16), R 24–205, a^1 555 (297), d 315—154. — Überschriften: Aimeric de Peguillan A, Index B, C I K d; en Aimeric a^1 — Guillem de Berguedan dieselben außer C (en Bergueda); in D unter Gaucelm Faidit! Tenzone (Partimen) mit Guillem de Berguedan = 210, 10. — Milá y Fontanals, Trovadores en Esp. p. 304. Lommatzsch, Prov. Liederbuch p. 105. — Übersetzt von Bartsch, Jahrb. 6, 267 und Jeanroy, Anthologie p. 81.

20. De fin' amor comenson mas chansos
-a ma
A 136 (389), C 92, D 70–250, E 74, I 50, K 37, N 151–224, R 18—144, S 162—102 (MG. 1165), c 49 (66), f 69.
Canz. — Lex. rom. 1, 429. MW. 2, 164. Anglade, Anthologie p. 134.

21. Destregz cochatz, dezamatz amoros
A 137 (393), B 84 (MG. 52), C 92, D 68—242, I 51, K 38, M 95 (MG. 1172), N 154–229 (MG. 1173), R 50—424, U 47 (Arch. 35, 394), c 47 (63), f 68.
Canzone.

22. De tot en tot es ar de mi partitz
C 94, D^a 171—600, E 75, I 198, K 184, R 18—147.
Planch.-Choix 3, 428. MW. 2, 159. Torraca, Su la 'Treva' di G. de la Tor [s. unter Art. 236] p. 59; dazu p. 51.

23. Domna, per vos estauc en greu tormen
C 93, D 68–241, I 50, K 37, L 140, N 152 225, R 16–130, f 69; anonym M 264 als *tenson*,

[1]) fol. CXXXVIj (unter Peyres Vidals!); vgl. Miscellània Prat de la Riba p. 434.

α 30696 (auch MG. I 211) als *descort*.
Fingierte Tenzone zwischen *domna* und *seignor*, *amor* und *amic*. — Choix 3, 425. Parn. occ. p. 170. MW. 2, 161. Bartsch, Lesebuch p. 73. Krit. hgb. ders., Chrest. col. 175. Chaytor, Troub. of Dante p. 71. Anglade, Anthologie p. 137. Übersetzung Jeanroy, Anthol. p. 47.

24. Eissamen com l'azimans
A 138 (397 und Arch. 34, 165; MG. 1182), C 93 (MG. 1003), D 66—232, D^c 246 (37, AdM. 13, 73), E 81 (MG. 1004), I 51, J 5 (25), K 37, N 153—228, R 49—415, α 29010 (auch MG. I 194).
Canzone.

25. En amor trop alques en que·m refraing
A 140 (403 und Arch. 34, 168; MG. 1196), C 86 (MG. 1194), D 67–238, Fa 56 (74), G 37 (p. 115), I 54, J 5 (24), K 40, M 96 (MG. 1193), N 158–237, Q 12 (28, p. 25) R 48—407, S 163—103 (MG. 1195), U 44 (Arch. 35, 392), c 53 (75), f 78, drei Verse zitiert bei Jaufre de Foixa § 27; Raimbaut de Vaqueiras Nr. 13 in Sg 52.
Canz. — Massó y Torrents, Institut d'Estudis Catalans, Anuari 1907, 429 nach Sg. W. P. Shepard, Speculum 2, 297.

26. En aquel temps que·l reis mori n'Anfos
A 139 (401), B 85 (MG. 1407), C 95, D 66—236, E 77, I 199, K 184, N 156–234, R 18–149, a¹ 352 (98).
Sirv. — Choix 4, 195. MW. 2, 171. Krit. hgb. Bartsch, Chrest. col. 179. Crescini, Manualetto p. 336 und Manuale p. 289. F. Wittenberg, Hohenstaufen p. 95 (vgl. p. 54). V. de Bartholomaeis, Mem. della R. Acc. . . . di Bologna, serie 1, t. 6, p. 69 u. 101. Lommatzsch, Liederbuch p. 202.

27. En greu pantais m'a tengut longamen
A 134 (383), C 88, D 64 226, D^c 246 (31, AdM. 13, 71), Fa 52 (68), I 52, K 39, M 90, N 155—232, P 12 (39, Arch. 49, 79, nur n'Aimeric), Q 11 (24, p. 22, vgl. Tafel 2), S 166–105, U 48 (Arch. 35, 395), a¹ 351 (96), c 46 (61), f 78, α 28645 (auch MG. I 190); Aimeric de Belenoi R 48–399; Peire Vidal R 64–535; anonym G 35 (p. 110), O 9 (14, vor A. de Peg.), wohl auch g 4.
Canz. — Choix 3, 426. MW. 2, 160.

28. Gaucelm Faidit, de dos amics corals — leials
C 392 (MG. 1198), D^a 200–726, D^c 247 (43, AdM. 13, 200), G 92 (p. 288; Arch. 32, 409; Bertoni, Il canz. prov. della Ricc. n. 2909, p. XXXVIII), I 152, K 138, M 252 (MG. 1197), N 272—432 (MG. 1199), Q 45 (124, p. 91), a¹ 554 (296), r 1–5. — Überschriften: Aimeric de Peguillan C D^a D^c I K, en Aimeric a¹ — Gaucelm Faidit C D^a I K a¹; unter Gui d'Uisel (!) r. Tenzone (Partimen) m. Gaucelm Faidit = 167, 24. — Rajna, Studj di fil. rom. 5, 56 nach r.

29. Hom ditz que gaugz non es senes amor — -rs
C 98 (MG. 1000), R 51—427

(MG. 999); Arnaut de Maroill T 138, c 37 (48); anonym und verstümmelt [erst von II 5 ab] noch O 8 (in 12, s. 10, 50). — Attribution ziemlich unsicher. Friedmann p. 35 ist für Arnaut de Mareuil; vgl. Kolsen, Zts. 41, 542.
Canzone.

30. Ja no cugei que·m pogues Anc oblidar
C 97, D 70—251, E 78 (MG. 995), I 198 (MG. 996), K 184, R 19—152.
Planch.-Choix 4, 63. Galvani, Osservazioni p. 56. MW. 2, 167. Cavedoni, l. c. p. 270 nach D. Monaci, Testi ant. prov., col. 59.

31. Lanquan chanton li auzel en primier
A 141 (407), D[a] 172–602, I 55 (MG. 604), K 41; Guillem Rainol d'At D 63–221. — Attribution etwas unsicher.
Canzone.

32. Li fol e·l put e·l fillol
A 214 (618), C 97, D 132–456, I 189, K 174, R 19—154.
Sirv. joglaresc. — Lex. rom. 1, 433. MW. 2, 166. Monaci, Testi ant. prov., col. 62. Krit. hgb. Witthoeft, Sirventes joglaresc p. 69. De Bartholomaeis, Studj rom. 7, 297. Crescini, Studi medievali, nuova serie 3, 6.

33. Longamen m'a trebaillat e malmes
A 134 (384 und Arch. 34, 161; MG. 1201), C 91 (MG. 1200), D 64 – 227, Fa 53 (69), I 53 K 40, M 94 (MG. 991), N 150–222 (MG. 992), R 18–150, b I 3 [nur Tornada], f 79, α 29899 (auch MG. I 203) und 33770, ϰ 113 (wie b; Mussafia p. 235); Blacasset P 1 (3, Arch. 49, 60); anonym O 53 (85).
Canzone.

34. Maintas vetz sui enqueritz
A 137 (392), C 88, D[a] 171–599, I 54, J 5 (26), K 40, Q 14 (34, p. 29), R 49—413, U 46 (Arch. 35, 394), c 47 (62).
Strophe *Si eu en soy desmentitz* zitiert Jaufre de Foixa § 1. „Chanssos o vers" nach v. 5 zu nennen. — Parn. occ. p. 171. Choix 4, 433. MW. 2, 172. Monaci, Testi ant. prov., col. 60. Crescini, Manualetto p. 333 und Manuale p. 287.

35. N'Aimeric, digatz que·us par d'aquest marques
Tenzone mit Guillem Raimon, s. 229, 2.

36. N'Aimeric, que·us par del pro Bertram d'Aurel
Tenzone mit Guillem Figueira, s. 217, 4 c.

— N'Albert(etz) s. 10, 3. —

37. N'Elias, conseill vos deman
A 186 (530): «n'Aimerics de Piguillan e n'Elias d'Uisel». Tenzone (Partimen) mit Elias d'Uisel = 136, 5. — Choix 4, 22. MW. 2, 172. Krit. hgb. Carstens, Die Tenzonen der d'Uisel p. 82. Audiau, Les poésies des quatre troub. d'Ussel p. 94.

38. Nuls hom non es tan fizels vas seignor
A 136 (390 und Arch. 34, 163; MG. 1205), C 93 (MG. 1203), D 69 – 247, E 83 (MG. 1202), Fa 54 (71), I 51, K 37, N 152—226 (MG. 1204), R 18—145.
Canzone.

39. Nuls hom no sap que s'es gaugz ni dolors *oder:* ques es
C 99 (MG. 1002), R 51—428 (MG. 1001), c 51 (71); anonym vor A. de Peg. O 9 (13; auch Arch. 34, 373 und MG. 1206). Canzone.

40. Per razo natural
A 138 (396), B 84 (MG. 82), C 89 (MG. 1208), D 70–248, D^c 246 (38, AdM. 13, 73), E 80 (MG. 1207), Fa 59 (76), G 39 (p. 121), I 55, K 41, M 89, N 158—238, Q 13 (32, p. 27), R 50–422, U 39 (Arch. 35, 388), c 56 (79), α 28034 und 28393 (auch MG. I 184 bzw. 187). Hieraus ist nach Maus, Peire Cardenals Strophenbau p. 93 eine anonyme Cobla in T 94: *Ges non fail, quan s'aven* (Bartsch 461, 131), hgb. Appel, Prov. Inedita p. 325.
Canzone. — Schlußstrophe ediert und kommentiert bei Zingarelli p. 35. Str. 3 bei Stroński, Folquet de Marseille p. 60*.

41. Per solatz d'autrui chan soven
A 134 (382), B 82 (MG. 83), C 91 (MG. 994), D 64—225 (vgl. Mussafia, Del cod. Estense p. 427), D^c 246 (36, AdM. 13, 73), Fa 51 (66), G 37♩ (p. 114), I 53, K 39, M 92 (MG. 993), N 161—242, P 11 (35, Arch. 49, 77), Q 12 (27, p. 24), R 50—416, b I 3 [Tornada], c 52 (72), α 30627 (auch MG. I 211), ϰ 113 (Mussafia p. 261). Zitiert von Berenguier de Noya (Homenaje ... Pidal 1, 678).
Canz. — Zingarelli p. 50 A. 1.

42. Pos descobrir ni retraire
A 137 (391 und Arch. 34, 163; MG. 1169), C 91 (MG. 519), D^a 171—598, E 79 (MG. 518), I 51, K 37, M 93, N 153–227 (MG. 520), R 50—420, T 178. Canzone.

43. Pos ma bela mal' amia
mala *fehlt z. T. oder ist umgestellt;* enemia *(c)*
A 139 (399 und Arch. 34, 166; MG. 1209), C 87 (MG. 998), D 66–234, I 52, K 38, M 90 (MG. 997), N 160—241, R 49—410, a[1] 350 (95), c 51 (70), α 28840 und 29528 (auch MG. I 192, bzw. 199). Canzone.

44. Quan que·m fezes vers ni chanso
qu'eu
D 71–252, U 48 (Arch. 33, 296 und 35, 395; MG. 1189).
Eine Art *escondig* oder *vanto*, in V. 2 als *moz senes so*, am Schlusse als *flabel* bezeichnet. — Galvani, Osservazioni p. 230 nach D; dazu Mussafia, Del cod. Estense, Sitzungsber. etc. p. 427. Krit. hgb. Bertoni, (Noterelle prov.) Rlr. 46, 245.

45. Qui la vi, en ditz
ve
C 94 (MG. 1171), D 67—239, E 78, I 54, K 40, Q 16 (37, p. 32), R 49♩-408, a[1] 354 (99); anonym M 250, N 46–13 (Var. s. Constans, Rlr. 20, 137), W 185♩ (vgl. 461, 67 a).
Descort. — Diez, Poesie der Troub.[2] p. 305. Krit. hgb. Zingarelli p. 65. Melodie Beck p. 59.

46. Qui sofrir s'en pogues
Si
A 134 (381), B 82 (MG. 91), C 88 (MG. 1174), D 64–224,

D[c] 246 (32, AdM. 13, 72), Fa 52 (67), I 53, J 4 (19), K 39, M 93, N 156–233 (MG. 1175), Q 15 (35, p. 30), R 49—411, c 53 (74); anonym P 34 (107, Arch. 49, 314).
Canzone.

47. Ses mon apleg | no vauc ni ses ma lima
A 140 (402 und Arch. 34, 167; MG. 1212), C 90 (MG. 1211), D 67—237, I 53 (MG. 1210), K 39, N 157—235, Q 15 (36, p. 31), R 51–426, U 43 (Arch. 35, 391), c 50 (68); anonym P 56 (coblas 12, 13, 14, Arch. 50, 264).
Canzone. — Hgb. W. P. Shepard, Speculum 2, 304.

48. S'eu anc chantei alegres ni jauzens
C 97, R 19—153 (MG. 1164 b in Bd. IV 45). — Kolsen, Arch. 141, 250 und Zts. 41, 541 für Folquet de Romans.
Planch.-Choix 5, 11. MW. 2, 174. Cavedoni, l. c. p. 272.

49. S'eu tan be non ames
A 138 (394 und Arch. 34, 164; MG. 1215), C 95 (MG. 1214), D 69—245, D[c] 246 (34, AdM. 13, 72), E 76, I 52 (MG. 1213), K 38, R 50—421; Guiraut de Borneill Nr. 22 in Sg. Strophe *Al rei* (= 10, 5) einzeln H 56 (246 und Arch. 34, 415; MG. 1222).
Canzone.

50. Si com l'arbres que per sobre-cargar Aissi
A 136 (388), B 83 (MG. 344), C 89, D 68—243, Fa 55 (72), G 37 (p. 116), I 51, J 5 (23), K 38, M 94, N 154—230, P 12 (37, Arch. 49, 78, nur n'Aimeric), Q 12 (29, p. 26), R 50—423, S 161—101 (MG. 1170), a[1] 355 (100), b I 3 [4 V.], c 46 (60), f 78, ϰ 112 (Mussafia p. 216); Uc Brunec g 4; anonym vor A. de Peg. O 8 (12; nur bis V 4, s. 10, 29).
Canz. — Diez, Altromanische Sprachdenkmale berichtigt und erklärt nebst einer Abhandlung über den epischen Vers, Bonn 1846, p. 95. Monaci, Testi ant. prov., col. 58 und Poesie in lingua d'oc . . . p. 22. Chaytor, Troub. of Dante p. 68. Krit. hgb. Bartsch, Chrest. col. 177.

51. Si tot m'es greus l'afans -an
C 98 (MG. 1217), R 49—409 (MG. 1216).
Canzone.

52. Totz hom qu'aisso blasma que deu lauzar que so *oder* qui so
A 141 (405), B 85 (MG. 103), C 96 (MG. 1224), D 65–229, D[c] 246 (40, AdM. 13, 199), Fa 55 (73), I 55 (MG. 1223), K 41, N 149—221 (MG. 1225), Q 11 (23, p. 21, s. Facsimile auf Tafel 2), R 50–419, U 41 (Arch. 35, 390), c 54 (76), f 78; anonym G 35 (p. 108), O 49 (78).
Canzone.

53. Us jois novels, complitz de grans beutatz
C 98 (MG. 1218), R 49—412 (MG. 1219).
Canzone.

Von manchen Gelehrten (Diez, Leben und Werke p. 357; Merkel, Atti e Mem. della R. Acc. dei Lincei, ser. 4, v. 4, p. 321; Suchier, Gesch. d. franz. Lit. 1, 85) wird ihm zugeschrieben:

461, 234 Totas onors e tug fag benestan (anonym).

Suchier, Denkmäler 1, 554 meint, er sei vielleicht der Verfasser des anonymen Liebesbriefes «Bona dompna, pros ez onrada» N 26—11, krit. hgb. Constans, Rlr. 20, 126 und Suchier, l. c. p. 311. Andere Attributionen in den Hss.:

422, 1 Ab tan de sen com Deus m'a dat (Richart de Tarasco)
249, 1 Aissi com cel qu'a la lebre cassada (Guiraut de Salaignac)
375, 12 L'adregz solatz e l'avinens compaigna (Pons de Capdoill)
9, 12 Meravill me com pot hom apelar (Aimeric de Belenoi)
173, 8 Partit de joi e d'amor (Gausbert de Poicibot)
437, 29 Qui be·s membra del segle qu'es passatz (Sordel)

und ein Zitat „Amor tenuit in sene[c]tute me iuvenem" etc. in ι 35 (Egidi 2, 36; Jahrb. 11, 49; Thomas p. 183).

Aimeric de Rochafiza s. Ademar de Rocaficha.

11. Aimeric de Sarlat.

Hist. lit. 17, 583. — R. Lavaud, Les trois troubadours de Sarlat[1]: Aimeric, Guiraut de Salignac, Elias Cairel, „Lou Bournat", Bulletin mensuel de l'École Félibréenne du Périgord, t. 4, Périgueux 1910—11.

Vida: A 167 (p. 520), B 111 (ib. p. 711), I 123, K 108. Parn. occ. p. 238. Choix 5, 13. Mahn, Biogr. p. 57. Chabaneau, Biogr. p. 242. Lavaud (1910) p. 349.

1. **Aissi mou mas chansos** Eissamen
E 83 (MG. 20), M 198 (MG. 675), zwei Verse b I 3 und ϰ 113 (Mussafia p. 237).
Canzone. — Lavaud p. 350.

2. **Fis e lejals e senes tot engan** donna ses
A 167 (481), B 111 (MG. 142), D 85—304, E 84, F 35 (122), I 123, K 108, M 197, R 22–181, T 191, a[1] 346 (91), α 30782 (auch MG. I 212), ein Vers b I 3 und ϰ wie oben; Aimeric de Belenoi L 147, S 145—90, U 119 (Arch. 35, 445), c 57 (82); Peirol N 78–71; anonym O 15 (25; beginnt *Si con om fai*, unmittelbar nach 404, 6). — Zur Attribution s. Gröber, Rom. Stud. 2, 441.
Canz. — Choix 3, 386. Parn. occ. p. 238. MW. 3, 222. Lavaud p. 351.

3. **Quan si cargo·l ram de vert foill**
E 84, M 198, ein Vers b I 3 und ϰ wie oben.
Canz. — Choix 3, 384. MW. 3, 221. Lavaud p. 351.

4. **S'eu no·m lau d'amor tan com soill** — sol
a[1] 347 (92, Studj di fil. rom. 8, 443).
[Bartsch unbekannt.] Canzone. — Lavaud p. 352 und 359.

[1]) Nach Mitteilungen von Frl. Dr. Jaeschke.

Sonstige Attributionen:

9, 11 Ja no creirai qu'afans ni consiriers (Aimeric de Belenoi?)
16, 18 Mout es greus mals don hom no s'auza plaigner (Albertet).

12. Alaisina Yselda.

1. **Na Carenza al bel cors avinen**
A na auenenç
Q 42 (116, p. 85 und Zts. 4, 510), ohne Überschrift.
Coblaswechsel mit Carenza = 108, 1. — Krit. hgb. O. Schultz [-Gora], Die prov. Dichterinnen p. 28. Zu v. 20 s. G. Kussler-Ratyé, Archiv. roman. 1, 227.

12a. Alamanda.

Mit der Mehrzahl der Forscher (s. aber Appel, Arch. 97, 186) glaube ich A. unter die Dichterinnen aufnehmen zu können. Chabaneau, Biogr. p. 327. O. Schultz[-Gora], Die prov. Dichterinnen p. 9. Kolsen, Guiraut von Bornelh (1894) p. 34.

1. **S'ie·us quier conseill, bel' amig' Alamanda**
Tenzone mit Guiraut de Borneill, s. 242, 69.

Alberico da Romano s. Albric.

12b. Alberjat.

1. **Gaudi, de donzela m'agrat**
a[1] 579 (320, Studj di fil. rom. 8, 480), überschrieben «la tenzo d'en Alberiatz [e] de Gaudi», im Register von a falsch «Albertz e Gaudi». [Der Text war Bartsch noch unbekannt.] Tenzone mit Gaudi = 170, 1; vgl. auch 13, 2. — Krit. hgb. Kolsen, Trobadorgedichte p. 1.

13. Albert.

1. **N'Albert, cauzetz la qual mais vos plairia**
Tenzone mit Simon Doria, s. 436, 2.

(2. Tenzone mit Gaudi, im Register von a aufgeführt, gehört nach a[1] vielmehr Alberjat, s. 12 b, 1, sowie 170, 1.)

14. Albertet Cailla (Albert Cailla in K).

O. Schultz[-Gora], Zts. 7, 179.

Vida: I 189, K 175, d 265. — Parn. occ. p. 354. Choix 5, 14. Mahn, Biogr. p. 60. Chabaneau, Biogr. p. 283.

Die genannten Hss. schreiben ihm mit Unrecht zu

88, 1 Ara quan plou et iverna (Bertran de Preissac).

15. Albert marques [de Malaspina].

Hist. lit. 17, 521. — Galvani, Raccolta di alcuni monumenti storici e letterarj per servire alla vita del marchese Alberto Malaspina trovatore, Annuario storico Modenese, t. 1 (Modena 1851), 23. — O. Schultz[-Gora], Zts. 7, 188; ders., Die Briefe des Trob. Raimbaut de Vaqueiras p. 125; s. die Geschlechtstafel p. 122. — Bertoni, I trov. d'Italia p. 45 und ders., Il Duecento p. 10. — Mannucci in „I marchesi Malaspina e i poeti provenzali" im Bande „Dante e la Lunigiana" (Milano 1909), p. 35.

Vida: I 155, K 141. — Parn. occ. p. 94. Choix 5, 15. Mahn, Biogr. p. 60. Chabaneau, Biogr. p. 312. Monaci, Testi ant. prov., col. 71. Bertoni, I trov. d'Italia p. 211.

1. **Ara·m digatz, Rambautz, si vos agrada sius**
A 181 (517 und MG. 1307), D 146—508, I 155, K 141, M 255, N 274–436, R 24–206, Sg 55 unter Raimb. de Vaqueiras Nr. 19. — Überschrift: Albertz marqes e·n Raembautz A, Albertz marques D I K, R. de Vaqu. Sg., die anderen anonym.
Tenzone m. Raimb. de Vaqueiras = 392, 1. — Choix 4, 9. MW. 3, 182. Monaci, Testi ant. prov., col. 70 und Poesie prov. di trovad. ital. p. 5. Krit. hgb. Crescini, Manualetto p. 296 und Manuale p. 254. Appel, Chrest. p. 127. Massó y Torrents, Institut d'Estudis Catalans, Anuari 1907, 452 nach Sg. Bertoni, I trov. d'Italia p. 211. Übers. bei Jeanroy, Anthologie p. 73. Zu v. 57 auch Torraca, Atti della R. Acc. ... di Napoli 4, I, 233. — Vgl. auch Diez, Leben und Werke p. 226 und zur Erklärung besonders O. Schultz[-Gora], Zts. 7, 191, auch L. Pàstine, Rivista d'Italia 16 II 428.

Gewöhnlich wird ihm noch zugeschrieben, obgleich ohne Beweise:

296, 1a Domna, a vos me coman (Marques).

15a. Albert de Saint Bonet.

1. **Bela domna, si·us platz**
[Bei Bartsch 461, 40.] Tenzone, nur im Register von B aufgeführt mit der Überschrift: n'Albertz de Sain Bonet e la dompna.

Albertet Cailla s. Art. 14.

Anm. Chabaneau, Biogr. p. 328 A. 5 (vgl. Onomastique des troub. p. 11) möchte als Dichter noch einen Albertet de Savoia einführen, von dem nach seiner Meinung Uc de l'Escura in 452, 1 (v. 2) spricht; s. dagegen Bertoni, I trov. d'Italia p. 8f. (vgl. Levy, Lit.-Bl. 1887, col. 271.)

16. Albertet (de Sestaro).

Albertet in den meisten Hss., Albertet de Sesta[i]ro M a[1], de Gapenses I; Albert de Sestaro C α; Albert und Albertet de Terascon (sic) T. Bartsch nennt ihn «Albert de Sestaro oder Albertet».

Hist. lit. 17, 530. Diez, Leben und Werke p. 446. Jeanroy, Rom. 27, 148. Bertoni, I Trovatori minori di Genova p. XXVII. Kurze Notiz bei Anglade, Hist. somm. de la litt. mérid. p. 95.

Vida: A 54 (p. 155), A[a] [= M CCLXIX], I 133, K 119. — Choix 5, 15. Mahn, Biogr. p. 54. Chabaneau, Biogr. p. 301.

1. Ab joi comensi ma chanso
comenz eu, comensa, comens
A 54 (145 und Arch. 51, 250), A[a] [= M CCLXIX], C 235 (MG. 183), D 77—272, E 91, F 41 (135), G 80 (p. 251), I 133, K 119, M 124, O 19 (31), R 40–340, a[1] 439 (185), $\varkappa$ 130 (Mussafia p. 235); Guiraut de Borneill Nr. 21 in Sg.
Canzone. — Kolsen, Dichtungen p. 84.

2. Ab so gai e leugier
gay sonet *Sg*
A 54 (147 und Arch. 51, 250), C 236 (MG. 188), D 76—270, D[c] 256 (156, AdM. 14, 199), E 93, R 20—165, T 129, a[1] 442 (189); Raimb. de Vaqueiras Nr. 16 in Sg 53.
Canz. — Massó y Torrents, Institut d'Estudis Catalans, Anuari 1907, 431 nach Sg.

3. Albert, cauzetz al vostre sen
Tenzone mit Aimeric de Peguillan, s. 10, 3.

4. Albertet, dui pro cavalier
Tenzone mit einem Raimbaut, s. 388, 1.

5. Amics n'Albertz, tensos soven
Tenzone mit Aimeric de Peguillan, s. 10, 6.

5a. A! mi no fai chantar foilla ni flors
Ha — flor
a[1] 436 (182); anonym W 204 (p. 403), eine Strophe.
[Bei Bartsch unter den Anonyma als 461, 138.] Canz. — Nach W hgb. von Appel, Prov. Ined. p. 325 und ganz von Bertoni, Zts. 35, 236 (a[1]).

6. Atrestal vol faire de mi m'amia
A 55 (151 und Arch. 51, 252), D[a] 174—614, G 81 (p. 253), I 134, K 120.
Canz. — Lex. rom. 1, 496. MW. 3, 82.

7. A vos voill mostrar ma dolor
C 236 (MG. 780), D 76—269, E 92, I 134 (MG. 781) K 120, T 129.
Canzone.

7a. Bel m'es oimais
a[1] 439 (186, nur Kollation); anonym S 245—160.
[Von Bartsch unter die Anonyma gestellt als 461, 42.]
Descort. — Hgb. von P. Meyer, Rom. 1, 402 nach S und Bertoni, Un descort d'Albertet de Sisteron, AdM. 15, 493 nach a[1].

8. Bo chantar fai al gen temps de pascor
gai
L 118 (Arch. 34, 436), a[1] 437 (183); anonym O 35 (58).

Canz. — (Choix 5, 16. MW. 3, 84.) Kolsen, Dichtungen p. 88.

9. Destregz d'amor veing denan vos davan

A 55 (149 und Arch. 33, 446), C 235, D 75–267, E 90, G 81 (p. 254), I 134, K 120, M 124 T 130, a[1] 435 (181); Raimbaut de Vaqueiras [Name durch Reim gesichert] *α* 31508 (auch MG. I 214); anonym f 42.
Canz. — Krit. hgb. Kolsen, Trobadorgedichte p. 5.

(10. Domna, a vos me coman

Kann ihm nicht gehören; s. 296, 1a.)

11. Domna pros e richa

C 237 (MG. 782), M 126 (MG. 783), N 126—178 (MG. 293; beginnt mit *Trop es de mi seigner*).
Canzone.

12. En amor ai tan petit de fiansa

A 54 (146 und Arch. 33, 445), C 237 (MG. 784), D 76–268, D[c] 256 (155, AdM. 14, 198), E 92, G 82 (p. 255), I 134, K 120, M 125 (MG. 785), O 19 (32), R 40—338; Folquet de Marseilla c 11 (13); Strophe *Mai[s] tortz es, follia* etc. anonym J 13 (*c. e.* 13 und Riv. 1, 40 Nr. 65).
Canzone. — Kolsen, Dichtungen p. 92.

13. En amor trop tan de mals seignoratges — -atge mal

A 55 (150 und Arch. 51, 251), C 238, D 76—271 (Bertoni, Giorn. stor. della lett. ital. 38, 141 Anm.), E 90, G 80 (p. 250 und Arch. 32, 407), I 133, K 119, M 126, O 20 (33); Bernart de Ventadorn C Reg., R 58—492.
Lied gegen die Liebe; vgl. dazu 9, 21. — Krit. hgb. Appel, B. von Ventadorn p. 291. Zur Datierung s. O. Schultz[-Gora], Zts. 7, 215.

14. En mon cor ai un' aital encobida tal amor

A 54 (148 und Arch. 51, 251), N 126—179 (MG. 294), a[1] 438 (184); erste Strophe *Tal amor ai en mon cor encubide* anonym W 203 (p. 403).
Canzone. — Kolsen, Dichtungen p. 96.

15. En Peire, dui pro cavalier

A 188 (538), C 388, T 85. — Überschrift: Albertet A, Index B, en Albert C — en Peire dieselben.
Tenzone (Partimen) mit einem Peire = 322, 1. — Lex. rom. 1, 505. MW. 3, 83.

15a. Forfagz vas vos qu'eu no m'aus razonar

a[1] 440 (187, Studj di fil. rom. 8, 441).
Canzone.

16. Gaucelm Faidit, eu vos deman En G. F. ieus

A 182 (520), C 395, D 147—512, D[a] 209—768, E 211, G 90 (p. 282), I 156 (MG. 439) und 162, K 142 und 148, O 12 (19), Q 10 (21, p. 20), a[1] 562 (302). — Überschriften: Albertet A, Index B, D D[a] I[1] I[2] K[1], Albert C K[2] a[1] — Gaucelm Faidit A, Index B, C I K a[1], Gaucelm D[a].
Tenzone (Partimen) m. Gaucelm Faidit = 167, 25. — Parn. occ. p. 299. Choix 4, 11. MW. 2, 100. Schultz-Gora, Elementarbuch p. 166. Übers. bei Jeanroy, Anthologie p. 79.

17. Monges, cauzetz, segon vostra sciensa digatz

E 222, I 162, K 148, a[1] 586 (326), d 264—5. — Überschriften: Albertet I d, Register von a; Albert K a[1] — lo monge, dieselben.
Tenzone (Partimen) mit einem Mönche = 303, 1. — Choix 4, 38. MW. 3, 81. Milá y Fontanals, Trovadores en Esp. p. 162. Krit. hgb. Appel, Chrest. p. 136.

17a. Mos coratges m'es camjatz s'es cambiatz (a[1])

a[1] 441 (188); anonym X 91. [Von Bartsch unter die Anonyma gestellt als 461, 167.] Canz. — Nach X hgb. von Appel, Prov. Ined. p. 327, nach a[1] von Bertoni, Rom. 40, 80.

18. Mout es greus mals don hom no s'auza plaigner de qu', qant

A 56 (152 und Arch. 33, 446), C 236, E 92, I 134, K 120, M 125, T 128, d 263—2; Aimeric de Belenoi C Reg., R 53—447; Aimeric de Sarlat F 36 (123); Raimb. de Vaqueiras C Reg.
Canzone.

19. N'Albert, eu sui en error

Tenzone mit Gaucelm Faidit (?), s. 167, 42.

20. Pos en ben amar m'esmer

a[1] 442 (190, Studj di fil. rom. 8, 442).
[Bartsch unbekannt.] Canz. — Krit. hgb. Schultz-Gora, Prov. Studien (2) p. 105. Vgl. Appel, Zts. 42, 378.

Attributionen:

167, 2 Ab consirier plaing (Gaucelm Faidit)
375, 4 Ben es fols cel que reigna (Pons de Capdoill)
173, 3 Car no·m abelis solatz (Gausbert de Poicibot)
366, 13 D'un bo vers vau pensan com lo fezes (Peirol)
223, 3 Enaissi·m pren com fai al pescador (Guillem Magret)
124, 10 En un sonet gai e leugier (Daude de Pradas)
167, 55 Solatz e chantar (Gaucelm Faidit)
421, 9 Tot atressi com la clartatz del dia (Richart de Berbezill).

16a. Albric [= Alberico da Romano].

Gröber, Rom. Studien 2, 495. Suchier, Denkmäler 1, 555. O. Schultz [-Gora], Zts. 7, 233. Chabaneau, Biogr. p. 313 Anm. 5. T. Casini, Propugnatore 18 I (1885), 162. Bertoni, I trov. d'Italia p. 66. Jeanroy, Revue historique 164, 15. — Schon Cavedoni vermutete, daß der liber Alberici, die Quelle von D[a], ihm gehört habe (I trovatori prov. alla corte dei marchesi d'Este, Mem. d. R. Acc. di Scienze . . di Modena 2, 300).

1. Messier Albric, so·m prega Ardizos

[Bartsch unbekannt.] Tenzone mit Uc de Saint Circ, s. 457, 20a.

Mit demselben identifizierte O. Schultz [-Gora], Zts. 15, 234 Bieiris de Roman (s. Nr. 93), so daß ihm noch gehören würde:

2. Na Maria, pretz e·l fina valors e la
T 208.
[Bartsch 93, 1.] Canz. (*mas coblas*, v. 22). — Parn. occ. p. 376. MW. 3, 331. O. Schultz [-Gora], Die prov. Dichterinnen p. 28. Monaci, Poesie prov. di trovad. ital. p. 15. Bertoni, l. c. p. 265.

16b. Aldric del Vilar.

Suchier, (Der Troubadour Marcabru,) Jahrbuch 14, 142. Zenker, Die Lieder Peires v. Auvergne p. 185.

1. Tot a estru
D'un e.
A 28 (58 und Arch. 33, 334), C 177, Da 208—761, I 117, K 103, R 8—50, a¹ 571 (313, Studj romanzi 2, 91 und Dejeanne p. 96), d 303—113 [1]). — Nur in a¹ bezeichnet als «la tenzon de Marcabrus e de segner n'Enric», in A C I K R d unter Marcabru, in Da anonym nach Uc Catola. Den Namen des Verfassers Aldric oder Audric hat erst Suchier aus Marcabrus Antwort (293, 43) erschlossen; es ist der in Marcabrus Biographie genannte Aldric del Vilar.
[Bartsch 293, 20.] Sirv., beantwortet durch 293, 43. — Krit. hgb. Suchier, Jahrb. 14, 145; danach Monaci, Testi ant. prov., col. 37. Dejeanne, Poésies complètes du troub. Marcabru p. 94.

17. Alegret.

Kritische Ausgabe von Dejeanne, Alegret, jongleur gascon du XIIe siècle, AdM. 19, 221. S. auch Hist. lit. 20, 566. Jeanroy, Jongleurs et troub. gascons, introd. p. IV.

1. Aissi com cel qu'es vencutz e sobratz
C 355 (MG. 18).
Canz. — AdM. 19, 223. Jeanroy p. 4.

2. Ara pareisson l'arbre sec
M 117; beginnt in C 356 (MG. 353) mit Strophe II *A per pauc yeu totz non sec.* Die zwei ersten Verse ϰ 130 (Mussafia p. 235); zwei andere Verse zitiert Raimon Vidal β¹ 977: *com auzi dir Al joglaret en son verset: „E si·l bos faitz a la fi non paret* [für *parec*], *Tot cant a fag lo senhor es niens* (Ausg. *mens*).
Sirv., als *vers* bezeichnet. — Parn. occ. p. 354. MW. 3, 322. AdM. 19, 226. Jeanroy p. 6. Übers. ders., Anthologie p. 125.

Barbieri — ϰ 130 (Mussafia p. 235) — schreibt ihm zu:
Domna, qu'avetz la seignoria
22 Verse anonym N 25—9; 9 Verse anonym Vat. 7182 Nr. IV (De Lollis, Rom. 18, 463); 2 Verse zitiert in ϰ. — Chabaneau, Rlr. 20, 121 Anm.

[1]) Steht noch in z (Studi rom. 12, 159).

denkt an Arnaut de Maroill. [Bartsch 461, 93, vgl. p. 41.] Fragment eines Liebesbriefes. — Nach N hgb. von Constans, Rlr. 20, 123 u. Suchier, Denkm. 1, 308. AdM. 19, 231.

18. Alest, lo seigner d'.

Peire Pelet; s. Chabaneau, Rlr. 32, 126 und Biogr. p. 372, sowie J. Anglade, Le troubadour Guiraut Riquier p. 178.

1. Seign' en Enric, us reis un ric avar
Tenzone mit Guiraut Riquier und Enric II., Grafen von Rodez, s. 248, 76, auch = 140, 2.

19. Alexandre (Alixandri E).

1. En Blacasset, bo pretz e gran largueza
E 226, M 260.
Tenzone mit Blacasset = 96, 4. — (Choix 5, 18. MW. 3, 349.) Selbach, Streitgedicht p. 117. Krit. hgb. Klein, Der Troubadour Blacassetz p. 9.

20. Almuc de Castelnou.

Chabaneau, Biogr. p. 282 und 329. O. Schultz[-Gora], Die prov. Dichterinnen p. 12. Clovis Brunel, AdM. 28, 462.

(**1. Amic ai de gran valor**
gehört zu 43, 1.)

2. Domna n'Iseutz, s'eu saubes
H 46 (153), $\varkappa$ 137 (Mussafia p. 245); davor Razo in H, umschrieben in $\varkappa$.
Cobla als Antwort auf 253, 1. — Parn. occ. p. 357. Choix 5, 19. Hist. lit. 19, 601. MW. 3, 324. Krit. hgb. Chabaneau, Biogr. p. 282; O. Schultz[-Gora], l. c. p. 25. — Die Razo ist für sich gedruckt Mahn, Biogr. p. 59 in Nr. 80.

21. Amanieu de la Broqueira (Hs. Nameus oder Hameus).

Hist. lit. 20, 562. Jeanroy, Jongleurs et troub. gascons, introd. p. V. R. Lizop, Le troub. A. de la Broqueira, Era Bouts dera Mountanho, 3e année, No. 6, p. 101 (nicht zugänglich).

1. Mentre que·l talans mi cocha
E 165.
Canz. mit Binnen- und Schlußrefrain. — Parn. occ. p. 373. MW. 3, 330. Jeanroy p. 24.

2. Quan reverdejon li condere
E 164.
Canz. — Krit. hgb. Appel, Prov. Ined. p. 12. Jeanroy p. 22.

21a. Amanieu de Sescas.

Die Schreibung der Hs. *de Sescas* wurde von P. Meyer, Rom. 1, 384 wiedereingeführt und ist jetzt die übliche; früher schrieb man meist *des Escas*, was Milá y Fontanals, Trovadores en Esp. p. 420 zu begründen suchte[1]) (und neuerdings R. Ortiz, Zts. 28, 553 Anm. 1, von einem anderen Standpunkt aus).

Hist. lit. 20, 526. Milá p. 419. Bartsch, Grdr. p. 41 und 51. P. Meyer, l. c. Chabaneau, Biogr. p. 329 Anm. 5. Stimming, Gröbers Grdr. 2 II 51. Schultz-Gora, Prov. Studien 1, 1; vgl. Appel, Zts. 40, 635. S. auch P. Meyer, Rom. 36, 120.

Zwei Liebesbriefe:

I. A vos, que eu am dezamatz
R 147.
Lex. rom. 1, 499. Milá p. 454. MW. 3, 350. Krit. hgb. Appel, Chrest. p. 139.

II. Domna, per cui planc e sospir
R 145.
Choix 5, 20. Milá p. 450. MW. 3, 353. Krit. hgb. Schultz-Gora, l. c. p. 10, Anfang auch Elementarbuch p. 189.

Zwei Enseignamens:

I. El temps de nadalor
R 147; «l'enssenhamen del escudier que fe aquel meteis dieu d'amors».
Bartsch, Denkm. p. 101. Milá p. 427.

II. En aquel mes de mai
R 146; «l'enssenhamen de la donzela».
Bartsch, Lesebuch p. 140. Milá p. 438. Ein Stück daraus bei Bartsch, Chrest. col. 355.

Ameus de la Broqueira s. Amanieu de la Broqueira.

22. Amoros dau Luc.

Wahrscheinlich *dau Luc*, nicht *d'Auluc* zu schreiben. Schultz-Gora, Prov. Studien (2) p. 119 (grundlegend); vgl. Jeanroy, Rom. 50, 156 (auch Comptes-rendus des séances de l'Académie des Inscriptions 1924, 61?). — Jeanroy, Un sirventés politique de 1230, Mélanges d'histoire du moyen âge offerts à M. Ferdinand Lot par ses amis et ses élèves, Paris 1925, p. 275; vgl. Schultz-Gora, Arch. 153, 147. — Ders., Rom. 51, 111.

1. En Chantarel, sirventes ab motz plas
mos planz

a[1] 514 (265, Studj di fil. rom. 8, 466).
[Bartsch unbekannt.] Sirv. — Krit. hgb. Schultz-Gora, s. oben. Jeanroy, Mélanges ... Lot p. 276 und Rom. 51, 112.

22a. Andrian del Palais.

Chabaneau, Rlr. 35, 384. Restori, Giorn. stor. d. let. it. 21, 455. Terramagnino (μ) zitiert v. 201 acht Verse von ihm und v. 265 noch

[1]) Milá y Fontanals hat seine Ansicht später zurückgenommen; s. Poëtes catalans. Les noves rimades — La codolada, Montpellier — Paris 1876, p. 67 A. 6.

zwei Verse, die vielleicht zu demselben Gedicht gehörten und den Anfang bildeten:

1. **Ai! domnas e seignor**
Canzone? — P. Meyer, Rom. 8, 190 und 192.

23. Anfos.

Lo reis n'Anfos CR, lo reis d'Aragon DIK; König Alfons II. von Aragon.

Hist. lit. 15, 158. Diez, Leben u. Werke p. 84. Milá y Fontanals, Trovadores en Esp. p. 264.

Vida: I 108, K 94. — Parn. occ. p. 36. Choix 5, 19 und 5, 290. MW. 1, 126. Mahn, Biogr. p. 10. Milá p. 264 A. 5. Chabaneau, Biogr. p. 304.

1a. **Be·m plairia, seigner en reis**
[Von Bartsch unter Peire (II) d'Arago gestellt als 324, 1.] Tenzone mit Guiraut de Borneill, s. 242, 22.

1. **Per maintas guizas m'es datz**
C 360, D 86–310, I 108, K 94, R 21—175; Peire Vidal c 61 (88).
Canz. — Choix 3, 118. Parn. occ. p. 37. MW. 1, 126. Milá p. 268. Krit. hgb. Bartsch, Chrest. col. 93.

Anfos, rei de Castela (König Alfons X. von Kastilien) s. unter Guiraut Riquier Nr. X und N'At de Mons Nr. I.

(24. Arman.

1. **Bernart de la Barta, ·l cauzit**
s. 25, 1a.)

25. Arnaut.

Sammelnummer. Die Tenzonen 2 und 3 gehören bestimmt demselben Verfasser; 1 könnte von Arnaut Catalan sein.

1. **Amics n'Arnautz, cen domnas d'aut paratge**
Tenzone mit dem Grafen von Provence, s. 184, 1.

1a. **Bernart de la Barta, ·l cauzit**
Da 207—756, G 97 (p. 311 und Arch. 32, 414), Q 9 (20, p. 19), S 234–152. Nur in S n'Arman überschrieben, in Da Arnaut; in G und Q ist die Tenzone anonym, aber der erste Streiter heißt auch n'Arnaut. Die beiden letzten Verse der 2. Tornada unter Bernart [de la Barta] in Dc 259 (212, AdM. 14, 531) zitiert, s. 58, 5.
[Bei Bartsch 24, 1.] Tenzone (Partimen) mit Bernart de la Barta = 58, 1. — Krit. hgb. Kolsen, Mélanges Jeanroy (Paris 1928) p. 375.

2. **Seigner Arnaut, d'un joven**
Tenzone mit einem Guillem, s. 201, 5.

3. **Seigner Arnaut, vostre semblan**
[Bartsch unbekannt.] Tenzone m. Folc und demselben Guillem, s. 150a, 1, auch = 201, 5a.

26. Arnaut de Brancalo.

1. Pessius, pessans, peccans e penedens
C 375, R 100—842.
Bußlied. — Choix 5, 26. MW. 3, 359.

27. Arnaut Catalan.[1])

Hist. lit. 17, 573. — Milá y Fontanals, Trovadores en Esp. p. 361. — Chabaneau, Biogr. p. 330; s. aber O. Schultz[-Gora], Zts. 10, 593. — Stroński, Le troubadour Elias de Barjols p. XXX. — Bertoni, Di un trovatore in Italia (Arnaut Catalan) alla corte d'Este, Giorn. stor. della lett. ital. 62, 266. — Ders., I trov. d'Italia p. 5.

1. Aimeric, cill que·us fai aman languir
Nur der Anfangsvers ist im Register von B enthalten unter: n'Arnautz Catalans e'n Aimerics de Bel(!).
Tenzone mit Aimeric de Belenoi = 9, 2.

2. Als entendens de chantar
C 344 (MG. 207); ein Stück, beginnend mit Strophe II *Dreitz fora* (= 27, 5), in E 73 (MG. 990).
Canz. — Krit. hgb. Kolsen, Trobadorgedichte p. 7.

3. Amors, rics fora s'eu vis
sius
C 343 (MG. 732), E 72 (MG. 731).
Canz. — (Choix 5, 27. MW. 3, 363.)

4. Anc per nul temps | no·m donet jai
M 188 (MG. 319); Uc de Pena a[1] 344 (89).
Canzone. — Krit. hgb. Kolsen, Dichtungen p. 110.

4a. Ben es razos qu'eu retraja
C 344 (MG. 987), R 21—179; Arnaut Plagues E 71, zwei Verse in b I 2 und $\varkappa$ 109 (Mussafia p. 221); [Peire Bremon] Ricas Novas A 142 (408), D[a] 185 —663, I 110, K 95. — Zur Attribution s. Stroński, E. de Barjols p. XXIX und schon Maus, Peire Cardenals Strophenbau p. 55; unsicher.
[Bartsch 330, 4 unter Peire Bremon Ricas Novas.] Canz. — Milá p. 364.

4b. Deus verais, a vos mi ren
M 187 (MG. 988); Geneys lo Joglars C 360; Peire d'Alvergne C Reg. — Das Gedicht gehört (trotz Lowinsky, Zts. f. frz. Sprache u. Lit. 20 I 182) auf keinen Fall Geneys, vgl. unter 175, 1; Zenker, Die Lieder Peires v. Auvergne p. 12 spricht sich gegen Peire aus; für Arnaut Catalan Appel, Cadenet p. 116.
[Bartsch 175, 1.] Gebet. — Milá p. 361. Krit. hgb. Zenker, l. c. p. 152 (= Rom. Forschungen 12, 803).

(**5. Dregz fora, qui be chantes**
s. 27, 2.)

---

[1]) Ausgabe von Ferruccio Blasi im Archiv. roman. vol. XVI, n° 1 (gennaio-marzo 1932).

6. Lan- | quan | vinc en Lombardia

M 188 (MG. 986), erste Strophe in b I 2 und $\varkappa$ 109 (Mussafia p. 237). Canzone.

Ein Zitat: Non immerito perhonorantur domine etc. in ι 11 (Egidi 1, 116; Thomas p. 175; Jahrb. 11, 45) — Vgl. auch zu 25, 1.

Sonstige Attributionen:

106, 10 Be volgra, s'esser pogues, (Cadenet)
(Tot lo mal qu'ai fag desfar)
47, 9 S'eu anc per fol' entendensa (Berenguier de Palazol?)
132, 12 Si·l bela·m tengues per seu (Elias de Barjols).

28. Arnaut de Cumenge.

P. Meyer, La Chanson de la Croisade contre les Albigeois . . éditée et traduite, t. 2, Paris 1879, p. 181. Chabaneau, Biogr. p. 331. Jeanroy, Jongleurs et troub. gascons, introd. p. VII.

1. Be·m plai us uzatges que cor

A 207 (597 und Arch. 34, 197), D 138—475.

Sirv. — (Choix 5, 29. MW. 3, 364.) Krit. hgb. Kolsen, Dichtungen p. 217. Jeanroy, l. c. p. 75.

Die Hs. A schreibt ihm noch zu:

392, 22 Leus sonetz, | si com soill (Raimbaut de Vaqueiras).

29. Arnaut Daniel.

Kritische Ausgaben: 1. La vita e le opere del trovatore Arnaldo Daniello. Edizione critica, corredata delle varianti di tutti i manoscritti, d'un' introduzione storico-letteraria e di versione, note, rimario e glossario a cura di U. A. Canello. Halle 1883[1]). — Rezensionen: E. Levy, Lit.-Bl. 1883, 313 und Bartsch, Zts. 7, 582, beide mit wichtigen Bemerkungen zur Kritik des Textes; Stengel, Gött. gel. Anz. 1883, (II) 961; R. Renier, Giorn. stor. d. lett. ital. 1, 312. — 2. Les poésies d'Arnaut Daniel, réédition critique d'après Canello, avec traduction française et notes, par R. Lavaud in AdM. 22, 17—55, 162—179, 300—339, 446—466 und 23, 5—31. Besprechungen: Georges Millardet, Rlr. 57, 139; Rassegna bibliogr. 19, 262; Rom. 40, 149.

---

[1]) Bei den einzelnen Gedichten soll nicht jedesmal besonders erwähnt werden, daß erst Canellos Ausgabe eine kritische ist oder sein will. Die Anordnung, nach metrischen Rücksichten getroffen, ist bei ihm die folgende:

Canello (Lavaud)	Grdr.	Canello (Lavaud)	Grdr.	Canello (Lavaud)	Grdr.
1 =	15	7 =	2	13 =	4
2 =	6	8 =	5	14 =	1
3 =	16	9 =	13	15 =	18
4 =	11	10 =	10	16 =	3
5 =	12	11 =	9	17 =	17
6 =	7	12 =	8	18 =	14.

Ausser Canellos Einleitung vgl. Hist. lit. 15, 434; Diez, Leben u. Werke p. 279; G. Galvani, Fiorità provenzale, Rivista filologico-letteraria, Bd. 1 (Verona 1871), 260 und 2 (1872), 97 und 185; Suchier und Birch-Hirschfeld, Gesch. d. frz. Lit. 1, 82; Anglade, Les Troubadours p. 135; (Cesare Pino, Nozioni critiche e lett. sulla vita e sulle opere del trov. Arnaldo Daniello, Castelsangiovanni 1904?); Vossler, Die göttl. Komödie II, 1, 656 (über die Kunst des Arnaut Daniel); Chaytor, The troubadours p. 55; Anglade, Hist. somm. de la litt. mérid. p. 62 und 150; S. Singer, Zur Biographie von Arnaut Daniel, Arch. 143, 98; R. C. Williams, The originality of Daniello, The Romanic Review 15, 121; Appel, Petrarka und Arnaut Daniel, Arch. 147, 212 (zu Petrarkas Kanzone «Lasso me» und Grdr. 233, 4); Gmelin, Zts. f. franz. u. engl. Unterricht 27, 23; Kolsen, Dante und der Trob. Arnaut Daniel, Deutsches Dante-Jahrbuch 8, 47 (Zu Purg. 26 und einigen Textstellen und zur Chronologie von A. Daniel und Raïmbaut d'Aurenga); vgl. Appel, Raïmbaut von Orange p. 79 A. 1. — Zu den Strophenformen des Dichters s. Appel, Raïmbaut von Orange p. 75.

Vida: A 39 (p. 105 und MG. 1282), B 27 (ib. p. 681), E 200, I 65, K 50, N² 1 (I, Arch. 101, 365; auch Rlr. 19, 266), R 2 d, a 104 und II 30 (Rlr. 42, 500); dazu vgl. ϰ 50 und 97 (Mussafia p. 217). — Razo zu 29, 2 in R (Canello p. 9). — Parn. occ. p. 253. Choix 5, 31. Mahn, Biogr. p. 36 Nr. 37 (nach B) und 38. MW. 2, 69. Galvani, l. c. 1, 263. Krit. hgb. Canello p. 5. Chabaneau, Biogr. p. 220. Monaci, Testi ant. prov., col. 47. Crescini, Manualetto p. 387 und Manuale p. 332. Chaytor, Troub. of Dante p. 46, auch Lavaud, AdM. 23, 5 und Lommatzsch, Prov. Liederbuch p. 108.

1. Amors e jois e locs e tems
T 196 (MG. 426), a 110 (93, Rlr. 42, 506).
Canz. — Canello p. 113. Lavaud, AdM. 22, 328. — Zu v. 29 s. A. Tobler, Zts. 11, 133.

2. Anc eu no l'aic, mas ela m'a
A 40 (101 und Arch. 51, 142; MG. 1291), C 204, D 52–181, E 59, G 74 (p. 231), I 67, K 51, L 109, N 191—289, N² 3 (I 9, Arch. 101, 370), Q 40 (105, p. 79), R 48–405, c 41 (54).
Canz. — Parn. occ. p. 254. MW. 2, 72. Galvani, Riv. filologico-letteraria 1, 265. Canello p. 102. Lavaud, AdM. 22, 50.

3. Ans que·l cim reston de brancas que
A 42 (107 und Arch. 51, 145; MG. 1300), B 29 (MG. 135), C 203, D 53–184, E 60 (MG. 412), I 66, K 51, L 110, N 193—292, N² 2 (I 5, Arch. 101, 367), R 27–230, T 195, U 26 (Arch. 35, 378; MG. 1301), V 63 (Arch. 36, 411), b I 5, c 42 (55 und Rlr. 43, 198), ϰ 50 (Mussafia p. 218).
Canz. — Choix 5, 32. MW. 2, 71. Galvani, l. c. 1, 271. Canello p. 116. Lavaud, AdM. 22, 446.

4. Ar vei vermeills, vertz, blaus, blancs, grocs
A 40 (102 und Arch. 51, 142;

MG. 1292), D 52—179, G 74 (p. 229), H 10 (35)[1], I 65 (MG. 311), K 50, N 191—288, N² 1 (I 3, Arch. 101, 366), Q 39 (104, p. 79), Sg Nr. 4, T 195 (MG. 422), U 25 (Arch. 35, 378; MG. 1293), a 107 (90, Rlr. 42, 503), c 41 (53).
Canz. — Canello p. 112. AdM. 22, 322.

5. **Autet e bas entre·ls prims foills**
A 41 (105 und Arch. 51, 144; MG. 1298), C 205 (MG. 418), D 53—182, E 59 (MG. 419), H 11 (38), I 67, K 52, N 192—290, N² 3 (I 11, Arch. 101, 371), b I 5, ϰ 35 (Mussafia p. 257).
Canz. — Canello p. 104. AdM. 22, 162.

6. **Chanso do·ill mot son plan e prim** don
A 40 (100 und Arch. 51, 141; MG. 1289), B 28 (MG. 46), C 206 (MG. 431), D 51—175 (Hüffer, Der Trob. Guillem de Cabestanh p. 64), E 61, G 73♩ (p. 228; Melodie Riv. mus. ital. 3, 243), H 9 (30), I 67, K 52, L 105, N 194–294, N² 3 (I 10, Arch. 101, 370), P 30 (97, Arch. 49, 309; MG. 1290), Q 39 (103, p. 78), S 187—119 (MG. 432), Sg Nr. 6, c 40 (52), α 32289; Guillem de Cabestaing C Reg., R 95–800.
Canz. — Canello p. 95. AdM. 22, 26.

7. **D'autra guiz' e d'autra razo**
C 206 (MG. 433), E 63 (MG. 434).
Canz. — Canello p. 101. AdM. 22, 46.

8. **Dous brais e critz,** | Pos, Los, Moutz, Mos
lais e chantars e voutas e sos e chans *oder* e chans e sos
A 39 (96 und Arch. 51, 139; MG. 1282), C 204 (MG. 435), D 52—180, H 11 (36), I 66, K 51, L 109, M 144 (MG. 436), N² 3 (I 8, Arch. 101, 369), Sg Nr. 2, U 27 (Arch. 35, 379; MG. 1283), V 103 (Arch. 36, 442), a 106 (89, Rlr. 42, 502), c 43 (57); Guiraut de Borneill C Reg., R 35—296 (MG. 950).
Canz. — Canello p. 111. AdM. 22, 314.

9. **En breu brizara·l temps braus**
A 41 (106 und Arch. 51, 145; MG. 1299), C 205 (MG. 423), D 53—183, E 60 (MG. 424), H 11 (37), I 67, K 52, N 192—291, N² 4 (I 12, Arch. 101, 372), R 27–232, Sg Nr. 7, α 32573.
Canz. — Canello p. 109. AdM. 22, 306.

10. **En cest sonet coind' e leri** En est, Ab gai, Ab nou – so coindet
A 41 (104 und Arch. 51, 144; MG. 1296), B 29 (MG. 1312), C 204, D 51—177, H 10 (33), I 65, K 50, N 190—286, N² 1 (I 1, Arch. 101, 365), R 48–404, Sg Nr. 5, U 27 (Arch. 35, 379; MG. 1297), V 103 (Arch. 36, 442), a 105 (87, Rlr. 42, 500); die Tornada steht noch in b I 5 und ϰ 50 (Mussafia p. 217) und wird in der Vida zitiert.
Canz. — Parn. occ. p. 256. MW. 2, 73. Canello p. 108. AdM. 22, 300. Lommatzsch, Liederbuch p. 109. Anglade,

[1] In H sind Arnauts Lieder in lateinischer und provenzalischer Sprache, z. T. auch in italienischer kommentiert; s. Pakscher, Zts. 10, 456.

Anthologie p. 83. Audiau et Lavaud, Nouvelle Anthologie des troub. (Paris 1928), p. 55. Übers. Jeanroy, Anthologie p. 32.

11. **Lanquan son passat li giure**

A 39 (97 und MG. 1284); Guiraut de Borneill Dª 159—548. [MG. 425 bietet einen Text aus A und Dª.] — Da auch N² das Lied in der Biographie von Guiraut de Borneill als Nr. 54 aufführt, so ist die Autorschaft unsicher. Bartsch, Zts. 7, 590 erklärt sich gegen A. Daniel; doch s. Kolsen, Guir. v. Bornelh p. 13.

Canz. — Canello p. 98. AdM. 22, 36.

12. **Lanquan vei foill' e flor e frug** (e frug *fehlt in E, ist in a umgestellt*)

E 62 (MG. 415), a 109 (92, Rlr. 42, 505).

Canz. — Canello p. 100. AdM. 22, 42.

13. **L'aur' amara | fa·ls broills brancutz**

A 42 (108 und Arch. 51, 146; MG. 1302), C 206 (MG. 416), D 51—174, H 9 (32), I 65 (MG. 417), K 50, N 193–293, N² 2 (I 4, Arch. 101, 367), R 27—231, U 22 (Arch. 35, 376; MG. 1303), a 110 (94, Rlr. 42, 507); anonym V 90 (Arch. 36, 433).

Canz. — Bartsch, Lesebuch p. 70 und Chrest. col. 147. Canello p. 105; danach Monaci, Testi ant. prov., col. 44 und Poesie in lingua d'oc p. 14. Appel, Chrest. p. 66; danach Chaytor, Troub. of Dante p. 47. AdM. 22, 168. — Zu v. 24 s. Thomas, Rom. 16, 570 und A. Tobler, Vom franz. Versbau⁴ p. 160, auch AdM. 22, 170; zu v. 20 s. Schultz-Gora, Ein Sirv. v. Guilhem Figueira p. 43; zu Str. VI und Tornada s. Kolsen, Dante-Jahrbuch 8, 53.

14. **Lo ferm voler qu'el cor m'intra** que dins al c.

A 39 (98 und Arch. 51, 139; MG. 1285), B 28 (MG. 145), C 202, D 53—185, E 61, G 73♩ (p. 227; Melodie Riv. mus. ital. 3, 243), H 12 (39), I 66, K 51, M 143, N² 2 (I 7, Arch. 101, 369), Q 39 (102, p. 77), R 27—228, S 184—117, Sg Nr. 1, U 29 (Arch. 35, 381; MG. 1286), Ve. Ag. I, fol. LXXIIIj, a 106 (88, Rlr. 42, 501), c 40 (51); anonym V 25 (Arch. 36, 379), zitiert Berenguier de Noya (Homenaje Pidal 1, 679). Die Tornada steht ausserdem in b I 1 und ϰ 97 (Mussafia p. 218); die beiden ersten Verse des Gedichts in λ 3, 330.

Sestine (vgl. 74, 4; 233, 2). — Choix 2, 222. Galvani, Osservazioni p. 101 und Riv. filologico-letteraria 2, 187. MW. 2, 70. Bartsch, Lesebuch p. 99 und Chrest. col. 150. Canello p. 118. Crescini, Manualetto p. 241. Appel, Chrest. p. 67; danach Chaytor, Troub. of Dante p. 49. Ferner: Monaci, Poesie in lingua d'oc p. 18. Lavaud, AdM. 22, 460. Lommatzsch, Liederbuch p. 111 und Melodie p. 433. Crescini, Manuale p. 204. Anglade, Anthol. p. 86. Audiau et Lavaud, Nouv. Anthol. des troub. p. 58. Zur Melodie s. auch W. Morse Rummel, „Hesternae Rosae" (Neuf chansons de troub., London 1913), II, 5 (nicht zugänglich), zur Tornada s. Kolsen, Dante-Jahrbuch 8, 55. Zu «Una versione del cinquecento della sestina» s. Bertoni, Rlr. 47, 154.

15. **Pos en Raimons e'n Tures Malecs** trucs
D 138–478, H 41 (133), I 186 (MG. 420), K 172; Arnaut de Maroill C 115 (MG. 421), R 82–680; Guiraut de Borneill A 205 (591). — Bedenken gegen die Autorschaft Daniels äußert Appel, Raïmbaut von Orange p. 79 A. 1.
Sirv. gegen Raimon de Durfort und Turc Malec (vgl. 397, 1 und 447, 1). — Canello p. 94 und Lavaud, AdM. 22, 20; zur Erklärung der Situation s. Canello p. 6, Kolsen, Arch. 141, 250 und Zts. 41, 543.

16. **Quan cai la foilla**
C 203 (MG. 428), E 62 (MG. 427), a 108 (91, Rlr. 42, 504). Canz. — Canello p. 97. AdM. 22, 32.

17. **Si·m fos amors de joi donar tan larga**
A 39 (99 und Arch. 51, 140; MG. 1287), B 27 (MG. 95), C 203 (MG. 429), D 51—176, F 27 (99), H 9 (31), I 66, K 51, L 100, M 143, N² 2 (I 6, Arch. 101, 368), P 30 (96, Arch. 49, 308; MG. 1288), Q 40 (106, p. 80), R 27—229, S 186—118 (MG. 430), Sg Nr. 3, U 23 (Arch. 35, 376), V 102 (Arch. 36, 441), c 39 (49 und Rlr. 43, 196), f 79.
Canz. — Canello p. 117; danach Monaci, Testi ant. prov., col. 46 und Poesie in lingua d'oc p. 17, auch Chaytor, Troub. of Dante p. 50. AdM. 22, 452. Zu v. 11 s. Kolsen, Dante-Jahrb. 8, 55.

18. **Sols sui qui sai lo sobrafan que·m sortz**
A 41 (103 und Arch. 51, 143; MG. 1294), B 28 (MG. 97), D 52—178, E 58, F 28 (100), H 10 (34), I 65, K 50, N 190—287, N² 1 (I 2, Arch. 101, 366), U 28 (Arch. 35, 380; MG. 1295); Raimbaut d'Aurenga a 194 (211, Rlr. 45, 147).
Canz. — Choix 5, 34. MW. 2, 75. Galvani, l. c. 2, 109. Canello p. 115; danach Monaci, Testi ant. prov., col. 45 und Poesie in lingua d'oc p. 16. Chaytor, Troub. of Dante p. 52. AdM. 22, 334.

Fragmente von Arnaut Daniels Gedichten stehen in e 216.

Attribuiert werden ihm noch (vgl. zur Kritik seiner Ansprüche Canello p. 25, auch Lavaud, AdM. 23, 13):

450, 1 Ab plazer recep et acoill (Uc Brunet)
249, 1 Aissi com cel qu'a la lebre cassada (Guiraut de Salaignac)
240, 4 Ara sabrai s'a ges de cortezia (Guiraudo lo Ros)
389, 16 Ar resplan la flors enversa (Raimbaut d'Aurenga)
106, 14 Eu sui tan corteza gaita (Cadenet)
205, 7 Totz temps serai sirvens per deservir (Guillem Augier Novella).

Rajna möchte ihm noch 80, 41 zuschreiben.

Über die Frage, ob Dantes Urteil: *Versi d'amore e prose di romanzi Soverchiò tutti* (Purg. 26, 118; vgl. Lommatzsch, Liederbuch p. 231) so zu verstehen sei, daß Arnaut Daniel sich auch im Roman ausgezeichnet habe, und ob er einen (jetzt verlorenen) Roman von Lancelot (oder gar einen von «Rinaldo») geschrieben habe, s. Raynouard, Choix 2, 318; F. W. Valentin Schmidt, Wiener Jahrbücher für Literatur 24 (1823), 160 und 29 (1825), 93; Diez, Poesie p. 185; Fauriel, Hist. lit. 22, 212; Jac. Bächtold, Der Lanzelet des Ulrich von Zatzikhoven, Frauenfeld 1870, p. 44 — diese alle im wesentlichen bejahend; Galvani, l. c. 2, 100, zweifelnd; dagegen ablehnend: G. Paris, Ulrich de Zazikhoven et Arnaud Daniel, Bibl. de l'École des Chartes 26 (1865), 250; C. Hofmann, Sitzungsber. d. kgl. bayer. Akad. d. Wissensch. zu München 1870, II 48; Bartsch, Grdr. p. 18; Birch-Hirschfeld, Über die den prov. Troubadours .. bekannten epischen Stoffe p. 45; Märtens, Rom. Studien 5, 687; G. Paris, Rom. 10, 478 (hier eine Geschichte der Ansichten); Canello p. 29 und dazu Renier, Giorn. stor. d. lett. ital. 1, 315 und G. Paris, Rom. 12, 459 Anm.; Wilh. Keller, Das Sirv. „Fadet joglar" des Guiraut v. Calanso p. 106. — S. noch Lavaud, AdM. 23, 14; Santangelo, Dante e i trov. prov. p. 241; Kolsen, Dante-Jahrb. 8, 47 (Arch. 143, 114).

30. Arnaut de Maroill.

Hist. lit. 15, 441. Diez, Leben u. Werke p. 103. Fauriel, Hist. de la poésie prov. 2, 45. Pätzold, Die individuellen Eigentümlichkeiten p. 57 [1]). Suchier und Birch-Hirschfeld, Gesch. d. frz. Lit. 1, 74. Anglade, Les Troubadours p. 124. W. Friedmann, Einleitung zu einer kritischen Ausgabe der Gedichte des Troubadours Arnaut de Mareuil. Leipziger Habilitationsschrift, Halle a. S. 1910. Chaytor, The troubadours p. 50. Bergert, Damen p. 21. Anglade, Hist. somm. de la litt. mérid. p. 63. — Eine Anzahl Dichtungen von ihm hat Chabaneau als Poésies inédites d'Arnaut de Mareuil in der Rlr. Bd. 20 und 21 veröffentlicht [2]).

Vida: A 103 (p. 318), B 65 (ib. p. 694), E 190, I 45, K 33, P 42 (III, Arch. 50, 246), R 2 d, a II 37 (Rlr. 45, 270); dazu die Angaben von ϰ 55 und 108 (Mussafia p. 259, bzw. 217). In EPR Razo zu 30, 19.

Parn. occ. p. 15. Choix 5, 45. MW. 1, 147. Mahn, Biogr. p. 12 Nr. 18 (nach B) und 19. Bartsch, Lesebuch p. 160. Chabaneau, Biogr. p. 219.

---

[1]) Pätzold spricht dem Dichter aus inneren Gründen ab: **30**, 2, 9, 10; ich vermag ihm hiermit nicht zu folgen.

[2]) Dieselben sind aus der Rlr. nochmals abgedruckt im Bulletin de la Soc. historique et archéologique du Périgord, t. 11, Périgueux 1884, p. 267 und 341.

1. A grant onor viu cui jois es cobitz
A 104 (295), C 110, D 36-123, D^c 253 (125, AdM. 13, 381), E 65, G 31 (p. 98), I 46, K 33, L 113, M 132, N 69–52, Q 61 (156, p. 119), R 82–679, c 33 (40), α 32409.
Canz. — Lex. rom. 1, 351. MW. 1, 156.

2. A guiza de fin amador
C 112.
Canz. — Choix 3, 225. MW. 1, 168.

3. Aissi com cel qu'am' e non es amatz
qui z aim
A 106 (303), B 67 (MG. 1406), C 114, D 38–130, D^c 254 (126, AdM. 13, 382), F 14 (20), G 31 (p. 96), I 47, K 34, N 65–44, P 27 (86, Arch. 49, 304), S 117–72, U 62 (Arch. 35, 405), c 33 (41), α 30856 (auch MG. I 213); Aimeric de Belenoi C Reg., R 53—444; Cadenet M 152 und Reg. O; Folquet de Marseilla f 32; Raimundus[1]) Q 66 (169, p. 126); anonym O 41 (66), Ve. Ag. I, fol. XXXX.
Canz. — Choix 3, 214. MW. 1, 164.

4. Aissi com cel que anc non ac consire
A 107 (305), C 108, D 39–135, E 67, M 128, R 15—114, c 35 (43), α 28912 (auch MG. I 193); Çirardus Q 109 (284, p. 209).
Canz. — Choix 3, 218. MW. 1, 165.

5. Aissi com cel que tem qu'amors l'aucia
qe mortz
C Reg., E 68, P 38 (123, Arch. 49, 323), α 33304; Perdigo C 239, R 94–788, a¹ 495 (244); Guillem de la Tor M 88; Faidit de Belestar C Reg. – Attribution unsicher; vgl. Pätzold p. 59 A. 5, Chaytor, AdM. 21, 154, Friedmann p. 33.
Canz. — Choix 3, 346. MW. 3, 70.

6. Aissi com mos cors es
A 105 (301), C 110, D 39–134, E 64, I 47, K 34, R 82—683; Peire Vidal a 118 (119, Rlr. 44, 228); Raimont Q 64 (165, p. 123).
Canz. — Lex. rom. 1, 353. MW. 1, 171.

7. Anc mais tan be chantars no·m lic
C 113 (MG. 212).
Canzone.

8. Anc vas amor no·s poc res contradire
non, nom re
A 103 (293), C 110, D 36-122, D^c 253 (124, AdM. 13, 381), F 14 (21) und Fa 18 [ergänzt F], I 47, K 34, M 133, N 69—53, R 82—685, T 134, U 63 (Arch. 35, 406), c 36 (46), α 29885 (auch MG. I 203; Var. Aimerix de Capduelh!); Folquet de Marseilla V 82 (Arch. 36, 426); Raimont Q 65 (166, p. 124); anonym, aber im Zusammenhang O 52 (84).
Canz. — Choix 3, 216. MW. 1, 157.

9. Bels m'es lo dous temps amoros
Bel
C 115, R 82—684; Perdigo [Name später beigeschrieben] V 106 (Arch. 36, 443). — Zur

¹) In Q stehen sieben Lieder unseres Dichters hintereinander unter Raimont, Raimundus, d. h. unter dem unmittelbar vorangehenden Raimon de Miraval. Diese Attribution ist also ohne Bedeutung für die Kritik.

Attribution s. Friedmann p. 40. Canz. — Choix 3, 210. MW. 1, 162.

10. Bel m'es quan lo vens m'alena

C 1, 115, R 81—677. — Zur Attribution s. Friedmann p. 40. Canz. — Choix 3, 208. MW. 1, 155. Bartsch, Lesebuch p. 65 und krit. hgb. Chrest. col. 101. Lommatzsch, Liederbuch p. 107. Audiau et Lavaud, Nouvelle anthol. des troub. p. 61.

11. Cui que fin' amors esbaudei

C 111 (MG. 233).
Canzone.

12. En mon cor ai un novelet chantar

C 112.
Canz. — Krit. hgb. Chabaneau, Rlr. 21, 157.

13. Franquez' e noirimens

A 105 (300), C 109, D 38-133, E 64, I 47, K 34, M 130, N 70—55, Q 60 (154, p. 117), R 82-682, c 37 (47); Guiraudo lo Ros [hier beginnend *Tant es ferms mos talens* = Bartsch 240, 8] I 84 (MG. 575), K 68, d 288—71.
Canz. — Lex. rom. 1, 357. MW. 1, 159.

14. La cortezi' e·l gaiez' e·l solatz

C 112. — Chabaneau hält die Echtheit für *peu probable*, Friedmann p. 32 spricht das Lied Arnaut ab.
Canz. — Krit. hgb. Chabaneau, Rlr. 21, 165.

15. La franca captenensa

A 104 (296), B 66 (MG. 1403), C 107, D 36-124, D^c 253 (122, AdM. 13, 380), E 65, G 32 (p. 99), I 46, K 33, Kp 106 (6), M 131, N 67—49, Q 60 (155, p. 118), R 81♩-674, S 121-75, U 64 (Arch. 35, 407), c 31 (36), *α* 30837 (auch MG. I 213). — V. 1 in P 38 (124, Arch. 49, 324); Anfang der Strophe [*D*]*ompna, per gran temenza* zitiert H 49 (in 167). — V. 1—2 zitiert in der Vida (V. 1—8 im Texte von P).
Canz. — Parn. occ. p. 16. Lex. rom. 1, 355. MW. 1, 148.

16. La grans beutatz e·l fis enseignamens

A 106 (304), C 108, D 38-132, E 67, Fa 18 (22), M 129, P 27 (87, Arch. 49, 304), S 123—77, U 65 (Arch. 35, 408), V 25 (Arch. 36, 379), c 30 (35); Folquet de Romans C Reg., R 52♩-436; Folquet de Marseilla Kp 104 (2); Blacatz f 77; Raimondus Q 66 (170, p. 127), wo Strophe II (*Car vos am tant*) und ff. als eigenes Gedicht aufgefaßt sind (bei Bartsch 406, 17); anonym zitiert in 304, 1.
Canz. — Lex. rom. 1, 347. MW. 1, 150.

17. L'enseignamens e·l pretz e la valors

A 105 (299), C 109, D 38-129, E 66, F 14 (19), I 46, K 33, M 131, N 65-46, R 83♩-687, S 122-76, U 62 (Arch. 35, 405), c 32 (38); Çirardus Q 109 (286, p. 210); anonym, doch im Zusammenhang O 51 (82).
Canz. — Choix 3, 212. MW. 1, 163.

18. Lo gens temps m'abelis e·m platz dos t.

C 111, *α* 30187 und 30510 (auch MG. I 206, bzw. 209); Richart de Berbezill I 89, K

72, a[1] 423 (168), d 339-224; Uc de Pena R 25—213; Pons de Capdoill C Reg. — Attribution zweifelhaft; s. Pätzold p. 58 A. 3 und Friedmann p. 43 (eher für R. de Berbezill), auch Anglade, Rlr. 60, 241.
Canz. — Krit. hgb. v. Napolski, Leben u. Werke des Trob. Ponz de Capduoill p. 107 und Chabaneau, Rlr. 21, 161.

19. Mout eron dous mei consir
A 106 (302), B 67 (MG. 1405), C 108, D 37—128, D[c] 253 (123, AdM. 13, 381), E 66, F 13 (18), G 33♩ (p. 102), I 47, K 34, M 129, N 67—50, R 82—678, S 125-78, b I 5, c 31 (37), ϰ 55 (Mussafia p. 259); Raimont Q 65 (167, p. 125). — Razo in E P R; in P auch die 1. Strophe. — Zur Attribution Friedmann p. 40.
Canz. — Parn. occ. p. 17. Lex. rom. 1, 350. MW. 1, 170.

20. Sabers e cortezia
C 114, E 68. Strophe *Dona·l gensers que sia* anonym J 13 (*c. e.* 21; auch Riv. 1, 40 Nr. 72).
Canz. — Krit. hgb. Chabaneau, Rlr. 21, 163.

21. Ses joi non es valors
amors (R)
A 104 (294), C 109, D 37–125, G 32 (p. 100), I 46, K 33, M 130, N 70—54, Q 61 (157, p. 119), R 81—675, S 120—74, T 135, c 34 (42), f 54; Gaucelm Faidit A 83 (233).
Canz. — Choix 3, 221. MW. 1, 167.

22. Si com li peis an en l'aiga lor vida
Aissi col
A 104 (297), B 66 (MG. 1402), C 108, D 37—126, D[c] 253 (120, AdM. 13, 380), F 13 (16), G 33 (p. 104), I 48, K 34, N 66—47, P 27 (85, Arch. 49, 303), R 81-673, S 118-73, U 60 (Arch. 35, 404), c 30 (34), f 54, μ 350 (2 Verse); Richart de Berbezill M 100 und Reg. O; Pons de Capdoill R 143; Raimont Q 64 (164, p. 123); anonym im Zusammenhang O 51 (81).
Canz. — Choix 3, 207. MW. 1, 161. Krit. hgb. v. Napolski, Ponz de Capduoill p. 105.

23. Si·m destreignetz, domna, vos et amors
A 105 (298), B 66 (MG. 1404), C 114, D 37—127, D[c] 253 (121, AdM. 13, 380), E 63, F 13 (17), G 34 (p. 105), I 46, K 33, M 131, N 66–48, P 27 (84, Arch. 49, 302), R 81♩-672, S 116-71, U 61 (Arch. 35, 404), c 32 (39), f 46 [ursprünglich Perdigo attribuiert], α 33699, β[1] 239, β[3] 77; Ramont Q 65 (168, p. 126); anonym O 52 (83) — hier im Zusammenhang — und Q 110 (287, p. 211). — Anfangszeile anonym zitiert in 304, 1. Anfang der Strophen *Bona dompna* und [*N*]*o mi nogues* zitiert H 48 (in 167). Zwei Verse führt die Biographie des Bernart de Ventadorn in N[2] 21 (Arch. 102, 199) an (vgl. Appel p. XII).
Canz. — Choix 3, 223. MW. 1, 158. Übers. Jeanroy, Anthol. p. 36.

24. Tot quant eu fauc ni dic que·m si' onrat
C 113, E 68, R 82—681.
Canz. — Choix 3, 219. MW. 1, 166.

25. Us gais amoros orgoills
A 107 (306), C 111, D 38–131, R 16—125, T 136, c 36 (45).
Canz. — Lex. rom. 1, 348. MW. 1, 169.

26. Us jois d'amor s'es en mon cor enclaus
C 113, T 137.
Canz. — Krit. hgb. Chabaneau, Rlr. 21, 159.

Von Liedern werden ihm noch attribuiert:

305, 4 Aissi com cel qu'om men' al jutjamen (Monge de Montaudo)
155, 2 A pauc de chantar no·m recre (Folquet de Marseilla)
213, 3 Ar vei qu'em vengut als jorns loncs (Guillem de Cabestaing)
70, 10 Bel m'es qu'eu chant en aquel mes (Bernart de Ventadorn)
70, 16 Conortz, ara sai eu be (ders.)
34, 1 En esmai et en consirier (Arnaut de Tintignac)
10, 29 Hom ditz que gaugz non es senes amor (Aimeric de Peguillan?)
375, 11 Ja non er hom tan pros (Pons de Capdoill)
213, 6 Lo jorn que·us vi, domna, premeiramen (Guill. de Cabestaing?)
29, 15 Pos en Raimons e·n Turcs Malecs (Arnaut Daniel)
375, 20 Si com celui qu'a pro de valedors (Pons de Capdoill)
243, 10 Tan doussamen (Guiraut de Calanso)
366, 34 Tuit mei consir son d'amor e de chan (Peirol).

Dazu kommen fünf Liebesbriefe (*salutz*):

I. Cel cui vos etz del cor plus que vos es al pres
R 134, c 28 (33); anonym L 42 (Arch. 34, 429), Q 3 (2, p. 5). In L als *salutz*, in Q als *doniare*, d. h. *domnejaire* bezeichnet.
Bruchstücke: Choix 2, 258; 5, 46. MW. 1, 173.

II. Domna, cel que no pot aver
R 135.
Krit. hgb. Chabaneau, Rlr. 20, 60.

III. Domna, genser qu'eu no sai dir que
G 118 (p. 385), R 135, c 25 (31); anonym L 45, N 23—8. In L *salutz*, in N *de bons salutz* überschrieben.
Choix 3, 199. Galvani, Osservazioni p. 239. MW. 1, 151. Bartsch, Lesebuch p. 114 und Chrest. col. 102. Crescini, Manualetto p. 234 und Manuale p. 198; im Auszug bei Anglade, Anthol. p. 94.

IV. Tan m'abelis e·m platz
c 27 (32; von Stengel nicht abgedruckt).
Krit. hgb. Chabaneau, Rlr. 20, 53.

V. Totas bonas domnas valens
R 135.
(Choix 5, 47. MW. 1, 174.)
Krit. hgb. Chabaneau, Rlr. 20, 63 [1]).

[1]) Chabaneau denkt an Arnaut de Maroill als Verfasser des Alegret zugeschriebenen Liebesbriefes; s. p. 22.

und ein Enseignamen:

Razos es e mezura
G 116 (p. 375), I 48, K 35, Q 1 (1, p. 1; Facsimile in Bertonis Abdruck), R 135, c 23 (30), d 262–1; anonym N 1–1. Ein Zitat daraus *Terra pot hom laissar* in D^c 254 (127, AdM. 13, 382), β² 1021, anonym P 65 (c. 151, Arch. 50, 282); andere Zitate noch in α 33218, β² 603 und 1229. Die letzten 4 Verse sind in c nach *Tan m'abelis* wieder abgeschrieben — Choix 4, 405. MW. 1, 176

Vgl. Bartsch, Grdr. p. 40 und 47; Stimming in Gröbers Grundriß 2 II 48; Friedmann p. 15 und 27.

Ein ganz verstümmeltes Zitat aus Arnaldus de Moroill steht in ι 84 (Thomas p. 195).

31. Arnaut Peire d'Agange.

1. **Quan lo temps brus e la freja sazos**
R 144 (MG. 1082).
Canz. — (Choix 5, 25. MW. 3, 359.)

32. Arnaut Plagues.

Hist. lit. 18, 635 (schlecht).

1. **Be volgra midons saubes**
C 359, E 71, M 134; Peirol C Reg., R 89–746; Uc Brunet C Reg., α 31643 (auch MG. I 215); Peire Rogier S 214–138. — Uc de S. Circ hat die Form des Liedes entlehnt für 457, 21: Messonget, un sirventes M'as quist, e donar lo t'ay, Al pus tost que ieu poyrai, El son d'en Arnaut Plagues; er bestätigt zugleich indirekt die Herkunft.
Canzone in der Form kurzer Wechselrede. — Parn. occ. p. 357. MW. 3, 325. Krit. hgb. Appel, Peire Rogier p. 84.

Zugeschrieben wird ihm nur noch:

27, 4a Ben es razos qu'eu retraja (Arnaut Catalan?).

= Arnaut de Quintenac, Arnaut de Retignac s. Arnaut de Tintignac. =

33. Arnaut Romieu.

Von Uc de Lescura (452, 1) erwähnt: *De mots ricos no tem Peire Vidal . . . .* (v. 5) *Ni de gabar sos chans n'Arnaut Romieu.* Vgl. auch 205, 4.

34. Arnaut de Tintignac.

Schreibungen: Tintignac E I K b d ϰ, Tentiga(n) C Reg., R (unsicher), Retignac a¹, Quintenac C c.

1. **En esmai et en consirier**
I 149, K 135, a[1] 472 (220), d 264—3; Arnaut de Maroill N 68—51 (MG. 968). — Zur Attribution s. Pätzold, Die individuellen Eigentümlichkeiten p. 66 A. 10, dagegen Friedmann, Arnaut de Mareuil p. 34. Canzone. — Audiau, Troub. et jongleurs du Bas-Limousin, Nr. 14 (nicht zugänglich). Audiau et Lavaud, Nouv. Anthol. p. 103.

2. **Lo joi comens en un bel mes**
Mon
C 352 (MG. 599), E 70 (MG. 598), R 6—19, c 44 (59), zwei Verse b I 2 und $\varkappa$ 109 (Mussafia p. 225), ferner unter Guiraut de Quintinac α 30 160 (auch MG. I 206); Peire de Valeira D[a] 189-683, I 122 (MG. 597), K 108. Ein Stück, beginnend *En petit d'ora*, anonym Q 80 (211, p. 156) = 461, 110. — Zur Attribution s. Appel, Rlr. 40,406. Vgl. Jeanroy, Jongleurs et troub. gascons, introd. p. IV. Canzone.

3. **Mout dezir l'aura doussana**
C 352, E 69 (MG. 600); Marcabru D[a] 188—679[1]). Canzone.

Attribuiert:
411, 2 Bel m'es quan l'erba reverdis (Raimon Vidal?).

35. Arver.

1. **Amic Arver, d'una re vos deman**
Tenzone mit einem Enric, s. 139, 1.

At de Mons s. N'At de Mons, Art. 309.

(36. Audoi.

C R schreiben 397, 1 statt Raimon de Durfort einem Naudoy zu; ob damit in der Vorlage n'Ar. Da[niel] gemeint war? Vgl. Kolsen, Arch. 141, 250 und Zts. 41, 544.)

Audric s. Aldric del Vilar.

Augier s. Guillem Augier Novella Nr. 205.

(37. Augier Novella.

Wahrscheinlich identisch mit Guillem Augier Novella Nr. 205.

1. **Ara quan l'iverns nos laissa**
s. unter Gausbert de Poicibot 173, 1 a.

2. **Per vos, bela douss' amia**
s. 205, 4 a.

---

[1]) Auch in z (Studi rom. 12, 157).

3. Totz temps serai sirvens per deservir
s. 205, 7.)

Augier de Saint Donat, de Vianes, de Viena
s. Guillem Augier Novella Nr. 205.

Auliver s. Olivier.

Austorc d'Aorlhac s. Nr. 40.

38. Austorc del Boy.

So nenne ich ihn mit Chabaneau, Biogr. p. 334. Bartsch nennt ihn nur Austorc, weil er *del Boy* zu *lo coms* zieht. Vgl. Anglade, Le troub. Guiraut Riquier p. 177 A. 6, auch AdM. 23, 339.

1. Seign' en Austorc del Boy, lo coms plazens
Tenzone mit Guiraut Riquier und Graf Enric II von Rodez, s. 248, 74 = 140, 1 d.

39. Austorc de Maensac.

Vom Biographen seines Bruders Peire de Maensac erwähnt.

40. Austorc d'Aorlhac (Bartsch: Orlac).

A. Jeanroy, Le troubadour Austorc d'Aurillac et son sirventés sur la septième croisade, Mélanges Chabaneau p. 81. C. Fabre, Austorc d'Orlac, troubadour du Velay au XIIIe siècle, étude sur sa vie et son œuvre, in: Mém. de la Soc. agric. et scientif. de la Haute-Loire 13, 61 (nicht erreichbar); vgl. Jeanroy, AdM. 19, 138. Ders., Mélanges Chabaneau p. 265. Stroński, Austorgius de Auriliaco cruce signatus, AdM. 25, 283. — Frühere Literatur: Hist. lit. 19, 605. Chabaneau, Biogr. p. 334. Schindler, Die Kreuzzüge in der apr. und mhd. Lyrik p. 31. Lewent, Rom. Forschungen 21, 327. Anglade, Le troub. Guiraut Riquier p. 174 A. 6.

1. Ai! Deus, per qu'as facha tan gran maleza
C 362 (MG. 9).
Sirv. — Krit. hgb. Jeanroy p. 82. Troub. cantaliens[1]) 2, 562 (mit Übersetzung).

41. Austorc de Segret.

Hist. lit. 19, 606. Chabaneau, Biogr. p. 334. C. Fabre, Le sirventés d'Austorc de Segret, AdM. 22, 467 und 23, 56 (Übers. mit histor. Kommentar). Jeanroy, Sur le sirventés hist. d'Austorc de Segret, AdM. 23, 198. Chaytor, The Troubadours and England p. 92.

---

[1]) [Duc de la Salle de Rochemaure-]R. Lavaud, Les troubadours cantaliens, t. [I—]II, Aurillac 1910.

1. **No sai qui·m so, tan sui desconoissens**
C 369.
Sirv. — Krit. hgb. Appel, Prov. Ined. p. 14. Fabre, AdM. 22, 469. Troub. cantaliens 2, 572 (mit Übers.).

(42. Auzer Figueira.

E. Levy, Guilhem Figueira p. 9 weist nach, daß die folgenden drei Stücke alle Guillem Figueira gehören. Die Hs. nennt den Verf. von 1 und 2 nur Figera, in der Tenzone 3 wird er auch nur Figueira angeredet. Der Name Auzer Figueira ist zu Unrecht aus 10, 13 herausgelesen worden: Bertram d'Aurel, s'[aucizia] N'Auzers Figera·l d[e]ptor.

1. **Anc tan bel colp de joncada**
s. 217, 1 a.

2. **Bertram d'Aurel, si moria**
s. 217, 1 b.

3. **N'Aimeric, que·us par del pro Bertram d'Aurel**
s. 217, 4 c.)

42a. Azalais d'Altier.

Crescini, Azalais d'Altier, Zts. 14, 128 und Per gli studi romanzi p. 71. E. Portal, Mém. et comptes-rendus de la Soc. scientif. et litt. d'Alais 27, 265. Ders., Rivista d'Italia 15 II 820. Bergert, Damen p. 48.

Ein Brief an Clara [d'Anduza]:

Tans salutz e tantas amors
V 149, anonym; die Verfasserin nennt sich v. 6.
Krit. hgb. Crescini, Zts. 14, 130 und Per gli studi rom. p. 76. Portal, l. c. p. 271 und Rivista d'Italia 15 II 822. — Vgl. Jeanroy, Archiv. rom. 1, 300.

43. Azalais de Porcairagues.

Hist. lit. 13, 422. O. Schultz[-Gora], Die prov. Dichterinnen p. 7. Vorher: G. Charvet, Mém. et comptes-rendus de la Soc. scientif. et litt. d'Alais 12, 129.

Vida: I 140, K 125, d 314. — Parn. occ. p. 27. Choix 5, 56. Mahn, Biogr. p. 60. Chabaneau, Biogr. p. 270. O. Schultz[-Gora], l. c. p. 7.

1. **Ar em al freg temps vengut**
D^a 190—685, I 140, K 125, d 314—151; anonym C 385, N 230—361, sowie zwei Strophen *Amic ai de gran valor* H 46 (154 und Arch. 34, 403) = 20, 1 und der Schluß *Tost en venrem a l'assai* H 57 (253).
Canz. — Choix 3, 39. Parn. occ. p. 27. Azaïs, Troub. de Béziers p. 146. MW. 3, 176. Krit. hgb. O. Schultz[-Gora], l. c. p. 16. S. auch Charvet, l. c. p. 132.

44. Azar (Hs. Nazars).

1. **Domna, platz vos el vers auzir**
F 43 (138).
3 Strophen aus einer Canzone mit diesem Anfangsvers.

Barta s. Berta.

(45. Baussan.

Baussan oder Bauzan wird der Dalfi d'Alvergne nach einigen Hss. angeredet in der Tenzone mit Uc:

1. **Baussan, respondetz mi, si·us platz**
Dalfin
s. 448, 1 = 119, 1.)

46. Beatritz de Dia.

Die Hss. nennen die Dichterin nur *la comtessa de Dia.* Sie ist wahrscheinlich mit Beatrix, Tochter des Dauphin Guigues VI. von Viennois, Gattin Wilhelms II. von Poitiers, Grafen von Valentinois, identisch.

Diez, Leben u. Werke p. 56. — A. Thomas, Francesco da Barberino p. 117. — O. Schultz[-Gora], Die prov. Dichterinnen p. 8. — Sernin Santy, La Comtesse de Die. Sa vie, ses œuvres complètes, les fêtes données en son honneur, avec tous les documents. Introduction par Paul Mariéton. Paris 1893 (Kapitel I und II, auf guter Kenntnis beruhende, gemeinverständliche Darstellung); besprochen von Schultz [-Gora], Lit.-Blatt 1893, 365. — Jules Chevalier, La Comtesse de Die, Bulletin de la Soc. départementale d'archéologie et de statistique de la Drôme, t. 27 (Valence 1893), p. 183 (wichtiger Aufsatz über die Frage nach ihrer historischen Persönlichkeit). — Ders., Mémoires pour servir à l'histoire des comtés de Valentinois et de Diois, t. 1, Paris 1897, p. 189; s. auch Stroński, Rlr. 50, 16 A. 1. — Anglade, Les Troubadours p. 150. — Chaytor, The troubadours p. 65.

Ausgaben von O. Schultz[-Gora], l. c. p. 17 ff. und (meist nach ihm) von Santy p. 40 ff. (s. dazu die Besserungen von Schultz[-Gora], l. c.), ferner: Gabrielle Kussler-Ratyé, Les chansons de la comtesse Béatrix de Dia, Archiv. roman. 1, 161.

Vida: A 167 (p. 522), B 104 (ib. p. 712 und Mahn, Biogr. p. 3), I 141, K 126, [ϱ 32[a]]. — Choix 5, 123. MW. 1, 84. Chabaneau, Biogr. p. 285. O. Schultz[-Gora] p. 8. Santy p. 6.

1. **Ab joi et ab joven m'apais**
Am am
A 167 (483), B 104 (MG. 1313), D 85–306, H 49 (169), I 141, K 126, a 232 (248, Rlr. 45, 245); Uc de S. Circ T 197.
Canz. — Choix 3, 23. Parn. occ. p. 54. MW. 1, 87. O. Schultz [-Gora] p. 17; danach Santy p. 40. Archiv. roman. 1, 161.

2. A chantar m'er de so qu'eu no volria - deuria - d'aisso, d'aco
A 168 (484), B 104 (MG. 1314), C 371, D 85—305, I 141, K 127, R 22—180, a 231 (247, Rlr. 45, 244), b II 12 (12, AdM. 21, 211), ϰ 134 (nach 2 Hss., Mussafia p. 224, bzw. 237); *una donna de Tolosa* M 204; anonym G 114 (p. 367), L 120, N 229—360, W 204 ♩ (p. 404). — Melodie von W Riv. mus. ital. 3, 244.
Canz. — Choix 3, 22. Parn. occ. p. 55. MW. 1, 86. Bartsch, Lesebuch p. 59. O. Schultz [-Gora] p. 18, danach Santy p. 49. Bartsch, Chrest.[6] col. 75 (nach A B M R W b), danach Schultz-Gora, Elementarbuch p. 155. Lommatzsch, Liederbuch p. 53 und Mel. p. 429. Archiv. roman. 1, 164. Anglade, Anthol. p. 103. Audiau et Lavaud, Nouv. anthol. p. 51. Übers. Jeanroy, Anthol. p. 30.

3. Amics, en gran consirier ab
C 199, D 90—325, M 139. — In den Hss. unter Raimbaut d'Aurenga.
Tenzone (= 389, 6) zwischen *domna* und *amic*. In der *domna* erkennt man gewöhnlich die Gräfin von Die; doch hat O. Schultz [-Gora] p. 8 ihre Beteiligung für „höchst ungewiß" erklärt und Zenker, Die prov. Tenzone p. 25 sie geleugnet; Jeanroy, AdM. 2, 291 tritt für sie ein; für Raimbaut als einzigen Verfasser erklärt sich Appel, Raïmbaut von Orange p. 35f. — Choix 2, 188. Parn. occ. p. 47. MW. 1, 84. O. Schultz [-Gora] p. 28 (vgl. Appel, l. c. p. 36 A. 2). Santy p. 45. Archiv. roman. 1, 169. Übers. Jeanroy, Anthol. p. 71.

4. Estat ai en greu consirier auria en c.
A 168 (485), D 85—308, I 141, K 127.
Canz. — Choix 3, 25. Parn. occ. p. 57. MW. 1, 87. O. Schultz [-Gora] p. 18, danach Crescini, Manualetto p. 212 und Manuale p. 179 und Santy p. 52. Arch. roman. 1, 173. Zu v. 8: A. Monteverdi, Nuovi studi mediev. 1, 144.

5. Fis jois me don' alegransa Fin joi
D 85—307.
Canz. — Parn. occ. p. 57, dazu Mussafia, Del cod. Estense p. 424. MW. 1, 88. O. Schultz [-Gora] p. 19 (Bertoni, Rlr. 59, 36 A. 1), danach Santy p. 43. Arch. roman. 1, 174.

= Von la contessa de Dia o de Digno (!) zitiert Redi: *El seu drutz Avinem (!), gai, et forbitz* (3, 111), auch erwähnt er ihren Wettstreit mit Giuffrè di Tolosa. Barberino berichtet, wohl von derselben, Anekdoten, Aussprüche und Lebensregeln, meist aus ihren Werken (Traktaten), und zwar ι 11 (Egidi 1, 115; Thomas p. 174), ι 35 (Egidi 2, 40; Thomas p. 185), ι 52 (Thomas p. 191; Jahrb. 11, 54), ι 68 (Thomas p. 192), ι Regg. p. 169 und 247 (fast alle auch bei Chabaneau, Biogr. p. 285 und Santy p. 25 abgedruckt). Diese Gräfin von Die unterscheiden Chabaneau, Rlr. 23, 20 und O. Schultz [-Gora] p. 8 von der vorgenannten Beatritz. A. Thomas hielt sie früher für identisch, doch s. AdM. 1, 408. Übrigens spricht auch Nostradamus von zwei Dichterinnen, aber mit anderen Einzelheiten; nach ihm richtet sich die Hist. lit. 13, 472 und 15, 446. Vgl. E. Müller, Die altprov. Versnovelle p. 122. =

47. Berenguier de Palazol.

Andere Schreibungen: Para'zol, Pararol(s), Pala(i)ol, Palou.

Huit chansons de Bérenger de Palazol, par A. Jeanroy et P. Aubry, Institut d'Estudis Catalans, Anuari 1908, 520 (Text nach C mit Var. von E, einmal auch von AH; Musik nach R, transkribiert; Facsimile von R). B. Alart, Bérenger de Palazol (1150), Société agricole, scientifique et littéraire des Pyrénées-Orientales, 10e vol. (Perpignan 1856), p. 56. Milá y Fontanals, Trovadores en Esp. p. 464. S. auch O. Schultz[-Gora], Zts. 9, 131 A. 1.

Vida: A 170 (p. 530), I 140, K 126. — Parn. occ. p. 117. Choix 5, 62. Mahn, Biogr. p. 60. Alart, l. c. p. 62. Milá p. 464 A. 1. Chabaneau, Biogr. p. 304.

1. Ab la fresca clardat
Am

A 170 (492), C 207 (MG. 3), Da 176—621, E 94, I 140, K 126, R 37♩—309, f 55.
Canz. — (Choix 5, 62. MW. 3, 200.) Anuari 1908, 526.

2. Aissi com hom que seigner ocaizona cel cui *E* -or

Da 176—622, I 140 (MG. 400), K 126; Monge de Montaudo C Reg., R 39—333 (MG. 399); Guillem de Berguedan C 210 (MG. 156); Guillem Magret E 137; Aimeric de Belenoi f 53. — Attribution zweifelhaft. Philippson stimmt für den Mönch, Klein gegen ihn. Naudieth entscheidet sich nicht.
Canz. — Keller, Lieder Guillems von Berguedan p. 15. Philippson, Der Mönch von Montaudon p. 28. Kritisch hgb. Klein, Dichtungen des Mönchs von Montaudon p. 87, sowie Naudieth, Der Troub. Guillem Magret p. 141. Troub. cantaliens 2, 394 (mit Übers.).

3. Aital domna com eu sai
C 208, E 96, R 37♩—313.
Canz. — Lex. rom. 1, 359. MW. 3, 199. Anuari 1908, 536.

4. Bona domna, cui rics pretz fai valer
C 207, E 95, R 36♩—306; Perdigo [nachträglich beigeschrieben] V 106 (Arch. 36, 444).
Canz. — Choix 3, 239. MW. 3, 198. Anuari 1908, 522.

5. De la gensor qu'om vej' al meu semblan
C 209, E 94, R 37♩—307, f 55.
Canz. — Choix 3, 232. MW. 3, 195. Anuari 1908, 524.

6. Domna, la gensor qu'om veja
genser *Jeanroy gegen AH*
A 170 (491 und Arch. 34, 179), C 208, D 81—288, H 55 (236 + 235, auch Arch. 34, 413), R 37♩—312, *α* 30402 (auch MG. I 208).
Canz. — Anuari 1908, 534.

7. **Domna, si totz temps vivia**
s'ieu vivia tostems
C 207, E 95, R 37J—311.
Canz. — Krit. hgb. Appel, Prov. Ined. p. 16. Anuari 1908, 532.

8. **Plus ai de talan que no soill**
Mais
C 209, R 36–304; Peire Vidal N 94—112 (MG. 386), a 117 (118, Rlr. 44, 228); Pons de la Garda E 165 (MG. 387); anonym zwischen zwei gleichfalls anonymen Liedern von Pons de la Garda in V 101 (Arch. 36, 440). – Unbestimmten Ursprungs.
Canz. — Choix 3, 238. MW. 3, 197. Bartsch, P. Vidal's Lieder p. 139.

9. **S'eu anc per fol' entendensa**
D[a] 176—620, I 140, K 126; Joan Aguila (Anguila) C 360, R 21—177; Arnaut Catalan E 72. — Verf. nicht zu bestimmen, weil Joan Aguila sonst nicht vorkommt.
Canz. — Krit. hgb. Appel, Prov. Inedita p. 19.

10. **S'eu sabi' aver guizardo**
C 209, R 37—308.
Canz. — Choix 3, 231. Parn. occ. p. 117. Milá p. 465. MW. 3, 194.

11. **Tan m'abelis jois et amors e chans**
C 208, E 96, R 37J—314.
Canz. — Choix 3, 236. MW. 3, 197. Anuari 1908, 528.

12. **Totz temoros e doptans**
-an
C 207, E 94, R 37J—310.
Canz. — Choix 3, 234. MW. 3, 196. Anuari 1908, 530.

Zugeschrieben wird ihm noch:

326, 1 Tot francamen, domna, veing denan vos (Peire de Barjac?).

48. Berenguier de Poizrenger.

Bartsch schreibt Peizrenger, wie Grüzmacher las. Berengiers de Pois Ronges im Dichterverzeichnis ϰ 133 (Mussafia p. 265).

1. **Mal' aventura do Deus a mas mas**
H 56 (243 und Arch. 34, 414).
Cobla. — Choix 5, 63. MW. 3, 369. Kolsen, Dichtungen p. 80.

49. Berenguier de Poivent (? Hs. poiuuent).

1. **Aveglas trichairitz**
H 56 (244 und Arch. 34, 414).
Cobla.

50. Berenguier Trobel.

Kritische Ausgabe bei P. Meyer, Derniers Troubadours p. 102. Ders., Hist. lit. 32, 74. Anglade, AdM. 23, 338 (Tropel).

1. **Aissi com cel que ses forfag es pres**
f 33.
Canz. — Dern. Troub. p. 105.

2. **Si vols amics al segle gazaignar**
f 10.
Ratschläge in Liedform. — Dern. Troub. p. 103.

Bermon Rascas s. Nr. 104.

51. Bernado.

1. **Bernado, la genser domna que·s mir**
Tenzone mit Tomas (Thomas II. von Savoyen?), s. 441, 1.

52. Bernart.

Sammelnummer; vgl. Chabaneau, Biogr. p. 336. Eine Unterscheidung und Identifizierung der einzelnen Bernartz, die in diesen fünf Tenzonen auftreten, ist kaum möglich; man wird nur sagen können, daß die einem Bernart gehörenden Strophen von Nr. 3 und 4 (vgl. Hist. lit. 18, 583) eine andere Auffassung der Liebe zeigen als die von Nr. 1 und 2 und wohl auch von Nr. 5.

1. **Ar parra si sabetz triar**
Tenzone mit Guigo [de Cabanas], s. 197, 1 a.

2. **En Bernartz, grans cortezia**
Tenzone mit einem Bertran, s. 75, 2.

3. **Gaucelm, no·m posc estener**
E 221, R 24—202.
Tenzone mit einem Gaucelm = 165, 2. — Choix 4, 19. Parn. occ. p. 362. MW. 2, 102.

4. **N'Elias, de dos amadors**
M 253 (MG. 1014), O 85 (134 und Arch. 34, 380), R 24–204, T 82, d 595 (335). — La tenzon d'en Bernart e d'en Elias Oa[1]. — Zur Attribution s. Jaeschke, Elias Cairel p. 46.
Tenzone (Partimen) mit einem Elias (d'Uisel?) = 131, 1. — Krit. hgb. Carstens, Die Tenzonen der d'Uisel p. 85. Audiau, Les poésies des quatre troubadours d'Ussel p. 89.

5. **Seigner Blacatz, be mi platz e m'agensa - maienz**
N 287—462.
[Fehlt bei Bartsch.] Tenzone (Partimen) mit Blacatz = 97, 12. — Krit. hgb. Suchier, Denkm. 1, 335 und Soltau, Zts. 23, 246, dazu Anmerkungen Zts. 24, 57.

Bernart d'Alamano s. Bertran d'Alamano zu 76, 20.

53. Bernart Alanhan de Narbona.

J. Anglade, Deux Troubadours narbonnais: Guillem Fabre, Bernard Alanhan, Narbonne 1905. (Besprechungen des Buches s. unter Guillem Fabre.)

1. No posc mudar qu'eu no diga
C 383.
Sirv. — Krit. hgb. Appel, Prov. Inedita p. 21. Anglade p. 31.

54. Bernart Arnaut d'Armagnac.

Chabaneau, Biogr. p. 336. Dejeanne, Les *coblas* de Bernart-Arnaut d'Armagnac et de dame Lombarda, AdM. 18, 63. Desazars, Revue des Pyrénées 23, 57. Jeanroy, Jongleurs et troub. gascons, introd. p. V.

1. Lombartz volgr' eu esser per na Lombarda
H 43 (142), zwei Verse $\varkappa$ 135 (Mussafia p. 244). — Vgl. die Vida der Lombarda.
Coblas, 2 Strophen und 1 Tornada, an Lombarda gerichtet; durch 288, 1 beantwortet. — Str. I zählt Bartsch 271, 1 nochmals auf unter Jordan, verführt durch Choix 5, 239 und MG. 648; Str. II ist bei ihm 461, 216. O. Schultz[-Gora], Die prov. Dichterinnen p. 22 und 10 hat das Gedicht auseinandergerissen. Vollständig hgb. De Lollis, Rlr. 33, 161 und Dejeanne, AdM. 18, 65. Desazars, l. c. p. 57. Jeanroy, l. c. p. 16.

55. Bernart Arnaut de Moncuc.

Hist. lit. 13, 420. Diez, Leben u. Werke p. 442.

1. Ar quan li rozier
R 143.
Sirventes-Canz. — Choix 2, 216. Parn. occ. p. 23. MW. 3, 77.

Attribuiert wird ihm außerdem:

335, 4 Anc mais tan gen no vi venir pascor (Peire Cardenal).

56. Bernart Arnaut Sabata.

Hist. lit. 20, 589. Milá y Fontanals, Trovadores en Esp. p. 462. Chabaneau, Biogr. p. 337.

1. Fis amics sui, mas enquer non a gaire
C Reg., R 33—282; Perdigo C 239.
[Bartsch 370, 7.] Canz. — Krit. hgb. Jeanroy, AdM. 17, 470.

57. Bernart d'Auriac.

C setzt hinzu *mayestre de Bezers.* — Hist. lit. 19, 592. Azaïs, Troub. de Béziers p. 42. Merkel, Atti e Mem. della R. Accad. dei Lincei, ser. 4, vol. 4, p. 323.

1. **Be volria de la meillor**
C 383.
Marienlied. — Choix 4, 468. Azaïs p. 52. MW. 3, 168. — Vgl. auch Lowinsky, Zts. f. frz. Sprache u. Lit. 20 I 225 und Anglade, Le troub. G. Riquier p. 301.

2. **En Guillem Fabre sap fargar**
C 383.
Sirv. zum Lobe von G. Fabre. — Azaïs p. 44. MW. 3, 169. Krit. hgb. Anglade, Deux Troubadours narbonnais p. 14.

3. **Nostre reis qu'es d'onor ses par**
C 382.
Sirv. von 2 Coblas und 1 Tornada, als Antwort auf 325, 1 + 357, 1. — Choix 4, 241. Milá y Fontanals, Trovadores en Esp. p. 418. Azaïs p. 57. MW. 3, 167. Jeanroy, Homenaje Pidal 3, 82. — Übersetzt Diez, Poesie p. 156.

4. **S'eu agues tan de saber e de sen**
C 382.
Canz. — Parn. occ. p. 298. Azaïs p. 47. MW. 3, 169.

58. Bernart de la Barta.

Auch Barda, Barata. — Hist. lit. 17, 587; mit anderer Auffassung Chabaneau, Biogr. p. 337.

1. **Bernart de la Barta,·l cauzit**
Tenzone mit einem Arnaut, s. 25, 1 a.

2. **Bernart de la Bart', ancse·m platz**
Tenzone mit Guillem Peire de Cazals, s. 227, 7.

3. **Eu no cugei a trestot mon viven**
Ja no degra mais a tot v.
D^c 259 (210, AdM. 14, 531), F 59 (177).
Eine Strophe aus einem so beginnenden Sirv. — (Choix 5, 65. MW. 3, 271.) Kolsen, Mélanges Jeanroy p. 380.

4. **Foilla ni flors, ni cautz temps ni freidura**
D^c 259 (211, AdM. 14, 531), I 196, K 182, d 283—55.
Sirv. — Choix 4, 194. MW. 3, 270.

(5. **Totz dos deu esser mercejatz**
D^c 259 (212, AdM. 14, 531) zitiert vier Verse, wovon die beiden ersten zu 58, 2, die beiden anderen zu 58, 1 gehören.)

59. Bernart de Bondeills.

O. Schultz[-Gora], Zts. 7, 196. Chabaneau, Biogr. p. 337.

1. **Tot aissi·m pren com fai als Assesis**
M 151.
Canz. — Krit. hgb. Appel, Prov. Inedita p. 22.

60. Bernart de Durfort.

P. Meyer in Hist. gén. de Languedoc [2] VII 445. O. Schultz [-Gora], Zts. 7, 181. Chabaneau, Biogr. p. 242. Stroński, AdM. 25, 290.

Zugeschrieben wird ihm:
173, 1a Ara quan l'iverns nos laissa (Gausbert de Poicibot).

61. Bernart Espanhol.

70, 19 wird von C Reg. einem B. Espanhol zugeschrieben, von R Nr. 301 dem bekannten P. Espanhol, während C selbst und R Nr. 83 mit den übrigen Hss. Bernart de Ventadorn als Verf. nennen. Die gemeinsame Quelle von C Reg. und R Nr. 301 hatte zweifellos Bernart Espanhol.

62. Bernart de la Fon.

1. **Leu chansonet' ad entendre**
C 364, α 29737 (auch MG. I 202); Bernart de Ventadorn E 108. Canz. — Parn. occ. p. 395. MW. 3, 338. Appel, B. von Ventadorn p. 301.

63. Bernart Marti.

Hist. lit. 17, 470. Appel, B. von Ventadorn p. LXIII. E. Hoepffner, Rom. 53, 103 und 54, 117.

1. **Amar dei**
Hs. deg
E 110 (MG. 331).
Canzone.

2. **A! seignor, qui so cuges**
(A *fehlt in E*)
C 325 (MG. 755), E 112 (MG. 754).
Sirventes.

3. **Bel m'es lan latz la fontana**
?
E 110.
Canz. — Krit. hgb. Appel, Prov. Inedita p. 24.

4. **Ben es dregz qu'eu fass' oimai**
E 113 (MG. 509); Pons de la Garda E 165 (MG. 510); anonym, nach anonymen Liedern von Pons de la Garda, V 102 (Arch. 36, 441). — Verfasser?
Canzone.

5. **Compaigno, per compaignia**
E 111.
Canz. — Krit. hgb. Appel, Prov. Inedita p. 27.

6. **D'entier vers far eu no pes**
C 326, α 30969 (auch MG. I 213).
Sirv. gegen Peire d'Alvergne. — Krit. hgb. Appel, Prov. Inedita p. 29; wiederholt und übersetzt bei Zenker, Die Lieder Peires v. Auvergne p. 20 (= Rom. Forschungen 12, 672).

7. **Farai un vers ab so novel**
C 325.
Sirv. — Krit. hgb. Appel, Prov. Inedita p. 32.

7a. **Quan la ploj' e·l vens e·l tempiers**
a[1] 457 (205, Studj di fil. rom. 8, 461).
Canzone.

8. **Quan l'erb' es reverdezida**
C 326, E 112.
Canz. — Krit. hgb. Appel, Prov. Inedita p. 34.

Andere Attributionen:
323, 5 Bela m'es la flors d'aguilen (Peire d'Alvergne)
409, 2 Deus, aidatz (Raimon de las Salas)
262, 3 No sap chantar qui·l so no di (Jaufre Rudel).

Hoepffner (Rom. 54, 120) will ihm noch 104, 2 zusprechen.

(64. Bernart del Poget.

Von F Nr. 151 wird Bernartz del Poget als Verf. genannt für 409, 1 Ancse m'avetz tengut a no caler [Raimon de las Salas], doch ist sicherlich der in Nr. 152 folgende Bertran del Pojet gemeint, wie auch gleich darauf in Nr. 154 Bernartz d'Alamanon statt Bertranz d'A. [so Nr. 153] verschrieben ist.)

65. Bernart de Pradas.

Seine selbständige Existenz neben Daude de Pradas ist etwas problematisch, doch s. Appel, Bern. von Vent. p. 304.

1. **Ab cor lejal, fin e certa**
   C Reg., α 28613 (auch MG. I 190); Daude de Pradas C 166 (MG. 181); Bernart de Ventadorn E 109 (MG. 699).
   Canz. — Krit. hgb. Bartsch, Denkm. p. 142. Appel, Bern. von Vent. p. 304.
2. **Ai! s'eu pogues m'aventura saber**
   C Reg.; Daude de Pradas C 165 (MG. 193); Bernart de Ventadorn E 109 (MG. 700).
   Canz. — Krit. hgb. Bartsch, Denkm. p. 143. Appel, Bern. von Vent. p. 308.
3. **Si tot m'ai pres un pauc de dan**
   C Reg., vier Verse in ϰ 122 (Mussafia p. 262); Daude de Pradas C 165.
   Canz. — Krit. hgb. Appel, Prov. Inedita p. 37.

66. Bernart de Rovenac

(in R nur Rozenac genannt).

Günther Bosdorff, Bernard von Rouvenac, ein prov. Trobador des XIII. Jahrhunderts. Kritische Ausgabe[1]) mit Einleitung, Übersetzung, Kommentar und Glossar. Rostocker Diss. Erlangen 1907; auch Rom. Forschungen Bd. 22, 761. — Rezensionen: Jeanroy, AdM. 19, 390; Schultz-Gora, Lit.-Blatt 1908, 238 (mit Besserungen). Ältere Literatur: Diez, Leben u. Werke p. 460. Hist. lit. 18, 667. Milá y Fontanals, Trovadores en Esp. p. 157 und 175. — Kurze Notiz bei Anglade, Hist. somm. de la litt. mérid. p. 90.

1. **Bel m'es quan vei pels vergiers e pels pratz**
   C 327.
   Sirv. — Choix 4, 305. Milá p. 160. MW. 3, 134. Bosdorff p. 49, bzw. RF. 22, 802.

[1]) Reihenfolge der Gedichte bei Bosdorff: 3, 4, 2, 1.

2. **D'un sirventes m'es grans volontatz preza, Rics omes flacs, e no sai que·us disses**
C 327.
Sirv. — Choix 4, 205. Milá p. 179. MW. 3, 133. Bosdorff p. 46, bzw. RF. 22, 799.

3. **Ja no voill do ni esmenda**
C 326, R 38—321.
Sirv. — Choix 4, 203. Milá p. 176. MW. 3, 132. Bosdorff p. 40, bzw. RF. 22, 793. — Zur Datierung s. auch Jeanroy, AdM. 16, 326. Übers. ders., Anthol. p. 108.

4. **Una sirventesca**
C 327, R 38—322.
Sirv., in der Form einer Dansa nachgeahmt, als Sirventesca bezeichnet. — Krit. hgb. Appel, Prov. Inedita p. 39. Bosdorff p. 43, bzw. RF. 22, 796.

Bernart de Saissac s. Bertran de Saissac.

67. Bernart Sicart de Marvejols.

Hist. lit. 17, 590. Maus, Peire Cardenals Strophenbau p. 33.

1. **Ab greu consire Fau sirventes cozen**
C 363.
Sirv. — Choix 4, 191. Coll y Vehí, La sátira provenzal p. 146. Milá y Fontanals, Trovadores en Esp. p. 181. MW. 3, 269. Audiau et Lavaud, Nouv. anthol. p. 169. Übers. Jeanroy, Anthol. p. 101.

68. Bernart Tortitz.

1. **Per enseignar los nescis amadors**
C 365.
Canz. — Krit. hgb. Appel, Prov. Inedita p. 42.

69. Bernart de Tot lo mon.

Chabaneau, Biogr. p. 338. — Alle drei Gedichte krit. hgb. Appel, Prov. Inedita p. 43—49.

1. **Be m'agrada·l temps de pascor**
C 347.
Sirventes-Canz. — Appel p. 43.

2. **Lo plazers qu'als plazens plai**
Los
C 348.
Plazer. — Appel p. 45. — Vgl. Anglade, Le troub. Guiraut Riquier p. 175 A. 3.

3. **Mals fregz s'es els rics crois mes**
C 348.
Sirventes-Canz. — Appel p. 47.

70. Bernart de Ventadorn.

Zum Namen s. Appel, Gr. Ausg. p. 396.

Kritische Ausgabe[1]): Bernart von Ventadorn. Seine Lieder mit Einleitung und Glossar hrsg. von Carl Appel. Halle a. S. 1915

[1]) Anordnung der Gedichte wie hier, wobei die Nummern 11, 32, 34

(Gr. Ausg.). Besprechungen: Bertoni, Arch. roman. 1, 110; Salverda de Grave, Neophilologus 3, 64; Schultz-Gora, Arch. 136, 322 und Zts. 42, 350; Vossler, Lit.-Bl. 1917, col. 183; Küchler, Die neueren Sprachen 26, 180; Lewent, Zts. 43, 657. Zu einigen Stellen auch Kolsen, Zwei prov. Sirventese p. 8 A. und 32 A. — Appel, Bernart von Ventadorn. Ausgewählte Lieder, Halle 1926 (Sammlung roman. Übungstexte Nr. 7).

Hist. lit. 15, 467 (schlecht). — Diez, Leben u. Werke p. 16. Fauriel, Hist. de la poésie prov. 2, 21. — Fauriel, Dante et les origines 1, 258 (war B. in Italien?). — Hans Bischoff, Biographie des Troubadours Bernhard von Ventadorn, Göttinger Diss., Berlin 1873; dazu Suchier, Jahrb. 13, 341 und Stengel, Jenaer Literaturzeitung 1874, 431. — Suchier, (Der Troub. Marcabru,) Jahrb. 14, 123 (über die Vizgräfin von Ventadour). — Giosuè Carducci, Un poeta d'amore nel secolo XII, Nuova Antologia, 15 gennaio e 1 marzo 1881 = Opere di G. Carducci, Bd. 8, Bologna 1893, p. 399. — Tullio Ronconi, L'Amore in Bernardo di Ventadorn e in Guido Cavalcanti, Propugnatore 14 I 19 und 176; vgl. Gaspary, Zts. 5, 452 und 593. — Zenker, Die prov. Tenzone p. 79 (zu den drei Tenzonen; s. aber Jeanroy, AdM. 2, 293). — Pätzold, Die individuellen Eigentümlichkeiten p. 28 (Charakteristik). — Suchier und Birch-Hirschfeld, Gesch. der franz. Lit. 1, 64. — Rudolf Kiessmann, Untersuchungen über die Bedeutung Eleonorens von Poitou für die Literatur ihrer Zeit. Teil I (Wissenschaftliche Beilage zum Jahresberichte des Herzogl. Karls-Gymnasiums in Bernburg, Ostern 1901), p. 12 (über B.s Beziehungen zu Eleonore). — N. Zingarelli, Ricerche sulla vita e le rime di Bernart de Ventadorn, Studi medievali 1, 309 [gegenwärtig die wichtigste Arbeit]. Alle Gedichte werden einzeln besprochen, wobei auch die Hss. herangezogen sind; dazu Tabelle p. 378. Appendice: Testi p. 594. Besprochen von Savj-Lopez, Zts. 30, 629 und Jeanroy, Rom. 36, 116. — Anglade, Les Troubadours p. 107. — Erwähnt sei noch Richard Hofmeister, Sprachliche Untersuchung der Reime Bernart's von Ventadorn, Marburger Diss. 1883 = Ausgaben und Abhandlungen, Bd. 10 (1884); ferner Maus, Peire Cardenals Strophenbau p. 10 und 90 (über die Nachahmung von B.s Strophenformen durch P. Cardenal und andere Dichter). — Ferner: K. Vossler, Der Minnesang des Bernhard von Ventadorn, Sitzungsber. der Kgl. Bayer. Akad. der Wiss., Philos.-philol. u. hist. Kl., Jahrg. 1918, Abhdlg. 2; vgl. Appel, Lit.-Bl. 1919, col. 113 und Küchler, Die neueren Sprachen 26, 282. — Chaytor, The troubadours p. 46. — Bergert, Damen p. 9, 11, 112. — Anglade, Hist. somm. de la litt. mérid. p. 60. — John L. Deister, Bernart de Ventadour's reference

---

und 38 als unsicher oder nicht von Bernart stammend ausgeschieden werden und für Grdr. 392, 27 Bernarts Verfasserschaft wahrscheinlich gemacht wird. Ein Anhang bringt andere Bernart attribuierte Lieder.

to the Tristan story, Modern Philology 19, 287 (zur Anspielung auf Tristan in 70, 44). — Audiau, Les troub. et l'Angleterre p. 23. — Stroński, Folquet de Marseille, passim.

Vida: A 86 (p. 260), B 55 (ib. p. 690 und Mahn, Biogr. p. 1 Nr. 2), E 190, I 26 (Mahn, Biogr. p. 1 Nr. 3), K 15, R 1 b, Sg Teil II; vgl. ϰ 123 (Mussafia p. 217). N^2 21 (XII, Arch. 102, 198; Rlr. 20, 106) ist in der Form selbständig, hat eine Razo zu 70, 6 und zählt die Anfangszeilen von 37 Liedern auf (Appel p. XIV). — Zum Verhältnis der beiden Fassungen s. Pillet, Arch. 101, 130 und Zingarelli, l. c. p. 312 und passim; zur Frage der Autorschaft von Uc de S. Circ s. O. Schultz[-Gora], Arch. 92, 230 A. 4. — Parn. occ. p. 3. Choix 5, 69. MW. 1, 10. Bischoff, l. c. p. 5. Chabaneau, Biogr. p. 218; danach Monaci, Testi ant. prov., col. 42. Crescini, Manualetto p. 386 und Manuale p. 332. Krit. hgb. Appel, Chrest. p. 189 und gr. Ausg. p. XI, danach Lommatzsch, Liederbuch p. 26.

1. Ab joi mou lo vers e·l comens
al

A 88 (248), B 56 (MG. 133), C 47, D 19—60, D^c 248 (55, AdM. 13, 204), F 20 (45), G 9♩ (p. 27), I 27, K 16, L 19, M 37, P 17 (54, Arch. 49, 284), Q 25 (60, p. 50), R 57♩–478, S 44—27, T 156, U 87 (Arch. 35, 422), V 51 (Arch. 36, 400), a 87 (66, Rlr. 42, 323), α 30727 (auch MG. I 212), 31473 (ib. I 214), 33506, 33666, β^1 489, β^3 75, zitiert N^2 Nr. 4, auch von Berenguier de Noya (Homenaje Pidal 1, 680), Strophe *D'una ren* in der Vida des Guillem de Cabestaing in P (Långfors p. 44); anonym Ve. Ag. I, fol. LXVIj, W 202♩ (p. 403), X 81♩, Rom. de la Violette Var. zu v. 321 in der Hs. B. N. fr. 1553 (auch bei Seelheim, Die Mundart des afrz. Veilchenromans p. 10). — Noten von GRW Riv. mus. ital. 3, 248. S. auch Beck, Melodien p. 56 und 190. Canz. — Choix 3, 42. MW. 1, 16. Chaytor, Troub. of Dante p. 120. Appel, Gr. Ausg. p. 1 (dazu Tafel I und II).

2. Amics Bernartz de Ventadorn

Tenzone m. Peire [d'Alvergne?], s. 323, 4.

3. Amors, enquera·us pregara
pregera

C 53 (MG. 208), M 45 (MG. 701), R 59—496 (MG. 702), S 68–40 (MG. 259), a 76 (55, Rlr. 42, 312), zitiert N^2 Nr. 30; Peire Vidal D^a 163—568, H 27 (84); anonym, weil nur der Schluß erhalten ist, in s 1 (1). Canz. — Delius, Ungedruckte prov. Lieder [alle nach S] p. 24. Krit. hgb. Zingarelli, Studi med. 1, 594. Appel p. 14.

4. Amors, e! que·us es vejaire
qe vos

A 92 (261), C 58, D^a 161–556, E 105, I 32, K 20, L 22, M 39, N 145—212, R 56♩—472, S 59—35, Ve. Ag. I, fol. LXXCj, a 89 (68, Rlr. 42, 326), f 28, zitiert N^2 Nr. 27.
Canz. — Choix 3, 47. MW. 1, 37. Appel p. 20 (dazu Tafel III).

5. Anc no gardei sazo ni mes

V 60 (Arch. 36, 408; MG. 795). Canzone. — Appel p. 27 (vgl.

p. XLI) und Ausgew. Lieder p. 20.

6. **Ara·m conseillatz, seignor**
Ar me c., Ar m'acosselhatz, Acossellatz mi, Ara·m escoutatz
A 92 (250), B 58 (MG. 1338), C 57, D 20—64, E 105, G 13. (p. 39), I 27, K 16, Kª (nur Str. 7; Rom. 54, 5), M 48, Q 26 (65, p. 53), R 57.—479, S 48—29, V 62 (Arch. 36, 410), a 96 (77, Rlr. 42, 334), f 63, s 1 (2), β³ 76, zitiert N² Nr. 5, Jaufre de Foixa § 20; anonym, aber im Zusammenhang O 62 (99). — Razo in N².
Canz. — Choix 3,88. MW. 1,34. Appel p. 30 (Tafel IV und V). Lommatzsch, Liederbuch p. 27. — Eine Übersetzung von Diez bei A. Tobler, (Diez-Reliquien,) Arch. 92, 138. — Zu den Tornadas s. Zingarelli, Studi med. 1, 374.

7. **Ara no vei luzir soleill**
A 91 (257), B 57 (MG. 32), C 49 (MG. 1346), D 18—56, E 104, F 20 (42), G 17. (p. 51), I 31, K 19, L 113, M 38, P 18 (56, Arch. 49, 286), Q 29 (71, p. 58), R 57.—475, S 39—24 (MG. 255), Sg Nr. 3, a 90 (69, Rlr. 42, 326), β³ 83, zitiert N² Nr. 3; Peire Vidal W 190. (p. 394); anonym O 44 (71). Canz. — Delius p. 20. Bartsch, Lesebuch p. 52. Krit. hgb. Zingarelli, Studi med. 1, 604. Appel p. 38 (Tafel VI und VII).

8. **A! tantas bonas chansos**
Aj quantas
A 91 (256), C 56, D 18—55, F 19 (41), I 28 (MG. 33), K 16, Kª (Rom. 54, 7), N 144–211 (MG. 692), R 58.—486 (MG. 691), zitiert N² Nr. 7.
Canz. — Krit. hgb. und übersetzt Appel, Ein Lied Bernarts von Ventadorn, Miscellanea ... Crescini p. 429 (mit wichtigen Bemerkungen zu Hss. und Sprache) und Gr. Ausg. p. 47 (Tafel VIII). Vossler, Sitzungsber. p. 101. — Mel. Beck, Melodien p. 30.

9. **Bel m'es quant eu vei la broilla**
Dª 160—555, I 31 (MG. 37), K 20, N 146—215, zitiert N² Nr. 25.
Canzone. — Appel p. 55.

10. **Bel m'es qu'eu chant en aquel mes**
A 88 (247), C 48 (MG. 1344), D 19—59 (Del cod. Estense, Sitzungsber. etc. p. 432), G 11 (p. 32), I 27, K 15, M 46, N 138—199, Q 25 (61, p. 50), V 52 (Arch. 36, 402), a 86 (65, Rlr. 42, 322), s 2 (5), β¹ 47, zitiert N² Nr. 2, stand W nach f. 190; Arnaut de Maroill C Reg., R 81—671; Folquet de Romans C Reg., R 16–124 (MG. 820); Guiraut de Borneill P 4 (10, Arch. 33, 304; MG. 819). — Beginnt in P, R 16 [und W]: *Amors, cals honors (e chals iois P) vos es.*
Canz. — Choix 3,77. MW. 1,41. Appel p. 58.

11. **Bels Monruels, aicel que·s part de vos** sel que si
C 59, E 107. Beginnt in den anderen Hss. mit Strophe II: *Ab (Al, A) chan d'auzels comensa ma (començ eu mes) chansos (la sasos)*, hat hier auch Schlußstrophe und Tornada nicht und wird attribuiert: Perdigo C 241, R 94—790 (MG. 340); Peire Rogier c 86

(129); Raimon de las Salas P 33 (104, Arch. 33, 310); Raimbaut de Vaqueiras Nr. 4 in Sg 48; anonym S 218–141. Das wichtige Gedicht ist vielfach besprochen worden. Diez (Leben u. Werke p. 22), Fauriel (Hist. de la poésie prov. 2, 33), Suchier (Jahrb. 14, 126), Carducci (Opere 10, 436 und 449), auch Pätzold (p. 35 A. 6) schreiben es Bernart zu. Zweifelnd oder ablehnend verhalten sich mit Recht: Bischoff (p. 52), Ronconi (p. 180), Appel (Peire Rogier p. 88) und besonders Zingarelli (Studi med. 1, 376). Von wem ist es sonst? Die meisten Ansprüche würde Perdigo haben, für den Gröber, Rom. Stud. 2, 575 eintritt; sein Hgb., Chaytor, AdM. 21, 154 und Les chansons de Perdigon p. VII traut es ihm nicht zu. Canz. — Choix 3, 60. MW. 1, 18. Bartsch, Lesebuch p. 48. Krit. hgb. Appel, Peire Rogier p. 88. Massó y Torrents, Institut d' Estudis Catalans, Anuari 1907, 428 nach Sg.

12. Be m'an perdut lai enves Ventadorn en lai ves

A 87 (245), C 51, D 16–47, D^c 248 (60, AdM. 13, 205), F 20 (44), G 14♩ (p. 41, Melodie Riv. mus. it. 3, 246), I 29, K 18, M 48, N 140—204, Q 27 (66, p. 54), R 57♩–476 (zur Melodie s. unter G), S 61—36, V 61 (Arch. 36, 409), a 95 (75, Rlr. 42, 332), β^3 86, zitiert N^2 Nr. 15; anonym, aber im Zusammenhang O 61 (97). Stand in W nach f. 190 unter Peire Vidal. Canz. — Choix 3, 72. MW. 1, 20. Bartsch, Lesebuch p. 53. Krit. hgb. ders., Chrest. col. 61. Appel, Gr. Ausg. p. 67 (vgl. p. XXXII, dazu Tafel IX und X) und Ausgew. Lieder p. 7. Lommatzsch, Liederb. p. 30 und Mel. p. 425 (vgl. p. 503). Vossler, Sitzungsber. p. 42.

13. Be·m cugei de chantar sofrir

C 53, D^a 161—557, I 32, K 20, M 46 (MG. 703), R 59—495 (MG. 113 mit Var. von I), a 97 (78, Rlr. 42, 335), s 1 (3), zitiert N^2 Nr. 31, stand in W nach f. 190.
Canzone. — Appel, Gr. Ausg. p. 75 (vgl. p. XXXI) und Ausgew. Lieder p. 5.

14. Bernart de Ventadorn, del chan

Tenzone mit Lemozi, s. 286, 1.

15. Chantars no pot gaires valer nom

A 94 (266), C 55, D^a 161–559, G 12 (p. 36), I 32, K 21, P 14 (44, Arch. 49, 82), a 82 (61, Rlr. 42, 319), α 33290, zitiert N^2 Nr. 32.
Canz. — Choix 3, 56. MW. 1, 33. Krit. hgb. Crescini, Il testo critico di una canzone di Bern. de Vent., Atti del R. Istituto Veneto 63 II (1903/4), 319 (dazu Jeanroy, AdM. 16, 436), Manualetto p. 209 und Manuale p. 176. Appel, Gr. Ausg. p. 85 (vgl. p. XXXVI) und Ausgew. Lieder p. 11. Lommatzsch, Liederb. p. 31. Vossler, Sitzungsber. p. 7.

16. Conortz, ara sai eu be

A 86 (242), C 54, D 16—49, D^c 248 (59, AdM. 13, 205), G 20♩ (p. 60), I 29, K 17, M 47, N 141—206, P 17 (53, Arch. 49, 284), Q 26 (64, p. 53), R 57♩—482, S 58—34, V 60

(Arch. 36, 409), a 93 (72, Rlr. 42, 329), zitiert N^2 Nr. 12; Arnaut de Maroill T 136; anonym im Zusammenhang O 61 (98).
Canz. — Choix 3, 79. MW. 1, 26. Appel, Gr. Ausg. p. 91 (vgl. p. XXXVIII, dazu Tafel XI und XII) und Ausgew. Lieder p. 31. Vossler, Sitzungsber. p. 53. — Mel. Beck, Melodien p. 58 u. 190, auch Gennrich, Deutsche Vierteljahrsschrift f. Literaturwiss. und Geistesgesch. 7, 217.

17. **En consirier et en esmai**
A 89 (250), C 54, D 19—62, G 19♩ (p. 57), I 28, K 17, K^a (v. 1—33; Rom. 54, 9), L 20, M 44, N 142—208 (MG. 969), Q 31 (77, p. 62), R 59—498 (MG. 115 mit Var. von I), V 58 (Arch. 36, 406), zitiert N^2 Nr. 8; anonym O 47 (76).
Canzone. — Appel, Gr. Ausg. p. 98 (vgl. p. XXXVI; Tafel XIII) und Ausgew. Lieder p. 9.

18. **En maint geing se volv e·s vira**
engiein torn' e
C 55 (MG. 704), a 84 (63, Rlr. 42, 321; MG. 1440).
Canz. — Krit. hgb. Zingarelli, Studi med. 1, 602. Appel p. 104.

19. **Estat ai com hom esperdutz**
A 91 (258), C 50, D 20—65, D^c 248 (56, AdM. 13, 204), E 106, G 17 (p. 52), I 30, K 18, M 43, N 136—195, Q 29 (72, p. 59), R 12—83, S 50—30, V 53 (Arch. 36, 402), a 99 (81, Rlr. 42, 338), zitiert N^2 Nr. 18 und Berenguier de Noya (Homenaje Pidal 1, 684); P. Espanhol R 36–301, B. Espanhol C Reg. — Drei Strophen, beginnend *Ma dosne fu al comencar,* anonym W 195♩ (p. 398) = 461, 156.
Canz. — Lex. rom. 1, 329. MW. 1, 42. Appel p. 107.

20. **Gent estera que chantes**
V 50 (Arch. 36, 400; MG. 793).
Canzone. — Appel, Gr. Ausg. p. 114 (vgl. p. XXXIX) und Ausgew. Lieder p. 30.

21. **Ges de chantar no·m pren talans**
C 54, G 16 (p. 47), M 42 (MG. 705), N 145–213, R 59–494, S 40–25 (MG. 256), a 95 (76, Rlr. 42, 333), α 32334, zitiert N^2 Nr. 28; Saill de Scola D^a 179–638, I 107, K 93; Guillem Ademar E 141 (MG. 370); anonym im Zusammenhang O 64 (101).
Canz. — Delius p. 17. Krit. hgb. Zingarelli, Studi med. 1, 598. Appel, Gr. Ausg. p. 117 (vgl. p. XXXIV) und Ausgew. Lieder p. 15.

22. **Ja mos chantars no·m er onors**
Ges, Mais es
A 93 (263), C 59, D^a 160–553, I 31, K 19, N 147—217, R 59 – 497, T 155, V 56 (Arch. 36, 405), a 102 (85, Rlr. 42, 342), zitiert N^2 Nr. 23.
Canz. — Choix 3, 74. MW. 1, 28. Appel, Gr. Ausg. p. 126 (vgl. p. XXXIX und XLI) und Ausgew. Lieder p. 28. Vossler, Sitzungsber. p. 15.

23. **La doussa votz ai auzida**
C 55, D^a 162–560, G 14 (p. 42), I 32, K 21, R 57♩–480, V 61 (Arch. 36, 410), α 28727 (auch MG. I 191), zitiert N^2 Nr. 36; anonym X 89♩.
Canz. — Choix 3, 91. MW. 1, 30. Appel p. 134 (Tafel XIV).

Vossler, Sitzungsber. p. 37. Übers. bei Jeanroy, Anthol. p. 27. — Mel. Beck, Melodien p. 60 und 190.

24. Lanquan foillon bosc e garric
C 59 (MG. 706), E 107 (MG. 1348); eine Strophe anonym W 202♩ (p. 403).
Canz. — Krit. hgb. A. Tobler, Ein Lied Bernarts v. Ventadour, Sitzungsber. d. Kgl. Preuß. Akad. d. Wissensch. zu Berlin, Bd. 41 (1885), 941. (S. 943 eine besonders wichtige Anmerkung über Störungen der Strophenfolge bei dem Dichter.) Appel p. 140.

25. Lanquan vei la foilla
A 87 (243), B 56 (MG. 144), C 48, D 15—45, G 21 (p. 65), I 30, K 18, L 21, M 38, P 17 (52, Arch. 49, 283), Q 30 (76, p. 61), R 58♩—487, S 55—33, Sg Nr. 1, T 157, V 53 (Arch. 36, 403), a 93 (73, Rlr. 42, 330), s 2 (4), α 33681, β^3 83, zitiert N² Nr. 17.
Canz. — Choix 3, 62. MW. 1, 14. Appel p. 144 (Tafel XV).

26. Lanquan vei per mei la landa
C 56 (MG. 707), D^a 160–554, G 22 (p. 68), I 31 (MG. 118), K 20, N 148—219, Q 32 (81, p. 65), α 31800 (auch MG. I 217), zitiert N² Nr. 24.
Canzone. — Appel, Gr. Ausg. p. 151 (vgl. p. XXXIII) und Ausgew. Lieder p. 8.

27. Lonc temps a qu'eu no chantei mai
A 91 (255), C 49, D 17—54, F 19 (40), I 28, K 17, L 139, M 41, N 144–210, Q 30 (75, p. 61), R 11–81, V 57 (Arch. 36, 406), a 88 (67, Rlr. 42, 324), β^1 171, zitiert N² Nr. 10; anonym O 27 (45).
Canz. — Lex. rom. 1, 332. MW. 1, 45. Appel, Gr. Ausg. p. 155 (vgl. p. XXXVI) und Ausgew. Lieder p. 33.

28. Lo dous temps de pascor
gens, bel
A 92 (260), B 58 (MG. 1339), C 57, D 20—66, G 11 (p. 34), I 29, K 18, N 138—200, R 47–394, a 83 (62, Rlr. 42, 320), zitiert N² Nr. 14; Peire Vidal M 52, T 245, a 117 (117, Rlr. 44, 227), e 54, α 28149 (auch MG. I 185); anonym O 37 (60).
Canz. — Choix 3, 51. MW. 1, 13. Appel, Gr. Ausg. p. 164 (vgl. p. XXXIII) und Ausgew. Lieder p. 3. Anglade, Anthol. p. 35. Audiau et Lavaud, Nouv. Anthol. des troub. p. 33.

29. Lo rossignols s'esbaudeja
A 87 (244), B 56 (MG. 68), C 54 (MG. 708), D 15—46, D^c 248 (61, AdM. 13, 205), F 21 (47), I 30, K 19, M 41, N 137–197, Q 27 (67, p. 55), R 59—493 und [mit Anfang *Atressi co·l ram sopleya*] 58 —485, S 62—37 (MG. 257), V 54 (Arch. 36, 403), a 85 (64, Rlr. 42, 321), α 28461 (auch MG. I 188), zitiert N² Nr. 21; stand anonym W 193.
Canz. — Delius p. 15. Bartsch, Lesebuch p. 51. Appel, Chrest. p. 59 und Gr. Ausg. p. 172. Lommatzsch, Liederb. p. 33. — Eine Übersetzung von Diez (wie zu 70, 6) s. Arch. 92, 135.

30. Lo temps vai e ven e vire
Lonc uau ueing
A 86 (241 und Arch. 33, 456), C 51 (MG. 709), D 17—51,

G 16 (p. 49), I 33 (MG. 119 nach I und R), K 21, Q 28 (70, p. 57), R 12—84, a 103 (86, Rlr. 42, 343), zitiert N² Nr. 29; G. de Quintenac C Reg. Canz. — Krit. hgb. Suchier, Jahrb. 14, 307. Appel, Gr. Ausg. p. 180 (vgl. p. XXXIII) und Ausgew. Lieder p. 1. Audiau et Lavaud, Nouv. Anthol. p. 29. Übers. bei Jeanroy, Anthol. p. 25.

31. Non es meravilla s'eu chan

A 89 (249), C 57, D 19—61, F 21 (46), G 9♩ (p. 25), I 27, K 16, Kª (Rom. 54, 5), L 22, M 42, N 139—202, P 18 (55, Arch. 49, 285), Q 28 (69, p. 56), R 57—477, S 46—28, U 88 (Arch. 35, 423), V 52 (Arch. 36, 401), a 92 (71, Rlr. 42, 328), g 1, α 29252 und 31780 (auch MG. I 196, bzw. 216), μ 290 (die V. 9—10), zitiert N² Nr. 1, auch Berenguier de Noya (Homenaje Pidal 1, 679); anonym L 124, O 7 (10), W 191♩ (p. 395).
Canz. — Choix 3, 44. Parn. occ. p. 3. Galvani, Osservazioni p. 32. MW. 1, 36. Krit. hgb. Appel, Chrest. p. 55 und Gr. Ausg. p. 186 (Tafel XVI). Lommatzsch, Liederb. p. 36. Vossler, Sitzungsberichte p. 25. Anglade, Anthol. p. 39. Audiau et Lavaud, Nouv. Anthol. p. 36. Übers. bei Jeanroy, Anthol. p. 23. — Mel. Beck, Melodien p. 59 und 190.

32. Peirols, com avetz tant estat

A 181 (518 und Arch. 34, 184), D 146—509, I 155 (MG. 710), K 141, N 282—454. — Überschrift: Bernart de Ventadorn ADIK — Peirol AIK. — Zenker, Die prov. Tenzone p. 80 und Zingarelli, Studi med. 1, 363 meinen, daß dieser Peirol nicht der bekannte Dichter sein könne; vgl. 323, 4.
Tenzone mit einem Peirol = 366, 23. — Hgb. Bartsch, Chrest. col. 153. Appel p. 277; vgl. Vossler, Sitzungsber. p. 96.

33. Pel dous chan que·l rossignols fai

A 94 (265), C 49 (MG. 1347), D 18—57, G 18 (p. 54), I 32, K 20, N 148—218, Q 30 (74, p. 60), R 11—80, a 81 (60, Rlr. 42, 318), d 265—8, zitiert N² Nr. 26; stand anonym W 193.
Canz. — Choix 3, 86. MW. 1, 21. Appel, Gr. Ausg. p. 194 (vgl. p. XXXIV) und Ausgew. Lieder p. 17. Lommatzsch, Liederb. p. 38.

(**34. Per Crist, amor, en gentil loc saubes**

s. 234, 15 unter Guillem de S. Leidier.)

35. Per meills cobrir lo mal pes e·l consire maltrag

A 86 (240), C 51, D 17—52, G 18 (p. 56), I 29, K 17, N 142—207, Q 29 (73, p. 59), R 12—85 (MG. 122 nach R und I), S 64—38 (MG. 258), V 57 (Arch. 36, 406), a 80 (59, Rlr. 42, 317), zitiert N² Nr. 11.
Canz. — Delius p. 22. Appel p. 199.

36. Pos mi pregatz, seignor prejatz mi

A 90 (253), C 52, D 16—50, E 103, F 22 (49), G 20♩ (p. 62), I 29, K 18, M 40, N 140—203, Q 31 (78, p. 63), R 57♩—484,

S 42 26, a 75 (54, Rlr. 42, 311), zitiert N[2] Nr. 13.
Canz. — Choix 3, 58. MW. 1, 39. Appel, Gr. Ausg. p. 204 (vgl. p. XXXV; Tafel XVII und XVIII) und Ausgew. Lieder p. 18. — Zu den Tornadas s. Zingarelli, Studi med. 1, 354 und Appel p. 209, zur Mel. Gennrich, Deutsche Vierteljahrsschr. f. Literaturwissensch. u. Geistesgesch. 7, 220.

37. Quan la douss' aura venta freid'

A 94 (267), C 50, G 13 (p. 38), M 49, N 146–214, R 58–489, V 56 (Arch. 36, 405; MG. 930), a 98 (79, Rlr. 42, 336), zitiert N[2] Nr. 33; Peire Cardenal D[b] 239–811; anonym O 66 (104 und MG. 929).
Canz. — Choix 3, 84. Parn. occ. p. 5. MW. 1, 22. Bartsch, Lesebuch p. 49. Krit. hgb. Bartsch, Chrest. col. 63. Appel, Gr. Ausg. p. 212 (vgl. p. XXXVII) und Ausgew. Lieder p. 26. Lommatzsch, Liederb. p. 39. Audiau et Lavaud, Nouv. Anthol. p. 46. Vgl. Chaytor, The troubadours p. 133. — Zu Str. 6 s. noch Appel, Zts. 45, 608.

38. Quan la vertz foilla s'espan

D[a] 161—558, I 33 (MG. 123), K 21, zitiert N[2] Nr. 34.
Canz. — Krit. hgb. Zingarelli, Studi med. 1, 609 und Appel, p. 281.

39. Quan l'erba fresc' e·l foilla par -'es vertz

A 93 (264), C 58, D[a] 159–551, I 30, K 19, M 43, N 136–196, R 57 –483, V 55 (Arch. 36, 404; MG. 928), a 98 (80, Rlr. 42, 337), zitiert N[2] Nr. 20; anonym im Zusammenhang O 63 (100 und MG. 927).
Canz. — Choix 3, 53. MW. 1, 11. Krit. hgb. Crescini, Per il testo critico di una canzone di Bern. de Vent., in Per gli studi romanzi p. 19, Manualetto p. 206 und Manuale p. 173. Appel, Chrest. p. 57 (ders. zur Strophenfolge Zts. 20, 387) und Gr. Ausg. p. 219 (Tafel XIX). Lommatzsch, Liederb. p. 41. Vossler, Sitzungsber. p. 78. Anglade, Anthol. p. 42. — Zu den Reimen der letzten beiden Verse (v. 7 u. 8) jeder Str. s. Rajna, Varietà provenzali, Rom. 49, 73, zur Melodie: W. Morse Rummel, „Hesternae Rosae" (Neuf chansons de troub., London 1913) II, 10. — S. auch Crescini, Atti del R. Istituto Veneto 83, II, 433 und Homenaje Pidal 3, 103.

40. Quan lo boscatges es floritz

C 56 (MG. 1439).
Canz. — Krit. hgb. Zingarelli, Quan lo boscatges es floritz, Mélanges Chabaneau p. 1025. Appel p. 226.

41. Quan par la flors josta·l vert foill

A 90 (254), B 57 (MG. 1337), C 47 (MG. 1343), D 17—53), D[c] 248 (57, AdM. 13, 204), E 103, F 19 (39), G 10 (p. 31), I 30, K 19, M 37, N 137—198, O 4 (6), P 16 (50, Arch. 49, 87), Q 26 (63, p. 52), R 56 –473, S 51–31, Sg Nr. 2, U 90 (Arch. 35, 424), a 77 (56, Rlr. 42, 313), f 41, α 28873 (auch MG. I 192), β^3 84, zitiert N[2] Nr. 19; Folquet de Marseilla W 188 (p. 391).

Canz. — Choix 3, 65. MW. 1, 19. Appel p. 232 (Tafel XX und XXI).

42. Quan vei la flor, l'erba vert e la foilla fresc'

A 88 (246), C 48 (MG. 1345), D 18—58, D[c] 248 (58, AdM. 13, 204), F 20 (43), G 15 (p. 44), I 26, K 15, M 47, N 141–205, P 18 (57, Arch. 49, 286), Q 28 (68, p. 56), R 58—491, V 51 (Arch. 36, 400), a 78 (57, Rlr. 42, 314), zitiert N[2] Nr. 16; anonym X 88♩.

Canz. — Lex. rom. 1, 330. MW. 1, 44. Appel p. 240. — Zu v. 39 s. außer Appel p. 246 auch Bertoni, Arch. roman. 1, 18.

43. Quan vei l'alauzeta mover

A 90 (252), C 47, D 16—48, E 102, F 22 (48), G 10♩ (p. 28), I 28, K 16, K[a] (Rom. 54, 6), L 19, M 39, N 139 – 201, P 16 (51, Arch. 49, 87), Q 25 (62, p. 51), R 56♩—474, S 53—32, U 89 (Arch. 35, 423), V 55 (Arch. 36, 404), a 91 (70, Rlr. 42, 327), α 29675 (auch MG. I 201), β^1 402, β^3 84, μ 262, 545, 558, zitiert N[2] Nr. 6; Peire Vidal W 190♩ (p. 394); anonym O 60 (96 — im Zusammenhang), Ve. Ag. I fol. CXVIj [Str. II Aylas, quant cuidave (!) saber], X 148 [dazu die Melodie f. 47 b], ε 5198 (auch Jahrb. 11, 166; über die Gestaltung des Textes s. G. Paris, Einleitung zu Servois' Ausg. des Guill. de Dole p. CXVI), Rom. de la Viol. 4194 (Text von B. N. fr. 1553 bei Seelheim, Die Mundart des afrz. Veilchenromans p. 14, von dieser Hs. und B. N. fr. 1374 bei G. Paris, l. c.). — Melodien von G R W X Riv. mus. ital. 2, 10 und Beck, Melodien p. 55 und 190.

Canz. — Choix 3, 68. MW. 1, 32. Krit. hgb. Bartsch, Chrest. col. 68 (jetzt Text nach Appel); danach Monaci, Testi ant. prov., col. 41. Appel, Chrest. p. 56; danach Chaytor, Troub. of Dante p. 118 und Schultz-Gora, Elementarbuch p. 151. Ferner: Appel, Gr. Ausg. p. 249 (Tafel XXII u. XXIII) und Ausgew. Lieder p. 21. Lommatzsch, Liederb. p. 46 und Mel. p. 428 (vgl. p. 503). Vossler, Sitzungsber. p. 89. Anglade, Anthol. p. 45. Audiau et Lavaud, Nouv. Anthol. p. 43. Übers. bei Jeanroy, Anthol. p. 28. Zur Mel. s. auch: L'Alauzeta, melodia di Bernart di Ventad. trascritta per violoncello (o violino) e armonizzata da Luigi Torri, Padova 1910 (nicht erhältlich) und Choix 2, pl. II, n. I.

44. Tant ai mon cor ple de joja Quant

A 89 (251), C 52, D 20—63, I 28, K 17, M 44, N 143–209, R 58—488, S 66—39, V 62 (Arch. 36, 410), a 94 (74, Rlr. 42, 331), zitiert N[2] Nr. 9.

Canz. — Parn. occ. p. 7. MW. 1, 23. Bartsch, Lesebuch p. 50. Krit. hgb. Bartsch, Chrest. col. 65. Appel, Chrest. p. 58, Gr. Ausg. p. 257 (vgl. p. XXXVII) und Ausgew. Lieder p. 13. Lommatzsch, Liederb. p. 44. Anglade, Anthol. p. 48. Audiau et Lavaud, Nouv. Anthol. p. 39.

45. Tuit cil que·m pregon qu'eu chan que

A 93 (262), B 59 (MG. 1340),

C 52, Da 160—552, Dc 248 (54, AdM. 13, 204), G 21 (p. 64), I 31, K 19, N 147–216, Q 32 (80, p. 64), R 58—490, V 52 (Arch. 36, 401), W 191J (p. 395 Nr. 12, Anfang verstümmelt), α 29057 (auch MG. I 194), zitiert N² Nr. 22; Peirol M 182, N 82—79, a 172 (179, Rlr. 45, 59).
Canz. — Choix 3, 70. MW. 1, 29. Appel, Gr. Ausg. p. 269 (vgl. p. XXXIX) und Ausgew. Lieder p. 23.

Über ein Zitat bei Redi 3, 152 s. Chabaneau, Rlr. 23, 17.

Andere Attributionen (vgl. Appel, Anhang p. 291 und 404):

65, 1 Ab cor lejal, fin e certa (Bernart de Pradas?)
366, 1 Ab gran joi mou maintas vetz e comensa (Peirol)
124, 1 Ab lo dous temps que renovela (Daude de Pradas)
65, 2 Ai! s'eu pogues m'aventura saber (Bernart de Pradas?)
124, 2 Amors m'envida e·m somo (Daude de Pradas)
242, 12 Aquest terminis clars e gens (Guiraut de Borneill)
124, 7 De lai on son tuit mei dezir (Daude de Pradas)
331, 1 En abril, quan vei verdejar (Peire Bremon lo Tort)
16, 13 En amor trop tan de mals seignoratges (Albertet)
344, 3 En aquest gai sonet leugier (Peire Guillem de Luzerna) (Me voill en chantan esbaudir)
213, 4 En pensamen mi fai estar amors (Guillem de Cabestaing)
133, 3 Estat ai dos ans (Elias Cairel)
234, 11 Estat aurai estas doas sazos (Guillem de S. Leidier)
112, 2 Ges per lo freg temps no m'irais (Cercamon?)
375, 10 Humils e francs e fis soplei ves vos (Pons de Capdoill)
62, 1 Leu chansonet' ad entendre (Bernart de la Fon)
377, 4 Mandat m'es que no·m recreja (Pons de la Garda)
293, 40 Pos mos coratges s'esclarzis (Marcabru)
167, 49 Quan la foilla sobre l'albre s'espan (Gaucelm Faidit)
392, 27 Quan lo dous temps comensa (Raimbaut de Vaqueiras?)
132, 12 Si·l bela·m tengues per seu (Elias de Barjols)
377, 6 Tan sui apensatz (Pons de la Garda).

71. Bernart de Venzac.

Hist. lit. 19, 556. Chabaneau, Biogr. p. 338. Zenker, Die Lieder Peires von Auvergne p. 4. Anglade, Le troub. G. Riquier p. 172 und 321 A. 4.

1. Iverns ven e·l temps tenebros
vay
C 258.
Sirv. — Krit. hgb. Appel, Prov. Inedita p. 50.

1a. Lanquan cor la doussa biza
bia
C 258 (MG. 805); Marcabru A 31 (70 und Arch. 33, 338; MG. 804), a¹ 294 (41). — Zenker,

l. c. p. 4 hat durchschlagende sprachliche Gründe gegen Marcabru und für Bernart vorgebracht.
[Bartsch 293, 27.] Sirventes.

2. **Lo pair' e·l fill e·l saint espirital**
C 259, R 93—783.
Geistliche Alba. — Choix 4, 432. Galvani, Osservazioni p. 152. MW. 3, 288.

3. **Pos vei lo temps fer, frevoluc**
C 258, vier Verse α 33565.
Sirv. — Krit. hgb. Appel, Prov. Inedita p. 52.

Zenker sucht — mit beachtenswerten, aber nicht völlig überzeugenden Gründen — nachzuweisen, daß Bernart auch die folgenden zwei Gedichte gehören, die ihm nur in C attribuiert werden:

323, 6 Bel m'es dous chans per la faja (Peire d'Alvergne)
293, 12 Bel m'es quan s'azombra·l treilla (Marcabru)

und sogar das in keiner Hs. ihm zugeschriebene

323, 5 Bela m'es la flors d'aguilen (Peire d'Alvergne).

72. Bernart Vidal.

Serveri de Girona 434, 13 (Milá y Fontanals, Trovadores en Esp. p. 404) erwähnt ihn und einen gewissen Parazol als kürzlich verstorbene Troubadours: tals dos n'ai vist finar El bisbat de Girones: Q'us fo en Bernatz Vidals, el frays que ab jay Visc, e·l honratz Parazol qu'el vas jay.

73. Berta (oder Barta), fraire.

1. **Fraire Berta, trop sai estatz**
Tenzone mit Maistre, s. 292, 1.

74. Bertolome Zorzi.

Bartsch nennt ihn Bertolomeu (mit A) Zorgi.

Kritische Ausgabe:[1]) Der Troubadour Bertolome Zorzi. Hrsg. von Emil Levy. Halle 1883. Die Einleitung (Biographie. Metrum und Reim) erschien auch als Habilitationsschrift der Universität Freiburg i. B. 1883. — Besprechungen von Appel, Nordisk Revy ... utgifven af Adolf Noreen, årgång I (1883—84, Upsala), 271;

[1]) Anordnung:

Levy	Grdr.	Levy	Grdr.	Levy	Grdr.
1	= 3	7	= 18	13	= 13
2	= 15	8	= 12	14	= 10
3	= 2	9	= 9	15	= 14
4	= 17	10	= 7	16	= 11
5	= 6	11	= 4	17	= 1
6	= 5	12	= 8	18	= 16.

Chabaneau, Rlr. 25, 195; Suchier, Literar. Centralblatt 1884, 1760 (diese alle mit Besserungen); ferner Giorn. stor. d. let. it. 2, 425. — Albert Rohleder, Zu Zorzi's Gedichten, Diss. Halle 1885 macht Bemerkungen zur Chronologie, Textkritik (wobei die genannten Rezensionen verwertet werden), Erklärung, Sprache; vgl. Bertoni, I trov. d'Italia p. 456. Andresen, Zu prov. und afrz. Texten, Münster i. W. 1915, p. 1–7 (einzelne Bemerkungen). Frühere Literatur: Diez, Leben und Werke p. 398; Hist. lit. 19, 566; Galvani, Novellino prov. p. 210. — Gleichzeitig mit Levys Ausgabe kam ein wichtiger Artikel von O. Schultz [-Gora], Zts. 7, 226; s. dazu auch Levy, Lit.-Blatt 1895, 232. — Später: Bertoni, I trov. d'Italia p. 114; Anglade, Hist. somm. de la litt. mérid. p. 103; Bertoni, Il Duecento p. 20.

Vida in zwei Fassungen. I: A 172 (p. 536); II: I 98, K 82, d 271. [Ferner in ρ.] — I: Levy p. 36. Zts. 7, 226. Chabaneau, Biogr. p. 317. — II: Parn. occ. p. 209. Choix 5, 57. Mahn, Biogr. p. 49. Levy p. 36. Chabaneau, Biogr. p. 318. Monaci, Testi ant. prov., col. 100. Crescini, Manualetto p. 390 und Manuale p. 334.

1. **Aissi co·l focs consuma totas res**
A 174 (502 und Arch. 34, 182; MG. 668).
Canz. — Krit. hrsg. Bartsch, Chrest. col. 301. Levy p. 79.

2. **Atressi com lo camel**
A 172 (496), I 99 (MG. 308), K 82, d 272—28.
Canz. — Levy p. 43.

3. **Ben es adregz** (adreg *Hss.*)
I 100, K 83, d 274—31.
Geistliches Lied. — Choix 4, 459. MW. 3, 13. Levy p. 38.

4. **En tal dezir mos cors intra**
I 99 (MG. 573), K 83, d 273—30.
Sestine (Nachbildung v. 29, 14). — Levy p. 68.

5. **Entre totz mos consiriers**
A 173 (498 und Arch. 34, 180; MG. 666).
Canz. — Levy p. 53.

6. **Jesu Crist per sa merce**
I 102 (MG. 570), K 86, d 278—39.
Bußlied. — Levy p. 50.

7. **L'autrier, quan mos cors sentia** c. *fehlt Hss.*
I 100 (MG. 556), K 84, d 275—34.
Romanze (Erzählung vom Prozesse — *plag* — zweier Liebenden und dem Urteil — *jutjamen* — der Minne). — Parn. occ. p. 210. Levy p. 63. S. noch E. Müller, Die altprov. Versnovelle p. 26.

8. **Mal aja cel que m'apres de trobar** qui
I 101 (MG. 574), K 85, d 277—37.
Sirv. — Levy p. 69.

9. **Mout fai sobreira folia**
A 173 (499), I 100, K 84, d 274—32.
‚Dimei chant' genannt, weil die letzten 4 Zeilen jeder Strophe die 4 Anfangszeilen der entsprechenden Strophe von Peire Vidals Lied 364, 39 wiederholen. — Parn. occ. p. 214. MW. 3, 15. Levy p. 61. Anglade, Peire Vidal p. 161.

10. Mout fort me sui d'un chan meravillatz
I 98, K 82, d 271—26.
Sirv. als Antwort auf 101, 7. — Choix 4, 232. MW. 3, 10. Bartoli, I primi due secoli della lett. ital. p. 62. Levy p. 73. Monaci, Testi ant. prov., col. 98. Crescini, Manualetto p. 370 und Manuale p. 318. Bertoni, I trov. d'Italia p. 446.

11. No laissarai qu'en chantar non atenda
I 101 (MG. 572), K 85, d 276 —35, ϱ.
Kreuzlied. — Levy p. 77.

12. On hom plus aut es pojatz
A 174 (501), I 101, K 85, d 276—36.
Sirv. — Choix 4, 234. MW. 3, 12. Levy p. 58.

13. Pos eu mi feing mest los prims entendens
I 98 (MG. 944), K 82, d 272 —27.
Canz. (‚vers'). — Levy p. 71.

14. Pron si deu mais pensar al meu semblan
A 173 (497 und Arch. 34, 180; MG. 665).
Canz. — Levy p. 75.

15. S'eu trobes plazer a vendre
I 102, K 85, d 277—38.
Sirv. — Levy p. 41. Zu Str. 4 s. Andresen, Zts. 36, 489.

16. Si·l mons fondes, a meravilla gran
I 100 (MG. 571), K 84, d 275 —33.
Planch. — Levy p. 81, danach Monaci, Testi ant. prov., col. 99 und Wittenberg, Die Hohenstaufen im Munde der Troubadours p. 113. Bertoni p. 451. Schultz-Gora, Prov. Studien (1) p. 83 (besonders wichtig). Auch Bartsch bei Schirrmacher, Die letzten Hohenstaufen p. 669. Lommatzsch, Liederb. p. 215. — Vgl. C. Michaelis de Vasconcellos, Zts. 27, 423.

17. Si tot m'estauc en cadena
A 174 (500 und Arch. 34, 181; MG. 667).
Canz. (‚sirventes'). — Levy p. 47.

18. Totz hom qu'enten en valor
I 99, K 83, d 273—29.
Sirventes-Canz. (‚chanzo'). — Levy p. 55.

75. Bertran.

Sammelnummer. Chabaneau, Biogr. p. 339 und Salverda de Grave, Le troub. Bertran d'Alamanon p. 144 haben sich besonders um die Identifizierung der einzelnen Verf. bemüht; doch bleibt noch vieles dunkel.

(**1. 'Bertran e soa domna'**
Angabe im Register von a, bezieht sich, wie a[1] zeigt, auf eine fingierte Tenzone von Bertran del Pojet 87, 1.)

2. En Bernartz, grans cortezia
M 260, nur *tenson* überschrieben (Selbach, Streitgedicht p. 120). Tenzone eines en Bertran mit einem en Bernart = 52, 2.

(**3. Gausbert, razon ai adrecha**
Tenzone zwischen Bertran de Preissac u. Gausbert de Poicibot, s. 88, 2 = 173, 5.)

4. Javare, anc a mercat
P 55 (*c.* 6, Arch. 50, 263), ohne Überschrift.
Coblaswechsel eines ‚en Bertram' (v. 14), vielleicht Bertran d'Alamano, mit Javare = 263, 1. — Krit. hgb. Salv. de Grave, l. c. p. 145.

5. Mong', eu vos deman
Songe (!)
Q 6 (13, p. 12; auch Zts. 4, 503), *tençon.*
Tenz. (Partimen) eines ‚segner en Bertran' mit einem ‚monge' = 303, 2.

(**6. Seigner Bertran, per la desconoissensa**
Tenzone zwischen Matheus und Bertran de Gordo, s. 298, 1 = 84, 1 a.)

7. Seigner Bertrans, us cavaliers prezatz
Tenzone eines Herrn Bertran (wohl nicht B. de S. Felitz) mit Uc de la Bacalaria, s. 449, 4.

76. Bertran d'Alamano.

Andere Schreibung: de Lamanon.

Kritische Ausgabe[1]) von J.-J. Salverda de Grave, Le troubadour Bertran d'Alamanon, Toulouse 1902 (Bibliothèque méridionale, Ire série, t. 7), mit Übersetzung, wichtig auch durch die historischen Erläuterungen. — Besprechung mit Besserungen von Thomas, AdM. 15, 79.

Ältere Literatur: Diez, Leben u. Werke p. 467. Hist. lit. 15, 443 und 19, 460 (hier werden irrtümlich zwei Troubadours des Namens unterschieden). O. Schultz[-Gora], Zts. 9, 134. Merkel, Atti e Mem, della R. Acc. dei Lincei, ser. IV, vol. IV, p. 310. Spätere: Fabre. Mém. de la Soc. agric. et scientif. de la Haute-Loire 15, 73 (nicht zugänglich) und ders., AdM. 24, 153 und 321. Dazu s. Salverda de Grave, ibid. p. 561. — Anglade, Hist. somm. de la litt. mérid. p. 97.

Vida: A 126 (p. 393 und Mahn, Biogr. p. 55). — Parn. occ. p. 110. Choix 5, 72. Chabaneau, Biogr. p. 303. Salv. de Grave p. 155. — Die Vie nach Jean de Nostre-Dame ist noch abgedruckt bei Salv. de Grave p. 175.

---

[1]) Anordnung der Texte:

Salv. de Grave	Grdr.	—	Salv. de Grave	Grdr.	—	Salv. de Grave	Grdr.
1	= 22		9	= 10		16	= 17
2	= 16		10	= 20		17	= 14, s. 189, 5
3	= 4		11	= 24, s. 197, 3		18	= 6, s 189, 2
4	= 9		12a	= 1		19	= 21
5	= 15		[12b	= 197, 1]		20	= 13
6	= 11		13	= 2, s. 437, 10		21	= 19
7	= 5		14	= 7, s. 437, 11		[Appendice p. 144	= 75, 4]
8	= 8		15	= 12			

1. **Amic Guigo, be m'azaut de ton sen**
H 54 (226), R 25—209. ,Bertrams d'Alemano a Gigo' *H*, anonyme ,tenso' *R*.
Sirv. gegen Guigo [de Cabanas], beantwortet durch 197, 1. — (Choix 5, 73. MW. 3, 148.) Selbach, Streitgedicht p. 117 nach H mit Var. von R. Salv. de Grave p. 76.

2. **Bertran, lo joi de domnas e d'amia**
Tenzone mit Sordel, s. 437, 10.

(3. **Bertran, vos qu'anar soliatz ab lairos**
Tenzone mit Guillem Augier Novella, s. 205, 1 = 79, 1a, gehört wahrscheinlich Bertran d'Aurel.)

4. **De l'arcivesque mi sap bo**
sa
M 244. – César de Nostre-Dame, Histoire et chronique de Provence, Lyon 1614, p. 421 bringt das Gedicht nach einem chansonnier Perussis, vgl. Chabaneau, Rlr. 21, 209.
Sirv. — Choix 4, 218. MW. 3, 143. Salv. de Grave p. 18.

5. **De la sal de Proensa·m doill**
a 239 (256, Rlr. 45, 252).
Sirv. — Krit. hgb. Chabaneau, Rlr. 32, 565. Salv. de Grave p. 47.

6. **De vos mi rancur, compaire**
Tenzone mit Granet, s. 189, 2.

7. **Doas domnas amon dos cavaliers**
Tenzone mit Sordel, s. 437, 11.

8. **D'un sirventes mi ve grans volontatz**
gran
T 219.
Sirv. — Krit. hgb. Chabaneau, Rlr. 32, 568 und Appel, Prov. Inedita p. 55. Salv. de Grave p. 54.

9. **Ja de chantar nul temps no serai mutz**
C 266.
Sirv. — Choix 4, 220. MW. 3, 144. Salv. de Grave p. 27.

10. **L'escurgacha me fa tan gran**
Lescur gazha fereza
P 63 (*c.* 124, Arch. 50, 278).
Cobla (aus einem Sirventes?). — Salv. de Grave p. 63.

11. **Lo segles m'es camjatz**
C 267, R 98—823, a 237 (254, Rlr. 45, 250).
Sirv. — Choix 4, 330. MW. 3, 146. Salv. de Grave p. 39.

12. **Mout m'es greu d'en Sordel, car l'es faillitz sos sens**
A 126 (362), C 266, D[a] 202—739, H 4 (12), I 189, K 174; P. Bremon Ricas Novas R 21—172.
Planch, entgegnet auf 437, 24; vgl. auch 330, 14. — Choix 4, 68. MW. 3, 142. Krit. hgb. Springer, Klagelied p. 96. Salv. de Grave p. 95 mit einem besonders wichtigen *commentaire historique.*

13. **Nuls hom no deu esser meravillatz**
H 43 (139).
Canz. — Krit. hgb. Chabaneau, Rlr. 32, 567. Salv. de Grave p. 135.

14. **Pos anc no·us valc amors, seign' en Bertran**
Tenzone mit Granet, s. 189, 5.

15. **Pos chanso far no m'agensa**
M 244 (MG. 1060).
Sirv. — Salv. de Grave p. 33.

16. **Qui que s'esmai ni·s desconort**
H 4 (13 und Arch. 34, 392).

Sirv. — Torraca, Sul «Pro Sordello» di Cesare De Lollis p. 105. Salv. de Grave p. 9.

17. **Seigner coms, e·us prec que·m digatz** era·m digaz

H 54 (218 + 219 und Arch. 34, 411), P 62 (*c.* 115, Arch. 50, 277). — Bertrams d'Alamano al coms de P[roensa] — Lo coms de Proensa li respondet *H.* Coblaswechsel mit dem Grafen von Provence = 184, 3. — Salv. de Grave p. 113.

(18. **Segnor, lo rey s'alegra en ton divin secors**

f 22, peticio.

Gefälschtes Sonett. — P. Meyer, Dern. Troub. p. 134.)

19. **S'eu agues virat l'escut**

F 50 (155), anonym nach 76, 20.

Canz. — Salv. de Grave p. 139.

20. **Tuit nos cujavam ses failla**

F 49 (154) unter Bernartz d'Alamanon.

Sirv. — Salv. de Grave p. 66.

21. **Una chanso dimeja ai talan**

a 238 (255, Rlr. 45, 251).

Canz., bezeichnet als ‚chanso dimeja'. — Krit. hgb. Chabaneau, Rlr. 32, 564. Salv. de Grave p. 131.

22. **Un sirventes farai ses alegratge**

C 267; Peire Bremon Ricas Novas M 234; Sordel C Reg.

Sirv. — Choix 4, 222. MW. 3, 145. Salv. de Grave p. 1. — Zur Attribution und Datierung vgl. auch Soltau, Blacatz, ein Dichter p. 54.

23. **Us cavaliers si jazia**

C 266; Gaucelm Faidit Kp 108 (10). — Attribution unsicher.

Alba. — Parn. occ. p. 110. Choix 5, 74. Bartsch, Lesebuch p. 102. MW. 3, 148. Krit. hgb. Appel, Chrest. p. 91. Schultz-Gora, Elementarbuch p. 164. [Salv. de Grave druckt es nicht ab.] Audiau et Lavaud, Nouv. Anthol. p. 247.

24. **Vist ai, Bertran, pos no·us viron mei oill**

Tenz. mit Guigo [de Cabanas], s. 197, 3.

Jaufre de Foixa § 16 zitiert von unserem Dichter: *E volgra ley pus que gatlas (?) espervers*; woraus?

Attribuiert wird ihm noch:

330, 15 Pos que tug volon saber (Peire Bremon Ricas Novas).

Vgl. auch 75, 4 Javare, anc a mercat (Bertran und Javare).

77. Bertran Albaric.

Kritische Ausgabe bei P. Meyer, Derniers Troubadours p. 124. — Chabaneau, Bertran Albaric, Rlr. 27, 251 (urkundlicher Nachweis).

1. **Amic Guibert, ben a set ans passatz**

f 20, Tenson de Bertran Albaric e da (!) Guibert.

Tenzone mit Guibert = 195, 1. — Dern. Troub. p. 125.

1a. **Auzit ai dir qu'el temps ques es passatz**

f 22.

Cobla. — Derniers Troub. p. 127.

2. Eu ame tal ques un emperador
f 22.
Cobla. — Dern. Troub. p. 126.

78. Bertran Arnaut.

Aufgeführt im Register von a (Rlr. 45, 272), fehlt aber in a[1] infolge Verlusts zweier Blätter.

79. Bertran d'Aurel.

1a. Bertran, vos qu'anar soliatz ab lairos
[Bartsch 76, 3.] Tenz. zwischen Augier (Guillem A. Novella) und einem Bertran, in dem Suchier, Jahrb. 14, 292 und P. Meyer, Rom. 10, 263 unseren Bertran d'Aurel erkannt haben, s. 205, 1.

1. N'Aimeric, laissar poiria
H 52 (196 und Arch. 34, 408; MG. 646, 3 und 1220, 3).
Cobla, antwortet auf 10, 13, wird erwidert durch 280, 1. — Casini, Propugnatore 12 II 410. Krit. hgb. Levy, Guilhem Figueira p. 56 Nr. 9 c. Bertoni, Rambertino Buvalelli p. 66. — Vgl. zur Situation Levy p. 9.

Bertran d'Avigno s. Bertran Folco d'Avigno.

80. Bertran de Born.

Ausgaben[1]): 1. Bertran de Born, sein Leben und seine Werke, mit Anmerkungen und Glossar hrsg. von Albert Stimming, Halle 1879 (= Stimming[1])[2]). Besprechungen: Suchier, Lit.-Bl. 1880, col. 140; Chabaneau, Rlr. 31, 603; Bartsch, Zts. 3, 409; Thomas, Bibl. de l'École des Chartes 40, 471. — Ders., Bertran von Born, Halle 1892 (= Roman. Bibl. Bd. VIII). Besprechungen dazu und zu einzelnen Stellen des Textes: Thomas, Rom. 22, 590; Andresen, Zts. 18, 268; O. Schultz[-Gora], Deutsche Lit.-Ztg. 1892, col. 1175 und Zts. 16, 228; Bertoni, Rlr. 55, 92. — Ders., B. von Born, 2te verb. Aufl., Halle 1913 (= Stimming[2])[3]). Besprochen von: Bertoni, Rlr. 57, 364;

[1]) Die Lieder Bertrans von Born, neu hrsg. von Carl Appel, Halle 1932 (Sammlung roman. Übungstexte, Bd. 19–20). — Vorher: C. Appel, Bertran von Born, Halle 1931; vgl. O. H. Moore, Modern Philology 29 (1932), 365.

[2]) Textanordnung wie hier, wobei natürlich 6a und 24a fehlen und im Anhang 81, 1 und 80, 8a unter I und II gebracht werden.

[3]) Reihenfolge der Texte:

Stimming[2]	Grdr.	Stimming[2]	Grdr.	Stimming[2]	Grdr.
1	= 23	6	= 13	11	= 36
2	= 44	7	= 14	12	= 32
3	= 20	8	= 26	13	= 35
4	= 11	9	= 41	14	= 34
5	= 33	10	= 21	15	= 28

Andresen, Zts. f. frz. Spr. u. Lit. 42 II 39 (s. auch: Zu Bertran de Born, Münster 1917, p. 6); Lewent, Arch. 133, 215; Schultz-Gora, Deutsche Lit.-Ztg. 1914, col. 2081; Kolsen, Lit.-Bl. 1919, col. 388; Levy, Arch. 142, 265, ferner 143, 89 und 144, 92. — Stimming auch noch später: Zu Bertran de Born, Arch. 134, 101 (zu 80, 24a und 6a), dazu eine Notiz von Schultz-Gora, ibid. p. 110. — 2. Poésies complètes de Bertran de Born, publiées dans le texte original, avec une introduction, des notes, un glossaire et des extraits inédits du cartulaire de Dalon par Antoine Thomas, Toulouse 1888 (= Bibl. méridionale, 1re série, t. 1)[1]. Besprochen von: Levy, Lit.-Bl. 1890, col. 228; Chabaneau, Rlr. 32, 200; Andresen, Zts. 14, 185.

Textkritische Bemerkungen zu einzelnen Stellen brachten ferner: P. Reimann, Die Declination der Substantiva und Adjektiva in der Langue d'Oc bis zum Jahre 1300, Danzig 1882, p. 7f., 36ff., 72f.; Th. Loos, Die Nominalflexion im Provenzalischen, Marburg 1884, p. 16 und 55; A. Pleines, Hiat und Elision im Provenzalischen, Marburg 1886, p. 7, 8, 10, 12, 16f., 23ff., 35f., 39f., 50ff., 64; Fr. Settegast, Über «Joi» in der Sprache der Troubadours, Leipzig 1889, p. 107, 122, 124, 134.

Weitere Literatur: Hist. lit. 17, 425. — Fauriel, Hist. de la poésie prov. 2, 202. — Rochat, Bertran de Born, étude sur un poète du XIIe siècle, Vevey 1857. — Clédat, Du rôle historique de Bertrand de Born (1175—1200), Bibl. des Écoles françaises d'Athènes et de Rome, fasc. 7, Paris 1879 (für die vida des Dichters wichtig); vgl. Thomas, Bibl. de l'École des Chartes 40, 471 und Stimming, Zts. 4, 430. — Diez, Leben und Werke p. 148. — Maus, Peire Cardenals Strophenbau p. 19 und 90 (Nachahmung seiner Strophenformen bei P. Cardenal und andern). — E. Schwan, B. de Born (Vortrag, geh. am 21. Februar 1887), Preuß. Jahrb. 60, 95. — Milá y Fontanals, Trov. en Esp. p. 89. — P. Boissonnade, Les comtes d'Angoulême, les ligues féodales contre Richard Cœur de Lion et les poésies de B. de Born (1176—1194), AdM. 7, 275 (zu einzelnen Punkten der vida und zur Datierung der Sirventese). — Aufsätze

Stimming[2]	Grdr.	Stimming[2]	Grdr.	Stimming[2]	Grdr.
16 =	2	27 =	43	38 =	24
17 =	31	28 =	37	39 =	39
18 =	30	29 =	1	40 =	7
19 =	29	30 =	10	41 =	(233, 1) 8a
20 =	4	31 =	15	Anhang: I =	9, 19
21 =	3	32 =	12	II =	18
22 =	45	33 =	38	III =	22
23 =	8	34 =	9	IV =	(27) 223, 5a
24 =	5	35 =	19	V =	81, 1
25 =	40	36 =	17		
26 =	25	37 =	16		

[1]) Teil I: Polit. Lieder, Teil II: Liebeslieder, Teil III: Verschiedene Lieder.

von R. de Boysson, Bull. de la Soc. hist. et archéol. du Périgord 21, 295; 22, 208; 23, 268; 24, 145; 30, 61 und Bull. de la Soc. scientif., hist. et archéol. de la Corrèze 22, 161; 22, 329; 22, 465; 23, 63; 23, 173; 23, 365; 23, 477; 24, 21; 24, 149; 24, 301; vgl. Jeanroy, AdM. 15, 513. — M. Scherillo, Bertram dal Bornio, Rom 1897; ders. in Nuova Antologia, ser. IV, vol. 70, 452 und 651, ferner vol. 71, 82. — E. Magne, B. de Born, étude psychologique, Paris 1904; vgl. Jeanroy, AdM. 17, 155. — Lewent, Rom. Forschgn. 21, 340 und 341 (zu den Kreuzliedern). — Maxwell H. H. Macartney, A literary causerie, B. de Born, The Academy 70, 478. — Vossler, Die göttl. Komödie II, 1, 675. — Anglade, Les troubadours p. 138. — Zingarelli, B. de Born e la sua bolgia, Riv. d'Italia 11, II, 689. — Bertoni, B. de Born ou Rigaut de Barbezieux? AdM. 23, 204 (zu 80, 41). — Chaytor, The troubadours p. 57 (nicht einwandfrei). — Ottolini, Riv. d'Italia 16, II, 363. — Suchier und Birch-Hirschfeld, Gesch. d. frz. Lit. 1, 79. — Olin H. Moore, The young king Henry Plantagenet (1155—1183) in Provençal and Italian literature, The Romanic Review 4, 1 und 5, 45. — Stroński, La légende amoureuse de B. de Born; critique hist. de l'ancienne biographie provençale, appuyée de recherches sur les comtes de Périgord, les vicomtes de Turenne, de Ventadour, de Comborn, de Limoges, et quelques autres familles, Paris 1914; vgl. Jeanroy, Rom. 44, 283. — B. Marque, Le planh de B. de Born, Bull. de la Soc. scientif., hist. et archéol. de la Corrèze 37, 281 (ein planh mit seinem Namen, der heute noch vom Volke im Limousin gesungen wird). — Joseph Louis Perrier. B. de Born, patriot, and his place in Dante's Inferno, The Romanic Review 11, 223 und 12, 21 (vgl. Anglade, AdM. 37/38, 262); s. auch Lommatzsch, Liederb. p. 223. — Anglade, Hist. somm. de la litt. mérid. p. 61 und 96. — Chaytor, The troubadours and England p. 40. — P. Rajna, Varietà provenzali IV: B. de Born nelle bricciche di un canzoniere provenzale, Rom. 50, 233 (Frammento Romegialli). — Ders., B. de Born e una favola esopica, ibid. p. 246 (zur Anspielung in der Tornada von Nr. 44). — Ders., I due pianti per la morte del Re Giovane, ibid. p. 254 (zu 80, 26 und 41). — Olin H. Moore, The young king, Henry Plantagenet (1155—1183), in history, literature, and tradition. The Ohio State University Studies, vol. II, number 12 (Columbus, Ohio, 1925); vgl. G. Vandelli, Studi danteschi 12 (1927), p. 154 (?). — Ders., B. de Born et le jeune roi, Rom. 51, 46. — Stroński, Folquet de Marseille, passim. — Appel, Beiträge zur Textkritik der Lieder Bertrans von Born. Nachrichten der Gesellschaft der Wissensch. zu Göttingen, philol.-hist. Kl. 1929, p. 233—263 und 1930, p. 33—64. — Ders., R. d'Aurenga und B. de Born, Studi med., nuova serie 2, 391; vgl. Mulerrt, Lit.-Bl. 1931, col. 212. — Joachim Storost, Ursprung und Entwicklung des altprov. sirventes bis auf Bertran de Born (= Romanist. Arb. XVII, Halle 1931), p. 109 ff. (zu den Sirventesen). — S. auch den unter Art. 420 zitierten Aufsatz von Gmelin. — Hayden Boyers, Cleavage in B. de Born and Dante, Modern Philology 24 (1926), p. 1. — Anglade, Les troub. et les Bretons p. 28.

Vida: A 189 (p. 583), B 113 (ibid. p. 714), E 210, F 62 ff., I 174, K 159, R 2 d. ϱ; vgl. ϰ 98 (Mussafia p. 255). — Razos[1]): I. zu 1 und 15, 2, 12, 13, 19, 20, 21, 26, 29, 31, 32, 33, 34, 35, 37, 38, 44 in FIK, II: zu 8 in F; zu 20 und 38 s. auch «Frammento Romegialli» (Rom. 50, 236 und 238).

Parn. occ. p. 64. Choix 5, 76. MW. 1, 255. Mahn, Biogr. p. 16. Bartsch, Leseb. p. 158 und Chrest., col. 264 und 266. Chabaneau, Biogr. p. 224, danach Monaci, Testi ant. prov. col. 48. Stimming[1] p. 104. Thomas p. LI. Clédat, Du rôle hist. p. 99. Chaytor, Troub. of Dante p. 15. Crescini, Manualetto p. 388 und Manuale p. 333. Stimming[2] p. 54. Lommatzsch, Liederb. p. 85, 88, 93, 95, 98. Schultz-Gora, Elem.-Buch p. 148. Moore, The young king ... in hist., lit., and trad. p. 79.

Zu den razos und ihrem historischen Wert s. O. Schultz[-Gora], Arch. 92, 227; Stroński, Légende amoureuse; Jeanroy, Arch. roman. 1, 295; Santangelo, Dante e i trovatori provenzali p. 15; Appel in seinen Beiträgen zur Textkritik der Lieder B.'s von Born.

1. Ai, Lemozis, franca terra corteza

F 85, I 182, K 168 [in IK innerhalb der razo zu 80, 15], ϰ 136 (Mussafia p. 242).

Zwei coblas einer Canz. — Choix 5, 78. MW. 1, 257. Stimming[1] p. 127. Thomas p. 107. De Boysson, Bull. de la Soc. scientif., hist. et archéol. de la Corrèze 23, 76. Stimming[2] p. 118.

2. Al dous nou termini blanc
nou dous

A 195 (561), C 137, D 124—428, D[c] 256 (169, AdM. 14, 201), E 101, F 69, I 179, K 164, N 247—396, a[1] 452 (200).

Sirv. — Choix 4, 172. MW. 1, 298. Tarbé, Les œuvres de Blondel de Néele p. 166. Stimming[1] p. 127. Thomas p. 69. De Boysson, l. c. 23, 529. Stimming[2] p. 94.

3. Anc no•s poc far major anta

C 143 (MG. 213), I 177, K 162, M 229 (MG. 1432), d 282—51.

Sirv. — Stimming[1] p. 130. Thomas p. 87. Stimming[2] p. 105.

4. Ara sai eu de pretz quals l'a plus gran
parra

D[c] 257 (173, AdM. 14, 203), F 100, I 176, K 161, M 232 (s. 80, 17), d 279—43; anonym ϱ.

Kreuzlied. — Choix 4, 94. MW. 1, 302. Stimming[1] p. 133. Thomas p. 84. Chaytor, Troub. of Dante p. 21. De Boysson, l. c. 24, 37. Stimming[2] p. 103. — S. auch Appel, Studi mediev., nuova serie 2, 405 und Kastner, Rom. 57, 499.

[1]) In I und K nach dem betreffenden Gedicht.

5. Ar ve la coindeta sazos vei

A 196 (562), D 125—432, I 175, K 161.

Sirv. — Lex. rom. 1, 338. MW. 1, 314. Stimming[1] p. 134. Thomas p. 93. De Boysson, l. c. 24, 65. Stimming[2] p. 110.

(**6. A tornar m'er enquer al premier us**

ist von Guillem Rainol d'At, s. 231, 1 a.)

6a. A totz dic qe ja mais non voil

a[1] 448 (197, Studj di fil. rom. 8, 428).

[Bartsch unbekannt.] Planch. — Krit. hgb. Bertoni, Rlr. 57, 364 und Stimming, Arch. 134, 104 (vgl. p. 110).

7. Bel m'es quan vei camjar lo seignoratge

C 139, M 228.

Sirv. — Choix 4, 261. MW. 1, 307. Tarbé, Les œuvres de Blondel de Néele p. 163. Stimming[1] p. 137. Thomas p. 131. De Boysson, l. c. 24, 151. Crescini, Manualetto p. 232 und Manuale p. 196. Stimming[2] p. 137. Anglade, Anthol. p. 60.

8. Be·m platz car trega ni fis

A 193 (552), D 120—413, F 79 (beginnend *Ben volgra reis fos devis*), I 175, K 160.

Sirv. — Lex. rom. 1, 336. MW. 1, 313. Tarbé, Les œuvres de Blondel de Néele p. 162. Stimming[1] p. 139. Thomas p. 90. De Boysson, l. c. 24, 60. Stimming[2] p. 108. Lommatzsch, Liederb. p. 99.

8a. Be·m platz lo gais temps de pascor

I 176, K 161, T 171, a[1] 443 (191), d 280—47; Guillem de Saint Gregori A 213 (617), B 123 (MG. 136), D 142-493; Lanfranc Cigala C 342, e 158; Guillem Augier de Grassa M 242; Blacasset P 1 (1, Arch. 49, 59), U 137 (Crescimbeni 2, 242; Arch. 35, 458), V 77 (Arch. 36, 423 und Rom. 8, 273); Pons de Capdoill Sg Nr. 7. — Str. VI (in V a[1]) *Amors vol drut cavalcador* anonym G 130 (p. 434, Arch. 35, 109 und Rlr. 55, 93), N 85—92, Q 108 (275, p. 208), *α* 32135, von Bartsch unter 461, 21 besonders aufgeführt [1]). — Außer der bei Maus, Peire Cardenals Strophenbau p. 50 u. Stimming[2] p. 52 A. angeführten Literatur s. zur Attribution auch: Diez, L. u. W. p. 155; Schwan, Preuß. Jahrb. 60, 104; Thomas p. XLVI A. 1; De Boysson, l. c. 24, 79; Johan Vising, Den provensalska trubadurdiktningen p. 68; Vossler, Die göttl. Komödie II, 1, 677 A. (Peire Cardinal p. 12); Ottolini, Rivista d'Italia 16, II, 364; Parducci, Rom. 46, 493 A. 4, größtenteils für Bertran de Born, für ihn besonders auch Appel, Arch. 147, 220. Die Attribution an Bertran ist trotz Lewent, Arch. 130, 324, der sich für G. de Saint Gregori

[1]) Nach Bertoni, Rlr. 55, 92, der die cobla nach a[1] abdruckt, Lewent, Arch. 130, 325 und 334 und Kolsen, der sie in Zts. 39, 170 kritisch herausgegeben hat, handelt es sich um eine Einzelcobla. Wie ich vermute, will Pillet sie aber in das Lied 233, 1 und dies wieder unter 80, 8a stellen. Der Herausgeber.

einsetzt, sehr wahrscheinlich. — Vgl. Pillet, Festschrift für Carl Appel p. 333.
[Bartsch 233, 1.] Sirv. — Parn. occ. p. 65. Choix 2, 210. MW. 1, 277. Bartsch, Lesebuch p. 80 und krit. hgb. Chrest. col. 179. Stimming[1] p. 222. Thomas p. 133. Chaytor, Troub. of Dante p. 28. De Boysson, l. c. 24, 80. Crescini, Manualetto p. 230 und Manuale p. 194. Stimming[2] p. 139 und 212. Lommatzsch, Liederb. p. 101. Schultz-Gora, Elem.-Buch p. 168 (vgl. Anm. 2). Anglade, Anthol. p. 62. Audiau et Lavaud, Nouv. Anthol. p. 144.

9. Cazutz sui de mal en pena
Tornatz
A 191 (546), B 114 (MG. 1393), C 140, D 121—418, E 101, F 98, I 175, K 160, R 6—24, T 174, a[1] 446 (194).
Canz. — Choix 3, 135. MW. 1, 290. Stimming[1] p. 141. Thomas p. 125. De Boysson, l. c. 23, 72. Stimming[2] p. 129.

10. Cel que camja bo per meillor
ben
F 99, G 107 (p. 348, Arch. 35, 103), I 176 (MG. 1433), K 162, d 280—48.
Canz. — Stimming[1] p. 144. Thomas p. 114. De Boysson, l. c. 23, 490. Stimming[2] p. 119.

11. Cortz e guerras e joi d'amor
Tortz gestas
A 191 (545 und Arch. 34, 187), I 177 (MG. 1434), K 162, a[1] 444 (192, St. rom. 2, 82), d 282—52.
Sirv. — Stimming[1] p. 145. Thomas p. 53. De Boysson, l. c. 23, 484. Stimming[2] p. 66.

12. Domna, pos de mi no·us cal
A 189 (540), B 113 (MG. 1391), D 124—431, F 83, I 182, K 167.
Canz. — Parn. occ. p. 67. Choix 3, 139. MW. 1, 273. Stimming[1] p. 147. Thomas p. 110, danach Constans, Revue félibréenne 8, 313. Chaytor, Troub. of Dante p. 25. De Boysson, l. c. 23, 373. Stimming[2] p. 122. Appel, Chrest. p. 61.

13. D'un sirventes no·m cal far
Un loignor ganda
A 195 (560), C 138, D 123—427, F 78, I 181, K 166, N 247—395; Miraval M 240.
Sirv. — Choix 4, 148. MW. 1, 280. Coll y Vehí, La sátira provenzal p. 127. Stimming[1] p. 150. Thomas p. 16. Chaytor, Troub. of Dante p. 16. De Boysson, l. c. 23, 88. Stimming[2] p. 70. Lommatzsch, Liederb. p. 96. Appel, Chrest. p. 105. Olin H. Moore, The young king ... in hist., lit., and trad. p. 80.

14. Eu chan, que·l reis m'en a pregat
C 142, a[1] 450 (198).
Sirv. — Choix 4, 157. MW. 1, 308. Stimming[1] p. 152. Thomas p. 19. De Boysson, l. c. 23, 92. Stimming[2] p. 72. — Zu v. 25 f. s. Bertoni, Rlr. 46, 74; vgl. Rlr. 55, 93.

15. Eu m'escondisc, domna, que mal no mier
A 196 (564), B 116 (MG. 1398), C 142, D 122—420, E 98, F 85, I 182, K 167, R 97—809[1]); Peire Cardinal T 97

[1]) Mit fehlendem Anfang (v. 6) auch in Sg (vgl. Massó Torrents, Miscellània Prat de la Riba p. 425).

(MG. 1244); Peire Vidal C Reg. Escondich. — Choix 3, 142. MW. 1, 272. Galvani, Osservazioni p. 196. Krit. hgb. Bartsch, Chrest. col. 123. Stimming [1] p. 154. Thomas p. 107. Chaytor, Troub. of Dante p. 23. De Boysson, l. c. 23, 370. Stimming [2] p. 120. Lommatzsch, Liederb. p. 91. Appel, Chrest. p. 76. Audiau et Lavaud, Nouv. Anthol. p. 137. Übers. bei Jeanroy, Anthol. p. 39.

16. **Foilleta, ges autres vergiers**
M 231.
Sirv. joglaresc. — Stimming [1] p. 156. Thomas p. 136. De Boysson, l. c. 22, 332. Witthoeft, Sirv. jogl. p. 46. Stimming [2] p. 133.

17. **Foilleta, pos mi pregatz que** vos **eu chan**
M 232. [Strophen III ff. gehören zu 80, 4.]
Zwei coblas eines Sirv. joglaresc. — Stimming [1] p. 157. Thomas p. 81. De Boysson, l. c. 22, 330 u. 24, 34. Witthoeft, Sirv. jogl. p. 44. Stimming [2] p. 133. — S. auch Appel, Studi mediev., nuova serie 2, 404.

18. **Gen part nostre reis liuranda** fai vestre vianda
I 176, K 162, M 233, d 281 —49. — Von Thomas p. 97, Stimming [2] p. 45 dem Dichter abgesprochen, desgl. von Anglade, Les troub. et les Bretons p. 30 (B. de Born lo fills).
Sirv. — Choix 4, 160. MW. 1, 310. Stimming [1] p. 158. Thomas p. 97. De Boysson, l. c. 24, 164. Stimming [2] p. 142.

19. **Ges de disnar no for' oimais maitis** no·m fai trop
A 194 (556), D 124—429, F 82, I 181, K 167. Strophe I anonym J 14 (*c. e.* 66; auch Riv. 1, 44, Nr. 102).
Canz. — Choix 3, 137. MW. 1, 292. Stimming [1] p. 160. Thomas p. 122. De Boysson, l. c. 23, 68. Stimming [2] p. 131. Lommatzsch, Liederb. p. 94. — Zur Erklärung der ersten Verse s. Kolsen, Zwei prov. Sirventese p. 14 Anm.

20. **Ges de far sirventes no·m tartz**
A 190 (542), C 139, D 119 —409, E 100, F 96, I 183, K 169; der Anfang im «Frammento Romegialli» (Rom. 50, 237).
Sirv. — Choix 4, 143. MW. 1, 289. Krit. hgb. Bartsch, Chrest. col. 126. Stimming [1] p. 161. Thomas p. 39. De Boysson, l. c. 23, 207. Stimming [2] p. 63. — S. noch Kastner, Modern Philology 29 (1931), p. 7.

21. **Ges no me desconort** (eu) nom (!)
A 189 (539), D 121—416, D^c 257 (170, AdM. 14, 202), F 63, G 108 (p. 349), I 177, K 163, M 230.
Sirv. — Choix 4, 153. MW. 1, 286. Stimming [1] p. 164. Thomas p. 31. De Boysson, l. c. 23, 198. Stimming [2] p. 78. S. auch Kastner, Modern Philology 29 (1931), p. 1.

22. **Guerr' e pantais vei et afan** Peire (!)
I 176, K 161, T 171, d 280 —46; Duran sartor de Paernas M 243; en Guigo de Cabanes

a[1] 523 (273). — Nach Clédat, Du rôle hist. p. 94, Chabaneau, Biogr. p. 339 A. 5, Stimming[2] p. 46 nicht von B. de Born, nach De Boysson, l. c. 24, 84 von s. Sohne.
Sirv. — Choix 4, 263. Stimming[1] p. 167, [2] p. 144.

23. Lo coms m'a mandat e mogut volgut
A 192 (550), C 138, D 119–411, F 98, I 174, K 160, M 227, R 97—810.
Sirv. — Choix 4, 149. MW. 1, 282. Milá, Trov. en Esp. p. 90. Stimming[1] p. 169. Thomas p. 3. De Boysson, l. c. 22, 481. Stimming[2] p. 59. Lommatzsch, Liederb. p. 86.

24. Mailoli, joglar malastruc
M 228 (MG. 1005).
Sirv. joglaresc, s. zu 284, 1. — Stimming[1] p. 171. Thomas p. 138. De Boysson, l. c. 22, 334. Witthoeft, Sirv. jogl. p. 46. Stimming[2] p. 134. Appel, Chrest. p. 119.

24a. Mal o fai domna, cant d'amar s'atarja
a[1] 448 (196, Studj di fil. rom. 8, 428), folgt auf 80, 29 und hat dasselbe Metrum. — Stimming, Arch. 134, 104 ist gegen Bertrans Autorschaft; vgl. Bertoni, Arch. roman. 1, 276.
[Bartsch unbekannt.] Zwei coblas. — Krit. hgb. Stimming, l. c. p. 101 (vgl. p. 110).

25. Mieg sirventes voill far dels reis amdos
M 233.
Mieg-Sirv. — Choix 4, 176. MW. 1, 311. Milá, Trov. en Esp. p. 117. Stimming[1] p. 173. Thomas p. 95. De Boysson, l. c. 24, 75. Stimming[2] p. 113. Appel, Chrest. p. 106. Anglade, Anthol. p. 65. — S. noch Kastner, Rom. 57, 487.

26. Mon chan fenisc ab dol et ab maltraire Non (!)
A 189 (541), B 113 (MG. 1392), C 144, D 122–422, E 99, F 97, I 183, K 169.
Planch. — Choix 4, 48. MW. 1, 284. Stimming[1] p. 173. Thomas p. 24. De Boysson, l. c. 23, 188. Stimming[2] p. 74. Olin H. Moore, The young king ... in hist., lit., and trad. p. 82. — S. noch Kolsen, Lit.-Bl. 1919, col. 389 und Zts. 41, 552, auch Rajna, Rom. 50, 254.

(**27. Mout me plai quan vei dolenta** ist wohl von Guillem Magret, s. 223, 5a.)

28. Mout m'es deissendre carcol Ben, Greu
A 193 (551), C 140, D 120–412, I 174, K 160, R 7–25, T 173, U 141 (Arch. 35, 461), V 48 (Arch. 36, 398); ferner a 120 (121, Rlr. 44, 230), s. 364, 5.
Sirv. — Choix 4, 164. MW. 1, 296. Stimming[1] p. 179. Thomas p. 61. De Boysson, l. c. 23, 510. Stimming[2] p. 92.

29. No posc mudar un chantar non esparga
A 193 (554), C 138, D 120—415, F 64, I 178, K 163, M 232, R 7–27, T 172, U 140 (Arch. 35, 460), V 27 (Arch. 36, 381), a[1] 447 (195), b I 1, ϰ 99 (Mussafia p. 238). — Gehört dazu 80, 24a?
Sirv. — Choix 4, 177. MW. 1, 300. Stimming[1] p. 182, danach Monaci, Testi ant. prov.

col. 47 und Poesie in lingua d'oc p. 20. Thomas p. 76. De Boysson, l. c. 23, 537. Chaytor, Troub. of Dante p. 19. Stimming[2] p. 101.

30. Nostre seigner somonis el meteis

D[c] 257 (172, AdM. 14, 202), F 101, I 176, K 161, d 280—45, ρ.

Kreuzlied. — Choix 4, 100. MW. 1, 302. Stimming[1] p. 184. Thomas p. 79. De Boysson, l. c. 23, 525. Stimming[2] p. 100.

31. Pos als baros enoja e lor peza
li baro son irat

A 196 (563), B 116 (MG. 1397), C 141, D 121–419, E 97, F 67, I 178, K 163, R 20—167, U 143 (Arch. 35, 462), V 49 (Arch. 36, 399).

Sirv. — Choix 4, 170. MW. 1, 297. Tarbé, Les œuvres de Blondel de Néele p. 165. Krit. hgb. Bartsch, Chrest. col. 127. Stimming[1] p. 185. Thomas p. 65. De Boysson, l. c. 23, 520. Stimming[2] p. 97.

32. Pos lo gens terminis floritz
-is

A 195 (558), B 115 (MG. 1396), C 139, D 123—424, E 100, F 75, I 180, K 165.

Sirv. — Choix 4, 162. MW. 1, 293. Milá, Trov. en Esp. p. 95. Stimming[1] p. 188. Thomas p. 43. De Boysson, l. c. 23, 391. Stimming[2] p. 83.

33. Pos Ventadorns e Comborns ab Segur

A 191 (547), C 142, D 124–430, F 73, I 180, K 165.

Sirv. — Choix 4, 145. MW. 1, 279. Stimming[1] p. 190. Thomas p. 11. De Boysson, l. c. 23, 83. Stimming[2] p. 68. — Zur Datierung s. Clédat, Bibl. de l'École des Chartes 40, 646.

34. Quan la novela flors par el verjan

A 192 (548), C 143, D 119—408, F 81, I 184, K 169, M 229, T 173, β^3 76; der Schluß von Str. 7 und die beiden Torn. auch im «Frammento Romegialli» (Rom. 50, 237).

Sirv. — Choix 4, 179. MW. 1, 303. Stimming[1] p. 193. Thomas p. 56. De Boysson, l. c. 23, 503. Stimming[2] p. 89.

35. Quan vei pels vergiers desplegar

A 195 (559), C 138, D 123–425, F 71, I 179, K 165, R 96–808, T 170, V 81 (Crescini, Atti della R. Acc. dei Lincei, ser. IV, vol. VI, p. 46 und Per gli studi rom. p. 132).

Sirv., vgl. 210, 10a. — Choix 4, 167. MW. 1, 294. Milá y Fontanals, Trov. en Esp. p. 99. Stimming[1] p. 196. Thomas p. 48. De Boysson, l. c. 23, 398. Stimming[2] p. 86.

36. Rassa, mes se son premier
Passa (!)

A 193 (553), C 143, D 120—414, I 175, K 160, M 230.

Sirv. — Choix 4, 151. MW. 1, 288. Stimming[1] p. 198. Thomas p. 36. De Boysson, l. c. 23, 203. Stimming[2] p. 81.

37. Rassa, tan creis e mont' e poja
versa

A 190 (543), C 144, D 122—421, D[c] 257 (171, AdM. 14, 202), E 98, F 90, I 183, K 168, M 231, R 6—22.

Sirv.-Canz. — Lex. rom.

1, 339. MW. 1, 270. Stimming[1] p. 201. Thomas p. 103. De Boysson, l. c. 22, 491. Stimming[2] p. 115. Lommatzsch, Liederb. p. 89. Audiau et Lavaud, Nouv. Anthol. p. 140. — Zur Mel. s. Bull. de la Soc. scientif., hist. et archéol. de la Corrèze 24, 204 und Bull. de la Soc. hist. et archéol. du Périgord 30, 64, auch Jean Audiau et Marcel Larderet, La vie limousine 1926, p. 86 (?, nicht zugänglich).

38. S'abrils e foillas e flors fors (!)

A 192 (549), B 114 (MG. 1394), C 136, D 119—410 (Mussafia, Del cod. Est. p. 435), F 88, I 182, K 168, N 246—394, R 6—23, U 141 (Arch. 35, 461), V 49 (Arch. 36, 398), a[1] 451 (199), β^1 1372, β^2 462.
Sirv.-Canz. — Parn. occ. p. 69. Choix 3, 144. MW. 1, 275. Stimming[1] p. 205. Thomas p. 117. Stimming[2] p. 124.

39. Seigner en coms, a blasmar

A 194 (555 und Arch. 34, 188), D 121—417, I 175 (MG. 1435), K 160.
Sirv. — Stimming[1] p. 209. Thomas p. 143. De Boysson, l. c. 22, 193. Stimming[2] p. 136.

40. S'eu fos aissi seigner e poderos

C 137, R 7—26, a[1] 453 (201).
Sirv. — Choix 4, 174. MW. 1, 299. Tarbé, Les œuvres de Blondel de Néele p. 168. Stimming[1] p. 211. Thomas p. 73. De Boysson, l. c. 24, 70. Stimming[2] p. 111. — S. noch Kastner, Rom. 57, 479.

41. Si tuit li dol e·l plor e·l marrimen

T 169; Peire Vidal c 72 (106); Ricart de Berbezill a[1] 425 (170). — Zur Attribution s. Stimming[1] p. 38, Clédat, Du rôle historique p. 53, Diez, Leben u. Werke p. 168, Schwan, Preuß. Jahrb. 60, 101, Thomas p. 28, De Boysson, l. c. 23, 185, Stimming[2] p. 22, Audiau, Les troub. et l'Angleterre p. 28, diese alle für B. de Born; dagegen sprechen das Lied ihm ab: De Lollis, Bullettino della Soc. dant. ital. 5, 69 (?), M. Scherillo, Nuova Antologia 154, 477; für Peire Vidal: Stroński, Folquet de Marseille p. XII (s. aber Stimming[2] p. 22, Anglade, Peire Vidal, introd. p. VIII und schon Rlr. 56, 73), Chaytor, The troub. and England p. 43; für Richart de Berbezill: Bertoni, AdM. 23, 204 (dagegen Chabaneau et Anglade, Rigaut de Barbezieux p. 45 und Anglade, Rlr. 60, 243); für Raimon Vidal: Kolsen, Arch. 141, 250 und Zts. 41, 538; für Arnaut Daniel: Rajna, Rom. 50, 258.
Planch. — Choix 2, 183. MW. 1, 283. Bartsch, Leseb. p. 89 und krit. hgb. Chrest. col. 124. Stimming[1] p. 212. Thomas p. 28. De Boysson, l. c. 23, 186. Chaytor, Troub. of Dante p. 18. Stimming[2] p. 76. Lommatzsch, Liederb. p. 97. Olin H. Moore, The young king . . . in hist., lit., and trad. p. 84. Anglade, Anthol. p. 66. Audiau et Lavaud, Nouv. Anthol. p. 213.

42. Un sirventes farai novel plazen

C 141, E 97, R 20—166. —

Bertrans Verfasserschaft wird von Chabaneau, Biogr. p. 339 A. 5 bestritten; nach Diez, L. u. W. p. 190, Clédat, Du rôle hist. p. 95, De Boysson, l. c. 24, 84 ist der Verfasser vielleicht der jüngere Bertran, nach Stimming[2] p. 48 ([1] p. 84) ein Katalane.
Sirv. — Choix 4, 181. MW. 1, 305. Stimming[1] p. 213. Milá y Fontanals, Trov. en Esp. p. 169.

43. Un sirventes fatz dels malvatz baros

I 176, K 161, d 280—44.
Sirv., von dem nur 2 Str. erhalten sind. — Choix 4, 147. MW. 1, 281. Stimming[1] p. 215. Thomas p. 146. De Boysson, l. c. 22, 191. Stimming[2] p. 114.

44. Un sirventes on motz no faill Mantz

A 190 (544), C 141, D 123—426, F 77, I 181, K 166, M 227; anonym (vor Bertram del Borgn) N 246—392 (beginnt Guill[e]ms de Gordon foll battall).
Sirv. — Choix 4, 141. MW. 1, 278. Stimming[1] p. 215. Thomas p. 7. De Boysson, l. c. 22, 502. Stimming[2] p. 60. Appel, Chrest. p. 104. Audiau et Lavaud, Nouv. Anthol. p. 147. Übers. bei Jeanroy, Anthol. p. 91. — Zur Datierung s. auch L. Clédat, Bibl. de l'École des Chartes 40, 646, zur Anspielung in der Tornada s. Rajna, Rom. 50, 246.

45. Voluntiers feira sirventes

I 177 (MG. 1436), K 162, d 282—53.
Sirv. — Stimming[1] p. 218. Thomas p. 148. De Boysson, l. c. 22, 196. Stimming[2] p. 107. Anglade, Anthol. p. 68.

Chabaneau möchte ihm noch 284, 1, Stroński noch 9, 19 zuschreiben.

Über ein unechtes Sirventes s. Salverda de Grave, Bertran d'Alamanon p. 103, wo weitere Literatur ist.

In den Hss. werden ihm noch attribuiert:

410, 2 Ar es ben dretz | que vailha mos chantars (Raimon de Tors, de Marseilla)
233, 2 Ben grans avoleza intra (Guillem de Saint Gregori)
332, 1 Quan lo dous temps d'abril (Peire de Bussignac)
81, 1 Quan vei lo temps renovelar (Bertran de Born lo fills).

Einen Ausspruch von Dominus Beltram del Bornio berichtet ι 7 (Egidi 1, 77; Thomas p. 171; Jahrb. 11, 43).

81. Bertran de Born lo fills.

Hist. lit. 17, 440. — Diez, Leben und Werke p. 425. — Milá y Fontanals, Trovadores en Esp. p. 140 und 168. — De Boysson, Bull. de la Soc. scientif., hist. et archéol. de la Corrèze 24, 84.

Vida: (F?), I 185, K 170, zugleich razo von 81, 1, aber Bertran de Born selbst zugeschrieben. — Choix 5, 97. Mahn,

Biogr. p. 55. Chabaneau, Biogr. p. 240 (und 340). Stimming [1] p. 124, [2] p. 146.

1. **Quan vei lo temps renovelar** Pois
M 240 (le filh Bertran del Bort); Bertran de Born A 194 (557), B 115 (MG. 1395), D 122 423, Dª 185—662, F 93, G 107 (p. 346), I 184, K 170, N 246 — 393, Sg (als einziges Lied von B. de Born [1])). — Razo in IK. — Zur Attribution s. Clédat, Du rôle historique de B. de Born p. 94, Stimming [2] p. 47, Vossler, Peire Cardinal, Sitzungsber. p. 175, Chaytor, The troub. and England p. 69 (für den jüngeren Bertran).
Sirv. — Choix 4, 199. MW. 3, 28. Tarbé, Les œuvres de Blondel de Néele p. 170. Stimming [1] p. 220, [2] p. 146. Audiau, Troubadours et jongleurs du Bas-Limousin Nr. 4(?). Audiau et Lavaud, Nouv. Anthol. p. 151 (vgl. introd. p. 9). Übers. bei Jeanroy, Anthol. p. 93. — S. noch Kastner, Rom. 57, 497.

1a. **Un sirventes voil obrar d'alegratge**
a[1] 527 (275, Studj di fil. rom. 8, 433), lo fils d'en Bertran del Born.
[Bartsch unbekannt.] Sirv. —

Ihm wird noch zugeschrieben:
119, 7 Pos sai etz vengutz, Cardaillac (Dalfi d'Alvergne).
S. auch 80, 18; 22; 42.

82. **Bertran Carbonel** (de Marseilla).

Diez, Leben und Werke p. 474. Hist. lit. 20, 559. P. Meyer, Derniers Troubadours p. 56. Maus, Peire Cardenals Strophenbau p. 76 und passim (B. C. als Nachahmer von P. Cardenal). P. Meyer, Hist. lit. 32, 65. Anglade, Le troub. Guiraut Riquier p. 259, 274.

I. Lieder.

1. **Aissi com am plus finamen**
R 103—864.
Canz. — Krit. hgb. Appel, Prov. Inedita p. 57.

2. **Aissi com cel qu'atrob' en son labor**
R 103—863.
Canz. — Krit. hgb. Appel, ib. p. 60.

3. **Aissi com cel qu'entre·ls plus assajans**
R 102—858.
Canz. — Krit. hgb. Appel, ib. p. 62.

4. **Aissi com cel que·s met en perill gran**
R 102—857.
Canz. — Krit. hgb. Appel, ib. p. 64.

5. **Aissi com cel que trabuca e peza**
R 104—868.
Sirv. — Krit. hgb. Appel, ib. p. 67.

6. **Aissi m'a dat fin' amors conoissensa**
R 103—862.
Canz. — Krit. hgb. Appel, ib. p. 69.

---

[1]) S. aber Massó Torrents, Miscellània Prat de la Riba p. 425.

7. **Amors, per aital semblansa**
R 102—859.
Canz. — Krit. hgb. Appel, ib. p. 71.

8. **Atressi fai gran foldat qui ab sen**
R 103 – 861.
Canz. — Krit. hgb. Appel, ib. p. 74.

9. **Cor, digatz me per qual razo diguas**
R 104—872.
Fingierte Tenzone mit seinem Herzen. — Krit. hgb. Appel, ib. p. 76.

10. **Joan Fabre, eu ai fag un deman**
R 104—870.
Sirv. — Choix 4, 286. MW. 3, 155. Krit. hgb. Anglade, Deux Troubadours narbonnais p. 16.

11. **Moutas de vetz pensa hom de far be pensara**
R 103—860 (MG. 1077).
Canzone.

12. **Per espassar l'ira e la dolor**
R 103—866.
Sirv. — Choix 4, 284. Parn. occ. p. 240. MW. 3, 153.

13. **Ronci, cen vetz m'avetz fag penedir**
f 15, anonym.
Fingierte Tenzone mit seinem Gaul. — Krit. hgb. P. Meyer, Dern. Troub. p. 61.

14. **Si anc nul temps fui ben encavalcatz**
f 15, anonym.
Fingierte Tenzone wie Nr. 13. — Krit. hgb. P. Meyer, Dern. Troub. p. 63.

15. **S'ieu anc nul temps chantei alegramen**
R 103 – 865.
Planch. — Choix 5, 100. MW. 3, 156. C. Fabre, Bulletin hist. de la Soc. scientif. et agric. de la Haute-Loire 1914, p. 89; vgl. aber Bertoni, Arch. roman. 2, 252 und noch ibid. 4, 247; gegen beide Schultz-Gora, Archiv 139, 225. – Vgl. Springer, Klagelied p. 62.

16. **Tans rics clergues vei trasgitar**
R 103—867.
Sirv. — Choix 4, 282. Parn. occ. p. 242. MW. 3, 154.

17. **Vil**[1]**) sirventes de vil ome voill far**
R 104—869.
Sirv. — Krit. hgb. Appel, Prov. Inedita p. 78.

18. **Un sirventes de vil razo**
R 104—871.
Sirv. — Krit. hgb. Appel, Prov. Inedita p. 80.

II. Coblas esparsas.

In P sämtlich anonym, aber als geschlossene Gruppe. — Der Text in Bartschs Denkmälern beruht nur auf R.

Kritische Ausgabe[2]): A. Jeanroy, Les «coblas» de Bertran Carbonel publiées d'après tous les manuscrits connus, AdM. 25, 137–188.

---

[1]) Bartsch hat Un, daher die Störung der alphabetischen Ordnung.

[2]) Anordnung der Texte:

Jeanroy	Grdr.	Jeanroy	Grdr.	Jeanroy	Grdr.
1	= 85	25	= 86	49	= 36

19. Ab son amic si deu hom conseillar
P 58 (*c.* 46, Arch. 50, 269). Jeanroy, AdM. 25, 179.

20. Alcun nesci entendedor
P 56 (*c.* 23, Arch. 50, 266), R 112, f[1]) 5, q 21.
Bartsch, Denkm. p. 5. AdM. 25, 144.

21. Als demandans respondi qu'es amors
R 113.
Bartsch, Denkm. p. 18. Appel, Chrest. p. 160. AdM. 25, 167. De Lollis, Poesie prov. sulla origine e sulla natura d'amore p. 28.

22. Anc de joc no vi far son pro per
P 58 (*c.* 43, Arch. 50, 268), R 113.
Bartsch, Denkm. p. 16. AdM. 25, 163.

23. Anc negun temps, et aisso es per nulh certeza
P 57 (*c.* 34, Arch. 50, 267), R 112, q 22.
Bartsch, Denkm. p. 11. AdM. 25, 154.

24. Anc no fon hom tan savis ni tan pros
P 58 (*c.* 48, Arch. 50, 269), f 4; beginnt in R 113 *Huey non es homs tant savis ni tant pros* und wurde von Bartsch als eigene Cobla aufgefaßt (82, 58).
Bartsch, Denkm. p. 17. AdM. 25, 165.

25. Ara posc be conoisser certamen
P 57 (*c.* 40, Arch. 50, 268), R 112, q 21.
Bartsch, Denkm. p. 8. AdM. 25, 149.

Jeanroy	Grdr.	Jeanroy	Grdr.	Jeanroy	Grdr.
2	= 29	26	= 65	50	= 76
3	= 20	27	= 56	51	= 72
4	= 70	28	= 31	52	= 52
5	= 61	29	= 57	53	= 42
6	= 44	30	= 75	54	= 92
7	= 66	31	= 26	55	= 64
8	= 39	32	= 48	56	= 51
9	= 47	33	= 38	57	= 63
10	= 94	34	= 49	58	= 67
11	= 82	35	= 74	59	= 80
12	= 25	36	= 30	60	= 81
13	= 34	37	= 43	61	= 83
14	= 93	38	= 22	62	= 68
15	= 73	39	= 89	63	= 88
16	= 45	40	= 55	64	= 62
17	= 41	41	= 27	65	= 33
18	= 59	42	= 24	66	= 87
19	= 71	43	= 28	67	= 78
20	= 91	44	= 90	68	= 53
21	= 23	45	= 21	69	= 40
22	= 60	46	= 37	70	= 54
23	= 69	47	= 46	71	= 84
24	= 32	48	= 35	72	= 19

[1]) f nennt Jeanroy, AdM. 25, 141 in diesem Falle G, q ist A bei ihm.

26. Atressi ven hom paubres en auteza
P 58 (*c.* 53, Arch. 50, 270), R 112, f 4, q 23.
Bartsch, Denkm. p. 14. AdM. 25, 159.

27. Bertran lo Ros, eu t'aug cobla retraire
R 113.
Bartsch, Denkm. p. 17 und Chrest. col. 298. AdM. 25, 165.

28. Bertran lo Ros, tu est hom entendens
R 113.
Bartsch, Denkm. p. 18. AdM. 25, 166.

29. Bes e mals, cascus pareis
P 56 (*c.* 21, Arch. 50, 266), R 112, q 20.
Bartsch, Denkm. p. 5. AdM. 25, 143.

30. Bon es qui sap per natura parlar
P 57 (*c.* 25, Arch. 50, 266), R 113, q 23.
Bartsch, Denkm. p. 15. AdM. 25, 162.

31. Bontatz d'amic e de seignor
P 59 (*c.* 66, Arch. 50, 271), R 112, q 23.
Bartsch, Denkm. p. 13. AdM. 25, 158.

32. Cascun jorn trop plus dezaventuros
P 58 (*c.* 55, Arch. 50, 270), R 112, q 21.
Bartsch, Denkm. p. 12. AdM. 25, 155.

= Cel s. Sel. =

33. Cobla ses so es enaissi
R 113.
Bartsch, Denkm. p. 24. AdM. 25, 176.

34. Conoissensa vei perduda
P 59 (*c.* 65, Arch. 50, 271), R 112, q 21.
Bartsch, Denkm. p. 8. AdM. 25, 149.

35. De femnas drudeiras i a dompnas
P 59 (*c.* 62, Arch. 50, 271), R 113.
Bartsch, Denkm. p. 19. AdM. 25, 168.

36. De trachoretz sai vei que lor trichars (*l.* s'ave?)
R 113.
Bartsch, Denkm. p. 19. AdM. 25, 169.

37. Deus fetz Adam et Eva carnalmens
P 59 (*c.* 67, Arch. 50, 271), R 113.
Bartsch, Denkm. p. 18. Anglade, Le troub. Guiraut Riquier p. 261. AdM. 25, 167.

38. Deus no laissa mal a punir
P 59 (*c.* 71, Arch. 50, 272), R 112, q 23.
Bartsch, Denkm. p. 14. AdM. 25, 160.

39. D'omes atrobi totz aitals
P 59 (*c.* 69, Arch. 50, 272), R 112, f 4, q 21.
Bartsch, Denkm. p. 7. AdM. 25, 146.

40. D'omes i a, e sai'n un majormens
R 113.
Bartsch, Denkm. p. 25. AdM. 25, 178.

41. D'omes trobi de gros entendemen
P 58 (*c.* 49, Arch. 50, 269), R 112, q 21.
Bartsch, Denkm. p. 10. AdM. 25, 152.

42. D'omes trobi fols et esservelatz
P 59 (*c.* 58, Arch. 50, 270), R 113, f 5.
Bartsch, Denkm. p. 20. AdM. 25, 170.

43. D'omes trobi que ab lor gen parlar cortes
P 58 (*c.* 51, Arch. 50, 269), R 113, f 4.
Bartsch, Denkm. p. 16. AdM. 25, 162.

44. D'omes trobi que de cors e d'aver
R 112, q 21.
Bartsch, Denkm. p. 6. AdM. 25, 145.

45. D'omes trobi que son de vil natura
P 58 (*c.* 52, Arch. 50, 269), R 112, f 6, q 21.
Bartsch, Denkm. p. 9. AdM. 25, 151.

46. D'omes trop fort enamoratz
P 59 (*c.* 61, Arch. 50, 271), R 113.
Bartsch, Denkm. p. 19. AdM. 25, 168.

47. D'omes trop que per amistat
P 57 (*c.* 29, Arch. 50, 267), R 112, q 20.
Bartsch, Denkm. p. 7. AdM. 25, 147.

48. D'omes trop que van rebuzan sai que·s
P 57 (*c.* 30, Arch. 50, 267), R 112, f 4, q 23.
Bartsch, Denkm. p. 14 und Chrest. col. 297. AdM. 25, 160.

49. D'omes vei rics et abastatz
P 58 (*c.* 44, Arch. 50, 269), R 112.
Bartsch, Denkm. p. 15. AdM. 25, 161.

50. El mon non a domna qu'ab gran valensa
P 59 (*c.* 72, Arch. 50, 272).

51. Enaissi com cortezia
P 57 (*c.* 32, Arch. 50, 267), R 113.
Bartsch, Denkm. p. 21. AdM. 25, 172.

52. Enaissi com en gazaignar
P 58 (*c.* 50, Arch. 50, 269), R 113.
Bartsch, Denkm. p. 20. AdM. 25, 170.

53. En aisso vei qu'es bona paubretatz trnep *Jeanroy*
R 113.
Bartsch, Denkm. p. 25. AdM. 25, 177.

54. Hom de be segon beutat bontat *Jeanroy*
R 113.
Bartsch, Denkm. p. 25. AdM. 25, 178.

55. Hom quant es per forfag pres
P 59 (*c.* 70, Arch. 50, 272), R 113, f 5.
Bartsch, Denkm. p. 17. AdM. 25, 164.

56. Hostes, ab gaug ai volgut veramens -en
P 58 (*c.* 56, Arch. 50, 270), R 112, f 6, q 22.
Bartsch, Denkm. p. 13. AdM. 25, 157.

57. Huei non es hom tan pros ni Ja **tan prezatz**
R 112, q 23; anonym Ve. Ag. I? [1])
Bartsch, Denkm. p. 13. AdM. 25, 158.

(**58. Huei non es hom tan savis ni tan pros**
= 82, 24.)

[1]) fol. LXXj (Butlletí 1, 55, Nr. 57 unter Esparça).

59. La premeira de totas las vertutz
P 57 (*c.* 31, Arch. 50, 267), R 112, q 20.
Bartsch, Denkm. p. 10. AdM. 25, 152.

60. Lo savis ditz qu'om no deu per semblan
P 57 (*c.* 38, Arch. 50, 268), R 112, f 4, q 22.
Bartsch, Denkm. p. 11. AdM. 25, 154.

61. Mais faill qui blasma ni en-Mal fai colpa
P 57 (*c.* 24, Arch. 50, 266), R 112, q 20.
Bartsch, Denkm. p. 6. AdM. 25, 145.

62. Mais parla hom tostemps d'un mal
R 113.
Bartsch, Denkm. p. 24. AdM. 25, 176.

63. Major fais no pot sostener -ir
P 58 (*c.* 54, Arch. 50, 270), R 113.
Bartsch, Denkm. p. 22. AdM. 25, 172.

64. Mal fai qui 'nclau ni enserra
P 59 (*c.* 64, Arch. 50, 271), R 113, f 6.
Bartsch, Denkm. p. 21. AdM. 25, 171.

65. Moutz omes trobi de mal plag
P 58 (*c.* 42, Arch. 50, 268), R 112, f 4, q 22.
Bartsch, Denkm. p. 12 und Chrest. col. 297. AdM. 25, 156.

66. Non es amics qui non o fai parven
P 59 (*c.* 68, Arch. 50, 271), R 112, q 21.
Bartsch, Denkm. p. 6. AdM. 25, 146.

67. Nuls hom no deu trop en la mort pensar
P 57 (c. 26, Arch. 50, 266), R 113.
Bartsch, Denkm. p. 22. AdM. 25, 173.

68. Nuls hom no port' amistat
R 113.
Bartsch, Denkm. p. 23. AdM. 25, 175.

69. Nuls hom tan be no conois son amic
P 57 (*c.* 37, Arch. 50, 268), R 112, q 22.
Bartsch, Denkm. p. 11. AdM. 25, 155.

70. On hom mais a d'entendemen a m. *Jeanroy*
P 56 (*c.* 22, Arch. 50, 266), R 112, q 20.
Bartsch, Denkm. p. 6. AdM. 25, 145.

71. Per fol tenc qui longa via
P 57 (*c.* 35, Arch. 50, 267), R 112, q 22.
Bartsch, Denkm. p. 10. AdM. 25, 153.

72. Per fol tenc qui s'acompaigna
P 57 (*c.* 33, Arch. 50, 267), R 113.
Bartsch, Denkm. p. 20. AdM. 25, 170.

73. Qui adonar no se vol a proeza
P 57 (*c.* 27, Arch. 50, 266), R 112, q 21.
Bartsch, Denkm. p. 9. AdM. 25, 150.

74. Qui a riqueza e no·n val
P 58 (*c.* 47, Arch. 50, 269), R 112.
Bartsch, Denkm. p. 15. AdM. 25, 161.

75. Qui no perve el dan perpetual perve·s al *Jeanroy*

R 112, q 23.
Bartsch, Denkm. p. 14. AdM. 25, 159.

76. Qui per bo dreg se part d'amor

P 59 (*c.* 60, Arch. 50, 270), R 113.
Bartsch, Denkm. p. 20. AdM. 25, 169.

(**77. Qui pogues vezer en espeill** S'om
aus 450, 6.)

78. Qui vol paradis gazaignar

R 113.
Bartsch, Denkm. p. 24. Anglade, Le troub. Guiraut Riquier p. 275 A. 1. AdM. 25, 177.

(**79. Savis hom, can vol enpendre**
aus 457, 8.)

80. Savis hom en re tan no faill

P 57 (*c.* 28, Arch. 50, 267), R 113, f 4.
Bartsch, Denkm. p. 22 und Chrest. col. 298. AdM. 25, 173.

81. Sel que ditz qu'eu fatz foldat

R 113.
Bartsch, Denkm. p. 22. AdM. 25, 174.

82. Si alcus vol la som' aver -n *Jeanroy*

P 59 (*c.* 63, Arch. 50, 271), R 112.
Bartsch, Denkm. p. 8. AdM. 25, 148.

83. S'ieu ai faillit per razo natural

R 113.
Bartsch, Denkm. p. 23. AdM. 25, 174.

84. S'ieu be plagues als pecs desconoissens

P 58 (*c.* 45, Arch. 50, 269).
Jeanroy, AdM. 25, 179.

85. S'ieu dic lo ben et hom no·l me ve faire

P 56 (*c.* 20, Arch. 50, 266), R 112, f 5, q 20.
Bartsch, Denkm. p. 5. Appel, Chrest. p. 159. AdM. 25, 143.

86. Tals port' espaza e bloquier

R 112, q 22.
Bartsch, Denkm. p. 12. AdM. 25, 156.

87. Tals vai armatz et a cors bel e gran

R 113.
Bartsch, Denkm. p. 24. AdM. 25, 176.

88. Tota domna que aja cor d'amar

R 113; anonym f, Schlußblatt (Zts. 4, 358), von Bartsch als 461, 233 besonders aufgeführt.
Bartsch, Denkm. p. 23. AdM. 25, 175.

89. Totz maïstres deu estar

P 58 (*c.* 57, Arch. 50, 270), R 113, f 6.
Bartsch, Denkm. p. 16. P. Meyer, Dern. Troub. p. 66. AdM. 25, 163. — Vgl. Kolsen, Zts. 38, 308 Anm.

90. Totz trops es mals, enaissi Tortz **certamens**

P 57 (*c.* 36, Arch. 50, 268), R 113, f 4.
Bartsch, Denkm. p. 18. AdM. 25, 166.

91. Totz trops es mals, | e qui lo trop no peza

P 58 (*c.* 41, Arch. 50, 268), R 112, f 4, q 22.
Bartsch, Denkm. p. 11 und Chrest. col. 297. AdM. 25, 153. — Vgl. Kolsen, Zts. 38, 302 A. 2.

92. Una decretal voill faire [yeu] *Jeanroy*

P 59 (*c.* 59, Arch. 50, 270), R 113.

Bartsch, Denkm. p. 21. AdM. 25, 171.

93. Us hom pot ben en tal cas vertat dire

R 112, q 20.

Bartsch, Denkm. p. 9. AdM. 25, 150.

94. Vers es que bona cauza es

P 57 (*c.* 39, Arch. 50, 268), R 112, q 20.

Bartsch, Denkm. p. 7. AdM. 25, 148.

83. Bertran Folco d'Avigno (gewöhnlich Bertran d'Avigno).

P. Meyer, La Chanson de la Croisade contre les Albigeois, II 259 A. 3. Chabaneau, Biogr. p. 340. O. Schultz[-Gora], Zts. 9, 130, auch 9, 126.

1. Bertran, si fossetz tan gignos

Tenzone mit Raimon de las Salas oder Raimon de Miraval, s. 406, 16.

2. Ja no creirai d'en Gui de Cavaillo

H 51 (186 und Arch. 34, 406); 2 Verse in ϰ 129 (Mussafia p. 247).

2 Coblas mit Refrain als Antwort auf 192, 2, wo er teils Bertran d'Avigno, teils Bertran Folco genannt wurde. — Choix 4, 209. MW. 3, 273.

84. Bertran de Gordo.

Chabaneau, Biogr. p. 340. O. Schultz[-Gora], Zts. 9, 121. Selbach, Streitgedicht p. 58.

1a. Seigner Bertran, per la desconoissensa

[Bartsch 75, 6.] Coblaswechsel mit Matheu, s. 298, 1.

1. Totz tos afars es niens afaires

I 162, K 148, O 91 (144 und Arch. 34, 382), a[1] 612 (347), d 282—54. — Überschrift in allen Hss.: (En) Bertran de Gordon—(en) Peire Raimon.

Tenzone mit Peire Raimon [de Toloza] = 355, 19. — Anglade, AdM. 31/32, 289.

Bertran de Lamano s. Bertran d'Alamano.

85. Bertran de Paris de Roergue.

Der Zusatz *de Roergue* fehlt in a[1], dafür steht hier *als Gordonels.*

Hist. lit. 17, 583 und 18, 645. Bartsch, Grdr. p. 51. O. Schultz [-Gora], Zts. 10, 593. Witthoeft, Sirventes joglaresc p. 37. Anglade, Le troub. Guiraut Riquier p. 136.

1. **Gordo, ie·us fatz un sol sirventes**
Guordo, Gordotz l'an
R 143, a[1] 519 (270, Studj romanzi 2, 88).
Enseignamen für einen Spielmann in Form eines Sirv. — Bartsch, Denkm. p. 85. Witthoeft, l. c. p. 66. De Bartholomaeis hat in Insegnamenti pe' giullari di Giraut de Cabreira, di Giraut de Calanson e di Bertran de Paris de Roergue, Roma 1905 (fasc. 16 der Testi romanzi per uso delle scuole a cura di E. Monaci) p. 12 den Text von Bartsch (nach R) und parallel den rohen Text von a[1] wiedergegeben; dazu Jeanroy, AdM. 18, 563. — Zu den Anspielungen s. noch Birch-Hirschfeld, Über die den prov. Troubadours . . . bekannten epischen Stoffe, passim und P. Meyer und G. Paris, Rom. 7, 448 und 455.

86. Bertran de Pessars.

Bartsch schrieb *Pessatz* mit dem Register von a. — A. Pillet, Beiträge zur Kritik der ältesten Trobadors, 89. Jahresber. der Schles. Gesellsch. für vaterl. Cultur, Breslau 1912, Nr. I.

Ihm werden in a[1] attribuiert:

293, 15 Cortezamen voill comensar (Marcabru)
183, 11 Pos (Mal *a*[1]) vezem de novel florir (Coms de Peiteus).

87. Bertran del Pojet.

Kritische Ausgabe als Anhang zur Abhandlung von De Lollis, Di Bertran del Pojet trovatore dell' età angioina, in der Festschrift „Miscellanea di studi critici edita in onore di Arturo Graf", Bergamo 1903, p. 691.

Ältere Literatur: Hist. lit. 19, 522. O. Schultz[-Gora], Zts. 9, 118.

Vida: I 122, K 108. — Parn. occ. p. 364. Choix 5, 103. Mahn, Biogr. p. 61. A.-L. Sardou, (L'Idiome niçois,) Annales de la Soc. des Lettres, sciences & arts des Alpes-Maritimes, t. 5 (Nice-Paris 1878), p. 27 A. 1. Chabaneau, Biogr. p. 302. De Lollis p. 706.

1. **Bona domna, d'una re que·us deman**
C 361, D 63—223, I 122, K 108; Bertran S 236—153, a[1] 575 (317 = 75, 1); anonym O 16 (27 und Arch. 34, 374), T 70.
Fingierte Tenzone mit einer Dame. — De Lollis p. 708.

2. **De sirventes aurai ganre perdutz**
A 211 (610), B 122 (MG. 138), D 132–453, F 49 (152), I 186, K 171.
Sirv. — Choix 4, 375. Parn. occ. p. 364. MW. 3, 283. A.-L. Sardou (s. oben, Vida) p. 27. De Lollis p. 706.

Attribuiert wird ihm noch

372, 4 Bona domna, un conseill vos deman (Pistoleta)
und, wenn er mit Bernart del Poget gemeint ist (s. Nr. 64),
409, 1 Ancse m'avetz tengut a no caler (Raimon de las Salas).

88. Bertran de Preissac.

O. Schultz[-Gora], Zts. 7, 181.

1. **Ara quan plou et iverna**
D 133—458; Albert(et) Cailla I 189 (MG. 753), K 175, d 265–6; Gavaudan C 320 (MG. 752). — Bertran wird der Verf. im Gegensirventes 173, 1a zweimal genannt, Strophe V sogar im Reime. Die Attribution von D ist also vorzuziehen. — Vgl. Shepard, J. de Puycibot, introd. p. X und Modern Philology 29 (Nov. 1931), p. 150.
[Bartsch 174, 2.] Sirventes. — Modern Philology 29, 151.

2. **Gausbert, razon ai adrecha**
Jausbert, Gaubert drecha
C 393, D^a 209—766, E 218, G 100 (p. 324 u. Arch. 35, 102), stand in R 74—621. — Tenso d'en Gaubert e d'en Bertran C, de Bertram e de Jausbert G, lo Monge de Poisibot D^a. — Bertran ist derselbe wie der Verf. von 88, 1, Gausbert auch der von 173, 1a.
[Bartsch 75, 3.] Tenzone mit Gausbert de Poicibot = 173, 5. — Shepard, J. de Puycibot p. 14.

89. Bertran lo Ros.

Wird von Bertran Carbonel 82, 27 und 82, 28 zurechtgewiesen.

90. Bertran de Saissac.

Von C Reg. angegeben für

293, 15 Cortezamen voill comensar (Marcabru).

Peire d'Alvergne nennt in seiner literarischen Satire 323, 11 einen Bernart de Saissac, der wohl mit unserem Bertran identisch ist.

91. Bertran de Saint Felitz.

Hist. lit. 18, 682.

1. **Digatz, Bertran de Saint Felitz**
Tenzone mit Uc de la Bacalaria, s. 449, 1.

92. Bertran de la Tor.

Vgl. die Razo zu 119, 5.

Hist. lit. 18, 615. Stroński, AdM. 18, 474.

1. Mauret, al Dalfin agrada
H 47 (164), $\varkappa$ 121 (Mussafia p. 246).
Cobla als Antwort auf 119, 5. — Choix 5, 104. MW. 3, 373. Chabaneau, Biogr. p. 263.

(93. Bieiris (?) de Roman.

O. Schultz[-Gora], Nabieiris de roman, Zts. 15, 234 glaubt nicht mehr an eine *trobairitz* dieses Namens, erklärt *nabieiris* als *n'Abieiris* = *n'Alberis* und sieht in ihm den bekannten Alberico von Romano.

1. Na Maria, pretz e·l fina valors
s. 16a, 2.)

94. Bischof von Bazas — Lo Vesques de Basaz.

Chabaneau, Biogr. p. 335.

1. Cor, poder, saber e sen
D[a] 197—716.
Canz. — Krit. hgb. Appel, Rlr. 34, 10.

95. Bischof Robert von Clermont — Lo Vesques de Clarmon (Clermont).

Diez, Leben u. Werke p. 94. Hist. lit. 18, 607. Stroński, AdM. 18, 477 A. 7 (wichtig).

1. Coms que vol enseignar
.oms
H 55 (239 und Arch. 34, 414).
Cobla. — Kolsen, Dichtungen p. 78.

2. Peire de Maensac, ges lo reis no seria
D[a] 205—749, H 40 (130 und Arch. 34, 401); vgl. $\varkappa$ 132 (Mussafia p. 243).
Sirventes, anscheinend die Antwort auf 119, 9. — Kolsen, Trobadorgedichte p. 13.

3. Per Crist, si·l sirvens fos meus
H 46 (156); dazu Razo (Mahn, Biogr. p. 11 in Nr. 16). Der Verf. ist hier nur *lo vesques* genannt.
Cobla, beantwortet durch 119, 4. — Choix 5, 125. MW. 1, 131. Chabaneau, Biogr. p. 263.

96. Blacasset.

Einzelne Hss.: Blancasset. Zum Namen auch Fabre, AdM. 24, 182 A. 3.

Kritische Ausgabe (ohne Einleitung)[1]: Otto Klein, Der Troubadour Blacassetz. Städt. Realschule zu Wiesbaden, Jahres-Bericht über das Schuljahr 1886/87.

Vgl. noch Hist. lit. 19, 531 und die Literatur zu 96, 10a.

---

[1]) Die Anordnung der Gedichte folgt dem Grdr.

Vida: I 109, a II 37 (Rlr. 45, 270), a[1] 427 (p. 242). — Parn. occ. p. 121. Choix 5, 106. Mahn, Biogr. p. 61. Chabaneau, Biogr. p. 302. Klein p. 1.

1. Amics Guillems, lauzan etz maldizens

F 56 (167). — Zur Echtheit s. O. Schultz[-Gora], Zts. 15, 233. Sirv. zur Widerlegung von 225, 1. — Klein p. 2 und Coulet, Le troubadour Guilhem Montanhagol p. 195.

2. Be volgra que venques merces
que·m

I 109 (Klein, Die Dichtungen des Mönchs von Montaudon p. 106 A. 1), a[1] 427 (172); Strophe I anonym W 78 ♩ (Klein, ib.), bei Bartsch 461, 50.
Canz. — Klein p. 3.

3. Cil que·m te per seu servidor
Cel, Seli

P 62 (c. 117, Arch. 50, 277), V 91 (Arch. 36, 434); Blacatz T 208 (MG. in 1128).
Cobla. — Klein p. 8.

3a. De guerra sui deziros
fui *Hs.*

a[1] 429 (174, Studj di fil. rom. 8, 449). ‚Aqest sirventes fes en Blacassetz del conte de Proenza'.
Sirv. — Krit. hgb. Bertoni, (Nuove rime di Sordello di Goito,) Giorn. stor. d. let. it. 38, 288.

4. En Blacasset, bo pretz e gran largueza

Tenzone mit Alexandre, s. 19, 1.

5. En Blacasset, eu sui de nog

Coblaswechsel mit Uc de Mataplana (?), s. 454, 2.

6. Guerra mi plai, quan la vei comensar

M 241.
Sirv. — Choix 4, 215. MW. 3, 246. A.-L. Sardou, (L'Idiome niçols,) Annales de la Soc. des Lettres, sciences & arts des Alpes-Maritimes, t. 5 (Nice-Paris 1878), p. 25. Klein p. 12.

(7. Ieu crezi per verai e pense fermamen

f 21.
Gefälschtes Sonett. — P. Meyer, Dern. Troub. p. 133.)

7a. Mos volers es quez eu m'eslans
meslauz

a[1] 430 (175, Studj di fil. rom. 8, 450).
Canzone.

8. Oimais non er Bertrans per me celatz

H 55 (228 und Arch. 34, 412).
Cobla gegen Bertran d'Alamano. — Klein p. 15.

9. Per cinc en podetz demandar

F 9 (4), H 50 (174 und Arch. 34, 404; MG. 1265).
Cobla mit Tornada, gerichtet gegen Str. II und Tornada von 437, 7. — Klein p. 15. – Zur Datierung s. O. Schultz[-Gora], Zts. 7, 207.

10. Per merce·ill prec qu'en sa merce mi prenda

P 62 (c. 116, Arch. 50, 277), V 91 (Arch. 36, 434); Blacatz T 208 (MG. 1128).
Cobla, in der Tornada als «gab» bezeichnet. — (Choix 5, 106. MW. 2, 141.) Klein p. 16.

10a. Si·l mals d'amor m'auci ni m'es nozens

M 242 (Klein p. 22); Pujol

C 355 (MG. 96). — Gegen O. Schultz[-Gora], Zts. 9, 116 (und Zts. 21, 241), mit De Lollis, Vita e poesie di Sordello di Goito p. 39 Anm. und mit Soltau, Blacatz, ein Dichter p. 46 nehme ich an, daß nicht Pujol, sondern Blacasset der Verf. ist.[1]) S. auch Jeanroy, Le troub. Pujol p. 157.
[Bartsch 386, 4.] Eine Art Planch auf den Eintritt zweier Damen ins Kloster. — Appel, Chrest. p. 123 nach C und Anm. nach M. Audiau et Lavaud, Nouv. Anthol. p. 235 (Pujol, vgl. aber p. 363).

11. Si·m fai amors ab fizel cor amar
B 107 (Studj di fil. rom. 3, 713; MG. 151), F 57 (168), I 109, U 136 (Arch. 35, 458), V 91 (Arch. 36, 433), stand in M auf fol. 127; Blacatz C 350, f 40 [2 Str.] + 69 [beginnend *Ab tal voler*, 3 Str.]; anonym Ve. Ag. I[2]) [*2e str. Ab tal voler fes amor autreyar*].
Canz. — Choix 3, 459. MW. 3, 245. Klein p. 19.

Andere Attributionen (vgl. Klein p. 22):

80, 8a (?)	Be·m platz lo gais temps de pascor (Bertran de Born?)
97, 6	Lo bels dous temps mi platz (Blacatz)
10, 33	Longamen m'a trebaillat e malmes (Aim. de Peguillan)
242, 55	Per solatz reveillar (Guiraut de Borneill)
355, 16	Si com celui qu'a servit son seignor (Peire Raimon de Toloza).

97. Blacatz.

Einzelne Hss. haben Blancatz.

Kritische Ausgabe von Otto Soltau, Die Werke des Trobadors Blacatz, Zts. 23, 201 und 24, 33. Die Einleitung behandelt: 1. Interlokutoren, 2. Charakteristik, 3. Datierung der Gedichte, 4. Metrisches, 5. Blacatz fälschlich attribuierte Gedichte. Die Texte[3]) beginnen 23, 227, dazu Anmerkungen 24, 33, Reimverzeichnis 24, 59. — Besprechung und Konjekturen von Coulet, AdM. 13, 389.

Biographie von Soltau u. d. T.: Blacatz, ein Dichter und Dichterfreund der Provence. Biographische Studie, Berlin 1898

---

[1]) Man kann sich jetzt auch auf 96, 7a stützen, dessen Tornada unsere Ugueta nennt. Über sie und die obige Frage s. auch Bergert, Damen p. 55.

[2]) fol. LIIj unter En blatcaxiç.

[3]) Anordnung der Ausgabe:

Soltau	Grdr.	Soltau	Grdr.
1 =	97, 4	8 (bei ihm nur ein Fragment)	97, 13, s. 372, 6a
2 =	- 8	9a =	- 6
3 =	- 3	[9b =	254, 1]
4 =	- 7	9c =	97, 1
5 =	- 10, s. 98, 1	[9d =	254, 2]
6 =	- 11, s. 98, 2	10 =	97, 2, s. 156, 4
7 =	- 9, s. 233, 5	11 =	- 12, s. 52, 5.

(= Berliner Beiträge zur germanischen und romanischen Philologie, veröffentlicht von Dr. Emil Ebering, XVIII, bzw. Romanische Abteilung Nr. 10); der erste Teil erschien auch als Berliner Diss. 1898 u. d. T.: Das Leben und die erhaltenen Werke des Trobadors und Dichterfreundes Blacatz; vgl. Kolsen, Deutsche Lit.-Ztg. 1899, 307.

Ältere Literatur: Diez, Leben u. Werke p. 321. Hist. lit. 18, 561. O. Schultz [-Gora], Zts. 9, 131 (wichtige Daten). De Lollis, Vita e poesie di Sordello di Goito p. 37 Anm. (glaubt an zwei Blacatz; s. aber Schultz-Gora, Zts. 21, 241). — Zu Blacatz' Todesjahre vgl. die Literatur über die ihm gewidmeten Klagelieder (437, 24; 76, 12; 330, 14) und zu dieser und anderen Fragen jetzt besonders Stroński, Rlr. 50, 28, auch Fabre in seinem Aufsatz über Guida de Rodez (AdM. 24, 172) und wiederum Stroński, AdM. 24, 569. — Zu den Gedichten, wo er gefeiert wird, s. noch Schultz-Gora, Ein Sirv. v. Guilhem Figueira p. 42. Kurze Notiz bei Anglade, Hist. somm. de la litt. mérid. p. 88.

Vida: I 108, K 94. — Parn. occ. p. 119. Choix 5, 105. MW. 2, 135. Mahn, Biogr. p. 45. Chabaneau, Biogr. p. 296. Soltau, Zts. 23, 227.

1. **Be fui mal conseillatz**
D^a 207—758 (Selbach, Streitgedicht p. 111); anonym N 281—450.
Sirv. als Antwort auf 254, 1, seinerseits beantwortet durch 254, 2. — Zts. 23, 244, dazu 24, 53.

2. **En chantan voill que'm digatz**
Coblaswechsel mit Folquet de Romans, s. 156, 4.

3. **En Pelizier, cauzetz de tres lairos**
D^a 210—771, G 128 (p. 427), H 50 (179 + 180 und Arch. 34, 405; MG. 1129). — En Blancaz a'n Pelizier – lo Peliziers respondet a en Blancatz en aqesta cobla *H*; en Blacaz e Peire Vidal *D^a*. — Bartsch identifiziert Pelizier mit Peire Pelissier; Chabaneau, Biogr. p. 374 A. 3 und Soltau, Zts. 23, 206 erkennen in ihm Peire Vidal mit D^a.
Coblaswechsel (Parodie eines Partimen) mit Pelizier = 353, 2. — Choix 5, 322. MW. 2, 141. Krit. hgb. Appel, Chrest. p. 139. Soltau, Zts. 23, 230, dazu 24, 35. Anglade, Peire Vidal p. 151 (vgl. introd. p. VIII).

4. **En Raembaut, ses saben-er**
A 178 (506), D 144—498, E 226, G 94 (p. 297), I 153, K 139, L 81, N 272—433, Q 34 (88, p. 69), d 278—40. — Raimbaut-Blacatz AIKLd, Index B; Peirols (!) D.
Tenzone (Partimen) mit Raimbaut, wohl Raimbaut de Vaqueiras (Soltau, Zts. 23, 207) = 388, 3. — Choix 4, 25. Parn. occ. p. 119. MW. 2, 137. Soltau, Zts. 23, 227, dazu 24, 33. — Übers. von Diez, Poesie p. 170.

(5. **Gasquet, vai t'en en Proensa**
s. 461, 123 c.)

6. **Lo bels dous temps mi platz**
C 351, D 86–309, H 36 (117),

I 108, K 94, N 280—448, S 195—125; Blacasset I 109, a[1] 428 (173). — Zu Str. III s. Chabaneau, Rlr. 23, 76. Canz., parodiert durch 254, 1. — Choix 3, 337. MW. 2, 136. Soltau, Zts. 23, 239, dazu 24, 49.

7. **Peire Vidal, pos far m'ave tenso fam ensems**

A 183 (521), D 147—513, D[c] 249 (72, AdM. 13, 209, beginnt *No·n voill perdre los guizardos ni·ls gratz*), E 212, G 93 (p. 295 und Bertoni, Il canzoniere prov. della Riccardiana n° 2909, p. XXXVIII), I 156, K 142, L 64, N 280 —447, O 91 (143), Q 34 (86, p. 68), a[1] 611 (346). — Überschrift: Blacatz - Peire Vidal A I K L O a[1], Blacatz D, Peire Vidal D[c].
Tenz. mit Peire Vidal = 364, 32. — Choix 4, 23. MW. 2, 138. Bartsch, P. Vidal's Lieder p. 73. A.-L. Sardou, (L'Idiome niçois,) Annales de la Soc. des Lettres, sciences & arts des Alpes-Maritimes, t. 5 (Nice-Paris 1878), p. 21. Soltau, Zts. 23, 231, dazu 24, 36. Anglade, Peire Vidal p. 148.

8. **Peirol, pos vengutz es vas nos**

H 50 (177 + 178 und Arch. 34, 405; MG. 1127). ‚En Blancaz a·n Peirol — Peirol li respondet enaissi'.
Coblaswechsel mit Peirol = 366, 25. — Soltau, Zts. 23, 230, dazu 24, 34.

9. **Seigner Blacatz, de domna pro** Seignen *Bartsch*

Tenzone mit Guillem de Saint Gregori, s. 233, 5.

10. **Seign' en Blacatz, pos per tot vos faill barata**

Tenzone mit Bonafe, s. 98, 1.

11. **Seign' en Blacatz, talant ai que vos queira**

Tenzone mit Bonafe, s. 98, 2.

12. **Seigner Blacatz, be mi platz e m'agensa**

Tenzone mit einem Bernart, s. 52, 5.

13. **Seigner Blacatz, pos d'amor**

Tenzone mit Pistoleta, s. 372, 6a.

Attribuiert werden ihm noch (vgl. Soltau, Zts. 23, 226):

96, 3 Cil que·m te per seu servidor (Blacasset)
30, 16 La grans beutatz e·l fis enseignamens (Arnaut de Maroill)
96, 10 Per merce·ill prec qu'en sa merce mi prenda (Blacasset)
96, 11 Si·m fai amors ab fizel cor amar (Blacasset).

Bofill s. Art. 100.

98. Bonafe.

1. **Seign' en Blacatz, pos per tot vos faill barata**

D[a] 201—731, I 157 (MG. 1142), K 143, d 278—41. — Überschrift: Bonafe e seingn' en Blancatz I K d, em Blacaz D[a].
Tenzone mit Blacatz = 97, 10. — Krit. hgb. Soltau, Zts. 23, 234, dazu 24, 37.

2. **Seign' en Blacatz, talant ai que vos queira**

I 157 (MG. 1143), K 143,

d 279—42. — Überschrift: Bonafe e seingn' en Blancatz IKd. Tenzone mit Blacatz = 97, 11. — Krit. hgb. Soltau, Zts. 23, 236, dazu 24, 44.

99. Bonafos.

1. **Bonafos, eu vos envit**
   Tenzone mit Cavaire, s. 111, 1.

100. Bofill.

Die Hs. hat v. 1 Bofil, 17 und 33 Bofilh. Bartsch schreibt Bonfil.

Chabaneau, Biogr. p. 342. Anglade, Le troubadour Guiraut Riquier p. 86. Jean Régné, Revue des études juives 63, 75.

1. **Auzit ai dir, Bofill, que saps trobar**
   Tenzone mit Guiraut Riquier, s. 248, 16.

101. Bonifaci Calvo.

Biographie und kritische Ausgabe[1]) von Mario Pelaez, Bonifazio Calvo trovatore del secolo XIII, Giorn. stor. d. lett. it. 28, 1 (Einleitung) und 29, 318 (Texte); separat erschienen u. d. T. Vita e poesie di Bonifazio Calvo trovatore genovese, Torino 1897. — Besprechungen und Besserungen: Jeanroy, Moyen Age 10, 187; Schultz-Gora, Zts. 21, 147 und 571; Levy, Lit.-Bl. 1898, 28; s. auch Bertoni, I trov. d'Italia p. 426.

Ältere Literatur: Diez, Leben und Werke p. 389. — Hist. lit. 19, 582. — Milá y Fontanals, Trovadores en Esp. p. 199. — O. Schultz[-Gora], Zts. 7, 225. — Später erschien: Cancioneiro da Ajuda. Edição critica e commentada por Carolina Michaëlis de Vasconcellos, vol. I—II, Halle 1904; hierin 2, 438 eine Biographie. — Bertoni, Nuove correzioni ai testi di Bonifacio Calvo, Rlr. 53, 99. — Ders., I trov. d'Italia p. 106. — Kurze Notiz bei Anglade, Hist. somm. de la litt. mérid. p. 102.

1. **Ab gran dreg son maint gran seignor del mon**
   I 97, K 80, a^1 409 (153)[2]), d 268—18.
   Sirv. — Choix 4, 376. MW. 3, 6. Gsdli. 29, 331.

---

[1]) Anordnung der Texte:

Pelaez	Grdr.	Pelaez	Grdr.	Pelaez	Grdr.
1 = 15		7 = 16		13 = 9	
2 = 3		8 = 5		14 = 17	
3 = 11		9 = 10		15 = 4	
4 = 8		10 = 1		16 = 2	
5 = 6		11 = 13		17 = 7	
6 = 14		12 = 12			

[2]) Bertoni hat die Lieder von B. C. in a^1 nicht abgedruckt; vgl. Il Canzoniere prov. di Bern. Amoros (complemento Càmpori) p. 224 Anm.

2. **Ai Deus! s'a cor que·m destreigna**
K 81, a¹414 (159), d 270—24.
Lais (v. 84). — Krit. hgb. Appel, Zts. 11, 227 (nach K) und Chrest. p. 78. Gsdli. 29, 342.

3. **Ar quan vei glassatz los rius**
I 95 (MG. 615), K 79, a¹ 403 (145), d 266—10.
Canz. — Gsdli. 29, 319.

4. **En loc de verjans floritz**
I 98, K 81, a¹ 413 (158), d 270—23.
Sirv. — Choix 4, 224. Parn. occ. p. 206. Milá p. 200. MW. 3, 2. Gsdli. 29, 340.

5. **Enquer cab sai chans e solatz**
I 96, K 80, a¹ 407 (151), d 268—16.
Sirv. — Lex. rom. 1, 475. MW. 3, 9. Milá, Trov. en Esp. p. 209. Gsdli. 29, 328.

6. **Fis e lejals mi sui mes**
I 96 (MG. 553), K 79, a¹ 405 (148), d 267—13.
Canz. — Gsdli. 29, 324.

7. **Ges no m'es greu, s'eu no sui re prezatz**
I 98, K 81, a¹ 416 (160), d 271—25.
Sirv.; vgl. 74, 10. — Choix 4, 226. MW. 3, 7. Krit. hgb. Bartsch, Chrest. col. 301. Monaci, Testi ant. prov., col. 97. Crescini, Manualetto p. 368 und Manuale p. 317. Gsdli. 29, 344. Bertoni, I trov. d'Italia p. 424.

8. **Lo majer sens qu'om en se posc' aver**
I 96 (MG. 614), K 79, a¹ 404 (147), d 266—12.
Canz. — Gsdli. 29, 322.

8a. **Luquetz, si·us platz mais amar finamen**
a¹ 536 (282, nur Varianten).
La tenzon de Luchetz Gateluz e d'en Bonifaci Calvo.
[Bartsch meint sie mit 101, 18.]
Tenzone (Partimen) mit Luquet Gatelus = 290, 2. — Krit. hgb. Bertoni, Gsdli. 36, 43 und I Trovatori minori di Genova p. 24 und I trov. d'Italia p. 430.

9. **Mout a que sovinensa**
I 97, K 81, a¹ 412 (156), d 269—21.
Sirv. — Choix 4, 228. Milá p. 203. MW. 3, 1. Gsdli. 29, 338.

10. **Per tot so qu'om sol valer**
I 97, K 80, a¹ 408 (152), d 268—17.
Sirv. — Choix 4, 378. MW. 3, 8. Gsdli. 29, 330.

11. **Qui a talen de donar**
I 95, K 79, a¹ 403 (146), d 266—11.
Sirv. — Choix 4, 380. Parn. occ. p. 208. Milá p. 206. MW. 3, 5. Gsdli. 29, 321.

11a. **Scotz, quals mais vos plazeria**
plaizera
a¹ 590 (330, nur Kollation).
La tenzo d'en Bonifaci e de Scot.
[Bartsch meint sie mit 101, 19.]
Tenzone (Partimen) mit Scot = 433, 1. — Krit. hgb. Bertoni, Gsdli. 36, 40 und I Trovatori minori di Genova p. 21, ferner I trov. d'Italia p. 418.

12. **S'eu ai perdut, no s'en podon jauzir**
mon (!) -om
I 97, K 81, a¹ 411 (155), d 269—20.
Planch. — Choix 3, 446. MW. 3, 4. Gsdli. 29, 336.

13. S'eu d'ir' ai | mens | que razos no·n aporta
I 97 (MG. 618), K 80, a¹ 410 (154), d 269—19.
Sirv. — Gsdli. 29, 333.

14. Tant auta domna·m fai amar
I 96 (MG. 616), K 79, a¹ 405 (149), d 267—14.
Canz. — Gsdli. 29, 325.

15. Temps e loc a mos sabers
-s
I 95 (MG. 552), K 79, a¹ 402 (144), d 266—9.
Canz. — Choix 3, 445. MW. 3, 3. Gsdli. 29, 318.

16. Una gran desmezura vei caber
I 96 (MG. 617), K 80, a¹ 406 (150), d 267—15.
Sirv. — Milá p. 208. Gsdli. 29, 327.

17. Un nou sirventes ses tardar
I 98 (MG. 619), K 81, a¹ 413 (157, Studj rom. 2, 80), d 270—22.
Mehrsprachiges Sirv. Strophe[1]) I prov., II portugiesisch nach Appel, s. Zts. 10, 593, Jeanroy, Rev. des Pyrénées 1893, 7, Carolina Michaëlis de Vasconcellos, Gröbers Grdr. 2 II 379 und, eingehend und überzeugend, Zts. 26, 71, auch Cancioneiro da Ajuda 2, 441; spanisch (aragonesisch) nach Pelaez, Di un Sirventese-discordo di Bonif. Calvo, Giornale ligustico 18 (1891), 382 und Gsdli. 29, 363, III französisch, IV und Tornada prov. — Milá p. 201 Anm. Krit. hgb. Giorn. lig. 18, 397 mit historischen u. sprachlichen Erläuterungen. Appel, Chrest. p. 108. Gsdli. 29, 339. Bertoni, I trov. d'Italia p. 422.

(**18.** s. 101, 8a } Beide waren Bartsch nur aus
19. s. 101, 11a } dem Register von a bekannt.)

Bonifaci Calvo ist auch Verf. von zwei portugiesischen *cantigas de amor*:

I. Mui gran poder á sobre min Amor
II. Ora non moiro, nen vivo, nen sei

die Pelaez, Gsdli. 29, 346 ff. mitabdruckt; daselbst s. weitere Literatur, es kommt noch hinzu Cancioneiro da Ajuda 1, 519.

102. Bonifaci de Castellana.

Kritische Ausgabe: Amos Parducci, Bonifazio di Castellana Rom. 46, 478; vgl. Bertoni, Arch. rom. 5, 141.

Diez, Leben u. Werke p. 462. Hist. lit. 19, 480. — Über seine politische Rolle s. Richard Sternfeld, Karl von Anjou als Graf der Provence (1245—1265), Berlin 1888 (= Historische Untersuchungen, hgb. von J. Jastrow, Heft 10), passim. — Weiter: Merkel, Atti e Mem. della R. Acc. dei Lincei, ser. IV, vol. IV, p. 311. Fabre, Arch. rom. 3, 40. (A. Brun, Sur les troub. bas-alpins p. 22?)

[1]) Der letzte Vers jeder Strophe ist schon in der Sprache der folgenden Strophe abgefaßt.

1. **Ara pos iverns es el fil**
M 245.
Sirv. — Krit. hgb. Chabaneau, Rlr. 32, 560 und Appel, Prov. Inedita p. 82. Rom. 46, 495. — Zur Datierung s. Salverda de Grave, Le troub. Bertran d'Alamanon p. 59, Bertoni, I trov. d'Italia p. 27, Chaytor, The troub. and England p. 86 A.

2. **Guerr' e trebaills e brega·m platz**
C 381, M 245.
Sirv. — Choix 4, 214. Parn. occ. p. 144. Galvani, Osservazioni p. 90. MW. 3, 136. Rom. 46, 502. — Zur Datierung s. Salverda de Grave, l. c. p. 42.

3. **Si tot no·m es fort gaja la sazos**
C 381.
Sirv. — Krit. hgb. Chabaneau, Rlr. 32, 562 und Appel, Prov. Inedita p. 85. Rom. 46, 507. Übersetzung Jeanroy, Anthol. p. 110.

103. Lo Bort[1]) del rei d'Arago.

Die mit Rostaing Berenguier de Marseilla gewechselten Coblas sind kritisch herausgegeben von P. Meyer, Derniers Troubadours p. 87, vgl. auch p. 75. — Ch. de Tourtoulon, Rlr. 4, 395. P. Meyer in Hist. lit. 32, 75.

1. **Mesier Rostaing, pensan en prop** G. (sic)
f 10.
Cobla, 'remisio', Antwort auf 427, 5. — Dern. Troubad. p. 89.

2. **Midons m'es emperativa**
f 10.
Cobla, 'peticio', beantwortet durch 427, 2. — Dern. Troub. p. 88. Hist. lit. 32, 76.

3. **Un joc novel ai entaulat**
f 9.
Cobla, 'peticio', Rätselfrage, beantwortet durch 427, 1. — Dern. Troub. p. 87. Die Lösung des Rätsels gab Tobler, Götting. gel. Anz. 1872, I 287.

104. Bermon Rascas.

Bartsch nennt ihn Bremon (Bermon) Rascas. Das Register von a hat Bermon Rascas, a[1] aber Reimonz Rascas.

Kritische Ausgabe von Schultz-Gora, Prov. Studien (2) p. 108; vgl. Appel, Zts. 42, 379. — Ältere Literatur: P. Meyer, Derniers Troubadours p. 205 und Rom. 31, 161. Anglade, Jehan de Nostredame p. 348.

1. **Deus et amors e merce**
a[1] 455 (203, Studj di fil. rom. 8, 462).
[Bartsch unbekannt.] Canz. — Schultz-Gora p. 109.

2. **Lanquan lo dous temps s'esclaire**
a[1] 456 (204, ib. 8, 463). — Der Name des Verfassers fehlt über dem Gedicht. Hoepffner, Rom. 54, 120 ist für Bernart Marti als Verfasser; doch s. Schultz-Gora, Zts. 49, 725.
[Desgl.] Canz. — Schultz-Gora p. 113.

[1]) *Bort* (Hs. *borc*) bedeutet Bastard.

(105. Cabrit.

Wahrscheinlich Versteckname von Gui de Cavaillo; vgl. Hist. lit. 17, 548, Chabaneau, Biogr. p. 342, Stroński, Rlr. 50, 28 Anm., Kolsen, Arch. 137, 80, Appel, Cadenet p. 111.

1. Cabrit, al meu vejaire
Tenzone mit Ricau de Tarasco, s. 422, 2; besser unter 192, 1 a.)

106. Cadenet.

Kritische Ausgabe[1]) mit Übersetzungen und verbindendem Text: Der Trobador Cadenet von Carl Appel, Halle 1920. — Besprochen von Schultz-Gora, Arch. 140, 288 mit Besserungen, Pillet, Zts. 43, 254 desgl., Kolsen, Deutsche Lit.-Ztg. 1928, col. 1712, Bertoni, Arch. roman. 5, 140.

Frühere Literatur: Diez, Leben u. Werke p. 438. Hist. lit. 17, 473.

Vida: A 143 (p. 446), B 87 (ib. p. 704), I 113, K 98. — Parn. occ. p. 113. Choix 5, 110. Mahn, Biogr. p. 53. Chabaneau, Biogr. p. 301. Appel p. 4.

1. Ab lejal cor et ab umil talan
C 155, f 62. — Appel hält es für unecht, Stroński, Folquet de Marseille p. 37* A. 1 und AdM. 25, 293 schreibt es Gaucelm Faidit zu.
Canz. — Choix 3, 249. MW. 3, 61. Appel p. 88.

2. A! co·m dona ric coratge
Aisso·m, *Appel* Aco·m
A 145 (419), B 89 (MG. 21), C 158 (MG. 677), D 72—254, D^c 249 (75, AdM. 13, 210), E 120 (MG. 676), F 38 (129), G 101 (p. 328), I 115, K 100, N 238–375, O 22 (36), P 31 (98, Arch. 49, 309), R 54–458, S 151–94, T 272, U 68 (Arch. 35, 409), a¹ 373 (117), f 36 (P. Meyer, Dern. Troub. p. 148 A. 4, dazu Kollation von Bartsch, Zts. 4, 357), *α* 32173 und 32189, *ϰ* 128 (Mussafia p. 220); Strophe *En faire (far) gran vassalatge* anonym N 101–128, Q 107 (267, p. 206 und Arch. 35, 108) = Bartsch 461, 108.
Canz. — Appel p. 22; vgl. Lewent, Zts. f. frz. Spr. u. Lit. 50, 488.

3. Ad ome meills no vai
D^c 250 (82, AdM. 13, 212), I 116 (MG. 302), K 101, S 153–96 (MG. 274), d 283–57.
Canz. — Appel p. 27.

4. Ad ops d'una chanso faire
E 117 (MG. 339), a¹ 376 (120).
Canz. — Appel p. 42.

5. Ai! doussa flors benolens
I 116 (MG. 303), K 101, d 284—58.
Canz. — Appel p. 1.

6. Aitals com eu seria
C 155, f 61.
Sirv. — Lex. rom. 1, 362. MW. 3, 66. Appel p. 8.

[1]) Numerierung wie hier.

7. Amors, e com er de me
es mi

A 145 (418), B 88 (MG. 25), C 157 (MG. 684), D 72—253, F 37 (128), I 114, K 99, M 152, P 31 (99, Arch. 49, 310), R 54—457, S 152—95, T 273, U 71 (Arch. 35, 411), a[1] 378 (123), f 46; anonym Ve. Ag. I, fol. XXXVIIIj.
Canz. — Choix 3, 247. MW. 3, 59. Appel p. 44.

8. Ans que·m jauzis d'amor

C 155 (MG. 745), D^a 172–604, D^c 250 (81, AdM. 13, 211), E 117 (MG. 746), I 114, K 99, R 19—155.
Canz. — Appel p. 52.

(**9. Be fui conoissens a mon dan**
ist von Elias de Barjols, s. 132, 4 a.)

10. Be volgra, s'esser pogues,
Tot lo mal qu'ai fag desfar

A 147 (423), B 90 (MG. 1411, zwei Strophen mehr als A), I 114, K 99, d 283–56; Arnaut Catalan M 187; anonym vor Cadenets anderen Gedichten F 36 (126); anonym unter 'cansos ses titol', beginnend *Be volgra, s'a Dieu plagues*, C 386, bei Bartsch 461, 51, hgb. Chabaneau, Rlr. 32, 574; erste Strophe anonym P 64 (*c.* 143, Arch. 50, 281).
Bußlied. — Choix 4, 418. Milá y Fontanals, Trovadores en Esp. p. 363. MW. 3, 64. Appel p. 10.

11. Cadenet, pro domn' e gaja

Tenzone mit Guionet, s. 238, 1.

12. Camjada s'es m'aventura

A 146 (421 und Arch. 34, 172), C 158 (MG. 952), D 73–261, E 118, I 114, K 100, M 153, N 237—374, R 55—459, T 276, a[1] 370 (116), f 61; Pons de la Garda S 232—150.
Canz. — Appel p. 54.

13. De nula re non es tan grans cardatz

B 90 (MG. 1410; Studj di fil. rom. 3, 705), D^c 250 (84, AdM. 13, 212), F 39 (131), K 102 [nur im Index von I], P 62 (*c.* 120 — aber vollständig — Arch. 50, 278), a[1] 377 (122), d 284—61.
Sirv. — Choix 4, 281. MW. 3, 63. Appel p. 14. — Vgl. Soltau, Blacatz, ein Dichter p. 43.

14. Eu sui tan corteza gaita

A 144 (416), C 156, D 73–258, I 114, K 99; anonym nach Cadenet G 102 (p. 331 und Arch. 32, 421); Guiraut de Borneill E 56, Sg als Nr. 70; Folquet de Marseilla C Reg., R 52 ♩— 434; Arnaut Daniel Nr. 8 in Sg; Strophe *Ges per gab(e)s ni per menassa* anonym P 65 (*c.* 159, Arch. 50, 283). — In C R beginnt das Gedicht: *S'anc fuy belha ni prezada*, so auch bei Appel.
Alba. — Choix 3, 251. Bartsch, Lesebuch p. 103. MW. 3, 62. Appel p. 76. Mel. bei Beck, La musique des troub. p. 99 (Str. 3).

15. L'autrier lonc un bosc foillos

D^a 173—606, I 116, K 101; Tibaut de Blizon[1]) C 379,

[1]) Die Pastourelle ist nicht von Thibaut de Blaison. Sie ist sprachlich einwandfrei und paßt in Cadenets Gedankenkreis; Thibaut hat sie

R 21—174. (MG. 727 nach C R I.)
Pastourelle. — Choix 2, 230. Parn. occ. p. 113. MW. 3, 67. Appel p. 75. Audiau, La pastourelle p. 26 (vgl. introd. p. VIII). Audiau et Lavaud, Nouv. Anthol. p. 283.

16. **Meravill me de tot fin amador**
A 146 (420 und Arch. 34, 171), C 156 (MG. 683), D 74—262, D^c 250 (78, AdM. 13, 211), I 115 (MG. 682), K 101, R 55—460, S 157—99, T 274, U 69 (Arch. 35, 410), f 62, α 29276 (auch MG. I 197); anonym hinter Cadenet N 239 —377.
Canz. — Appel p. 29.

17. **No sai qual conseill mi prenda**
A 146 (422), B 89 (MG. 75), C 156, D^a 172—605, D^c 250 (79, AdM. 13, 211), I 114, K 99, N 237–373, R 19–156, S 154 —97, U 66 (Arch. 35, 408), f 37.
Canz. — Appel p. 33.

18. **Oimais m'auretz avinen**
d'avinen
A 143 (413), B 87 (MG. 1409), C 154, D 72—255, D^c 250 (80 und 83, AdM. 13, 211 und 212), E 119 (MG. 951), I 115, K 100, M 154, R 54–455, S 156–98 (MG. 275), T 275, U 67 (Arch. 35, 409), a^1 374 (118), f 62, α 30600 und 31836 (auch MG. I 210 und 217).
Canz. — Lex. rom. 1, 360. MW. 3, 65. Appel p. 47.

18a. **Plus que la naus qu'es en la mar prionda**
a^1 376 (121, Studj di fil. rom. 8, 440).
Canz. — Appel p. 32.

19. **Pos jois mi met en via**
E 120.
Canz. — Krit. hgb. Jeanroy, AdM. 17, 459. Appel p. 20.

= S'anc fui bela ni prezada s. 106, 14. =

20. **S'eu ar endevenia**
esdevenia
A 145 (417 und Arch. 34, 171), D 73—260, D^c 249 (77, AdM. 13, 210), I 115, K 100, S 159 —100.
Canz. — Appel p. 56.

21. **S'eu oimais deserenan**
d'eras e.
A 143 (412 und Arch. 34, 170), C 159, D 72—256, I 113, K 98, R 55—461.
Canz. — Appel p. 49.

22. **S'eu pogues ma volontat**
Sieus
A 144 (415), B 88 (MG. 94), C 157, D 73—259, D^c 249 (76, AdM. 13, 210), F 39 (130), G 101 (p. 330), I 115, K 100, M 153, R 54—456, T 278,

---

nach meiner Meinung nachgeahmt in einer französischen Pastourelle bei Bartsch, Altfranz. Romanzen und Pastourellen, Leipzig 1870, p. 227. Vgl. Chabaneau, Biogr. p. 383, O. Schultz [-Gora], Zts. 8, 107 und 110 und Pillet, Studien zur Pastourelle. Beiträge etc. p. 119. — Übrigens stehen noch zwei Gedichte unter Thibauts Namen in prov. Hss.: 1. *Amors, ges (je) ne me planh mia*, prov., in C 379 (MG. 729), R 28—240 (MG. 730) und 2. *Can se reconjan auzeus*, sicher französisch = *Quant se resjouïssent oisel*, bei Raynaud Nr. 584, in R 29—243 (MG. 728). — Die Lieder des Trouv. Thibaut de Blaison wurden krit. herausgegeben von Stephan Kaminsky, Diss., Königsberg 1914 (nicht gedruckt).

U 70 (Arch. 35, 411), a[1] 374 (119), f 61 und 12 [Str. III *Una ren m'a aleujat* und IV], *a* 27995 (auch MG. I 183) und 34169; anonym nach Cadenet N 238—376.
Canz. — Appel p. 39.

23. S'e·us essai | ad amar d'amor
C 158, E 119, I 116 [unvollständig], K 101, M 154, T 275, d 284—59.
Canz. — Krit. hgb. Jeanroy, AdM. 17, 461. Appel p. 25.

24. S'eu trobava mon compair' en Si **Blacatz**
D[c] 250 (85, AdM. 13, 213), F 37 (127), f 8. Strophe *Mais de[u] esser savis [hom] encolpa[t]z* anonym P 64 (*c.* 132, Arch. 50, 279; Riv. Sarda 1, 396) = 461, 157.
Aufforderung an Blacatz, Buße zu tun. — (Choix 5, 111. MW. 3, 68.) Appel p. 13.

25. Tals reigna dezavinen
A 144 (414), B 87 (MG. 99, eine Strophe und Tornada mehr als A), C 157, D 73—257, E 118, I 116, K 101, M 157, T 271.
Canz. — Appel p. 36.

Attribuiert werden ihm noch:
30, 3 Aissi com cel qu'am' e non es amatz (Arnaut de Maroill)
305, 6 Ara pot ma domna saber (Monge de Montaudo)
276, 1 Longa sazon ai estat vas amor (Jordan de l'Isla de Venessi?)
406, 40 Si tot s'es ma domn' esquiva (Raimon de Miraval)
167, 58 Tan sui ferms e fis vas amor (Gaucelm Faidit)
217, 7 Totz hom qui be comens' e be fenis (Guillem Figueira).

107. Calega Panzan.

Hs. Panza, d. h. Panzá.

Bertoni, Giorn. stor. d. let. it. 36, 23 A. 2. Giuseppe Flechia, Calega Panzano trovatore genovese, ib. 39, 180. Arturo Ferretto, Notizie intorno a Caleca Panzano trovatore genovese e alla sua famiglia (1248—1313), Studj di fil. rom. 9, 595. Bertoni, I trov. d'Italia p. 112. Stiefel, Die ital. Tenzone p. 115.

1. Ar es sazos qu'om si deu alegrar
a[1] 512 (264, Studj di fil. rom. 8, 468).
[Bartsch unbekannt.] Sirv. — Teilweise gedruckt und besprochen von Torraca, Studi su la lirica italiana del duecento p. 337. Krit. hgb. von Jeanroy, Un sirventés contre Charles d'Anjou (1268), AdM. 15, 145 mit wichtigem Kommentar (vgl. Schultz-Gora, Zts. 27, 470) und von Bertoni, I Trovatori minori di Genova p. 30, vgl. p. XXXI. Übersetzt und sehr ausführlich erläutert von R. Sternfeld und O. Schultz-Gora, Ein Sirventes von 1268 gegen die Kirche und Karl von Anjou, Mitteilungen des Instituts für österreichische Geschichtsforschung, Bd. 24,

Innsbruck 1903, p. 616. — S. noch Wittenberg, Hohenstaufen p. 115. Bertoni, I trov. d'Italia p 441.

108. Carenza.

1. **Na Carenza al bel cors avinen**
   Coblaswechsel mit Alaisina Yselda, s. 12, 1.

109. Castelloza.[1])

Ausgabe von O. Schultz[-Gora], Die prov. Dichterinnen p. 23; vgl. auch p. 12. — Hist. lit. 18, 580. Bertoni, Arch. rom. 1, 228.

Vida: A 168 (p. 525), I 125, K 110, [ρ 32ª]. — Parn. occ. p. 245. Choix 5, 111. Mahn, Biogr. p. 57. Chabaneau, Biogr. p. 269; vgl. auch p. 303. O. Schultz[-Gora] p. 12.

1. **Amics, si·us trobes avinen**
   A 168 (486), I 125, K 110, N[2]) 227—356, d 310—140. Canz. — Choix 3, 370. Parn. occ. p. 245. MW. 3, 219. O. Schultz [-Gora] p. 23. Troub. cantaliens 2, 496.

2. **Ja de chantar no degr' aver talan** -en
   A 169 (487), I 125, K 110, N 228—357, d 311—141. Canz. — Choix 3, 368. Parn. occ. p. 247. MW. 3, 217. O. Schultz [-Gora] p. 23. Troub. cantaliens 2, 502.

3. **Mout avetz fag lonc estatge** auretz
   A 169 (488), I 125, K 111, N 228—358, d 311—142. Canz. — Parn. occ. p. 248. MW. 3, 220. O. Schultz[-Gora] p. 24. Troub. cantaliens 2, 510.

Vgl. 461, 191.

110. Catalan.

1. **De las[3]) serors d'Enguiran**
   [Bartsch unbekannt.] Tenzone mit Vaquier, s. 459, 1.

111. Cavaire.

Chabaneau, Biogr. p. 343.

1. **Bonafos, eu vos envit**
   C 394, Partimen d'en Bonafos e d'en Cavaire (Klein, Die Dichtungen des Mönchs von Montaudon p. 108 Anm.). Tenzone (Partimen) mit Bonafos = 99, 1. — Lavaud, Troub. cantaliens 2, 552.

2. **Cavaire, pos bos joglars est**
   Coblaswechsel mit Folco, s. 151, 1.

Cavalier Lunel de Monteg, Cavalier de Moncog s. Art. 289.

[1]) Wenn ich hier nicht einen Castelan mit O. Schultz[-Gora], Zts. 10, 592 einführe, so geschieht dies, weil ich die von Raimon Vidal β^1 594 zitierten Verse für spanisch halte; vgl. dazu Stroński, AdM. 19, 56, Bergert, Damen p. 113.

[2]) Alle drei Lieder stehen in N anonym zusammen.

[3]) Pillet hat „la“.

112. Cercamon (Cercalmon).

Kritische Ausgaben[1]): 1. mit Einleitung und Übersetzung von Dejeanne, Le troubadour Cercamon, AdM. 17, 27. 2. Les poésies de Cercamon, éditées par A. Jeanroy, Paris 1922 (= Les classiques français du moyen âge, 27). Besprochen: Anglade, AdM. 35/36, 320; Brunel, Bibl. de l'École des Chartes 84, 388.

Ältere Literatur: Hist. lit. 20, 534 (wertlos). — Fauriel, Hist. de la poésie prov. 2, 3. — Mahn, Der Troubadour Cercamon, Jahrb. 1, 83 mit Abdruck und Übersetzung von 4 Gedichten; vgl. Tobler, Jahrb. 1, 212 und Stengel, Jahrb. 12, 239. — Die unter 1. erwähnten Artikel von Rajna, Zenker und Jeanroy. — Suchier und Birch-Hirschfeld, Gesch. der frz. Lit. 1, 61. — Bertoni, Noterelle provenzali. 1. Sopra due componimenti di Cercalmon, Rlr. 45, 348. — Pillet, Beiträge zur Kritik der ältesten Trobadors: Binnenreim bei Cercamon und Marcabru, 89. Jahresber. d. Schles. Gesellsch. f. vaterl. Cultur, Breslau 1912, Nr. II (zu 112, 1a); vgl. W. Suchier, Zts. 36, 504, J. Acher, Zts. f. frz. Spr. u. Lit. 38, 10. — A. Franz, Über den Troubadour Marcabru, p. 7 A. 3 (C.'s Verhältnis zu Marcabru). — Appel, B. von Ventadorn p. LXVI. — Ders., Tristan bei Cercamon? Zts. 41, 219 (zu 112, 1a, Str. 6); vgl. dazu Kolsen, Zts. 41, 553. — Anglade, Hist. somm. de la litt. mérid. p. 56. — S. auch den unter Marcabru zitierten Aufsatz von Boissonnade. Ferner: E. Levi, Due trovatori antichissimi nell' onomastica italiana del sec. XII: Marcabru e Cercamon, Rom. 55, 254. — Kastner, Marcabrun and Cercamon, The modern language review 26, 1 (Jan. 1931). — J. Storost, Ursprung und Entwicklung des altprov. sirventes p. 89.

Vida: I 133, K 119. — Parn. occ. p. 250. Choix 5, 112. Mahn, Biogr. p. 59. Chabaneau, Biogr. p. 216. Monaci, Testi ant. prov., col. 39. AdM. 17, 27 A. 2. Jeanroy p. 29. — Zu der Angabe *trobet vers e pastoretas a la usanza antiga* s. Pillet, Studien zur Pastourelle, Beiträge etc. p. 109.

1 a[2]). Ab lo pascor | m'es bel qu'eu chan

a[1] 367 (113, Studj di fil. rom. 8, 424).

Sirv. — AdM. 17, 48. Jeanroy p. 11.

1 b. Ab lo temps que fai refrescar qes

a[1] 366 (112, Studj di fil. rom. 8, 423).

Canz. — AdM. 17, 45. Jeanroy p. 4.

[1]) Anordnung der Texte:

Dejeanne	Grdr.	Jeanroy
1 =	3 =	8
2 =	4 =	1
3 =	1c =	3
4 =	1b =	2
5 =	1a =	4
6 =	3a (330, 13) =	5
7 =	2a =	6
8 =	1 =	7

[2]) Ich nehme an, daß der Dichter in V. 1 und 3 jeder Strophe Binnenreim angewandt hat, allerdings in nicht ganz einwandfreier Weise.

1c. Assatz es or' oimai qu'eu chan
a[1] 365 (111, Studj di fil. rom. 8, 423).
Canz. (‚vers'). — AdM. 17, 43. Jeanroy p. 8.

1. Car vei fenir a tot dia
R 48—406 unter Sercalmont. Tenzone zwischen C., hier Maistre angeredet, und Guillalmi = 199, 1. — Jahrb. 1, 97. AdM. 17, 59. Jeanroy p. 23; vgl. Appel, Zts. 43, 438. — Vgl. Pio Rajna, Spigolature provenzali. I. Cercalmon, *Car vei fenir a tot dia*, Rom. 6, 115 (grundlegend); seine Datierung (1137) wird jetzt bestätigt durch Bertoni, Rlr. 45, 349. — Cercamons Anteil haben Römer, die volkstüml. Dichtungsarten der apr. Lyrik p. 58 und Selbach, Streitgedicht p. 14 bestritten. Zenker, Die prov. Tenzone p. 72 erklärte die Tenzone für fingiert, aber für C.'s Werk. Später (Zts. 13, 298) identifizierte er indessen Maistre mit Raimon de Miraval, wurde aber von Jeanroy (Sur la tençon *Car vei fenir a tot dia*, Rom. 19, 394) widerlegt und ließ die Hypothese fallen (Zts. 16, 445; dazu wieder Jeanroy, Rom. 22, 316). — Zum Texte von v. 46 s. auch Chabaneau, Rom. 8, 126 und Tobler, Zts. 15, 276, auch Jeanroy, Cercamon p. 35.

2. Ges per lo freg temps no m'irais
D[a] 196—710, I 133 (MG. 371), K 119; Peire d'Alvergne E 51; Peire Vidal S 21—12 (MG. 249); Gaucelm Faidit N 110 —152, unter ihm als Nr. 24 zitiert N[2] 25 (Arch. 102, 208); Bernart de Ventadorn L 18. — Cercamons Autorschaft hat Römer, l. c. p. 58 bestritten, auch Dejeanne, AdM. 17, 30 lehnt sie mit guten Gründen ab, ebenso Jeanroy, introd. p. III; aber wem gehört denn das Gedicht?
Canz. — Delius, Ungedruckte prov. Lieder p. 14 nach S. Bartsch, Peire Vidal's Lieder p. 132. Jahrb. 1, 93. Krit. hgb. Zenker, Die Lieder Peires von Auvergne p. 149 (= Rom. Forschungen 12, 800); vgl. p. 11. Vgl. auch Appel, B. von Ventadorn p. 310.

2a. Lo plaing comens iradamen
a[1] 369 (115, Studj di fil. rom. 8, 425).
Planch. — AdM. 17, 55. Jeanroy p. 19. Vgl. Bertoni, Rlr. 45, 349.

3. Per fin' amor m'esjauzira
esbaudirai
D[a] 196—711 (Del cod. Estense, Sitzungsberichte etc. p. 445); anonym f 48. — Attribution an Cercamon nach Jeanroy, introd. p. IV zweifelhaft.
Canz. — Krit. hgb. Bartsch, Chrest. col. 51. P. Meyer, Recueil p. 70. AdM. 17, 34. Jeanroy p. 26, auch Lommatzsch, Liederbuch p. 10.

3a. Pos nostre temps comens' a brunezir
C 359 (die nur in C stehenden Strophen bei P. Meyer, Rom. 33, 299 A. 1), a[1] 368 (114, Studj romanzi 2, 78); [Peire Bremon] Ricas Novas A 142 (410 und Arch. 34, 169; MG. 909), D[a] 186—665, I 111 (MG. 908), K 96. — Autor-

schaft durch v. 49 (in a[1]) gesichert; vgl. Bertoni, Rlr. 45, 350.
[Bartsch 330, 13.] „Vers", eine Art Sirventes-Canzone. — Jahrb. 1, 96. AdM. 17, 52. Jeanroy p. 14.

4. **Quan l'aura doussa s'amarzis**
la douss' aura
C Reg., D[a] 196—709, I 133, K 119, R 21—176, a[1] 364 (110); Peire Bremon Ricas Novas C 254; anonym L 115 (Arch. 34, 435).
Canz. — Parn. occ. p. 250. Jahrb. 1, 91. MW. 3, 303. Monaci, Testi ant. prov., col. 38. Krit. hgb. Appel, Chrest. p. 53. AdM. 17, 38. Jeanroy p. 1. Anglade, Anthol. p. 18. Audiau et Lavaud, Nouv. Anthol. p. 19.

113. Certan.

So wird in T und a[1] der eine Interlokutor der Tenzone 185, 2 genannt, in der Überschrift von A und D *lo coms de Rodes*; der andere ist Uc de Saint Circ.

114. Chardo.

Suchier, Der Minnesänger Chardon, Zts. 31, 129 und besonders p. 138 (vgl. G. Huet, Le Moyen Age 21, 230?) hält es für möglich, daß unser Chardo identisch ist mit dem französischen Dichter Chardon de Croisilles oder de Reims (vgl. übrigens schon O. Schultz [-Gora], Zts. 8, 111); De Bartholomaeis, Studj romanzi 4, 264 A. 2 bestreitet eine solche Annahme ohne rechten Grund.

1. **N'Ugo, cauzetz, avans que respondatz**
a[1] 576 (318, Studj di fil. rom. 8, 476), la tenzo del Chardo e d'en Ugo.
[Bartsch unbekannt.] Tenzone (Partimen) m. einem Uc = 448, 2. — Krit. hgb. Suchier, l. c. p. 149.

115. Clara d'Anduza.

S. die Art. 42a und 43. Vgl. die Biographie von Uc de Saint Circ (Razo zu 457, 4) und den Brief der Azalais d'Altier (42a). — Hist. lit. 19, 477. O. Schultz [-Gora], Die prov. Dichterinnen p. 15.

1. **En greu esmai et en greu pensamen**
C 359.
Canz. — Choix 3, 335. Parn. occ. p. 252. Hist. lit. 19, 479. MW. 3, 210. Krit. hgb. O. Schultz [-Gora] p. 26. Charvet, l. c. p. 142. Portal, l. c. p. 278 und Riv. d'Italia 15, II, 826.

Clerc (un) s. 156, 12.

115a. Codolet.

Chabaneau, Rlr. 32, 122. Anglade, Le troubadour Guiraut Riquier p. 99.

1. A 'n Miquel de Castillo
Tenzone mit Guiraut Riquier und Miquel de Castillo, s. 248, 11 = 300, 1.

116. Coine.

In E Conge.

Chabaneau, Biogr. p. 344; dazu O. Schultz[-Gora], Zts. 10, 593. V. de Bartholomaeis, *De Rambaut e de Coine*, Rom. 34, 44 hält die auf ihn fallenden Strophen für französisch und ihn selbst für identisch mit Conon de Béthune. — Schultz-Gora, Lit.-Bl. 1902, col. 304 und Zts. 41, 703, auch Zts. 30, 591.

1. Seigner Coines, jois e pretz et amors
Tenzone mit Raimbaut de Vaqueiras, s. 392, 29.

Coms de . . . s. Graf von . . . Art. 178—186.

Comtessa de Dia s. Beatritz de Dia; über eine zweite Comtessa de Dia s. den Anhang zu Art. 46.

Comtessa de Proensa s. Gräfin von Provence.

(117. Comunal (Cominal).

Versteckname der beiden Gegner in dem Liederstreit zwischen Garin d'Apchier und Torcafol.)

Conge, Conon de Béthune s. Coine.

118. Cossezen.

C. (oder Cosseden) ist der Name oder der Beiname eines alten Troubadours aus der Lombardei in Peire d'Alvergne's Satire 323, 11, v. 78. — Bertoni, I trov. d'Italia p. 129 und Studj rom. 13, 28. — P. Rajna, Rom. 49, 77. Gegen seine merkwürdige Auffassung Crescini, Atti del R. Istituto Veneto 83, II, 781.

Cozin eines Gauceran s. 167 a, 1.

119. Dalfi d'Alvergne.

1169—1234. Robert (I.) nennt ihn auch Stroński, AdM. 18, 481 und Le nom du troubadour *Dalfin d'Alvernhe*, Rom. 36, 610 (Entgegnung auf Thomas' Einwürfe in Rom. 36, 138), während A. Prudhomme, Bibl. de l'École des Chartes 54 (1893), 450 Dalfi (Delphinus) als seinen Namen (nicht seinen Titel) ansieht.

Diez, Leben u. Werke p. 92. Hist. lit. 18, 607. Stroński, AdM. 18, 476 (wichtig). Anglade, Hist. somm. de la litt. mérid. p. 75.

Zu seinen Tenzonen s. Zenker, Die prov. Tenzone p. 86 und 94, Jeanroy, AdM. 2, 298. Über den Streit mit dem Bischof Robert von Clermont s. Stroński, AdM. 18, 477 A. 7.

Vida: A 203 (p. 628), B 120 (ib. p. 718 und Mahn, Biogr. p 11 Nr. 15), I 186, K 171. — Parn. occ. p. 84. Choix 5, 124. MW. 1, 130. Chabaneau, Biogr. p. 261. Dazu die Razos von 420, 1; 95, 3; 119, 5; 353, 1.

1a. Al Dalfi man qu'estei dins son ostal
Coblaswechsel mit Peire Pelissier, s. 353, 1.

1. Dalfi, respondetz mi, si·us platz Baussan
Tenzone mit einem Uc, s. 448, 1 (und 45, 1).

2. Dalfi, sabriatz me vos
Tenzone mit Peirol, s. 366, 10.

3. Joglaretz, petitz Artus
A 204 (588 und Arch. 34, 194), D 135—465.
Sirv. joglaresc. — Krit. hgb. Witthoeft, Sirventes joglaresc p. 43.

4. Lo vesques trob' en sos breus troban
H 46 (157); dazu Razo (Mahn, Biogr. p. 11 in Nr. 16).
Cobla, antwortet auf 95, 3. — Choix 5, 125. MW. 1, 131. Chabaneau, Biogr. p. 263.

5. Mauret, Bertrans a laissada -an
H 47 (163), ϰ 121 (Mussafia p. 246); dazu Razo in H.
Cobla, beantwortet durch 92, 1. — Choix 5, 104. MW. 3, 373. Chabaneau, Biogr. p. 263.

6. Perdigos, ses vassalatge
A 178 (507), D 144 - 499, G 93 (p. 293 und Arch. 32, 409), I 153, K 139, M 257 (MG. 1016), Q 33 (in Nr. 85, p. 67, beginnt *Car tot foron d'una raiz*, v. 23), R 8-45, f 38. — Überschrift: lo dalfins d'Alverne et en Perdigons IK; lo dalfins e 'n Perdigons A, Index B; lo dalfins D; del dalfin de Viena e de Perdigo f.
Tenzone (Partimen) mit Perdigo = 370, 11. — Krit. hgb. Appel, Chrest. p. 133 und Chaytor, Les chansons de Perdigon p. 32. Zur Anspielung in v. 50/51 s. Schultz-Gora, Zts. 37, 465.

7. Pos sai etz vengutz, Cardaillac es
A 204 (589 und Arch. 34, 194), D 136—467; lo fils d'en Bertran del Born O 96 (151 und Arch. 34, 384), a[1] 527 (274). — Attribution durch die Anspielung der Tornada gesichert. Sirv. joglaresc. — Krit. hgb. Witthoeft, Sirventes joglaresc p. 42. — Vgl. Kolsen, Arch. 143, 109.

8. Reis, pos vos de mi chantatz que *AB; fehlt sonst*
A 203 (586), B 120 (MG. 1399), D 135—463, I 185, K 171; anonym R 23—198. Razo s. zu 420, 1.
Sirv. als Antwort auf 420, 1. — Choix 4, 256. Parn. occ. p. 84. MW. 1, 131. Tarbé, Les Œuvres de Blondel de Néele p. 129.

9. Vergoign' aura breumen nostr' evesques chantaire
A 204 (587), B 120 (MG.

1400), D 135—464, I 186, K 171.

Sirv., vgl. 95, 2. — Choix 4, 258. MW. 1, 132.

Vgl. auch 366, 30.

Attribuiert wird ihm noch:

194, 2 Ara·m digatz vostre semblan (Tenzone zwischen Gui und Elias d'Uisel).

120. Dalfinet.

Chabaneau, Biogr. p. 344.

1. **De meg sirventes ai legor**
   A 198 (569 und Arch. 34, 191), D 131—451.
   Meg sirventes. — Krit. hgb. Kolsen, Zts. 39, 163.

121. Dante da Maiano.

Italienischer Dichter.

Rime di Dante da Maiano ristampate e illustrate da Giovanni Bertacchi, Bergamo 1896. Bertoni, I trov. d'Italia p. 141 und ders., Il Duecento p. 83.

1. **Las! so que m'es al cor plus fis e cars**
   c 138 (140 und Arch. 33, 411). Sonett. — Lex. rom. 1, 504. Bartsch, Lesebuch p. 98 und krit. hgb. Chrest. col. 345. Bertoni, I trov. d'Italia p. 142 A. 3.

2. **Sel fis amors tenia·l meu coratge** (= Cel)
   c 138 (139 und Arch. 33, 411). Sonett. — Krit. hgb. Monaci, Testi ant. prov., col. 105. Bertoni, I trov. d'Italia p. 142 A. 3.

(122. Daspol.

Wahrscheinlich mit Guillem d'Autpol identisch.

1. **Fortz tristors es e salvaj' a retraire**
   s. 206, 2.

2. **Seignors, aujatz, qu'avetz saber e sen**
   s. 206, 4.)

123. Daude de Carlus.

Chabaneau, Biogr. p. 345. O. Schultz[-Gora], Zts. 10, 594.

1. **En re no me semblatz joglar**
   P 63 (*c.* 123, 1, Arch. 50, 278), Diode de Carlus a Gi de Glotos. Cobla, beantwortet durch 193, 1. — Choix 5, 136.

124. Daude de Pradas.

Die Hss. haben auch Deude und einige Prades.

Hist. lit. 18, 558. Stickney, The Romance of Daude de Pradas on the four cardinal virtues p. 5. Torraca, Studi su la lirica ital.

del Duecento p. 244 A. Ernest Lyon, Daudé de Prades et la croisade albigeoise, Mélanges Jeanroy p. 387. Kurze Notiz bei Anglade, Hist. somm. de la litt. mérid. p. 67.

Vida: A 122 (p. 378), B 109 (ib. p. 700), I 111, K 96. — Parn. occ. p. 86. Choix 5, 126. Mahn, Biogr. p. 57. Sachs, Les Auzels cassadors p. 5. Chabaneau, Biogr. p. 257. W. Koch, Beiträge zur Textkritik der ‚Auzels cassadors' p. 5.

1. **Ab lo dous temps que renovela**
Per qui, qes

A 122 (348), C 166, D 56–193, E 124, H 7 (24), M 167, N 128 —182, R 30—258 (MG. 1045); Bernart de Ventadorn a 100 (83, Rlr. 42, 340).
Canz. – Choix 3, 416. MW. 3, 237. W. Koch, Beiträge zur Textkritik der ‚Auzels cassadors' p. 8. Appel, B. von Ventadorn p. 311.

2. **Amors m'envida e·m somo**
ajuda

A 125 (359), C 164 (MG. 351), Da 169—589, E 123, I 112, K 97, N 135—194[1]), a1 492 (242), f 63, α 32368 [Strophe *No sap de domnei pauc ni pro*, bei Bartsch 461, 178]; Bernart de Ventadorn a 101 (84, Rlr. 42, 341); anonym O 13 (22).
Canzone. — Appel, l. c. p. 315.

3. **Anc mais hom tan be non amet**
Nuils hom tan . . .

A 122 (349 und Arch. 33, 461), C 169 (MG. 741), D 56—194, H 7 (25), I 113 (MG. 742), K 98, M 170, N 129–183, R 31–265; Raimbaut de Vaqueiras E 180.
Canzone.

4. **Be deu esser solatz marritz**
solatz esser

A 124 (356 und Arch. 33, 464; MG. 1046), D 58—202.
Planch. — Krit. hgb. Appel, (Der Trobador Uc Brunec,) Abhandlungen Tobler dargebracht p. 61.

5. **Bela m'es la votz autana**

C 169; anonym W 196 (p. 399), ε 4639 [chançon auvrignace; dazu G. Paris in der Einleitung p. CXIX und dazu Chabaneau et Anglade, Rigaut de Barbezieux p. 32 und Anglade, Rlr. 60, 230].
Canz. — Krit. hgb. Appel, Prov. Inedita p. 87. Zu v. 26 s. Chabaneau et Anglade, l. c. p. 35 A. 2 (Rlr. 60, 233 A. 2).

6. **Be·n aj' amors, car anc me fetz cauzir**

A 124 (357), C 167, Da 168 —587, Dc 255 (151, AdM. 14, 197), F 48 (150), G 88 (p. 272), I 111, K 96, M 170, N 130–185, R 31–263, f 63, α 28549 (auch MG. I 189); anonym O 13 (21).
Canz. — Choix 3, 414. MW. 3, 236.

[1]) In N sind nur die Nr. 181—3 mit dem Namen des Verfassers versehen, die Nr. 184—194 anonym, was nicht jedesmal bemerkt zu werden brauchte.

7. De lai on son tuit mei dezir (tuit *fehlt meist*)

A 124 (355 und Arch. 33, 463; MG. 1048), C 170 (MG. 1047), D 57—201 (Del cod. Estense, Sitzungsber. etc. p. 434), E 123, I 112, K 97, N 134—193, R 31—266, a[1] 491 (241); Bernart de Ventadorn a 100 (82, Rlr. 42, 339).
Canz. — Appel, B. von Ventadorn p. 319.

8. Del bel dezir que jois novels Pel, D'un **m'adutz**

C 168, D 57—199 (Del cod. Estense, Sitzungsberichte etc. p. 439), I 113, K 98, M 173, N 134—191; Pistoleta, aber vor Daude de Pradas a[1] 484 (233); Uc Brunenc C Reg. Strophe *No sap que·s fai fols gilos esperdutz* anonym P 65 (*c.*158, Arch. 50, 283) = 461, 179.
Canz. (‚vers').

9. El temps d'estiu, quan s'alegron Al **l'auzel**

C 168 (MG. 596); Guillem de Berguedan H 12 (40 und unvollständig MG. 595); anonym L 35, N 207—317.
Canz. — Milá y Fontanals, Trovadores en Esp. p. 301.

9a. El temps que·l rossignols Al **s'esjau**

A 122 (350 und Arch. 33, 462; MG. 1050), C 167, D 56—195, E 121, H 8 (26), M 169, N 130—184 (MG. 1049), R 31—262, a[1] 490 (239).
[Von Bartsch übersehen.] Canzone. — Kolsen, Dichtungen p. 9.

10. En un sonet gai e leugier (En *fehlt OR*)

C 164, D[c] 256 (153, AdM. 14, 198), I 113, K 98, M 167, N 131—186, R 30—259, a[1] 486 (235), d 285—63, *α* 32116; Albertet A 56 (153 und Arch. 51, 253), O 14 (23 und Arch. 34, 373).
Canzone, vgl. 16, 2; 344, 3; 461, 104. — Parn. occ. p. 86. MW. 3, 238.

11. No cuidei mais ses comjat far cujava **chanso**

A 125 (358 und Arch. 33, 464), C 167 (MG. 1039), D[a] 168—588, D[c] 256 (152, AdM. 14, 198), G 88 (p. 273), I 112, K 97, M 168 (MG. 1038), N 131—187, R 31—260, a[1] 485 (234); anonym O 70 (111).
Canzone.

12. No·m posc mudar que no·m ressit

C 165.
Canz. — Krit. hgb. Appel, Prov. Inedita p. 89.

13. Pos merces no·m val ni·m amors *EMR*[1]) **ajuda**

A 123 (351 und Arch. 33, 462; MG. 1044), C 170, D 56—196, E 122, H 8 (27), M 171, N 132—188 (MG. 1043), R 22—184, a[1] 487 (236), eine Strophe b I 5.
Canzone.

14. Pos amors vol e comanda

A 123 (352), B 110 (MG. 86), C 163, D 57—197, E 121 (MG. 1042), H 8 (28), M 171, N 133—189, R 31—264, a[1] 488

---

[1]) Von Bartsch vorgezogen; daher die Störung der alphabetischen Reihenfolge.

(237), α 29870 (auch MG. I 203).
Canzone.

15. Qui finamen sap consirar
C 170, D 58—203, M 168 (MG. 1040), N 128—181 (MG. 1041), R 31–261, a¹ 493 (243) Geistliches Lied. — Krit. hgb. Shepard, Mélanges Antoine Thomas p. 405.

16. Si per amar ni per servir
C 169, α 28889 (auch MG. I 193) und 33631.
Canz. — Krit. hgb. Appel, Prov. Inedita p. 91.

17. Tan sent al cor un amoros dezir
A 123 (353 und Arch. 33, 463; MG. 1052), C 166, D 57–198, Dᶜ 256 (154, AdM. 14, 198), E 122, H 9 (29), I 112, K 97, M 172, N 133–190 (MG. 1051), R 22—185, a¹ 489 (238); Guiraut de Borneill P 6 (17, Arch. 49, 67).
Canz. — Krit. hgb. Kolsen, Trobadorgedichte p. 15.

18. Trop be m'estera, si·s tolgues
A 124 (354), C 164, D 57–200, E 123, I 112, K 97, N 134–192 (MG. 295), a¹ 491 (240); Augier [nachträgl. ausgestrichen] H 40 (128).
Canz. — Parn. occ. p. 390. Lex. rom. 1, 427. MW. 3, 240.

An anderen Liedern werden ihm attribuiert:

65, 1 Ab cor lejal, fin e certa (Bernart de Pradas, s. Vorbemerkung)
65, 2 Ai! s'eu pogues m'aventura saber (ders.)
421, 4 Be·m cuidava d'amor gardar (Richart de Berbezill)
461, 86 D'ome fol ni desconoissen (anonym)
65, 3 Si tot m'ai pres un pauc de dan (Bernart de Pradas).

Daude de Pradas ist noch der Verfasser zweier Lehrgedichte:

I. Lo Romans dels auzels cassadors, beginnend: *Daude de Pradas non s'oblida.*
Hss.: 1. b II 29, die ersten 4 Verse auch $\varkappa$ 122 (Mussafia p. 220 und 229); 2. Bibl. Nat., nouv. acq. franç. 4506 (Libri 108), früher in der Sammlung des Lord Ashburnham (Ende 13. Jh., Papier — vgl. P. Meyer, Rom. 12, 339; L. Delisle, Catalogue des mss. des fonds Libri et Barrois, Paris 1888, p. 121; Catalogue gén., nouv. acq. franç. 2, 200); 3. eine (katalanische) Hs. im Arch. des Domkapitels zu Vich (Katalonien).
Vollständig hgb. nach b von Monaci, Lo Romans dels auzels cassadors secondo la lezione del ms. barberiniano XLVI-29, Studj di fil. rom. 5, 65; dazu Konjekturen von Levy, Lit.-Blatt 1890, 343. — V. 1—272 schon bei Mahn, Ged. 200; das Hauptstück, v. 273–2720 (bzw. 2750), wurde seinerzeit nach einer schlechten Abschrift von b (in der Bibl. de l'Arsenal, jetzt 3098, 4) durch Karl Sachs hgb. u. d. T. Les Auzels cassadors, poème prov. de Daude de Pradas, publié avec une introduction par Dr. Sachs, Iᵉ partie, im Programm der Saldern'schen Realschule in Brandenburg a. d. H. 1865 (s. die Besprechung von Bartsch,

Jahrb. 6, 343); v. 2751 bis Schluß (3792) wurden neuerdings nochmals hgb. von Wilhelm Koch, Beiträge zur Textkritik der „Auzels cassadors" von Daude de Pradas, Diss. Münster 1897. — Auszüge: Choix 5, 126; Galvani, Osservazioni p. 355; Bartsch, Lesebuch p. 127 und Chrest. col. 195. — Vgl. Bartsch, Grdr. p. 52; Stimming in Gröbers Grdr. 2 II 42. — Zu den Quellen s. H. Werth, Zts. 12, 165 und Koch p. 15. — Zu v. 2797/98 s. Bertoni, Rlr. 56, 416.

II. Der Roman von den vier Kardinaltugenden[1]), beginnend: *Honestatz es e cortesia.* Hs: V 120. Kritische Ausgabe: The Romance of Daude de Pradas on the four cardinal virtues, edited with brief notes by Austin Stickney, Florence 1879. — Besprochen von Bartsch, Zts. 3, 428 (mit wichtigen Besserungen auf Grund einer anderen Abschrift); Chabaneau, Rlr. 16, 67; Suchier, Lit.-Bl. 1881, col. 405. — Auszüge: Lex. rom. 1, 563; Schultz-Gora, Elementarbuch p. 185. — Vgl. Bartsch, Grdr. p. 45; Stimming l. c. 2 II 48.

Deude, Lode u. a. s. Daude.

Domn. H. s. 249 a.

Donna de Tolosa (una) s. 46, 2.

(125. Duran sartre de Carpentras.

Mit dem folgenden identisch.

1. Vil sirventes leugier e venassal
s. 126, 2.)

126. Duran sartor de Paernas (M) oder de Carpentras (Ca[1]).

Hist. lit. 18, 665 und 19, 614. Milá y Fontanals, Trovadores en Esp. p. 167. Chabaneau, Biogr. p. 345. De Lollis, Vita e poesie di Sordello di Goito p. 70. Jeanroy, AdM. 16, 313. Boutière, Les poésies du troub. Peire Bremon Ricas Novas p. 125 Anm.

1. En talent ai qu'un sirventes encoc
M 243 (MG. 56), a[1] 521 (271). Sirv. — Krit. hgb. m. Übersetzg. und wichtigen historischen Erläuterungen von Jeanroy, AdM. 16, 315.

2. Vil sirventes leugier e venassal
Un
C 363; Peire Bremon Ricas Novas M 235 (MG. 105). [Bartsch 125, 1.] Sirventes. — Krit. hgb. Boutière, l. c. p. 81.

[1]) *De quatre vertutz principals, Quez om apella cardenals . . . Ay bastit un petit romanz,* v. 123 ff.

Attribuiert wird noch Duran sartor de Paernas in M, und nicht ohne Berechtigung:

80, 22 Guerr' e pantais vei et afan (angeblich von Bertran de Born).

127. Eble.

Wahrscheinlich mit Eble d'Uisel zu identifizieren; s. Zenker, Die prov. Tenzone p. 40.

1. **Qui vos dara respeg, Deus lo maldia**
Tenzone mit Joan Lag, s. 267, 1.

(2. „Tenzone mit Guillem Ademar stand in a"; gemeint ist 128, 1.)

128. Eble de Saignas.

Bartsch schreibt falsch *Signa* wie die Hist. lit. 18, 643. Chabaneau, Biogr. p. 345 tritt für die Schreibung der Hss. *Saignas (Saigna)* ein. — Der Dichter wird noch in Peire d'Alvergne's Satire (323, 11) und in der 1. Tornada von Garin lo Brun 163, 1 erwähnt. Zenker hält ihn für identisch mit Eble d'Uisel (Die prov. Tenzone p. 38). Während Jeanroy, AdM. 2, 296 sich für überzeugt erklärte, widersprachen O. Schultz[-Gora], Zts. 12, 541 und Appel, Lit.-Blatt 1889, 109, Zts. 14, 168 und Rlr. 33, 408. Gegen sie verteidigte Zenker, Zts. 13, 296 und 16, 445 seine Hypothese mit Geschick, zuletzt in den «Liedern Peires v. Auvergne» p. 202. Sie hat viel für sich, begegnet aber auch manchen Bedenken, so daß ich Eble de Saignas nicht streichen kann[1]). — Vgl. Carstens, Die Tenzonen der d'Uisel p. 27.

1. **N'Eble, ar cauzetz la meillor**
Tenzone mit Guillem Gasmar, s. 218, 1.

Fälschlich zugeschrieben wird ihm noch in D ein Anteil an

163, 1 Nog e jorn sui en pensamen (Garin lo Brun).

129. Eble d'Uisel.

S. Art. 194. — Diez, Leben u. Werke p. 435. Hist. lit. 17, 551. Zenker, Die prov. Tenzone p. 27 ff. O. Schultz[-Gora], Zts. 10, 594.

Vida: s. die Vida von Gui d'Uisel.

(1. **En Gui, digatz al vostre grat**
s. unter Elias d'Uisel 136, 1 a.)

2. **En Gui, digatz, la qual penriatz vos**
D[a] 210—775, N'Eble d'Uisel (Selbach, Streitgedicht p. 103). Coblaswechsel (nach Art eines Partimen) mit Gui d'Uisel = 194, 5. — Santangelo p. 23. Carstens p. 63. Audiau p. 76.

---

[1]) Vgl. Festschrift für Carl Appel p. 329. — Raymond Four, Un troub. auvergnat, Eble de Saignes, in: Revue de la Haute-Auvergne 1910 (nicht zugänglich).

3. Gui, e·us part mon esciens (sic)
D^a 210—769, N'Ebles d'Uisel e Gui d'Uisel (Selbach, Streitgedicht p. 121).
Tenzone (Partimen) mit Gui d'Uisel = 194, 10. — Santangelo p. 41. Carstens p. 66. Audiau p. 87.

4. N'Ebles, pos endeptatz
Coblaswechsel mit Gui d'Uisel, s. 194, 16; dazu vgl. 130, 1.

Vgl. die Nummern 127 und 128.

130. Eble (II.) de Ventadorn.

Von Geoffroy de Vigeois und von mehreren Troubadours als Dichter erwähnt. — Hist. lit. 13, 119. Chabaneau, Biogr. p. 215. — Vgl. auch die Literatur über die Jugend von Bernart de Ventadorn.

(**1. N'Ebles, ara·m digatz**
Von Bartsch für eine Tenzone zwischen dem Grafen von Poitiers und seinem Zeitgenossen E. de V. gehalten und noch als 183, 9 aufgeführt, ist mit 129, 4 identisch, wie Suchier, Jahrb. 14, 120 nachwies; s. also 194, 16.)

131. Elias.

Ob Elias d'Uisel?

1. N'Elias, de dos amadors
Tenzone mit einem Bernart, s. 52, 4.

(2. „Tenzone mit Jaufre", s. Elias de Barjols 132, 7a = 260, 2.)

132. Elias de Barjols.

Nebenform: Barjol.

Kritische Ausgabe[1]: Le troubadour Elias de Barjols. Édition critique publiée avec une introduction, des notes et un glossaire par Stanislas Stroński. Thèse de doctorat d'université présentée à la Faculté des Lettres de l'Université de Paris. Toulouse 1906 (Bibliothèque méridionale, Ire série, t. 10). — Besprochen von Stengel, Zts. f. frz. Sprache u. Lit. 31 II 19 (Metrisches, Echtheit einzelner Gedichte), Pillet, Lit.-Blatt 1907, 409 (mit

[1]) Reihenfolge der Texte:

Stroński	Grdr. 132	Stroński	Grdr. 132
1	= 5	9	= 6
2	= 3	10	= 11
3	= 13	11	= 9
4	= 12	12	= 4
5	= 10	13	= 2
6	= 4a (= 106, 9)	14	= 8
7	= 1	15	= 7a (= 131, 2; auch 260, 2).
8	= 7		

Besserungsvorschlägen), Chabaneau, Rlr. 50, 536 (dgl.), Schultz-Gora, Zts. 32, 612 (dgl.).

Ältere Literatur: Hist. lit. 14, 38. Diez, Leben u. Werke p. 436.

Vida: I 130, K 116. — Parn. occ. p. 96. Choix 5, 140. Mahn, Biogr. p. 53. Chabaneau, Biogr. p. 257. Stroński p. 1.

1. **Amors, be m'avetz tengut**
vos
C 222, D[a] 175—616, E 125, I 130, K 116, S 194—124, a[1] 285 (32), f 66; Elias Cairel H 34 (107) und 58 (260), wo vorher *de Barjol* stand; anonym G 109 (p. 353).
Canz. — Choix 3, 352. MW. 3, 53. Stroński p. 15; vgl. Jaeschke, Elias Cairel p. 202.

2. **Amors, be·m platz e·m sap bo**
E 127, a[1] 286 (33).
Canz. — Parn. occ. p. 96. MW. 3, 55. Stroński p. 32.

3. **Amors, que vos ai forfag**
(Eine Silbe fehlt.)
C 223 (MG. 210); zitiert Berenguier de Noya (Homenaje Pidal 1, 681).
Canz. — Stroński p. 4.

4. **Be deu hom son bo seignor**
C Reg., D 80—286, E 125, H 58 (259), M 35, P 32 (103, Arch. 33, 309), R 95—795, S 193—123 (MG. 914), f 66, ϰ 126 (Mussafia p. 234); Peire Bremon Ricas Novas C 254 (MG. 913), *α* 33911 und 33921.
Canz. — Stroński p. 29. — Zur Datierung auch De Bartholomaeis, Osservazioni p. 104.

4a. **Be fui conoissens a mon dan**
Conoyssens sui
C 222, R 95—799; Cadenet Index I, K 102, d 284—60; anonym G 109 (p. 354), L 116 (Arch. 34, 435). — Die Attribution nach Stroński p. XXXI und Appel, Cadenet p. 92. [Bartsch 106, 9 unter Cadenet.]
Canz. — Lex. rom. p. 422. MW. 3, 57. Stroński p. 13.

5. **Bels Gazaings, s'a vos plazia**
C 221, E 126.
Canz. (oder sirv. énumératif). — Choix 3, 351. Parn. occ. p. 98. MW. 3, 52. Stroński p. 2. — Zur Erklärung s. Stroński, Recherches historiques sur quelques protecteurs des troubadours. Les douze preux nommés dans le 'Cavalier soisseubut' d'Elias de Barjols, AdM. 18, 473; 19, 40 (und 232); vgl. Pillet, Lit.-Bl. 1907, 411. Zu Randon s. C. Brunel, Rom. 39, 297.

6. **Bon' aventura do Deus**
C 222, R 95—797.
Canz. — Lex. rom. p. 420. MW. 3, 56. Stroński p. 22.

7. **Car compri vostras beutatz**
-e, -ey
C 221, D[a] 175—617, E 125, F 59 (178), I 131, K 116, R 95—794, a[1] 284 (31), f 66; Çirardus Q 110 (289, p. 212); anonym H 58 (261).
Canz. — Choix 3, 354. MW. 3, 54. Stroński p. 19.

7a. **En Jaufrezet, si Deus joi vos aduga**
Jaufrez
a[1] 537 (283, Studj di fil. rom. 8, 471), la tenzo d'en Jaufres e d'en Elyas. — Die Streitenden

sind nach Stroński p. XLI Elias de Barjols und Jaufre Reforsat.
[Bei Bartsch mit 131, 2 gemeint.] Tenzone (Partimen) mit Jaufre Reforsat = 419, 2. — Stroński p. 38.

8. **Mas comjat ai de far chanso** Pos
C 222, E 126; Folquet de Romans C Reg., R 16–123 (MG. 1072); Aimeric de Belenoi C Reg.; Gaucelm Faidit M 77 (MG. 479); Peire Raimon de Toloza a 185 (199, Rlr. 45, 134); Pons de la Garda R 30—252 (MG. 1024). — Attribution sehr unsicher; nächst E. hat Folquet de Romans die meisten Ansprüche. Über diese Frage s. Zenker, Die Gedichte des F. von R. p. 5, Stroński p. XXXV, Stengel l. c. p. 22.
Canz. — Stroński p. 35.

9. **Morir pogr' eu, si·m volgues**
C 223, R 95–796 (MG. 1076).
Canz. — Stroński p. 27.

10. **Pos la bela que·m fai doler**
C 223, R 95—793 (MG. 1081).
Canz. — Stroński p. 10.

11. **Pos vei que nul pro no·m te**
C 224, Da 175—619, I 131 (MG. 945), K 117, R 95–798, a[1] 284 (30); anonym H 58 (263 und Arch. 34, 418).
Canz. — Tarbé, Les Œuvres de Blondel de Néele p. 142. Stroński p. 24.

12. **Si·l bela·m tengues per seu** Si la
Da 211—777, I 131, K 117; Bernart de Ventadorn C 50, R 12–82; Arnaut Catalan E 72 (MG. 989); anonym N 47–16. — Zur Attribution s. Stroński p. XXVI.
Descort. — Stroński p. 8.

13. **Una valenta**
Da 175—618, I 131, K 116; anonym H 58 (262 und Arch. 34, 417), N 48—18.
Descort. — Stroński p. 6.

Sonst sind ihm attribuiert (vgl. Stroński p. XXXII):

366, 2 Atressi co·l cignes fai (Peirol)
240, 6 Be·m ten en son poder amors (Guiraudo lo Ros?)
249, 5 Tot en aital esperansa (Guiraut de Salaignac)
326, 1 Tot francamen, domna, veing denan vos (Peire de Barjac?).

Ein Zitat bei Redi 3, 177 (vgl. Chabaneau, Rlr. 23, 18; Stroński p. XLVI) ist nicht zu identifizieren.

133. Elias Cairel.

Kritische Ausgabe[1]: Der Trobador Elias Cairel. Kritische Textausgabe mit Übersetzungen und Anmerkungen . . . von Hilde Jaeschke, Roman. Studien, Heft 20, Berlin 1921. Besprochen von Schultz-Gora, Zts. 44, 357 und vorher kurz Arch. 137, 269. — Zu Lavaud s. Art. 11.

[1]) Anordnung der Texte wie hier.

Diez, Leben u. Werke p. 450. Hist. lit. 19, 492. De Bartholomaeis, Un sirventés historique d'Élias Cairel: *Pus chai la fuelha del jaric*, AdM. 16, 468; dazu eine Note additionnelle: Sur la date de quelques autres poésies d'Élias Cairel, ib. p. 490, auf die ich ein für allemal verweise; vgl. Torraca, Rassegna critica della lett. ital. 11, 65 (?). Bertoni, I trov. d'Italia p. 130.

Vida: A 50 (p. 143), I 106, K 91, eine zweite Fassung H 31 (95); vgl. ϰ 126 (Mussafia p. 255 und 266). — Parn. occ. p. 108 (I). Choix 5, 140 (beide Fassungen). Mahn, Biogr. p. 55 (dgl.). Chabaneau, Biogr. p. 257 (dgl.). Lavaud p. 391. Jaeschke p. 84.

1. Abril | ni mai | non aten | de far vers

A 50 (134 und Arch. 51, 246), C 232 (MG. 186), D^a 176–624, H 31 (96), I 106 bis, K 92, M 202, N 261–414 [1]), R 32–274; Uc de Saint Circ, aber vor Elias Cairel G 86 (p. 266).
Canzone. — Lavaud (1911) p. 459. Jaeschke p. 85.

2. Ara no vei poi ni comba

A 51 (135 und Arch. 33, 441), C 233, D^a 201—730, E 127, G 87 (p. 269), H 32 (98), I 107, K 92, N 262–416, R 33–276, a^1 288 (35); erste Tornada *Vers, tost e corren* etc. ϰ 126 (Mussafia p. 219).
Canz. (‚vers'). — Lavaud p. 460 und 479. Jaeschke p. 95.

3. Estat ai dos ans

A 51 (137 und Arch. 51, 247), C 235, H 32 (100), N 263–418, R 59–501; Bernart de Ventadorn R 12—86.
Canz. — Lex. rom. 1, 435. MW. 3, 93. Lavaud p. 479. Appel, B. von Ventadorn p. 322. Jaeschke p. 105.

4. Fregz ni ven | no·m pot neus destreigner

A 52 (140 und Arch. 33, 444), D^a 176—623, E 129, H 33 (103), I 106, K 91, M 203.
Canz. (‚vers'). — Krit. hgb. De Bartholomaeis, Mem. della R. Acc. delle scienze dell' Istituto di Bologna, ser. 1, t. 6, p. 89 (und 101); vgl. Lavaud und Jeanroy, Rom. 42, 592 und Pelaez, Rassegna bibliogr. 21, 265. — Lavaud p. 480 und 499. Jaeschke p. 109.

5. Lo rossignols chanta tan doussamen

E 129; Peire Vidal a 121 (122, Rlr. 44, 231). — Attribution zweifelhaft; vgl. Jaeschke p. 47.
Canz. – Chabaneau, Rlr. 25, 219 (nach E). Lavaud p. 499. Jaeschke p. 121.

6. Mout mi platz lo dous temps Tot d'abril

A 52 (141 und Arch. 51, 247), C 232, D 82—291, F 22 (50), G 86 (p. 268), H 33 (104), I 106, K 91, R 59–500, a^1 287 (34).
Canz. — Choix 3, 431. MW. 3, 90. Lavaud p. 500. Jaeschke p. 126.

7. N'Elias Cairel, de l'amor

Tenzone mit Isabella, s. 252, 1.

[1]) In N sind die Nummern 414—418 und 420 anonym; bei 419 steht Elias Carel.

8. Per mantener joi e chant e solatz
A 53 (144 und Arch. 33, 444; MG. 811), D^a 177—627, G 87 (p. 271), H 34 (106), I 106bis (MG. 810), K 92; anonym, beginnend *Non deu gardar son sen ni sa foill[i]a* A^a [= M CCLXIX]; Strophe *Mas cel que vol esser tot jorn senatz* unter Morgues de Montaudo α 28680 (auch MG. I 190 und Klein, Die Dichtungen des Mönchs v. Montaudon p. 79) und anonym J 13 (*c. e.* 20 und Riv. 1, 40 als Nr. 71).
Canzone. — Lavaud p. 520 und 529. Jaeschke p. 144.

9. Pos cai la foilla del garric
A 53 (142 und Arch. 51, 248), C 233, D^a 177—626, E 128, H 34 (105), I 106bis, K 92, R 59—499; Lamberti de Bonanel C Reg.
Sirv. — Choix 4, 293. Parn. occ. p. 109. MW. 3, 92. Monaci, Testi ant. prov., col. 80. Krit. hgb. De Bartholomaeis, AdM. 16, 468 mit Übersetzung und wichtigen Erklärungen; zur Datierung s. schon G. Paris, Rom. 18, 558 A. 5. Lavaud p. 406. Jaeschke p. 149.

10. Quan la freidors | irais | l'aura doussana
A 53 (143 und Arch. 51, 249), D 81—289, I 106bis, K 91, a^1 290 (37); anonym N 47—17 (MG. 281), S 243—159.
Descort. — Lavaud p. 529. Jaeschke p. 156.

11. Qui saubes dar tan bo conseill denan
A 52 (138 und Arch. 33, 442), C 234, H 32 (101 + 101bis, letzteres Stück *Vezaire m'es* auch Arch. 34, 396), N 264—419, R 33—279.
Kreuzlied. — Krit. hgb. Lewent, Rom. Forschungen 21, 434; vgl. auch p. 353. Lavaud p. 405. Jaeschke p. 164. — Vgl. Mem. della R. Acc. d. sc. dell' Ist. di Bologna, ser. 1, t. 6, p. 92 u. 103.

12. Si com cel que sos compaignos
ses
A 50 (133 und Arch. 51, 245), C 234, H 31 (97), N 262—415, R 32—275.
Canz. — Choix 3, 433. MW. 3, 91. Lavaud p. 531. Jaeschke p. 170.

13. So que·m sol | dar alegransa
que
A 52 (139 und Arch. 33, 443), C 234, D 81—290, H 33 (102), I 106, K 91, N 264—420, R 33—278.
Canzone. — Lavaud p. 532 und 542. Jaeschke p. 184. Vgl. Mem. della R. Acc. d. sc. dell' Ist. di Bologna, ser. 1, t. 6, p. 94 u. 103.

14. Totz mos cors e mos sens
Tot mon cor e mo sen
A 51 (136 und Arch. 33, 441), C 233, D^a 176—625, E 128, H 32 (99), I 106bis, K 92, M 202, N 263—417, R 33—277, a^1 289 (36); Uc de Saint Circ G 85 (p. 264, vor 133, 1).
Canz., z. T. in Dialogform. — Lavaud p. 543. Jaeschke p. 194.

Attribuiert werden ihm noch (Jaeschke p. 202):
132, 1 Amors, be m'avetz tengut (Elias de Barjols)
372, 3 Ar agues eu mil marcs de fin argen (Pistoleta)
249, 5 Tot en aital esperansa (Guiraut de Salaignac).

Vgl. auch 461, 142a.

134. Elias Fonsalada.

Hist. lit. 19, 616.

Vida: H 29 (88), I 139, K 125; vgl. ϰ 126 (Mussafia p. 241). — Parn. occ. p. 366. Choix 5, 142. Mahn, Biogr. p. 61. Chabaneau, Biogr. p. 257.

1. De bo loc movon mas chansos
C 345, D[a] 190—684, H 29 (89 und Arch. 34, 395), I 140, K 125, R 14—105, ϰ 126 (Mussafia p. 241); anonym W 198 (p. 400).
Canzone.

2. En cor ai que comens
C 344, H 29 (87 und Arch. 34, 395), R 33—281.
Canzone.

Attribuiert wird ihm noch:

293, 24 En abriu | s'esclairo·ill riu | contra·l pascor (Marcabru).

(135. Elias Gausmar.

In Peire d'Alvergne's Satire 323, 11 v. 37 haben CR n'Elias Gau(s)mars statt des Grimoartz Gau(s)mars der anderen Hss.; s. Nr. 190.)

136. Elias d'Uisel.

S. Art. 194. — Diez, Leben u. Werke p. 435. Hist. lit. 17, 551. Zenker, Die prov. Tenzone p. 27 und 43.

Vida: s. die Vida von Gui d'Uisel und die Razo zu 167, 13.

1. Ara·m digatz vostre semblan
Tenzone mit Gui d'Uisel, s. 194, 2.

1a. En Gui, digatz al vostre grat
D[a] 210—770 (Selbach, Streitgedicht p. 121). — Mit Carstens halte ich Elias d'Uisel für den ersten Streiter, weil Gui ihn in der 2. Strophe als *Cosin* anredet, was von allen d'Uisel nur auf Elias paßt.
[Bartsch 129, 1.] Tenzone (Partimen) mit Gui d'Uisel = 194, 4. — Santangelo, Gui d'Uisel p. 22. Carstens p. 49. Audiau p. 77.

2. Gaucelms, eu mezeis garentis
H 46 (160); anonym D[a] 210 — 773*.
Cobla, antwortet auf 167, 13. — Choix 5, 143. Hist. lit. 17, 551. MW. 3, 50. Rob. Meyer, Das Leben des Trob. Gaucelm Faidit p. 17 (nach H). Klein, Die Dichtungen des Mönchs v. Montaudon p. 25 (nach D[a]). Chabaneau, Biogr. p. 247. Carstens p. 94. Audiau p. 93.

3. Manens fora·l francs pelegris
H 46 (158); anonym D[a] 210 —773*. Dazu Razo in H.
Cobla, beantwortet durch

167, 3a. — R. Meyer, Gaucelm Faidit p. 16. Chabaneau, Biogr. p. 246–7. Carstens p. 90 u. p. 41. Audiau p. 92. — Zur Tornada s. Appel, Rlr. 34, 11 Anm.

4. **N'Elias, a son amador**
   Tenzone mit Gui d'Uisel, s. 194, 17.

5. **N'Elias, conseill vos deman**
   Tenzone mit Aimeric de Peguillan, s. 10, 37.

6. **N'Elias, de vos voill auzir**
   Doppel-Tenzone mit Gui d'Uisel, s. 194, 18.

137. En Genim d'Urre de Valentines.

Bartsch schrieb *Engenim* mit dem Register von a, Jeanroy, Bibliogr. somm. p. 54 hat *Eugenim Durre.* Der Name bleibt auch in der oben wiedergegebenen Form von a¹ befremdend [1]).

1. **Pois pretz s'en fui, que no troba guirensa**
   pres
   a¹ 522 (272, Studj di fil. rom. 8, 467).
   [Bartsch unbekannt.] Sirventes.

138. Engles.

Wahrscheinlich Versteckname. — P. Meyer, Derniers Troubadours p. 31. — S. auch Selbach, Streitgedicht p. 53 und Zingarelli, Engles nelle rime di Rambaldo di Vaqueiras, Miscellanea Crescini p. 113.

1. **A la cort fui l'autrier del rei navar**
   f 14, ohne Überschrift.
   Tenzone mit einem Ungenannten. — Krit. hgb. Dern. Troub. p. 31.

139. Enric.

1. **Amic Arver, d'una re vos deman**
   T 75, anonyme *tenso* (Selbach, Streitgedicht p. 121).
   Tenzone (Partimen) mit Arver = 35, 1.

(2. **N'Anric, no m'agrada ni·m platz**
   Fälschlich als Tenzone mit Lanfranc Cigala aufgefaßt, gehört diesem allein (282, 15); s. Chabaneau, Biogr. p. 346 A. 3.)

Enric I. (?), Graf von Rodez s. Nr. 185.

140. Enric II, Graf von Rodez.

Hist. lit. 20, 565. Chabaneau, Rlr. 32, 123. Anglade, Le troub. Guiraut Riquier p. 169 ff.

---

[1]) Ich schreibe *d'Urre*, nicht *Durre*, weil *Urre* die alte Form des jetzigen Ortsnamens *Eurre* ist (con de Crest-Nord, Drôme); vgl. Dictionnaire topographique du département de la Drôme . . . par J. Brun-Durand, Paris 1891, p. 135.

1a. De so don eu soi doptos
Tenzone mit Guillem de Mur, Guiraut Riquier, Marques, s. 226, 1.

1b. Guillem de Murs, un enojos
f 16, ohne Überschrift. — Der Interlokutor wird nur *Seinher* angeredet, ist aber wahrscheinlich unser Enric II; s. Chabaneau, Rlr. 32, 123; P. Meyer, Hist. lit. 32, 64.
Tenzone (Partimen) mit Guillem de Mur = 226, 5. — Krit. hgb. P. Meyer, Derniers Troubadours p. 47.

1c. Guillem, d'un plag novel
R 24—201 (Selbach, Streitgedicht p. 105). — Nur als *tenso* bezeichnet. Die Interlokutoren reden sich an mit *Senher coms* und Guillem.
Tenzone (Partimen), vielleicht zwischen unserem Grafen und Guillem de Mur = 226, 6a.

1d. Seign' en Austorc del Boy, lo coms plazens
Tenzone mit Guiraut Riquier und Austorc del Boy, s. 248, 74.

1. Seign' en Enric, a vos don avantatge
Tenzone mit Guiraut Riquier und Marques, s. 248, 75.

2. Seign' en Enric, us reis un ric avar
Tenzone mit Guiraut Riquier und dem Seigner d'Alest, s. 248, 76.

Als Schiedsrichter ist er beteiligt an der Tenzone zwischen Guillem de Mur und Guiraut Riquier 226, 8 = 248, 42; außerdem erteilt er Guiraut Riquier ein Zeugnis (*testimoni*) am Schlusse von dessen Kommentar zu 243, 2 (s. 248, Anhang VI).

141. Envejos.

Anglade, Le troub. Guiraut Riquier p. 23.

1. Ara s'esfors, n'Envejos, vostre sens
Tenzone mit Guiraut Riquier, s. 248, 14.

Escudier de la Ylha s. Art. 276.

142. Esperdut.

Mit Gui de Cavaillo identifiziert von Fabre, Pons de Montlaur dans l'histoire et dans la poésie provençale, Mém. de la Soc. scientif. et agric. de la Haute-Loire 15, 9 ff. (nicht zugänglich). — Bertoni, Rlr. 54, 70; vgl. Schultz-Gora, Zts. 37, 509. — Appel, Cadenet p. 111.

1. Lo dezirier e·l talant e l'enveja
C 375, R 30—251.
Canz. — Krit. hgb. Appel, Prov. Inedita p. 92. Fabre p. 48 (?).

2. Qui no dizia·ls fagz dolens
A 198 (567 und Arch. 34, 189), Dª 193—700.
Sirv. — Krit. hgb. Kolsen, Dichtungen d. Trobadors p. 119.

3. **Seign' en Pons de Monlaur, per Seiguer vos**
A 187 (534 und Arch. 34, 187), C 387, Dª 204—744, G 95 (p. 302), N 277—443, Q 16 (38, p. 33), S 238—155. — Überschrift: n'Esperdut ACDªG — en Pons de Monlaur ACDªS, Ponz G.
Tenzone (Partimen) mit Pons de Monlaur = 378, 1. — Krit. hgb. Kolsen, Dichtungen der Trobadors p. 124. (R. Jouanne, Bull. de la Soc. scientif. et agric. de la Haute-Loire 1913?)

143. Esquileta.

Vielleicht mit dem Folgenden identisch. — O. Schultz[-Gora], Zts. 10, 594.

1. **Guigo, donan sai que conquier**
F 60 (180, 2).
Cobla, antwortet auf 197, 2. — Choix 5, 143.

144. Esquilla.

Chabaneau, Biogr. p. 347 will ihn mit Esquileta identifizieren.

1. **Jozi, digatz vos qu'etz hom entendens es**
R 78—646, anonym (MG. 1019).
Tenzone (Partimen) mit Jozi (= Jori) = 277, 2.

145. Esteve.

1. **Dui cavalier an pregat longamen**
R 34—286, anonym (MG. 542).
Tenzone (Partimen) mit Jutge = 279, 1. — Krit. hgb. Bartsch, Denkm. p. 132. Azaïs, Introduction zum Breviari d'amor, t. 1, p. LXXXVIII A. 1 und Troub. de Béziers p. 116. — Zur Persönlichkeit der Schiedsrichter s. Zenker, Die prov. Tenzone p. 40.

Evesque s. Bischof.

Fabre d'Uzes(t) s. Pons Fabre d'Uzes.

146. Faidit de Belestar.

Ihm werden zugeschrieben in C Reg., bzw. HT:

30, 5 Aissi com cel que tem qu'amors l'aucia (Arnaut de Maroill?),
421, 9 Tot atressi com la clartatz del dia (Richart de Berbezill?),

das letzte Gedicht wohl mit mehr Berechtigung als das erste.

147. Falco.

Sammelnummer. Die beiden Tenzonen müssen verschiedenen Dichtern gehören.

1. **Falco, domna avinen**
   Tenzone mit Guiraut Riquier, s. 248, 28.

2. **Falco, en dire mal**
   Tenzone mit Gui de Cavaillo, s. 192, 2a.

148. Falconet.

Hist. lit. 17, 528. Chabaneau, Biogr. p. 348. De Bartholomaeis, AdM. 18, 190. — Vielleicht sind die Verf. der beiden Tenzonen nicht identisch. Vgl. Bergert, Damen p. 75 und Bertoni, I trov. d'Italia p. 136.

1. **En Falconet, be·m platz car etz vengutz**
   Tenzone mit Faure, s. 149, 1.

2. **Falconet, de Guillalmona**
   Tenzone mit Taurel, s. 438, 1.

Falquet de Romans s. Folquet de Romans.

149. Faure.

Hist. lit. 17, 528.

1. **En Falconet, be·m platz car etz vengutz**
   es
   R 144, anonyme *tenso* (Selbach, Streitgedicht p. 103).
   Tenzone (‚joc') mit Falconet = 148, 1.

149a. Felip de Valenza.

Bertoni, I trov. d'Italia p. 90 und 93.

1. **Per aqest cors, del teu trip**
   Tenzone mit Perceval Doria, s. 371, 2.

150. Ferrari de Ferrara.

Hist. lit. 19, 512. Cavedoni, Mem. d. R. Accademia di Scienze ... di Modena 2, 290. Gröber, Rom. Studien 2, 624. O. Schultz[-Gora], Zts. 7, 230. Casini, Propugnatore 18 I 186. De Lollis, Rlr. 33, 184. Bertoni, Giorn. stor. d. let. it. 42, 379 und 44, 267. Ferner: Crescini, Atti e Mem. della R. Acc. di scienze, lett. ed arti in Padova 14, 32. Bergert, Damen p. 99 (unter Turcha). Bertoni, I trov. d'Italia p. 122, auch Rom. 41, 405 und Arch. roman. 4, 105.

Vida: D[c] 243 (AdM. 13, 60 und Mahn, Biogr. p. 64), ϰ 84 [vgl. Mussafia p. 240]. — Choix 5, 147. Cavedoni p. 291. Chabaneau, Biogr. p. 318, danach Monaci, Testi ant. prov., col. 104. Bertoni, I trov. d'Italia p. 458.

1. **Amics Ferrairi**
Coblaswechsel mit Raimon Guillem (= Guillem Raimon), s. 229, 1 a.

Über seine Anthologie (in D^c erhalten) s. Hss. unter D.

Figueira s. Guillem Figueira.

150a. Folc.

1. **Seigner Arnaut, vostre semblan**
a[1] 529 (276, Studj di fil. rom. 8, 470), la tenzos d'en Folc e de siegnher n'Arnaut e d'en Guillem. Tenzone (Partimen) mit (seigner) Arnaut und Guillem = 25, 3 und 201, 5a.

151. Folco.

Cavedoni, Mem. d. R. Acc. di Scienze . . . di Modena 2, 300. Chabaneau, Biogr. p. 348.

1. **Cavaire, pos bos joglars est es**
H 51 (187 + 188 und Arch. 34, 406), P 55 (c. 8, Arch. 50, 264). — „Folcons", bzw. „Cavaires li respos" H; in Strophe II wird der erste Interlokutor aber Falco (H) angeredet (*Flacs* P). Coblaswechsel mit Cavaire = 111, 2. — (Choix 5, 112.) Lavaud, Troub. cantaliens 2, 558 und Crescini in der Festschrift für Carl Appel p. 47.

(152. Folquet.

1. **Porcier, cara de guiner**
s. 186, 1 a.)

(153. Folquet.

Sicher mit Folquet de Lunel identisch; s. Chabaneau, Biogr. p. 349 und Anglade, Le troub. Guiraut Riquier p. 102.

1. **Guirautz, domn' ab beutat granda**
s. 154, 2 b.

2. **Guiraut, pos em ab seignor cui agensa**
s. 154, 2 a.)

154. Folquet de Lunel.

(Mäßige) kritische Ausgabe[1]) mit literarischer Einleitung und einem Anhang über den Strophenbau: Franz Eichelkraut, Der

[1]) Anordnung der Gedichte:

Eichelkraut	Grdr. 154,
1	= 5
2	= 1
3	= 4
4	= 3
5	= 6
6	= 7
7	= 2

Troubadour Folquet de Lunel. Göttinger Diss. Berlin 1872. — Rezensionen mit Besserungen von Tobler, Götting. gel. Anz. 1872 II 1155 und in der Rev. critique, 6e année (1872) II 110.

Frühere Literatur: Diez, Leben u. Werke p. 478. Hist. lit. 20, 556. — Spätere Literatur: Lowinsky, Zts. f. frz. Sprache u. Lit. 20 I 194 (wichtig; Berichtigungen zu Eichelkrauts Ausgabe auf Grund der Hss.). Anglade, Le troub. Guiraut Riquier p. 102 und 302.

1. Al bo rei qu'es reis de pretz car
C 323.
Sirv. — Choix 4, 239. Milá y Fontanals, Trovadores en Esp. p. 215. MW. 3, 163. Eichelkraut p. 14.

2. Domna bona, bel' e plazens
-en
C 325.
Marienlied. — Eichelkraut p. 24.

2a. Guiraut, pos em ab seignor cui agensa
R 77—643, anonym.
[Bartsch 153, 2.] Tenzone (Partimen) mit Guiraut Riquier = 248, 38. — MW. 4, 253.

2b. Guirautz, domn' ab beutat granda
R 76—631, anonym.
[Bartsch 153, 1.] Tenzone (Partimen) mit Guiraut Riquier = 248, 43. — MW. 4, 234.

3. No pot aver sen natural
C 324, R 98—821 (MG. 1074).
Canz. — Eichelkraut p. 19.

4. Per amor e per solatz
C 324, R 98—820.
Canz. auf Maria[1]). — Parn. occ. p. 155. MW. 3, 164. Eichelkraut p. 17. — Zur Datierung s. Anglade, l. c. p. 170 A. 2.

5. Quan beutatz me fetz de premier
C 323, R 98—819.
Canz. — Eichelkraut p. 13.

6. Si com la foill' el ramel
fuelha -elh
C 324.
Canz. auf Maria. — Eichelkraut p. 21.

7. Tan fin' amors totas oras m'afila
C 324.
Canz. auf Maria. — Eichelkraut p. 22. Eine ausgelassene Strophe trägt Lowinsky nach p. 197, Anm. 179.

Dazu kommt ein Lehrgedicht:

Romans de mondana vida, beginnend: *E[l] nom del paire glorios.* Hs.: R 140.

Vollständig hgb. von Eichelkraut p. 26. — Auszüge: Bartsch, Lesebuch p. 130 und Chrest. col. 339. — Vgl. Diez, Poesie p. 204. Bartsch, Grdr. p. 48. Stimming in Gröbers Grdr. 2 II 48.

---

[1]) Die Beziehung auf Maria ist für Nr. 6 durch des Dichters eigene Worte gesichert, für 4 und 7 nur aus dem Zusammenhang erschlossen. 3 und 5 kann ich nicht als Marienkanzonen auffassen, wie Eichelkraut es tut. Ich stimme hierin mit Lowinsky und Anglade überein.

155. Folquet de Marseilla.

Zum Namen s. Stroński p. 5* A. und AdM. 25, 277 A.

Kritische Ausgabe[1]): Le troubadour Folquet de Marseille. Édition critique précédée d'une étude biographique et littéraire et suivie d'une traduction, d'un commentaire historique, de notes, et d'un glossaire par Stanisław Stroński, Cracovie 1910. Besprechungen: Bertoni, Giorn. stor. d. lett. ital. 57, 115; G. Huet, Le moyen âge 24, 219; Salverda de Grave, AdM. 23, 498; Lewent, Lit.-Bl. 1912, col. 327 (vgl. Stroński, AdM. 25, 288); Anglade, Rlr. 56, 71; Jeanroy, Rom. 42, 259. — S. auch Schultz-Gora, Prov. Studien (2) p. 140.

Diez, Poesie p. 244 (über Graf Rudolf von Neuenburg als Nachahmer Folquets) und Leben u. Werke p. 193. — Hist. lit. 18, 588 (geht auch auf seine späteren Schicksale ein). — Fauriel, Hist. de la poésie prov. 2, 69. — Hugo Pratsch, Biographie des Troubadours Folquet von Marseille. Götting. Diss. Berlin 1878. — O. Schultz[-Gora], Zts. 7, 179 (entscheidet sich für Marseille als Geburtsort Fs.). — Chabaneau, Biogr. p. 291 und 349 (gibt auch eine Anzahl Texte, die von F. handeln). — Jeanroy, De nostratibus medii aevi poetis p. 70 (Charakteristik). — Pätzold, Die individuellen Eigentümlichkeiten p. 69 (dgl.). — Zenker, Zu Folquet von Romans und Folquet von Marseille, Zts. 21, 335. — Zingarelli, La personalità storica di Folchetto di Marsiglia nella *Commedia* di Dante, zuerst erschienen in: Società Reale di Napoli. Atti della R. Accademia di Archeologia, lettere e belle arti, vol. 19 (1897—98), Napoli 1898, dann unter demselben Titel, Con appendice. Nuova edizione accresciuta e corretta. Bologna 1899 = Biblioteca storico-critica della letteratura dantesca, diretta da G. L. Passerini e da P. Papa. IV. In erster Linie eine Erläuterungsschrift zu Par. IX 64 ff. (vgl. Lommatzsch, Liederbuch p. 232), aber auch für uns sehr wichtig durch die Ausführungen über Fs. Leben und über seine Gedichte,

---

[1]) Textanordnung:

Stroński		Grdr.		Stroński		Grdr.
1	=	5		16	=	25
2	=	22		17	=	20
3	=	23		18	=	7
4	=	27		19	=	15
5	=	8	zweifelhaft:	20	=	2
6	=	6		21	=	13
7	=	18		22	=	4
8	=	14		23	=	12
9	=	1		24	=	9
10	=	3		25	=	366, 27a (= 155, 17)
11	=	21		26	=	370, 9
12	=	16		27	=	9, 10
13	=	10		28	=	156, 15 (= 155, 26)
14	=	11		29	=	156, 12a (= 155, 19)
15	=	24				

deren Veranlassung, Charakter, Vorbilder, Nachahmungen (namentlich in der italienischen Literatur). An Rezensionen der 1. Auflage nenne ich: De Lollis, Rassegna bibliografica della lett. ital. 5, 127; Pelaez, Giornale dantesco, anno V [II della Nuova serie], 438; Scherillo, Bullettino della Società dantesca ital., n. s. 4, 65; Torraca, Notizia letteraria, Nuova Antologia, 1 maggio 1897; Zenker, Lit.-Blatt 1897, 377; Jeanroy, AdM. 11, 217. — Suchier und Birch-Hirschfeld, Gesch. d. frz. Lit. 1, 75. — Anglade, Les Troubadours p. 166. — Chaytor, The troubadours p. 78. — J. Laurent, AdM. 23, 333 (zu „L'impératrice" de Montpellier); vgl. Stroński, ib. p. 491. — Stroński, Les fils de Folquet de Marseille, AdM. 25, 274. — Vossler, Die göttliche Komödie II, 1, 674. — Gmelin, Zts. f. franz. u. engl. Unterr. 27, 19. — Kurze Notiz bei Anglade, Hist. somm. de la litt. mérid. p. 81.

Für Folquets historische Rolle verweise ich noch besonders auf Hist. gén. de Languedoc IV [2] 354 und VI [2], p. 243 und passim (vgl. die Table générale des Bandes), sowie auf die Angaben der Chanson de la croisade contre les Albigeois, welche die Table in P. Meyers Ausgabe zusammenstellt (s. vor allem v. 3309 ff. und die Anmerkungen II 178/9).

Vida: A 61 (p. 180), B 39 (ib. p. 684), E 197, I 60, K 46, N^2 22 (XIII, Arch. 102, 200 und Rlr. 20, 109, z. T. auch 19, 281), O 75 (119), R 1 b, a 166 [2] und II 30 (Rlr. 43, 199), ϱ; vgl. auch $\varkappa$ 59 und 103 (Mussafia p. 218 und 260). — Razos zu 155, 23 und 15 in EN^2R, zu 27 und 20 in N^2. N^2 gibt die Anfangszeilen von 19 Liedern. — Parn. occ. p. 58. Choix 5, 150. MW. 1, 315. Mahn, Biogr. p. 29 Nr. 27 und 28. Pratsch, l. c. p. 4. Chabaneau, Biogr. p. 289, danach Monaci, Testi ant. prov., col. 50 und Chaytor, Troub. of Dante p. 53. Stroński p. 3. Lommatzsch, Liederbuch p. 113.

1. Amors, merce! no moira tan soven

A 63 (174 und Arch. 51, 264), B 41, C 2, D 41–142, D^c 245 (24, AdM. 13, 69), E 5 (MG. 685), Fa 41 (52), G 1♩ (p. 3), I 61 (MG. 26 mit Var. von BE), J 8 (39), K 46, Kp 104 (3), L 23, M 26, N[1]) 54–26 (MG. 686), O 79 (126), P 23 (73, Arch. 49, 296), Q 17 (41, p. 35), R 42♩—354, S 30—19 (MG. 252), U 35 (Arch. 35, 386), V 84 (Crescini, Atti della R. Acc. dei Lincei, ser. IV, vol. VI, p. 47 und Per gli studi rom. p. 133), c 11 (14; Stengel druckt es zu a Nr. 105 ab in Rlr. 43, 210), f 50, α 33513, β^1 248, ι 86 (Thomas p. 196), μ 224; zitiert N^2 Nr. 2; die Strophe *A vos volgra* anonym J 14 (*c. e.* 49), nur zitiert H 49 (in 167); die Anfangszeile wird anonym zitiert in 304, 1.

Canz. — Delius, Ungedruckte prov. Lieder [alle nach S] p. 28. Stroński p. 44.

[1]) In N wird der Dichter immer nur Folquet genannt.

2. **A pauc de chantar no·m recre**
Ab, A per

A 67 (189 und Arch. 51, 274), Da 164–573, E 8, I 61, K 46, N 64—43, P 8 (24, Arch. 49, 71), V 107 (Arch. 36, 445; ‚Folquet' später beigeschrieben), f 72, zitiert N2 Nr. 4; Folquet de Romans C Reg., R 52–437; Arnaut de Maroill C 114. — Zur Attribution Stroński p. 123* (eher für F. de Romans).
Canz. — Choix 3, 151. MW. 1, 329. Stroński p. 89.

3. **A! quan gen vens et ab quan**
Ai tan **pauc d'afan**

A 65 (181 und Arch. 51, 269), Ab (Rom. 39, 79), B 44 (MG. 1328), C 1, D 40–138, Dc 245 (26, AdM. 13, 69), Fa 45 (57), G 4J (p. 12), I 64, K 49, L 26, M 27, N 58–33, O 5 (8), P 23 (72, Arch. 49, 296), Q 18 (45, p. 37), R 43J–361, S 29–18, U 30 (Arch. 35, 382), V 85 (Arch. 36, 429), c 8 (9; Stengel zu a Nr. 101 in Rlr. 43, 204), f 39, β1 875 und 927, β3 84, μ 646, zitiert N2 Nr. 15.
Canz. — Choix 3, 161. MW. 1, 322. Tarbé, Les Œuvres de Blondel de Néele p. 153. Stroński p. 47.

4. **A vos, midons, voill retrair' en chantan**

T 233. — Echtheit von Stroński p. 126* bezweifelt.
Canz., von der nur 2 Strophen erhalten sind. — Krit. hgb. Appel, Prov. Inedita p. 94. Stroński p. 94.

5. **Ben an mort mi e lor**

A 64 (178 und Arch. 51, 267), B 42 (MG. 40), C 3, D 40–139, Dc 245 (21, AdM. 13, 68), E 7, G 4J (p. 14), I 61, K 47, L 24, M 25, N 55—27 (MG. 959), O 78 (124), P 24 (74, Arch. 49, 297), Q 19 (46, p. 38), R 43J 362, S 32—20 (MG. 253), T 228, V 83 (Arch. 36, 427), c 9 (11; Stengel zu a Nr. 103 in Rlr. 43, 207), α 29453 (auch MG. I 199), zitiert N2 Nr. 5.
Canz. — Delius p. 29. Stroński p. 11.

6. **Chantan volgra mon fi cor**
En ch. **descobrir**
allegr[ar]!

A 64 (180 und Arch. 51, 268), B 43 (MG. 47), Da 165—574, Dc 246 (28, AdM. 13, 70), E 4, G 7 (p. 22), I 62, K 47, L 117, M 31, N 62—40 (MG. 965), O 80 (127), P 8 (25, Arch. 49, 71), Q 23 (57, p. 47), R 42–352, S 33–21 (MG. 254), T 232, V 89 (Arch. 36, 432), c 14 (20; Stengel zu a Nr. 111 in Rlr. 44, 217), zitiert N2 Nr. 8 und Berenguier de Noya (Homenaje Pidal 1, 680); anonym, weil nur die letzte Strophe erhalten ist, in Ab (Giorn. stor. d. let. ital. 26, 287 und Rom. 39, 79).
Canz. — Delius p. 31. Stroński p. 31.

7. **Chantars mi torn' ad afan**
m'es tornatz

A 62 (171 und Arch. 51, 263), B 39 (MG. 48), C 4, D 43–148, I 63, K 48, N 63–41 (MG. 966), P 9 (27, Arch. 49, 73), Q 20 (50, p. 41), R 43–363, T 231, U 38 (Arch. 35, 387), V 87 (Arch. 36, 430), c 14 (21; Stengel zu a Nr. 112 in Rlr. 44, 218), zitiert N2 Nr. 10.

Kreuzlied. — Tarbé p. 155. Krit. hgb. Lewent, Rom. Forschungen 21, 424. Stroński p. 78.

8. En chantan m'aven a membrar
A 65 (183 und Arch. 51, 270), B 44 (MG. 1428), C 5, D 42–147, Dc 245 (22, AdM. 13, 68), E 7, G 5♩ (p. 15), I 63, K 48, L 25, M 33, N 58—32, O 76 (121), P 8 (23, Arch. 49, 70), Q 19 (47, p. 39), R 43–360, T 230, U 37 (Arch. 35, 387), V 84 (Arch. 36, 428), c 13 (18; Stengel zu a Nr. 109 in Rlr. 44, 214), zitiert N² Nr. 13; anonym W 189 (p. 392).
Canz. — Choix 3, 159. MW. 1, 317. Krit. hgb. Bartsch, Chrest. col. 131. Stroński p. 27. Lommatzsch, Liederb. p. 113.

9. Fin' amors a cui me sui datz donatç
E 8 (MG. 59), M 34, Q 23 (58, p. 48), T 226, a 113 (98, Rlr. 43, 201); Gausbert de Poicibot C 192. — Stroński p. 127* für G. de Puycibot, dazu aber Shepard, J. de Puycibot, introd. p. IX.
Canzone. — Stroński p. 96. Shepard p. 55.

10. Greu feira nuls hom faillensa
A 62 (172 und Arch. 51, 263), B 40 (MG. 62), C 2, D 40–137, Dc 245 (27, AdM. 13, 70), E 3, G 8♩ (p. 24), I 64, J 8 (38), K 49, Kp 104 (1), M 26, N 60—35 (MG. 961), Q 20 (49, p. 40), R 42♩–351, T 226, U 31 (Arch. 35, 382), V 84 (Arch. 36, 428), c 12 (15; Stengel zu a Nr. 106 in Rlr. 43, 211), zitiert N² Nr. 16 und Berenguier de Noya (Homenaje Pidal 1, 680); Guiraut de Borneill P 7 (19, Arch. 49, 68); anonym O 33 (53); Strophe *En la vostre maintenence* anonym W 200♩ (p. 402) = 461, 109.
Canzone. — Stroński p. 60.

11. Ja no·s cuit hom qu'eu camge mas chansos
A 63 (176 und Arch. 51, 266), B 41 (MG. 64), C 5, D 42–144, Dc 245 (23, AdM. 13, 68), E 4, Fa 44 (56), G 6♩ (p. 19), I 64, K 49, M 32 (MG. 957), N 60–36 (MG. 958), Q 22 (54, p. 44), R 42–353, T 228, U 33 (Arch. 35, 384), V 88 (Arch. 36, 431), c 16 (23; Stengel zu a Nr. 114 in Rlr. 44, 222), f 50, α 31081 (auch MG. I 213), zitiert N² Nr. 17; Guiraut de Borneill, aber vor Folquet P 7 (20, Arch. 49, 68); anonym O 58 (93).
Canzone. — Stroński p. 63.

12. Ja no volgra qu'om auzis
L 26. — Die Echtheit wurde bezweifelt von P. Meyer (Rom. 6, 474) und Pätzold (Die individuellen Eigentümlichkeiten p. 70 Anm. 1), desgl. Stroński p. 127*.
Canz. — Choix 3, 155. MW. 1, 323. Stroński p. 95.

13. Meravill me com pot nuls hom chantar
A 67 (188 und Arch. 51, 274), Da 165—575, I 63 (MG. 120), K 48, N 62—39 (MG. 963), P 7 (22, Arch. 49, 69), Q 23 (56, p. 46), zitiert N² Nr. 14; Folquet de Romans C 228, R 15—117 (MG. 964); Pons de Capdoill a 229 (246, Rlr. 45, 242); anonym O 72 (115). — Stroński p. 125* ist für F. de Romans.

Canz. — Krit. hgb. v. Napolski, Leben u. Werke des Trob. Ponz de Capduoill p. 101. Stroński p. 92.

14. Mout i fetz gran peccat amors
-or

A 64 (179 und Arch. 51, 268), B 43 (MG. 1327), C 3, D 42-146, E 5, Fa 45 (58), G 3♩ (p. 10), I 61, J 8 (40), K 46, L 24, M 27, N 57—31, O 76 (122), P 24 (75, Arch. 49, 297), Q 18 (43, p. 36), R 42♩—355, S 35—22, T 230, U 34 (Arch. 35, 385), V 87 (Arch. 36, 430), c 12 (16; Stengel zu a Nr. 107 in Rlr. 43, 213), α 29 103 (auch MG. I 195), Jaufre de Foixa § 16, zitiert N² Nr. 3; anonym O 33 (54). — Noten auch Fb 336; s. Riv. mus. ital. 2, 3.
Canz. — Lex. rom. 1, 343. MW. 1, 318. Stroński p. 40. Übers. Jeanroy, Anthol. p. 41.

15. Oimais no·i conosc razo
-os

A 67 (187 und Arch. 51, 273), B 46 (MG. 1331), C 6, Dª 165—576, E 2, I 64, K 49, N 61—37, P 7 (21, Arch. 49, 69), Q 22 (55, p. 45), R 13—95, ϱ, zitiert N² Nr. 18. — Razo in E N² R.
Kreuzlied. — Choix 4, 110. Parn. occ. p. 60. MW. 1, 326. Galvani, Osservazioni p. 203 und Fiore p. 307. Milá y Fontanals, Trovadores en Esp. p. 120. Chaytor, Troub. of Dante p. 57. Stroński p. 83. — Zur Datierung s. Lewent, Rom. Forschungen 21, 362.

16. Per Deu, amors, be sabetz veramen

A 63 (175 und Arch. 51, 265), B 41 (MG. 80), C 1, D 41—143, Dᶜ 246 (29, AdM. 13, 71), E 1, Fa 42 (53), G 1♩ (p. 1), I 62, J 8 (37), K 47, Kp 105 (4), L 12, M 25, N 55—28 (MG. 960), O 6 (9), P 22 (68, Arch. 49, 293), Q 17 (39, p. 33), R 51♩—430, S 23—14 (MG. 251), U 29 (Arch. 35, 381), V 82 (Arch. 36, 426), c 8 (8; Stengel zu a Nr. 100 in Rlr. 43, 202), f 23, g 1, α 28217 (auch MG. I 186), 31888, 32316, ι 39 (Egidi 2, 80; Thomas p. 185), 62—63 (Thomas p. 191—2), zitiert N² Nr. 9; anonym Ve. Ag. I[1]) [Str. *Mas com nom par*], β^1 376. Strophen *[M]as vos no par* und *Blasme n'a hom* anonym zitiert H 49 (in 167).
Canz. — Delius p. 26. Stroński p. 55.

(**17. Pos entremes me sui de far chansos**
ist von Peirol, s. 366, 27 a.)

18. S'al cor plagues, be for' oimais sazos

A 63 (177 und Arch. 51, 266), B 42 (MG. 1326), C 2, D 41—141, Dᶜ 245 (20, AdM. 13, 67), F 22 (51), G 2♩ (p. 5), I 62, J 9 (41), K 47, Kp 107 (9), M 28, N 56—29, O 5 (7), P 23 (71, Arch. 49, 295), Q 17 (40, p. 34), R 43♩—358, S 27—17, U 33 (Arch. 35, 384), V 85 (Crescini, Atti della R. Acc. dei Lincei, ser. IV, vol. VI, p. 47 und Per

[1]) fol. LXVj unter Folquet de Marselha! vgl. Miscellània Prat de la Riba p. 432.

gli studi rom. p. 134), c 9 (10; Stengel zu a Nr. 102 in Rlr. 43, 205), f 49, α 29027 (auch MG. I 194), β^3 77, zitiert N[2] Nr. 6.
Canz. — Choix 3, 156. MW. 1, 319. Stroński p. 35.

(**19. Seigner Deus que fezist Adam** wahrscheinlich von Folquet de Romans, s. 156, 12a.)

20. Si com cel qu'es tan greujatz
A 66 (186 und Arch. 51, 272), B 45 (MG. 1330), D 43—149 [eine Strophe Studj romanzi 1, 21], I 63, K 48 [wie zu D], N 63–42, P 9 (28, Arch. 49, 73; als *plor* bezeichnet), Q 21 (51, p. 42), R 52–433, V 89 (Arch. 36, 432), a 113 (99, Rlr. 43, 201), zitiert N[2] Nr. 11 mit Razo.
Planch. — Choix 4, 51. MW. 1, 324. Bartsch, Lesebuch p. 90. Krit. hgb. Springer, Klagelied p. 81. Stroński p. 73. Lommatzsch, Liederb. p. 116.

21. Si tot me sui a tart aperceubutz -ut
A 61 (170 und Arch. 51, 262), B 39 (MG. 1427), C 1 [Anfang fehlt], D 41–140, D[c] 246 (30, AdM. 13, 71), Fa 44 (55), G 3♩ (p. 8), I 61, K 46, M 31, N 59—34, O 77 (123), P 23 (70, Arch. 49, 294), Q 19 (48, p. 39), R 51—431, S 26—16, U 32 (Arch. 35, 383), V 86 (Arch. 36, 429), W 188♩ (p. 391, nur der Schluß erhalten), c 15 (22; Stengel zu a Nr. 113 in Rlr. 44, 220), e 238, f 41, α 28181 und 28195 (auch MG. I 185), 29087 (auch MG. I 195), zitiert N[2] Nr. 12; anonym O 50 (80), Ve. Ag. I[1]). — Anscheinend stammt auch hieraus *Qui a plus fort de lui fa desmesura*, anonym Y 1 = 461, 208.
Canz. — Choix 3, 153. MW. 1, 327. Krit. hgb. P. Meyer, Recueil p. 84. Bartsch, Chrest. col. 133. Chaytor, Troub. of Dante p. 60 (nach Meyer). Stroński p. 51.

22. Tan m'abelis l'amoros pensamens
Molt *W*

A 62 (173 und Arch. 51, 264), B 40 (MG. 1325), C 3, D 40–136 (Del cod. Estense, Sitzungsber. etc. p. 433), E 1, Fa 43 (54), G 2♩ (p. 7), I 62, K 47, L 125, M 29, N 54–25, P 22 (69, Arch. 49, 294), Q 18 (42, p. 36), R 42♩–356, S 25–15, U 36 (Arch. 35, 386), V 83 (Arch. 36, 427), W 188♩ (p. 392), b I 2, c 10 (12; Stengel zu a Nr. 104 in Rlr. 43, 208), f 49, ϰ 104 (Mussafia p. 260), zitiert N[2] Nr. 7; anonym O 56 (90).
Canz. — Choix 3, 149. MW. 1, 328. Monaci, Testi ant. prov., col. 49 und Poesie in lingua d'oc p. 24. Nach A C R hgb. Crescini, Manualetto p. 252 und Manuale p. 213. Chaytor, Troub. of Dante p. 56. Stroński p. 15.

23. Tan mou de corteza razo

A 66 (184 und Arch. 51, 271), B 45 (MG. 1329), C 4, D 43–150, D[c] 245 (25, AdM. 13, 69), E 2, Fa 46 (59), G 5♩ (p. 17), I 63,

---

[1]) fol. LXIj unter Folquet de Marselha! vgl. Miscellània Prat de la Riba p. 432.

K 48, M 30, N 57—30, O 79 (125). P 9 (26, Arch. 49, 72), R 42—357, S 37—23, T 227, V 86 (Arch. 36, 429). W 188 (p. 392), b I 6, c 13 (17; Stengel zu a Nr. 108 in Rlr. 44, 213), ϰ 60 (Mussafia p. 218), μ 296, 301–2, zitiert N² Nr. 1. — Razo in E N² R.
Canz. — Parn. occ. p. 62. MW. 1, 320. Stroński p. 19. Schultz-Gora, Elementarbuch p. 158.

24. Tostemps, si vos sabetz d'amor
Totz temps *a*¹
R 75—626 (Selbach, Streitgedicht p. 122), a¹ 578 (319). La tenzo de Folqet e de Tostemps *a*¹. [Register a: Folquet de Marseilla e Totztemps.]
Tenzone (Partimen) mit Tostemps = 444, 1. — Nach R krit. hgb. Zingarelli, La personalità storica di Folch. di Mars. ¹p. 37, ²p. 75. Stroński p. 68; vgl. p. 44*.

25. Vermillon, clam vos fatz d'un' avol pega pencha
Q 18 (44, p. 37 und Zts. 4, 506).
Cobla. — Krit. hgb. Zingarelli ¹p. 40 und besser ²p. 79. Stroński p. 72; vgl. p. 46*.

(**26. Vers Deus, el vostre nom e de sancta Maria**
von Folquet de Romans, s. 156, 15.)

27. Us volers outracuidatz
Dun (!)
A 66 (185 und Arch. 51, 272), B 45 (MG. 106), C 4, D 42–145, E 6, G 7 (p. 21), I 65, K 49, M 28, N 61—38 (MG. 962), Q 22 (53, p. 44), R 43–359, T 229, V 88 (Arch. 36, 431), c 14 (19; Stengel zu a Nr. 110 in Rlr. 44, 215), zitiert N² Nr. 19 mit Razo; anonym O 59 (95).
Canzone. — Stroński p. 23.

Die folgenden Zitate konnte ich leider nicht identifizieren: *quod qui honestam amat, magis amat quam qui vagam* etc. *Hoc in lingua sua* aus ι 8 (Egidi 1, 89; Thomas p. 172; Jahrb. 11, 44) und *Aquel serven ai per leials, driz e feels (!)* etc. ι 86 (Thomas p. 196).

Attribuiert werden ihm noch:

30, 3 Aissi com cel qu'am' e non es amatz (Arnaut de Maroill)
30, 8 Anc vas amor no·s poc res contradire (ders.)
9, 7 Ara·m destreing amors (Aimeric de Belenoi)
240, 4 Ara sabrai s'a ges de cortezia (Guiraudo lo Ros)
167, 12 Be·m platz e m'es gen (Gaucelm Faidit)
421, 5 Be volria saber d'amor (Richart de Berbezill)
173, 3 Car no·m abelis solatz (Gausbert de Poicibot)
167, 18 De faire chanso (Gaucelm Faidit)
16, 12 En amor ai tan petit de fiansa (Albertet)
106, 14 Eu sui tan corteza gaita (Cadenet)
167, 27 Gen fora contra l'afan (Gaucelm Faidit)
30, 16 La grans beutatz e·l fis enseignamens (Arnaut de Maroill)
370, 9 Los mals d'amor ai eu be totz apres (Perdigo)

168, 1 Pos fin' amors mi torn' en alegrier (Gauceran de S. Leidier)
70, 41 Quan par la flors josta·l vert foill (Bernart de Ventadorn)
167, 51 Razon e mandamen (Gaucelm Faidit)
173, 11 S'eu anc jorn dis clamans (Gausbert de Poicibot)
167, 59 Tant ai sofert longamen gran afan (Gaucelm Faidit)
370, 13 Tot l'an mi ten amors d'aital faisso (Perdigo)
421, 10 Tuit demandon qu'es devengud' amors (Richart de Berbezill).

156. Folquet de Romans.

Die Namensform Falquet statt Folquet ist ebenso gut bezeugt, vgl. W. Foerster bei Zenker p. 91 und Stroński, Le troub. Elias de Barjols p. XXXVI A. und ders., Folquet de Marseille p. 53* A. 2. — Für Romans findet man auch Rotmans, Rothmas, Roman.

Kritische Ausgabe[1]) mit Einleitung und Anmerkungen: Die Gedichte des Folquet von Romans, hgb. von Dr. Rudolf Zenker, Halle 1896 (= Romanische Bibliothek XII). — Besprechungen mit Besserungen: Appel, Lit.-Blatt 1896, 166; Mussafia, Zur Kritik und Interpretation romanischer Texte p. 29 (Sitzungsber. der K. Akad. der Wiss., philos.-hist. Kl., Bd. 134, Wien 1895); Jeanroy, Rev. critique, n. s. 42, 368; Schultz-Gora, Literar. Centralbl. 1896, 626; Naetebus, Arch. 98, 207.

Ältere Literatur: Diez, Leben u. Werke p. 453. Hist. lit. 18, 621. Cavedoni, Mem. d. R. Accademia di Scienze . . . di Modena 2, 276. O. Schultz[-Gora], Zts. 9, 133. G. Paris, Hugues de Berzé, Rom. 18, 553. — Nach der Ausgabe erschien Zenkers Aufsatz ‚Zu Folquet von Romans und Folquet von Marseille', Zts. 21, 335, mit Texten. — Später: L. M. Levin, An allusion to Raoul de Cambrai, Modern Philology 21, 273 (Anspielung in 156, 8). Anglade, Hist. somm. de la litt. mérid. p. 95.

Vida: A 210 (p. 650), H 51 (181 und Arch. 34, 405), I 189, K 175; vgl. ϰ 115. — Parn. occ. p. 121. Choix 5, 152. Mahn, Biogr. p. 55. Chabaneau, Biogr. p. 301. Zenker p. 42.

Eine wichtige Quelle für sein Leben, das afrz. Gedicht, worin Hugues de Berzé ihn auffordert, am Kreuzzuge teilzunehmen, *Bernarz, di moi Fouquet qu'on tient a (tint por) sage*, steht nur in prov. Hss.: H 46 (155 und Arch. 34, 403) mit der Überschrift *N'Ugo de Bersic mandet aqestas coblas a Falqet de Rotmans per*

[1]) Reihenfolge der Gedichte:

Zenker	Grdr.	Zenker	Grdr.	Zenker	Grdr.
1	= 5	6	= 6	11	= 9
2	= 8	7	= 11 (und 13)	12	= 1
3	= 14	8	= 12	13	Epistel, s. am Schluß der Nummer.
4	= 3	9	= 10		
5	= 2	10	= 4		

un joglar q'avia nom Bernart d'Argentau per predicar lui qe vengues com lui outra mar, anonym Dª 210—776, vgl. ϰ 115 (Mussafia p. 246); Parallelabdruck von DH und kritischer Text durch G. Paris, Rom. 18, 557, danach Zenker p. 11 und Les Chansons de croisade p. p. J. Bédier, avec leurs mélodies p. p. Pierre Aubry, Paris 1909, p. 153 mit neuer, folgenschwerer Datierung von Bédier.

1. Aissi com la clara stela
H 51 (190 und Arch. 34, 407).
Cobla als Antwort auf 181, 1. — Choix 5, 152. Hist. lit. 18, 622. MW. 3, 105. Monaci, Testi ant. prov., col. 87 und Poesie prov. di trovad. ital. p. 10. Zenker p. 71. Bertoni, I trov. d'Italia p. 260.

2. Auzel no trop chantan
Aucels
L 32 (Arch. 34, 426).
(Sirventes-) Canz. — Zenker p. 50.

3. Chantar voill amorozamen
T 183.
Canz. — Krit. hgb. Appel, Prov. Inedita p. 96. Zenker p. 48.

4. En chantan voill que·m digatz
H 51 (182 + 183; auch Arch. 34, 405 und MG. 1134), ϰ 115. [Folqetz de Rotmans] — En Blancatz li respondet en aqesta cobla *H*.
Coblaswechsel mit Blacatz = 97, 2. — Zenker p. 69. Soltau, Zts. 23, 246, dazu Anmerkungen Zts. 24, 57.

5. Eu no mudaria
C 228. — Über die Frage der Echtheit s. Appel, Prov. Inedita p. 98 A. und Zenker p. 2.
Canz. — Krit. hgb. Appel, l. c. p. 98. Zenker p. 43.

6. Far voill un nou sirventes
Eu farai un s.
A 210 (608), C 228, D 134—461, E 131, H 40 (129), I 189, K 175, P 28 (89, Arch. 33, 308), R 15—115, S 249—163, T 182.
Sirv. — Lex. rom. 1, 486. MW. 3, 98. Bartsch, Lesebuch p. 86 und krit. hgb. (in der letzten Aufl. nach Zenker) Chrest. col. 215. Zenker p. 52. De Bartholomaeis, Mem. della R. Acc. delle scienze dell' Istituto di Bologna, ser. 1, t. 6, p. 81; vgl. Lavaud, Rom. 42, 591 u. Pelaez, Rassegna bibliogr. 21, 265. — S. auch Wittenberg, Hohenstaufen p. 109.

(**7. . . . . luzens,**
(*l.* jauzens)
Lares et arditz, adregz et amoros
in c, gehört zu 375, 14.)

8. Ma bela domna, per vos dei esser gais
P 28 (90, Arch. 33, 309), S 248—162, c 18 (28).
Canz. (mit Refrain). — Zenker p. 45.

9. Nicolet, gran malananssa
H 54 (222 + 223; auch Arch. 34, 412). Falqet de Roman a Nicolez — Nicolez de Turrin li r[espondet].
Coblaswechsel mit Nicolet de Turin = 310, 2. — Zenker p. 70. Monaci, Poesie prov. di trovad. ital. p. 13. Bertoni, I trov. d'Italia p. 252.

10. Quan be me sui apensatz
On mielhs perpensatz
C 229, E 130, J 4 (18), Kp 107

(7), P 28 (88, Arch. 49, 305), R 52–435 (MG. 1073), S 250 –164, c 16 (24), f 5 [nur en Folquet]; anonym G 116 (p. 373 und Arch. 35, 104), Y 2, ferner in der Hs. Bibl. Nat., nouv. acq. fr. 4232, fol. 78 r° + 77 v° (Daurel et Beton, p. p. P. Meyer p. lxxxviij) und im Livre de raison des Étienne Benoit von Limoges, ed. Guibert p. 35, vgl. P. Meyer, Rom. 12, 124. Geistliches Lied. — Lex. rom. 1, 488. MW. 3, 99. Zenker p. 63.

11. Quan cug chantar, eu plaing e plor

C 229, R 52—438 [in beiden Hss. mit Strophe II *Tornatz es en pauc de valor* = 156, 13 beginnend], T 183, c 18 (27); Guillem Figueira (en Figera) M 238. — Strophe *Be volgr' aguessem* (*volgra qel fos* Q) *un seignor* anonym P 62 (*c.* 113, Arch. 50, 277), Q 50 (137, p. 101 und Zts. 4, 511) = 461, 49, hgb. Kolsen, Zwei prov. Sirventese p. 14; vgl. Lewent, Zts. 40, 373 u. Schultz-Gora, Arch. 139, 270. Sirv. — Parn. occ. p. 121. Choix 4, 126. MW. 3, 106, bzw. 97. Krit. hgb. nach M Tc von Levy, Guilhem Figueira p. 70, nach allen Hss. außer P Q von Zenker p. 57. — Über die Datierung hat vor Levy und Zenker schon Maus, Peire Cardenals Strophenbau p. 51 gehandelt.

12. Quan lo dous temps ven e vai la freidors

C 229, R 15—118; *uns clers* M 247. — Zur Attribution s. Appel, Lit.-Blatt 1896, 166. Kreuzlied. — Choix 4, 123. MW. 3, 96. Zenker p. 61.

12a. Seigner Deus, que fezist Adam dieu

R 131. Als Verf. ist Folquet de Marseilla genannt, aber Zenker, Zts. 21, 337 hat zu zeigen gesucht, daß das Gedicht Folquet de Romans gehören müsse wie die geistliche Alba 156, 15; vgl. die zustimmenden Äußerungen von P. Meyer, Rom. 26, 585 und Anglade, Rlr. 42, 485; dagegen Stroński, Folquet de Mars. p. 137*.

[Bartsch 155, 19.] Gebet in Achtsilbnerreimpaaren. — Choix 4, 394. MW. 1, 332. Galvani, Osservazioni p. 284. Krit. hgb. Zenker, Zts. 21, 343. Stroński, l. c. p. 112.

(**13. Tornatz es en pauc de valor** s. 156, 11.)

14. Una chanso sirventes

C 228, E 132, R 15–116, T 182. Sirventes-Canz. — Krit. hgb. Appel, Prov. Inedita p. 100. Zenker p. 46. Crescini, Manualetto p. 340 und Manuale p. 293. — Vgl. De Bartholomaeis, Osservazioni p. 101.

15. Vers Deus, el vostre nom e de sancta Maria Dieus vers *f*

C Reg., R 15—122; Folquet de Marseilla C 6; en Folquet f 19. — Zenker, Die Gedichte des F. v. Rom. p. 6 hielt diese Alba noch für ein Werk Folquets de Marseilla; dann hat er Zts. 21, 335 (nach dem Vorgang von P. Meyer, Alexandre le Grand dans la litt. franç. du m. â., Bd. II, Paris 1886, p. 90 A. und Appel, Lit.-Blatt 1896, 166) sie Folquet de Romans zuerkannt und allgemeine Zustimmung gefunden. Vgl. Stroński, Folquet de Mars. p. 135*. [Bartsch 155, 26.] Geistliche Alba. — Choix 4, 399. MW. 1, 335. Krit. hgb. P. Meyer, Recueil p. 87. Crescini, Manualetto p. 254 und Manuale p. 216. Chaytor, Troub. of Dante p. 54. Zenker, Zts. 21, 347. Stroński, l. c. p. 109. Anglade, Anthologie p. 142 (Folquet de Marseille) und Audiau et Lavaud, Nouv. Anthol. p. 257 (desgl.). — Zu v. 32 (R) s. R. Ortiz, Zts. 49, 558. — Zu dem ganzen Vorstellungskreise s. Schlaeger, Studien über das Tagelied p. 47.

Sonst werden ihm noch an Liedern attribuiert (vgl. Zenker p. 1):

155, 2 A pauc de chantar no·m recre (Folquet de Marseilla)
70, 10 Bel m'es qu'eu chant en aquel mes (Bernart de Ventadorn)
352, 2 Ja de razo no·m cal metr' en pantais (Peire de la Mula)
30, 16 La grans beutatz e·l fis enseignamens (Arnaut de Maroill)
132, 8 Mas comjat ai de far chanso (Elias de Barjols?)
155, 13 Meravill me com pot nuls hom chantar (Folquet de Marseilla)
366, 27a Pos entremes me sui de far chansos (Peirol)
332, 1 Quan lo dous temps d'abril (Peire de Bussignac)
332, 2 Sirventes e chansos lais (ders.).

Dazu kommt ein Liebesbrief:

Domna, eu preing comjat de vos
c 19 (29); Pons de Capdoill G 120 (p. 393); anonym L 57, N 20–6. — In LN als *comjat* bezeichnet. — Bartsch, Grdr. p. 41 denkt an Pons de Capdoill, v. Napolski p. 46 spricht es diesem ab, und Zenker p. 7 entscheidet sich mit überzeugenden Gründen für Folquet de Romans. — (Lex. rom. 1, 489. MW. 3, 101.) Nach c hgb. v. Napolski, Leben u. Werke des Trob. Ponz de Capduoill p. 108. Krit. hgb. Zenker p. 72.

Nach Zenker, Zts. 21, 340 soll Folchet, der Verf. zweier Geschichten über Blanchemain, die Barberino (ι 77, Thomas p. 194 und ι 45, Thomas p. 189, Jahrb. 11, 53; beide auch Chabaneau, Biogr. p. 296 und 298, sowie Zts. 21, 349 und 352) nacherzählt, unser Folquet sein.

157. Formit de Perpignan.

Milá y Fontanals, Trovadores en Esp. p. 472.

1. **Us dous dezirs amoros**
   Un
   F 60 (179).
   Canzone.

158. Fortunier.

1. **S'en Aimerics te demanda**
H 56 (248 und Arch. 34, 415).
Zwei Coblas gegen einen Aimeric.

159. Fraire menor.

Lowinsky, Zts. f. frz. Sprache u. Lit. 20 I 190. — J. Massó Torrents, AdM. 35/36, 316.

1. **Cor ai e volontatz**
-at
C 371, R 96—806.
Gebet (*precx*) zu Maria. — Choix 4, 469. MW. 3, 295.

160. Frederic de Sicilia.

Dompn Fredreric de Cicilia in der Überschrift von P, *l'onrat rei Frederic terz* in 180, 1 genannt, nach anderer Zählung Friedrich II., regierte 1296—1338.

Hist. lit. 20, 564. Milá y Fontanals, Trovadores en Esp. p. 458. A. Tobler, Sitzungsber. d. preuß. Akad. d. Wiss. zu Berlin, 1900, p. 239.

1. **Ges per guerra no·m cal aver consir**
P 63 (*c.* 122, 1, Arch. 33, 311). Sirv. (nur 2 Coblas m. 1 Tornada), beantwortet durch 180, 1. — Monaci, Testi ant. prov., col. 104.

161. Galaubet.

Mit Troubadours, aber nicht geradezu als Troubadour erwähnt von Uc de Lescura 452, 1: *De mots ricos no tem Peire Vidal* . . (v. 8) *Ni'n Gualaubet de viular coyndamen.*

162. Garin d'Apchier.

Sämtliche Gedichte (außer 162, 6!) wurden kritisch hgb. von Appel, Rlr. 34, 12 und kurz darauf von Witthoeft, Sirventes joglaresc p. 55 (vgl. auch p. 21). — Sie sind gegen Torcafol gerichtet wie die Torcafols gegen Garin. Da die beiden Feinde einander gewöhnlich *Comunal* nennen, so sind die Attributionen schon in den Hss. verwirrt worden. Ich folge in der Zuteilung den Vorschlägen von Appel, die durch Stroński's historische Untersuchungen jetzt gestützt werden.

Hist. lit. 14, 565. Appel, Zts. 11, 221 und Rlr. 34, 28. Witthoeft p. 35. Stroński, AdM. 19, 52, auch AdM. 25, 291. Fabre, Mélanges Chabaneau p. 259. Bergert, Damen p. 108. (Grellet de la Deyte et C. Fabre, Bulletin historique . . . de la Haute-Loire 1911, p. 321?).

Vida: I 191, K 177. — Parn. occ. p. 10. Choix 5, 155. Mahn, Biogr. p. 61. Chabaneau, Biogr. p. 270.

1. Aissi com hom tra l'estam
D^a 202—737.
„Sirventes" (nur 2 Coblas). — Rlr. 34, 26. Witthoeft p. 65.

(**2. Comunal veill, flac, plaides**
ist von Torcafol, s. 443, 2a.)

3. L'autrier trobei lonc un foguier
tras
D 140—484** [nur Garins], D^a 202—736. — D^a ist mit den Var. von D, das aber nur die erste Strophe hat, diplomatisch gedruckt bei Klein, Dichtungen des Mönchs v. Montaudon p. 107.
Sirv. — Rlr. 34, 25. Witthoeft p. 63.

(**4. Mals albergiers denairada de fe**
ist von Torcafol, s. 443, 2b.)

(**5. Mos Comunals fai be parer**
ist von Torcafol, s. 443, 4.)

6. Quan foill' e flors reverdis
Die Vida überliefert nur die beiden ersten Verse von *lo premier descort que anc fos faitz.*

(**7. Veills Comunals plaides**
ist von Torcafol, s. 443, 5.)

8. Veill Comunal, ma tor
Comunal veill cor
D 139–483 [Garins]; Torcafol I 192, K 177; anonym, als *tenso*, R 23—196.
Sirv. — Rlr. 34, 17. Witthoeft p. 60.

Zugeschrieben wird ihm noch:

443, 3 Membraria·us del jornal (Torcafol).

163. Garin lo Brun.

Kritische Ausgabe von Appel, L'*Enseignement* de Garin le Brun, Rlr. 33, 404.

Weitere Literatur: Bartsch, Garin der Braune, Jahrb. 3, 399. Chabaneau, Biogr. p. 350. Fabre, Mélanges Chabaneau p. 260.

Vida: I 158, K 145. — Choix 5, 156. Mahn, Biogr. p. 61. Jahrb. 3, 399. Chabaneau, Biogr. p. 261. Rlr. 33, 405.

1. Nog e jorn sui en pensamen
marrimen
I 159 [Garins lo Brus e Mesura], K 145; Garins lo Bruns e·n Eble de Saingna D 145–504; Raimbaut d'Aurenga E 177, L 3 [Partimentz]; Gui d'Uisel C 216; Peire Cardenal D^b 241 –818; Uc Brunec a^1 357 (103); anonym [in A *Mesura e Leugaria* überschrieben] A 180 (513 und MG. 1306), N 281—452. — Die Autorschaft ist durch die erste Tornada gesichert.
Fingierte Tenzone zwischen Mezura und Leujaria. — Choix 4, 436. Parn. occ. p. 367. MW. 3, 289. Rlr. 33, 405.

Dazu kommt ein Enseignamen für ein Dame, beginnend:

El termini d'estiu.
G 123 (p. 406), N 4–2, α 30278, 30461, 30641, 32222. In GN anonym, den Namen nennt

Matfre Ermengau. Zu den Zitaten des Breviari s. Jahrb. 3, 401 und Rlr. 33, 404 Anm.; die übersehenen Verse 32222 –32241 entsprechen im Texte V. 427–440, 445–6, 457–460. Vollständig Rlr. 33, 409. — Auszüge Bartsch, Chrest. col. 97; Schultz-Gora, Elementarbuch p. 186. — Vgl. Bartsch, Grdr. p. 50; Stimming in Gröbers Grundriß 2 II 51.

Garsenda s. Gräfin von Provence (187).

(164. Gasquet.

Spielmann. Er wird in dem folgenden Gedicht, wie in 158, 1, nur angeredet. Vgl. O. Schultz[-Gora], Zts. 9, 129; Chabaneau, Biogr. p. 350; Selbach, Streitgedicht p. 55; Soltau, Zts. 23, 224.

1. **Gasquet, vai t'en en Proensa**
s. 461, 123c.)

Gaubert s. Gausbert.

165. Gaucelm.

Sammelnummer. Bei 3 könnte man an Gaucelm Faidit denken, bei 2 schwerlich.

(1. **Cozin, ab vos voill far tenso**
s. Gauceran 167a, 1.)

2. **Gaucelm, no·m posc estener**
Tenzone mit einem Bernart, s. 52, 3.

3. **Gaucelm, que·us par d'un cavalier**
[Der Text war Bartsch noch unbekannt.] Tenzone mit Peire de Mont Albert, s. 350, 1.

(4. „Tenzone mit einem Grafen, in a"
(5. **Jauseme, quel vos [est] semblam,** N
} Graf von Bretagne u. Gaucelm Faidit, s. 178, 1 = 167, 30b.)

166. Gaucelm Estaca.

Hist. lit. 19, 618. Chabaneau, Biogr. p. 350.

1. **Cor qu'eu chantes dezamatz**
C 366, α 28438 (auch MG. I 188); Raimon [E]staca M 205 (MG. 1066). Canzone.

167. Gaucelm Faidit.

Diez, Leben u. Werke p. 293. — Hist. lit. 17, 486. — A. Tobler, Ein Minnesänger der Provence (Öffentliche Vorlesung), Neues Schweizerisches Museum, 5. Jahrgang, Basel 1865, p. 62 und Vermischte Beiträge, 5. Reihe, Leipzig 1912, p. 125 (mit Übersetzungen).

Robert Meyer, Das Leben des Trobadors Gaucelm Faidit. Diss. Heidelberg 1876; vgl. Stengel, Jenaer Literaturzeitung 1876, p. 768 (ablehnend). — Pietro Merlo, Sull' età di Gaucelm Faidit. Giorn. stor. d. let. ital. 3, 386 (wertvoll). — Maus, Peire Cardenals Strophenbau p. 41 (Nachahmung seiner Strophenformen durch P. Cardenal und andere). — Suchier und Birch-Hirschfeld, Gesch. d. franz. Lit. 1, 83. — Lewent, Rom. Forschungen 21, 343 (zu den Kreuzliedern). — Crescini, Canzone francese d'un trovatore provenzale, Atti e Memorie della R. Accademia di scienze, lettere ed arti in Padova, vol. 26 (1910), p. 63 (zu 167, 50; wichtig für alle Lieder von G. F., die mit dem vierten Kreuzzug irgendwie zusammenhängen, und für die Beziehungen zwischen Troubadours und Trouvères).

Ferner: Bergert, Damen p. 108. — Stroński, Le nom de G. Faidit dans un acte de 1193, AdM. 25, 273. — Ders., AdM. 25, 293 (zu den Versteckuamen). — Anglade, Hist. somm. de la litt. mérid. p. 65. — Kolsen, Die Frau des Trobadors G. Faidit, Arch. 141, 243. — Gmelin, Zts. f. franz. u. engl. Unterr. 27, 81.

Vida: A 70 (p. 207), B 47 (ib. p. 687), E 191, I 33, K 21, N² 24 (XXII, Arch. 102, 205, z. T. auch Rlr. 19, 284), P 39 (I, Arch. 50, 241, verstümmelt, nur Razos), R 1c, a 166 und II 31 (Rlr. 44, 336), p 1 (Rlr. 35, 90; nur Razos), ϱ; vgl. ϰ 56 und 107 (Mussafia p. 260). — Razos in E N² R p zu 59 und 43, E N² P R p zu 52, N² zu 33, P zu 15, H zu 13. N² gibt die Anfangszeilen von 33 Liedern. — Vgl. auch die Razo zu 136, 3. — Parn. occ. p. 99. Choix 5, 158. MW. 2, 80. Mahn, Biogr. p. 37 Nr. 39 (B) und 40. R. Meyer, l. c. p. 11. Chabaneau, Biogr. p. 243. Carstens, Die Tenzonen der d'Uisel p. 41 (razo in H zu 13). Lommatzsch, Liederb. p. 148. Audiau, Les poésies des quatre troub. d'Ussel p. 104. Ders., Bulletin de la Soc. scientif. . . . de la Corrèze 46, 25.

1. Ab chantar me dei esbaudir
C 69 (MG. 180).
Canzone.

2. Ab consirier plaing
Er cossir e
A 71 (199 und Arch. 51, 278), B 47 (MG. 1332), C 65, D 33–113, I 37, K 25, M 75, N 119–166, R 14–108 und 46–385 [nur 1. Strophe], V 39 (Arch. 36, 391), a 164 (169, Rlr. 45, 49), zitiert N² Nr. 18; Albertet R 40—339 (MG. 779); anonym L 105.
Canz. — Choix 3, 285. MW. 2, 86.

3. Ab nou cor et ab novel so
I 194 (MG. 301), K 180, d 287—68.
Canz. (als ‚sirventes' bezeichnet!). — Kolsen, Zts. 38, 306 A. 1 (Str. 1, 2, 5).

3a. A jutjamen de sos vezis
Dᵃ 210, anonym.
Cobla als Antwort auf 136, 3. — Krit. hgb. Appel, Rlr. 34, 11. Carstens p. 91 (vgl. p. 19).

4. Al semblan del rei ties
A

A 79 (222), B 49 (MG. 24), C 72, D 29—99, E 10, H 59 (266), I 34 (MG. 441), K 22, M 79, N 114—158, P 15 (47, Arch. 49, 84), R 44—372, S 103—63 (MG. 442), T 139, U 54 (Arch. 35, 399), V 30 (Arch. 36, 384), a 149 (154, Rlr. 44, 436), zitiert N² Nr. 6.
Canz. — Krit. hgb. Bartsch, Chrest. col. 160.

5. Anc no cugei qu'en sa preizo
Ja

C 68 (MG. 352); anonym L 119 (Arch. 34, 436).
Canzone.

6. Anc no·m parti de solatz ni de chan

A 78 (220), C 67, D 35–118, E 19 (MG. 30), M 84 (MG. 443), R 44—367, a 147 (152, Rlr. 44, 434), letzte Strophe auch b I 2 und ϰ 108 (Mussafia p. 234).
Canz. — Monaci, Testi ant. prov., col. 84. — Zur letzten Strophe s. Crescini, Note prov. I. Per un luogo di Gaucelm Faidit, Studj di fil. rom. 6, 157.

7. Ara cove | que·m conort en chantan
Aram, Erais

A 73 (205), D 30—101, E 14 (MG. 31), F 15 (27), I 38, K 26, M 85 (MG. 448), N 117 –162 (MG. 449), R 45—377, zitiert N² Nr. 14.
Canz. — Krit. hgb. Appel, Chrest. p. 68.

8. Ara·m digatz, Gaucelm Faidit

Tenzone mit Raimbaut, s. 388, 4.

9. Ara nos sia guitz
Oimais

A 78 (219), C 66, Dᵃ 164–571, I 36, K 25, R 90–758, a 145 (150, Rlr. 44, 432), e 206, ρ, zitiert N² Nr. 32; Aimeric de Belenoi E 88.
Kreuzlied. — Choix 4, 96. MW. 2. 94. Bartsch, Lesebuch p. 88 und krit. hgb. Chrest. col. 158. Audiau et Lavaud, Nouv. Anthol. p. 123. Zur Datierung auch Jeanroy, Revue historique 164, 5 A. 2.

10. Ar es lo mons vermeills e vertz
mont

T 140.
Canz. (‚vers'). — Krit. hgb. Chabaneau, Rlr. 32, 552 und Appel, Prov. Inedita p. 103.

11. Be for' oimai | segon ma conoissensa

D 34—115, I 37 (MG. 454), K 25, N 122—172, U 57 (Arch. 35, 402), zitiert N² Nr. 20.
Canzone.

12. Be·m platz e m'es gen

A 81 (227), C 66 (MG. 450), D 32—110, L 142, M 73 (MG. 451), N 125–177, R 45–375 (MG. 452), V 31 (Arch. 36, 385), a 157 (162, Rlr. 44, 517), zitiert N² Nr. 27; Folquet de Marseilla μ 571; anonym O 68 (107).
Canzone. — Kolsen, Zts. 40, 594.

13. Ben auria ops pas e vis

H 46 (159), ϰ 123 (Mussafia p. 262); anonym Dᵃ 210–773. Dazu Razo in H.
Cobla, beantwortet durch 136, 2. — Choix 5, 143 (nur die Razo). Rob. Meyer p. 16–17. Chabaneau, Biogr. p. 247. Krit. hgb. Carstens p. 92.

14. Cascus hom deu conoisser et entendre
Totz

A 81 (228), a 160 (165, Rlr.

45, 44); Strophe I anonym J 14 (*c. e.* 70; auch Riv. 1, 44). Kreuzlied. — Choix 4, 56. MW. 2, 96. Kolsen, Zwei prov. Sirventese p. 31; vgl. Lewent, Zts. 40, 368.

15. Chant e deport, joi, domnei e solatz
A 79 (223), C 71, D^a 163–569, D^c 247 (45, AdM. 13, 201), F 17 (32), G 28♩ (p. 88), I 34, K 23, M 72, N 113—156, Q 52 (142, p. 104), R 44♩–368, S 98–60, T 138, U 55 (Arch. 35, 400), V 37 (Arch. 36, 389), a 151 (155, Rlr. 44, 437), f 47, p 2 (Rlr. 35, 93), *α* 31 324 und 31 343 (auch MG. I 214), zitiert N² Nr. 8; anonym O 10 (16), X 85♩. Zwei Strophen *Si·l plagues* und *E s'aquest tort* als von Peire Vidal N 93–110 (Suchier, Denkm. 1, 319). Razo und 1. Strophe in P.
Canz. — Lex. rom. 1, 373. MW. 2, 103. Melodie bei Beck, Melodien p. 57 und 190.

16. Com que mos chans sia bos
C 74 (MG. 455), R 91—762 (MG. 456).
Canzone.

17. Cora que·m des benanansa
A 72 (203 und Arch. 51, 280), C 63 (MG. 495), D 32—107, E 16, G 27♩ (p. 85), I 35 (MG. 125 nach IE), K 24, L 30, M 78, N 111—153 (MG. 496), Q 58 (151, p. 115), R 91–763, zitiert N² Nr. 16.
Canz. — Krit. hgb. Kolsen, Trobadorgedichte p. 18.

18. De faire chanso
A 78 (218), C 65 (MG. 459), D 33—112, D^c 247 (52, AdM. 13, 203), E 19 (MG. 51), M 74 (MG. 460), R 43—364, V 28 (Arch. 36, 382), a 144 (149, Rlr. 44, 431), *β*³ 87 [nur in den Hss. CL der Razos], zitiert N² Nr. 30. Zwei Verse, dieselben wie *β*³, werden *μ* 579 als von Folquet de Marseilla angeführt.
Canzone. — Kolsen, Dichtungen p. 166.

19. Del gran golfe de mar
a 166 (171, Rlr. 45, 51).
Lied auf die glückliche Rückkehr vom Kreuzzug. — Chabaneau, Rlr. 32, 550. Appel, Chrest. p. 112. Crescini, Manualetto p. 259 und Manuale p. 220. Anglade, Anthol. p. 112. Audiau et Lavaud, Nouv. Anthol. p. 127.

20. De solatz e de chan
A 77 (216), C 65 (MG. 461), D 33–114, I 36, K 24, N 122 –171 (MG. 292), R 14–112 (MG. 462), V 34 (Arch. 36, 378), a 140 (146, Rlr. 44, 427), zitiert N² Nr. 19.
Canzone.

20a. D'un' amor on s'es assis
T 141.
Canz. — Krit. hgb. Appel, Rlr. 34, 30.

21. D'un dous bel plazer
T 144.
Canz. — Krit. hgb. Chabaneau, Rlr. 32, 554 und Appel, Prov. Inedita p. 105.

22. Fortz cauza es que tot lo major dan
Fort cauz' aujatz
A 80 (225), B 50 (MG. 1334), C 64, D 36–121, G 29♩ (p. 90), I 197, K 183, Kp 107 (8), M 85, Q 52 (141, p. 104), R 44—370, S 111—67, U 59 (Arch. 35, 403), a 155 (159,

Rlr. 44, 514), μ 353, zitiert N² Nr. 33; anonym W 191♩ (p. 396), X 87♩, η 89♩ (Keller, Romvart p. 425). — Melodien von G W X η parallel wiedergegeben Riv. mus. ital. 3, 256 und Beck, Melodien p. 56 und 190; s. auch Ders., La musique des troub. p. 92.
Planch. — Choix 4, 54. MW. 2, 92. Le Roux de Lincy, Recueil de chants historiques français 1, 71 nach X. Tarbé, Les Œuvres de Blondel de Néele p. 160. Krit. hgb. Springer, Klagelied p. 88. Appel, Chrest. p. 120. Lommatzsch, Liederb. p. 155 und Mel. p. 441. Audiau et Lavaud, Nouv. Anthol. p. 217.

23. Gaucelm, digatz m'al vostre sen
Tenzone mit Peirol, s. 366, 17.

24. Gaucelm Faidit, de dos amics corals
Tenzone mit Aimeric de Peguillan, s. 10, 28.

25. Gaucelm Faidit, eu vos deman
Tenzone mit Albertet, s. 16, 16.

26. Gaucelm, tres jocs enamoratz
Tenzone mit Savaric de Malleo und Uc de la Bacalaria, s. 432, 2 (auch = 449, 1 a).

27. Gen fora contra l'afan
Ben, Bom
A 73 (206), C 64, D 30–102, E 15 (MG. 60), G 26♩ (p. 81), I 38 (MG. 464), K 26, M 86 (MG. 465), N 119–167 (MG. 463), Q 57 (149, p. 113), R 45–378, V 29 (Arch. 36, 382), a 159 (164, Rlr. 44, 519), zitiert N² Nr. 15; Folquet de Marseilla D 44–152.
Canzone.

28. Ges de chantar non aten ni esper
V 37 (Arch. 36, 389).
Canzone.

29. Ges no·m toill ni·m recre
A 80 (226), C 61 (MG. 466), D 34—116, R 14—109 (MG. 467), a 156 (160, Rlr. 44, 515), zitiert N² Nr. 25.
Canzone. — Kolsen, Dichtungen p. 3.

30. Jamais nul temps no·m pot re far amors
A 71 (198 und Arch. 51, 277), C 62 (MG. 470), D 30—100, Dᶜ 247 (47, AdM. 13, 201), E 18, F 15 (26), G 28♩ (p. 87), I 38 (MG. 117 mit Berücksichtigung von E), K 26, L 31, M 76 (MG. 471), N 111–154 (MG. 472), Q 59 (152, p. 115), V 31 (Arch. 36, 384), a 136 (142, Rlr. 44, 423), zitiert N² Nr. 12; Guillem de Saint Leidier R 41♩—348; anonym W 200♩ (p. 402).
Canzone.

30 a. Ja no crezatz qu'eu de chantar me lais
creyray
C 74 (MG. 473), R 14—110 (MG. 474).
Canzone.

30 b. Jauseume, quel vos est semblant
Tenzone mit dem Grafen von Bretagne, s. 178, 1.

31. Jauzens en gran benanansa
ab, a
A 76 (215), E 21 (MG. 475), T 142, V 35 (Arch. 36, 388; MG. 1057), a 139 (145, Rlr. 44, 426).
Canzone.

32. Lo gens cors onratz
Us gais

A 70 (196 und Arch. 51, 276), C 70 (MG. 477), D 28—94, E 17 (MG. 65), G 23♩ (p. 72), I 34, K 22, M 75, N 115–159, Q 53 (144, p. 106) + 56 (nach Nr. 160, beginnend *Ni avols peccaç*, p. 109), R 44♩—366, S 109—66 (MG. 478), T 147, V 26 (Arch. 36, 380), a 132 (138, Rlr. 44, 337), zitiert N² Nr. 9; anonym O 38 (62), X 90♩.
Canzone.

33. L'onratz jauzens sers

A 82 (230), B 51 (MG. 67), C 65, Dª 164–572, I 35, K 23, N 123–173 (MG. 444), R 91 –764, a 162 (167, Rlr. 45, 46), zitiert N² Nr. 21 mit Razo (diese vollständig auch Rlr. 19, 285).
Canzone (Sirventes - Canzone). — Krit. hgb. Kolsen, Trobadorgedichte p. 20.

34. Lo rossignolet salvatge

A 73 (204), C 63, D 29—98, E 13, G 26♩ (p. 80), I 35, K 24, M 71, N 116—160 und 117—163 (beginnt *E pero nuil alegraje*, MG. 503), Q 57 (148, p. 112), R 91–761, U 58 (Arch. 35, 402), V 34 (Arch. 36, 387), a 157 (161, Rlr. 44, 516), zitiert N² Nr. 13; anonym L 134.
Canz. — Parn. occ. p. 102. Choix 3, 282. MW. 2, 85. Bartsch, Lesebuch p. 71 und krit. hgb. Chrest. col. 155. Lommatzsch, Liederb. p. 153. Audiau et Lavaud, Nouv. Anthol. p. 85.

35. Maintas sazos es hom plus
Moutas volontos

A 82 (232), B 51 (MG. 347), C 67, D 35—119, Dᶜ 247 (49, AdM. 13, 202), E 18, M 76, R 45–380, T 146, a 165 (170, Rlr. 45, 50), f 73, α 29214 und 29507 (auch MG. I 196 und 199), zitiert N² Nr. 28; Peirol U 114 (Arch. 35, 441).
Canz. — Lex. rom. 1, 368. MW. 2, 108.

36. Mas la bela de cui mi mezeis teing

C 68 (MG. 480).
Canzone.

37. Mon cor e mi e mas bonas chansos

A 71 (200 und Arch. 51, 279), B 48 (MG. 71), C 69, D 35–120 (Hüffer, Der Trob. Guillem de Cabestanh p. 63), E 11, I 36, K 24, M 81 (MG. 484), N 113 –157, P 16 (49, Arch. 49, 86), Q 51 (138, p. 101), R 44♩-369, S 106—64 (MG. 485), U 49 (Arch. 35, 396), V 27 (Arch. 36, 381), a 154 (158, Rlr. 44, 441), ι 35 (Egidi 2, 37; Thomas p. 184; Jahrb. 11, 50), zitiert N² Nr. 3; Guillem de Cabestaing R 95—801; anonym X 84♩; Anfang anonym zitiert in 304, 1.
Canzone.

38. Mout a amors sobrepoder
Ben *C* sobrier poder *C*

A 74 (208 und Arch. 33, 452), C 62 (MG. 453).
Canzone. — Kolsen, Dichtungen p. 149.

39. Mout a poignat amors en mi
Trop, Tant delir

A 80 (224), B 50 (MG. 70), C 71, D 29—97, Dᶜ 247 (51, AdM. 13, 203), I 35 (MG. 481), K 23, M 77, R 91—760 (MG. 482), S 102—62 (MG. 483),

U 56 (Arch. 35, 401), V 29 (Arch. 36, 383), a 152 (156, Rlr. 44, 439), zitiert N² Nr. 23; anonym, weil ohne Anfang, p 2 (Rlr. 35, 92).
Canz. — Krit. hgb. Kolsen, Trobadorgedichte p. 24.

40. Mout m'enoget ogan lo coindetz mes
A 75 (211), C 67 (MG. 486), D 34—117, M 83 (MG. 487), R 45—381, S 115—70 (MG. 272), a 135 (141, Rlr. 44, 340), zitiert N² Nr. 26, sowie in P von der Razo zu 167, 15. Strophe *Cant eu recort las gran[s] honors e·l[s] bes* anonym N 85—88, hgb. Suchier, Denkm. 1, 317.
Canz. — Krit. hgb. Kolsen, Trobadorgedichte p. 27.

41. Mout volontiers chantera per amor
C 68 (MG. 488).
Canzone.

42. N'Albert, eu sui en error
D 151—524 (Selbach, Streitgedicht p. 123). Überschrift: *Gauselms Faidiz*, Anreden: *N'Albert* und *Seingner*. Ist der Überschrift zu trauen?
Tenzone (Partimen) mit Albertet = 16, 19.

43. No·m alegra chans ni critz
agrada
A 72 (202 und Arch. 33, 451), C 72, D 31–106, E 12, G 30J (p. 92), I 35, K 23, N 116–161, P 38 (121, Arch. 49, 322), Q 51 (139, p. 102), R 43J—365, U 52 (Arch. 35, 398), V 36 (Arch. 36, 389), a 142 (147, Rlr. 44, 428), b I 5, β¹ 1295, ϰ 59 (Mussafia p. 260), zitiert N² Nr. 5; anonym W 202J (p. 403). — Razo E N² R p.
Canz. — Parn. occ. p. 104. MW. 2, 109.

44. N'Uc de la Bacalaria
N'Ugo cavalaria (!)
A 185 (529), D 150—521, I 161, K 147, M 261, O 93 (147), R 78–649, T 81, a¹ 541 (287), d 286–67. — Überschrift: Gaucelm Faidit — Uc de la Bacalaria, bzw. umgekehrt A, Index B, I K O a¹ d; nur Gaucelm Faidit D.
Tenzone (Partimen) mit Uc de la Bacalaria = 449, 2. — Choix 4, 16. MW. 2, 99.

44a. Oimais taing que fassa parer
c'ieu
A 78 (221 und Arch. 33, 454), C 69 (MG. 468), D 33—111, M 83 (MG. 469), R 46—383, T 143, a 148 (153, Rlr. 44, 435), zitiert N² Nr. 29.
Canz. (,vers'). — Kolsen, Dichtungen p. 154.

45. Pel joi del temps qu'es floritz
Per
A 72 (201 und Arch. 51, 279), C 66, D 31—104, E 15 (MG. 121 E I?), I 36, K 24, M 80 (MG. 489), N 121—169 (MG. 490), R 45–376, a 134 (140, Rlr. 44, 339), zitiert N² Nr. 1 und Berenguier de Noya (Homenaje Pidal 1, 680).
Canzone.

46. Pel messatgier que fai tan lonc estatge
C 73 (MG. 491), R 14—107 (MG. 492).
Canzone. — Kolsen, Dichtungen p. 172.

47. Perdigo, vostre sen digatz
A 179 (510), C 396, D 144–501, G 91 (p. 286), I 153, J 12 (52), K 139, M 266, N 286—460,

Q 45 (123, p. 90), S 99—61, a¹ 561 (301), stand auch in R 73—615. — Überschriften: Gaucelm Faidit-Perdigo ACIK a¹, nur Gaucelm Faidit DS. Tenzone (Partimen) mit Perdigo = 370, 12. — Choix 4, 14. MW. 2, 97. Krit. hgb. Chaytor, AdM. 21, 333 und ders., Les chansons de Perdigon p. 28.

48. Per l'esgar
T 145.
Canz. — Krit. hgb. Chabaneau, Rlr. 32, 557 und Appel, Prov. Inedita p. 109.

49. Quan la foilla sobre l'albre s'espan
C 73, E 20, M 79, R 44–371, a 153 (157, Rlr. 44, 440); Bernart de Ventadorn Dª 162 –561, G 19 (p. 59), I 33, K 21, O 12 (18), Q 31 (79, p. 63), zitiert N² unter Bern. de Vent. Nr. 37; Peirol S 85—50. — Attribution nicht sicher.
Canz. — Choix 3, 49. MW. 1, 39. Appel, B. von Ventadorn p. 325.

50. Quant vei reverdir les jardis
Pus *C* -ins *R*
C 74 (MG. 493), R 91—759 (MG. 494), V 29 (Arch. 36, 383).
Canz. mit Refrain, französisch, aber von einem Provenzalen verfaßt. — Krit. hgb. Crescini, Atti e Mem. d. R. Acc. di scienze . . in Padova 26, 63, mit Übersetzung und ausführlichen Erläuterungen; vgl. P. Meyer, Rom. 39, 421. Ders., Atti del R. Istituto Veneto 70, II, 267. Kolsen, Dichtungen p. 161. — S. noch Lewent, Zts. 40, 226, Schultz-Gora, Arch. 146, 249, zu Str. 2 auch Jeanroy, AdM. 23, 222.

51. Razon e mandamen
A 74 (209), C 61, Dᶜ 248 (53, AdM. 13, 203), F 17 (31), M 71, N 124–176, R 14–111, a 133 (139, Rlr. 44, 338), zitiert N² Nr. 31; Uc de la Bacalaria Dª 197—717, I 148, K 134; Guillem de Saint Leidier L 143; zwei Verse als von Folquet de Marseilla zitiert μ 583 (*mal i ve*, l. *malme*).
Canz. — Lex. rom. 1, 369. MW. 2, 106.

52. Si anc nuls hom per aver fi
S'anc negus **coratge**
A 74 (207), C 70, D 31–105, E 13, G 27♩ (p. 83), I 37, K 25, M 82, N 118—165, P 14 (45, Arch. 49, 83; erste Strophe auch in der Vida), Q 58 (150, p. 114), R 45♩—379, T 145, V 32 (Arch. 36, 385), a 158 (163, Rlr. 44, 518), f 59, p 2 (Rlr. 35, 94), zitiert N² Nr. 7; Peirol S 95—58; anonym X 86♩. Strophe *Tal dompna sai q'es de tant franc usatge* unter Uc de S. Circ H 49 (in 167) = 457, 37, hgb. Bartsch, Chrest. col. 326. — Razo E N² P R p (Text von N² auch Rlr. 20, 116).
Canz. (*mala canso*, sagt die Razo). — Choix 3, 292. MW. 2, 88.

53. Si tot m'ai tarzat mon chan ai
A 71 (197 und Arch. 51, 277), C 62, D 32—108, E 10, I 37, K 26, M 74, N 118–164, P 15 (46, Arch. 49, 84), R 44♩–373, a 146 (151, Rlr. 44, 433), α 28856 und 29235 (auch MG. I 192, bzw. 196), zitiert N² Nr. 11; anonym X 86♩.
Canz. — Choix 3, 290. MW. 2, 90.

54. Si tot nonca s'es grazitz
Eine Silbe fehlt. Kolsen: re n.
A 81 (229 und Arch. 33, 454), a 161 (166, Rlr. 45, 45).
Canz. (,vers'). — Kolsen, Dichtungen p. 188; vgl. Arch. 137, 81.

55. Solatz e chantar
C Reg., R 46—386 (MG. 497); Albert de Sestaro C 237 (MG. 498).
Canz. — Krit. hgb. Kolsen, Trobadorgedichte p. 29.

56. S'om pogues partir son voler
Qui
A 70 (195 und Arch. 51, 275), C 60 (MG. 445), D 31—103, D^c 247 (46, AdM. 13, 201), E 9, F 15 (28), G 22♩ (p. 69), I 33 (MG. 128 I E), K 22, M 87, N 124—175 (MG. 447), P 37 (118, Arch. 49, 320), Q 51 (140, p. 103) und 53 (143, p. 105), R 90—757 (MG. 446), U 50 (Arch. 35, 397), V 32 (Arch. 36, 386), *α* 33 962, zitiert N^2 Nr. 2, nur die Tornada in b I 2 und *ϰ* 108 (Mussafia p. 217), vielleicht gehört hierher auch ein Beispiel bei Jaufre de Foixa § 15; anonym X 89♩.
Canzone. — (Kolsen, Zts. 38, 301 A.) Mel. Beck, Melodien p. 59 und 190.

57. Tan fort me creis amors en
fort *fehlt.* **ferm talan**
E 21 (MG. 100).
Canz. — Krit. hgb. Kolsen, Trobadorgedichte p. 32.

58. Tan sui ferms e fis vas amor
oder fis e ferms
A 75 (212), B 48 (MG. 102), C 60 (MG. 499), D 32—109, G 25 (p. 78), I 39, K 26, L 104, M 78, N 120—168, Q 57 (147, p. 111), R 14—106, zitiert N^2 Nr. 17; Cadenet M 155 (MG. 500), T 277; Guillem de Cabestaing a^1 276 (22).
Canzone. — Kolsen, Dichtungen p. 182.

59. Tant ai sofert longamen grant afan greu
A 76 (213), B 49 (MG. 1333), C 72, D^a 164—570, D^c 247 (50, AdM. 13, 202), E 11, F 16 (30), G 30♩ (p. 94), I 33, K 22, L 122, M 73, N 112—155, P 15 (48, Arch. 49, 85), Q 59 (153, p. 116), R 46♩—384, S 113—68, U 51 (Arch. 35, 398), V 33 (Arch. 36, 386), a 137 (143, Rlr. 44, 424), b I 5, f 58, *ϰ* 57 (Mussafia p. 260), Jaufre de Foixa § 15, zitiert N^2 Nr. 4; Folchetus Q 21 (52, p. 43); anonym O 48 (77). — Razo in EN^2Rp (Text von N^2 auch Rlr. 20, 113).
Canz. — Parn. occ. p. 107. Choix 3, 288. MW. 2, 83.

60. Totz me cuidei de chansos far
Tot **sofrir**
A 75 (210), C 63, D 28—95, E 16, F 16 (29), G 24 (p. 75), I 38, K 26, L 101, M 80, N 121—170, P 37 (119, Arch. 49, 321), Q 56 (145, p. 109), R 45—374 (MG. 440, beginnend *Be·m cugei de chantar sofrir*), S 107—65, V 36 (Arch. 36, 388), f 59, *α* 27865 (auch MG. I 182), zitiert N^2 Nr. 10; anonym O 11 (17).
Canz. — Lex. rom. 1, 372. MW. 2, 105.

61. Tot so que pert pels truans amadors
A 77 (217 und Arch. 33, 453), V 38 (Arch. 36, 390 und MG.

501 in Bd. 3, p. II), a 143 (148, Rlr. 44, 429).
Canz. — Krit. hgb. Kolsen, Trobadorgedichte p. 34.

= Trop malamen . . . s. unter 63. =

62. Tuit cil que amon valor qui

A 76 (214), C 61, D 29—96, D^c 247 (48, AdM. 13, 202), G 25 (p. 76), I 37, K 25, M 81, N 123–174, Q 56 (146, p. 110), R 46—382, S 114—69, U 53 (Arch. 35, 399), V 28 (Arch. 36, 382), a 138 (144, Rlr. 44, 425), f 32, α 32274, μ 211, zitiert N² Nr. 22; anonym L 103, O 67 (106).
Canz. — Choix 3, 295. MW. 2, 91.

63. Trop malamen m'anet un temps d'amor

E 20 (MG. 104).
Canz. (‚coblas').

64. Una dolors esforsiva

C 73 (MG. 502).
Canzone. — Kolsen, Dichtungen p. 177.

(65. „Tenzone mit Raimbaut, stand in a"; gemeint ist 167, 8, s. 388, 4.)

Sonst werden ihm noch attribuiert:

243, 2 A leis cui am de cor e de saber (Guiraut de Calanso)
10, 19 De Berguedan, d'estas doas razos (Aimeric de Peguillan und Guillem de Berguedan)
355, 7 Enquera·m vai recalivan (Peire Raimon de Toloza)
238, 2 En Raïmbaut, pro domna d'aut paratge (Guionet-Raimbaut)
112, 2 Ges per lo freg temps no m'irais (Cercamon?)
262, 2 Lanquan li jorn son lonc en mai (Jaufre Rudel)
376, 1 Locs es qu'om si deu alegrar (Pons Fabre d'Uzes)
276, 1 Longa sazon ai estat vas amor (Jordan de l'Isla de Venessi?)
421, 6 Lo nous mes d'abril comensa (Richart de Berbezill)
132, 8 Mas comjat ai de far chanso (Elias de Barjols?)
30, 21 Ses joi non es valors (Arnaut de Maroill)
76, 23 Us cavaliers si jazia (Bertran d'Alamano?).

Vgl. auch zu 106, 1 und 448, 1.

167a. Gauceran (Gauseran).

1. Cozin, ab vos voill far tenso

O 84 (133 und Arch. 34, 379), a¹ 594 (334). La tenzon d'en Gaucelm e de son cozin *Oa¹*. — Der Text von Oa¹ hat (bzw. sollte in Strophe II nach dem Metrum haben) *en Gauseran*; vgl. Chabaneau, Biogr. p. 351 A. 4. [Bartsch 165, 1.] Tenzone (Partimen) mit einem *Cozin*. — Krit. hgb. Kolsen, Trobadorgedichte p. 17.

168. Gauceran de Saint Leidier.

Gauseran in den Hss.; Jolceram de Sain Desider in S. — C. Fabre, Notes sur les troubadours Guillem et Gauceran de Saint-Didier, AdM. 23, 161.

Vida: A 169 (p. 528), B 110 (ib. p. 712), I 142, K 127. — Parn. occ. p. 288. Choix 5, 163. Mahn, Biogr. p. 57. Chabaneau, Biogr. p. 270.

1 a. El temps quan vei cazer foillas e flors

C 133 unter Guillem de Saint Leidier. — Diez, Leben und Werke p. 267; Milá y Fontanals, Trovadores en Esp. p. 195; Lewent, Roman. Forschungen 21, 358 schreiben alle das Lied Gauceran zu. Dagegen Stroński, Folquet de Marseille p. 20* A. 1. — Vgl. Mélanges Chabaneau p. 262.

[Bartsch 234, 10.] Kreuzlied. — Choix 4, 133. MW. 2, 44. Tarbé, Les Œuvres de Blondel de Néele p. 145.

1. Pos fin' amors mi torn' en alegrier

A 169 (489), B 111 (MG. 87), D^a 190—686, I 142, K 127, S 212—136; Guillem [in R: *Gr.*] de S. Leidier C 135, R 92—772, T 194; Guiraudo lo Ros a[1] 501 (252); Folquet de Marseilla L 27.

Canzone.

169. Gaudairenca.

Verfasserin von Dansas; vgl. das Leben ihres Gatten Raimon de Miraval.

170. Gaudi.

1. Gaudi, de donzela m'agrat

[Der Text war Bartsch noch unbekannt.] Tenzone mit Alberjat, s. 12b, 1.

171. Gausbert.

Derselbe wie Gausbert de Poicibot?

1. Peire Bermon, maint fin entendedor

E 223 (Selbach, Streitgedicht p. 104), ohne Überschrift. Die Streiter werden *Peire Bermon* und *en Josbert* genannt. Gegen P. B. Ricas Novas (und lo Tort) ist Boutière, P. Bremon Ricas Novas p. VII.

Tenzone (Partimen) mit Peire Bremon = 330, 11. — Shepard, Jausbert de Puycibot p. 52 (vgl. introd. p. X).

172. Gausbert Amiel.

Hist. lit. 19, 571. Jeanroy, Jongleurs et troub. gascons, introd. p. V.

Vida: A 170 (p. 529), I 142, K 128. — Parn. occ. p. 268. Choix 5, 157. Mahn, Biogr. p. 61. Chabaneau, Biogr. p. 258. Jeanroy p. 19.

1. Breu vers per tal que meins i poing
A 170 (490), D 63–222, I 142, K 128; anonym G 113 (p. 366 und Arch. 35, 104), N 257–407, Vat. 7182 Nr. VII. Canz. (‚vers'). — Parn. occ. p. 268. MW. 3, 314. Jeanroy p. 19, Übers. Anthol. p. 53. Bertoni, Zts. 38, 354.

173. Gausbert de Poicibot.

Die Hss. nennen ihn auch *lo monge Gaubertz de Poicibot* und häufiger *lo monges de Poicibot* allein. Zum Namen auch Shepard, introd. p. III, n. 1.

Kritische Ausgabe[1]: William P. Shepard, Les poésies de Jausbert de Puycibot, troubadour du XIIIe siècle, Paris 1924 (= Les classiques franç. du moyen âge, 46); vgl. Anglade, AdM. 39/40, 180.

Hist. lit. 19, 504. O. Schultz[-Gora], Zts. 10, 594. Witthoeft, Sirv. joglaresc p. 34. Zanders, Die altprov. Prosanovelle p. 106. P. Guébin, Une mention de J. de Puycibot, Rom. 52, 352. Kurze Notiz bei Anglade, Hist. somm. de la litt. mérid. p. 66.

Vida: A 115 (p. 355), E 199, I 80, K 64, P 51 (XIV, Arch. 50, 261), R 3a, a 208 und H 32 (Rlr. 45, 222). — Parn. occ. p. 218. Choix 5, 51. Mahn, Biogr. p. 59. Chabaneau, Biogr. p. 256. Krit. hgb. Appel, Chrest. p. 191. Shepard p. 57.

1. Amors, s'a vos plagues
A 116 (332), C 190 (MG. 350), D 47—161, E 159, H 18 (59), I 80, K 64, N 209—321, P 36 (117, Arch. 49, 320), T 112. Canzone. — Shepard p. 1.

1a. Ara quan l'iverns nos laissa
Gauberz e·n Bernart de Durfort D 132–457; Ogier I 190, K 175 (MG. 578). — Der Verf. wird in 88, 1 teils *Audibert (Audebert)*, teils im Reime *en Gausbertz (Jaubertz)* genannt, er ist an der Tenzone 88, 2 = 173, 5 beteiligt (vgl. O. Schultz[-Gora], Zts. 7, 181); diese aber wird in D^{a} *lo monge de Poisibot* zugeschrieben, und so kann man ihn wohl ohne allzu erhebliche Bedenken mit unserem G. identifizieren. Vgl. Shepard, introd. p. X und Modern Philology 29 (Nov. 1931), p. 150. [Bartsch 37, 1.] Sirventes. — Modern Philology 29, 156.

2. Be·s cuidet venjar amors
onrar
A 115 (329), C 191, D 46–158, G 103 (p. 335), H 17 (56), I 81, K 65, N 210–322, R 38–320, T 114; anonym Vat. 7182 Nr. VI. Canz. — Choix 3, 365. MW. 3, 214. Shepard p. 4. Audiau et Lavaud, Nouv. Anthol. p. 81.

3. Car no·m abelis solatz
A 115 (327 und Arch. 33, 457), C 192, D 47–162, E 160, H 17 (58), I 81, K 65, R 38—319,

[1]) Reihenfolge der Texte wie hier; als zweifelhaft bezeichnet 171, 1 und 155, 9.

T 112, U 82 (Arch. 35, 419), μ 283; anonym nach G. de P. G 105 (p. 342); Albert de Sestaro C Reg., α 31989 [dieselben 4 Verse wie μ]; Monge de Montaudo a¹ 469 (217); Folket [zwischen F. de Marseilla und Gaubert] P 10 (32, Arch. 49, 75); Peirol Q 78 (202, p. 150).
Canzone. — Kolsen, Dichtungen p. 138. Shepard p. 7.

4. Gasc, pecs, laitz joglars e fers mendics
A 211 (611), D 132—455, I 188 (MG. 407), K 173; Monge de Montaudo C 189 (MG. 406), R 19—157.
Sirv. joglaresc. — Philippson, Der Mönch v. Montaudon p. 35. Krit. hgb. Klein, Die Dichtungen des Mönchs v. Montaudon p. 83. Witthoeft, Sirv. joglaresc p. 52. Troub. cantaliens 2, 398. Shepard p. 11.

5. Gausbert, razon ai adrecha
Tenzone mit Bertran de Preissac, s. 88, 2.

6. Merces es e cauzimens
A 115 (328 und Arch. 33, 458), C 189, D 46–157, E 160, F 33 (115), G 105 (p. 340), H 16 (55), I 80, K 64, R 28–235, T 115, U 79 (Arch. 35, 417), V 104 (Arch. 36, 443), a 212 (227, Rlr. 45, 224), ϰ 131 (Mussafia p. 240); anonym vor ihm N 208—318.
Canzone. — Kolsen, Dichtungen p. 143. Shepard p. 18.

7. Oimais de vos non aten
C 190 (MG. 1309), E 161 (MG. 1310), R 37–316, S 225–145 (MG. 1311), auch β 1.[1])
Canzone. — Shepard p. 22.

8. Partit de joi e d'amor
C 192, E 161, H 34 bis (108 und Arch. 34, 396), V 104 (Crescini, Atti della R. Acc. dei Lincei, ser. IV, vol. VI, p. 48 und Per gli studi rom. p. 135); Aimeric de Peguillan C Reg.
Canzone. — Shepard p. 25.

9. Per amor del bel temps suau
C 192, R 37–315.
Canz. — Krit. hgb. Chabaneau, Rlr. 25, 221. Shepard p. 28.

10. Pres sui et en greu pantais
E 162; nur die 1. Strophe anonym f 8.
Canz. — Krit. hgb. Chabaneau, Rlr. 25, 223. Shepard p. 31.

11. S'eu anc jorn dis clamans
A 116 (331 und Arch. 33, 459), C 190, D 47—160, G 104 (p. 339), H 17 (57), I 81, K 65, N 209–320, R 38–318, S 226–146, T 113, U 81 (Arch. 35, 418), α 28074 (auch MG. I 184); Folket [wie zu 173, 3] P 10 (31, Arch. 49, 75).
Canzone. — Kolsen, Dichtungen p. 39. Shepard p. 35 (vgl. introd. p. VIII und p. 61). Zur Datierung s. De Bartholomaeis, Osservazioni p. 105.

12. S'eu vos voill tan gen lauzar
H 34 bis (109 und Arch. 34, 397), I 81, K 65, d 291 – 82; Monge de Montaudo Dª 167—581; anonym G 112 (p. 362).
Canz. — Philippson, Der Mönch v. Montaudon p. 29. Krit. hgb. Klein, Die Dichtungen des Mönchs v. Montaudon p. 85. Shepard p. 38. Bertoni, Zts. 38, 354.

[1]) s. Shepard p. 58.

13. Si res valgues en amor
reu *R* -ors *R*
C 191, R 38—317.
Canz. — Krit. hgb. Chabaneau, Rlr. 25, 225. Shepard p. 41.

14. Una grans amors corals
honors
A 116 (330), C 190, D 46–159, E 159, G 104 (p. 337), I 80, K 64, L 37, N 208–319, P 11 (33, Arch. 49, 76, nur Gaubert), R 28–236, T 114, U 80 (Arch. 35, 418), a 212 (226, Rlr. 45, 223), α 28053 (auch MG. I 184); anonymes Fragment Vat. 7182 Nr. V.
Canz. — Parn. occ. p. 218. MW. 3, 216. Shepard p. 44.

15. Us jois sobriers mi somo
C 191.
Canz. — Krit. hgb. Chabaneau, Rlr. 25, 227. Shepard p. 48.

Ein Zitat bei Redi 3, 148 (Rlr. 23, 18) war nicht aufzufinden.

Sonst werden ihm noch zugeschrieben:

305, 1 Aissi com cel qu'a estat ses seignor (Monge de Montaudo)
242, 8 Amars, onrars e carteners (Guiraut de Borneill)
234, 5 Bel m'es oimais qu'eu retraja (Guillem de S. Leidier)
10, 14 Car fui de dura coindansa (Aimeric de Peguillan)
155, 9 Fin' amors a cui me sui datz (Folquet de Marseilla)
202, 9 No pot esser sofert ni atendut (Guillem Ademar).

Gauseran s. Gauceran.

174. Gavaudan.

Kritische Ausgabe[1]) mit Einleitung, Übersetzung und Anmerkungen von Jeanroy, Poésies du troubadour Gavaudan, Rom. 34, 497; dazu Besserungen von Schultz-Gora, Zts. 31, 254.

Ältere Literatur: Hist. lit. 15, 445. Diez, Leben und Werke p. 423. Fauriel, Hist. de la poésie prov. 2, 154. Milá y Fontanals, Trovadores en Esp. p. 125. [Die drei zuletzt genannten Autoren handeln fast nur von 174, 10.] Springer, Klagelied p. 56. Lowinsky, Zts. f. franz. Sprache u. Lit. 20 I 177. Lewent, Rom. Forschungen 21, 363 [zu 174, 10]. Später: C. Fabre, Le troubadour Gavaudan et le Velay, Le Puy-en-Velay 1913 (nicht zugänglich). E. Levy, Bemerkungen zu Gavaudan, Arch. 135, 374. Anglade, Hist. somm. de la litt. mérid. p. 78.

1. A la plus longa nog de l'an
C 319 (MG. 201), R 99—834.
Sirv. — Rom. 34, 504.

(**2. Ara quan plou et iverna**
s. 88, 1.)

3. Crezens, fis, verais et entiers
C 318, R 99—829.
Planch. — Choix 3, 167. MW. 3, 24. Rom. 34, 507. Audiau et Lavaud, Nouv. Anthol. p. 227.

[1]) Die Anordnung der Texte ist dieselbe wie im Grdr.; nur ist 2 natürlich als unecht ausgelassen, vgl. Rom. 34, 500.

4. **Dezamparatz, ses compaigno**
C 319, R 99—833.
Pastourelle. — Parn. occ. p. 43. MW. 3, 26. Krit. hgb. Crescini, Manualetto p. 299 und Manuale p. 257. Rom. 34, 510. (Fabre p. 13?). Audiau, La pastourelle p. 16.

5. **Eu no sui pars | als autres trobadors**
C 320, R 100—836.
Sirv. — Rom. 34, 513.

6. **L'autre dia, per un mati**
C 318, R 99—828.
Pastourelle. — Choix 3, 165. Parn. occ. p. 45. MW. 3, 23. Rom. 34, 519. Audiau, La pastourelle p. 22. Anglade, Anthol. p. 109. Audiau et Lavaud, Nouv. Anthol. p. 279.

7. **Lo mes e·l temps e l'an deparc**
C 316 (MG. 1068), R 99–830 (MG. 1067).
Sirv. — Rom. 34, 521.

8. **Lo vers dei far en tal rima**
C 317 (MG. 1070), R 100–835 (MG. 1069).
Sirv. (‚vers'). — Rom. 34, 526.

9. **Patz passien ve del seignor**
C 317, R 99—832 (MG. 1071).
Geistliches Lied. — Choix 4, 402. MW. 3, 22. Rom. 34, 529.

10. **Seignors, per los nostres peccatz**
C 318, R 99—831.
Kreuzlied. — Choix 4, 85. Milá p. 128. MW. 3, 20. Rom. 34, 534. Übers. bei Jeanroy, Anthol. p. 114. — Zum Anfang von Str. 4 s. Schultz-Gora, Zts. 41, 143, zur Datierung auch Stroński, F. de Marseille p. 26* A. 3. S. jetzt noch L. E. Kastner, The Modern Language Review 26 (April 1931).

11. **Un vers voill far chantador**
C 316, R 99—827.
‚Vers'. Sirv. oder geistliches Lied? — Rom. 34, 537.

(175. Geneys lo Joglar.

1. **Deus verais, a vos mi ren**
s. 27, 4 b.
Es ist ein Gebet, das Arn. Catalan nach M, Peire d'Alvergne nach C Reg. gehört. In C lautet die Überschrift: *Geneys, lo joglars a cuy lo voutz de Lucas donet lo sotlar;* der Schreiber wollte es also dem Helden einer bekannten Spielmannslegende, Genois, beilegen, vgl. P. Meyer, Atti del Congresso internazionale di scienze storiche (Roma 1903), IV 65 A. 3; Wendelin Foerster, (Le saint Vou de Luques,) Mélanges Chabaneau p. 5; J. Bédier, Les Légendes épiques, II, Paris 1908, p. 210.)

Genim Durre s. En Genim d'Urre de Valentines, Nr. 137.

Gigo s. Guigo.

Giraldon, Girardon s. Guiraudo.

175 a. Girart.

Girardo Cavallazzi di Novara. — Bertoni, Rom. 43, 587 und I trov. d'Italia p. 84.

1. Si paradis et enferns son aital
Tenzone mit Aicart (del Fossat), s. 6a, 1.

Giraudos de Salinac s. Guiraut de Salaignac.

Giraut s. Guiraut.

176. Gonzalgo oder Guossalbo Roitz.

Von Peire d'Alvergne in der Satire 323, 11 erwähnt. — Vgl. Milá y Fontanals, Trovadores en Esp. p. 462.

177. Gormonda (de Monpeslier R).

Hist. lit. 18, 662.

1. Greu m'es a durar
C 374, R 101—846.
Sirv. als Antwort auf 217, 2. — Choix 4, 319. MW. 3, 118. Krit. hgb. Levy, Guilhem Figueira p. 74. — Vgl. auch P. Rajna, Giorn. di fil. rom. 1, 84 und 88, Levy, l. c. p. 8. — Bertoni, Rlr. 55, 93.

Die nun folgenden Grafen[1]) mußte ich an dieser Stelle aufführen wie Bartsch, weil die Einordnung unter *Coms* zu große Störungen mit sich gebracht hätte (s. dagegen Anglade, AdM. 23, 400). Graf von Ampurias s. 180, von Astarac s. 179, von Biandrate s. 181. Einen unbekannt gebliebenen Grafen s. 240, 6a.

178. Graf von Bretagne — Coms de Bretaigna.

Wohl der als französischer Dichter bekannte Pierre Mauclerc († 1250) nach Suchier, Denkm. 1, 556 und Chabaneau, Biogr. p. 350, sowie Crescini, Atti e Mem. d. R. Accad. di scienze . . . in Padova, vol. 26, p. 97 und 99; dann ist aber Gaucelm wohl Gaucelm Faidit.

1. Jauseume, quel vos est semblant *nach N, aber*: Gaucelm, lo qual vos es semblan *a*[1].
N 273—434, a[1] 584 (324, Studj rom. 2, 93). La tenzo del comte e d'en Gaucelm *a*[1]. — Der Anteil des Grafen (*Senher coms de Bertagna*, v. 12) ist französisch, der Gaucelms provenzalisch.
Tenzone (Partimen) m. Gaucelm, wahrscheinlich Gaucelm Faidit

[1]) Kolsen führt noch ein einen

Graf von Anjou — Coms d'Angeu.

S. Kolsen, Dichtungen p. 21 A. 1 und p. 30 (A. zu 78—80).

1. Domna, vos m'avez et amors
L 5 (Arch. 34, 424), N 22—7, Q 7 (15, p. 14); in L als *donnejaire*, in N als *comjat*, in Q als *tençon* bezeichnet.
[Bartsch p. 41.] Liebesbrief (‚domnejaire'). — Krit. hgb. Kolsen, Dichtungen p. 21.

= 167, 30b (auch = Bartsch 165, 4 und 5). — Hgb. nach N von Suchier, Denkm. 1, 326. Krit. hgb. K. Wick in einer nicht gedruckten Königsberger Diss. „Die Lieder Pierres II., Grafen von Bretagne (Pierre Mauclerc).“

179. Graf von Astarac — Coms d'Astarac.

Bernart IV; vgl. Chabaneau, Biogr. p. 337, Rlr. 32, 122 und Anglade, Le troub. Guiraut Riquier p. 185.

1. Coms d'Astarac, ab la gensor

Tenzone mit Guiraut Riquier, s. 248, 20.

180. Graf von Ampurias — Coms d'Empuria.

Pons Ugo III. Nach Bertoni, I trov. d'Italia p. 32 ist er Pons Ugo IV, figlio di Ugo III (1276—1308). — Hist. lit. 20, 564. Milá y Fontanals, Trovadores en Esp. p. 458. Chabaneau, Biogr. p. 375.

1. A l'onrat rei Frederic terz vai dir

P 63 (c. 122, 2, Arch. 33, 311), Responsiva del con[te] d'Enpuria. Sirv. (nur 2 Coblas mit 1 Tornada) als Antwort auf 160, 1. — Monaci, Testi ant. prov., col. 105.

181. Graf von Biandrate — lo Coms de Blandra.

Bartsch nennt den Dichter „Graf von Flandern“, wie auch die meisten älteren Gelehrten; aber *Blandra* (für *Blandrate*) steht in H und im Verzeichnis von $\varkappa$ 132 (Mussafia p. 264). — Vgl. noch Art. 250 Imbert. — O. Schultz[-Gora], Zts. 7, 232 und 215. Chabaneau, Biogr. p. 342. Bertoni, I trov. d'Italia p. 64.

1. Pos vezem qu'el tond e pela

H 51 (189 und Arch. 34, 406). Cobla, beantwortet durch 156, 1. — Monaci, Testi ant. prov., col. 87 und Poesie prov. di trovad. ital. p. 10. Krit. hgb. Zenker, Die Gedichte des Folquet von Romans p. 71 und Bertoni, l. c. p. 260. — Zur Erklärung der Situation s. Salverda de Grave, Le troub. Bertran d'Alamanon p. 14.

182. Graf von Foix — lo Coms de Fois.

Rogier Bernart III. — Diez, Leben u. Werke p. 481. Hist. lit. 20, 533. Milá y Fontanals, Trovadores en Esp. p. 415.

1. Frances qu'al mon de gran cor non a par

I 150. — Jeanroy, l. c. p. 79 hält die Attribution an den Grafen für «sûrement fautive». Sirv. von nur 2 Coblas. — (Choix 5, 114.) Milá p. 419 Anm. Jeanroy, Homenaje Pidal 3, 84 und 85.

2. Mas qui a flor se vol mesclar I 150. Die 2. Strophe *Salvaz, tuitz ausem cantar* ist fälschlich *Lo reis Peire d'Aragon* überschrieben.
Sirv. von nur 2 Coblas, als Antwort auf 325, 1 + 357, 1. — Parn. occ. p. 291 (nur 1 Strophe!). Choix 5, 114 + 291. Milá p. 418 (mit verkehrter Strophenfolge). MW. 3, 167 (dgl.). Jeanroy, l. c. p. 83—85.

183. Graf von Poitiers — lo Coms de Peiteus.

In N auch *lo coms de Peitau* = Poitou genannt. — Guillem IX als Herzog von Aquitanien, VII als Graf von Poitiers (1087—1127).

Kritische Ausgabe[1]) mit Einleitung (besonders auch über Sprache und Metrik), Übersetzung und Anmerkungen von Jeanroy, Poésies de Guillaume IX, comte de Poitiers, AdM. 17, 161. Besprochen von Kolsen, Arch. 116, 458 (mit Besserungen). — Ferner: Ders., Les chansons de Guillaume IX, duc d'Aquitaine (1071–1127), Paris 1913, 2e éd. Paris 1927 (= Les classiques franç. du moyen âge, 9)[1]). Besprochen von Bertoni, Rom. 42, 450; Lavaud, Revue critique 1913, II, 248; E. Langlois, Bibl. de l'École des Chartes 75, 110; O. J. Tallgren, Neuphil. Mittlgn. 1915, p. 83. — Die Texte allein sind noch abgedruckt in Poesie prov. di Guglielmo IX conte di Poitiers secondo la lezione di A. Jeanroy, Roma 1905, als fasc. 20 der Testi romanzi per uso delle scuole a cura di E. Monaci.

Ältere Ausgabe: Die Lieder Guillems IX, Grafen von Peitieu, Herzogs von Aquitanien, hgb. von Adelbert Keller, Tübingen 1848 (wertlos); erschien sehr vermehrt und verbessert u. d. T.: Die Lieder Guillems IX, etc., hgb. von Wilhelm Holland und Adelbert Keller. Zweite Ausgabe. Tüb. 1850.

Frühere Literatur: Hist. lit. 11, 37 und 13, 42. — Diez, Leben u. Werke p. 3 und Altromanische Sprachdenkmale, Bonn 1846, p. 121 (hier über Metrisches). — Fauriel, Hist. de la poésie prov. 1, 449. — P. Rajna, Spigolature provenzali. II. La Badia di Niort, Rom. 6, 249, prinzipiell wichtige Einzeluntersuchung, dazu Bartsch, Zts. 2, 186 und gegen diesen P. Meyer, Rom. 7, 469. — Carl Barth, Über das Leben und die Werke des Troubadours Wilhelm IX. Grafen von Poitiers, Hildesheim 1879 (wertlos, vgl. Bartsch, Lit.-Blatt 1880, 109). — Max Sachse, Über das Leben und die Lieder des Troubadours Wilhelm IX., Graf von Poitou, Diss. Leipzig 1882 (vgl. Bartsch, Lit.-Blatt 1882, 473). — Pätzold, Die individuellen

[1]) Anordnung der Texte:

Jeanroy	Grdr.	Jeanroy	Grdr.	Jeanroy	Grdr.
1 =	3	5 =	12	9 =	8
2 =	4	6 =	2	10 =	1
3 =	5	7 =	11	11 =	10
4 =	7	8 =	6		

Eigentümlichkeiten p. 9. — Suchier und Birch-Hirschfeld, Gesch. d. franz. Lit. 1, 59. — Später erschienen noch: De Lollis, Su e giù per le biografie provenzali, Mélanges Chabaneau p. 387 (beschäftigt sich besonders mit der Biographie unseres Dichters). — Karl Vossler, Die Kunst des ältesten Trobadors, in Miscellanea di studi in onore di Attilio Hortis, Trieste 1910, p. 419. Chabaneau, Rlr. 19, 88 und 22, 49 glaubt, daß der Graf das Vorbild für den Helden des afrz. Abenteuerromans *Joufroi* geworden sei; G. Paris, Rom. 10, 412 A. 2 und La Litt. franç. au m. â., 3e éd., Paris 1905, p. 114, sowie Gröber in seinem Grdr. 2 I 777 und Suchier, l. c. p. 58 haben sich dazu mehr oder minder zustimmend geäußert. — S. auch Chabaneau, Une nouvelle conjecture concernant Guillaume VII, Rlr. 23, 98 (über eine Anekdote bei Étienne de Bourbon). — E. Tron, Nuova ipotesi sull' origine dei versi lunghi attribuiti a Guglielmo di Poitiers, Bari 1909 (nicht zugänglich); vgl. Jeanroy, AdM. 21, 428. — R. Ortiz, L'amore di lungi di Jaufre Rudel e una canzone di Guglielmo IX di Poitiers, Zts. 35, 543 (zu 183, 7 und 262, 3). — A. Pillet, Beiträge zur Kritik der ältesten Trobadors: Eine neue Form eines Liedes des Grafen von Poitiers, 89. Jahresber. der Schles. Gesellsch. für vaterl. Cultur, Nr. 1, Breslau 1912 (zu 183, 11). — Chaytor, The troubadours p. 41. — Bertoni, Intorno a una poesia di Guglielmo IX di Poitiers, Zts. 36, 91 (zu 183, 11). — Anglade, Hist. somm. de la litt. mérid. p. 54. — S. auch Appel, Bernart von Ventadorn p. LXI und Raïmbaut von Orange p. 2, zur Einteilung der Lieder Zts. 43, 433 A. — P. Rajna, Guglielmo, conte di Poitiers, trovatore bifronte, Mélanges Jeanroy p. 349. — J. Storost, Ursprung und Entwicklung des altprov. sirventes p. 77.

Vida: I 142, K 128. — Parn. occ. p. 1. Choix 5, 115. MW. 1, 1. Holland-Keller p. 3. Mahn, Biogr. p. 1. Barth, l. c. p. 3. Sachse, l. c. p. 27. Chabaneau, Biogr. p. 213, danach Monaci, Testi ant. prov., col. 37 und Crescini, Manualetto p. 385, auch Manuale p. 330. Jeanroy, Chansons p. 30. Zanders, Prosanovelle p. 34. Lommatzsch, Liederbuch p. 3. — Chabaneau, l. c. hat auch eine große Zahl anderer Berichte über ihn gesammelt und abgedruckt.

1. **Ab la doussor del temps novel** -ela
N 225—352 und 232—365 (MG. 297), a1 463 (211); Jaufre Rudel a1 499 (250, Studj rom. 2, 85).
Canz. — Bartsch, Lesebuch p. 47. Krit. hgb. Appel, Chrest. p. 51. AdM. 17, 208. Testi rom. p. 14. Jeanroy, Chansons p. 24. Lommatzsch, Liederb. p. 9. Audiau et Lavaud, Nouv. Anthol. p. 15. Übers. bei Jeanroy, Anthol. p. 20.

2. **Be voill que sapchon li pluzor** Ar auzon
C 230 (MG. 170 mit Var. von E), Da 198–718 [Peitavin], E 113, N 226—353 und 230—362.
Vanto (‚vers'). — (Choix 5, 116. MW. 1, 4.) Holland-Keller p. 7. Krit. hgb. Bartsch, Chrest.

col. 31. AdM. 17, 194. Testi rom. p. 9. Jeanroy, Chansons p. 13.

3. **Compaigno, farai un vers tot covinen**

C 231 (MG. 171 mit Varianten von E), E 115.
Romanze (‚vers'). — (Choix 5, 115. MW. 1, 8.) Holland-Keller p. 10. Krit. hgb. Crescini, Manualetto p. 193 und Manuale p. 162. Appel, Chrest. p. 94. AdM. 17, 178. Testi rom. p. 3. Jeanroy, Chansons p. 1. Lommatzsch, Liederb. p. 3. Zu v. 6 s. Bertoni, Sur quelques vers de Guillaume IX, AdM. 17, 361, zu v. 15 s. Rajna, ibid.

4. **Compaigno, no posc mudar qu'eu no m'esfrei**

N 226—354 und 231—363. (MG. 296).
Romanze. — Bartsch, Leseb. p. 47 und krit. hgb. Chrest. col. 34. P. Meyer, Recueil p. 69. AdM. 17, 181. Testi rom. p. 4. Jeanroy, Chansons p. 3.

5. **Compaigno, tant ai agutz d'avols conres**

E 114 (MG. 172).
Romanzen-Parodie (*mos casteis*, v. 13). — Holland-Keller p. 12. AdM. 17, 183. Testi rom. p. 5. Jeanroy, Chansons p. 5.

6. **Farai chansoneta nova**
nueva

C 231 (MG. 174). — Die Echtheit bestreitet Stengel noch in Gröbers Grdr. 2 I 85.
Canz. (*chansoneta*). — Choix 3, 1. MW. 1, 2. Holland-Keller p. 20. Bartsch, Lesebuch p. 45 und krit. hgb. Chrest. col. 33. Appel, Chrest. p. 52. AdM. 17, 203. Testi rom. p. 12. Jeanroy, Chansons p. 19. Lommatzsch, Liederb. p. 6. Audiau et Lavaud, Nouv. Anthol. p. 13.

7. **Farai un vers de dreg nien**

C 230 (MG. 175 mit Varianten von E), E 114.
Devinaill (‚vers'). — Parn. occ. p. 1. MW. 1, 3. Holland-Keller p. 22. Bartsch, Lesebuch p. 46. Krit. hgb. Appel, Chrest. p. 80 (vgl. Raïmbaut von Orange p. 6). AdM. 17, 184. Testi rom. p. 5. Jeanroy, Chansons p. 6. Lommatzsch, Liederb. p. 4. Übers. bei Jeanroy, Anthol. p. 55.

= Farai un vers, pos mi somelh s. 183, 12. =

8. **Mout jauzens me prenc en amar**
jauzions *E* en *fehlt E*

C 230 (MG. 176 mit Varianten von E), E 115.
Canz. — Choix 3, 3. MW. 1, 1. Holland-Keller p. 25. Bartsch, Leseb. p. 45. Krit. hgb. Appel, Chrest. p. 51. AdM. 17, 205. Testi rom. p. 13. Jeanroy, Chansons p. 21. Lommatzsch, Liederb. p. 7. Übers. bei Jeanroy, Anthol. p. 19.

(9. **N'Ebles, ara·m digatz**

von Bartsch noch als 130, 1 aufgeführt, s. **194, 16** = 129, 4.)

10. **Pos de chantar m'es pres talens**

C 230 (MG. 177 mit Var. von I, unzuverlässig; AdM. 17, 214 Anm.), D^a 190–687 (Del cod. Est., Sitzungsber. etc. p. 438), I 142, K 128, 227–355 und 231—364, R 8—40 (AdM. 17, 214 Anm.), a^1 463 (212). — Das Mysterium von der hl. Agnes enthält einen *planctum in sonu del comte de Peytieu*

mit Noten (Chig. C. V. 151, f. 81 r°, bei Monaci tav. XIV; Text bei Bartsch p. 40, Sardou p. 68; Noten bei Sardou p. 101, bzw. 110), dessen Melodie offenbar die unseres Liedes ist; s. Wolfgang Storost, Gesch. der altfranz. u. altprov. Romanzenstrophe p. 67 (= Romanist. Arb. XVI, Halle 1930).
Bußlied (,vers'). — Choix 4, 83. MW. 1, 7. Holland-Keller p. 27. Bartsch, Lesebuch p. 87 und krit. hgb. Chrest. col. 35, danach Monaci, Testi ant. prov., col. 36. Crescini, Manualetto p. 195 und Manuale p. 164. AdM. 17, 211. Testi rom. p. 15. Jeanroy, Chansons p. 26, Mel. p. 42. Anglade, Anthol. p. 15. Audiau et Lavaud, Nouv. Anthol. p. 119. Übers. bei Jeanroy, Anthol. p. 131.

11. **Pos vezem de novel florir**
Mal a[1] (*für* Mas)

C 231 (MG. 178 mit Var. von E), E 115, α 32435; Bertran de Pessars a[1] 459 (207).[1])
Canz. (,vers'). — (Choix 5, 117. MW. 1, 8.) Holland-Keller p. 30. AdM. 17, 199. Testi rom. p. 10. Jeanroy, Chansons p. 16.

12. **Un vers farai, pos me someill**
Farai un vers *V, Jeanroy, Appel*

C 232 (MG. 173ᵇ; AdM. 17, 191 Anm.), N 225—351 (AdM. 17, 192 Anm.) und 232—366, V 148 (Crescini, Atti della R. Acc. dei Lincei, ser. IV, vol. VI, p. 49 und Per gli studi rom. p. 136). Beginnt C: *En Alvernhe, part Lemozi.*
Romanze (,vers'). — (Choix 5, 118. MW. 1, 5.) Holland-Keller p. 16. Paul Heyse, Romanische Inedita auf italiänischen Bibliotheken gesammelt, Berlin 1856, p. 7 nach V, dazu Jahrb. 11, 60. Bartsch, Lesebuch p. 105. Krit. hgb. Appel, Chrest. p. 95 (vgl. auch Kolsen, Arch. 101, 148). AdM. 17, 187. Testi rom. p. 7. Jeanroy, Chansons p. 8. — S. auch E. Müller, Die altprov. Versnovelle p. 20.

Attribuiert wird ihm noch:

457, 12 Enaissi com son plus car (Uc de S. Circ).

184. Graf von Provence — lo Coms de Proensa.

Raimon Berenguier V (1209—45). — Milá y Fontanals, Trovadores en Esp. p. 475. Chabaneau, Biogr. p. 377. Salverda de Grave, Le troub. Bertran d'Alamanon p. 114 (zur Autorschaft von 184, 3).

---

[1]) Die Identität von a[1] Nr. 207 ist von Chabaneau, Rlr. 42, 567 vermutet, sonst aber nicht bemerkt worden (auch nicht von Jeanroy), weil der Verfassername und das Anfangswort verschieden sind von CE. Ich konnte sie mit Hilfe einer Abschrift, die mir der Bibliotecario der Estense, Sigr. F. Carta, auf meine Bitte gütigst übersandte, sicher feststellen. Die Varianten von a[1] sind recht interessant; eine neue Strophe bietet a[1] nicht.

1. **Amics n'Arnautz, cen domnas d'aut paratge** Segner *T*
A 181 (515 und MG. 1305), C 390, D 146—506, I 159, K 145, N 285–457, O 83 (130), T 280, Ve. Ag. I, fol. XXXCIj, a[1] 592 (331), d 264—4. — Überschriften: lo coms Berenguier de Proensa C; lo coms de Proensa D; lo coms de Rodes A, Index B; seigner en coms IKd; lo comte O a[1] — en Arnaut A, Index B, C I K O a[1] d; Partinens Ve. Ag. I.
Tenzone (Partimen) mit einem Arnaut, vielleicht Arnaut Catalan = 25, 1. — Parn. occ. p. 166. MW. 3, 310.

2. **Carn-et-ongla, de vos no·m voill partir**
H 51 (191 und Arch. 34, 407), lo coms de Proensa.
Fingierte Tenzone mit seinem Pferde Carn-et-ongla. — Milá p. 478. Krit. hgb. Appel, Chrest. p. 133.

3. **Seigner coms, e·us prec que·m digatz**
Coblaswechsel mit Bertran d'Alamano, s. 76, 17.

185. Graf von Rodez — lo Coms de Rodes.

Vgl. die Razo zu 457, 33.

Enric I[1]) nach P. Meyer, Dern. Troub. p. 57 A. 3 und Chabaneau, Biogr. p. 347 und Jeanroy et S. de Grave, Uc de S. Circ p. 162; Ugo IV nach Diez, Leben u. Werke p. 335 und Bartsch, Grdr., sowie Anglade, Le troub. Guiraut Riquier p. 171. — Hist. lit. 17, 441 ist unbrauchbar.

1. **Ad un romeu auzi comtar e dir** Ar d'un homen *Kolsen*
H 56 (241 und Arch. 34, 414). Cobla[2]). — Krit. hgb. Kolsen, Zwei prov. Sirventese p. 8 (vgl. Lewent, Zts. 40, 371).

2. **N'Ugo, vostre semblan digatz**
A 184 (526 und Arch. 34, 185), D 149—518, T 78, a[1] 582 (323). — Lo coms de Rodes e n'Uc de Sain Circ *A*, lo coms de Rodes *D*, la tenzo d'en Bertran e d'en Ugo *a*[1], Certan e n'Ugo *a Reg.* In T und a[1] wird der Graf *Certan* angeredet (vgl. Nr. 113), in A *Seigner.*
Tenzone (Partimen) mit Uc de S. Circ = 457, 24. — (Choix 5, 113. MW. 3, 374.) Krit. hgb. Jeanroy et Salverda de Grave, Poésies de Uc de Saint-Circ p. 136.

3. **Seign' en coms, no·us cal esmajar**
Coblaswechsel mit Uc de S. Circ, s. 457, 33.

Zugeschrieben wird ihm noch in A ein Anteil an
184, 1 Amics n'Arnautz, cen domnas d'aut paratge
(lo Coms de Proensa-Arnaut).

Graf Enric II von Rodez s. Nr. 140.

[1]) Auch nach Audiau, Bulletin de la Soc. scientif.... de la Corrèze 46, 32.
[2]) Nach Lewent, Zts. 40, 368 = 457, 33a.

186. Graf von Toulouse — lo Coms de Toloza.

Raimon VI nach Hist. lit. 17, 545 und Chabaneau, Biogr. p. 380; Raimon VII nach Diez, Leben u. Werke p. 446 und O. Schultz [-Gora], Zts. 9, 127.

1a. **Porcier, cara de guiner** P 65 (*c.* 153, Arch. 50, 282), T 85. Cobla de Folket e d'en Porcer del cont[e] de Tolosa *P*, tensoneta *T*. — Es scheint vielmehr eine Unterhaltung zwischen dem Grafen und Porcier vorzuliegen, in der Folquet nur erwähnt wird; vgl. Chabaneau, Biogr. p. 348 A. 3 und Zenker, Die Gedichte des Folquet v. Romans p. 6. [Bartsch 152, 1.] Coblaswechsel mit Porcier = 382, 1. — Choix 5, 148 + 5, 365.

1. **Seigner coms, saber volria** Coblaswechsel mit Gui de Cavaillo, s. 192, 5.

Gräfin von Die s. Beatritz de Dia; über eine zweite Gräfin von Die s. den Anhang zu Nr. 46.

187. Gräfin von Provence — la Comtessa de Proensa.

Garsenda, Gattin Graf Alfons' II., Mutter des unter Nr. 184 genannten Grafen. — Hist. lit. 17, 547. Chabaneau, Biogr. p. 350. O. Schultz [-Gora], Zts. 9, 125 und Die prov. Dichterinnen p. 9. Stroński, Rlr. 50, 22. Bertoni, Studi . . dedicati a P. Rajna p. 595. Bergert, Damen p. 42.

1. **Vos que·m semblatz dels corals amadors** (ce *T*) F 47 (146 + 147), T 87 + 86 (unter *coblas esparsas*, mit umgekehrter Strophenfolge, Abdruck bei Stengel, Die prov. Blumenlese der Chigiana p. 74). La contesa de Proensa — en Gui de Cavaillon *F*. — Strophe II wird nach T von Bartsch gesondert aufgeführt als 461, 59. Coblaswechsel mit Gui de Cavaillo = 192, 6. — (Parn. occ. p. 167. Choix 5, 123. Azaïs, Troub. de Béziers p. 139. MW. 3, 311.) O. Schultz [-Gora], Dichterinnen p. 21.

(188. Grainier.

Die Hs. hat *G.* [d. h. *Guillem*] *Raynier*; vgl. P. Meyer, Rom. 1, 387. S. unter Art. 230a.

1. **Grayner, pus non puesc vezer** = 230a, 1.)

189. Granet.[1])

Diez, Leben u. Werke p. 470. Hist. lit. 19, 517. Merkel, Atti e Mem. della R. Acc. dei Lincei, ser. IV, vol. IV, p. 309. Salverda de Grave, Le troub. Bertran d'Alamanon p. 120 und passim.

---

[1]) Ausgabe von A. Parducci in Miscellanea di letteratura del medio evo IV (Soc. Filol. Rom.), Roma 1929; vgl. Crescini, Studi mediev., nuova serie 3, 334.

1. Comte Karle, e·us voill far entenden
C 353, b II 11 (11, AdM. 21, 211).
Sirv. — Choix 4, 237. Hist. lit. 17, 519. MW. 3, 149. — Zur Datierung s. Salv. de Grave, l. c. p. 43.

2. De vos mi rancur, compaire
P 56 (*c.* 15 + 16 + 17, Arch. 50, 265), anonym. Strophe III *Seigner, per qe·us celeria* und ff. wurden von Bartsch als eigene Tenzone aufgefaßt (189, 6).
Tenzone mit Bertran d'Alamano = 76, 6. — Krit. hgb. Salv. de Grave, l. c. p. 126.

3. Fis pretz e vera beutatz Fin
C 353.
Canz. — Krit. hgb. Appel, Prov. Inedita p. 112.

4. Pos al comte es vengut en coratge
F 9 (2), *coblas d'en Granet*; anonym M 257 (MG. 1017), *tenson.*
Sirv. gegen Sordel und Bertran d'Alamano mit Bezug auf ihr Partimen 437, 10 = 76, 2. — Nach M hgb. Fabre, AdM. 24, 338.

5. Pos anc no·us valc amors, seign'en Bertran
H 43 (144, nur bis v. 16), R 25 J—208 (MG. 543); in H anonym, in R *Granet e Bertran.*
Tenzone mit Bertran d'Alamano = 76, 14. — (Diez, Poesie² p. 145.) Krit. hgb. Appel, Chrest. p. 125. Salv. de Grave, l. c. p. 117 mit wichtigem Kommentar.

(**6. Seigner, per que·us celaria**
s. 189, 2 = 76, 6.)

190. Grimoart Gausmar.

In Peire d'Alvergnes Satire 323, 11, Strophe VII wird ein *Grimoartz* (*n'Elias* C R, s. Nr. 135) *Gausmars* (oder *Gaumars*) verhöhnt. Zenker, Die prov. Tenzone p. 34 versuchte nachzuweisen, daß er mit Guillem Ademar identisch sei, fand auch Zustimmung bei O. Schultz [-Gora], Zts. 12, 540 und Jeanroy, AdM. 2, 295, wurde aber in eine Polemik mit Appel verwickelt (A. Lit.-Blatt 1889, 109 — Z. Zts. 13, 294 — A. Zts. 14, 160 — Z. Zts. 16, 444) und hielt noch in den „Liedern Peires v. Auvergne" p. 196 seinen Standpunkt aufrecht. — Vgl. Carstens, Die Tenzonen der d'Uisel p. 27 und Pillet, Festschrift für Carl Appel, p. 327 A. 4.

1. Lanquan lo temps renovela
C 214, e 182. In beiden Hss. Jaufre Rudel zugeschrieben; aber *en Grimoartz* nennt sich der Verf. selbst v. 60.
Canz. (‚vers'). — Krit. hgb. Stimming, Der Troub. Jaufre Rudel p. 57.

(191. Gui.

1. En Maenard Ros, a saubuda
Guionet mit Mainart Ros, s. 238, 1 a = 291, 1.

2. Falco, en dire mal
Gui de Cavaillo mit Falco, s. 192, 2 a = 147, 2.)

192. Gui de Cavaillo.

Diez, Leben u. Werke p. 444. Hist. lit. 17, 542. P. Meyer, Chanson de la Croisade contre les Albigeois 2, 201 Anm. Chabaneau, Biogr. p. 301 und 353. O. Schultz[-Gora], Zts. 9, 123. Stroński, Rlr. 50, 27. Appel, Cadenet p. 70 und 111.

Vida: H 51 (184 und Arch. 34, 406; Mahn, Biogr. p. 54); vgl. ϰ 129 (Mussafia p. 247). — Parn. occ. p. 269. Choix 5, 173. Chabaneau, Biogr. p. 301. Schultz-Gora, Elementarbuch p. 146.

1. **Ben avetz auzit qu'en Ricas Novas ditz de mi**
H 54 (217 und Arch. 34, 411), *Gui li respondet aisi.*
Cobla als Antwort auf 330, 20. — Krit. hgb. Jean Boutière, P. Bremon Ricas Novas p. 75.

1a. **Cabrit, al meu vejaire**
[Bartsch 105, 1.] Tenzone mit Ricau de Tarasco, s. 422, 2.

2. **Doas coblas farai en aquest so**
H 51 (185 und Arch. 34, 406); 2 Verse in ϰ 129 (Mussafia p. 247).
2 Coblas, beantwortet durch 83, 2. — Choix 4, 207. MW. 3, 79.

2a. **Falco, en dire mal**
R 34—290, anonym (Selbach, Streitgedicht p. 100). — Zur Attribution s. O. Schultz[-Gora], Zts. 9, 124.
[Bartsch 191, 2.] Tenzone mit einem Falco = 147, 2.

3. **Mantel vil de croi fil, a mon dan vos comprei**
H 57 (257 und Arch. 34, 416), *Gui de Cavaillo col seu mantel.*
Fingierte Tenzone (Coblaswechsel) mit seinem Mantel. – Krit. hgb. Kolsen, Dichtungen der Trobadors p. 81.

4. **Seigneiras e cavals armatz**
ab
A 188 (536); anonym D^a 204 –745 (Rlr. 54, 72), N 277–441.
Sirv., beantwortet durch 209, 2. — Choix 4, 208. Parn. occ. p. 270. MW. 3, 79.

5. **Seigner coms, saber volria**
coine *G*
C 393, D^a 208—763, G 100 (p. 323), H 52 (192 + 193 und Arch. 34, 407). *Guis de Cavaillo — lo coms de Tolosza li respos* H, *en Guis e·l comte* D^a, *partimen del coms e d'en Gui* C, *de Gui e de co* [der Rest abgeschnitten] G.
Coblaswechsel (in der Art eines Partimen) mit dem Grafen von Toulouse = 186, 1. — Parn. occ. p. 271. Choix 5, 173 + 123. Hist. lit. 17, 545. MW 3, 80.

6. **Vos que·m semblatz dels corals amadors**
Coblaswechsel mit der Gräfin von Provence, s. 187, 1.

Zugeschrieben wird ihm noch

422, 1 Ab tan de sen com Deus m'a dat (Ricau de Tarasco). — S. auch Esperdut, Guigo, Guionet.

Gui Figera s. Guillem Figueira.

193. Gui de Glotos.

Chabaneau, Biogr. p. 353.

1. **Diode, be sai mercandejar**
P 63 (*c.* 123, 2, Arch. 50, 278).
Cobla als Antwort auf 123, 1. — Choix 5, 174.

194. Gui d'Uisel.

(Oder *Uissel.*)

Versuch einer kritischen Ausgabe: S. Santangelo, Poesie di Gui d'Uisel. Saggio di edizione critica. Catania 1909 [1]).

Henry Carstens, Die Tenzonen aus dem Kreise der Trobadors Gui, Eble, Elias und Peire d'Uisel. Diss. Königsberg i. Pr. 1914 [2]). Besprechungen: Schultz-Gora, Arch. 133, 258; Lewent, Lit.-Bl. 1915, col. 275; Bertoni, AdM. 27, 82.

Les poésies des quatre troubadours d'Ussel, publiées d'après les manuscrits par Jean Audiau, Paris 1922 [2]). Besprochen von Anglade, AdM. 35/36, 476 und Schultz-Gora, Arch. 148, 280 (Jeanroy, Rom. 48, 477). Vgl. Genès, Bull. de la Soc. scientif., hist. et archéol. de la Corrèze 45, 107.

Diez, Leben u. Werke p. 435. Hist. lit. 17, 551. Zenker, Die prov. Tenzone p. 27 ff.

Vida: A 110 (p. 342), B 108 (ib. p. 697; Mahn, Biogr. p. 52), E 198, I 89, K 73, P 48 (IX, Arch. 50, 255), R 1 b, a II 34 (Rlr. 45, 267), a[1] 256 (p. 6); vgl. ϰ 123 (Mussafia p. 262). Razos in P zu 2, 19, 9. — Parn. occ. p. 259. Choix 5, 175. Chabaneau, Biogr. p. 247. Santangelo p. 5. Carstens p. 39. Audiau p. 101.

---

1) Anordnung der Texte wie im Grdr. Nur ist Santangelo 20 = Grdr. 194, 18a und 21 = 235, 1.

2)

Audiau		Carstens		Grdr.
1	=	—	=	194, 3
2	=	—	=	194, 19
3	=	—	=	194, 6
4	=	—	=	194, 7
5	=	—	=	194, 1
6	=	—	=	194, 12
7	=	—	=	194, 8
8	=	—	=	194, 11
9	=	—	=	194, 13
10	=	—	=	194, 15
11	=	—	=	194, 14
12	=	9	=	194, 18a (= 413, 1)
13	=	3	=	194, 17 (= 136, 4)
14	=	1	=	194, 2 (= 136, 1)
15	=	10	=	295, 1 (= 194, 9)
16	=	5	=	129, 2 (= 194, 5)
17	=	2	=	136, 1a (194, 4 = 129, 1)
18	=	7	=	194, 16 (= 129, 4)

1. **Ades, on plus viu, mais apren** mais vey
C 218 (MG. 189), H 28 (86), P 19 (59, Arch. 49, 287), R 92—767 (MG. 403), a[1] 258 (7); Monge de Montaudo A 114 (325), I 136 (MG. 402), K 122, d 299—103; anonym L 120. — Autorschaft nicht sicher. Canz. — Philippson, Der Mönch v. Montaudon p. 25. Krit. hgb. Klein, Die Dichtungen des Mönchs v. Mont. p. 90. Santangelo p. 7. Troub. cantaliens 2, 386. Audiau p. 40.

2. **Ara·m digatz vostre semblan**
A 180 (514), C 393, D 145 —505, G 98 (p. 317 und Arch. 32, 417), I 159, K 145, N 273 –435, Q 5 (11, p. 11), R 34 –287 (MG. 697), T 83, a[1] 564 (305), eine Strophe mit Razo in P 48 (in IX, Arch. 50, 256; Chabaneau, Biogr. p. 248). Überschriften: *Gui d'Uissel e·n Helias d'Uissel* A, Index B, entsprechend auch in P; *partimen d'en Helyas e del cozi* C, ähnlich I K a[1]; *Gui d'Uisels* D; *lo Dalfis* N. In R heißen die Interlokutoren *Jutge* und *n'Elias* (*n'Esteve*), was sich durch Nachwirkung der vorangehenden Tenzone zwischen Esteve und Jutge erklärt. Tenzone (Partimen) mit Elias d'Uisel = 136, 1. — Santangelo p. 12. Carstens p. 43. Audiau p. 69. Audiau et Lavaud, Nouv. Anthol. p. 195. Übers. bei Jeanroy, Anthol. p. 76.

3. **Be feira chansos plus soven** Eu -o
A 110 (316), C 215, D 49-169, D[c] 254 (129, AdM. 13, 382), Fa 19 (23), G 59 (p. 183 und Arch. 32, 402), I 89, K 73, M 192, N 201–305, Q 35 (91, p. 71), R 91–766, S 233–151, T 206; anonym O 55 (88) und Strophe *Dona, ab un* J 12 (*c. e.* 9). 2 Verse zitiert die Biographie des Bernart de Ventadorn in N[2] 21 (Arch. 102, 199, vgl. Appel, B. von Ventadorn p. XII unten), 3 Verse das Lehrgedicht von Serveri de Girona v. 394 (Suchier, Denkmäler 1, 267).
Canz. — Santangelo p. 16. Kolsen, Dichtungen p. 101. Audiau p. 27. Audiau et Lavaud, Nouv. Anthol. p. 77.

4. **En Gui, digatz al vostre grat**
Tenzone mit Elias d'Uisel, s. 136, 1 a.

Audiau		Carstens		Grdr.
19	=	4	=	194, 18 (= 136, 6)
20	=	6	=	129, 3 (= 194, 10)
21	=	12	=	52, 4 (= 131, 1)
22	=	13	=	136, 3
23	=	16	=	136, 2
24	=	11	=	10, 37 (= 136, 5)
25	=	8	=	361, 1
26	=	18	=	218, 1 (= 128, 1)
—	=	14	=	167, 3 a
—	=	15	=	167, 13
—	=	17	=	267, 1 (= 127, 1)
—	=	Anhang: 19	=	238, 1 a (291, 1 = 191, 1)
—	=	„ 20	=	201, 4 a (= 238, 2 a).

5. **En Gui, digatz, la qual penriatz vos**
Coblaswechsel mit Eble d'Uisel, s. 129, 2.

6. **En tanta guiza·m men' amors**
De
A 111 (317), C 217, D 49–170, D[c] 254 (131, AdM. 13, 383), G 59♩(p. 185 und Arch. 32, 403), I 90, K 73, M 192, N 202–306, Q 36 (92, p. 72), R 92–770, T 207, a[1] 258 (6), f 77; Pons de Capdoill a 221 (237, Rlr. 45, 234).
Canz. — Krit. hgb. v. Napolski, Leben u. Werke des Trob. Ponz de Capduoill p. 103. Santangelo p. 24. Audiau p. 34.

7. **Estat aurai de chantar**
Trop ai estat
G 60 (p. 186), I 91, K 74, Q 36 (93, p. 72), a[1] 260 (8), d 288–73; Peire de Maensac C 365, I 107, K 93, d 317—161; anonyme Cobla *Vos, dosne, ab un dolz regart* W 198 (p. 400) = Bartsch 461, 251. — Attribution zweifelhaft.
Canz. — Parn. occ. p. 304. MW. 3, 317. Santangelo p. 28. Audiau p. 37.

8. **Ges de chantar no·m faill cors**
Anc **ni razos**
A 112 (320), C 217, D 50–173, D[c] 254 (128, AdM. 13, 382), F 15 (25), G 58 (p. 181), I 90, K 74, M 193, N 203–309, Q 35 (90, p. 70), R 92–768, f 73; anonym O 24 (40), W 196♩ (p. 399).
Canz. — Choix 3, 379. MW. 3, 44. Santangelo p. 32. Audiau p. 47, Mel. p. 116.

9. **Gui d'Uisel, be·m peza de vos**
Tenzone mit Maria de Ventadorn, s. 295, 1.

10. **Gui, e·us part mon esciens**
Tenzone mit Eble d'Uisel, s. 129, 3.

11. **Ja no cuidei que·m desplagues**
Anc **amors**
A 111 (318), C 216, D 50–171, I 90 (MG. 568), K 73, M 193, N 202–307, R 15–119, T 207, U 125 (Arch. 35, 450); anonym O 54 (86).
Canz. — Choix 3, 377. MW. 3, 43. Santangelo p. 42. Audiau p. 50.

12. **Ja no cuidei trobar**
A 112 (321), C 218, D[a] 167–584, I 91 (MG. 569), K 74, R 92—769.
Canz. — Santangelo p. 46. Kolsen, Dichtungen p. 106. Audiau p. 44.

13. **L'autre jorn cost' una via**
L'autrier dejust' *R a*[1]
C 218, R 92—771, a[1] 261 (9).
Pastourelle. — Choix 3, 381. Parn. occ. p. 262. MW. 3, 45. Bartsch, Lesebuch p. 97 und krit. hgb. Chrest. col. 187. Santangelo p. 49. Audiau, Poésies p. 53 und ders., La pastourelle p. 29.

14. **L'autre jorn per aventura**
C 217, D[a] 167—582, I 90, K 74; Peire Vidal C Reg., R 17—139.
Pastourelle. — Parn. occ. p. 260. MW. 3, 46. Santangelo p. 52. Audiau, Poésies p. 60 und ders., La pastourelle p. 39. Audiau et Lavaud, Nouv. Anthol. p. 290.

15. **L'autrier cavalcava**
D[a] 167—583, I 91 (MG. 549), K 74; Guillem Figueira C 248 (MG. 547), R 20—163 (MG. 548).

Pastourelle. — Krit. hgb. Levy, Guilhem Figueira p. 66, danach Ronconi, Propugnatore 14 I 189. (Fehlt bei Santangelo.) Schultz-Gora, Elementarbuch p. 162. Audiau, Poésies p. 56 und ders., La pastourelle p. 34. Audiau et Lavaud, Nouv. Anthol. p. 287. — S. auch Schultz-Gora, Zts. 41, 594.

16. N'Ebles, pos endeptatz

Pois tan es e. *S*; *s. auch unten*

C 395, E 216 (MG. 530), G 100 (p. 322), I 162 (MG. 298), K 148, L 4, N 276–439, S 237–154, a[1] 567 (308), d 314–153. Überschrift in C *Partimen d'en n'Eble e d'en Gui d'Uy* (!), E *Ebles e Gui d'Uisel, tenso,* L *Partimentz d'en Gui ab n'Ebles*, S *en Gui d'Ussel.* Der Text von I K a[1] d beginnt *N'Ebles, ara·m digatz* und ist entsprechend der Var. in V. 22 überschrieben *(la tençon) de n'Ebles e de son seignor*; er wurde daher von Bartsch nach Galvanis Vorgang als besondere Tenzone zwischen dem Grafen von Poitiers und seinem Lehnsmann Eble de Ventadorn aufgefaßt (183, 9 = 130, 1), von Suchier, Jahrb. 14, 120 aber richtig identifiziert.
Coblaswechsel (nach Art eines Partimen) mit Eble d'Uisel = 129, 4. — Galvani, Fiore di storia letteraria e cavalleresca della Occitania, Milano 1845, p. 93 nach d, aber mit falscher Überschrift; danach MG. 179 (dgl.). Suchier, Denkm. 1, 328 nach N. Santangelo p. 56. Carstens p. 69. Audiau p. 79.

17. N'Elias, a son amador

I 160 (MG. 696), K 146, a[1] 535 (281), d 285–64. (*La tenço d') en Heliąs e (de) son cosin* Hss. Man kann mit einiger Wahrscheinlichkeit in dem *cosin* unseren Gui sehen.
Tenzone (Partimen) mit Elias d'Uisel = 136, 4. — Santangelo p. 59. Carstens p. 51. Audiau p. 66.

18. N'Elias, de vos voill auzir

D[a] 199–724, I 160 (MG. 695), K 146, R 75—627, a[1] 538 (284). Überschriften: *n'Elias e son cosin* I K, *la tenzo de en Elyas e de son couzi lo clergue* a[1], *Gui d'Uisel* D[a].
Doppel-Tenzone (Doppel-Partimen) mit Elias d'Uisel = 136, 6. — Santangelo p. 61. Carstens p. 55. Audiau p. 82.

18a. Seigner Rainaut, vos qui·us faitz amoros

a[1] 575 (316, Studj di fil. rom. 8, 475), *la tenzo d'en Gui d'Ucel e d'en Reinaut.*
Tenzone (Partimen) mit Rainaut (d'Albusso) = 413, 1. — Santangelo p. 73. Carstens p. 74. Audiau p. 64.

19. Si be·m partetz, mala domna, de vos

A 111 (319), B 108 (MG. 149), C 218, D 50—172, D[c] 254 (130, AdM. 13, 383), Fa 20 (24), G 58, (p. 179), I 90, J 6 (28), K 74, L 112, M 205, N 202—308, P 48 (in IX, Arch. 50, 256; eine Strophe mit Razo), Q 35 (89, p. 69), U 125 (Arch. 35, 449), a[1] 256 (5), f 59, α 32608, β[1] 424; anonym O 25 (41), R 145.

Anfang zitiert in der Vida der Maria de Ventadorn.
Canz. (*mala chanson*); vgl. dazu 361, 1. — Parn. occ. p. 264. MW. 3, 48. Santangelo p. 65. Audiau p. 30. — Zur Datierung s. Carstens p. 9; zur Torn. in M s. Crescini, Nuovi studi mediev. 1, 153.

(20. „Tenzone mit Rainaut, stand in a"; gemeint ist 18a.)

Sonst werden ihm attribuiert:

404, 1 Aissi com cel qu'en poder de seignor (Raimon Jordan)
235, 1 A vos cui tenc per domn' e per seignor (Guillem de Salaignac)
404, 2 Ben es camjatz ara mos pensamens (Raimon Jordan)
404, 3 D'amor no·m posc departir ni sebrar (ders.)
10, 28 Gaucelm Faidit, de dos amics corals (Aimeric de Peguillan — Gaucelm Faidit)
163, 1 Nog e jorn sui en pensamen (Garin lo Brun)
404, 6 Per qual forfag o per qual faillimen (Raimon Jordan)
242, 64 Reis glorios, verais lums e clartatz (Guiraut de Borneill)
404, 11 Vas vos soplei, domna, premeiramen (Raimon Jordan)
404, 12 Vas vos soplei, en cui ai mes m'entensa (ders.).

195. Guibert.

P. Meyer, Derniers Troubadours p. 124.

1. **Amic Guibert, ben a set ans passatz**
Tenzone mit Bertran Albaric, s. 77, 1.

Guigenet s. Gui 191a.

(196. Guigo.

Man kann die beiden Stücke mit aller Wahrscheinlichkeit unter Guigo de Cabanas unterbringen, dessen voller Name auch nur bei 197, 2 angegeben ist. Appel, Cadenet p. 112 ist für Gui de Cavaillo.

1. **Ar parra si sabetz triar**
s. 197, 1a.

2. **Joris, cil cui deziratz per amia**
s. 197, 1b.)

197. Guigo de Cabanas.

Hist. lit. 17, 480. Salverda de Grave, Le troub. Bertran d'Alamanon p. 70 und 78. Schultz-Gora, Prov. Studien (1), p. 94.

1a. **Ar parra si sabetz triar**
C 394 (MG. 355), „Partimen d'en Bernart e d'en Guigo." [Bartsch 196, 1.] Tenzone (Partimen) mit einem Bernart = 52, 1.

1. **Bertran, s'eu crit per cels que**
Si crit, Bertrans *R* **son valen**
H 54 (227), R 25 — in **209.** „Gigo li respondet asi" H, anonym R.
Sirv. gegen Bertran d'Alamano,

als Antwort auf 76, 1.[1]) — Selbach, Streitgedicht p. 118 nach H mit Var. von R. Krit. hgb. Salverda de Grave, l. c. p. 77.

1b. **Joris, cil cui deziratz per amia**
C 388, I 160 (MG. 585), K 146, a¹ 573 (315, Studj rom. 2, 92), d 291–81. Überschrift: Guigo (Gigo) — Joris (Jori).
[Bartsch 196, 2.] Tenzone (Partimen) mit Jori = 277, 1. — Krit. hgb. Schultz-Gora p. 94.

2. **N'Esquileta, car m'a mestier**
F 60 (180, 1), „Coblas de Guigo de Cabanas e d'Eschileta". Cobla, beantwortet durch 143, 1. — Choix 5, 176.

3. **Vist ai, Bertran, pos no·us viron mei oill**
F 61 (181), „Tengo (!) de Guigo e de Bertran d'Alaman[o]". Tenzone mit Bertran d'Alamano = 76, 24. — Krit. hgb. Salverda de Grave p. 69.

Sonst wird ihm noch attribuiert:

80, 22 Guerr' e pantais vei et afan (Bertran de Born).

198. Guillalmet.

1. **Seigner prior, lo sains es rancuros**
E 222 (MG. 533).
Tenzone mit einem Prior = 385, 1. — Krit. hgb. Appel, Chrest. p. 127.

199. Guillalmi.

Vgl. die Literatur unter 112, 1.

1. **Car vei fenir a tot dia**
Tenzone mit Cercamon, s. 112, 1.

200. Guillelma de Rosers.

Rosers in der Überschrift zu 282, 14 in IK, Rogier in 461, 204. Vgl. die Razo zu 282, 14, sowie 461, 204. — Hist. lit. 19, 565. Chabaneau, Biogr. p. 313 A. 1. O. Schultz[-Gora], Die prov. Dichterinnen p. 15. Bergert, Damen p. 52.

1. **Na Guillelma, maint cavalier aratge**
Tenzone mit Lanfranc Cigala, s. 282, 14.

200a. Guillelmi.

Von Guillalmi Nr. 199 zu unterscheiden. — Chabaneau, Biogr. p. 354. Zenker, Zts. 13, 298. Jeanroy, Rom. 19, 394 (besonders wichtig). Zenker, Zts. 16, 445. P. Andraud, La vie et l'œuvre du troub. Raimon de Miraval p. 182.

[1]) Bartsch faßt 76, 1 + 197, 1 zu Unrecht als Tenzone auf und setzt hierher: „Amics Guigo, bem azaut de tos sens. Tenzone mit Bertran d'Alamano".

1. **Tostemps enseing e mostri al meu dan**
Coblaswechsel mit Raimon de Miraval, s. 406, 43.

201. Guillem.

Sammelnummer; vgl. Chabaneau, Biogr. p. 354. Nur 5 und 5a gehören sicher demselben Verfasser.

1. **En aquel so que·m plai ni que m'agensa**
Tenzone mit einem Peire (Peire Guillem?), s. 322a, 1.

(2. **Guillem, d'un plag novel**
Tenzone, vielleicht von Guillem de Mur und mit dem Grafen Enric II von Rodez, s. 226, 6a und besonders 140, 1c.)

3. **Guillem, prims est en trobar a ma guiza**
Tenzone mit Guillem Augier Novella, s. 205, 4.

4. **Guillem, razon ai trobada**
Tenzone mit Oste, s. 313, 1.

4a. **Guigenet, digatz | consi·us vai d'amia**
a¹ 588 (328, Studj di fil. rom. 8, 478), la tenzos d'en Guillem e d'en Guigenet. — Der Interlokutor wird nur im ersten Verse Guigenet angeredet, sonst stets Gui.
Tenzone in kurzer Wechselrede mit Guionet = 238, 2a. — Krit. hgb. Carstens, Die Tenzonen der Uisel p. 107.

4b. **Lafranc, digatz vostre semblan**
a¹ 587 (327, nur Kollation), la tenzo d'en Guilliem e d'en Lafranc. — Bertoni (p. 71, auch introd. p. XXV) denkt an Guillem de Montaignagol.
Tenzone (Partimen) mit Lanfranc Cigala = 282, 12a. — Krit. hgb. Bertoni, I Trovatori minori di Genova p. 17 und I trov. d'Italia p. 409.

5. **Seigner Arnaut, d'un joven**
O 88 (139 und Arch. 34, 381), R 78—645, a¹ 603 (341). La tenzon d'en Guillem e de n'Arnaut O a¹.
Tenzone (Partimen) mit einem (seigner) Arnaut = 25, 2.

5a. **Seigner Arnaut, vostre semblan**
Tenzone desselben Guillem mit Folc und demselben (seigner) Arnaut, s. 150a, 1 = 25, 3.

6. **Vos dos Gigelms, digatz vostre coratge**
Tenzone zweier Gigelms mit einem Rainaut, s. 413a, 1.

(7. 8. 9: „Tenzonen . . ., in a gewesen" meinen 5a. 4b. 4a.)

Willems e·n Aimerics genannt als Verf. von 9, 19.

202. Guillem Ademar.[1]

Guillem Azemar, G. Aymar.

Hist. lit. 14, 567 (ganz unbrauchbar). Anglade, Mélanges Chabaneau p. 743. — S. auch Carstens, Die Tenzonen der d'Uisel p. 27.

[1]) Kritische Ausgabe von Robert Wetzel, Königsberger Diss. 1917 (leider nicht gedruckt).

Vida: A 108 (p. 336), B 68 (ib. p. 696), E 190, I 104, K 88, R 3 c. — Parn. occ. p. 258. Choix 5, 178. Mahn, Biogr. p. 56. Chabaneau, Biogr. p. 271.

1. Be for' oimais sazos e locs

A 109 (311), B 69 (MG. 342), C 159, D 14–42, D^c 255 (147, AdM. 13, 388), E 139, G 76 (p. 239), I 105, J 10 (49), K 88, M 69, N 195–296, R 48–400, T 174, U 127 (Arch. 35, 451), a^1 476 (224), f 54, α 33330 [nur ein Vers], β^1 282.
Canz. (,vers'). — Lex. rom. 1, 345. MW. 3, 188.

2. Be·m agr' ops qu'eu saubes faire
Ben que, s'ieu

A 109 (313 und Arch. 33, 456), B 69 (MG. 39), C 161, D 15–44, D^c 255 (148, AdM. 13, 388), E 140, I 105, K 89, N 196–298.
Canz.

3. Chantan dissera, si pogues

C 162.
Canz. (,vers'). — Krit. hgb. Appel, Prov. Inedita p. 114.

4. Comensamen comensarai

C 162, D^a 159—550, E 142, G 77 (p. 241 und Arch. 35, 101), I 105, K 88, M 68, N 197–299, R 29–247, T 178, zitiert von Berenguier de Noya (Homenaje Pidal 1, 682).
Canz. (,vers').

5. De be gran joja chantera
joi

A 110 (314), I 105, K 89, d 289—75; Saill de Scola D^a 180–639, I 107, K 93. — Zur Attribution s. Bertoni, Rlr. 56, 417.
Canz. — Choix 3, 254. MW. 3, 201.

6. El temps d'estiu, quan par la
Al (*G*) **flors el broill**

A 109 (312), B 69 (MG. 1316), C 161, D 15—43, D^a 159 (?), E 140, G 77 (p. 242), I 104, K 88, M 68, N 196—297, T 177.
Canz. mit Refrain. — Choix 3, 192. Parn. occ. p. 258. Galvani, Osservazioni p. 164. MW. 3, 184. S. auch Bertoni, Zts. 36, 344.

7. Eu ai ja vista mainta rei
-as -as res

C 160, E 141.
Sirv. — Choix 4, 327. MW. 3, 187.

8. Lanquan vei florir l'espiga
Lai can, Pos qant, Pois ja (*Wetzel*)

C 162 (MG. 907), D^a 159–549, E 142, I 104 (MG. 906), K 88 und 89, S 217–140, d 289–74; Jaufre Rudel C Reg., R 63–523.
Canz.

9. No pot esser sofert ni atendut

A 108 (310), B 68 (MG. 1315), C 160, D 14–41, D^c 255 (146, AdM. 13, 387), I 104, K 88, R 29—248, a^1 477 (225); lo monge de Pueisibot N 211–324, beginnend *Ab aisso m'a joi e deport rendut* = 461, 1; Perdigo C Reg.; anonym N 195–295 [vor Guillem Ademar], O 45 (72); zwei Strophen: *A son obs m'a de bon cor retengut* anonym T 88 = 461, 29.
Canz. — Choix 3, 196. MW. 3, 186. Suchier, Denkm. 1, 321 nach N 211.

10. Pos vei que reverdeja·l glais
E 142.
Canz. — Krit. hgb. Appel, Prov. Inedita p. 116.

11. Quan la bruna biza branda
C 161, α 29855 (auch MG. I 203).

Canz. — Krit. hgb. Appel, Prov. Inedita p. 118.

12. S'eu conogues que·m fos enans
C 163, R 29—246.
Canz. (‚vers'). — Choix 3, 193. MW. 3, 185.

(13. „Tenzone mit Eble, stand in a"; gemeint ist 218, 1.)

Dazu Zitate in ι 9 (Egidi 1, 94; Thomas p. 172; Jahrb. 11, 44) und 35 (Egidi 2, 35; Thomas p. 183; Jahrb. 11, 49). Nach ι 14 (Egidi 1, 154; Thomas p. 177; Jahrb. 11, 46) berichtet G. A. einen Zug von Raymundus de Andegavia. Vgl. noch Thomas p. 111.

Sonst werden ihm noch attribuiert:

223, 1 Aiga poja contra mon (Guillem Magret)
9, 5 Al prim pres dels breus jorns braus (Aimeric de Belenoi)
456, 1 Cora que·m desplagues amors (Uc de Pena)
355, 7 Enquera·m vai recalivan (Peire Raimon de Toloza)
70, 21 Ges de chantar no·m pren talans (Bernart de Ventadorn)
281, 6 Mout chantera de joi e volontiers (Lamberti de Buvalel)
218, 1 N'Eble, ar cauzetz la meillor (Guill. Gasmar – Eble de Saignas)
281, 7 Pos vei que·l temps s'asserena (Lamberti de Buvalel).

203. Guillem d'Anduza.

Hist. lit. 19, 604. Chabaneau, Biogr. p. 354 und Rlr. 32, 125. Anglade, Le troub. Guiraut Riquier p. 54.

1. Sens ditz que·m lais de chantar e d'amor
Bem
E 147.

Canz. — Krit. hgb. Chabaneau, Rlr. 33, 106 und Appel, Prov. Inedita p. 121.

Zugeschrieben wird ihm noch:

235, 2 Per solatz e per deport Me conort E·m don alegransa (Guillem de Salaignac).

204. Guillem Anelier de Toloza.

Kritische Ausgabe[1]) mit sehr ausführlicher, namentlich grammatischer Einleitung, Übersetzung und Anmerkungen: Der Troubadour Guillem Anelier von Toulouse. Vier prov. Gedichte. Hgb. und erläutert von Martin Gisi. Solothurn 1877. Besprechungen mit Besserungen von Bartsch, Zts. 2, 130; Suchier, Jenaer Literaturzeitung 1877, 590.

[1]) Anordnung der Gedichte wie hier.

Weitere Literatur: Hist. lit. 18, 553 und 32, 1. — Anglade, Hist. somm. de la litt. mérid. p. 154. — Ders., Les troub. de Toulouse p. 165.

1. Ara farai, no·m posc tener
C 342.
Sirv. — Choix 4, 272. MW. 3, 282. Gisi p. 26.

2. Ar farai, si tot no·m platz
Ara
C 342.
Sirv. — Choix 4, 271. Lex. rom. 1, 481. MW. 3, 281. Gisi p. 30.

3. El nom de Deu, qu'es pair' omnipotens
C 341.
Sirv. — Gisi p. 32.

4. Vera merces e drechura
-ce **sofraing**
P 19 (58, Arch. 33, 308).
Sirv. — Gisi p. 35.

Ist er auch der Verf. der Verschronik vom Bürgerkriege von Pamplona: Histoire de la guerre de Navarre en 1276 et 1277, par Guillaume Anelier de Toulouse, publiée avec une traduction, une introduction et des notes par Francisque Michel, Paris 1856 (= Collection de documents inédits sur l'histoire de France I 34)? Milá y Fontanals (Trovadores en Esp. p. 253), Bartsch (Grdr. p. 17 und Zts. 2, 130), Gisi (p. 3), Suchier (s. oben), Chabaneau (Biogr. p. 354), Stimming (Gröbers Grdr. 2 II 38), Anglade (s. oben) bejahen die Frage; P. Meyer (Rom. 1, 383 und besonders Hist. lit. 32, 12) verneint sie entschieden [1]).

204a. Guillem Augier de Grassa.

Chabaneau, Biogr. p. 355; vielleicht ist er der Guillem Augier, über den O. Schultz[-Gora], Zts. 9, 119 Einzelheiten mitteilt. — S. jetzt Lewent, Arch. 130, 331.

Ihm wird zugeschrieben:

233, 1 Be·m platz lo gais temps de pascor (Guillem de S. Gregori?).

205. Guillem Augier Novella.

Verschiedene Formen des Namens: n'Augier in den Tenzonen 1 und 4, sowie in H (7 und **124**, 18), Ogier(s) D (7), IK (5, 7 und **173**, 1 a), Ogiers Novella A (7), D (4 a und 5), Ogier Niella C (4 a); Augier (Ugiers F) de Sant Donat C (5), F (6); Ugiers de Viena F (4 a), Augier de Vianes im Dichterverzeichnis von $\varkappa$ 133 (Mussafia

[1]) Rudolph Diehl, Guillem Anelier von Toulouse der Dichter des zweiten Teils der Albigenserchronik, Marburg 1885 (Ausgaben und Abhandlungen, 36) verficht die Hypothese, daß derselbe Guillem Anelier sowohl die Hist. de la guerre de Navarre und die Sirventese wie auch den zweiten Teil der Chanson de la croisade contre les Albigeois gedichtet habe. S. auch Art. 335 am Schlusse.

p. 264); G. Augier R (2, 3, 4b, 5); Guillem Mogier de Beziers C (2 und 3), G. Mogier C Reg. (5). Bartsch unterschied noch Augier Novella Nr. 37 und Guillem Augier Nr. 205; doch ist die Identität dieser beiden durch O. Schultz[-Gora], Zts. 9,120 (wichtige Bemerkungen) und Joh. Müller (s. unten) sehr wahrscheinlich gemacht worden.

Kritische Ausgabe[1]) mit Einleitung von Johannes Müller, Die Gedichte des Guillem Augier Novella, Zts. 23, 47. (Auch separat als Hallesche Diss. 1898.)

Ältere Literatur s. Zts. 23, 47, jetzt z. T. überholt; ich nenne: Hist. lit. 13, 419 und 18, 550. Azaïs, Troub. de Béziers p. 119. P. Meyer, Rom. 10, 263. Chabaneau, Biogr. p. 334 und 355.

Vida: I 190, K 175. — Parn. occ. p. 96. Choix 5, 52. Mahn, Biogr. p. 60. Chabaneau, Biogr. p. 296. Zts. 23, 48.

1. Bertran, vos qu'anar soliatz ab lairos

E 224 (MG. 534).
Tenzone (Partimen) mit Bertran [d'Aurel] = 79, 1a. — Zts. 23, 76.

2. Cascus plor' e plaing son dampnatge

C 351, R 100—840 (MG. 579).
Planch. — Choix 4, 46. Azaïs p. 122. MW. 3, 180. Zts. 23, 58. — Zur Datierung s. Springer, Klagelied p. 68. Übers. bei Jeanroy, Anthol. p. 95.

3. Erransa

C 351, R 100—841.
Descort. — Choix 3, 133. Galvani, Osservazioni p. 107. Azaïs p. 126. MW. 3, 179. Zts. 23, 61.

4. Guillem, prims est en trobar a ma guiza

E 216, M 259, R 23—199, a[1] 533 (279). Überschrift: la tenzon d'en Augier e d'en Guilliem *a*[1].
Tenzone (Partimen) mit einem Guillem = 201, 3. — Bartsch, Lesebuch p. 94 und krit. hgb. Chrest. col. 77. Zts. 23, 73. — Über den als Schiedsrichter angerufenen und angeblich auch auftretenden Romieu s. Selbach, Streitgedicht p. 19; Jeanroy, AdM. 2, 300; Appel, Lit.-Blatt 1887, 78; Müller, Zts. 23, 52; Bertoni, I Trovatori minori di Genova p. XXVII A. 1; Zingarelli, Studi medievali 1, 384 A. 1. Bertoni denkt an Arnaut Romieu.

4a. Per vos, bela douss' amia

C 370, D 75-266, F 42 (137); Uc de Saint Circ E 164.
[Bartsch 37, 2.] Canz. — Choix 3, 104. Parn. occ. p. 397. MW. 3, 178. Zts. 23, 71.

4b. Quan vei lo dous temps venir

R 29—244; Guiraut de Borneill C 28, R 8—52 (MG. 863), Sg Nr. 68. — Zur Frage der Autorschaft s. Kolsen, Guir. v. Bor-

---

[1]) Anordnung der Texte:

Müller	Grdr.	Müller	Grdr.	Müller	Grdr.
1 =	7	4 =	3	7 =	4a
2 =	6	5 =	242, 61	8 =	4
3 =	2	6 =	5	9 =	1

nelh p. 12 und Müller, Zts. 23, 48.
[Bartsch 242, 61.] Descort. — Zts. 23, 62.

5. **Ses alegratge**
C 370 (MG. 580), D 75–265, I 196, K 182, R 28—239 (MG. 581); Peire Raimon de Toloza S 239—156 (MG. 583), c 81 (122); G. de Calanso C Reg.; anonym M 249 (MG. 582), N 51–24 (MG. 285), W 186. Monaci, Testi ant. prov., col. 75 gibt einen Parallelabdruck von C M N R S.
Descort. — Zts. 23, 65.

6. **Sirventes avols e descortz**
F 59 (176).
Sirv., wovon nur eine Strophe (*Laig faill cors e sabers e senz*) und zwei Tornadas erhalten sind. — Zts. 23, 57.

7. **Totz temps serai sirvens per deservir**
Tost.
A 211 (609), D 132—454, H 40 (127), I 190 (MG. 577), K 175; Arnaut Daniel c 44 (58).
[Bartsch 37, 3.] Sirv. — Zts. 23, 54.

Zugeschrieben werden noch:
Ogier: 173, 1a Ara quan l'iverns nos laissa (Gausbert de Poicibot)
Augier: 124, 18 Trop be m'estera, si·s tolgues (Daude de Pradas).

206. Guillem d'Autpol.

Unter diesem Namen vereinige ich Nr. 206 Guillem d'Autpol(h) (Form von C, bzw. R für 1 und 3) und Nr. 122 Daspols (Form von f für 2 und 4). Ein Name Daspol ist sonst nicht bekannt (P. Meyer, Derniers Troub. p. 36); in 4, v. 17, 33, 49 wird überdies ein viersilbiger Name durch das Metrum gefordert. Tobler, Götting. gel. Anz. 1872 I 285 schlug vor, *da S[imon] Pol* zu lesen. P. Meyer, Guillem d'Autpol et Daspol, Rom. 24, 128 und Hist. lit. 32, 59 identifiziert D. mit Guillem d'Autpol. — Anglade, Guiraut Riquier p. 236 und 292.

1. **Esperansa de totz ferms esperans**
C 380, stand in R 73—612; anonym V 119 (Arch. 36, 455), Z 157.
Alba auf Maria. — Choix 4, 473. Galvani, Osservazioni p. 148. MW. 3, 298. Krit. hgb. Appel, Chrest. p. 93.

2. **Fortz tristors es e salvaj' a retraire**
f 12.
[Bartsch 122, 1.] Planch (mit Refrain). — Krit. hgb. Dern. Troub. p. 41.

3. **L'autrier, a l'intrada d'abril**
C 380.
[Fehlt bei Bartsch, weil mit 293, 29 verwechselt.] Pastourelle. — Krit. hgb. Chabaneau, Rlr. 33, 109 und Appel, Prov. Inedita p. 122. Audiau, La pastourelle p. 117.

4. **Seignors, aujatz, qu'avetz saber e sen**
-os
f 13.
[Bartsch 122, 2.] Fingierte Tenzone mit Gott. — Krit. hgb. Dern. Troub. p. 43.

207. Guillem de la Bacalaria.

Ihm wird zugeschrieben:

449, 3 Per grazir la bon' estrena (Uc de la Bacalaria).

208. Guillem de Balaun.

Auch Balaon, Balazuc. — Hist. lit. 15, 447. Mahn, Arch. 33, 119. Diez, Leben u. Werke p. 432. Bertoni, Rlr. 56, 16. Zanders, Die altprov. Prosanovelle p. 98.

Vida: H 18 (61), R 3c; vgl. ϰ 69 (Mussafia p. 252). — Parn. occ. p. 30. Choix 5, 180. Mahn, Biogr. p. 50. Chabaneau, Biogr. p. 280.

1. **Lo vers mou mercejan ves vos Mon**
   C 367, D^a 191–688, H 19 (62 und Arch. 34, 393), I 111, K 96, R 33—280 (MG. 698 nach R C I), b I 6, e 162, ϰ 70 (Mussafia p. 253).
   Canz. (,vers'). — Parn. occ. p. 32. MW. 3, 41.

209. Guillem del Baus.

Guillem IV, Fürst von Orange.

Diez, Leben u. Werke p. 216. Hist. lit. 17, 483. P. Meyer, La Chanson de la Croisade contre les Albigeois 2, 203 A. 2. O. Schultz [-Gora], Zts. 9, 125. Springer, Klagelied p. 78. Zingarelli, Miscellanea Crescini p. 113.

Vida: H 47 (165 und Mahn, Biogr. p. 61). — Parn. occ. p. 271. Choix 5, 184. Chabaneau, Biogr. p. 295.

1. **Be·m meravill de vos, en Raïmbaut**
   D^a 210 — in 774 (Selbach, Streitgedicht p. 119), H 47 (166).
   Cobla, antwortet auf 392, 31, wird ihrerseits beantwortet durch 392, 15a. — Choix 5, 185. MW. 3, 316. — Zu v. 4 (arnaut) s. Bertoni, Rlr. 56, 418 und schon O. Schultz[-Gora], Zts. 18, 131.

2. **En Gui, a tort me menassatz**
   A 188 (537), D^a 205—746 (Rlr. 54, 72); anonym N 277–442.
   Sirv. als Antwort auf 192, 4. — Parn. occ. p. 272. MW. 3, 315.

3. **Liautatz ses tricharia**
   H 54 (213 und Arch. 34, 410; MG. 1163 Nr. E).
   Cobla als Antwort auf 457, 30. — Krit. hgb. Jeanroy et Salverda de Grave, Poésies de Uc de Saint-Circ p. 124.

210. Guillem de Berguedan.

Andere Schreibungen: Bergada(m), Bregadan, Briedan.

Ausgaben: Lieder Guillems von Berguedan hgb. von Dr. Adelbert Keller, Mitau und Leipzig 1849 (in alphabetischer Ordnung; Text sehr mangelhaft) und ein Nachtrag im Arch. 7, 179; Milá y Fontanals, Trovadores en Esp. p. 284 (leider mit Kürzungen; viele historischen Notizen).

Hist. lit. 18, 576. Bartsch, Guillem von Berguedan, Jahrb. 6, 231 (wichtiger Aufsatz; p. 272 Besserungen zum Text). Kurze Notiz bei Anglade, Hist. somm. de la litt. mérid. p. 83.

Vida: A 199 (p. 616), I 192, K 178. — Über seine Gewohnheiten und Aussprüche s. ι 7 (Egidi 1, 77; Thomas p. 171; Jahrb. 11, 43), 8 (Eg. 1, 89; Th. p. 172; Jb. 11, 44), 9 (Eg. 1, 100; Th. p. 172; Jb. 11, 44), 12 (Eg. 1, 125; Th. p. 175); vgl. auch Thomas p. 112. — Parn. occ. p. 152. Choix 5, 186. Keller p. 5. Mahn, Biogr. p. 62. Milá p. 286 Anm. Chabaneau, Biogr. p. 305. Lommatzsch, Liederb. p. 103.

1. Amics marques, enquera non a gaire

A 200 (576), C 212, D 128 –439, I 193 (MG. 157), K 179, R 23—190, T 166; anonym ω 56 + 45 + 65 + 60 (p. 569).
Sirv. — Keller p. 18. Milá p. 311.

2. Ara mens que la neu e·l frei
Ar el mes

A 202 (582 und Arch. 34, 193; MG. 1065), D 127—434, D[a] 179—635, I 192 (MG. 158), K 178; anonym C 385 unter *cansos ses titol*, ω 56 + 45 (p. 567).
Sirventes-Canz. — Keller p. 22. Milá p. 316.

2a. Arondeta, de ton chantar m'azir

a[1] 433 (178, Studj romanzi 2, 81); anonym zwischen zwei gleichfalls anonymen Liedern von Folquet de Marseilla O 59 (94 und Arch. 34, 377).
[Bartsch 461, 28.] Fingierte Tenzone mit einer Schwalbe. — Milá p. 356. Krit. hgb. Bertoni, AdM. 25,58. Anglade, Anthol. p. 146.

3. Ar voill un sirventes far

D[c] 259 (214, AdM. 14, 531).
Sirv., wovon nur zwei Strophen überliefert sind.

4. Be fo ver qu'en Bergueda

D 129—446* (MG. 589).
Cobla. — Bartsch, Denkm. p. 127, dazu Mussafia, Del cod. Estense, Sitzungsber. p. 424. Milá p. 321.

4a. Be·m volria qu'om saupes dir
du

a[1] 433 (179, Studj di fil. rom. 8, 432).
Sirventes.

5. Ben ai auzit per quals razos

D 128—441, I 193 (MG. 159), K 179.
Sirv. — Keller p. 24. (Milá p. 310.)

6. Bernartz ditz de Baisseill
basseill, baseill

D 127—436, H 55 (234), I 193 (MG. 160), K 178.
Sirv. — Keller p. 25. Milá p. 315. Krit. hgb. Kolsen, Trobadorgedichte p. 36.

6a. Cavalier, un chantar cortes

a[1] 432 (177, Studj di fil. rom. 8, 431).
Sirventes.

7. Chanson ai comensada
A 201 (579), D 129—443, I 194 (MG. 161), K 179.
Sirv. — Keller p. 27. Milá p. 318.

8. Chansoneta leu e plana
A 201 (577), D 128—440, I 193 (MG. 162), K 179.
Sirv. mit Refrain. — Parn. occ. p. 152. MW. 3, 305. Keller p. 29. (Milá p. 310.) Krit. hgb. Bartsch, Chrest. col. 129. Lommatzsch, Liederb. p. 104.

9. Consiros chant e plaing e plor
T 167 (MG. 594).
Planch. — Parn. occ. p. 153. MW. 3, 306. Keller p. 31. Milá p. 314.

10. De Berguedan, d'estas doas razos
Tenzone mit Aimeric de Peguillan, s. 10, 19.

10a. E fetz una mespreizo
In der Razo von 80, 35 überliefert.
Cobla von einem verlorenen Sirv. — Außer den Drucken der Razo noch bei Keller p. 59, Milá p. 309.

10b. En Gauseran, gardatz qual es lo pes
Ve. Ag. IV fol. 147, Guillem de Bergadan a'n Pere Gauseran — Respos d'en Pere de Gauseran [1]). In der Hs. hinzugefügt; ob echt?
Coblaswechsel (Rätsel und Auflösung) mit Peire Gauseran = 342 b, 1. — Krit. hgb. Milá y Fontanals, Rlr. 13, 64.

11. Eu no cuidava chantar
Non c.
A 202 (583), C 212, D 129 –445, I 194 (MG. 163), K 179, R 22—189 (MG. 1064); anonym [2]) ω 65 + 60 (p. 572).
Sirv. — Keller p. 34. Milá p. 317.

12. Joglars, no·t desconortz
A 201 (578 und Arch. 34, 192; MG. 1063), C 211, D 129–442, I 193 (MG. 164), K 179, R 22 –188 (MG. 1062); anonym ω 60 + 65 (p. 571).
Sirv. — Keller p. 36. Milá p. 306.

13. Lai on hom meillur' e reve
C 210 (MG. 165), e 146.
Canz. — Keller p. 38. Milá p. 302.

14. Mais volgra chantar a plazer
C 210 (MG. 166), e 144, α 28592 (auch MG. I 189).
Canz. — Keller p. 40. (Milá p. 304.)

15. Mal o fe lo bisbe d'Urgel
fel
D 129—446 (MG. 588).
Sirv. von nur 2 Coblas. — Bartsch, Denkm. p. 126, dazu Mussafia, Del cod. Estense, Sitzungsber. p. 424. Milá p. 320.

16. Quan vei lo temps camjar e refreidir
A 202 (581), C 211, D 86–311, F 36 (124), G 78 (p. 244), I 194 (MG. 167), K 180, M 23 (MG. 1061), R 28–238, T 168, e 140, a[1] 431 (176); anonym ω 65 + 60 + 65 (p. 570).

---

[1]) Butlletí 1, 97 (Nr. 183): En Guillem de Bergada a'n Pe. de Gauseran. — Respos d'en Pe. de Gauseran.
[2]) S. auch Massó Torrents, Miscellània Prat de la Riba p. 431 (Sg).

Canz. (‚chansoneta'). — Keller p. 42. (Milá p. 302.)

17. Reis, s'anc nuls temps fotz francs ni larcs donaire

A 200 (574), D 127—437, I 193 (MG. 168), K 178.
Sirv. — Keller p. 44. Milá p. 309.

17a. Sirventes ab razo bona

a^1 434 (180, Studj di fil. rom. 8, 432).
Sirventes.

18. Talans m'es pres d'en marques

A 200 (575), D 128—438, I 193 (MG. 169), K 178.
Sirv. — Keller p. 46. Milá p. 312.

19. Trop ai estat sotz coa de mouto
de corna

A 199 (573), D 127—433, H 60 (268), I 192 (MG. 593), K 178, ein Vers in $\varkappa$ 117 (Mussafia p. 249); anonym ω 56 + 45 (p. 567).
Sirventes-Canz. (‚chanson'). — Keller p. 49. Milá p. 317.

20. Un sirventes ai en cor a bastir

A 199 (572), D 127—435, D^c 259 (213, AdM. 14, 531), H 60 (269), I 192 (MG. 592), K 178; anonym ω 56 + 45 + 56 (p. 568).
Sirv. — Keller p. 51. Milá p. 307.

21. Un sirventes nou voill far en rim' estraigna

A 201 (580), D 129—444, I 194 (MG. 587), K 179, T 169.
Sirv. — Keller p. 53. Milá p. 319.

22. Us trichaire
Un *Hss.*

C 211, R 28—237 (MG. 586).
Sirv. — Keller p. 55. Milá p. 321.

Hierzu kommt ein Brief (in paarweise gereimten Achtsilbnern), worin er einen Gönner um ein Urteil in einem Streit mit seiner Dame bittet, beginnend:

Amics seigner, no·us o cal dir
5 R 136.
Keller p. 20. (Milá p. 305.) Krit. hgb. Bartsch, Jahrb. 6, 236;

die Antwort (in Sechssilbnern) wird unter seinem Namen überliefert:

De far un jutjamen
R 136.
Diez, Beiträge zur Kenntnis der romantischen Poesie, erstes Heft, Berlin 1825, p. 124. Keller p. 9. (Milá p. 306 Anm.) Krit. hgb. Bartsch, Jahrb. 6, 237.

Attribuiert werden ihm noch:

213, 1 Aissi com cel que baissa·l foill (Guillem de Cabestaing)
47, 2 Aissi com hom que seigner ocaizona (Berenguier de Palazol?)
124, 9 El temps d'estiu, quan s'alegron l'auzel (Daude de Pradas)
355, 13 Pos vei parer la flor el glai (Peire Raimon de Toloza).

S. ferner Massó Torrents, Miscellània Prat de la Riba p. 431 unter Nr. 165.

211. Guillem de Biars.

Biars C, Biartz R, Biarn D, Biais e.

1. Si co·l majestre vai prendre
penre

C 365, D 84–301, R 98–825, e 254; vgl. $\varkappa$ 118 (Mussafia p. 213) Canz. — Krit. hgb. Appel, Prov. Inedita p. 126.

(212. Guillem de Bussignac.

Statt Peire de Bussignac 332, 1.)

213. Guillem de Cabestaing.

Auch Capestaing, Capdestaing.

Ausgaben: 1. (im wesentlichen nach D) von Franz Hüffer, Der Trobador Guillem de Cabestanh[1]). Sein Leben und seine Werke, Berlin 1869; die Einleitung erschien u. d. T. „Guillem de Cabestanh. Sein Leben u. seine Werke“ als Göttinger Diss. 1869. Besprechung von Gröber, Jahrb. 12, 99 (beschäftigt sich mit den Fassungen der Vida).

2. Arthur Långfors, Le troubadour Guilhem de Cabestanh, AdM. 26, 5—51, 189—225 und 349—56; vgl. O. J. Tallgren, Neuphil. Mittlgn. 1915, p. 38. — Ders., Les chansons de G. de Cabestanh, Paris 1924[2]) (= Les classiques franç. du moyen âge, 42).

Frühere Literatur: Hist. lit. 14, 210. — Diez, Leben u. Werke p. 67. — Milá y Fontanals, Trovadores en Esp. p. 466. — Spätere: Emil Beschnidt, Die Biographie des Trobadors Guillem de Capestaing und ihr historischer Wert, Diss. Marburg 1879; wichtig, weil wirklich kritisch, dazu die Rezensionen von Canello, Giorn. di fil. rom. 2, 75 und Bartsch, Lit.-Blatt 1880, 65 (mit Besserungen). — G. Paris, Rom. 8, 363, Hist. lit. 28, 376, Rom. 12, 361 (über die Sage vom gegessenen Herzen und ihre Übertragung auf G. de Cab.). — Hermann Patzig, Zur Geschichte der Herzmäre, Wissenschaftl. Beilage zum Progr. des Friedrichs-Gymn. zu Berlin, Ostern 1891, p. 10 (dgl.). —

Suchier und Birch-Hirschfeld, Gesch. d. frz. Lit. 1, 83. — Adolf Kolsen, Ein Lied des Trobadors Guilhem de Cabestanh,

---

1) Anordnung:

Hüffer		Grdr.	Hüffer		Grdr.
1	=	6	7	=	4
2	=	2	Anhang 1	=	1a
3	=	3	„ 2	=	314, 1
4	=	1	„ 3	=	167, 37
5	=	5	„ 4	=	29, 6.
6	=	7			

2) Anordnung wie hier, wobei aber 213, 8 und 1a als zweifelhaft am Schlusse unter VIII und IX aufgeführt werden.

Mélanges Chabaneau p. 489. — Kr. Nyrop, Fortids sagn og sange. Bind III. Sangerens hjerte, København 1908, p. 7 (über die Sage). — John E. Matzke, The legend of the Eaten Heart, Modern language notes 26, 1. — Zanders, Prosanovelle p. 113. — Anglade, Hist. somm. de la litt. mérid. p. 83. — Weitere Lit. bei Lommatzsch, Liederb. p. 474 und Långfors, Chansons, introd. p. XV.

Vida: A 83 (p. 252), B 52 (ib. p. 689; Mahn, Biogr. p. 3 Nr. IX), H 21 (65), I 105, K 89, N² 18 (VI, Arch. 102, 191), P 50 (XII, Arch. 50, 258; Mahn p. 5 Nr. XI), R 3 d, auch Fb fol. 8 (Giorn. di fil. rom. 2, 79); vgl. ϰ 62 (Mussafia p. 252). — H R einerseits und P andererseits stehen I K, A B, N² gegenüber. — Parn. occ. p. 38. Choix 5, 187. MW. 1, 104. Mahn, Biogr. p. 4 Nr. X nach R I H. Bartsch, Lesebuch p. 157. Milá p. 466 A. 1. Hüffer p. 7. Krit. hgb. Beschnidt p. 15, dazu p. 8. Chabaneau, Biogr. p. 306. Bartsch, Chrest. col. 261. Crescini, Manualetto p. 263 und Manuale p. 224. Matzke, l. c. p. 5. Lommatzsch, Liederb. p. 158. Långfors, Chansons p. 31 (AdM. 26, 199 bzw. 214).

1. Aissi com cel que baissa·l foill laissa·l

A 84 (234), B 53 (MG. 1335), C 213, D 102—355, E 144, I 105bis, K 90, R 15—121, T 263, V 99 (Arch. 36, 439); Guillem de Berguedan M 23, e 150.

Canz. — Choix 3, 111. MW. 1, 112. Hüffer p. 40. Långfors, Chansons p. 1 (AdM. 26, 10).

1a. Al plus leu qu'eu sai far chansos

A 85 (239), D 102–353 (Hüffer p. 61), I 106 (MG. 689), K 90; Guiraut de Borneill C 14 (MG. 205), M 12, R 84—698 (MG. 690), Sg 70 Nr. 23, V 76 (Arch. 36, 422), a 68 (44, Rlr. 42, 37), zitiert N² unter Guiraut Nr. 47; anonym zwischen Guirauts Liedern H 39 (125). — Kolsen hat das Stück schon Mélanges Chabaneau p. 492 seinem Guiraut ab- und G. de Cab. zugesprochen.

[Bartsch 242, 7.] Canz. — Krit. hgb. Kolsen, Ein neuntes Gedicht des Trobadors Guilhem de Cabestanh, Zts. 32, 698. Långfors p. 27 (vgl. introd. p. V; AdM. 26, 192).

2. Anc mais no·m fo semblan

D 102—354, H 2 (8), V 98 (Arch. 36, 439).

Canz. — Choix 3, 107. MW. 1, 110. Hüffer p. 35. Långfors p. 4 (AdM. 26, 14) und vorher schon Neuphil. Mittlgn. 1913, p. 73; vgl. dazu Spitzer, ibid. p. 179, Tallgren, ibid. p. 181 und Appel, ibid. p. 184.

3. Ar vei qu'em vengut als jorns lones

Ja *H*

A 84 (236), C 213, D 103–358, E 143, I 105bis, K 90, R 96 –802, T 261, a¹ 277 (23), e 132, α 28962 und 30127 (auch MG. I 193, bzw. 206); Çirardus Q 111 (291, p. 214 und Arch. 33, 424); Arnaut de Maroill C Reg.; anonym [nach 213, 5] H 22 (67 und Arch. 34, 394).

Canz. — Choix 3, 109. MW.

1, 111. Hüffer p. 37. Långfors p. 6 (AdM. 26, 18). Übers. bei Jeanroy, Anthol. p. 34.

4. **En pensamen mi fai estar amors**
A 85 (238), D 102–356, H 2 (7), T 262; Bernart de Ventadorn [unmittelbar nach G. de C.] B 55 (MG. 348); Guillem Figueira C 249, R 32—268.
Canz. — Hüffer p. 49. Krit. hgb. Levy, Guilhem Figueira p. 63. Långfors p. 10 (AdM. 26, 25).

5. **Lo dous consire**
Li
A 84 (235), B 53 (MG. 1429), C 212, D 103—357, E 144, F 33 (117), H 21 (66 und MG. 936), I 105bis, K 89, L 102, R 96–803, S 227–147, T 258, U 130 (Arch. 35, 453), V 98 (Crescini, Atti della R. Acc. dei Lincei, ser. IV, vol. VI, p. 48 und Per gli studi rom. p. 135), Ve. Ag. I, fol. XXXVj, a¹ 275 (21), b I 6, e 124, ϰ 62 (Mussafia p. 252); Çirardus Q 111 (290, p. 213); anonym Q 6 (14, p. 13). Erwähnt in der Vida von HR und P.
Canz. — Choix 3, 113. Parn. occ. p. 39. MW. 1, 113. Bartsch, Lesebuch p. 61. Milá p. 469. Hüffer p. 42. Krit. hgb. Bartsch, Chrest. col. 79. Crescini, Manualetto p. 265 und Manuale p. 226. Lommatzsch, Liederb. p. 161. Långfors p. 13 (AdM. 26, 31). — Zu v. 86—90 s. Crescini, Nuovi studi mediev. 1, 151.

6. **Lo jorn que·us vi, domna, premeiramen**
A 85 (237), B 54 (MG. 1336), C 213, E 145, T 260, e 130; Çirardus Q 110 (288, p. 212); Peire del Poi Dª 192—695, I 108, K 93; Peire Milo M 97; Arnaut de Maroill R 15–113, U 64 (Arch. 35, 407), c 35 (44). — Attribution zweifelhaft; vgl. Gröber, Rom. Studien 2, 386 und Pätzold, Die individuellen Eigentümlichkeiten p. 64 A. 8, auch W. Friedmann, Arnaut de Mareuil p. 37.
Canz. — Choix 3, 106. MW. 1, 109. Hüffer p. 33. Lommatzsch, Liederb. p. 159. Långfors p. 18 (AdM. 26, 42). Audiau et Lavaud, Nouv. Anthol. p. 67.

7. **Mout m'alegra doussa votz per boscatge**
I 106 (MG. 688), K 91, d 290 –78.
Canz. — Hüffer p. 47. Långfors p. 21 (AdM. 26, 48). — Eine neue Lösung des Rätsels v. 37 ff. bei Kolsen, Mélanges Chabaneau p. 494.

8. **Ogan res qu'eu vis**
V 98 (Arch. 36, 439).
Canz. — Krit. hgb. Kolsen, Mélanges Chabaneau p. 489. Långfors p. 24 (vgl. introd. p. IV; AdM. 26, 189).

Zugeschrieben werden ihm noch:

314, 1 Assatz es dregz, | pos jois no·m pot venir (Ozil de Cadartz)
29, 6 Chanso do·ill mot son plan e prim (Arnaut Daniel)
167, 37 Mon cor e mi e mas bonas chansos (Gaucelm Faidit)
262, 5 Quan lo rius de la fontana (Jaufre Rudel)
167, 58 Tan sui ferms e fis vas amor (Gaucelm Faidit).

214. Guillem de Durfort.

Chabaneau, Biogr. p. 356.

1. **Car sai petit, mi met en razo larga**
   C 379.
   Sirv. — Krit. hgb. Appel, Prov. Inedita p. 130.

Zugeschrieben wird ihm noch, und zwar gleichfalls in C:

447, 1 En Raimon, be·us tenc a grat (Turc Malec);

in $\varkappa$ 118 (Mussafia p. 211) heißt es daher: Guilem de Dur Fort da Caors, di cui si leggono due Serventesi.

215. Guillem Evesque, joglar d'Albi.

1. **Valors e beutatz e dompnei**
   C 378.
   Canz. mit Refrain. — Krit. hgb. Chabaneau, Rlr. 32, 98 und Appel, Prov. Inedita p. 132.

216. Guillem Fabre.

Zusätze in C: de Narbones, bzw.: borzes de Narbona.

Kritische Ausgabe mit wertvoller Einleitung und Übersetzung: J. Anglade, Deux Troubadours narbonnais: Guillem Fabre, Bernard Alanhan. Narbonne 1905. — Besprochen von Appel, Arch. 116, 453; Jeanroy, AdM. 17, 446; Thomas, Rom. 34, 351.

Ältere Literatur: Hist. lit. 19, 547. Chabaneau, Biogr. p. 356; s. ferner Anglade, Le troub. Guiraut Riquier, passim und Lewent, Rom. Forschungen 21, 357.

1. **On mais vei, plus trop sordejor**
   C 358.
   Sirv. — Krit. hgb. Appel, Prov. Inedita p. 134. Anglade p. 22.

2. **Pos dels majors | princeps auzem conten**
   C 358.
   Sirv. und Kreuzlied. — Krit. hgb. Appel, ib. p. 136. Anglade p. 25.

217. Guillem Figueira.

Kritische Ausgabe[1]) mit Einleitung (Biographie. Einige Bemerkungen über das Sirventes. Metrisches) und reichen An-

[1]) Anordnung:

Levy	Grdr.	Levy	Grdr.	Levy	Grdr.
1 =	217, 1	4 =	217, 5	7 =	217, 8
2 =	- 2	5 =	- 6	8a =	- 1a
3 =	- 4	6 =	- 7	8b =	10, 9

merkungen: Levy, Guilhem Figueira, ein prov. Troubadour, Diss. Berlin 1880. — Besprechungen von Bartsch, Zts. 4, 438 (mit Besserungen); P. Meyer, Rom. 10,261; Stimming, Lit.-Blatt 1881, 180.

Ein Sirventes von Guilhem Figueira gegen Friedrich II. Kritisch hgb. nebst verschiedenen Anhängen von O. Schultz-Gora. Halle 1902. (Unter den Appendices p. 33 „Verzeichnis der prov. Gedichte, in denen der Hohenstaufe Friedrich II. genannt wird.") — Besprochen von Jeanroy, AdM. 15, 213 (mit Besserungen); Bertoni, Giorn. stor. d. let. it. 41, 420.

Frühere Literatur: Diez, Leben u. Werke p. 454. Hist. lit. 18, 649. Rajna s. zu 217, 2. — Spätere: Boffito s. zu 217, 2. Suchier und Birch-Hirschfeld, Gesch. d. frz. Lit. 1, 85. Anglade, Les troub. de Toulouse p. 171.

Vida: B 117 (Studj di fil. rom. 3, 715), I 109, K 94. — Parn. occ. p. 243. Choix 5, 198. Mahn, Biogr. p. 55. Levy p. 30. Chabaneau, Biogr. p. 283.

1a. Anc tan bel colp de joncada
iocanda

H 52 (199 und Arch. 34, 408; MG. 1221, 1) unter Figera. [Bartsch 42, 1.] Cobla; dazu ist 10, 9 das Gegenstück. — Levy p. 55.

1b. Bertram d'Aurel, si moria
se

H 52 (194 und Arch. 34, 407; MG. 646, 1 und 1220, 1) unter Figera.

[Bartsch 42, 2.] Cobla, beantwortet durch 10, 13. — Casini, Propugnatore 12 II 410. Levy p. 55. Bertoni, Rambertino Buvalelli p. 66. — Vgl. De Bartholomaeis, Osservazioni . . . p. 101.

1. Del preveire major

M 238 unter en Figera.

Kreuzlied. — Lex. rom. 1, 482. MW. 3, 116. Levy p. 31. — Zur Datierung De Bartholomaeis p. 118.

2. D'un sirventes far[1])
Sirventes vuelh f. *CR*, D'un sonet f. *D*

B 117 (Studj di fil. rom. 3, 716; MG. 140), C 249, D 133–460 [bei Bartsch als 217, 3 besonders aufgeführt], Fb Nr. 29 [vgl. Stengel, Die beiden ältesten prov. Gram. p. x], R 96–805, a[1] 506 (258). Die erste Strophe dieser *cantilena* eines *quidam ioculator qui vocabatur Figuera* wird von einem Zeugen vor der Inquisition von Toulouse 1274 aus dem Gedächtnis zitiert; s. Giuseppe Boffito, Notizia di letteratura prov. tratta da un

Levy	Grdr.	Levy	Grdr.	Levy	Grdr.
9a	= 217, 1b	10	= 217, 4c	IV	= 156, 11
9b	= 10, 13	I	= 10, 8	V	= 177, 1.
9c	= 79, 1	II	= 213, 4		
9d	= 280, 1	III	= 194, 15		

[1]) Ich drucke die Anfangszeile als Fünfsilbner, nicht wie Levy, Bartsch (a. a. O.), Crescini als Elfsilbner mit Binnenreim, indem ich mich auf Levys spätere Äußerung (Der Troub. Bertolome Zorzi p. 32 A.) berufe.

codice parigino, Giorn. stor. d. let. it. 29 [1897], 204.
Sirv., vgl. 177, 1. — Choix 4, 309. MW. 3, 108. Krit. hgb. Bartsch, Chrest. col. 219. Levy p. 33. Crescini, Manualetto p. 327 und Manuale p. 281. Lommatzsch, Liederb. p. 205. Anglade, Anthol. p. 149. Audiau et Lavaud, Nouv. Anthol. p. 155. — P. Rajna, Un serventese contro Roma ed un canto alla Vergine, Giorn. di fil. rom. 1, 84 sieht das metrische Vorbild in 461, 123, ebenso Levy p. 23, doch s. andererseits Bartsch, Zts. 4, 439, Jeanroy, Rlr. 37, 245. — S. noch De Bartholomaeis, Osservazioni p. 108 und Bertoni, Zts. 36, 92.

(3. **D'un sonet far en est so** = 217, 2.)

4. **Ja de far nou sirventes**
un *Ra*[1]
No quier autre enseignador
No·m chal aver *a*[1]
C 250, R 22–187, a[1] 508 (259).
Sirv. — Choix 4, 202. MW. 3, 115. Levy p. 43. Wittenberg, Hohenstaufen p. 102. Bertoni, Zts. 35, 489; vgl. Jeanroy, Rom. 41, 105. — Zur Datierung auch De Bartholomaeis p. 112.

4a. **Ja de far un sirventes**
No cal qu'om m'enseing
a[1] 504 (256, Studj di fil. rom. 8, 460).
Sirv. — Krit. hgb. Schultz-Gora, l. c. p. 20 mit wichtiger Einleitung und Anmerkungen. Wittenberg, l. c. p. 106 (vgl. p. 79). — S. auch Bertoni, Zts. 35, 491 A. 2.

4b. **Ja non agr' obs que mei oill trichador**
a[1] 503 (255, Studj di fil. rom. 8, 458).
Canz. — Krit. hgb. Schultz-Gora, l. c. p. 39.

4c. **N'Aimeric, que·us par del pro Bertram d'Aurel**
H 50 (176 und Arch. 34, 404), ohne Überschrift.
[Bartsch 42, 3.] Tenzone (nur 2 Coblas und 2 Tornadas) mit Aimeric (de Peguillan) = 10, 36. — Levy p. 57.

5. **No·m laissarai per paor**
Non
B 118 (Studj di fil. rom. 3, 718; MG. 146), D 133–459, I 187, K 173.
Sirv. — Choix 4, 307. Parn. occ. p. 243. MW. 3, 113. Levy p. 44.

6. **Pel joi del bel comensamen**
C 248, D[a] 178—632, D[c] 259 (215, AdM. 14, 532), I 109, K 95, R 31–267 (MG. 1079); mit anderen Anfangsversen (*Donna, de chantar ai talen, E non jes per gaja saiçon*) unter Joan d'Albusso U 128 (Arch. 33, 297 und 35, 452), anonym L 114 (= 265, 1).[1])
Canz. — Levy p. 46.

7. **Totz hom qui be comens' e be fenis**
C 248, D[a] 178–633, R 32–269, a[1] 505 (257); en Gui Figera[2]) M 133; Ademar lo Negre T 184; Cadenet f 19; anonym O 56 (89 und Arch. 34, 377).

[1]) Bemerkt von Stengel, Deutsche Literaturzeitung 1881, 361.
[2]) Auch das Dichterverzeichnis von *x* 133 (Mussafia p. 265) hat Gui Figera.

Kreuzlied. — Choix 4, 124. MW. 3, 114. Levy p. 49.

8. **Un nou sirventes ai en cor que trameta**
C 250, R 22—186.
Sirv. — Levy p. 52. Wittenberg, Hohenstaufen p. 103 (vgl. p. 76). — S. auch De Bartholomaeis, Osservazioni p. 115 und Torraca, Studi su la lirica . . . p. 298 Anm.

Sonst werden ihm noch attribuiert (gleichfalls von Levy hgb.):
10, 8 Anc mais de joi ni de chan (Aimeric de Peguillan)
213, 4 En pensamen mi fai estar amors (Guillem de Cabestaing)
194, 15 L'autrier cavalcava (Gui d'Uisel)
156, 11 Quan cug chantar, eu plaing e plor (Folquet de Romans).

218. Guillem Gasmar.

S. Carstens, Die Tenzonen der d'Uisel p. 27.

1. **N'Eble, ar cauzetz la meillor** (ar *fehlt auch*)
A 181 (516), C 391, D 146-507, E 215, G 97 (p. 313 und Arch. 32, 416), I 158, K 144, L 69, a[1] 540 (286). Überschriften: Guillem Gasmar A, Index B, D I K L; en Gaymar C; en Guillem Adesmar a[1] — n'Ebles de Saignas A, Index B; n'Eble C I K L a[1].
Tenzone (Partimen) mit Eble de Saignas = 128, 1. — Krit. hgb. Appel, Chrest. p. 135. Troub. cantaliens 2, 486 mit Übersetzung. Carstens p. 98. Kolsen, Dichtungen p. 213 (nach a[1], unter Guillem Ademar und Eble d'Uisel). Audiau, Les poésies des quatre troub. d'Ussel p. 97.

219. Guillem Godi.

1. **Si·l gens cors d'estiu es remas** gen *Hss.*
C 371, R 95—792.
Canz. — Krit. hgb. Appel, Prov. Inedita p. 139.

220. Guillem d'Ieiras.

Lowinsky, Zts. f. frz. Sprache u. Lit. 20 I 198.

1. **A Deu, en cui es totz poders** (*Eine Silbe zu viel.*)
C 368 (MG. 7).
Gebet.

221. Guillem de Lemotjas.

In C wird ihm zugeschrieben:
335, 21 Un sirventes qu'er megz mals e megz bos (Peire Cardenal).

(222. Guillem de Lobevier.

So wird Guillem de l'Olivier in f genannt, s. Nr. 246 und auch 335, 49.)

223. Guillem Magret.

Oder: Maigret.

Kritische Ausgabe[1]) mit Einleitung, Übersetzung und Anmerkungen: Fritz Naudieth, Der Trob. Guillem Magret, Halle 1914 (= Beihefte zur Zts. für roman. Philol. Nr. 52, p. 79—144). — S. Jeanroy, Rev. critique 48 (1914), 426 (mit Besserungen); Bertoni, AdM. 26, 374; Kolsen, Arch. 134, 424; O. J. Tallgren, Neuphil. Mittlgn. 1915, p. 40; Maver, Deutsche Lit.-Ztg. 1915, col. 989; Jeanroy und Spitzer, Rom. 43, 445 und 448; Levy, Arch. 136, 156. —

Ältere Literatur: Hist. lit. 17, 538. — A. Pillet, Ein ungedrucktes Gedicht des Troub. Guillem Magret und die Sage von Golfier de las Tors, in Festschrift zur Jahrhundertfeier der Universität zu Breslau, im Namen der Schlesischen Gesellschaft für Volkskunde hgb. von Th. Siebs, Breslau 1911 (= Mitteilungen der Schles. Ges. f. Volksk. Bd. 13—14), p. 640 (bringt 223, 7; Charakteristik); s. A. Thomas, Encore Goufier de Lastours, Rom. 40, 447 und Crescini, Lit.-Blatt 1912, 77 (mit Besserungen). — Kurze Notiz bei Anglade, Hist. somm. de la litt. mérid. p. 80.

Vida: I 139, K 125. — Parn. occ. p. 173. Choix 5, 201. Mahn, Biogr. p. 62. Chabaneau, Biogr. p. 296. Naudieth p. 100.

1. **Aiga poja contra mon**
L'aigua

D[a] 191–691, E 138 (MG. 603), I 139 (MG. 602), K 125, T 216, e 168; zwei Verse ϰ 118 (Mussafia p. 214); Guillem Ademar C 160 (MG. 601), R 17—141; eine Strophe anonym W 201 ♩ (p. 403).

Sirv. — Naudieth p. 126 (vgl. p. 90).

2. **Atrestan be·m tenc per mortal**
soi ieu, se[m]bli

C 349, E 138, M 203, R 97–812, T 216, e 166, α 28814 (auch MG. I 192).

Canz. — Choix 3, 419. MW. 3, 241. Naudieth p. 104.

3. **Enaissi·m pren com fai al pescador**

C Reg., D[a] 192—692, E 139, I 139, K 125, M 204, R 30–254, e 172; Aimeric de Rochafiza a[1] 292 (39); Albert de Sestaro C 238; anonym G 113 (p. 364), O 15 (26), W 192♩ (p. 396).

Canz. — Choix 3, 421. Parn. occ. p. 173. MW. 3, 242. Naudieth p. 109 (vgl. p. 90).

4. **Ma domna·m te pres**

C 349, D[a] 192—693, I 139, K 125, R 30—253.

---

[1]) Anordnung der Texte:

Naudieth	Grdr.	Naudieth	Grdr.	Naudieth	Grdr.
1 =	2	4 =	7	7 =	5a
2 =	3	5 =	6	8 =	5 (231, 3)
3 =	4	6 =	1	I =	47, 2.

Canz. — Choix 3, 423. MW. 3, 243. Naudieth p. 114.

5. **Magret, pojat m'es el cap**
Tenzone mit Guillem Rainol d'At, s. 231, 3.

5a. **Mout me plai quan vei dolenta**
C Reg., R 97—811; Bertran de Born C 140. — Von Stimming, Bertran de Born[2] p. 48 und Stroński, Folquet de Marseille p. XIII B. de Born abgesprochen. [Bartsch 80, 27.] Sirv. — Choix 4, 260. MW. 1, 306. Coll y Vehí, La sátira provenzal p. 23. Bartsch, Lesebuch p. 81 und krit. hgb. Chrest. col. 128. Stimming[1] p. 178. Thomas p. 141. Stimming[2] p. 145. Naudieth p. 131 (vgl. p. 91).

6. **No valon re coblas ni arrazos**
A me uon (!) ual re *J*
No me val plus *Q*
Ren non valgra om cobliendor (?) *T*
F 43 (139); anonym J 14 (*c. e.* 65 und Riv. 1, 43 unter Nr. 101), Q 42 (115, p. 85), T 88.
Cobla. — Choix 5, 201. MW. 3, 244. Krit. hgb. Suchier, Jahrb. 14, 154. Naudieth p. 123.

7. **Trop meills m'es pres qu'a 'n**
. . . p . . . . . s . . . . . n
Golfier de las Tors
. . . . . as
C 348.
[Fehlt bei Bartsch.] Canz. — Krit. hgb. Pillet, Festschrift p. 642 mit Übersetzung; s. auch die Besprechungen. Naudieth p. 118.

Sonst wird ihm noch attribuiert:

47, 2 Aissi com hom que seigner ocaizona (Berenguier de Palazol?).

224. Guillem (lo Marques oder) Moyses.

Guillems lo Marques in C, richtiger **Guillems Moyses** (Moissetz, Moisieg) in den anderen Hss. wird vom Mönch von Montaudon verspottet (305, 16).

Guillem Mogier (de Beziers) s. Guillem Augier Novella.

225. Guillem de Montaignagol.

Über die Formen des Namens s. Coulet p. 17. Sie schwanken zwischen Guillem de Montaignagol (U, *a* und das p. 21 zitierte *Ripartimiento*), Guillem Montaignagol, Montaignagol — Guilhem de Montanghaguout (a), Guillem Montangnagot (F), Montaignago(u)t — Guillem de Montanago. Coulet zieht Guilhem Montanhagol vor, ist aber auf Widerspruch gestoßen.

Kritische Ausgabe[1]) mit Einleitung, Anmerkungen (besonders grammatischen), Übersetzung, Anhang und Glossar: Jules Coulet, Le troubadour Guilhem Montanhagol, Toulouse 1898 (= Bibliothèque méridionale, Ire série, t. 4). — Besprochen von A. Tobler,

---

[1]) Anordnung der Texte wie bei uns.

Arch. 101, 462; Jeanroy, AdM. 10, 345; Appel, Zts. 23, 554; Schultz-Gora, Lit. Centralblatt 1899, 969 (alle diese mit Besserungen); P. Meyer, Rom. 28, 318. — Anglade, Hist. somm. de la litt. mérid. p. 90. — Ders., Les troub. de Toulouse p. 147 und 161.

Frühere Literatur: Diez, Leben u. Werke p. 464. Hist. lit. 19, 486. De Lollis, Vita e poesie di Sordello di Goito p. 79 und 287.

Vida: a II 36 (Rlr. 45, 269; Mahn, Biogr. p. 55), a[1] 379 (p. 221). — Bartsch, Jahrb. 11, 19. Chabaneau, Biogr. p. 303. Coulet p. 59.

1. **A Lunel lutz una luna luzens**

F 56 (166); erste Strophe anonym T 280.
Canz. (2 Coblas und Tornada); vgl. 96, 1. — Bartsch, Denkm. p. 50 nach T. Coulet p. 63. — Vgl. O. Schultz[-Gora], Guiraut Amic bei G. de Montanhagol, Zts. 15, 233.

2. **Ar ab lo coinde pascor**
Era al

D[c] 260 (218, AdM. 14, 533), F 55 (164), M 35 (MG. 321), e 248.
Canz. — Coulet p. 69. De Lollis, Poesie prov. sulla origine e sulla natura d'amore, p. 16.

3. **Bel m'es quan d'armatz aug refrim** vey

C 262.
Sirv. — Choix 4, 212. Parn. occ. p. 278. MW. 3, 138. Milá y Fontanals, Trovadores en Esp. p. 172. Coulet p. 76. — Vgl. auch Jeanroy, AdM. 16, 312.

4. **Del tot vei remaner valor**

C 260, F 56 (165), R 54—453.
Sirv. — Choix 4, 335. MW. 3, 139. Coulet p. 87. Audiau et Lavaud, Nouv. Anthol. p. 165. Übers. bei Jeanroy, Anthol. p. 103.

5. **Ges per malvestat qu'ar veja** er *Hss.*

C 261 (MG. 546), R 38—323 (MG. 545).
Sirv. — Coulet p. 95.

6. **Leu chansoneta m'er a far**

C 261, R 39—326.
Canz. — Krit. hgb. Appel, Prov. Inedita p. 141. Coulet p. 104.

7. **Non an tan dig li primier trobador**

C 260, J 10 (47 und Riv. 1, 35), R 38—325, *α* 30055 und 30331 (auch MG. I 205, bzw. 208).
Canz. — Coulet p. 110. De Lollis, Poesie prov. sulla origine e sulla natura d'amore, p. 17.

8. **Non estarai per ome que·m casti**

U 132 (Arch. 33, 298 und 35, 455).
Canz. — Coulet p. 119.

9. **No sap per que va son joi plus tarzan**

C 261, R 39—327.
Canz. — Krit. hgb. Appel, Prov. Inedita p. 142. Coulet p. 130.

10. **Nuls hom no val ni deu esser prezatz**

A 215 (621 und Arch. 34, 200), C 260, E 145, F 53 (162),

I 124, J 10 (48), K 110, M 34, R 54–452, T 203, d 309–136, e 242, f 40, α 31223 (auch MG. I 213), 31243 (ib.), 31302 (ib.), 33538, ϰ 118 (Mussafia p. 214); anonym Ve. Ag. I[1]), ω 58 (p. 572) und Vat. barb. lat. 3953 p. 25 (De Bartholomaeis, AdM. 17, 71 und Lega p. 259), auch Hs. Chantilly 703 (Bertoni, Arch. roman. 2, 400 und vorher Studi rom. 12, 190 A. 2).
Canz. (v. 47 als *castiamen* bezeichnet). — Coulet p. 138. De Lollis, Poesie prov. sulla origine e sulla natura d'amore, p. 19.

11. **On mais a hom de valensa**
Quant hom ai mais
C 263, J 10 (46 und Riv. 1, 34); Peire Rogier C Reg., α 32073 und 33262; erste Strophe anonym P 64 (*c.* 145, Arch. 50, 281). — Zur Attribution s. Coulet p. 36 A.
Sirv. — Krit. hgb. Appel, Peire Rogier p. 94. Coulet p. 147.

12. **Per lo mon fan l'un dels autres rancura**
C 262, I 124, K 110, d 309–135. Sirv. — Choix 4, 333. Parn. occ. p. 280. MW. 3, 140. Coulet p. 154.

13. **Qui vol esser agradans ni plazens**
C 262, Dc 260 (217, AdM. 14, 532), E 146, F 55 (163), I 124, J 9 (45), K 110, R 38 –324, d 309–134, e 246, f 7, α 32097 und 33853; anonym ω 58 (p. 572).
Sirv. — Coulet p. 160.

14. **Seign'en Sordel, mandamen**
C 389, Partimen d'en Sordelh e d'en Montanhagol.
Tenzone (Partimen) mit Sordel = 437, 30. — MW. 2, 253. Krit. hgb. De Lollis, Vita e poesie di Sordello di Goito p. 193. Coulet p. 168.

Vgl. noch 201, 4b und 335, 30.

226. Guillem de Mur (Murs).

Mur R, Murs C f.

Diez, Leben u. Werke p. 487. Hist. lit. 20, 547. Milá y Fontanals, Trovadores en Esp. p. 372. P. Meyer, Derniers Troubadours p. 46. Chabaneau, Rlr. 32, 123 und Biogr. p. 357. P. Meyer, Hist. lit. 32, 63. Anglade, Le troub. Guiraut Riquier p. 49, 96, 176.

1. **De so don eu soi doptos**
R 77—639, anonym.
Tenzone (Partimen) mit Guiraut Riquier, Graf Enric II von Rodez (nur *mon senhor* von den anderen genannt; s. Anglade p. 176 A. 4), Marques = 248, 25; 140, 1a; 296, 1. — MW. 4, 246.

2. **D'un sirventes far mi sia Deus guitz**
C 368.
Kreuzlied. — (Choix 5, 203. Milá p. 374.) Krit. hgb. Chabaneau, Rlr. 32, 124 und Appel, Prov. Inedita p. 144.

[1]) fol. CXXVIj, unter Montargelh!

3. Guillem de Mur, cauzetz d'esta partida
Tenzone mit Guiraut Riquier, s. 248, 36.

4. Guillem de Mur, que cuja far
Tenzone mit Guiraut Riquier, s. 248, 37.

5. Guillem de Murs, un enojos
Tenzone, wahrscheinlich mit Graf Enric II von Rodez, s. 140, 1 b.

6. Guillem de Mur, ...
Stand in R. Tenzone mit Guiraut Riquier? s. 248, 35.

6a. Guillem, d'un plag novel
[Bartsch 201, 2.] Tenzone, vielleicht zwischen Graf Enric II von Rodez u. unserem Guillem, s. 140, 1 c.

7. Guiraut Riquier, pos qu'etz sabens es
R 77—637, anonym.
Tenzone (Partimen) mit Guiraut Riquier = 248, 41. — MW. 4, 243.

8. Guiraut Riquier, segon vostr' escien
R 77—641, anonym.
Tenzone (Partimen) mit Guiraut Riquier, nebst Entscheidung (*jutjamen*) des Grafen Enric II von Rodez = 248, 42. — MW. 4, 250. Milá p. 376. Das *jutjamen* allein Choix 2, 187; Diez, Poesie p. 168 A. 2.

Guillem de l'Olivier s. Art. 246.

Guillem Peire s. 345, 2.

227. Guillem Peire de Cazals.

In C 245a steht noch der Zusatz: de Caortz. f nennt ihn: en P. de Cazals. — Hist. lit. 19, 616. Appel, Rlr. 39, 183. Jetzt: Werner Mulertt, Der Trobador Guillem Peire de Cazals. Philol. Studien aus dem roman.-germanischen Kulturkreise, Festschrift für K. Voretzsch, Halle (Saale) 1927, p. 251; vgl. Appel, Zts. 49, 609 und Voretzsch, Arch. 158, 122. — A. Rigaudière, Bull. de la Soc. des ét. du Lot 49, 65. — Für die unedierten Lieder 4—6, 10—11 konnte ich eine Abschrift von Herrn Geheimrat Appel benutzen.

1. Ab lo pascor
C 246 (MG. 184).
Canzone.

2. A l'avinen mazan
C 247 (MG. 23).
Canzone.

3. Ara pos vei mon ben astruc
C 246.
Canz. — Parn. occ. p. 237. MW. 3, 313.

4. Ara m'es bel | qu'om s'esbaudei
Ara *ergänzt,* Ar *bei Bartsch*
C 245.
Canzone.

5. A trop gran fereza·m teing
C 245.
Canzone.

6. Be·m plagr' oimais qu'ab vos, domna, ·m valgues
C 245.
Canzone.

7. **Bernart de la Bart', ancse·m platz** Barta be·m
C 395, E 211, H 44 (145 und Arch. 34, 401), M 266, zwei Verse *Totz dos deu esser mercejatz* etc. (= 58, 5) in D° 259 (212, AdM. 14, 531), das Ganze früher auch in R 73—616. Überschrift: Peire de Cazals — Bernart de la Barta CH. Tenzone (Partimen) mit Bernart de la Barta = 58, 2.

8. **D'una leu chanso ai cor que·m entremeta**
C 246.
Canz.—(P. Meyer, Rom. 10, 266.) Krit. hgb. Appel, Rlr. 39, 183 A. 1. — Zur Erklärung einer Anspielung s. J.-B. Noulet, Les pierres de Naurouse et leur légende, Mém. de l'Acad. des Sciences, inscriptions et belles-lettres de Toulouse, septième série, t. 4 (Toul. 1872), p. 132. S. auch Mulertt p. 261.

9. **Enqueras, si·l plagues**
C 247 (Klein, Die Dichtungen des Mönchs v. Montaudon p. 105 A.).
Canzone.

10. **Ja tan no cugei que·m trigues**
C 247, f 51.
Canz. — (Choix 5, 204. MW. 3, 313.)

11. **Per re no·m tenria**
C 247.
Canzone.

Guillem VII, Graf von Poitiers, s. Nr. 183.

(228. Guillem de Quintenac.

Einem G. de Quintenac wird in C Reg. ohne jeden Anhalt zugeschrieben:

70, 30 Lo temps vai e ven e vire (Bernart de Ventadorn).

Vielleicht ist Guiraut de Quintenac gemeint.)

229. Guillem Raimon.

Jedenfalls mit Raimon Guillem (Nr. 402) identisch[1]) (s. O. Schultz[-Gora], l. c.), aber von Guillem Raimon de Gironela zu unterscheiden.

O. Schultz[-Gora], Zts. 7, 231. Casini, Propugnatore 18 I 179. Chabaneau, Biogr. p. 358. Bertoni, Giorn. stor. d. let. it. 42, 379.

1a. **Amics Ferrairi**
P 55 (c. 9 + 10, Arch. 50, 264), ohne Überschrift. — Er wird von Ferrari angeredet *Amics en Raimon* [Reim!] *Guillem.* [Bartsch 402, 1.] Coblaswechsel mit Ferrari de Ferrara = 150, 1. — Casini, l. c. p. 182. Monaci, Testi ant. prov., col. 103 und Poesie prov. di trovad. ital. p. 23. Krit. hgb. Crescini, Manualetto p. 373 und Manuale p. 320 (Raimons Guillems). Bertoni, I trov. d'Italia p. 461 (vgl. Jeanroy, Journal des Savants 1916, p. 117) und Arch. roman. 1, 92.

[1]) S. dagegen Bertoni, Rom. 41, 410 und I trov. d'Italia p. 126.

(1. **Del joi d'amor agradiu**
s. 230, 1a.)

2. **N'Aimeric, digatz que·us par d'aquest marques**
H 50 (175 und Arch. 34, 404), Guiellms Ramon e n'Aimeric. Tenzone in kurzer Wechselrede mit Aimeric (de Peguillan) = 10, 35. — Casini, l. c. p. 181. Krit. hgb. Appel, Chrest. p. 127. Bertoni, Giorn. stor. d. let. it. 42, 380. — S. auch De Bartholomaeis, Studj rom. 7, 335 und Bertoni, I trov. d' Italia p. 17.

3. **N'Obs de Biguli se plaing**
H 55 (233 und Arch. 34, 413). Cobla mit zwei Tornadas. — Zu Obs de Biguli vgl. O. Schultz [-Gora], Zts. 7, 233, Bertoni, Une conjecture sur un troubadour italien. Obs de Biguli, AdM. 20, 223 und I trov. d'Italia p. 69.

4. **On son mei guerrier dezastruc**
H 54 (224 und Arch. 34, 412), Guillems Raimon al Mola. Cobla mit Tornada, beantwortet durch 302, 1. — Milá y Fontanals, Trovadores en Esp. p. 462.

230. Guillem Raimon de Gironela.

Hist. lit. 19, 618. Chabaneau, Biogr. p. 358.

1a. **Del joi d'amor agradiu**
E 223 (Selbach, Streitgedicht p. 124). — Ohne Überschrift. Die Interlokutoren sind (en) Guillem Raimon und Pouzet. Casini, Propugnatore 18 I 179 A. 2 und Chabaneau erkennen in dem ersten wohl mit Recht unseren Dichter.
[Bartsch 229, 1.] Tenzone (Partimen) mit Pouzet = 383, 1.

1. **Gen m'apareill**
E 147.
Canz. — Krit. hgb. Appel, Prov. Inedita p. 146.

2. **La clara lutz del bel jorn**
E 148.
Canz. (‚vers'). — Krit. hgb. Appel, ib. p. 148.

3. **Pos l'amors s'ensen**
E 148.
Canz. mit Refrain. — Krit. hgb. Appel, ib. p. 150.

230a. Guillem Rainier.

Bartsch nennt ihn falsch Grainier (Art. 188). — Anglade, Le troub. Guiraut Riquier p. 100.

1. **Guillem Rainier, pos no posc vezer vos**
[Bartsch 188, 1.] Tenzone mit Guiraut Riquier, s. 248, 34.

231. Guillem Rainol d'At.

Andere Formen: Ramuols, Ramnols, Ranols, Rauuls. — Hist. lit. 17, 534.

Vida: I 143, K 129. — Parn. occ. p. 72. Choix 5, 206. Mahn, Biogr. p. 62. Chabaneau, Biogr. p. 296.

1a. A tornar m'er enquer al premier us
D^c 260 (220, AdM. 14, 534); Bertran de Born I 177 (MG. 313), K 162, d 281—50. — Die Attribution an Bertran de Born ist völlig unhaltbar, auch die an seinen Sohn unwahrscheinlich; vgl. Stimming, Bertran de Born[2] p. 47, Milá y Fontanals, Trov. en Esp. p. 164 und vorher Clédat, Du rôle hist. de B. de Born p. 95. [Bartsch 80, 6.] Sirv. — Krit. hgb. Stimming, Bertran de Born[1] p. 136. Übers. bei Jeanroy, Anthol. p. 99.

1. Auzir cugei lo chant e·l crit e·l glat
D^a 170-597, H 44 (147), I 143 (MG. 315), K 129.
Tenzone mit einer Dame. — Krit. hgb. Kolsen, Trobadorgedichte p. 37.

2. Laissatz m'era de chantar
D^c 260 (221, AdM. 14, 534). Sirv. — Krit. hgb. Appel, Rlr. 34, 34.

3. Magret, pojat m'es el cap
Maigret
A 179 (511), C 386, D 145-502, E 218, I 154, K 140, N 275—438, a[1] 566 (265), stand in R 74-622. MG. 956 angeblich nach I C E N. Überschriften: Guillems Ramnols (Ramnols D) d'At A D, Guillems Ra(y)nols C I K, en Guillem a[1] — Ma(i)gret A C I a[1]. Tenzone mit Guillem Magret = 223, 5. — (Lex. rom. 1, 510. MW. 3, 340.) Krit. hgb. Naudieth, Der Trob. Guillem Magret, Beiheft p. 135. — Zu Str. 5 (Audierna) s. Schultz-Gora, Arch. 144, 259.

4. Quant aug chantar lo gal sus en l'erbos
D^a 170—596, H 44 (146 und Arch. 34, 402), I 143 (MG. 955), K 129.
Tenzone mit einer Dame. — Krit. hgb. Kolsen, Dichtungen der Trobadors p. 61.

Zugeschrieben wird ihm noch:
10, 31 Lanquan chanton li auzel en primier (Aimeric de Peguillan).

232. Guillem de Ribas.

Erwähnt von Peire d'Alvergne 323, 11. Die betreffende Strophe (VI) ist noch in die literarische Satire des Mönchs von Montaudon 305, 16 interpoliert worden, wenigstens von manchen Hss., während R hier eine andere Strophe auf Guillem de Ribas hat. S. die Ausgaben von Zenker, bzw. von Philippson und von Klein; vgl. auch Milá y Fontanals, Trovadores en Esp. p. 462 und Chabaneau, Biogr. p. 358.

Guillem de S. Desdier, Disder u. a. s. Guillem de S. Leidier.

233. Guillem de Saint Gregori.

Hist. lit. 18, 637. Chabaneau, Biogr. p. 358. — Zu des Dichters Hinterlassenschaft s. Appel, Petrarka und Arnaut Daniel, Arch. 147, 220.

(1. **Be·m platz lo gais temps de pascor**
ist wahrscheinlich von Bertran de Born, s. 80, 8 a.)

2. **Ben grans avoleza intra**
En grant a^1 rara (!) a^1
D^a 198–719 (MG. 940), der Anfangsvers auch ϰ 118 (Mussafia p. 243); Bertran de Born a^1 454 (202, Studj romanzi 2, 84); anonym [ganz fragmentarisch] H 42 (136). — Attribution zweifelhaft (Appel p. 221).
Sirv. in der Form einer Parodie von Arnaut Daniels Sestine. (29, 14). — Krit. hgb. Bertoni, Studj rom. 13, 31.

3. **Nog e jorn ai dos mals seignors**
C 353; Pons de la Garda E 167. — Attribution zweifelhaft (Appel p. 222).
Canz. — Krit. hgb. Appel, Prov. Inedita p. 152.

4. **Razon e dreg ai, si·m chant e·m demori**
Dreg e razos es ch'eu *K und Petrarca, Appel*
C 352 (MG. 437); anonym von späterer Hand K 185 (MG. 109; teilweise auch Studj romanzi 1, 12 A. 2). Petrarca zitiert den ersten Vers anonym in seiner Canzone *Lasso me* [vgl. dazu Canello, Arnaldo Daniello p. 27 und Lavaud, AdM. 23, 13]; danach wohl ϰ Kap. VIII und b I 1. — Appel, Arch. 147, p. 223 macht Arnaut Daniels Verfasserschaft sehr wahrscheinlich; s. auch Kolsen, Dante-Jahrb. 8, 51.
Canzone. — Krit. hgb. Appel, Arch. 147, 213.

5. **Seigner Blacatz, de domna pro**
S. en
D^a 206—754, E 216 (MG. 1126), G 94 (p. 296), I 157, K 143, Q 34 (87, p. 68). Überschriften: Guillem de Saint Gregori D^aIK — en Blancatz I. — Attribution zweifelhaft (Appel p. 223).
Tenzone (Partimen) mit Blacatz = 97, 9. — Choix 4, 27. MW. 2, 139. Krit. hgb. Soltau, Zts. 23, 237, dazu Anmerkungen Zts. 24, 47.

234. Guillem de Saint Leidier.

Außer Leidier haben die Hss. Desdier, Disder u. a.

Hist. lit. 15, 449. Diez, Leben u. Werke p. 261. P. Meyer, Derniers Troubadours p. 26. Restori, Riv. musicale ital. 3, 427 (über die Persönlichkeit seiner Dame). (C. Fabre, Guillaume de Saint-Didier, étude critique sur sa vie et œuvres, Revue Forézienne 1905?) Fabre, Mélanges Chabaneau p. 261. Ders., Notes sur les troub. Guillem et Gauceran de Saint-Didier, AdM. 23, 161. Bertoni, Intorno a una tenzone di Guilhem de Saint Didier (234, 12), Rlr. 56, 17. Kurze Notiz bei Anglade, Hist. somm. de la litt. mérid. p. 76.

Vida: A 130 (p. 406), B 112 (ib. p. 702), E 206, I 78, K 62, P 45 (VI, Arch. 50, 251), R 1 a, Sg Teil II, a II 34 (Rlr. 45, 268), a^1 263 (p. 18); vgl. ϰ 61 (Mussafia p. 222). Razos in EPR zu 16 und 7. — Parn. occ. p. 281. Choix 5, 207. MW. 2, 37. Mahn, Biogr. p. 34 Nr. 34 (nach B)—35. Chabaneau, Biogr. p. 266.

1. **Ab mil volers | doblatz de fin' amor**
C 136 (MG. 185), R 92—774, f 72.
Canz. — MW. 2, 50.

2. **Aissi com a sas faissos**
C 133 (MG. 196). — P. Meyer, l. c. p. 26 und Lowinsky, Zts. f. frz. Sprache u. Lit. 20 I 182 wollen es G. absprechen.
Geistliches Lied. — MW. 2, 52.

3. **Aissi com es bela cil de cui chan**
A 131 (374), C 132, D 118 –407, Dc 255 (149, AdM. 13, 388), I 78, K 62, M 122, N 198–302, R 25–210, T 192, U 117 (Arch. 35, 443), V [1]) 118 (Arch. 36, 454), a1 264 (12).
Canz. — Choix 3, 300. MW. 2, 39.

4. **Be chantera, si m'estes be**
Eu d'amor
A 132 (376), C 133, I 79, K 63, L 138, M 122 (MG. 366), O 1 (1 und MG. 931), R 41–345, Sg Nr. 1, T 192, U 118 (Arch. 35, 444), V 116 (Arch. 36, 453), a1 268 (15), d 287–69, f 72, g 1, *α* 29841 (auch MG. I 203), Anfang der Strophen *[B]lasmar, S'ella tria* H 49 (in 167); anonym vor Guillem de S. Disdeir in N 197—300.
Canz. — MW. 2, 53.

5. **Bel m'es oimais qu'eu retraja**
En talent ai
A 131 (373), C 134, D 118–406, I 79 (MG. 536 mit Var. von R), K 63, M 118, R 41–347, V 116 (Arch. 36, 452), a1 263 (11); lo monge de Pueisibot N 210 –323.
Canz. — Diez, Poesie p. 307 (vgl. p. 78 A. 1 zum Metrum). MW. 2, 45.

6. **Compaignon, ab joi mou mon chan**
A 133 (380), C 132, Da 185 –661, G 76 (p. 237), I 78 (MG. 363 mit Var. von R), K 62, R 25—211, a1 271 (17), f 77; Pons de Capdoill *μ* 191.
Canz. — MW. 2, 46.

7. **Domna, eu vos sui messatgiers**
A 133 (379), B 112 (MG. 139), C 132, D 118—405, G 75 (p. 235), I 79, K 63, M 120, Q 41 (110, p. 82), R 41—349, Sg Nr. 3, V 117 (Arch 36, 453), Ve. Ag. I [2]), a1 266 (13), b I 6, *β*3 75 [zweimal zitiert], *κ* 61 (Mussafia p. 222); anonym O 69 (110), R 145. Razo in EPR; in P auch die 1. Strophe.
Canz. (,vers'), als Botschaft eines Vermittlers gedacht. — Parn. occ. p. 283. MW. 2, 42.

8. **D'una domn' ai auzit dir que**
Una *R* s'es clamada
C 134; P. Duran R 101—851 (MG. 367). — Attribution zweifelhaft.
Fingierte Tenzone zwischen einer Frau und ihrem Gatten, mit einleitenden Worten. — MW. 2, 55. Bartsch, Lesebuch p. 93.

———

[1]) In V sind alle Lieder G.s anonym, stehen aber zusammen.
[2]) fol. LXXVIIIj.

9. El mon non a neguna creatura cr. neg. *V*
C 135, R 25—212, V 117 (Arch. 36, 454).
Canz. — Choix 3, 298. Parn. occ. p. 285. MW. 2, 40.

(10. El temps quan vei cazer foillas e flors
von Gauceran de Saint Leidier, s. 168, 1 a.)

11. Estat aurai estas doas sazos
A 131 (375), C 134 (MG. 537), D 117—402, I 79 (MG. 364 mit Var. von R), K 63, M 119 (MG. 538), N 199—303, O 1 (2 und MG. 932), R 42—350, T 193, U 119 (Arch. 35, 445), a[1] 270 (16); Bernart de Ventadorn V 59 (Arch. 36, 407).
Canz. — MW. 2, 48. Krit. hgb. Appel, B. von Ventadorn p. 329.

12. En Guillems de Saint Disder, vostra semblansa
D[a] 209—765 (nur 2 Strophen; Selbach, Streitgedicht p. 120), a[1] 569 (311, Studj di fil. rom. 8, 447 mit Var. von D[a]). Überschriften: la tenzo d'en Guillem de Sain Leidier e d'una dona *a*[1], Marches Lanz' e P. Vidal *D*[a] (sic, nach 285, 1!).
Tenzone zwischen einem Herrn (*don*) und ihm. — Außer Bertoni, Rlr. 56, 17 s. auch ders., I trov. d'Italia p. 40 A. 1.

12a. Lo plus iratz remaing
Sg Nr. 4.
?

(13. Los greus dezirs que·m solon far doler
gehört eher Guiraut de Calanso, s. 243, 8 a.)

14. Malvaza m'es la moguda Salvaja
A 132 (378), C 135, D 117–404, D[c] 255 (150, AdM. 14, 197), I 79 (MG. 365 mit Var. von R), K 63, M 119 (MG. 539), N 200–304, R 92–773, T 191, a[1] 274 (20).
Canz. — MW. 2, 49.

15. Per Deu, amor, en gentil loc cortes-saubes
f 73; Bernart de Ventadorn V 60 (Arch. 36, 408; MG. 794). — Bartsch führt den Text von V als 70, 34 auf; die Identität bemerkte m. W. zuerst Gaspary, Zts. 5, 595.
Canz. — P. Meyer, Dern. Troub. p. 28 nach f. Appel, B. von Ventadorn p. 337.

15a. Pos major dol ai que autre maier **caitiu**
Sg, a[1] 273 (19, Studj di fil. rom. 8, 445).
Planch. — Krit. hgb. Bertoni, Arch. roman. 1, 230.

16. Pos tan mi fors' amors que mi fai entremetre
A 132 (377), C 136, D 117–403, G 75♩ (p. 233), I 78, K 62, M 120, N 198—301, Q 41 (109, p. 81), R 41♩–346, Sg Nr. 2, a[1] 267 (14), f 72, zitiert von Berenguier de Noya (Homenaje Pidal 1, 682). Razo in EPR; in P auch die 1. Strophe.
Canz. — Choix 3, 302. Parn. occ. p. 287. MW. 2, 41.

17. S'eu tot me soi un petit malanans
a[1] 272 (18, Studj di fil. rom. 8, 444).
[Bartsch unbekannt.] Parodistische Canzone.

β[1] 270 zitiert von ihm: E sel c'obra d'amor sap far, Jes per .I. mot no·s desesper; Car bona dona son voler Sela soven per essaiar.

Sonst werden ihm noch attribuiert:

242, 3 Ailas, com mor! — que as, amis (Guiraut de Bornelh)
242, 8 Amars, onrars e carteners (ders.)
167, 30 Jamais nul temps no·m pot re far amors (Gaucelm Faidit)
168, 1 Pos fin' amors mi torn' en alegrier (Gauceran de S. Leidier)
167, 51 Razon e mandamen (Gaucelm Faidit)
366, 34 Tuit mei consir son d' amor e de chan (Peirol).

235. Guillem de Salaignac.

Chabaneau, Biogr. p. 359 sagt: *N'est probablement pas différent de Giraut de Salignac.* Das scheint mir gar nicht ausgemacht. — S. auch Strempel, Giraut de Salignac p. 11.

1. **A vos cui tenc per domn' e per seignor** (qe) C 357, e 134, ϰ 117 (Mussafia p. 212); Gui d'Uisel C Reg., R 91–765; anonym: Str. I J 14 (*c. e.* 59, auch Riv. 1, 43), Anfang zitiert H 48 (in 167). Canz. — Choix 3, 394. MW. 3, 223. Krit. hgb. Santangelo, Poesie di Gui d'Uisel p. 74. Strempel p. 64 (vgl. p. 32).
2. **Per solatz e per deport**
   Me conort
   E·m don alegransa
   C 357, e 136, sowie unter G. [d. h. Guilhem] de Solonhan R 97–817; Guillem d'Anduza E 147. — Zur Attribution vgl. Mussafia an der zu 235, 1 genannten Stelle. [Bartsch 249, 4.] Descort. — Choix 3, 396. MW. 3, 224. Bartsch, Lesebuch p. 111 und krit. hgb. Chrest. col. 227. Lavaud, Trois troub. de Sarlat p. 268 und 391. Strempel p. 59 (vgl. p. 30).

Einem Guillem de Salenic werden in M zugeschrieben:

240, 7 Nuls hom no sap que s'es grans benananssa (Guiraudo lo Ros)
249, 5 Tot en aital esperansa (Guiraut de Salaignac).

Guillem de Salenic, Solonhan s. die vorhergehende Nr.

236. Guillem de la Tor.

Hist. lit. 18, 630. — Cavedoni, (I Trovatori prov. alla corte dei marchesi d'Este nel sec. XIII,) Mem. d. R. Acc. di Scienze .. di Modena, t. 2, p. 296. — A. Restori, Per un serventese di Guilhem de la Tor: R. Istituto Lombardo di scienze e lettere, Rendiconti, serie II, vol. 25, Milano 1892, p. 305; dazu s. Crescini, Giorn. stor. d. let. it. 19, 422, Jeanroy, Rev. des Pyrénées 1893, 9 und Levy, Lit.-Blatt 1893, 363 (mit Besserungen). — F. Torraca, Le Donne italiane nella poesia provenzale. Su la 'Treva' di G. de la Tor, Biblioteca critica della letteratura italiana diretta da F. Torraca 39, Firenze 1901, p. 41; ursprünglich erschienen in Atti e Memorie della R. Deputazione di storia patria per le provincie di Romagna, terza serie, vol. 18 (1900); dazu s. Bertoni, Giorn. stor. d. let. it. 38, 149 und Jeanroy, AdM. 14, 142.

Vida: I 131, K 117. — Parn. occ. p. 156. Choix 5, 211. Mahn, Biogr. p. 64. Krit. hgb. P. Meyer, Recueil p. 101. Chabaneau, Biogr. p. 258; danach Monaci, Testi ant. prov., col. 87.

1. **Bon' aventura mi veigna**
D^a 188–675 (Del cod. Estense, Sitzungsber. etc. p. 442).
Canzone. — Kolsen, Dichtungen p. 238.

2. **Chanson ab gais motz plazens -s**
D^a 186–668, I 131 (MG. 650), K 117, N 243—381.
Canzone. — Kolsen, Arch. 136, 166.

3. **De saint Marti me clam a saint Andreu**
D^a 188—677.
Sirv. (2 Strophen). — Cavedoni, l. c. p. 296. — Vgl. auch Restori, l. c. p. 316.

3a. **En vos ai meza**
ai eu m. *Kolsen*
a^1 462 (210, Studj di fil. rom. 8, 454).
Descort. — Kolsen, Dichtungen p. 127.

4. **Ges cil que·s blasmon d'amor**
D^a 187–671, I 132 (MG. 654), K 118; anonym, aber im Zusammenhang G 111 (p. 358), N 253–385.
Canzone. — Kolsen, Arch. 133, 156. Zu v. 35–40 s. Bertoni, Rlr. 59, 35.

5. **Plus que las domnas qu'eu aug dir**
D^a 187—669, G 110 (p. 356), I 132 (MG. 651), K 117, N 244 + 253—384, a^1 461 (209); anonym L 62.
Canzone. — Kolsen, Dichtungen p. 31.

5a. **Pos n'Aimerics a fag far mesclans' e batailla**
N 253—386, anonym nach Liedern des Dichters.
[Bartsch 389, 35.] La Treva. — Krit. hgb. Suchier, Denkm. 1, 323. Casini, Giorn. stor. d. let. it. 2, 403 (mit historischen Nachweisen). Monaci, Testi ant. prov., col. 86. Crescini, Manualetto p. 356 und Manuale p. 306. Torraca, l. c. p. 57. — Zur Erklärung oder Datierung s. außer Casini auch Restori, Per un serventese, Rendic. etc. p. 317; Crescini, Rass. bibliogr. d. let. it. 4, 210; Schultz-Gora, Die Briefe des Trob. Raimbaut de Vaqueiras p. 130 A. 2; Zingarelli, Intorno a due Trovatori in Italia p. 48; ferner besonders Torraca und Bertoni in seiner Rez. — S. noch Bergert, Damen p. 76, 83 und 90 A. 1, auch Torraca, Studi mediev., nuova serie, vol. 1, 487 (?).

6. **Quant hom reigna vas celui falsamen**
D^a 187—673, D^c 259 (205, AdM. 14, 529), F 41 (134), I 132 (MG. 655), K 118, U 132 (Arch. 35, 454); Peire Milo N 105–141 (MG. 290); anonym G 112 (p. 361) — im Zusammenhang — und Vat. 7182 Nr. III.
Canz. — Parn. occ. p. 379. MW. 3, 332.

7. **Qui sap sofrent esperar**
D^a 187–672, I 132 (MG. 652),

K 118, N 243—382; anonym G 111 (p. 359), im Zusammenhang, und L 38.
Canz. — Lex. rom. 1, 484. MW. 3, 249. — S. noch Kolsen, Arch. 140, 136.

8. **Seigner n'Imbertz, digatz vostr' esciensa**
A 182 (519), C 392 (MG. 659), D 147–511, E 217 (MG. 660), G 98 (p. 314), I 156 (MG. 658), K 142, L 67. Überschriften: Guillem de la Tor A, Index B, DIK, Guillem CL — Imbert A, Index B, CIL.
Tenzone (Partimen) mit Imbert = 250, 1. — Bertoni, I trov. d'Italia p. 262.

9. **Si mos fis cors fos de fer**
cor
D^a 187—670, D^c 259 (204, AdM. 14, 529), F 41 (133), I 132 (MG. 653), K 118, N 244 –383; anonym vor G. de la Tor G 110 (p. 355).
Canzone. — Kolsen, Dichtungen p. 35.

10. **Una, doas, tres e quatre**
D^a 188—676 (Del cod. Estense, Sitzungsber. etc. p. 443).
Parodistische Romanze. — Krit. hgb. Bartsch, Chrest. col. 225.

11. **Un sirventes farai d'una trista persona**
A 198 (568 und Arch. 34, 190); Palais D^a 206 – 752.
Sirv. — Merkel, Manfredi I e Manfredi II Lancia p. 148. Krit. hgb. mit Übersetzung von Restori, l. c. p. 306. — Zu Porc Armat de Cremona s. auch O. Schultz-Gora, Zts. 7, 188 und nochmals (gegen Restori) Ein Sirv. von Guilhem Figueira p. 32.

12. **Us amics et un' amia**
A 183 (522), D 148—514, D^c 259 (206, AdM. 14, 529), E 224 (MG. 661 EIN), G 95 (p. 300), I 157, K 143, N 288 –463, Q 47 (129, p. 94), ϰ 118 (Mussafia p 229). Überschriften: Guillem de la Tor A, Index B, DD^cIKϰ, Guillem G—Sordel A, Index B, GIKϰ.
Tenzone (Partimen) mit Sordel = 437, 38. — Choix 4, 33. MW. 3, 248. Krit. hgb. De Lollis, Sordello di Goito p. 168.

Sonst werden ihm noch attribuiert:
30, 5 Aissi com cel que tem qu'amors l'aucia (Arnaut de Maroill?)
421, 4 Be·m cuidava d'amor gardar (Richart de Berbezill)
326, 1 Tot francamen, domna, veing denan vos (Peire de Barjac?).

237. Guillem Uc d'Albi.

Chabaneau, Biogr. p. 359. — Vgl. Bergert, Damen p. 111.

1. **Quan lo braus fregz iverns despoilla**
C 366.
Canz. — Krit. hgb. Appel, Prov. Inedita p. 155.

238. Guionet.

Appel, Cadenet p. 71 will ihn mit Gui de Cavaillo identifizieren.

1. Cadenet, pro domn' e gaja
I 160 (Selbach, Streitgedicht p. 106), K 146, a[1] 534 (280), d 284–62. Überschrift in allen Hss.: Cadenet-Guionet. Tenzone (Partimen) mit Cadenet = 106, 11. — Krit. hgb. Appel, Cadenet p. 68.

1a. En Maenard Ros, a saubuda ab
G 95 (p. 304 und Arch. 35, 101), Q 33 (84, p. 66); in beiden Hss. anonym. — Neben Guionet begegnet Gui v. 22 und 32. [Bartsch 191, 1.] Tenzone (Partimen) mit Mainart Ros = 291, 1. — Krit. hgb. Carstens, Die Tenzonen der Uisel p. 104.

2. En Raïmbaut, pro domna d'aut paratge
A 186 (532), C 387, D 151–525 (Del cod. Estense, Sitzungsber. etc. p. 441), E 219, G 95 (p. 303), L 65, M 262, O 90 (142), Q 33 (83, p. 66), T 73, a[1] 607 (344), stand in R 74–623. Überschrift: Guionet A, Index B, CL — Guizenet Oa[1] — Raimbaut in denselben Hss., nur in D Gaucelm Faidit (!). Tenzone (Partimen) mit Raimbaut (de Vaqueiras?) = 388, 2. — Krit. hgb. Kolsen, Trobadorgedichte p. 40.

2a. Guigenet, digatz | consi·us vai d'amia
Tenzone mit einem Guillem, s. 201, 4 a.

3. Pomairols, dos baros sai [P]eirols *N*
N 289—465, a[1] 568 (310). La tenzo de Poimarol e de Guionet a[1]. [Bartsch unter Peirol 366, 24.] Tenzone (Partimen) mit Pomairol = 373, 1. — Suchier, Denkm. 1, 338 nach N.

(4. „Tenzone zwischen Guizenet und Guillem, in a vorhanden gewesen", s. 201, 4 a = 238, 2 a.)

(239. Guiraudo.

1. En Giraldon, un joc vos part d'amors
s. 240, 6 a.)

240. Guiraudo lo Ros[1]).

Es finden sich vereinzelt auch Girardon, Girard. Er selbst nennt sich in 240, 5 en Guiraudet lo Ros. — Hist. lit. 13, 306. Fauriel, Hist. de la poésie prov. 2, 14. Suchier, Jahrb. 14, 122. Anglade, Les troub. de Toulouse p. 29.

Vida: I 84, K 67. — Parn. occ. p. 64. Choix 5, 172. Mahn, Biogr. p. 59. Chabaneau, Biogr. p. 270.

1. A la mia fe, amors
C 268, D 107—369, D[c] 256 (158, AdM. 14, 199), E 135, F 34 (120), I 84, K 68, U 116 (Arch. 35, 443), e 200. Canz. — Choix 3, 5. MW. 3, 170.

---

[1]) Kritische Ausgabe von August Goronzi, Königsberger Diss. 1919 (nicht gedruckt).

2. A lei de bo servidor
C 268.
Canz. — Choix 3, 8. MW. 3, 172.

3. Amors mi destreing e·m greja
C 268 (MG. 209).
Canzone.

4. Ara sabrai s'a ges de cortezia parra
C 267, D 108—370, D^c 256 (159, AdM. 14, 199), E 136, F 35 (121), G 34 (p. 106), I 84, K 67, P 33 (105, Arch. 49, 313), R 39–328, S 216–139, U 115 (Arch. 35, 442), a^1 502 (253), e 196, β^1 559; Arnaut Daniel M 144 (MG. 438); Folquet de Marseilla T 225; R. Jordan vescons de Sant Antoni f 60; anonym O 42 (68).
Canz. — Choix 3, 10. MW. 3, 173.

5. Aujatz la derreira chanso Ves vos, Veus, Deus (!)
C 268, D^c 256 (160, AdM. 14, 200), E 137, R 39—329 (MG. 576), a^1 503 (254), e 202, ϰ 128 (Mussafia p. 214).
Canz. — Choix 3, 12. MW. 3, 174. Galvani, Osservazioni p. 38.

6. Be·m ten en son poder amors
I 84, K 68, d 288—72; Peire Vidal C 46, R 65–544; Elias de Barjols D 81–287; anonym: Strophen *[E] pos no·m puesc, Dona vostra* J 13 (c. 23—24, auch Riv. 1, 40). — Zur Attribution s. Bartsch, Peire Vidal's Lieder p. XCIII, Stroński, Elias de Barjols p. XXXII und Stengel, Zts. f. frz. Sprache u. Lit. 31 II 22 (dieser ist für Elias de Barjols).
Canz. — Lex. rom. 1, 323. MW. 3, 175. Bartsch, P. Vidal p. 129 nach C I R.

6a. En Giraldon, un joc vos part d'amors -or
N 287—461, anon. — *Seingner en coms* ist nicht zu identifizieren, vielleicht ist er auch kein Provenzale. Giraldon ist nach Suchier sicher unser Dichter.
[Bartsch 239, 1.] Tenzone (Partimen) zwischen einem Grafen und Guiraudo lo Ros. — Krit. hgb. Suchier, Denkm. 1, 333.

7. Nuls hom no sap que s'es grans benananса
D 107—368, D^c 256 (161, AdM. 14, 200), I 84, K 68; Guillem de Salenic M 70; Raimon de Miraval E 36; anonym unter *cansos ses titol* C 384. — Zur Autorschaft s. Strempel, Giraut de Salignac p. 45.
Canz. — Choix 3, 7. MW. 3, 171. Strempel p. 78.

(**8. Tant es ferms mos talens** ist = 30, 18.)

Sonst werden ihm noch zugeschrieben:
3, 1 Ara·m do Deus que repaire (Ademar lo Negre)
168, 1 Pos fin' amors mi torn' en alegrier (Gauceran de S. Leidier).

241. Guiraut.

S. Strempel, Giraut de Salignac p. 29.

1. N'Uc de Saint Circ, ara m'es avengut
H 53 (210 u. Arch. 34, 410; MG. 1162, 1), Giraut a·n Uc de San Sire (!).

Sirv., beantwortet durch 457, 2a. — Jeanroy et Salverda de Grave, Poésies de Uc de Saint Circ p. 126.

242. Guiraut de Borneill.

A. Thomas, «Giraut de Borneil» ou «Guiraut de Bornelh»?, Rom. 35, 106 zeigt, daß der Dichter Giraut geheißen hat. Ich behalte aus äußeren Gründen Bartschs Schreibung bei.

Kritische Ausgabe: Sämtliche Lieder des Trobadors Giraut de Bornelh. mit Übersetzung, Kommentar und Glossar krit. hgb. von Adolf Kolsen. Erster Band: Texte [1]) mit Varianten und Übersetzung. Halle 1910 [erschien in vier Heften seit 1907; von mir zitiert als Kolsen I oder Kolsen, Sämtliche Lieder I]. — Besprochen von Schultz-Gora, Deutsche Lit.-Ztg. 1908, 1645; Jeanroy, AdM. 19, 389 und 21, 363; ders., Revue critique 1908 I 148 und 1909 I 511 und 1910 I 128; Bertoni, Rlr. 53, 516; Stimming, Lit. Zentralblatt 1910, col. 1090.

Vorher erschien von dem Hgb.: (I.) Guiraut von Bornelh, der Meister der Trobadors. 1. Die drei Tenzonen nach sämtlichen Hss., 2. Drei bisher unbekannte, ihm zugeschriebene Gedichte, hgb. von Dr. Adolf Kolsen. Berlin 1894 (= Berliner Beiträge zur german. u. roman. Philol., veröffentl. von Dr. Emil Ebering, VI: Roman. Abtlg.

---

[1]) Anordnung der Texte:

Kolsen	Grdr.	Kolsen	Grdr.	Kolsen	Grdr.
1 =	13	27 =	72	53 =	80
2 =	3	28 =	79	54 =	64
3 =	10	29 =	37	55 =	46
4 =	11	30 =	17	56 =	44
5 =	66	31 =	2	57 =	69
6 =	8	32 =	25	58 =	(14) 389, 10a
7 =	76	33 =	58	59 =	22
8 =	12	34 =	35	60 =	6
9 =	5	35 =	78	61 =	41
10 =	71	36 =	68	62 =	67
11 =	53	37 =	18a	63 =	75
12 =	60	38 =	28	64 =	23
13 =	69a	39 =	57	65 =	55
14 =	1	40 =	51	66 =	54
15 =	9	41 =	31	67 =	77
16 =	70	42 =	47	68 =	32
17 =	63	43 =	39	69 =	52a
18 =	59	44 =	62	70 =	15
19 =	49	45 =	36	71 =	24
20 =	4	46 =	20	72 =	30
21 =	43	47 =	40	73 =	73
22 =	29	48 =	45	74 =	26
23 =	34	49 =	18	75 =	27
24 =	48	50 =	19	76 =	65
25 =	16	51 =	74	77 =	56.
26 =	42	52 =	33		

Nr. 1; davon Erster Teil als Berliner Diss. 1894). Zitiert als Kolsen, Guir. v. Bornelh. — Besprochen von Appel, Arch. 97, 183 (mit Besserungen); Jeanroy, AdM. 7, 340; Naetebus, Deutsche Lit.-Ztg. 1896, 1032; Levy, Lit.-Bl. 1898, col. 418. = (II.) Die beiden Kreuzlieder des Trobadors Guiraut von Bornelh ... krit. hgb. u. übersetzt, Festschrift Adolf Tobler zum siebzigsten Geburtstage dargebracht von der Berliner Gesellschaft für das Studium der neueren Sprachen, Braunschweig 1905, p. 205; s. Tobler, Arch. 115, 241 und Jeanroy, AdM. 17, 535.

Weitere Literatur: Diez, Leben u. Werke p. 110. — Hist. lit. 17, 447. — Fauriel, Hist. de la poésie prov. 2, 40 und passim. — Zenker, Die prov. Tenzone p. 85 (zu den Tenzonen). — Maus, Peire Cardenals Strophenbau p. 46 (Nachahmung zweier Strophenformen bei P. C. und anderen). — Kolsen, Guir. v. Bornelh (zur Biographie, Echtheit der Gedichte, Datierung, Metrik, Sprache usw.). — Springer, Klagelied p. 61 u. 65 (zu den Planchs). — Pätzold, Die individuellen Eigentümlichkeiten p. 104 (Charakteristik). — Zenker, Die Lieder Peires v. Auvergne p. 194 (zum Beginn seiner Laufbahn). — Suchier und Birch-Hirschfeld, Gesch. d. frz. Lit. 1, 73. — De Lollis, Quel di Lemosì, in der Festschrift: ‚A Ernesto Monaci per l'anno .XXV. del suo insegnamento gli scolari. Scritti vari di Filologia‘, Roma 1901, p. 353 (erörtert den Sinn von Purg. 26, 120 und Dantes ganze Stellung zu Guiraut, bringt aber auch manches zu dessen prov. Biographie p. 363 und zu seiner Charakteristik); dazu s. Jeanroy, AdM. 14, 613. — Lewent, Rom. Forschungen 21, 340 (zu den Kreuzliedern). — René Lavaud, Le troubadour Guiraut de Borneil, Lou Bournat dou Périgord [bulletin bimestriel de l'École félibréenne du Périgord], n° 12 (juillet-août 1904, p. 198), mir nur bekannt durch die Besprechung von Thomas, Rom. 34, 157. — Anglade, Les Troubadours p. 129. — K. Vossler, Die göttl. Komödie II, 1, 647. — Kolsen, Der Trobador G. de Bornelh und seine Freunde, Arch. 126, 205. — Chaytor, The troubadours p. 53. — Kolsen, Drei G. de Bornelhs «No posc sofrir» nachgebildete Lieder, Zts. 39, 162. — Ders., Der Trob. G. de Bornelh als poeta rectitudinis, Arch. 137, 79. — Anglade, Hist. somm. de la litt. mérid. p. 64. — Ders., Les Leys d'amors et Giraut de Borneil, Rom. 53, 381. — Gmelin, Zts. f. franz. und engl. Unterr. 27, 21.

Vida: A 11 (p. 8), B 5 (ib. p. 673; Mahn, Biogr. p. 20), E 189, I 14, K 4, N^2 20 + 22 (IX. Arch. 102, 195 + 202), R 1 a, Sg Teil II, a f. 1 und II 29 (Rlr. 41, 350), ϱ. — Razos in N^2[1]) zu 36, 73, 51, 55, 46, 69; sowie Sg 60 ff. nach Kolsen, Guir. v. Bornelh p. 11. — Parn. occ. p. 123. Choix 5, 166. MW. 1, 184. Constans, Rlr. 19, 275 nach N^2. Chabaneau, Biogr. p. 222. Monaci, Testi ant. prov., col. 55.

[1]) N^2 gibt nur die Anfangszeilen von 55 Liedern; sie stehen auch Rlr. 19, 275.

Crescini, Manualetto p. 388 und Manuale p. 333. Chaytor, Troub. of Dante p. 29. Lommatzsch, Liederb. p. 68.

1. A be chantar | coven amars
A 11 (9 und Arch. 51, 6), B 6 (MG. 1355), C 7, D 6–16, I 22, K 11, M 1, N 164-246, Q 99 (247, p. 189), R 83-691, Sg 65 Nr. 10, T 234, U 7 (Arch. 35, 366), c 3 (2; von Stengel gedruckt Rlr. 42, 305 zu a Nr. 50), e [1]), zitiert N² Nr. 4; anonym O 28 (46).
Canz. — Lex. rom. 1, 390. MW. 1, 187. Kolsen I 66.

2. Ab semblan me fai decazer
A
A 26 (52 und Arch. 51, 25), B 25 (MG. 1388), C 21 (MG. 187), R 84—702 (MG. 814), Sg 88 Nr. 56, a 72 (49, Rlr. 42, 42).
Canz. — Kolsen I 174.

3. Ailas, com mor! — que as, amis
(= muer) -icx
C 21 (MG. 192), R 84—703 (MG. 817), Sg 67 Nr. 15, a 64 (41, Rlr. 42, 33); Guillem de S. Disder M 121 (MG. 818); Raimbaut d'Aurenga (?) V 114 (Arch. 36, 450).
Canz. in der Form eines Gesprächs (in kurzer Wechselrede) mit einem Herrn. — MW. 2, 51. Kolsen I 6. Anglade, Anthol. p. 71. Audiau et Lavaud, Nouv. Anthol. p. 63.

4. Aital chansoneta plana
C 24 (MG. 198), Sg 92 Nr. 64.
Canz. — Kolsen I 100.

5. Alegrar me volgr' en chantan
volgra
A 19 (29 und Arch. 51, 15), B 19 (MG. 1378), C 16, D 5–13, D^{c} 244 (7. AdM. 13, 63), I 17, K 7, M 18, N 181-274, Q 87 (223, p. 169) und 97 (242, p. 185), R 11–79, Sg 76 Nr. 35, U 15 (Arch. 35, 371), a 42 (25, Rlr. 42, 12), e, μ 219, zitiert N² Nr. 1.
Canz. — Parn. occ. p. 124. MW. 1, 189. Kolsen I 40.

6. A l'onor Deu torn en mon chan
En
C 12, D^{a} 157–541, I 26, K 15, Q 104 (255, p. 199), R 35–297 (MG. 831), Sg 90 Nr. 61, a 44 (26, Rlr. 42, 13), zitiert N² Nr. 50.
Kreuzlied. — Lex. rom. 1, 388. MW. 1, 209. Tarbé, Les Œuvres de Blondel de Néele p. 157. Krit. hgb. Kolsen, Festschrift für A. Tobler p. 206 und Sämtliche Lieder I 384.

(**7. Al plus leu qu'eu sai far chansos**
ist von Guillem de Cabestaing, s. 213, 1 a.)

8. Amars, onrars e carteners
cars t.
E 57 (MG. 332), Sg 93 Nr. 67; Gausbert de Poicibot C 193; Guillem de S. Leidier H 27 (85).
Canz. — Kolsen I 24.

9. Amors, | e si·m clam de vos
V 75 (Arch. 36, 422 und MG. 864).
Canz. — Kolsen I 74.

[1]) Wo nur e angegeben wird, handelt es sich um bloße Fragmente aus Crescimbeni. Genauere Notizen s. bei Kolsen zu den betreffenden Gedichten.

10. Ans que veigna·l nous frugz tendres
V 69 (Arch. 36, 416 und MG. 865).
Canz. — Kolsen I 10.

11. A penas sai comensar
A 26 (51 und Arch. 51, 24), B 25 (MG. 1387), C 20, R 9 –62, Sg 68 Nr. 17, a 71 (48, Rlr. 42, 41).
Canz. (,vers'). — Lex. rom. 1,377. MW. 1,195. Kolsen I 14.

12. Aquest terminis clars e gens cars
A 14 (15 und Arch. 51, 8), B 10 (MG. 1362), C 15, D 10 –29, E 53, G 70 (p. 217), I 14, K 4, M 14, N 170–254, Q 94 (237 [1]), p. 180), R 84—700, zitiert N² Nr. 29; Bernart de Ventadorn V 54 (Arch. 36, 403), a 79 (58, Rlr. 42, 316).
Canz. — Lex. rom. 1, 375. MW. 1, 194. Kolsen I 34. Lommatzsch, Liederb. p. 70.

13. Ar ai gran joi, quan remembri l'amor
C 12, Dª 157–542, I 24, K 13, M 2, Q 106 (259, p. 204), R 83–694, Sg 68 Nr. 18, a 55 (34, Rlr. 42, 24).
Canz. — Choix 3, 304. MW. 1, 184. Kolsen I 2. Lommatzsch, Liederb. p. 69. Übers. bei Jeanroy, Anthol. p. 45.

14. Ara·m platz, Guiraut de Borneill
Tenzone m. Lignaure, d. h. Raimbaut d'Aurenga, s. 389, 10 a.

15. Ara quan vei reverdezitz
Dª 158–546, Dᶜ 245 (19, AdM. 13, 67), H 38 (122 und Arch. 34, 399), I 25 (MG. 832), K 14, Sg 86 Nr. 52, zitiert N² Nr. 45.
Sirv. — Kolsen I 440.

16. Ara si·m fos en grat tengut a
A 23 (43 und Arch. 51, 21), B 18 (MG. 1376), C 19 (MG. 215), I 16, K 6, M 3 (MG. 242), N 180–272, Q 85 (220, p. 165), R 10–67, Sg 63 Nr. 5, U 10 (Arch. 35, 368), V 65 (Arch. 36, 413, nur der Anfang; geht über in 242, 40), a 7 (6, Rlr. 41, 358), d 286—65, e, zitiert N² Nr. 33, auch von Berenguier de Noya (Homenaje Pidal 1, 681).
Canz. — Kolsen I 130.

17. Ar auziretz | encabalitz chantars
A 11 (7 und Arch. 51, 5), B 5 (MG. 1353), C 18 (MG. 216), D 10—30, I 20, K 10, M 6, N 162—243 (MG. 880) Q 102 (252, p. 196), R 11—76, Sg 73 Nr. 30, T 235, V 64 (Arch. 36, 411), a 24 (15, Rlr. 41, 371), zitiert N² Nr. 9 und von B. de Noya (Homenaje Pidal 1, 681). Der Schluß auch U 1.
Canz. — Monaci, Testi ant. prov., col. 53 und Poesie in lingua d'oc p. 10. Chaytor, Troub. of Dante p. 37. Kolsen I 166.

18. Be deu en bona cort dir
A 14 (16 und Arch. 51, 9), B 10 (MG. 114 mit Var. von I und nochmals MG. 1363), C 16, D 11—33, Dᶜ 244 (12, AdM.

[1]) In Q ist ein Stück von 242, 81 eingeschoben; die dadurch abgetrennte zweite Hälfte steht auch Zts. 4, 517.

13, 65), I 14, K 4, M 14, N 170–255 (MG. 882), Q 94 (238, p. 182), R 11–77, Sg 74 Nr. 31, V 69 (Arch. 36, 417 und MG. 883), a 27 (17, Rlr. 41, 374), zitiert N² Nr. 30.
Canz. — Kolsen I 308.

18a. Be deu hom castian dire
Sg 94 Nr. 71.
Canz. — Krit. hgb. Kolsen, Guir. v. Bornelh p. 90 und Sämtliche Lieder I 212.

19. Be for' oimais dregz el temps gen
C 12 (MG. 228), Dª 157–543, I 24 (MG. 825), K 13, R 9–55, Sg 75 Nr. 33, a 33 (20, Rlr. 41, 379), zitiert N² Nr. 42.
Sirv.-Canz. — Kolsen I 314.

20. Be m'era bels chantars
A 11 (8 und Arch. 51, 5), B 5 (MG. 1354), C 25 (MG. 225), D 4—11, Dᶜ 244 (16, AdM. 13, 66), E 57 (MG. 826; bei Bartsch als 242, 21 aufgeführt), I 26, K 14, N 162–244, Q 89 (226, p. 172), R 9—60, Sg 77 Nr. 37, U 2 (Arch. 35, 364), a 28 (18, Rlr. 41, 375), zitiert N² Nr. 37. Strophe *Car mi fagli cujar* steht anonym T 88 (= 461, 62).
Sirv. — Kolsen I 282.

(**21. Be m'era de chantar**
beginnt 242, 20 in E.)

22. Be·m plairia, seigner en reis
Be me *Kolsen gegen die Hss.*
Dª 199—722, I 154 (MG. 822), K 140, Q 8 (17, p. 17; beginnt mit Str. II). — Überschrift: Guirautz de Borneill e·l reis d'Arragon DªIK; über die Attribution einer verlorenen Hs. (?) s. Chabaneau, Rlr. 23, 72. Kolsen, Guir. v. Bornelh p. 54 (wo weitere Literatur) hat ausführlich dargelegt, daß der König Alfons II sei; früher hat man meist an Peter II gedacht (so auch Bartsch 324, 1). — Vgl. Appel, Raïmbaut von Orange p. 16 und 19.
Tenzone mit König Alfons II von Aragon = 23, 1 a. – (Hist. lit. 17, 445. Milá y Fontanals, Trovadores en Esp. p. 355.)
Krit. hgb. Kolsen, Guir. v. Bornelh p. 86 und Sämtliche Lieder I 378.

23. Ben era dous e plazens
Molt *Kolsen*
M 19 (MG. 824); Guiraut de Calanso R 93 – 782 und R 144; anonym J 13 (*c. e.* 28—30, auch Riv. 1, 41).
Sirv. — Kolsen I 408.

24. Ben es dregz, pos en aital port tal
C 11, Dª 156–539, I 24, K 13, Q 90 (229, p. 174), R 8—44, Sg 89 Nr. 59, V 64 (Arch. 36, 412), a 39 (23, Rlr. 42, 8), zitiert N² Nr. 52.
Sirv. — Lex. rom. 1, 393. MW. 1, 210. Kolsen I 446.

25. Be cove, pos ja baissa·l ram
Be·s *Bartsch mit ABSg*
A 25 (48 und Arch. 33, 331; MG. 823), B 23 (MG. 1385), C 27 (MG. 227), Dª 155—535, I 21, K 10, N 187–284, Q 91 (232, p. 177), Sg 79 Nr. 40, a 59 (37, Rlr. 42, 28), zitiert N² Nr. 11.
Canz. (‚vers'). — Kolsen I 178.

26. Be vei e conosc e sai
C 28.

Geistliches Lied. — Lex rom. 1, 398. MW. 1, 214. Kolsen I 470.

27. Cardaillac, per un sirventes
A 205 (590), C 28 (MG. 230), D 136–466, H 39 (124), I 188 (MG. 827), K 173.
Sirv. joglaresc. — Krit. hgb. Witthoeft, Sirv. joglaresc p. 39. Kolsen I 474. Lommatzsch, Liederb. p. 82.

28. Car non ai | joi que m'aon
A 25 (47 und Arch. 33, 330), B 23 (MG. 1384), C 13, D^a 155 –534, I 21, K 10, M 12 (MG. 948), N 187—283 (MG. 949), Q 91 (231, p. 176), R 84–697, Sg 65 Nr. 11, a 53 (32, Rlr. 42, 21), zitiert N^2 Nr. 10.
Canz. — Kolsen I 214.

29. Chans en broill | ni flors en
Chant vergan
a 62 (39, Rlr. 42, 30).
Canz. (‚vers'). — Krit. hgb. Chabaneau, Rlr. 25, 209, dazu Rlr. 33, 216. Kolsen I 110.

30. De chantar | ab deport
A 19 (31 und Arch. 51, 17), B 22 (MG. 1382), C 23 (MG. 239), D 10—28, E 53, I 20, K 9, N 185—281 (MG. 885), Q 100 (249, p. 192), R 85–705, Sg 79 Nr. 39, U 16 (Arch. 35, 372), a 58 (36. Rlr. 42, 26), e, zitiert N^2 Nr. 28.
Sirv. — Kolsen I 454.

31. De chantar | me for' entremes
A 17 (24 und Arch. 51, 14), B 16 (MG. 1372), C 8 (MG. 240), D 10—31, D^c 243 (2, AdM. 13, 61), I 15, K 5, M 11 (MG. 830), N 178—268 und 182—275 (MG. 884), P 3 (6, Arch. 49, 63), Q 82 (215, p. 160), R 10—63, Sg 61 Nr. 1, T 233, a *f.* 3 (2, Rlr. 41, 352), c 7 (7), e, zitiert N^2 Nr. 32, auch von B. de Noya (Homenaje Pidal 1, 681).
Canz. — Kolsen I 236.

32. Dels bels digz menutz frais
De *Kolsen mit Sg*
C 24 (MG. 241), Sg 91 Nr. 63.
Sirv. — Kolsen I 430.

33. En un chantar | que dei de ces
H 37 (119 und Arch. 34, 397; MG. 836), Sg 86 Nr. 53, V 65 (Arch. 36, 412; MG. 858), zitiert N^2 Nr. 43.
Sirventes-Canz. — Kolsen I 328.

34. Gen | m'aten
Ben
A 20 (34 und Arch. 33, 325; MG. 835), B 26 (MG. 1390), C 9 (MG. 833), D 12–36, I 21, K 10, M 6 (MG. 834), Q 84 (218, p. 163), R 10–71, Sg 72 Nr. 27, U 8 (Arch. 35, 367), V 68 (Arch. 36, 416), a 16 (11, Rlr. 41, 365), e, β^2 1546, β^3 84, μ 564, zitiert N^2 Nr. 24.
Canz. — Kolsen I 114.

35. Gen m'estava e suau et en patz
Tot gen m'estav' *Kolsen*
P 6 (18, Arch. 33, 307; MG. 837).
Canz. — Kolsen I 192.

36. Ges aissi del tot no·m lais
eras non
A 12 (10 und Arch. 33, 312; MG. 840), B 7 (MG. 1357), C 19, D 11—32, D^c 244 (11, AdM. 13, 65)', G 72 (p. 224), I 21, K 10, M 10 (MG. 838), N 166—249 (MG. 839), P 2 (5, Arch. 49, 62), Q 103 (254, p. 198), R 10–72, Sg 72 Nr. 28, U 18 (Arch. 35, 373), V 72 (Arch. 36, 419), a 18 (12, Rlr.

41, 367), c 6 (6), e, zitiert N² Nr. 15. Razo in N²Sg; s. Kolsen, Guir. v. Bornelh p. 20.
Canz. — Kolsen I 272.

37. Ges de sobrevoler no·m toill
Car, Quant

A 22 (39 und Arch. 33, 328; MG. 843), B 11 (MG. 1365), C 27, Dª 154–532, I 18, K 7, N 172—258 (MG. 842), Q 99 (248, p. 191), R 9—59 (MG. 841), Sg 85 Nr. 50, zitiert N² Nr. 5.
Canz. — Kolsen I 160.

38. Honratz es hom per despendre

P 6 (16, Arch. 33, 307; MG. 844), e 232. — Kolsen, Guir. v. Bornelh p. 12 spricht das Lied Guiraut ab, wie auch schon Gröber, Rom. Stud. 2, 448.
Sirventes. — Kolsen, Arch. 129, 467; vgl. Bertoni, Rlr. 56, 249 und I trov. d'Italia p. 13, A. 1. — Spitzer, Arch. 130, 388 und wiederum Kolsen, ibid.

39. Ja·m vai revenen
vau

A 16 (21 und Arch. 51, 11), B 13 (MG. 1368), C 22, D 9 –25, Dᶜ 243 (5, AdM. 13, 62), I 16, K 6, N 174–262, Q 86 (221, p. 167), R 11–73, Sg 73 Nr. 29, V 70 (Arch. 36, 418), a 20 (13, Rlr. 41, 368), β^1 322, zitiert N² Nr. 34.
Canz. — Choix 3, 306. MW. 1, 192. Kolsen I 254.

40. Jois e chans | e solatz

A 15 (18 und Arch. 33, 318; MG. 846), B 12 (MG. 1366), C 18, D 7—20, Dᶜ 243 (1, AdM. 13, 61), I 15, K 5, M 16 (MG. 845), N 172—259, R 10 –66, Sg 71 Nr. 25, T 236, U 5 (Arch. 35, 365), V 66 (Arch. 36, 413, beginnt mit Str. II; statt Str. I steht der Anfang von 242, 16), c 4 (4; von Stengel gedruckt Rlr. 42, 308 zu a Nr. 52), zitiert N² Nr. 14, sowie v. 35–36 in ι 74 (Thomas p. 194).
Canz. — Kolsen I 290.

41. Jois sia comensamens
sia·l

A 24 (46 und Arch. 51, 23), B 21 (MG. 1381), C 11, Dª 156 –540, I 24, K 13, M 15, N 185 –280, Q 90 (230, p. 175), R 41—343, Sg 89 Nr. 60, a *f.* 2 (1, Rlr. 41, 351), e 222, ρ, zitiert N² Nr. 49.
Kreuzlied. — Lex. rom. 1, 395. MW. 1, 212. Kolsen, Festschrift für A. Tobler p. 216 und Sämtliche Lieder I 392. — Zu v. 55 (L'estrenher de las dens) s. Bertoni, Rlr. 56, 415.

42. La flors del vergan
el

A 13 (14 und Arch. 33, 316; MG. 848), B 9 (MG. 1361), C 20, D 8—24, Dᶜ 244 (9, (AdM. 13, 64), I 18, K 8, M 17 (MG. 847), N 169—253, Q 81 (213, p. 157), R 10—69, Sg 71 Nr. 26, T 241, U 12 (Arch. 35, 369), a 12 (9, Rlr. 41, 363), e, zitiert N² Nr. 6.
Canz. — Kolsen I 138.

43. Las, com m'ave, Deus m'ajut
Mas *Kolsen,* A

C 27, Dª 154—531, I 15 (MG. 815), K 4, M 5 (MG. 816), N 183–276, Q 92 (235, p. 179 und Arch. 33, 423), R 10—70, Sg 64 Nr. 7, a 14 (10, Rlr. 41, 364), zitiert N² Nr. 12.

Canz. — Constans, Rlr. 20, 136 nach N. Kolsen I 106.

44. L'autrier, lo primier jorn d'aost

C 29, R 36–299, Sg 68 Nr. 19.
Pastourelle. — Parn. occ. p. 127. MW. 1, 198. Kolsen I 360. Lommatzsch, Liederb. p. 75. Audiau, La pastourelle p. 10. Audiau et Lavaud, Nouv. Anthol. p. 273.

45. Leu chansonet' e vil
-eta vil

A 20 (32 und Arch. 33, 323; MG. 851), B 22 (MG. 1383), C 23 (MG. 886), D 5—14 (Del cod. Estense, Sitzungsber. etc. p. 431), D^c 244 (8, AdM. 13, 63), H 37 (118 und MG. 850), I 17, K 7, M 7 (MG. 849), N 186 –282 (MG. 887), Q 98 (245, p. 188), R 9J–58, Sg 84 Nr. 48, T 238, U 14 (Arch. 35, 371), V 68 (Arch. 36, 415; MG. 888), a 48 (28, Rlr. 42, 17), e, β^3 76, zitiert N² Nr. 26.
Sirv. — Gröber, Rom. Stud. 2, 414 nach H mit Var. anderer Hss. Kolsen I 300.

46. Lo dous chans d'un auzel

A 16 (22 und Arch. 51, 12), B 14 (MG. 1369), C 17, D 9 –26, I 15, K 5, M 8, N 174 –263, Q 105 (257, p. 202), R 84–696, Sg 82 Nr. 46, a 35 (21, Rlr. 42, 5), zitiert N² Nr. 22. Razo in N² Sg.
Romanze. — Lex. rom. 1, 384. MW. 1, 206. Krit. hgb. Appel, Chrest. p. 99 (vgl. Kolsen, Arch. 101, 149). Kolsen I 348. — S. noch E. Müller, Die altprov. Versnovelle p. 25.

47. Los aplegz | ab qu'eu soill

A 13 (12 und Arch. 33, 314; MG. 853), B 8 (MG. 1359), C 8, D 7—19, D^c 244 (10, AdM. 13, 64), I 18, K 8, M 1 (MG. 852), N 168–251, Q 101 (250, p. 194), R 10—65, Sg 62 Nr. 3, U 1 (Arch. 35, 363), V 72 (Arch. 36, 419; MG. 854), a 2 (4, Rlr. 41, 355), zitiert N² Nr. 7.
Sirventes-Canz. — Krit. hgb. mit Übersetzung von H. J. Chaytor, Giraut de Bornelh: 'Los apleitz', The Modern Language Review, vol. I, Cambridge 1905—6, p. 222; dazu Jeanroy, Deux strophes de Giraut de Borneil, AdM. 18, 347. Kolsen I 244.

48. M'amiga·m men' estra lei

A 20 (33 und Arch. 33, 324; MG. 856), B 25 (MG. 1389), C 10, D 13—39, I 23, K 12, M 13 (MG. 855), Q 89 (227 + 228, p. 173; z. T. auch Arch. 33, 422), R 10—68, Sg 63 Nr. 6, V 70 (Arch. 36, 417; MG. 857), a 11 (8, Rlr. 41, 361), zitiert N² Nr. 39.
Canz. — Kolsen I 124.

49. No·m platz chans de rossignol

A 16 (23 und Arch. 51, 13), B 15 (MG. 1370), C 15 (MG. 860), D 12–37, E 55 (MG. 859), I 22, K 11, M 10, N 176–265 (MG. 861), Q 92 (233, p. 178), Sg 80 Nr. 41, a 67 (43, Rlr. 42, 36), zitiert N² Nr. 16; Raimbaudet C Reg., R 39–330.
Canz. — Bartsch, Lesebuch p. 66. Kolsen I 96.

(**50. Non es savis ni gaire ben apres** gehört eher Peire Vidal, s. 364, 30a.)

51. No posc sofrir qu'a la dolor
No·m-sai- mudar

A 21 (36 und Arch. 51, 18),

B 6 (MG. 1356), C 22, D 13 –40, D^c 244 (14, AdM. 13, 66), G 72 (p. 222), I 19, K 8, M 5, N 165—247, R 84—695 [zur Melodie vgl. 335, 7], Sg 84 Nr. 49, V 73 (Arch. 36, 420), a 9 (7, Rlr. 41, 360), zitiert N^2 Nr. 20; anonym, doch im Zusammenhang Q 96 (241, p. 184). Razo in N^2 Sg.
Canz. — Choix 3, 310. Parn. occ. p. 129. MW. 1, 185. Kolsen I 228. Anglade, Anthol. p. 77.

52. No sai rei ni emperador

P 5 (15, Arch. 33, 306; MG. 862), e 230. — Echtheit zweifelhaft, wie bei 242, 38.
Sirventes. — Kolsen, Zts. 39, 165.

52a. No·s pot sofrir ma lenga qu'ill no dia

Sg 95 Nr. 72.
Sirv. — Krit. hgb. Kolsen, Guir. v. Bornelh p. 92 — hierzu s. Mussafia, Zur Kritik und Interpretation romanischer Texte (Sitzungsber. d. Kais. Akad. d. Wiss., phil.-hist. Klasse, Bd. 134 [1895]) p. 34 — und Sämtliche Lieder I 436.

53. Nula res | a chantar no·m faill

A 18 (27 und Arch. 33, 321; MG. 867), B 17 (MG. 1375), C 21 (MG. 866), D 9—27, D^c 243 (3, AdM. 13, 62), I 18, K 7, N 179—271 (MG. 868), Q 85 (219, p. 164), R 11–75, Sg 64 Nr. 9, a 22 (14, Rlr. 41, 370), zitiert N^2 Nr. 25.
Canz. — Kolsen I 52.

= Onratz . . . s. Honratz . . . =

54. Ops m'agra, | si m'o consentis

A 13 (13 und Arch. 33, 315; MG. 871), B 9 (MG. 1360), C 23 (MG. 870), D 7—21, D^c 244 (13, AdM. 13, 65), I 14, K 4, N 168—252 (MG. 872), Q 95 (240, p. 183), R 83–693, Sg 81 Nr. 44, T 111, U 11 (Arch. 35, 369), a 50 (29, Rlr. 42, 18), zitiert N^2 Nr. 31.
Sirv. — Krit. hgb. Bartsch, Chrest. col. 112. Kolsen I 420.

55. Per solatz reveillar

De

A 12 (11 und Arch. 51, 7), B 8 (MG. 1358), C 6, D 6–18, I 19, K 9, N 167–250, Q 103 (253, p. 197), R 35—295, Sg 81 Nr. 43, U 21 (Arch. 35, 375), V 75 (Arch. 36, 422), c 5 (5; von Stengel gedruckt Rlr. 42, 310 zu a Nr. 53), e, β^2 96, zitiert N^2 Nr. 21; Blacasset [vor G. de B.] P 1 (4, Arch. 49, 61). Razo in N^2 Sg.
Sirv. — Choix 4, 290. MW. 1, 201. Monaci, Testi ant. prov., col. 52 und Poesie in lingua d'oc p. 8. Krit. hgb. Crescini, Manualetto p. 244 und Manuale p 207. Chaytor, Troub. of Dante p. 35. Kolsen I 412. Lommatzsch, Liederb. p. 79.

56. Plaing e sospir | e plor e chan

A 21 (37 und Arch. 33, 327; MG. 875), N 165—248 (MG. 876), Sg 93 Nr. 66, zitiert N^2 Nr. 53.
Planch. — Kolsen I 486. Audiau et Lavaud, Nouv. Anthol. p. 221.

57. Quan branca·l brondels e rama

A 24 (44 und Arch. 33, 329; MG. 877), B 20 (MG. 1379), C 22, D^a 154—533, D^c 245 (17, AdM. 13, 67), I 20, K 9, N 183 – 277 (MG. 878), Q 102

(251, p. 195), R 9—56, Sg 76 Nr. 34, zitiert N² Nr. 8.
Canz. — Kolsen I 222.

58. **Quan creis la fresca folll' e·l rams** els

A 17 (25 und Arch. 33, 319), B 16 (MG. 1373), C 17, D 5–15, Dᶜ 243 (6, AdM. 13, 62), I 17, K 6, M 4, N 178—269, Q 83 (216, p. 161), R 10–64, Sg 61 Nr. 2, T 239, U 4 (Arch. 35, 365), V 71 (Arch. 36, 418), a 1 (3, Rlr. 41, 354), β¹ 261, β³ 75, zitiert N² Nr. 35; anonym β¹ 291.
Canz. — Kolsen I 184.

59. **Quan la brun' aura s'eslucha**

A 18 (26 und Arch. 33, 320; MG. 874), B 17 (MG. 1374), C 20, D 6–17, E 54 (MG. 873), I 15, K 5, M 17, N 179–270, Q 98 (246, p. 189), R 41–344, Sg 66 Nr. 12, T 237, V 73 (Arch. 36, 420), c 4 (3; von Stengel gedruckt Rlr. 42, 307 zu a Nr. 51), zitiert N² Nr. 3, auch von B. de Noya (Homenaje Pidal 1, 682).
Canz. — Krit. hgb. Bartsch, Chrest. col. 114. Kolsen I 90.

60. **Quan lo fregz e·l glatz e la neus** Pos *Sg*

A 22 (40 und Arch. 51, 19), B 14 (MG. 124 mit Var. von E), C 14, Dᵃ 155–537, E 55, G 69 (p. 215), I 22, K 11, M 3, N 175—264 (MG. 879), Q 82 (214, p. 159) und 106 (258, p. 203), R 84—699, Sg 88 Nr. 58, T 239, a 25 (16, Rlr. 41, 373), zitiert N² Nr. 18.
Canz. — Krit. hgb. Appel, Chrest. p. 63. Kolsen I 58.

(61. **Quan vei lo dous temps venir** s. unter Guillem Augier Novella 205, 4 b.)

62. **Qui chantar sol**

C 10, Dᵃ 156–538, I 23 (MG. 947), K 12, Q 104 (256, p. 200), R 9—54, Sg 62 Nr. 4, U 20 (Arch. 33, 293 und 35, 374), a 4 (5, Rlr. 41, 357), zitiert N² Nr. 40.
Canz. — Kolsen I 262.

63. **Razon e loc | e cor e sen** Sazo

C 9, Sg 91 Nr. 62, a 63 (40, Rlr. 42, 31).
Canz. — Chabaneau, Rlr. 25, 211 nach C. Kolsen I 82.

64. **Reis glorios, verais lums e clartatz** Dieus

C 30, E 56, R 8♩—51, Sg 94 Nr. 69; Gui d'Uisel P 19 (60, Arch. 49, 288); anonym T 86, Münchener Hof- u. Staatsbibl. lat. 759 fol. 1 (Sitzungsber. d. philos. Klasse d. k. b. Akad. d. Wiss. zu München 1885 p. 113). — Die Musik ist noch in der Agnes überliefert zu dem *planctus in sonu albe. Rei glorios* etc. (Chig. C. V. 151, f. 72 rº, bei Monaci tav. V; Text bei Bartsch p. 18, Sardou p. 30; Noten bei Sardou p. 97, bzw. 105). Text und Noten von R und Chig. bei Restori, Riv. mus. ital. 3, 232, Anfang auch Beck, Melodien p. 60 und 191. Bearbeitet von Emil Bohn, Zwei Trobadorlieder für eine Singstimme mit Klavierbegleitung gesetzt, Arch. 110, 110.
Alba. — Choix 3, 313. Hist. lit. 17, 452. MW. 1, 191. Galvani, Osservazioni p. 140. Bartsch, Lesebuch p. 100 und krit.

hgb. Chrest. col. 109. P. Meyer, Recueil p. 82. Crescini, Manualetto p. 250 und Manuale p. 212. Appel, Chrest. p. 91. Chaytor, Troub. of Dante p. 45. Kolsen, I 342. Lommatzsch, Liederb. p. 78 und Mel. p. 431. Anglade, Anthol. p. 81. Audiau et Lavaud, Nouv. Anthol. p. 243. Übers. bei Jeanroy, Anthol. p. 145. Zur Mel. s. noch Aubry, Trouvères et troub. p. 87 (Aubry et Castéra, Chansons de troub. p. 4?).

65. **S'anc jorn agui joi ni solatz**
A 26 (50 und Arch. 51, 24), B 24 (MG. 126 mit Var. von I und R), C 13, D^a 158–544, I 25, K 14, M 20, Q 88 (224, p. 170), R 8–42, Sg 88 Nr. 57, a 37 (22, Rlr. 42, 7), zitiert N² Nr. 55.
Planch. — Krit. hgb. Appel, Chrest. p. 122 (vgl. Raïmbaut von Orange p. 104). Kolsen I 480.

66. **S'ara no poja mos chans**
A 15 (20 und Arch. 51, 10), B 13 (MG. 1367), C 13, D 8 –23, E 54, I 17, K 7, M 21, N 173–261, Q 97 (243 + 244, p. 187, z. T. auch Arch. 33,423), R 83–689, Sg 82 Nr. 45, V 67 (Arch. 36, 414), a 51 (30, Rlr. 42, 19), zitiert N² Nr. 2 und von B. de Noya (Homenaje Pidal 1, 681).
Canz. in Gesprächsform. — Parn. occ. p. 131. MW. 1, 200. Kolsen I 18.

67. **S'es chantars ben entendutz**
C 30, R 85—704.
Sirv. — Parn. occ. p. 133. Lex. rom. 1, 382. MW. 1, 197. Kolsen I 398.

68. **Ses valer de pascor**
-or
A 21 (35 und Arch. 33, 326), C 16, D^a 158–545, I 25, K 14, M 15, N 163—245, R 11—78, Sg 74 Nr. 32, V 67 (Arch. 36, 415), a 30 (19, Rlr. 41, 377), zitiert N² Nr. 41.
Canz. — Kolsen I 202.

69. **S'ie·us quier conseill, bel'amig' Alamanda**
Si·us *Kolsen*
Conseill vos quier *IK*
A 18 (28 und Arch. 33, 322), B 18 (MG. 1377), C 8 (MG. 829), D 11–34, G 70 (p. 219), H 37 (120 und MG. 937), I 23 (MG. 828), K 12, N 181–273, Q 87 (222, p. 168), R 8^a—41 und [eine Strophe] 8^b♩—43, Sg 60 [Razo und Str. I] und 66 Nr. 13, V 74 (Arch. 36, 421; MG. 938), a 41 (24, Rlr. 42, 10), ϰ 135 (Mussafia p. 242), zitiert N² Nr. 36. Das Gedicht steht überall unter G. de Borneill. — Die Razo nach N² und Sg bei Kolsen, Guir. v. Bornelh p. 18.
Tenzone mit Alamanda = 12 a, 1. — O. Schultz [-Gora], Die prov. Dichterinnen p. 19. Krit. hgb. Appel, Chrest. p. 129. Kolsen, Guir. v. Bornelh p. 74. Chaytor, Troub. of Dante p. 30. Kolsen, Sämtliche Lieder I 366.

69a. **Si ja d'amor | pogues aver lauzor**
Sg 69 Nr. 20.
Canz. — Krit. hgb. Kolsen, Guir. v. Bornelh p. 88 und Sämtliche Lieder I 64.

70. **Si·l cors no·m ministr' a dreg**
A 25 (49 und Arch. 33, 331), B 24 (MG. 1386), C 26, D^a 155 –536, I 22, K 11, N 188–285,

R 35–298, Sg 80 Nr. 42, a 57 (35, Rlr. 42, 25), zitiert N² Nr. 17; anonym mit Str. V beginnend Q 92 (234, p. 179 und Zts. 4, 515).
Canz. — Kolsen I 78.

71. Si·m plagues tan chans
Si
C 21, Dᶜ 245 (18, AdM. 13, 67), H 38 (121 und Arch. 34, 398), M 12, R 84–701, Sg 87 Nr. 54, a 71 (47, Rlr. 42, 40), α 33 489, zitiert N² Nr. 44.
Canz. — Kolsen I 48.

72. Si·m sentis fizels amics
A 15 (19 und Arch. 51, 10), B 12 (MG. 127 mit Var. von I), C 10, D 8–22, Dᶜ 243 (4, AdM. 13, 62), I 22, K 12, M 19, N 173–260, Q 81 (212, p. 156), R 11—74, Sg 64 Nr. 8, V 66 (Arch. 36, 414), a 54 (33, Rlr. 42, 22), c 3 (1), zitiert N² Nr. 13, auch von B. de Noya (Homenaje Pidal 1, 682).
Canz. — Monaci, Testi ant. prov., col. 55 und Poesie in lingua d'oc p. 7. Chaytor, Troub. of Dante p. 40. Kolsen I 148.

73. Si per mon Sobretotz no fos
A 19 (30 und Arch. 51, 16), B 20 (MG. 1380), C 25, D 4–12, Dᶜ 244 (15, AdM. 13, 66), I 16, K 6, N 183bis—278, Q 88 (225, p. 171), R 9—57, Sg 77 Nr. 36, a 46 (27, Rlr. 42, 15), zitiert N² Nr. 19. Razo in N² Sg.
Sirv. — Lex. rom. 1, 379. MW. 1, 203. Monaci, Testi ant. prov., col. 51 und Poesie in lingua d'oc p. 11. Chaytor, Troub. of Dante p. 41. Kolsen I 462.

74. Si sotils sens
A 14 (17 und Arch. 33, 317), B 11 (MG. 1364), C 15, D 13–38, I 19, K 8, M 9, N 171–256, Q 95 (239, p. 182), R 83–690, Sg 83 Nr. 47, a 70 (46, Rlr. 42, 39), d 286—66, zitiert N² Nr. 27.
Canz. — Kolsen I 320.

75. Solatz, jois e chantar
-ars *C*
C 25, E 56, Sg 92 Nr. 65.
Sirv. — Krit. hgb. Chabaneau, Rlr. 25, 213. Kolsen I 402.

76. Sol qu'amors me plevis
C 14, H 39 (126 und Arch. 34, 400), Sg 87 Nr. 55, zitiert N² Nr. 48.
Canz. — Kolsen I 28.

77. Tals gen prezic' e sermona
P 5 (14, Arch. 33, 305).
Sirv. — Krit. hgb. Kolsen, Guir. v. Bornelh p. 132 und Sämtliche Lieder I 426.

78. Tostemps me sol | plus jois plazer
joy
C 29, R 83—692, Sg 78 Nr. 38, a 65 (42, Rlr. 42, 34).
Canz. — Chabaneau, Rlr. 25, 216 nach CR. Kolsen I 194.

79. Tot suavet e del pas
de, da
C 26, Dᵃ 158—547, H 38 (123 und Arch. 34, 400), I 26, K 14, Sg 85 Nr. 51, V 74 (Arch. 36, 421), zitiert N² Nr. 46.
Canz. — Kolsen I 154.

80. Un sonet fatz malvatz e bo
A 24 (45 und Arch. 51, 22), B 21 (MG. 129 mit Var. von I R), C 7, D 12—35, G 71 (p. 221), I 20, K 9, M 9, N 184–279, P 4 (9, Arch. 49, 65), Q 100 (p. 193), R 9—53, S 200—129, Sg 67 Nr. 14, V 76 (Arch. 36, 423), a 52

(31, Rlr. 42, 20), zitiert N[2] Nr. 23.
Devinaill. – Krit. hgb. Bartsch, Chrest. col. 110. Appel, Chrest. p. 80 (vgl. Kolsen, Arch. 101, 150). Kolsen I 334. Lommatzsch, Liederb. p. 73.

(81. **Un sonet novel fatz**
s. unter Peire Bremon Ricas Novas 330, 19 a.)

Nicht identifiziert wurden ein von N[2] Nr. 51 zitiertes Gedicht *Ben fora dreigz* und bei Barberino die Stellen ι 20 und 35 (Egidi 1, 212 und 2, 35; Thomas p. 178 und 183; Jahrb. 11, 47 und 49), ferner eine Stelle bei Serveri de Girona (Massó Torrents, Miscellània Prat de la Riba p. 376).

Sonst werden ihm attribuiert:

323, 1 Abans que·l blanc poi sion vert (Peire d'Alvergne?)
16, 1 Ab joi comensi ma chanso (Albertet)
9, 3 Aissi co·l pres que s'en cuja fugir (Aimeric de Belenoi)
30, 4 Aissi com cel que anc non ac consire (Arnaut de Maroill)
10, 8 Anc mais de joi ni de chan (Aimeric de Peguillan)
213, 3 Ar vei qu'em vengut als jorns loncs (Guillem de Cabestaing)
70, 10 Bel m'es qu'eu chant en aquel mes (Bernart de Ventadorn)
132, 7 Car compri vostras beutatz (Elias de Barjols)
29, 8 Dous brais e critz, | lais e chantars e voutas (Arnaut Daniel)
106, 14 Eu sui tan corteza gaita (Cadenet)
155, 10 Greu feira nuls hom faillensa (Folquet de Marseilla)
155, 11 Ja no·s cuit hom qu'eu camge mas chansos (ders.)
29, 11 Lanquan son passat li giure (Arnaut Daniel?)
30, 17 L'enseignamens e·l pretz e la valors (Arnaut de Maroill)
213, 5 Lo dous consire (Guillem de Cabestaing)
213, 6 Lo jorn que·us vi, domna, premeiramen (ders.?)
356, 6 Per far esbaudir mos vezis (Peire Rogier)
364, 33 Per meills sofrir lo maltrag e·l afan (Peire Vidal)
364, 36 Plus que·l paubres, quan jai el ric ostal (ders.)
29, 15 Pos en Raimons e'n Turcs Malecs (Arnaut Daniel)
10, 49 S'eu tan be non ames (Aimeric de Peguillan)[1])
375, 20 Si com celui qu'a pro de valedors (Pons de Capdoill)
356, 8 Tan no plou ni venta (Peire Rogier)
124, 17 Tan sent al cor un amoros dezir (Daude de Pradas).

Ferner steht unter Çirardus in Q 112 (297, p. 215 und Arch. 33, 424) ein französisches Lied – von Hugues de Berzé? vgl. zuletzt Les chansons de croisade p. p. J. Bédier, avec leurs mélodies p. p. P. Aubry, Paris 1909, p. 122 – *Canque* [l. *S'onques*] *nuls hom par* [sonst *por*] *dure departie*, das von prov. Hss. auch O 54 (87 und Arch. 34, 376), jedoch anonym, bringt[2]).

---

[1]) Hgb. Kolsen, Zts. f. frz. Sprache u. Lit. 56, 436.
[2]) In O sind Partieen aus *Ahi! amours, con dure departie* von Conon de Béthune interpoliert; vgl. Stengel, Zts. 5, 92 A. 1 und P. Meyer, Rom.

242a. Guiraut de Cabreira.

Diez, Poesie p. 198. Milá y Fontanals, Trovadores en Esp. p. 266 und 269 (wichtig). Bartsch, Grdr. p. 51. P. Meyer, Daurel et Beton, Paris 1880, p. I A. Chabaneau, Biogr. p. 304 und 352. Restori, Hist. de la poésie prov. p. 127. Stimming, Gröbers Grdr. 2 II 44. Anglade, Le troub. Guiraut Riquier p. 132. W. Keller, Das Sirv. „Fadet joglar" des Guir. v. Calanso p. 46. Dejeanne, Poésies complètes du troub. Marcabru p. 235. J. Miret y Sans, Notes per la biografia del trobador Guerau de Cabrera, Estudis Universitaris Catalans IV, 299 (nicht erhältlich).

1. **Cabra joglar**
D[a] 203—741 (MG. 1033). Enseignamen für einen Spielmann. — Krit. hgb. Bartsch, Denkm. p. 88; dazu Kollation von Mussafia, Del cod. Estense, Sitzungsber. etc. p. 424. Milá p. 273. Monaci, Testi ant. prov., col. 32. De Bartholomaeis, Insegnamenti pe' giullari di Giraut de Cabreira, di Giraut de Calanson e di Bertran de Paris de Roergue, Roma 1905 (fasc. 16 der Testi romanzi per uso delle scuole a cura di E. Monaci), p. 3. — Bruchstücke: Bartsch, Chrest. col. 91. Crescini, Manualetto p. 220 und Manuale p. 186. — Um die Erklärung der Anspielungen haben sich außer Bartsch und Milá verdient gemacht Birch-Hirschfeld, Über die den prov. Troubadours . . . bekannten epischen Stoffe, passim und P. Meyer u. G. Paris, Rom. 7, 448 und 455. — H. Patzig, Zu Guiraut de Cabreira, Rom. Forschungen 4, 549 (behandelt die V. *del Formanes ni del Danes* etc.).

243. Guiraut de Calanso.

Kritische Ausgabe[1]): Willy Ernst, Die Lieder des provenzalischen Trobadors Guiraut von Calanso, Roman. Forschungen Bd. 44, 255—406 (als Rostocker Diss. im Teildruck erschienen). —

17, 305. — Von diesem wieder stehen einige Verse anonym in Vat. 7182; vgl. Rom. 18, 462.

[1]) Textanordnung:

W. Ernst		Jeanroy		Grdr. 243
1	=	0	=	8a (= 234, 13)
2	=	2	=	7
3	=	3	=	11
4	=	7	=	9
5	=	5	=	10
6	=	4	=	8
7	=	1	=	2
8	=	9	=	1
9	=	6	=	4
10	=	10	=	5
11	=	8	=	6

Die Texte stehen noch bei Jeanroy, Jongleurs et troubadours gascons des XIIe et XIIIe siècles, Paris 1923, p. 26—74 (= Les classiques franç. du moyen âge, 39); vgl. introd. p. VI.

Diez, Leben u. Werke p. 427. — Hist. lit. 17, 577. — Otto Dammann, Die allegorische Canzone des Guiraut de Calanso: „A leis cui am de cor e de saber" und ihre Deutung, Breslau 1891; Teil I als Breslauer Diss. 1891. Besprochen von O. Schultz[-Gora], Lit.-Blatt 1892, 381 (mit Besserungen); W. Foerster, Lit. Centralblatt 1892, 722; Zenker, Arch. 90, 327. — Wilhelm Keller, Das Sirventes „Fadet joglar" des Guiraut von Calanso. Versuch eines kritischen Textes. Mit Einleitung, Anmerkungen, Glossar und Indices. Zürcher Diss. Erlangen 1905 (gute Bemerkungen zu Guiraut, besonders wertvolle zu den im Texte erwähnten Erzählungsstoffen). Besprochen von Schultz-Gora, Lit.-Blatt 1907, 205 (mit Besserungen); Stengel, Zts. f. frz. Sprache u. Lit. 31 II 23 (Kollation von D^{a} zu Bartsch); Jeanroy, AdM. 19, 139; Herzog, Zts. 33, 631; Appel, Arch. 120, 235; Zenker, Zts. 33, 486. — Anglade, Le troub. Guiraut Riquier p. 133 (zu 7a) und kurze Notiz in der Hist. somm. de la litt. mérid. p. 68.

Vida: I 142, K 128. — Parn. occ. p. 142. Choix 5, 168. Mahn, Biogr. p. 50. Chabaneau, Biogr. p. 257. Jeanroy, Jongleurs p. 26. Roman. Forschungen 44, 304.

1. Ab la verdura
S 241–157; anonym N 50–23 (MG. 284).
Descort. — Jeanroy, Jongleurs p. 67. Roman. Forschgn. 44, 322.

2. Celeis cui am de cor e de saber
A leis *Bartsch, Dammann*
C 251, D^{a} 191—689, E 132, I 142, K 128, R 92—775, a^{1} 480 (228); Gaucelm Faidit A 82 (231 und Arch. 33, 455), a 163 (168, Rlr. 45, 47); anonym O 68 (108 und Arch. 34, 378). — Die Canz. ist als solche des Gr. de Calanso bezeichnet, ganz wiedergegeben und ausführl. kommentiert von Guiraut Riquier in der Epistel Nr. VI. Allegorische Canz. auf die sinnliche Liebe, *del menor tertz d'amor*. — Choix 3, 391. MW. 3, 30. Bartsch, Lesebuch p. 75 und krit. hgb. Chrest. col. 183. Dammann, l. c. p. 1. Appel, Chrest. p. 75. Jeanroy p. 27. Anglade, Anthol. p. 115. Roman. Forschgn. 44, 320. Übers. bei Jeanroy, Anthol. p. 49.

(**3. Amor, be faitz volpillatg' e faillensa**
= 404, 12.)

4. Ara s'es ma razos vouta
E 134 (MG. 338).
Canzone. — Jeanroy p. 58. Roman. Forschgn. 44, 326 (vgl. p. 267).

5. Bel semblan
E 134.
Descort. — Krit. hgb. Diez, Poesie p. 309. Jeanroy p. 71. Roman. Forschgn. 44, 328 (vgl. p. 267).

6. Bels seigner Deus, co pot esser sofritz
Bel
C 252, R 93—778.

Planch. — Choix 4, 65. Tarbé, Les œuvres de Blondel de Néele p. 148. Milá y Fontanals, Trovadores en Esp. p. 123. MW. 3, 29. Jeanroy p. 64. Roman. Forschgn. 44, 331.

7. El mon no pot aver

C 251, R 93—777.
Canz. — Choix 3, 388. MW. 3, 31. Jeanroy p. 44. Roman. Forschgn. 44, 307.

7a. Fadet joglar

D^a 203—742 [vgl. Del cod. Estense, Sitzungsber. etc. p. 426], R 136 (MG. 111). Wilh. Keller hat beide Hss. parallel abgedruckt.
Enseignamen für einen Spielmann, als sirv. bezeichnet. — Krit. hgb. Bartsch, Denkm. p. 94 und vortrefflich von Wilh. Keller, l. c. p. 47. Nach Bartsch (ohne Anm.) wiederholt von De Bartholomaeis (s. zu 242 a, 1) p. 7. — Zur Deutung der Anspielungen haben vor K. besonders beigetragen Birch-Hirschfeld, Über die den prov. Troubadours . . . bekannten epischen Stoffe, passim und P. Meyer und G. Paris, Rom. 7, 448 und 455.

8. Li mei dezir
Tug

C 253, E 133, H 59 (265 unter Guiellms de Calanso), R 93—779, a^1 480 (227).
Canz. — Krit. hgb. Jeanroy, AdM. 17, 464 und Jongleurs p. 49; vgl. Kolsen, Arch. 143, 109. Roman. Forschgn. 44, 317.

8a. Los greus dezirs que·m solon far doler

C 251 (MG. 368), R 93—776; Guillem de S. Leidier I 80, K 64, d 288–70. — Attribution zweifelhaft; doch spricht besonders der Versteckname Bels Diamans für Guiraut. S. auch Fabre, AdM. 23, 175 A. (für G. de S. Leidier) und Roman. Forschgn. 44, 263.
[Bartsch 234, 13.] Canz. — MW. 2, 56. Roman. Forschgn. 44, 305.

9. Si tot l'aura s'es amara

C 252, E 133, I 143, K 128, d 291–80; Peire Vidal C Reg., R 64—539.
Canz. (,vers'). — Parn. occ. p. 142. MW. 3, 33. Jeanroy p. 61. Roman. Forschgn. 44, 311.

10. Tan doussamen

C Reg., I 142, K 128, R 93–780, a^1 479 (226), d 290—79; Ademar de Rocaficha C 269; Arnaut de Maroill C Reg.
Canz. — Krit. hgb. Chabaneau, Rlr. 25, 229. Jeanroy p. 54. Roman. Forschgn. 44, 314.

11. Una doussa res benestan

C 252, R 93—781.
Canz. — Krit. hgb. Jeanroy, AdM. 17, 468 und Jongleurs p. 47. Roman. Forschgn. 44, 309.

Sonst werden ihm noch attribuiert:

242, 23 Ben era dous e plazens (Guiraut de Borneill)
245, 1 Ges si tot m'ai ma volontat felona (Guiraut de Luc)
205, 5 Ses alegratge (Guillem Augier Novella).

244. Guiraut d'Espaigna.

Zusatz in C: de Tholoza.

Die in E anonymen Stücke stehen im Zusammenhang vor den auch dort attribuierten[1]) Stücken 13 und 11. Savj-Lopez, der sie eingehend untersucht hat, hält 1, 2, 3, 5, 6, 10 für unbedingt echt, bezweifelt dagegen die Echtheit bei 4, 12, 14, 16 und spricht 7, 8, 15 (sowie 1a) dem Dichter ab, mit bemerkenswerten, aber nicht eigentlich durchschlagenden Gründen.

Kritische Ausgabe[2]): Otto Hoby, Die Lieder des Trobadors Guiraut d'Espanha. Diss., Freiburg (Schweiz) 1915. Besprochen von Jeanroy, Rom. 44, 319; Schultz-Gora, Arch. 134, 431; Anglade, AdM. 28, 481; Appel, Lit.-Bl. 1917, col. 189; Levy, Arch. 138, 100. Vgl. Anglade, Bull. de la Soc. archéol. du midi de la France 45 (1919), p. 204.

Hist. lit. 19, 514. Suchier, Jahrb. 14, 301. Römer, Die volkstümlichen Dichtungsarten der apr. Lyrik p. 36. Chabaneau, Biogr. p. 352. Stengel, Zts. f. frz. Sprache u. Lit. 16 I 96 (über Metrik und Charakter der Dansas). Paolo Savj-Lopez, Le rime di Guiraut d'Espanha, Studi medievali 1, 394 (wichtig; druckt auch Texte ab). Anglade, Les troub. de Toulouse p. 134.

1a. Be volgra, s'esser pogues, Qu'amors si gardes d'aitan
W 186J, anonym. Melodie bei Beck, Mel. p. 112; vgl. p. 64. — Suchier, Denkm. 1, 551 schreibt dieses Gedicht Guiraut zu; Savj-Lopez, l. c. p. 407 macht Gegengründe geltend. Dansa. — Krit. hgb. Suchier, Denkm. 1, 299. Hoby p. 38.

1. Domna, si tot no·us es preza
E 230, anonym.
Dansa. — Krit. hgb. Appel, Prov. Inedita p. 157 und Chrest. p. 88. Hoby p. 14.

2. Gen m'auci
E 229, anonym.
Dansa. — Krit. hgb. Appel, Prov. Ined. p. 159. Hoby p. 17.

3. Ges ancara | na Cors-car
E 230, anonym.
Dansa. — Krit. hgb. Appel, Prov. Ined. p. 161. Hoby p. 19.

4. Lo fi cor qu'ie·us ai | m'auci, domna gaja
E 228 (MG. 369), anonym.
‚Baladeta'. — Krit. hgb. Bartsch, Denkm. p. 2. Appel, Chrest. p. 87. Studi med. 1, 403. Hoby p. 43.

---

[1]) Vgl. dazu P. Meyer, Rom. 18, 466 A. 1 und Savj-Lopez, l. c. p. 394 A. 3.

[2]) Textanordnung:

Hoby		Grdr.	Hoby		Grdr.	Hoby		Grdr.
1	=	244, 9	7	=	5	13	=	1a
2	=	11	8	=	6	14	=	16
3	=	13	9	=	10	15	=	4
4	=	1	10	=	12	16	=	(7)
5	=	2	11	=	14	17	=	8
6	=	3	12	=	15			

5. Na Ses Merce
E 227 (MG. 560), anonym. Dansa. — Krit. hgb. Bartsch, Denkm. p. 1. Hoby p. 22.

6. No posc plus sofrir
E 227 (MG. 559), anonym. Dansa. — Hoby p. 24.

(**7. Novel' amor que tant m'agreia**
E 229 (MG. 558), anonym. Bartsch, Denkm. p. 4. Hoby p. 45 (vgl. p. 91). — Die Canz., von nur zwei Strophen, ist unecht und ursprünglich französisch. Sie deckt sich großenteils mit dem Liede *Nouvele amour qui si m'agrée* von Rogeret de Cambrai (Raynaud Nr. 489). Ich konnte das auf Grund des Textes feststellen, den mir eine Photographie von B. N. franç. 845 fol. 127 v° bot.)

- **8. Per amor soi gai**
E 228 (MG. 535), anonym. Pastourelle in Form einer Dansa. — Krit. hgb. Diez, Altroman. Sprachdenkmale, Bonn 1846, p. 119. Appel, Chrest. p. 88. Studi med. 1, 405. Hoby p. 47. Audiau, La pastourelle p. 98 (vgl. introd. p. IX). Anglade, Les troub. de Toulouse p. 130.

9. Pos ara sui ab seignor
C 337, α 28511 (auch MG. I 189).
Canz. mit Refrain. — Krit. hgb. Appel, Prov. Ined. p. 163. Hoby p. 1.

10. Pos ses par
E 229 (MG. 561), anonym. Dansa. — Bartsch, Lesebuch p. 110. Krit. hgb. Studi med. 1, 400. Hoby p. 27.

11. Qui en pascor no chanta, no·m par gais
C 337, E 231, ϰ 128 (Mussafia p. 219).
Canz. — Krit. hgb. Appel, Prov. Ined. p. 165. Hoby p. 5.

12. Sa gaja semblansa
La
E 229 (MG. 562), anonym. Dansa. — Krit. hgb. Bartsch, Denkm. p. 3. Studi med. 1, 402. Hoby p. 30. Audiau et Lavaud, Nouv. Anthol. p. 321.

13. S'eu en pascor no chantava
C 336, E 231, ϰ 128 (Mussafia p. 219).
Canz. — Parn. occ. p. 369. MW. 3, 328. Hoby p. 9.

14. Si la bela que·m plai no·m plai
E 227 (MG. 563), anonym. Dansa. — Hoby p. 32.

15. Si·l dous jois d'amor
E 227 (MG. 564), anonym. Dansa. — Bartsch, Lesebuch p. 109. Hoby p. 35.

16. Si no·m secor domna gaja
E 228 (MG. 565), anonym. Dansa. — Krit. hgb. Bartsch, Denkm. p. 1. Studi med. 1, 404. Hoby p. 41.

245. Guiraut de Luc.

In A: del Luc. — Hist. lit. 20, 588. Milá y Fontanals, Trovadores en Esp. p. 102. Chabaneau, Biogr. p. 352.

1. Ges si tot m'ai ma volontat felona
Si tot s'esfortz
A 197 (565 und Arch. 34, 188), D 130—447, I 194,

K 180; Guiraut de Calanso C 253; Prebost de Valensa C Reg.
Sirventes. — Kolsen, Dichtungen p. 193.

2. Si per malvatz seignoril
A 197 (566 und Arch. 34, 189), D 130—448, I 194, K 180.
Sirventes.

246. (Guiraut oder richtiger) **Guillem de l'Olivier** d'Arle.

Die Hss. haben: Aiso so coblas triadas esparsas d'en G. de l'Olivier d'Arles R, En G. de Lobevier f (s. dazu Anglade zu Jehan de Nostredame p. 314). Die Abkürzung ist jedenfalls als Guillem zu deuten.

Kritische Ausgabe[1]): Schultz-Gora, Prov. Studien (1) p. 24 mit wichtiger Einleitung und Anmerkungen; vgl. Appel, Zts. 40, 637. — Die Coblas in R bei Bartsch, Denkm. — dazu Kollation von Jeanroy, AdM. 25, 187 —, die in f bei P. Meyer, Dern. Troub.

Ältere Literatur: P. Meyer, Derniers Troubadours p. 106. Chabaneau, Biogr. p. 357. P. Meyer, Hist. lit. 32, 71.

Sämtliche Stücke sind **coblas esparsas**.

---

[1]) Anordnung der Texte:

Sch.-G.	Grdr.	Sch.-G.	Grdr.	Sch.-G.	Grdr.
1	= 67	28	= 41	55	= 33
2	= 24	29	= 13	56	= 76
3		30	= 56	57	= 45
+ 4	= 69	31	= 21	58	= 77
+ 5		32	= 6	59	= 61
6	= 40	33	= 10	60	= 8
7	= 63	34	= 54	61	= 4
8	= 30	35	= 14	62	= 26
9	= 46	36	= 9	63	= 17
10	= 5	37	= 15	64	= 73
11	= 47	38	= 31	65	= 44
12	= 19	39	= 60	66	= 11
13	= 50	40	= 22	67	= 59
14	= 49	41	= 18	68	= 58
15	= 35	42	= 55	69	= 43
16	= 52	43	= 74	70	= 25
17	= 57	44	= 1	71	= 68
18	= 66	45	= 38	72	= 20
19	= 7	46	= 32	73	= 28
20	= 51	47	= 39	74	= 42
21	= 72	48	= 65	75	= 70
22	= 12	49	= 27	76	= 48
23	= 53	50	= 16	77	= 36
24	= 23	51	= 3	78	= 37
25	= 34	52	= 75	79	= 2
26	= 62	53	= 29		
27	= 64	54	= 71		

1. Aissi com per aventura
R 114.
Bartsch, Denkm. p. 38. Schultz-Gora p. 47.

2. Aitan cert com a tres leguas
Aissi *bei Bartsch*
f 6.
Dern. Troub. p. 108. Schultz-Gora p. 58.

3. Aitan be taing per dever
R 114.
Bartsch, Denkm. p. 41. Schultz-Gora p. 49.

4. Alcun son trop major de fama
R 114.
Bartsch, Denkm. p. 44. Appel, Chrest. p. 160. Schultz-Gora p. 52.

5. Alcus omes sai entre nos
R 113.
Bartsch, Denkm. p. 28. Schultz-Gora p. 38.

6. Auzit ai dir mainta sazo
-as -os
R 113.
Bartsch, Denkm. p. 35. Schultz-Gora p. 44.

7. Be corteza conoissensa
R 113.
Bartsch, Denkm. p. 31. Schultz-Gora p. 40.

8. Bona fes e mala
R 114.
Bartsch, Denkm. p. 44. Schultz-Gora p. 52.

9. Bona fi fai qui ab bon albre·s lia
R 113.
Bartsch, Denkm. p. 36. Schultz-Gora p. 45.

10. Bon es aver acampar
R 113.
Bartsch, Denkm. p. 35. Schultz-Gora p. 44.

11. Bos noirimens dona regla
R 114.
Bartsch, Denkm. p. 46. Schultz-Gora p. 54.

12. Catre cauzas son fort nominativas
R 113.
Bartsch, Denkm. p. 32. Schultz-Gora p. 41.

13. Catre maneiras son de gens
R 113.
Bartsch, Denkm. p. 34. Schultz-Gora p. 43.

14. Cert es, qui a mal vezi
R 113.
Bartsch, Denkm. p. 36. Schultz-Gora p. 44.

15. Cobes e larcs aug cais tot jorn reprendre
R 113.
Bartsch, Denkm. p. 36. Schultz-Gora p. 45.

16. De razon es e de natura
R 114.
Bartsch, Denkm. p. 40. Schultz-Gora p. 49.

17. Deus donet comandamen
R 114.
Bartsch, Denkm. p. 45. Schultz-Gora p. 53.

18. D'omes trop que donan conseill
R 113.
Bartsch, Denkm. p. 37. Schultz-Gora p. 46.

19. D'omes vei qu'an a totz jorns mens
R 113.
Bartsch, Denkm. p. 29. Schultz-Gora p. 39.

20. En totz afars taing cortezia
R 114.
Bartsch, Denkm. p. 48. Schultz-Gora p. 56.

21. Entr' amics et enemics
R 113.
Bartsch, Denkm. p. 34. Schultz-Gora p. 43.

22. Escrig o trop en Salamo
(o *fehlt Hs.,* E. truep ieu *Sch.-G.*)
R 113.
Bartsch, Denkm. p. 37. Schultz-Gora p. 46.

23. Escrig trop en un nostr' actor
R 113.
Bartsch, Denkm. p. 33. Appel, Chrest. p. 160. Schultz-Gora p. 42.

= Eu s. Ieu. =

24. Fals' amor no si pot dir
R 113.
Bartsch, Denkm. p. 26. Schultz-Gora p. 36. De Lollis, Poesie prov. sulla origine e sulla natura d'amore, p. 28.

25. Fals semblans e motz deslials
mot
R 114.
Bartsch, Denkm. p. 47. Schultz-Gora p. 55.

26. Gaug e solatz e cortezia
R 114.
Bartsch, Denkm. p. 44. Schultz-Gora p. 52.

27. Hom be parlans deu mais entendre
R 114.
Bartsch, Denkm. p. 40. Schultz-Gora p. 48.

28. Hom deu lauzar son amic
R 114.
Bartsch, Denkm. p. 48. Schultz-Gora p. 56.

29. Hom que per pauc de profeg
R 114.
Bartsch, Denkm. p. 41. Schultz-Gora p. 50.

30. Hom que se ren de sa moiller gilos
R 113.
Bartsch, Denkm. p. 28. Schultz-Gora p. 37.

31. Ieu ai vist ome plagat
R 113.
Bartsch, Denkm. p. 36. Schultz-Gora p. 45.

32. Ieu conseguei temps e sazo
R 114.
Bartsch, Denkm. p. 39. Schultz-Gora p. 48.

33. Ieu me tenc a gran plazer
R 114.
Bartsch, Denkm. p. 42. Schultz-Gora p. 50.

34. Ieu no tenc ome per amic
R 113, f 6.
Bartsch, Denkm. p. 33 R. Dern. Troub. p. 107 f. Schultz-Gora p. 42.

35. Jocs e putaria
R 113.
Bartsch, Denkm. p. 30. Schultz-Gora p. 39.

36. La plus falsa cobertura
f 6.
Dern. Troub. p. 107. Schultz-Gora p. 57.

37. La plus lial garentia
f 6.
Dern. Troub. p. 107. Schultz-Gora p. 58.

38. Mals temps fai reconoisser Deu
Mal
R 114.
Bartsch, Denkm. p. 39. Schultz-Gora p. 47.

39. Mals tragz dona alegransa
tratz don
R 114.
Bartsch, Denkm. p. 39. Schultz-Gora p. 48.

40. Mans se feignon enamorat
R 113.
Bartsch, Denkm. p. 27. Schultz-Gora p. 37.

41. Moutas vegadas s'endeve
R 113.
Bartsch, Denkm. p. 34. Schultz-Gora p. 43.

42. Oc e no son dui contrari
R 114.
Bartsch, Denkm. p. 49. Schultz-Gora p. 56.

43. On mais m'esfors cascun jorn d'aver vida
R 114.
Bartsch, Denkm. p. 47. Schultz-Gora p. 55.

44. Per respeg d'alcun befag
R 114.
Bartsch, Denkm. p. 45. Schultz-Gora p. 53.

45. Pieitz fa un petit de mal
R 114.
Bartsch, Denkm. p. 43. Schultz-Gora p. 51.

46. Pros domna enamorada
R 113.
Bartsch, Denkm. p. 28. Schultz-Gora p. 38.

47. Qui ama cortezia
R 113.
Bartsch, Denkm. p. 29. Schultz-Gora p. 38.

48. Qui en anel d'aur fai veir' encastonar
R 114.
Bartsch, Denkm. p. 49. Appel, Chrest. p. 160. Schultz-Gora p. 57.

49. Qui sap gardar fag e dig de secret
R 113.
Bartsch, Denkm. p. 30. Schultz-Gora p. 39.

50. Qui s'azauta d'envitz faire
enuetz f. *in R*,
enueg a f. *in f*
R 113, f 6.
Bartsch, Denkm. p. 29 *R*. Dern. Troub. p. 108 *f*. Schultz-Gora p. 39.

51. Qui se volgues conseillar
R 113.
Bartsch, Denkm. p. 31. Schultz-Gora p. 41.

52. Qui vol aver gaire d'amics
R 113.
Bartsch, Denkm. p. 30. Schultz-Gora p. 40.

53. Rics hom qu'enten en gran nobleza
R 113.
Bartsch, Denkm. p. 32. Schultz-Gora p. 41.

54. Riquezas grans fan far mainta faillensa
R 113.
Bartsch, Denkm. p. 35. Schultz-Gora p. 44.

55. Salamos nos es recomtans
R 113.
Bartsch, Denkm. p. 38. Schultz-Gora p. 46.

56. Seneca dis, que saup philozophia
R 113.
Bartsch, Denkm. p. 34. Appel, Chrest. p. 160. Schultz-Gora p. 43.

57. Seneca, que fon hom sabens
R 113.
Bartsch, Denkm. p. 31. Schultz-Gora p. 40.

58. Sens e sabers e conoissensa
R 114.
Bartsch, Denkm. p. 46. Schultz-Gora p. 54.

59. S'eu auzes dire a ma guiza
R 114.
Bartsch, Denkm. p. 46. Schultz-Gora p. 54.

60. Si fos tan bos segles com sol
R 113.
Bartsch, Denkm. p. 37. Schultz-Gora p. 46.

61. Si per chantan esjauzir
R 114.
Bartsch, Denkm. p. 43. Schultz-Gora p. 52.

62. Si vols far ver' esproansa
R 113.
Bartsch, Denkm. p. 33. Schultz-Gora p. 42.

63. So nos retrais Marcabrus
-e-
R 113.
Bartsch, Denkm. p. 27. Schultz-Gora p. 37.

64. S'us hom sabia mal ses be
R 113.
Bartsch, Denkm. p. 33. Schultz-Gora p. 42.

65. Tal ome am que sos aibs no m'azauta
R 114.
Bartsch, Denkm. p. 40. Schultz-Gora p. 48.

66. Tant es lo mons costumatz
R 113.
Bartsch, Denkm. p. 31. Schultz-Gora p. 40.

67. Tant no posc legir ni pensar
puecs
R 113.
Bartsch, Denkm. p. 26. Schultz-Gora p. 36. De Lollis, Poesie prov. sulla origine e sulla natura d'amore, p. 29.

68. Tart e tost son doas cauzas per natura
R 114.
Bartsch, Denkm. p. 48. Schultz-Gora p. 55.

69. Tota domna qu'amors vensa
R 113.
Cobla mit 2 Tornadas. — Bartsch, Denkm. p. 26 Nr. 3–5. Schultz-Gora p. 36 Nr. 3–5.

70. Tot enaissi com peira precioza
R 114.
Bartsch, Denkm. p. 49. Schultz-Gora p. 57.

71. Totz hom deu esser curos
R 114.
Bartsch, Denkm. p. 42. Schultz-Gora p. 50.

72. Totz hom me par be noiritz
R 113.
Bartsch, Denkm. p. 32. Schultz-Gora p. 41.

73. Totz hom se deu donar soing
R 114.
Bartsch, Denkm. p. 45. Schultz-Gora p. 53.

74. Tres enemics principals
R 114.
Bartsch, Denkm. p. 38. Schultz-Gora p. 47.

75. Trop parlar fai desmentir
R 114.
Bartsch, Denkm. p. 41. Schultz-Gora p. 49.

76. Trop volontatz tol la vista
R 114.
Bartsch, Denkm. p. 42. Schultz-Gora p. 51.

77. **Us hom es qu'a ajostat** R 114. — Bartsch, Denkm. p. 43. Schultz-Gora p. 51.

Zugeschrieben wird ihm noch:

335, 49 Rics hom que greu ditz vertat e leu men (Peire Cardenal).

247. Guiraut de Quintinac oder Quentinhac.

Die Existenz dieses Troubadours ist höchst problematisch. — Vgl. Appel, B. von Ventadorn p. 285.

(1. **Mout fai gran vilanatge**
4 Verse in α 33596, stammend aus 392, 27.)

Das Breviari zitiert schon vorher als von ihm eine Strophe aus:

34, 2 Lo joi comens en un bel mes (Arnaut de Tintignac).

CReg. hat unter G. de Quintenac [s. Guillem de Quintenac, Nr. 228]:

70, 30 Lo temps vai e ven e vire (Bernart de Ventadorn).

248. Guiraut Riquier.

Ausgabe[1]) von S. L. H. Pfaff als Bd. IV von Mahn, Werke 1853. — Die Ausgabe ist nicht ganz vollständig. Ergänzungen gaben

[1]) Anordnung:

MW.	Grdr.	MW.	Grdr.	MW.	Grdr.
A. Lieder.		25	= 60	50	= 88
1	= 82	26	= 48	51	= 86
2	= 6	27	= 85	52	= 81
3	= 26	28	= 71	53	= 17
4	= 83	29	= 53	54	= 65
5	= 10	30	= 87	55	= 78
6	= 5	31	= 68	56	= 57
7	= 58	32	= 89	57	= 49
8	= 8	33	= 21	58	= 51
9	= 1	34	= 79	59	= 32
10	= 18	35	= 66	60	= 50
11	= 7	36	= 62	61	= 22
12	= 19	37	= 55	62	= 15
13	= 2	38	= 69	63	= 3
14	= 13	39	= 27	64	= 64
15	= 23	40	= 52	65	= 9
16	= 80	41	= 12	66	= 4
17	= 67	42	= 30	67	= 70
18	= 63	43	= 31	68	= 73.
19	= 24	44	= 61		
20	= 56	45	= 45	B. Briefe.	
21	= 44	46	= 72	69	= V
22	= 33	47	= 59	70	= XI
23	= 29	48	= 47	71	= XII
24	= 46	49	= 84	72	= IX

Selbach, Streitgedicht und Chabaneau, Cinq tensons de Guiraut Riquier, Rlr. 32, 109; vgl. Levy, Zts. 13, 336.

Diez, Leben u. Werke p. 408. — Hist. lit. 20, 578 (mit Vorsicht zu benutzen). — Bartsch, Über den prov. Dichter Guiraut Riquier, Arch. 16, 137 (betrifft besonders die Metrik). — Milá y Fontanals, Trovadores en Esp. p. 217 (Beziehungen zu Spanien). — Azaïs, Les Troub. de Béziers p. 153. — Selbach, Streitgedicht, passim. — Chabaneau, l. c. p. 120 (Namensverzeichnis und Nachweise zu den Tenzonen und übrigen Gedichten). — Lowinsky, Zts. f. frz. Sprache u. Lit. 20 I 192 (zu den religiösen Dichtungen). — Suchier und Birch-Hirschfeld, Gesch. d. frz. Lit. 1, 86. — Joseph Anglade, Le troubadour Guiraut Riquier. Étude sur la décadence de l'ancienne poésie provençale. Thèse présentée à la Faculté des Lettres de l'Université de Paris pour le doctorat ès lettres, Bordeaux-Paris 1905. (Behandelt das Leben Guirauts, wobei die Dichtungen zumeist in der Folge ihrer Entstehung besprochen werden, und die Bedeutung seines Schaffens im Rahmen der Zeit. Grundlegend für ihn selbst, wichtig für die anderen Dichter der Dekadenz. Im folgenden nur als Anglade zitiert.) Rezensionen von René Lavaud und Jeanroy, AdM. 18, 222; Ferd. Castets, Rlr. 49, 253; Schultz-Gora, Zts. 31, 250; Appel, Lit.-Blatt 1907, 406; A. Thomas, Rom. 37, 170. — Savj-Lopez, Trovatori e Poeti p. 55. — Anglade, Les Troubadours p. 279. — I. C. Le Compte, Guiraut Riquier and the viscount of Narbonne, Modern Philology 6, 97. — Anglade, Le troub. Guiraut Riquier de Narbonne et les Catalans, Institut d'Estudis Catalans, Anuari 1909—10, p. 571. — Ders., Discours prononcé à l'inauguration de la plaque commémorative en l'honneur des troubadours de Narbonne (26 mai 1912), Bulletin de la Commission archéol. de Narbonne 12, 471. — Ders., Hist. somm. de la litt. mérid. p. 108 u. 191. — H. Anglès, Les melodies del trobador Guiraut Riquier, Estudis Universitaris Catalans, volum 11, p. 1 (nicht erhältlich).

1. Ab lo temps agradiu, gai

C 291, R 105♩.
Canz. (‚vers‘). — MW. 4, 12.

2. Ab pauc er decazutz
descauzitz *R*

C 292, R 106♩.
Canz. — MW. 4, 19.

MW.	Grdr.
73	= IV
74	= I
75	= XIII
76	= III
77	= II
78	= VII
79	= } X
80	= } X
81	= XV
82	= VIII

MW.	Grdr.
83	= XIV
84	= VI.
C. Tenzonen.	
85	= 77
86	= 43 (154, 2b)
87	= 14
88	= 37
89	= 75
90	= 39 (296, 2)

MW.	Grdr.
91	= 36
92	= 41 (226, 7)
93	= 20
94	= 25 (226, 1)
95	= 76
96	= 42 (226, 8)
97	= 40 (260, 1)
98	= 38 (154, 2a)
99	= 74.

3. Ab plazen
C 310.
Alba. — Choix 3, 461. MW. 4, 95. Galvani, Osservazioni p. 145.

4. Ad un fin aman fon datz
C 310.
Serena. — Choix 3, 466. MW. 4, 97. Bartsch, Lesebuch p. 104 u. Chrest. col. 310. Galvani, Osservazioni p. 156. Lommatzsch, Liederb. p. 219. Audiau et Lavaud, Nouv. Anthol. p. 261.

5. Aissi com cel que francamen estai
C 290, R 105♩.
Canz. — MW. 4, 8.

6. Aissi pert poder amors
C 288, R 104♩.
Canz. — MW. 4, 2.

7. Aissi quon es sobronrada
C 292, R 105♩.
Marienlied (‚canson . . . de la maire de Dieu'). — MW. 4, 15.

8. A mon dan sui esforcius
C 291, R 105♩.
Canz. — MW. 4, 11.

9. Amors m'auci, que·m fai tant abelir
C 310.
‚Breu doble'. — Choix 2, 233. MW. 4, 97. Bartsch, Lesebuch p. 108 und Chrest. col. 309. Galvani, Osservazioni p. 134.

10. Amors, pos a vos faill poders
C 289, R 105♩.
Canz. — MW. 4, 7.

11. A'n Miquel de Castillo
R 34—285, anonym (Selbach, Streitgedicht p. 109).
Tenzone (Partimen) mit Miquel de Castillo und Codolet = 300, 1 und 115a, 1. — Krit. hgb. Chabaneau, Rlr. 32, 110.

12. Anc mais per aital razo
C 302, R 109♩.
Sirv. (‚vers'). — Choix 4, 244. MW. 4, 61.

13. Anc non aigui nul temps de far chanso
C 293, R 106♩.
Canz. — MW. 4, 21.

14. Ara s'esfors, n'Envejos, vostre sens Eueyos
R 76—632, anonym.
Tenzone (Partimen) mit Envejos = 141, 1. — MW. 4, 236.

15. A Saint Pos de Tomeiras
C 309.
Pastourelle.[1]) — Parn. occ. p. 341. MW. 4, 92. Krit. hgb. Appel, Chrest. p. 103. Audiau, La pastourelle p. 73.

16. Auzit ai dir, Bofill, que saps trobar -fil
R 35—293, anonym (Selbach, Streitgedicht p. 119).
Tenzone mit Bofill = 100, 1. — Krit. hgb. Chabaneau, Rlr. 32, 112. Jean Régné, Revue des études juives 63, 75 (Übers. u. Kommentar).

17. Be·m degra de chantar tener
C 307.
Sirv. (‚vers'). — MW. 4, 78. Anglade, Anthol. p. 181.

18. Be·m meraveill co non es envejos
C 291, R 105♩, α 33191.
Canz. — MW. 4, 14.

[1]) Die Pastourellen sind alle von Anglade p. 220 übersetzt (vgl. dazu Appels Rezension), teilweise auch schon von Diez, Leben und Werke p. 409.

19. Be·m volgra d'amor partir
C 292, R 105♩.
Sirventes-Canz. (‚vers'). — MW. 4, 17.

= Calenda s. Kalenda. =
= Car s. Quar. =
= Caritatz s. Karitatz. =

20. Coms d'Astarac, ab la gensor
R 77—638, anonym.
Tenzone (Partimen) mit dem Grafen von Astarac = 179, 1. — MW. 4, 244.

21. Creire m'an fag mei dezir
C 299, R 108♩.
(Sirventes-)Canz. — MW. 4, 49.

= Cristia(s) s. Xristia(s). =

22. D'Astarac venia
C 309.
Pastourelle. – Parn. occ. p. 338. MW. 4, 90. Audiau, La pastourelle p. 67. Audiau et Lavaud, Nouv. Anthol. p. 303.

23. De far chanso sui marritz
C 293, R 106♩.
Canz. — MW. 4, 22. Krit. hgb. Anglade, Institut d'Estudis Catalans, Anuari 1909—10, p. 575.

24. De midons e d'amor
C 294, R 106♩.
Canz. — MW. 4, 28.

25. De so don eu soi doptos
Tenzone mit Guillem de Mur, Enric II Grafen von Rodez und Marques, s. 226, 1.

26. En re no·s meillura
C 289, R 104♩.
Canz. — MW. 4, 4.

27. En tot quan qu'eu saupes huey
C 301, R 108♩.
Canz. auf Maria [1]). — MW. 4, 58.

= Eu s. Yeu. =

28. Falco, domna avinen don
R 34—284, anonym (Selbach, Streitgedicht p. 124).
Tenzone (Partimen) mit einem Falco = 147, 1. — Krit. hgb. Chabaneau, Rlr. 32, 114.

29. Fis e verais e plus ferms que no soill
C 296, R 107♩.
Canz. — MW. 4, 34. De Lollis, Poesie prov. sulla origine e sulla natura d'amore, p. 29.

30. Fortz guerra fai tot lo mon guerrejar
C 302, R 109♩.
Sirv. u. geistliches Lied (‚vers'). — Choix 4, 389. MW. 4, 63.

31. Gaug ai, car esper d'amor
C 303, R 109♩.
Marienlied (‚canson'). — MW. 4, 64.

32. Gaya pastorela
C 308.
Pastourelle. — Choix 3, 470. Parn. occ. p. 334. MW. 4, 86. Audiau, La pastourelle p. 56. Audiau et Lavaud, Nouv. Anthol. p. 299.

33. Grans afans es ad ome vergoignos
C 295, R 107♩.
Sirv. (‚vers'). — MW. 4, 32.

[1]) So aufgefaßt von Lowinsky, l. c. p. 193 A. 152 und Anglade p. 294.

34. Guillem Rainier, pos no posc vezer vos
G. Raynier *Hs.*
Graynier *Bartsch*

R 33—283, anonym (Selbach, Streitgedicht p. 104).
Tenzone (Partimen) mit Guillem Rainier = 230 a, 1. — Krit. hgb. Chabaneau, Rlr. 32, 116.

35. Guillem de Mur, ...
Stand in R nach dem Index auf dem ausgerissenen Blatte 73 als Nr. 613 anonym an der Spitze einer Gruppe von Tenzonen.
Wohl Tenzone zwischen Guiraut Riquier und Guillem de Mur = 226, 6.

36. Guillem de Mur, cauzetz d'esta partida
R 76—636, anonym.
Tenzone (Partimen) mit Guillem de Mur = 226, 3. — MW. 4, 241. Milá p. 378.

37. Guillem de Mur, que cuja far
R 76—633, anonym.
Tenzone mit Guillem de Mur = 226, 4. — MW. 4, 237. Milá p. 375. Krit. hgb. Anglade, Institut d'Estudis Catalans, Anuari 1909—10, p. 572.

= Guillem Rainier ... s. Nr. 34. =

38. Guiraut, pos em ab seignor cui agensa
Tenzone mit Folquet [de Lunel], s. 154, 2 a.

39. Guiraut Riquier, a cela que amatz
Tenzone mit Marques, s. 296, 2.

40. Guiraut Riquier, digatz me
Tenzone mit Jaufre [de Pon], s. 261, 1 a.

41. Guiraut Riquier, pos qu'etz sabens
Tenzone mit Guillem de Mur, s. 226, 7.

42. Guiraut Riquier, segon vostr' escien
Tenzone mit Guillem de Mur, s. 226, 8.

43. Guirautz, domn' ab beutat granda
Tenzone mit Folquet [de Lunel], s. 154, 2 b.

44. Humils, forfagz, repres e penedens
C 295, R 106♩.
Marienlied (‚vers'). — MW. 4, 31.

= Iverns s. Yverns. =

45. Jamais non er hom en est mon grazitz
C 303, R 109♩.
Sirv. und geistliches Lied (‚vers'). — MW. 4, 67.

46. Jhesus Cristz, fills de Deu viu filh
C 296, R 107♩.
Gebet (‚vers'). — MW. 4, 35.

47. Kalenda de mes caut ni freg
C 304, R 109.
Canz. auf Maria. — MW. 4, 72. — Vgl. Lowinsky, l. c. p. 193 und Anglade p. 296.

48. Karitatz | et amors e fes
C 297, R 107♩.
Kreuzlied (‚vers'). — MW. 4, 38.

49. L'autre jorn m'anava
C 306.
Pastourelle. — Choix 3, 462. Parn. occ. p. 329. MW. 4, 83. Anglade, Bull. de la Commission archéol. de Narbonne 12, 476 (Text u. Übers.). Audiau, La pastourelle p. 44. Audiau et Lavaud, Nouv. Anthol. p. 295. Übers. bei Jeanroy, Anthol. p. 150.

50. L'autrier trobei la bergeira

C 309.
Pastourelle. — Choix 3, 473. Parn. occ. p. 336. MW. 4, 88. Galvani, Osservazioni p. 122. Audiau, La pastourelle p. 61.

51. L'autrier trobei la bergeira d'antan

C 308.
Pastourelle. — Choix 3, 467. Parn. occ. p. 332. MW. 4, 85. Audiau, La pastourelle p. 50.

52. Lo mons par enchantatz

C 302, R 109♩.
Sirv. (‚vers'). — MW. 4, 60.

53. Los bes qu'eu trop en amor

C 298, R 107♩.
Canz. — MW. 4, 43.

54. Marques, una partida·us fatz fas

Stand in R auf dem ausgerissenen Blatte 73 als Nr. 614 anonym nach 248, 35.
Wohl Tenzone (Partimen) zwischen Guiraut Riquier und Marques = 296, 3.

55. Mentaugutz

C 301, R 108♩.
Geistliches Lied (‚vers'). — MW. 4, 54.

56. Mout me tenc be per pagatz

C 295, R 106♩.
Canz. — MW. 4, 30.

57. No cugei mais d'esta razo chantar

C 306, R 111♩.
Retroencha. — MW. 4, 82.

58. No·m sai d'amor si m'es mala o bona

C 290, R 105♩.
Canz. — MW. 4, 10.

59. No posc per re | lo be | que conosc far

C 304, R 109.
Geistliches Lied (‚vers'). — MW. 4, 70.

60. Ogan no cugei chantar

C 297, R 107♩.
Canz. — MW. 4, 37.

61. Ops m'agra que mos volers

C 303, R 109♩.
Geistliches Lied (‚vers'). — MW. 4, 66. Mel. bei Beck, Melodien p. 54 u. 190.

62. Per proar si pro privatz

C 300, R 108♩.
Sirv. (‚vers'). — MW. 4, 53. Mel. bei Beck, Melodien p. 54 u. 190.

63. Ples de tristor, marritz e doloiros

C 294, R 106♩. — Über einen Abdruck bei Catel s. Anglade p. 83 A. 4.
Planch. — Choix 4, 76. MW. 4, 27.

64. Pos aman

C 310.
Descort. — MW. 4, 96.

65. Pos astres no m'es donatz

C 306, R 111♩ (Musik Riv. mus. ital. 3, 237).
Retroencha. — Choix 2, 238. MW. 4, 80. Bartsch, Lesebuch p. 107 und Chrest. col. 307. Milá p. 188. Anglade, Institut d'Estudis Catalans, Anuari 1909—10, p. 577 u. ders., Anthol. p. 178.

66. Pos sabers no·m val ni sens

C 300, R 108♩.
Canz. (‚canson redonda et encadenada de motz e de son'). — MW. 4, 51. Krit. hgb. Appel,

Chrest. p. 74. Anglade, Institut d'Estudis Catalans, Anuari 1909 —10, p. 582.

67. Quar dregz ni fes
C 294, R 106♩.
Sirv. (‚vers'). — MW. 4, 25.

68. Qui·m disses, non a dos ans
C 299, R 108♩.
Sirv. (‚vers'). — Choix 4, 387. MW. 4, 46. Milá p. 224.

69. Qui·s tolgues
C 301, R 108♩.
Geistliches Lied (‚vers'). — MW. 4, 56.

70. Qui veilla ses plazer
C 311.
‚Alba de la maire Dieu'. — MW. 4, 98.

71. Razos m'adui | voler qu'eu chan soven
C 298, R 107♩.
Canz. — MW. 4, 42.

72. Res no·m val mos trobars
C 304, R 109.
Sirv. (‚vers encadenat e retrogradat de motz e de son'). — MW. 4, 69.

73. Sancta verges, maires pura
C 311.
Marienlied. — MW. 4, 100.

74. Seign'en Austorc del Boy, lo coms plazens
R 78—644, anonym.
Tenzone mit Austorc del Boy (Rainart [1]) und dem Grafen Enric II von Rodez = 38, 1 und 140, 1 d. — MW. 4, 254.

75. Seign'en Enric, a vos don avantatge
R 76—634, anonym.
Tenzone (Partimen) mit Enric II Grafen von Rodez und mit Marques = 140, 1 und 296, 4. Darauf folgt das Urteil (*jutjamen*) des Schiedsrichters P[eire] d'Estanh. — MW. 4, 238; das Urteil auch Selbach, Streitgedicht p. 88; Zenker, Die prov. Tenzone p. 61.

76. Seign'en Enric, us reis un ric avar
R 77—640, anonym.
Tenzone (Partimen) mit Enric II Grafen von Rodez und mit dem Seigner d'Alest = 140, 2 und 18, 1. — MW. 4, 248.

77. Seign'en Jorda, si·us manda Livernos
R 76—630, anonym. — Zu den Interlokutoren s. Levy, Rlr. 21, 265 und Anglade p. 88.
Tenzone (Partimen) mit Jordan [Herrn von L'Isle-Jourdain], R[aimon] Izarn und Paulet [de Marseilla] = 272, 1; 403, 1; 319, 7 a. — MW. 4, 233. Levy, Rlr. 21, 284.

78. Si chans me pogues valensa
C 306, R 111♩.
Retroencha. — MW. 4, 81.

79. S'ieu ja trobat non agues
C 300, R 108♩.
Sirv. (‚vers'). — MW. 4, 50. Milá p. 228. — Vgl. Anuari 1909—10, p. 581.

---

[1]) Austorc wird von G. R. mit *Senh'en Austorc (del Boy)*, von dem Grafen mit *Rainart* (oder *Rainaut*) angeredet; Bartsch hat zu Unrecht einen Rainart (412, 1) als Interlokutor angesetzt und den Grafen übersehen. Der wahre Sachverhalt ist erkannt von Selbach, Streitgedicht p. 82 (hier jedoch noch nicht ganz); Chabaneau, Rlr. 32, 122; Anglade p. 177.

80. Si ja·m deu mos chans valer
C 293, R 106♩.
Sirv. (‚canson‘). — MW. 4, 24. Milá p. 220.

80a. Si·us etz tan loing, mos cors es pres de vos
R 35 — in 294 (Selbach, Streitgedicht p. 108).
2 Coblas und 2 Tornadas als Antwort auf 358, 1. — Krit. hgb. Chabaneau, Rlr. 32, 118.

81. Tan m'es l'onratz verais ressos plazens
C 307.
Sirv. (‚vers‘). — Choix 4, 246. MW. 4, 77.

82. Tan m'es plazens lo mals d'amor
-ors
C 288, R 104♩.
Canz. — MW. 4, 1.

83. Tan vei qu'es ab joi pretz mermatz
C 289, R 104♩.
Canz. — MW. 4, 6.

= Umils s. Humils. =

84. Vertatz es atras tirada
C 305, R 110.
Sirv. (‚vers‘). — Choix 4, 391. MW. 4, 73.

85. Volontiers faria
C 297, R 107♩.
Canz. (‚la redonda canson‘). — MW. 4, 40. Anglade, Anthol. p. 173.

86. Xristian son per Jhesu Crist nomnat
C 307.
Geistliches Lied (‚vers‘). — MW. 4, 76.

87. Xristias vei perillar
C 298, R 108♩.
Sirv. (‚vers‘). — Choix 4, 384. MW. 4, 44.

88. Yeu cujava soven d'amor chantar
C 305, R 110.
Canz. auf Maria. — MW. 4, 75. Anglade, Anthol. p. 176.

89. Yverns no·m te de chantar embargat
C 299, R 108♩.
Sirventes - Canz. (‚vers‘). — MW. 4, 47.

Hierzu kommen die folgenden Episteln (vgl. Diez, Poesie p. 204; Bartsch, Grdr. p. 48; Stimming in Gröbers Grundriß 2 II 43, 49):

I. A cel que deu voler
R 116. Aiso trames Gr. Riquier en la cort del rey de Fransa l'an MCCLXVII.
Brief an Sicart de Puech Laurens (Puylaurens). — MW. 4, 125.

II. Aitan grans com devers
cōz (!)
R 117. Aiso fe Gr. Riquier l'an MCCLXXII.
Brief an König Alfons X von Castilien. — MW. 4, 149.

III. Al car, onrat seignor
R 117. Estas letras trames Gr. Riquier a n'Amalric de Narbona a Tonis.
Brief an Amalric IV Vizgrafen von Narbonne[1]) oder eher an seinen ältesten Sohn (1270)? — MW. 4, 143.

[1]) Nach Anglade p. 74.

IV. Al noble, mout onrat

R 116. Aiso trames Gr. Riquier a Malhorgas l'an MCCLXVI. Brief an G. de Rofian. — MW. 4, 123.

V. Al plus noble, al plus valen

R 115. Aiso so letras que trames Gr. Riquier a n'Amalric en Castela l'an MCCLXV. Brief an den ältesten Sohn[1]) des zu III genannten Vicomte. — MW. 4, 100.

VI. Als suptils aprimatz

R 120. So es la exposit[i]on de la canso del menor ters d'amor, que fes en Gr. de Calanso; la qual exposit[i]on fes on Gr. Riquier de Narbona. Auslegung von 243, 2. — MW. 4, 210. Bruchstück in Bartschs Chrest. col. 313. — Zu Tendenz und Einzelheiten des Kommentars s. O. Dammann, Die allegorische Canz. des Guiraut de Calanso p. 31 ff.

Darauf folgt ein „Zeugnis" des Grafen Enric II von Rodez, beginnend:

E nos devem ses esser greu

R 121. Aiso que ven apres, es testimoni que·l senher n'Enric, per la gracia de Dieu coms de Rodes, porta ad esta espozit[i]on ab veritat. Choix 5, 216. MW. 4, 232.

VII. A penas nul pro te

R 117. Aiso fe Gr. Riquier l'an MCCLXXIIII. Lehrgedicht. — MW. 4, 157.

VIII. Cel que sap conseillar

R 119. Aiso fe'n Gr. Riquier per .I. son amic, que volia adzemprar sos amicx, e donet li cosselh l'an MCCLXXXI. Lehrgedicht. — MW. 4, 201.

IX. Per re no posc estar

R 115. Aiso fe Gr. Riquier l'an MCCLXVIII. Lehrgedicht. — MW. 4, 117.

X. Pos Deus m'a dat saber dieu

R 117. Aiso es suplicatio que fe Gr. Riquier al rey de Castela per lo nom d[e] joglars l'an LXXIIII. Bittschrift. — MW. 4, 163. Bruchstücke: Diez, Poesie p. 297 (vgl. dazu p. 63). Milá p. 232. Bartsch, Chrest. col. 310. Crescini, Manualetto p. 376 und Manuale p. 323.

Die Antwort König Alfons' X. ist zweifellos von Guiraut aufgesetzt worden:

Si tot s'es grans afans

R 118. Declaratio que·l senher rei n'Anfos de Castela fe, per la suplicatio que Gr. Riquer fe per lo nom de joglar, l'an MCCLXXV. MW. 4, 182. Bruchstücke: Diez, Poesie p. 302. Milá p. 240. Monaci, Testi ant. prov., col. 34. Crescini, Manualetto p. 379 u. Manuale p. 326.

[1]) Nach Anglade p. 47.

XI. Qui a sen et entendemen
R 115. Aiso fe Gr. Riquier de na Vaqueira de Lautre l'an MCCLVIIII.
Lob der Vizgräfin von Lautrec. — MW. 4, 103.

XII. Qui conois et enten
R 115. Aiso fe Gr. Riquier l'an MCCLXVI.
Religiöses Lehrgedicht. — MW. 4, 106.

XIII. Si·m fos sabers grazitz -er
R 116. Estas novas fe Gr. Riquier l'an MCCLXIX.
Lehrgedicht. — MW. 4, 131. — S. auch E. Müller, Die altprov. Versnovelle p. 112.

XIV. Si·m fos tan de poder
R 119. Aiso fe Gr. Riquier l'an LXXXII per dar cosselh ad .I. son amic, lo cal avia grans trebalhs.
Lehrgedicht. — MW. 4, 205.

XV. Tan petit vei prezar
R 119. Aiso fe'n Gr. Riquer l'an MCCLXXVIII.
Lehrgedicht. — MW. 4, 191.

249. Guiraut de Salaignac.

Vgl. Art. 235.

Neben Salaignac DIK stehen Salignac D[a], Salinac D. (An letzterer Stelle, zu 5, sogar Giraudos de Salinac.) Vgl. Strempel p. 10.

Kritische Ausgabe[1]): Alexander Strempel, Giraut de Salignac, ein provenzalischer Trobador. Rostocker Diss., Leipzig 1916. Besprochen von Salverda de Grave, Neophilologus 3, 306; Levy, Arch. 138, 265; Bertoni, Archiv. roman. 3, 406. — Chabaneau, Biogr. p. 353. Lavaud s. Art. 11.

Vida: I 195, K 180, N² 23 (XIX, Arch. 102, 205). — Parn. occ. p. 371. Choix 5, 172. Mahn, Biogr. p. 61. Constans, Rlr. 19, 283 nach N². Chabaneau, Biogr. p. 243. Lavaud p. 359. Strempel p. 49.

1. Aissi com cel qu'a la lebre cassada
D[a] 177—628, I 149, K 135; Aimeric de Peguillan C 90 (MG. 1185), α 28745 (auch MG. I 191); Arnaut Daniel c 39 (50); Peire Bremon Ricas Novas M 22 (MG. 14); anonym P 36 (113, Arch. 49, 318). — Zur Attribution s. Strempel p. 41 und Kolsen, Lit. Bl. 41, col. 199.
Canzone. — Lavaud p. 359. Strempel p. 73.

---

[1]) Reihenfolge der Texte:

Strempel	Grdr.
1 =	249, 3
2 =	— 2
3 =	235, 2 (= 249, 4)
4 =	235, 1

	Strempel	Grdr.
Anhang:	I =	249, 5
	II =	— 1
	III =	240, 7

2. D'una razo, Peironet, ai coratge
Peironet, d'una razon ai en c. *Ta*[1]
En Peironet, vengut m'es en c.
AD, Bartsch

A 184 (527 u. Arch. 34, 186), D 149–519, T 79, a[1] 530 (277), f 29. Überschriften: (en) Giraut-Peironet A, Index B, a[1] f; Girarz de Salaignac D.
Tenzone (Partimen) mit Peironet = 367, 1. — P. Meyer, Derniers Troubadours p. 71 nach f mit Var. von T; s. dazu p. 66 ff. Krit. hgb. ders., Recueil p. 96. Crescini, Manualetto p. 302 u. Manuale p. 260. Lommatzsch, Liederb. p. 213. Lavaud p. 360 u. 367. Strempel p. 54 (vgl. p. 25). De Lollis, Poesie prov. sulla origine e sulla natura d'amore, p. 8.

3. Esparviers et austors
D[a] 177–629, I 195, K 180. Plazer. — Parn. occ. p. 372. MW. 3, 225. Lavaud p. 268. Strempel p. 50.

(**4. Per solatz e per deport**
Me conort
E'm don alegransa
ist von Guillem de Salaignac, s. 235, 2.)

5. Tot en aital esperansa
En aital, En atretal

D 83—296; Guillem de Salenic M 69; Elias de Barjols C 221 (MG. 946); Elias Cairel E 130; anonym V 105 (Arch. 36, 443). — Zur Attribution s. Stroński, Le troub. Elias de Barjols p. XXXII, Strempel p. 36, Jaeschke, Der Trobador Elias Cairel p. 48.
Canzone. — Lavaud p. 367. Strempel p. 69; vgl. Jaeschke p. 206.

Guizenet s. Guionet 238, 2.

249a. Domna H.

Chabaneau, Biogr. p. 359 vermutet ansprechend, H. stehe für Helis. O. Schultz[-Gora], Die prov. Dichterinnen p. 14—15 denkt an Alazais de Vidallana. — Bergert, Damen p. 81.

1. Rofin, digatz m'ades de cors
I 161 (MG. 953), K 147, O 95 (150 und Arch. 34, 384), a[1] 545 (290), d 343—236. Überschrift: La tenzon de Rofin e de domna H. in IKO a[1]; ebenso, aber ohne H. in d und ursprünglich in a[1]. Tenzone (Partimen) mit Rofin = 426, 1. — O. Schultz[-Gora], l. c. p. 25.

Helias s. Elias.

250. Imbert.

Chabaneau, Biogr. p. 360: On pourrait songer à l'identifier avec le comte Humbert de Blandrate, que célébra Nicolet de Turin, et qui lui-même ne serait pas différent du „comte de Blandra", dont nous avons une cobla adressée à Folquet de Romans. [181, 1.]

Diese Identifizierung ist sehr unsicher. — Torraca, Le donne italiane nella poesia prov. p. 21 schlägt eine ganz andere vor. — S. auch Bertoni, I trov. d' Italia p. 65.

1. **Seigner n'Imbertz, digatz vostr' esciensa**
Tenzone mit Guillem de la Tor, s. 236, 8.

251. Imbert de Castelnou.

Ymbert de Castelnou steht im Reg. von C zu 396, 1—4 für Raimon de Castelnou.

252. Isabella.

Hist. lit. 19, 496. O. Schultz[-Gora], Die prov. Dichterinnen p. 11. Torraca, Le donne italiane nella poesia prov. p. 20. Bertoni, Giorn. stor. d. let. it. 38, 148. De Bartholomaeis, AdM. 16, 488. Bergert, Damen p. 75. Bertoni, I trov. d'Italia p. 130.

1. **N'Elias Cairel, de l'amor**
O 88 (140 und Arch. 34, 382), a¹ 605 (342). La tenzon de domna Ysabella e d'en Elias Cairel Oa¹.
Tenzone mit Elias Cairel = 133, 7. — O. Schultz[-Gora], l. c. p. 22. Monaci, Testi ant. prov., col. 81. Lavaud, Les trois troubadours de Sarlat p. 519. Bertoni, I trov. d'Italia p. 471. Jaeschke, Der Trobador Elias Cairel p. 133.

253. Iseut de Capio.

Capion ist die Lesart der Hs., nicht Capnion. ϰ hat Cassion.

Chabaneau, Biogr. p. 282 und 360. O. Schultz[-Gora], Zts. 10, 592 und Die prov. Dichterinnen p. 12. Clovis Brunel, AdM. 28, 462.

1. **Domna n'Almucs, si·us plagues**
H 45 (152), ϰ 137 (Mussafia p. 245); davor Razo in H, umschrieben in ϰ.
Cobla, beantwortet durch 20, 2. — Parn. occ. p. 356. Choix 5, 18. MW. 3, 324. Hist. lit. 19, 601. Krit. hgb. Chabaneau, Biogr. p. 282; O. Schultz[-Gora], l. c. p. 25. — Die Razo steht für sich noch Mahn, Biogr. p. 58.

254. Isnart d'Antravenas.

Hist. lit. 18, 568. Chabaneau, Biogr. p. 360. O. Schultz[-Gora], Zts. 10, 594. Springer, Klagelied p. 76. Soltau, Zts. 23, 202 (wichtig). Stroński, Le troub. Elias de Barjols p. 90 und besonders Rlr. 50, 18. Bergert, Damen p. 109.

1. **Del sonet d'en Blacatz**
   D^a 207—757 (Selbach, Streitgedicht p. 110), N 281—449. Sirv., Parodie auf 97, 6, beantwortet durch 97, 1. — (Choix 2, 297 + 5, 40.) MW. 3, 365. Krit. hgb. Soltau, Zts. 23, 242; dazu Anm. Zts. 24, 51.

1a. **Qual peuriatz, seigner n'Isnart**
   Tenzone mit Pelestort, s. 369, 1.

2. **Trop respont en Blacatz**
   D^a 208—759 (Selbach p. 111); anonym N 281—451. Sirv. als Antwort auf 97, 1. — Krit. hgb. Soltau, Zts. 23, 245; dazu Anm. Zts. 24, 55.

(3 = 1 a.)

255. Izarn.

Er wird V. 2 mit *fraire* angeredet.

1. **Vos que amatz coinda domn' e plazen**
   Tenzone mit Rofian, s. 425, 1.

   Ob unser Izarn identisch ist mit dem Verf. der Novas de l'heretje, hat der Hgb., P. Meyer (Le débat d'Izarn et de Sicart de Figueiras, Annuaire-Bulletin de la Soc. de l'Histoire de France, t. 16, Paris, année 1879, p. 233, bez. 237), nicht zu entscheiden gewagt; unmöglich ist es nicht (vgl. auch Chabaneau, Biogr. p. 361). — S. noch E. Müller, Die altprov. Versnovelle p. 114.

256. Izarn Marques.

1. **S'eu fos ta savis en amar**
   tan
   C 376, R 98—822.
   Canz. — Krit. hgb. Appel, Prov. Inedita p. 167.

257. Izarn Rizol.

1. **Ailas! tan sui pessius e consiros**
   C 368, zitiert von Berenguier de Noya (Homenaje Pidal 1, 684).
   Canz. — Krit. hgb. Appel, Prov. Inedita p. 169.

258. Jacme Grill.

Desimoni, Giornale ligustico 5, 254. O. Schultz[-Gora], Zts. 7, 220; Nachtrag Zts. 9, 406. Bertoni, Giorn. stor. d. let. it. 36, 10, I Trovatori minori di Genova p. XVIII und I trov. d'Italia p. 104. Mannucci, Giorn. stor. e lett. della Liguria 7, 12 A. 3.

1a. **Pero car vos feignetz de sotilment entendre**
   a^1 581 (322, nur Kollation). La tenzos d'en Iacine (l. Jacme) e d'en Lafranc.
   Tenzone (Partimen) mit Lanfranc [Cigala] = 282, 18 a. — Krit. hgb. Bertoni, Gsdli. 36, 37 und Trov. min. p. 16, auch I trov. d'Italia p. 390.

1. **Seign'en Jacme Grils, e·us deman**
   Tenzone mit Simon Doria, s. 436, 3.

(2 = 1 a.)

259. Jacme Mote, d'Arle.

Vielleicht mit Motet identisch (vgl. De Tourtoulon, Rlr. 4, 393).
P. Meyer, Derniers Troubadours p. 53 und Hist. lit. 32, 68.

1. **Non es razos qu'eu dej' aver pereza**
   f 16.
   Sirv. — Krit. hgb. Dern. Troub. p. 55.

(2. **Dous que la vergues Astrea aguet leissat Proenza**
   f 21.
   Gefälschtes Sonett. — Dern. Troub. p. 133.)

(260. Jaufre.

1. **Guiraut Riquier, digatz me**
   s. unter Jaufre de Pon 261, 1a.
2. „Tenzone mit Elias, stand in a"; gemeint ist Jaufre Reforsat de Tres 419, 2, s. 132, 7a.)

Jaufre de Foixá s. Anhang II zu den Quellen und Art. 304 Monge de Foissan.

261. Jaufre de Pon.

Chabaneau, Les troubadours Renaud et Geoffroy de Pons, Paris 1881 (auch: Le Courrier litt. de l'ouest, Nov. — Déc. 1880?).
Vida s. unter Rainaut de Pon.

1a. **Guiraut Riquier, digatz me**
   R 77 — 642, anonym. — Der Senh'en Jaufre ist wahrscheinlich Jaufre de Pon, s. Chabaneau, Rlr. 32, 125 und Anglade, Le troub. Guiraut Riquier p. 218 A. 2. [Bartsch 260, 1.] Tenzone mit Guiraut Riquier = 248, 40. — MW. 4, 252.

1. **Seign'en Jaufre, respondetz mi, si·us platz**
   Tenzone mit Rainaut de Pon, s. 414, 1.

Jaufre Reforsat s. Reforsat de Tres.

262. Jaufre Rudel de Blaja.

Kritische Ausgaben: 1. mit Einleitung (Biographie, Metrik) und Übersetzung von Albert Stimming, Der Troubadour Jaufre Rudel, sein Leben und seine Werke, Kiel 1873, bez. Berlin s. a.[1]) — Besprochen mit Besserungen von H. Suchier, Jahrb. 13, 337; Stengel,

[1]) Anordnung der Texte:

Stimming	Grdr.	Stimming	Grdr.
1	= 6	5	= 2
2	= 5	6	= 3
3	= 4	(unechtes Lied, p. 57	= 190, 1).
4	= 1		

Jenaer Literaturzeitg. 1874, 430. 2. A. Jeanroy, Les chansons de Jaufré Rudel, 2e éd., Paris 1924[1]) (= Les classiques franç. du moyen âge, 15); vgl. Bertoni, AdM. 27, 217.

E. Monaci hat als ,Appendice' zu seinem Aufsatz ,Ancora di Jaufre Rudel', Rendiconti della R. Accademia dei Lincei, Classe di scienze morali, storiche e filologiche, serie quinta, vol. II, parte I, Roma 1893, p. 927, bez. 935 die Texte nach Stimming (Nr. 3 nach G. Paris) wiederholt, doch in neuer Reihenfolge; später hat er einen Abdruck für Lehrzwecke besorgt u. d. T. Poesie e vita di Jaufre Rudel, Roma 1903, als fasc. 5 der Testi romanzi per uso delle scuole a cura di E. Monaci. (Zitiert Rendiconti, bez. Testi rom.)

Hist. lit. 14, 559 (wertlos). — Diez, Leben u. Werke p. 46. — Li Romans de Durmart le Galois, altfranz. Rittergedicht, zum ersten Mal hgb. von E. Stengel, Tübingen 1873 (= Bibl. des Literar. Vereins in Stuttgart, Bd. 116), p. 504 (erklärt den Bericht der Vida für sagenhaft). — Einleitung zu Stimmings Ausgabe. — Bartsch, Jahrb. 13, 20 (zu Nostradamus). — Suchier, Jahrb. 14, 126 (wichtig durch eine neue Auffassung der Chronologie; vgl. P. Meyer, Rom. 6, 120). — Ernest Sabatier, Jaufre Rudel, Mém. de l'Académie de Nîmes, 7e série, t. 4, année 1881, p. 119 (zu Unrecht vernachlässigt). — Giosuè Carducci, Jaufré Rudel, poesia antica e moderna, Bologna 1888 und wieder abgedruckt in Opere, X (Studi, saggi e discorsi), Bol. 1898, p. 243 (mehr um als über J. R.). — Crescini, Appunti su Jaufre Rudel, Atti e Memorie della R. Accademia di scienze, lettere ed arti in Padova, nuova serie, vol. 6, Pad. 1890, p. 177 und wieder abgedruckt in Per gli studi romanzi, Pad. 1892, p. 1 (Bemerkungen und Bedenken; vgl. Rom. 19, 500). — G. Paris, Jaufré Rudel, Rev. historique, t. 53, Paris 1893, p. 225 (zerstört völlig die Sage von der Liebe des Dichters zur Gräfin von Tripolis; methodisch wertvoll für Schätzung und Kritik der Biographien), auch in Mélanges de litt. franç. du moyen âge p. 498; vgl. die Besprechung von O. Schultz[-Gora], Arch. 92, 218 (inhaltsreich, beleuchtet eine Reihe anderer Vidas und Razos von geringer Glaubwürdigkeit). — Monaci, Ancora di J. R. (s. oben; bezieht alle Lieder auf eine einzige Dame, Eleonore von Poitiers). — Restori, Jaufre Rudel, Per l'Arte 1894 (mir nicht zugänglich). — Rud. Kiessmann, Untersuchungen über die Bedeutung Eleonorens von Poitou für die Lit. ihrer Zeit, Teil I (Wissensch. Beilage zum Jahresber. des Herzogl. Karls-Gymn. in Bernburg, Ostern 1901), p. 3 (geht auf Monacis Spuren). — Appel, Wiederum zu Jaufre Rudel, Arch. 107, 338 (stellt die geistreiche Hypothese auf, daß des Dichters Liebe der h. Jungfrau gilt), auch B. von Ventadorn p. LXVIII; vgl. De Lollis, Studj di fil. rom. 9, 476. — Savj-Lopez, Jaufre Rudel. Questioni vecchie e nuove, Rendic. d. R. Accad. dei

---

[1]) Anordnung der Texte wie bei Stimming; Lied Nr. 7 wird als chanson apocryphe in den Anhang verwiesen.

Lincei, Classe di scienze morali, serie quinta, vol. XI, 1902, p. 212 (wendet sich in der Hauptsache gegen Appel); umgearbeitet und erweitert in dem Kapitel „Mistica profana" in Trovatori e Poeti p. 77. — Anglade, Les Troubadours p. 104. — A. Andrae, Rom. Forschgn. 27, 351. — Bertoni, Due poesie di J. Rudel, Zts. 35, 533 (zu 262, 3 u. 7; legendärer Charakter der Liebesgesch.). — R. Ortiz, Intorno a Jaufre Rudel, Zts. 35, 543 (mit Monaci u. Savj-Lopez für eine irdische Geliebte, Einfluß Wilhelms IX.). — Jeanroy, Sur quelques textes prov. récemment publiés, Rom. 41, 105 (zu Bertonis Artikel). — P. Blum, Der Troub. J. Rudel und sein Fortleben in der Literatur, Jahresber. der 2. K. K. Staatsrealschule in Brünn, 1912. — Chaytor, The troubadours p. 44. — Bergert, Damen p. 5. — C. Meyer, Le troub. Sire Jauffre Rudel, prince de Blaye. Étude, Strasbourg 1913. — Zanders, Die altprov. Prosanovelle p. 102 (für Stengels Auffassung). — Olin H. Moore, J. Rudel and the lady of dreams, Publications of the Modern Language Association of America 29, 517 (auf Stengels Standpunkt; die Liebe nur erdichtet, Vorbild in andern). — Francesco Viglione, La leggenda di Janfre(!) Rudel nei canti dei poeti italiani e stranieri, Rivista d'Italia 19, I, 40. — Vossler, Bernhard v. Ventadorn, Sitzungsber. d. Bayr. Akad. 1918, p. 84 u. 133ff. (gegen Appels Auffassung, für Einfluß von Ovids „Heroides"); s. dagegen Appel, Lit.-Bl. 1919, col. 113. Vossler dann nochmals in s. Französische Philologie (1914—18), Gotha 1919, p. 51. — E. Staaff, Jaufré Rudel. Ett blad ur trubadurdiktningens historia, in: Nordisk tidskrift för vetenskap, konst och industri, Stockholm 1919, p. 241. — Lotte Zade, Der Troub. Jaufre Rudel und das Motiv der Fernliebe in der Weltliteratur. Diss., Greifswald 1919 (auch Zusammenstellung der einzelnen Meinungen über das Problem). — Anglade, Hist. somm. de la litt. mérid. p. 57. — R. Ortiz, Da Jaufre Rudel ai trovatori armeni, Zts. 45, 714 (auch zu 262, 6).

Vida: A 127 (p. 393), B 76 (ib. p. 700; Mahn, Biogr. p. 2), I 121, K 107, N[2] 19 (VII, Arch. 102, 192); vgl. ϰ 71 (Mussafia p. 214).

Parn. occ. p. 19. Choix 5, 165. MW. 1, 61. Stimming p. 40. P. Meyer, Recueil p. 99. Chabaneau, Biogr. p. 217. Monaci, Testi ant. prov., col. 41. G. Paris, Rev. historique 53, 225. Crescini, Manualetto p. 386 u. Manuale p. 331. Appel, Chrest. p. 189. Testi rom. p. 11. Schultz-Gora, Elementarbuch p. 147. Lommatzsch, Liederb. p. 22. Zade p. 8. Jeanroy, Chansons p. 21.

1. Bels m'es l'estius e·l temps
Bel **floritz**

C 214, e 174.

Canz. — Choix 3, 95. MW. 1, 63. Stimming p. 49. Monaci, Rendiconti p. 940 und Testi rom. p. 8. Jeanroy, Chansons p. 9.

2. Lanquan li jorn son lonc en mai
Lai q.

A 127 (364), B 77 (MG. 143), C 215, D 88–318, E 149, I 121, K 107, M 165, R 63♩—525, S 182—115, Sg Nr. 1, a[1] 498 (248), e 186, ϰ 72 (Mussafia

p. 215); Gaucelm Faidit W 189♩ (p. 393); anonym X 81♩, ε 1299 (auch Stimming p. 70; zum Texte s. G. Paris, Einleitung von Servois' Ausg. p. CXV). Melodie nach X (und RW) Riv. mus. it. 3, 249, ferner Beck, Melodien p. 57 u. 190 und La musique des troub. p. 79, auch Gennrich, Deutsche Vierteljahrsschrift für Lit.wissensch. u. Geistesgesch. 7, 224.
Canz. — Choix 3, 101. MW. 1, 65. Stimming p. 50. Monaci, Testi ant. prov., col. 40 u. Rendiconti p. 936. Appel, Chrest. p. 54. Testi rom. p. 4. Lommatzsch, Liederb. p. 24 u. Mel. p. 423. Jeanroy, Chansons p. 12. Anglade, Anthol. p. 29. Audiau et Lavaud, Nouv. Anthol. p. 25. Übers. bei Jeanroy, Anthol. p. 22.

3. **No sap chantar qui·l so no di**
qui ditz
C 215, E 150, M 166, R 63♩—524, b I 5, e 192 (zwei Redaktionen; die eine bei Stengel, Durmart le Galois p. 506), α 29417 (auch MG. I 198), ϰ 71 (Mussafia p. 215); Bernart Marti a¹ 458 (206).
Canz. (‚vers'). — Choix 3, 97. MW. 1, 64. Stimming p. 53. Nochmals krit. hgb. von G. Paris, Rev. historique 53, 257, auch Mélanges de litt. franç. du moyen âge p. 537; die beiden von ihm für eingeschoben erklärten Strophen s. p. 249. Monaci, Rendiconti p. 935 und Testi rom. p. 3. Bertoni, Zts. 35, 535; vgl. Jeanroy, Rom. 41, 107. Jeanroy, Chansons p. 16.

4. **Pro ai del chant enseignadors**
-or
C 215, e 190.
Canz. — Choix 3, 94. Parn. occ. p. 20. MW. 1, 61. Stimming p. 47. P. Meyer, Recueil p. 77. Monaci, Rendiconti p. 939 und Testi rom. p. 6. Jeanroy p. 6. Anglade, Anthol. p. 32.

5. **Quan lo rius de la fontana**
Pos
A 127 (365), B 77 (MG. 148), C 214, D 88—317 (Del cod. Estense, Sitzungsber. etc. p. 434), E 149, I 122, K 107, M 165, R 63♩—527, S 183—116, Sg Nr. 2, U 126 (Arch. 35, 450), b I 6, e 180, ϰ 72 (Mussafia p. 215); Guillem de Cabestaing a¹ 278 (24); anonym X 149, ζ 115 (Arch. 42, 357 u. Stimming p. 69).
Canz. (‚vers'). — Choix 3, 99. MW. 1, 62. Bartsch, Lesebuch p. 57 und krit. hgb. Chrest. col. 59. Stimming p. 44. Crescini, Manualetto p. 204. Monaci, Rendiconti p. 937 und Testi rom. p. 5. Lommatzsch, Liederb. p. 23. Jeanroy, Chansons p. 3. Crescini, Manuale p. 171. Audiau et Lavaud, Nouv. Anthol. p. 23. — Zu v. 11 s. Andresen, Zu Jaufre Rudel, Halle 1917, p. 13, zu dem wichtigen v. 35 s. die von Crescini in den Var. angegebene Literatur, zur Mel. Beck, Melodien Nr. 138 (?).

6. **Quan lo rossignols el foillos**
Pos
A 127 (363), B 76 (MG. 88), C 214, D 88–316, E 149, I 122, K 108, M 166, N² 19 (VII 1, Arch. 102, 192), R 63♩—526, Sg Nr. 3, a¹ 499 (249), e 178.
Canz. — Stimming p. 41. Mo-

naci, Rendiconti p. 942 und Testi rom. p. 10. Jeanroy p. 1. — Mel. bei Beck, La musique des troub. p. 75. — S. noch J. Storost, Ursprung u. Entwicklung des altprov. sirventes p. 92.

7. **Qui no sap esser chantaire**
a¹ 500 (251, Studj di fil. rom. 8, 426).
[Bartsch unbekannt.] Canz. — Krit. hgb. Savj-Lopez, Rendic. d. R. Accad. dei Lincei, etc. p. 222 und Trovatori e Poeti p. 109. Monaci, Testi rom. p. 9. Bertoni, Zts. 35, 537; vgl. Jeanroy, Rom. 41, 107. Jeanroy, Chansons p. 18 (vgl. introd. p. IX). Bertoni, Studi su vecchie e nuove poesie e prose d'amore e di romanzi (Modena 1921), p. 79, krit. Text p. 86.

Hierzu kommt ein Zitat in ι 14 (Egidi 1, 155; Thomas p. 177; Jahrb. 11, 46): Modicum de suis confidit virtutibus etc.

Zugeschrieben werden ihm noch:

183, 1 Ab la doussor del temps novel (Coms de Peiteus)
356, 4 Ges no posc en bo vers faillir (Peire Rogier)
190, 1 Lanquan lo temps renovela (Grimoart Gausmar)
202, 8 Lanquan vei florir l'espiga (Guillem Ademar).

Über Jaufre de Tolosa, bei Redi erwähnt, s. Chabaneau, Rlr. 23, 18 und Biogr. p. 362, auch Anglade, Les troub. de Toulouse p. 123; vgl. auch den Anhang zu Art. 46.

263. Javare.

1. **Javare, anc a mercat**
Coblaswechsel mit einem Bertran, vielleicht B. d'Alamano, s. 75, 4.

264. Joan Aguila.

Einem Joan Aguila (C) oder Anguila (R) wird in diesen beiden Hss. zugeschrieben:

47, 9 S'eu anc per fol' entendensa (Berenguier de Palazol).

265. Joan d'Albuzo.

So in U (Albuzon, Albuçon); Joanez d'Albuison (Albuisson ϰ) in H und im Dichterverzeichnis von ϰ (Mussafia p. 265). — Hist. lit. 18, 626. O. Schultz[-Gora], Zts. 7, 216. Selbach, Streitgedicht p. 68. Schultz-Gora, Ein Sirv. von Guilhem Figueira p. 36 und 48.

1a. **Digatz mi s'es vers so qu'om brui**
a¹ 539 (285, nur Kollation), la tenzo d'en Sordel e d'en Johan.
Tenzone (in kurzer Wechselrede) mit Sordel = 437, 10 a. — Krit. hgb. Bertoni, (Nuove rime di Sordello di Goito,) Giorn. stor. d. let. it. 38, 285 u. Schultz-

Gora, Ein Sirv. von Guilhem Figueira p. 55 (mit wichtiger Einleitung). Vgl. Bertoni, I trov. d'Italia p. 76 A. 2.

(1. **Domna, de chantar ai talen** s. 217, 6.)

2. **En Nicolet, d'un sogne qu'eu sognava**

U 129 (Arch. 33, 297 u. 35, 453). Tenzone mit Nicolet de Turin = 310, 1. — Krit. hgb. Crescini, Manualetto p. 353 u. Manuale p. 304. Monaci, Poesie prov. di trovad. ital. p. 12. Wittenberg, Hohenstaufen p. 105 (vgl. p. 78). Bertoni, I trov. d'Italia p. 256 (u. Arch. 140, 111), zur Datierung auch Bertoni, l. c. p. 63.

3. **Vostra domna segon lo meu semblan**

H 50 (171 und Arch. 34, 403). Sirv. (nur 2 Coblas, 1 Tornada) gegen Sordel.

266. Joan Esteve, de Bezers.

Ausgabe[1]) mit Übersetzung bei Azaïs, Les Troub. de Béziers p. 59.

Sonstige Literatur: Hist. lit. 20, 537. — Lowinsky, Zts. f. frz. Sprache u. Lit. 20 I 191. — Anglade, Le troub. Guiraut Riquier p. 235, 321.

1. **Aissi co·l malanans**

C 331. — Über einen Abdruck bei Catel s. Anglade, Le troub. Guiraut Riquier p. 83 A. 4. Planch. — Choix 4, 78. MW. 3, 257. Azaïs p. 70.

2. **Aissi com cel qu'es vengutz en riqueza**

C 328 (MG. 195). Canz. — Azaïs p. 63.

3. **Ara podem tug vezer**

C 330 (MG. 749). Sirv. — Azaïs p. 67. — Zur Veranlassung s. Anglade, l. c. p. 187 A.

4. **Cossi moria**

C 329. ‚Planch' (mit Refrain) auf die Opfer einer Katastrophe (vgl. Azaïs p. 80). — Krit. hgb. Chabaneau, Rlr. 32, 99. Audiau et Lavaud, Nouv. Anthol. p. 239.

5. **El dous temps quan la flors s'espan** flor

C 328. Pastourelle. — Parn. occ. p. 349. MW. 3, 263. Azaïs p. 97. Audiau, La pastourelle p. 87.

6. **Francs reis frances, per cui son Angevi**

C 330. Sirv. — Choix 4, 242. MW. 3, 259. Azaïs p. 75.

---

[1]) Anordnung:

Azaïs	Grdr.	Azaïs	Grdr.	Azaïs	Grdr.
1 =	2	5 =	10	9 =	9
2 =	3	6 =	4	10 =	11
3 =	1	7 =	7	11 =	8
(4 =	6)	8 =	5	12 =	145, 1.

7. **L'autrier el gai temps de pascor**
C 328.
Pastourelle. — Parn. occ. p. 344. MW. 3, 260. Azaïs p. 92. Audiau, La pastourelle p. 80.

8. **Lo seigner qu'es guitz**
C 330.
Bußlied. — Azaïs p. 110. — Übersetzt von Lowinsky, l. c. p. 269.

9. **Ogan ab freg que fazia**
C 329.
Geistliche Pastourelle (‚vaquiera'). — Parn. occ. p. 351. MW. 3, 265. Azaïs p. 101. Audiau, La pastourelle p. 92. Audiau et Lavaud, Nouv. Anthol. p. 311. Übers. b. Jeanroy, Anthol. p. 152.

10. **Plaignen, ploran, ab desplazer**
C 331.
Planch. — Choix 4, 80. MW. 3, 258. Azaïs p. 78. — Zum Gegenstande des Planch s. Springer, Klagelied p. 67.

11. **Si·m vai be ques eu non envei**
C 329.
Retroencha. — Parn. occ. p. 347. MW. 3, 262. Galvani, Osservazioni p. 160. Azaïs p. 106.

267. Joan Lag.

Zenker, Die prov. Tenzone p. 40 und 69.

1. **Qui vos dara respeg, Deus lo maldia**
R 34—291, anonym (Selbach, Streitgedicht p. 118).
Tenzone mit einem Eble, wahrscheinlich Eble d'Uisel = 127, 1. — Krit. hgb. Carstens, Die Tenzonen der d'Uisel p. 95.

268. Joan Miraillas.

1. **Joan Miraillas, si Deus vos gart de dol**
Tenzone mit Raimon Gaucelm, s. 401, 6.

269. Joan de Pennas.

P. Meyer, Derniers Troubadours p. 95 und Hist. lit. 32, 70.

1. **Un guerrier, per alegrar**
f 26.
Fingierte Tenzone, als *guerrier* bezeichnet, zwischen ihm (*guerrier*) und seiner Dame (*guerrieira*). — Krit. hgb. Bartsch, Chrest. col. 353. Dern. Troub. p. 96.

Joanet d'Albuison s. Joan d'Albuzo.

270. Jojos de Toloza.

Hist. lit. 20, 599. — Anglade, Les troub. de Toulouse p. 124.

1. **L'autrier el dous temps de pascor**
C 369. [Unvollständig.]
Pastourelle. — Krit. hgb. Chabaneau, Rlr. 33, 112 und Appel, Prov. Inedita p. 171. Audiau, La pastourelle p. 111.

(271. Jordan.

Durch ein Mißverständnis ist unter diesem Namen nochmals untergebracht:

1. Lombartz volgr' eu esser per na Lombarda
s. 54, 1.)

272. Jordan.

Wahrscheinlich Jordan IV, Herr von L'Isle-Jourdain; s. Chabaneau, Rlr. 32, 125; Anglade, Le troub. Guiraut Riquier p. 88.

1. Seign'en Jorda, si·us manda Livernos
Tenzone mit Guiraut Riquier, Raimon Izarn und Paulet [de Marseilla], s. 248, 77.

273. Jordan Bonel, de Cofolen.

Formen des Namens: Jordan Bonel DFIKU, Jordans de Bonels in der Vida, Jordan de Borneill E, Jordan de Born CReg. [s. 274]; Jordan de Cofolen C [s. 275]; Jordan Bonel de Cofemet Reg. von a, Jordan de Borneil de Cofolenc im Dichterverzeichnis von $\varkappa$ 133 (Mussafia p. 264); Raimon (!) Jordan de Cofenolt S. Man wird Chabaneaus Ansicht, daß mit allen diesen Namensformen derselbe Dichter gemeint sei (Biogr. p. 363), durchaus zustimmen müssen; doch s. O. Schultz[-Gora], Zts. 10, 594.

Vida: I 121, K 107.

Parn. occ. p. 202. Choix 5, 239. Mahn, Biogr. p. 62. Chabaneau, Biogr. p. 242.

1a. Anc mais aissi finamen non amei
C 335 (MG. 211); Prebost de Valensa CReg.
[Bartsch 275, 1.] Canzone. — Krit. hgb. Kolsen, Arch. 142, 130.

1b. Non estarai qu'un vers no lais
C 334, E 151.
[Bartsch 275, 2.] Canz. (‚vers'). — Krit. hgb. Appel, Prov. Inedita p. 174.

1. S'ira d'amor tengues amic jauzen home
C 335, D 84—303, E 150, F 50 (156) — dazu sind in Fa 143/4 (Text bei Stengel, Rlr. 45, 137 zu a Nr. 202) Varianten und Nachträge [vgl. Stengel, Chigiana p. 66 und 74; Bertoni, Studj romanzi 2, 66] durch Piero di Simon del Nero verzeichnet —, I 121, K 107, S 196–126, U 128 (Arch. 35, 451); Uc de S. Circ T 197; anonym G 112 (p. 363), W 201J (p. 402), X 149 [wie in W nur die Str. *Si com l'aiga*], Vat. 7182 Nr. VIII.
Canz. — Parn. occ. p. 202. MW. 3, 311.

Unter Raimon Jordan de Cofenolt steht noch in S:

3, 1 Ara·m do Deus que repaire (Ademar lo Negre).

(274. Jordan de Born.

In CReg. werden ihm attribuiert:

372, 2 Anc mais nuls hom no fon apoderatz [Pistoleta]
428, 1 La douss' amor qu'ai al cor [Rostaing de Mergas].)

Jordan de Borneill s. Art. 273.

(275. Jordan de Cofolen.

Unter diesem Namen hat C:

1. **Anc mais aissi finamen non amei** s. 273, 1a;
2. **Non estarai qu'un vers no lais** s. 273, 1b;

sowie 273, 1 und

372, 6 Plus gais sui qu'eu no soill [Pistoleta].)

276. Jordan de l'Isla de Venessi.

1. **Longa sazon ai estat vas amor** Longiamen
   A 170 (493), D 108—371; Rostaing de Mergas D^c 260 (216, AdM. 14, 532), H 3 (11), ders. mit Zusatz Escudier de la Ylha CReg., nur Escudier de la Ylha R 97—815; Cadenet C 159, M 157, T 279, f 37; Peire de Maensac I 107, K 93, d 317—160; Peire Raimon de Toloza N 241—380 (MG. 943); Pons de Capdoill a 227 (243, Rlr. 45, 239); Gaucelm [Faidit] P 37 (120, Arch. 49, 322). — Attribution nicht zu entscheiden.
   Canz. — Choix 3, 245. MW. 3, 58. Krit. hgb. v. Napolski, Ponz de Capduoill p. 98.

277. Jori.

Chabaneau, Biogr. p. 364 identifiziert mit Recht Jori und Jozi (Form von R).

1. **Joris, cil cui deziratz per amia**
   Tenzone mit Guigo de Cabanas, s. 197, 1b.
2. **Jozi, digatz vos qu'etz hom entendens**
   [Bartsch 278, 1.] Tenzone mit Esquilla, s. 144, 1.

(278. Jozi.

1. **Jozi, digatz vos qu'etz hom entendens**
   s. 277, 2.)

279. Jutge.

1. **Dui cavalier an pregat longamen**
   Tenzone mit Esteve, s. 145, 1.

Fälschlich wird ihm in R ein Anteil zugeschrieben an

194, 2 Ara·m digatz vostre semblan (Gui-Elias d'Uisel).

280. Lambert.

O. Schultz[-Gora], Zts. 10, 594 will ihn mit Gausbert de Poicibot identifizieren.

1. **Seigner, cel qui la putia** H 52 (197 und Arch. 34, 408; MG. 646, 4 und 1220, 4). Cobla als Antwort auf 79, 1. — Casini, Propugnatore 12 II 411. Krit. hgb. Levy, Guilhem Figueira p. 57 Nr. 9d. Bertoni, Rambertino Buvalelli p. 58; dazu eine lange *Nota al testo* p. 65.

281. Lamberti de Buvalel.

Die Formen des Namens gehen stark auseinander. Rambertins A (und so auch in bolognesischen Urkunden: Rambertino), sonst Lambertin CD^{a}S (bez. Lambertino). Bonanel(h) C, Bonarel A, Buvalel S, Buvarel D^{a}; der italienische Name ist Buvalelli. Peire Raimon de Toloza 355, 6 hat Ra[m]bertin de Buvalel.

Ausgaben[1]): 1. T. Casini, Le Rime prov. di Rambertino Buvalelli, trovatore bolognese del sec. XIII. Per nozze Venturi-Casini. Firenze 1885 (Texte mit Übersetzung); besprochen von Levy, Lit.-Blatt 1885, 504 mit wichtigen Besserungen. — T. Casini hatte schon in dem Artikel „La vita e le poesie di Rambertino Buvalelli", Il Propugnatore 12 II 82 und 402 von der Überlieferung der Gedichte gehandelt und die aus D^{a} erst roh abgedruckt und sie dann noch überarbeitet und „con note critiche e filologiche" wiedergegeben.

2. Rambertino Buvalelli trovatore bolognese e le sue rime prov. per Giulio Bertoni, Dresden 1908 (= Gesellschaft für romanische Literatur, Bd. 17). — Besprochen von: Jeanroy, AdM. 21, 368 (viele Besserungen, verhältnismäßig scharfes Urteil); Stimming, Literar. Zentralblatt 1910, 129 und (mit Besserungen) Zts. 34, 224; Schultz-Gora, Zts. 35, 99.

Sonstige Literatur: Hist. lit. 20, 586 (wertlos). — Cavedoni, Mem. d. R. Acc. di Scienze . . . di Modena 2, 282 (wichtig). — O. Schultz[-Gora], Zts. 7, 197 (dgl.). — Bertoni, Sur la mort de Lambertino Buvalelli, Rom. 37, 160. — Ders., Intorno a una canzone di Rambertino Buvalelli, Giorn. stor. d. lett. ital. 57, 449 (zu 281, 3). — Ders., La podesteria modenese di R. Buvalelli, Zts. 37, 340. — Ders., I trovatori d'Italia p. 51. — H. Andresen, Zu Rambertino Buvalelli, Zts. 38, 613 (zu 281, 4, v. 26—29). — Bertoni, Il Duecento p. 16.

[1]) Anordnung der Texte:

Bertoni	Rime	Grdr.	Bertoni	Rime	Grdr.
1 =	......	= 1	6 =	......	= 10
2 =	......	= 2	7 =	......	= 3
3 =	......	= 4	I =	......	= 7
4 =	......	= 5	II =	......	= 6
5 =	......	= 8	III =	......	= 280,1.

1. **Al cor m'estai l'amoros deziriers**
A 68 (191 und Arch. 33, 448), D^a 195—706 (Propugn. 12 II 433); anonym P 35 (112, Arch. 49, 317).
Canz. — Casini, Propugn. 12 II 445; Rime prov. p. 21. Bertoni p. 29 u. I trov. d'Italia p. 216.

2. **Ar quan florisson li vergier**
D^a 194—701 (Del cod. Estense, Sitzungsber.etc.p.443; Propugn. 12 II 426).
Canz. — Casini, Propugn. 12 II 435; Rime prov. p. 5. Bertoni p. 32 u. I trov. d'Italia p. 220. Casini, Letteratura italiana, I, Roma-Milano 1909, p. 260.

3. **D'un salut me voill entremetre** -z *Hss.*
D^a 194—702 (Propugn. 12 II 428), S 210—135; Raimbaut de Vaqueiras D^a 181—646, G 57 (p. 176 u. Arch. 35, 100), a^1 331 (76); Ricardus, aber nach Raimb. de Vaqu. Q 50 (135, p. 100). Monaci, Testi ant. prov., col. 73 druckt DQ parallel ab. — Die Autorschaft Ramberti's ist einigermaßen sicher; vgl. Bertoni p. 22.
Canz. (‚salut'). — Casini, Propugn. 12 II 437; Rime prov. p. 8. Monaci, Poesie prov. di trovad. ital. p. 8. Bertoni p. 47 u. I trov. d'Italia p. 238; vgl. Rlr. 56, 12.

4. **Eu sai la flor plus bela d'autra flor**
A 68 (190 und Arch. 33, 448), C 338; Raimbaut de Vaqueiras Nr. 14 in Sg 53; anonym L 123, N 206—316 [1]).
Canz. — Massó y Torrents, Institut d'Estudis Catalans, Anuari 1907, 430 nach Sg. Bertoni p. 35 u. I trov. d'Italia p. 223.

5. **Ges de chantar no·m voill gequir**
D^a 194—703 (Del cod. Est., Sitzungsber. p. 444; Propugn. 12 II 429).
Canz. — Casini, Propugn. 12 II 439; Rime prov. p. 11. Bertoni p. 38 u. I trov. d'Italia p. 227.

6. **Mout chantera de joi e volontiers**
A 69 (193 und Arch. 33, 450); Guillem Ademar T 176. — Bertoni p. 23 bestreitet die Echtheit.
Canz. — Casini, Rime prov. p. 26. Bertoni p. 55.

7. **Pos vei que·l temps s'asserena**
A 69 (194 und Arch. 33, 451); Guillem Ademar T 176. — Die Frage nach der Echtheit ist wie für 281, 6 zu beantworten.
Canz. — Casini, Rime prov. p. 29. Bertoni p. 53.

8. **S'a mon Restaur pogues plazer**
A 69 (192 und Arch. 33, 449), C 338, D^a 195—705 (Propugn. 12 II 432); anonym N 206—315.
Canz. — Casini, Propugn. 12 II 443. Rime prov. p. 13. Bertoni p. 41 u. I trov. d'Italia p. 231.

(9. **Si de trobar agues meillor razo** ist wahrscheinlich von Raimbaut d'Aurenga, s. 389, 38 a.)

10. **Totz m'era de chantar gequitz**
D^a 194—704 (Del cod. Est., Sitzungsber. p. 444; Propugn. 12 II 430).

---

[1]) In N stehen 314—317 anonym zusammen; 317 ist 124, 9.

Sirv.(‚chant'). – Casini, Propugn. 12 II 441; Rime prov. p. 14. Crescini, Manualetto p. 338 u. Manuale p. 291. Bertoni p. 44 u. I trov. d'Italia p. 234.

Attribuiert werden ihm noch:

133, 9 Pos cai la foilla del garric (Elias Cairel)
355, 13 Pos vei parer la flor el glai (Peire Raimon de Toloza)
355, 20 Us novels pensamens m'estai (ders.).

282. Lanfranc Cigala.

Diez, Leben u. Werke p. 458. — Hist. lit. 19, 560. — O. Schultz [-Gora], Zts. 7, 216. — P. Rajna, (Un frammento di un cod. perduto di poesie prov.,) Studj di fil. rom. 5, 12 (zu den Unica von r; sehr wichtig). — Lowinsky, Zts. f. frz. Sprache u. Lit. 20 I 183 (zu den geistlichen Liedern). — Bertoni, Giorn. stor. d. let. it. 36, 15 und I Trovatori minori di Genova p. XXIV, auch Studi mediev. 3, 658 und I trov. d'Italia p. 94, ferner in: Studi su vecchie e nuove poesie e prose d'amore e di romanzi p. 157 und in Il Duecento p. 18. — Lewent, Rom. Forschungen 21, 355 ff. (zu den Kreuzliedern). — Francesco Luigi Mannucci, Di Lanfranco Cicala e della scuola trovadorica genovese, Giorn. stor. e lett. della Liguria 7, 5; vgl. Jeanroy, AdM. 19, 585 und Bertoni, Giorn. stor. d. lett. ital. 47, 393. — Zanders, Die altprov. Prosanovelle p. 108. — Kurze Notiz bei Anglade, Hist. somm. de la litt. mérid. p. 102.

Vida: I 91, K 75, a II 36 (Rlr. 45, 269), a¹ 382, d 291, ϱ. Razo zu 14 in P 48 (X, Arch. 50, 256). — Parn. occ. p. 157. Choix 5, 244. Mahn, Biogr. p. 55. Zts. 7, 216. Chabaneau, Biogr. p. 312. Monaci, Testi ant. prov., col. 94. Bertoni, I trov. d'Italia p. 316 u. 377.

1a. Amics Rubaut, de leis qu'am ses bauzia

a¹ 580 (321, nur Kollation), la tenzo du(!) segner Lafranc e d'en Rubaut.

Tenzone (Partimen) mit Rubaut = 429, 1. — Krit. hgb. Bertoni, Gsdli. 36, 38, Trovat. minori p. 19 und I trov. d'Italia p. 413.

1b. Amics Simon, si·us platz, vostra semblansa

a¹ 609 (345, kein Text), la tenzo de Lafranc e d'en Symon.

Tenzone (Partimen) mit Simon Doria = 436, 1 a. — Krit. hgb. Bertoni, Gsdli. 36, 32 u. Trovat. minori p. 8, auch I trov. d'Italia p. 400.

1c. Anc mais nuls hom no trais aital tormen[1])

r 1—4.

Canz. — Krit. hgb. Rajna, l. c. p. 53; dazu Konjekturen AdM. 2, 271.

1d. Be·m meravill del marques
.en **Mornel**
mori ..

r 1—3.

---

[1]) Die Hs. läßt nur erkennen ... *ais nuls hom non trais* ..... *nuen.* Ich ergänze *aital tormen* mit AdM.

Sirv. — Diplomatisch abgedruckt und krit. hgb. Rajna, l. c. p. 51.

1. Car etz tan conoissens, vos voill

Tenzone mit Simon Doria, s. 436, 1.

2. En chantan d'aquest segle fals -ar

C 343, I 93, K 76, a¹ 389 (132)[1], d 294–89, e 152, ϰ 124 (Mussafia p. 216).

Marienlied (‚antifena' C). — Krit. hgb. Appel, Prov. Inedita p. 176 und Chrest. p. 143. Bertoni, Studi mediev. 2, 409 und I trov. d'Italia p. 334.

3. En mon fi cor reigna tan fin' amors

I 92, K 75, a¹ 384 (128), d 292—85.

Canz. — Krit. hgb. Appel, Prov. Inedita p. 181. Bertoni, I trov. d'Italia p. 321.

4. Entre mon cor e me e mon saber

I 93 (Selbach, Streitgedicht p. 110), K 76, a¹ 391 (134), d 295—91.

Traum von einem Streit (*tenzo*) zwischen seinem Herzen (*cor*), seinem Verstand (*sen*) und ihm, worin auch seine Dame eingreift. — Krit. hgb. Crescini, Manualetto p. 364 u. Manuale p. 313. Bertoni, I trov. d'Italia p. 344.

5. Escur prim chantar e sotil

I 91 (MG. 551), K 75, a¹ 382 (126), d 291—83.

Canz. — Parn. occ. p. 157. MW. 3, 129. Krit. hgb. Appel, Chrest. p. 73. Bertoni, I trov. d'Italia p. 316.

6. Estier mon grat mi fan dir vilanatge

Dᶜ 258 (189, AdM. 14, 525), F 51 (157), I 94, K 78, U 134 (Arch. 35, 456), a¹ 398 (139), d 297–96; anonym T 88 (eine Cobla, ganz willkürlich zusammengestellt, gedruckt bei De Bartholomaeis, AdM. 16, 474).

Sirv. — Choix 4, 210. MW. 3, 122. Monaci, Testi ant. prov., col. 92. Krit. hgb. Crescini, Manualetto p. 366 und Manuale p. 314. Bertoni, I trov. d'Italia p. 359. — Zur Erklärung von v. 33 s. Crescini, Note prov. II. Per un luogo di Lanfranco Cigala, Studj di fil. rom. 6, 158; zu v. 30 s. F. Guerri, Intorno a un verso di Lanfr. Cig., ib. 8, 503; vgl. auch Torraca, Studi su la lirica ital. del duecento p. 285.

7. Eu no chan ges per talan de chantar

I 93, K 77, a¹ 392 (135), d 295—92.

Planch. — Krit. hgb. Appel, Prov. Inedita p. 182. Bertoni, I trov. d'Italia p. 347. — Über Berlenda s. Rajna, l. c. p. 13; O. Schultz[-Gora], Die Briefe des Trob. Raimbaut de Vaqueiras p. 130; Springer, Klagelied p. 59; Bergert, Damen p. 100.

8. Ges eu no sai com hom guidar se deja

Dᶜ 258 (190, AdM. 14, 525), F 52 (161), I 94, K 77, a¹ 396 (138), d 296—95.

[1] Bertoni hat die Lieder von L. C. in a¹ nicht abgedruckt; vgl. Il Canzoniere prov. di Bern. Amoros (complemento Càmpori) p. 224 Anm.

Sirv. — Lex. rom. 1, 476. MW. 3, 126. — S. auch Bertoni, I trov. d'Italia p. 417.

9. Ges no sui forsatz qu'eu chan
U 133 (Arch. 33, 299 u. 35, 455). Canzone. — Bertoni, I trov. d'Italia p. 372.

10. Glorioza sainta Maria
I 93, K 76, a[1] 390 (133), d 294—90.
Marienlied. — Krit. hgb. Appel, Prov. Inedita p. 184. Bertoni, Studi med. 2, 412 und I trov. d'Italia p. 341; vgl. Långfors, Rom. 44, 607.

11. Hom que de domna se feigna
(de *ist ergänzt*)
F 51 (159).
Cobla. — Krit. hgb. Kolsen, Zwei prov. Sirventese p. 9.

12. Jojos d'amor, farai de joi semblan
I 92 (MG. 584), K 75, a[1] 383 (127), d 292—84.
Canzone.

12a. Lafranc, digatz vostre semblan
Tenzone mit einem Guillem, s. 201, 4 b.

13. Lantelm, qui·us onra ni·us acoill
H 57 (254 und — unvollständig — Selbach, Streitgedicht p. 119), Lafrancs Cigala a Lantelms.
Sirv., beantwortet durch 283, 1. — Krit. hgb. Bertoni, Studi mediev. 3, 667; vgl. I trov. d'Italia p. 416. — Zu v. 6 s. Schultz-Gora, Eine weitere Anspielung auf *Valensa*, Zts. 24, 122.

14. Na Guillelma, maint cavalier aratge .xx.
I 159, K 145, M 263, O 93 (148), P 49 (eine Strophe nach Razo, Arch. 50, 257), a[1] 542 (288). Überschriften: Lanfranc Cigala I K O a[1] — na Guillelma de Rosers I K, na Guillelma O a[1].
Tenzone (Partimen) mit Guillelma de Rosers = 200, 1. — Lex. rom. 1, 508. MW. 3, 127. O. Schultz[-Gora], Die provenzalischen Dichterinnen p. 27. Bertoni, I trov. d'Italia p. 379.

15. N'Anric, no m'agrada ni·m platz
H 57 (256 und Arch. 34, 416), zwei Verse in b I 1 und ϰ 79 (Mussafia p. 249).
Eine Art Sirv. [von Bartsch 139, 2 als Tenzone aufgefaßt].

16. No sai si·m chan, pero eu n'ai voler
talen *I*
I 92 (MG. 713), K 75, a[1] 385 (129), d 292—86.
Canzone. — Bertoni, I trov. d'Italia p. 323. De Lollis, Poesie prov. sulla origine e sulla natura d'amore, p. 21.

17. Oi! mair' e filla de Deu
Ai
I 92, K 76, a[1] 388 (131), d 293—88.
Marienlied. — Choix 4, 438. MW. 3, 123. Bertoni, Studi mediev. 2, 414 und I trov. d'Italia p. 331.

18. Pensius de cor e marritz
I 95 (MG. 714), K 78, a[1] 400 (142), d 298—99.
Geistliches Lied. — Bertoni, Studi mediev. 2, 415 u. I trov. d'Italia p. 366.

18a. Pero car vos feignetz de sotilment entendre
Tenzone mit Jacme [Grill], s. 258, 1 a.

19. Quant en bo loc fai flors bona semensa

I 95 (MG. 715), K 78, a[1] 399 (141), d 297—98.
Canzone. — Bertoni, I trov. d'Italia p. 363. De Lollis, Poesie prov. sulla origine e sulla natura d'amore, p. 25.

20. Quan vei far bo fag plazentier

I 94, K 77, a[1] 395 (137), d 296—94, ϱ.
Kreuzlied (‚cantaret'). — Parn. occ. p. 159. MW. 3, 128 und 3, 380. Bertoni, Zts. 35, 103 und I trov. d'Italia p. 355.

21. Raimon Robin, eu vei que Deus comensa

I 94 (MG. 716), K 78, a[1] 398 (140), d 297—97.
Sirv. [von Bartsch als Tenzone aufgefaßt], vgl. 408, 1. — S. Bertoni, I trov. d'Italia p. 416. Zu Raidelren, Raidelron in Str. 2 s. Bertoni, AdM. 26, 357.

21a. Seign'en Lafranc, car etz sobresabens

Tenzone mit Simon Doria, s. 436, 4.

21b. Seign'en Lafranc, tan m'a sobrat amors

Tenzone mit Simon Doria, s. 436, 5.

22. Seign'en Tomas, tan mi platz -er

I 95 (Stengel bei Klein, Die Dichtungen des Mönchs v. Montaudon p. 102 A.), K 78, a[1] 401 (143), d 298—100.
Sirv. (‚coblas'). — Monaci, Testi ant. prov., col. 93 nach I. Bertoni, I trov. d'Italia p. 369.

23. Si mos chans fos de joi ni de solatz

C 343, I 93, K 77, a[1] 393 (136), d 295—93, e 154, ϱ.
Kreuzlied. — (Choix 5, 245.) MW. 3, 125. Bertoni, I trov. d'Italia p. 350.

24. Tan franc cors de domn' ai cor trobat

D[c] 258 (191, AdM. 14, 525), F 51 (158), H 56 (252 und Arch. 34, 416), ϰ 125 (Mussafia p. 249); anonym T 86 = 461, 229.
Canz. (nur 2 Coblas und Tornada). — Bertoni, I trov. d'Italia p. 375.

25. Un avinen ris vi l'autrier

I 92, K 76, a[1] 387 (130), d 293—87.
Canz. — Kritisch hgb. Appel, Prov. Inedita p. 186. Bertoni, I trov. d'Italia p. 327. De Lollis, Poesie prov. sulla origine e sulla natura d'amore, p. 23.

26. Un sirventes m'adutz tan vils razos vil

F 51 (160).
Sirv., von dem nur eine Strophe erhalten ist. — Krit. hgb. Kolsen, Zwei prov. Sirventese p. 10; vgl. Lewent, Zts. 40, 372.

26a. . . . . -aigna

Anfang verstümmelt. R. erkennt . . . npsa . . . . enten q̄ . . . . me st . . . na

r 1—1.
Sirv. — Krit. hgb. Rajna, l. c. p. 45.

(27ff. Die Tenzonen, welche Bartsch nur nach dem Register von a ansetzte, ohne ihren Text zu kennen, verteilen sich folgendermaßen:

27 = 1a.
28 = 18a.
29 = 12a.
30—32 = 1b. 21a. 21b.)

Zugeschrieben werden ihm noch:
80, 8a Be·m platz lo gais temps de pascor (Bertran de Born)
290, 1a D'un sirventes m'es grans volontatz preza
Qu'en trameta al pro rei dels Poilles (Luquet Gatelus).

283. Lantelm.

Bertoni, I trov. d'Italia p. 134 (identisch mit dem folgenden?).

1. **Lanfranc, qui·ls vostres fals qill digz coill**
H 57 (255), Lantelms li respondet aisi.
Sirv. als Antwort auf 282, 13. — (Choix 5, 247. MW. 3, 131.)

2. **Raimon, una domna pros e valens**
T 76 (Selbach, Streitgedicht p. 108), a[1] 546 (291). La tenzon de Raimond e de Lantelm a[1].
Tenzone (Partimen) mit einem Raimon = 393, 2. — Krit. hgb. Bertoni, l. c. p. 475.

284. Lantelmet de l'Aguillo.

Bartsch schreibt: d'Aiguillo, die Hs. hat aber: de laguilhon. — Bertoni, I trov. d'Italia p. 134 (s. oben!).

1. **Ar ai eu tendut mon trabuc**
M 246. — Chabaneau möchte es Bertran de Born zusprechen; vgl. Stimming, B. de Born[2] p. 50.
Sirv. — Krit. hgb. Chabaneau, Rlr. 25, 231.

285. Lanza marques.

Manfredi I Lancia, marchese di Busca, conte di Loreto (1168 — ca. 1215).

Diez, Leben u. Werke p. 139. — Hist. lit. 17, 469. — O. Schultz [-Gora], Zts. 7, 187. — Carlo Merkel, Manfredi I e Manfredi II Lancia. Contributo alla storia politica e letteraria italiana nell' epoca sveva. Torino 1886. Besprochen von O. Schultz[-Gora], Lit.-Blatt 1887, 28 (mit Besserungen); Giorn. stor. d. let. it. 8, 286. — Bertoni, I trov. d' Italia p. 37.

1. **Emperador avem de tal maneira**
D[a] 208–764, H 54 (214 + 215). Überschriften: Marches Lanz' e P. Vidal *D*[a], Lanza marques a P. Vidal - Peire Vidal li r. *H*.
Coblaswechsel[1]) mit Peire Vidal = 364, 19. — Choix 5, 248 + 349. Krit. hgb. Bartsch, Peire Vidals Lieder p. 65. Merkel, l. c. p. 21 mit Übersetzung. Monaci, Testi ant. prov., col. 68 und Poesie prov. di trovad. ital. p. 3. Crescini, Manualetto p. 275 u. Manuale p. 235. Bertoni, l. c. p. 203. Anglade, Les poésies de Peire Vidal[2], p. 66.

[1]) Dabei kommen auf Lanza zwei Strophen in D[a], eine in H.

In D^a wird ihm aus Versehen ein Anteil zugeschrieben an
234, 12 En Guillems de Saint Disder, vostra semblansa
(Guillem de S. Leidier und ein *don*).

286. Lemozi.

Ich halte an der alten Meinung fest, daß Lemozi, auch 70, 45 erwähnt, mit dem Lemozi de Briva identisch sei, den Peire d'Alvergne verhöhnt; ich sehe keinen Grund, die Tenzone (mit Zingarelli und Vossler) für fingiert zu erklären.

Diez, Leben u. Werke p. 489. Selbach, Streitgedicht p. 18. Zenker, Die prov. Tenzone p. 81 und Die Lieder Peires v. Auvergne p. 195. Zingarelli, Studi medievali 1, 344. Appel, B. von Ventadorn p. XLI. Vossler, B. von Ventadorn, Sitzungsber. 1918, p. 95. Audiau, Bull. de la Société ... de la Corrèze 45, 263.

1. **Bernart de Ventadorn, del chan del**
L 68, O 89 (141), a^1 606 (343). Überschriften: Lemozi L O a^1 — Bernart de(l) Ventadorn O a^1, Bernart L.
Tenzone mit Bernart de Ventadorn = 70, 14. — Choix 4, 7. MW. 3, 247. Krit. hgb. Appel, B. von Ventadorn p. 82 u. Ausgew. Lieder p. 25. Audiau p. 265.

(287. Lignaure.

Zu streichen, nachdem Kolsen, Guiraut von Bornelh (1894) p. 44 überzeugend nachgewiesen hat, daß Lignaure (Linaure, Lignaura) nur ein Versteckname von Raimbaut d'Aurenga ist.

1. **Ara·m platz, Guiraut de Borneill**
s. 389, 10a.)

288. Lombarda.

Chabaneau, Biogr. p. 279 A. 4. O. Schultz[-Gora], Die prov. Dichterinnen p. 10. Dejeanne, Les *coblas* de Bernart-Arnaut d'Armagnac et de dame Lombarda, AdM. 18, 63. Desazars, Revue des Pyrénées 23, 57. Anglade, Les troub. de Toulouse p. 121.

Vida: H 43 (141 und Mahn, Biogr. p. 58); vgl. $\varkappa$ 135 (Mussafia p. 244). — Choix 5, 249. Chabaneau, Biogr. p. 279. O. Schultz [-Gora], l. c. AdM. 18, 65. Jeanroy, Jongleurs et troub. gascons p. 16.

1. **Nom volgr' aver per Bernart na Bernarda**
H 43 (143), vier Verse $\varkappa$ 135 (Mussafia p. 244).
2 Coblas als Antwort auf 54, 1. — Krit. hgb. De Lollis, Rlr. 33, 162 und Dejeanne, AdM. 18, 66. Desazars p. 59. Jeanroy p. 18.

Über Luca Grimaldi, von dem nichts erhalten ist, s. O. Schultz[-Gora], Zts. 7, 219 (und 9, 406) und Bertoni, I Trov. minori di Genova p. XX, auch I trov. d'Italia p. 102. Mannucci, Giorn. stor. e lett. della Liguria 7, 13 Anm.

289. Cavalier Lunel de Monteg.

„Cavalier Lunel de Monteg, clerc“ und „en Cavalier de Moncog, doctor en leys“ Hs. R. Er hieß von Hause aus Peire de Lunel; Cavalier war ursprünglich nur sein Beiname.

Kritische Ausgabe mit Übersetzung und biographischer Einleitung von Édouard Forestié, P. de Lunel dit Cavalier Lunel de Montech, troubadour du XIVe siècle, in Recueil de l'Académie des sciences, belles-lettres et arts de Tarn-et-Garonne, 2e s., t. VII, année 1891, Montauban, p. 113. — Besprochen von P. Meyer, Rom. 21, 304.

Ältere Literatur: Bartsch, Denkm. p. XVII und Grdr. p. 77 und 85. Chabaneau, Biogr. p. 343 und in derselben Hist. gén. de Languedoc[2] X 184 A. 2 und 205. — Spätere: Stimming in Gröbers Grdr. 2 II 51.

1. Mal veg trop apareillar
R 142.
Kreuzlied (‚sirventesc‘). – Krit. hgb. Bartsch, Denkm. p. 124. Forestié p. 167. — Vgl. Lewent, Rom. Forschungen 21, 360.

1a. Meravillar no·s devon pas las gens
R 142.
Sirv. — Forestié p. 174. — Zum Texte s. Rom. 21, 305.

2. Si com lo jorns mout clars e resplandens
R 4.
Canz. (‚de comparacios‘). — Krit. hgb. Chabaneau, Rlr. 33, 115 und Appel, Prov. Inedita p. 189. Forestié p. 159.

3. Totz hom que vol en si governamen
R 4.
‚Vers de coblas esparsas.‘ — Krit. hgb. Bartsch, Denkm. p. 131. Forestié p. 171.

Dazu kommt *l'Essenhamen del guarso*, beginnend:

L'autrier, mentre ques ieu m'estava
R 142.
Krit. hgb. Bartsch, Denkm. p. 114. Forestié p. 141. Das erste Drittel auch bei Bartsch, Chrest. col. 389.

Endlich haben wir von ihm ein lateinisches Marienlied *Ho flors hodorifera* in R 142; krit. hgb. Chabaneau, Rlr. 33, 117; Forestié p. 162.

290. Luquet Gatelus.

Gateluz a[1], Cataluze e $\varkappa$. Die italienische Form ist Luchetto Gattilusio. — Schirrmacher, Die letzten Hohenstaufen, Göttingen 1871, p. 663 A. 2. — Bartsch, Jahrb. 13, 53. — Desimoni, Giorn. ligustico 5, 255. — T. Casini, Un trovatore ignoto del secolo XIII, Rassegna settimanale, 5 (Roma 1880), p. 391, dazu Neri, ib. 6, 28 und P. Meyer, Rom. 9, 489. — A. Thomas, Extraits des archives du Vatican pour servir à l'histoire littéraire. II. Luchetto Gattilusio, Rom. 10, 324.

— Belgrano, Giorn. ligustico 9, 1. — O. Schultz[-Gora], Zts. 7, 223; Nachtrag Zts. 9, 406. — Crescini, Nota intorno a Luchetto Gattilusi, Giorn. ligustico 10, 5. — Bertoni, Giorn. stor. d. let. it. 36, 21 und I Trovatori minori di Genova p. XXIX. — Ferner: A. Butti, Intermezzo 1890, p. 573. — E. Wahl, Luchetto Gattilusio, troubadour génois du XIIIe siècle, Paris 1901. — F. L. Mannucci, Per la biografia di Luchetto Gattilusi, trovadore genovese, Giorn. stor. e lett. della Liguria 4, 455. — H. Stiefel, Die italienische Tenzone p. 114. — Bertoni, I trovatori d'Italia p. 110. — Ders., Il Duecento p. 19.

1. **Cora qu'eu fos marritz ni consiros** e
a¹ 510 (262, nicht diplomatisch gedruckt), e 252, ϰ 127 (Mussafia p. 216).
Sirv. — Bartsch bei Schirrmacher, Die letzten Hohenstaufen p. 663. Belgrano, l. c. 9, 10. Monaci, Testi ant. prov., col. 95. Merkel, Atti e Mem. della R. Acc. dei Lincei, ser. IV, vol. IV, p. 383 A. 5. Krit. hgb. Bertoni, Trov. min. p. 26, auch I trov. d'Italia p. 434. Wahl, l. c. p. 31.

1a. **D'un sirventes m'es grans volontatz preza Qu'eu trameta al pro rei dels Poilles**
a¹ 509 (261, nicht diplomatisch gedruckt); Lanfranc Cigala r 1–2. — Rajna zweifelt nicht an der Autorschaft Lanfrancs, Bertoni spricht sich für Luquet aus.
Sirv. — Nach r diplomatisch abgedruckt und krit. hgb. Rajna, Studj di fil. rom. 5, 48, dazu historische Erläuterungen p. 32; nach a¹ r krit. hgb. Bertoni, l. c. p. 28 u. I trov. d'Italia p. 438, auch Giorn. stor. della lett. it. 36, 45.

2. **Luquetz, si·us platz mais amar finamen**
[Text war Bartsch unbekannt.]
Tenzone mit Bonifaci Calvo, s. 101, 8 a.

Magret, Maigret s. Guillem Magret.

291. Mainart Ros.

1. **En Maenard Ros, a saubuda**
Tenzone mit Guionet, s. 238, 1 a.

292. Maistre.

1. **Fraire Berta, trop sai estatz**
R 143, anonym (Selbach, Streitgedicht p. 102).
Tenzone mit Berta = 73, 1.

293. Marcabru.

Kritische Ausgabe[1]): Poésies complètes du troubadour Marcabru, publiées avec traduction, notes et glossaire par le

[1]) Anordnung der Texte wie bei mir.

d[r] J.-M.-L. Dejeanne, Toulouse 1909 (= Bibliothèque méridionale, Ire série, t. 12). — Keine Einleitung. Voraus ging: A. Jeanroy, d[r] Dejeanne & P. Aubry, Quatre poésies de Marcabru, troubadour gascon du XIIe siècle. Texte, musique et traduction. Paris 1904. (Dem *texte musical* folgt eine *transcription en notation moderne.*)

Literatur: Diez, Leben u. Werke p. 37. — Hist. lit. 20, 539 (wenig brauchbar). — Fauriel, Hist. de la poésie prov. 2, p. 5, 113, 144. — Milá y Fontanals, Trovadores en Esp. p. 73 (Beziehungen zu Spanien). — H. Suchier, Der Troubadour Marcabru, Jahrb. 14, 119 und 273 (wichtig für Bibliographie, Datierung, Charakteristik, Metrik der Lieder; zahlreiche wertvolle Bemerkungen zu anderen, namentlich den älteren Troubadours; Texte). — P. Meyer, Marcabrun, Rom. 6, 119 (zur Datierung einzelner Lieder und besonders von 293, 9). — Zenker, Die Lieder Peires v. Auvergne p. 44, 65 und im Kommentar passim (über Peires Verhältnis zu M.). — Suchier und Birch-Hirschfeld, Gesch. d. frz. Lit. 1, 62. — Pillet, Studien zur Pastourelle, Beiträge etc. p. 110. — Lewent, Rom. Forschungen XXI 361, 396, 420 (zu den Kreuzliedern). — Anglade, Les Troubadours p. 65 und 101. — Bertoni, Noterelle provenzali: Un „comjat" di Marcabru attribuito a Uc Catola? Rlr. 54, 67 (zu 451, 2). — Ders., Due note provenzali: I. Marcabruno, Studi mediev. 3, 638; vgl. Millardet, Rlr. 54, 359. — Pillet, Beiträge zur Kritik der ältesten Trobadors: Binnenreim bei Cercamon und Marcabru, 89. Jahresber. der Schles. Gesellschaft für vaterländ. Cultur, Breslau 1912, Nr. II (zu 293, 24 u. 9) und Ders., Zum Texte von Marcabrus Gedichten, ibid. Nr. III (zu Dejeannes Ausg.). — Chaytor, The troubadours p. 43. — Vossler, Der Trobador Marcabru und die Anfänge des gekünstelten Stiles, Sitzungsber. der Kgl. Bayer. Akad. d. Wiss., philos.-philol. u. hist. Kl., Jahrg. 1913, Abhdlg. 11; vgl. Küchler, Die neueren Sprachen 26, 278. — Lewent, Beiträge zum Verständnis der Lieder Marcabrus, Zts. 37, 313 u. 427; vgl. Bertoni, Rlr. 56, 496 u. Spitzer, Zts. 39, 221. — Arthur Franz, Über den Troubadour Marcabru. Vortrag, gehalten auf der Versammlung deutscher Philologen und Schulmänner, Marburg, 2. Oktober 1913. Marburg 1914; vgl. Lewent, Lit.-Bl. 1915, col. 222 u. Appel, Arch. 134, 193. — Appel, B. von Ventadorn p. LXIV. — Anglade, Hist. somm. de la litt. mérid. p. 58. — P. Boissonnade, Les personnages et les événements de l'histoire d'Allemagne, de France et d'Espagne dans l'œuvre de Marcabru (1129—1150). Essai sur la biographie du poète et la chronologie de ses poésies, Rom. 48, 207. — S. Mondon, D'où était originaire Marcabru Panperdut, troubadour gascon du XIIe siècle? Revue de Comminges 37, 153. — Appel, Zu Marcabru, Zts. 43, 403; vgl. Schultz-Gora, Arch. 149, 319. — Anglade, Est-ce Marcabrun? AdM. 37/38, 348. — E. Levi, Due trovatori antichissimi nell' onomastica italiana del sec. XII: Marcabru e Cercamon, Rom. 55, 254. — Kastner, Marcabrun and Cercamon,

The modern language review 26, 1 (Jan. 1931). — J. Storost, Ursprung und Entwicklung des altprov. sirventes p. 82 (zu den Sirvent.). — Bertoni, Studi su vecchie e nuove poesie e prose d'amore e di romanzi, p. 43.

Vida: I. A 27 (p. 63; Mahn, Biogr. p. 2 Nr. IV); II. K 102 (Mahn, ib. Nr. V).

Parn. occ. p. 175. Choix 5, 251. MW. 1, 47. Chabaneau, Biogr. p. 216. Monaci, Testi ant. prov., col. 40. Crescini, Manualetto p. 385 u. Manuale p. 331. Dejeanne p. 1. Lommatzsch, Liederb. p. 12.

1. **A la fontana del vergier**
C 173.
Romanze. — Choix 3, 375. MW. 1, 49. Krit. hgb. Bartsch, Lesebuch p. 106 und Chrest. col. 53. Monaci, Testi ant. prov., col. 39. Crescini, Manualetto p. 202 u. Manuale p. 170. Appel, Chrest. p. 96. Dejeanne p. 3. Vossler, Sitzungsber. p. 55. Lommatzsch, Liederb. p. 18. Anglade, Anthol. p. 22. Audiau et Lavaud, Nouv. Anthol. p. 265. Übers. bei Jeanroy, Anthol. p. 144. — S. auch E. Müller, Die altprov. Versnovelle p. 23.

2. **A l'alena del ven doussa**
C 173 (MG. 199).
Sirv. — Dejeanne p. 6.

3. **Al departir del brau tempier**
C 172 (MG. 202).
Sirv. — Dejeanne p. 9. Zu v. 33 ff. s. Anglade, AdM. 37/38, 349.

4. **Al prim comens de l'ivernaill**
A 33 (77 und Arch. 51, 130), I 120 (MG. 306), K 106, N 266 — 421[1]) (MG. 277), a¹ 301 (48), d 307—129.
Sirv. — Dejeanne p. 13.

5. **Al so desviat chantaire**
El
A 32 (76 und Arch. 51, 129), I 120 (MG. 307), K 106, a¹ 307 (53), d 307—128.
Sirv. — Dejeanne p. 19.

6. **Amic Marcabru, car digam**
Tenzone mit Uc Catola, s. 451, 1.

7. **Ans que'l terminis verdei**
E 155 (MG. 334).
Sirv. gegen Amor (‚chansoneta'). — Krit. hgb. P. Meyer, Recueil p. 72. Dejeanne p. 28.

8. **Assatz m'es bel del temps essug**
el
A 32 (74 und Arch. 51, 31), I 119 (MG. 312), K 105, a¹ 303 (50), d 306—126.
Sirv. — Dejeanne p. 32.

9. **Aujatz de chan com enans' e meillura**
enan si
A 30 (66 und Arch. 51, 29), E 152, I 118, K 104, d 305 —120. Parallelabdruck von E und A bei Dejeanne p. 38.
Sirv. — Choix 4, 303. MW. 1, 53. Dejeanne p. 37.

(10. **Be for' ab lui aunit lo ric barnatge**
ist unecht; s. 293 a, 1.)

= Bel m'es quan la foilla fana 293, 21. =

[1]) In N sind Marcabrus Lieder sämtlich anonym (Nr. 421—431).

11. Bel m'es quan la rana chanta
C 172 (MG. 221); Raimbaut d'Aurenga M 141, aber im Index unter Marcabru; Alegret C Reg., R 29—250, a[1] 363 (109).
Sirv. — Dejeanne p. 42.

12. Bel m'es quan s'azombra·l treilla
Hueymais pus
A 31 (71 und Arch. 33, 338), I 119, K 105, a[1] 295 (42), d 305—124; Bernart de Venzac C 259. — Zenker, Die Lieder Peires v. Auvergne p. 5 entscheidet sich für Bernart de Venzac, und Dejeanne p. 48 folgt ihm hierin. Die Gründe scheinen mir jedoch nicht auszureichen. — Vgl. Appel, B. von Ventadorn p. LXVIII A. Sirventes.

12a. Bel m'es quan s'esclarzis l'onda
a[1] 300 (47, Studj di fil. rom. 8, 427).
Sirv. — Dejeanne p. 49.

13. Bel m'es quan son li frug madur
A 34 (80 und Arch. 33, 340), I 121, K 106, N 267—424, a[1] 297 (44), d 308—131; anonym W 203 (p. 403; auch bei Dejeanne p. 55).
(Sirventes-)Canz. — Quatre poésies de Marcabru p. 5. Dejeanne p. 53.

14. Contra l'ivern que s'enansa
C 171 (Jeanroy, AdM. 17, 480).
Canz. (,vers'). — Dejeanne p. 57.

15. Cortezamen voill comensar
A 27 (53 und Arch. 51, 26), K 102, N 269—427, R 5—6, d 301—109, C Reg. und Index I; Uc de la Bacalaria C 347, α 32244 und 32251; Bertran de Pessars a[1] 460 (208; Pillet, Beiträge p. 18); Bertran de Saissac C Reg.; anonym G 115 (p. 371). — Zur Attribution s. Pillet, Beiträge p. 6.
Sirv. — Choix 3, 373. MW. 1, 51. Dejeanne p. 61. Bertoni, Studi mediev. 3, 652. Zur Datierung s. auch Boissonnade, Rom. 48, 228.

16. D'aisso laus Deu
lau
A 30 (65 und Arch. 51, 29), C 172 (MG. 234), E 153 (MG. 388), I 118 (MG. 389), K 104, T 204 (Dejeanne p. 68), d 304—119.
Vanto. — Bartsch, Lesebuch p. 54. Dejeanne p. 65.

17. Dirai vos en mon lati
Dire *T* vogll *T*
A 27 (54 und Arch. 33, 332), C 177, K 102 [auch im Index von I], N 269—428, R 5—5, T 205 (Dejeanne p. 74), a[1] 311 (57), d 302—110; anonym J 13 + 14 (c. 36 + 62—64, auch Riv. 1, 42 und 43 und Dejeanne p. 75).
Sirv. — Krit. hgb. Bartsch, Chrest. col. 57. Dejeanne p. 71.

18. Dirai vos senes doptansa
Dire v. voill (puesc) ses d.
A 29 (61 und Arch. 33, 336), C 174 [vgl. Dejeanne p. 84], D[a] 189—680, I 117, K 103, R 5—10, a[1] 309 (55)[1]), α 28231 und 28246 (auch MG. I 186), 29607 (auch MG.

[1]) Noch in z (Studi rom. 12, 155).

I 200); Raimbaut d'Aurenga [aber im Index Marcabru] M 142. Strophe XII in der Vida nach K.
Sirv. (mit Binnenrefrain) gegen Amor. — Quatre poésies de Marcabru p. 2. Dejeanne p. 77. Lommatzsch, Liederb. p. 12 u. Mel. p. 417. Übers. bei Jeanroy, Anthol. p. 123. Zur Mel. s. auch Beck, Melodien p. 113, 7.

19. Doas cuidas ai, compaignier
A 29 (63 und Arch. 33, 337; MG. 801), I 118 (MG. 800), K 104, d 304—117.
Sirv. — Dejeanne p. 89.

(**20. D'un estru**
s. Aldric del Vilar 16 b, 1.)

21. Bel m'es quan la foilla fana
El mes ? fueillalfana *E Bartsch mit C*
C 171 (Jeanroy, AdM. 17, 482 mit Var. von E), E 152.
Sirv. — Dejeanne p. 103.

22. Emperaire, per mi mezeis
A 31 (72 und Arch. 51, 30), I 119, K 105, a¹ 302 (49).
Kreuzlied. — Choix 4, 129. MW. 1, 48. Milá p. 79. Dejeanne p. 107.

23. Emperaire, per vostre pretz
Dª 189—681 [1]) (Klein, Die Dichtungen des Mönchs v. Montaudon p. 98 Anm.).
Sirv. — Dejeanne p. 112.

24. En abriu | s'esclairo·ill riu | contra·l pascor
A 27 (56 und Arch. 33, 334; MG. 797), C Reg., E 153 (MG. 796; Dejeanne p. 118), I 117, K 102, N 270—430, R 8—48, d 302—111 [2]); Elias Fonsalada C 345 (Dejeanne p. 117).
Sirventes-Canz. — Dejeanne p. 115.

25. Estornel, coill ta volada
C 174 (MG. 507), E 154 (MG. 506).
Romanze vom Star als Liebesboten, Teil I. — Bartsch, Lesebuch p. 55. Dejeanne p. 121. — Über das Verhältnis dieses Starenliedes zum Nachtigallenliede von Peire d'Alvergne (323, 23) s. die von der gewöhnlichen Auffassung abweichenden Ausführungen von Appel, Deutsche Literaturzeitg. 1901, 2969.

26. Ges l'estornels no s'oblida
E 154 (MG. 508).
Romanze, Teil II. — Bartsch, Lesebuch p. 56. Dejeanne p. 126. — S. noch E. Müller, Die altprov. Versnovelle p. 24.

(**27. Lanquan cor la doussa biza**
von Bernart de Venzac, siehe 71, 1 a.)

28. Lanquan foillon li boscatge
C 173.
Canz. — Krit. hgb. Appel, Prov. Inedita p. 191 u. Chrest. p. 54. Dejeanne p. 131.

29. L'autrier, a l'issida d'abriu
A 31 (69 und Arch. 51, 30), I 119 (MG. 609), K 105, d 305—123.
Pastourelle. — Dejeanne p. 134.

---

[1]) Auch in z (Studi rom. 12, 157).
[2]) Desgl. in z (ibid. p. 155).

30. L'autrier jost' una sebissa

A 33 (78 und Arch. 51, 130), C 176, I 120, K 106, N 266 —422, R 5♩—4 (Musik Riv. mus. it. 2, 22), T 205, a¹ 310 (56), d 307—130.

Pastourelle. — Parn. occ. p. 175. MW. 1, 55. Ein Lied von Marcabrun als Beitrag zur Göthelitteratur am 28. August 1849 hgb. von W. Holland u. A. Keller, Tübingen 1849. Bartsch, Lesebuch p. 96 und krit. hgb. Chrest. col. 55. Appel, Chrest. p. 101. Quatre poésies de Marcabru p. 10. Dejeanne p. 137. Lommatzsch, Liederb. p. 19 u. Mel. p. 421. Audiau, La pastourelle p. 3. Anglade, Anthol. p. 24. Audiau et Lavaud, Nouv. Anthol. p. 267. Übers. bei Jeanroy, Anthol. p. 147. Zur Mel. s. noch Aubry, Trouvères et troubadours p. 79 und Aubry et Castéra, Chansons de troubadours p. 6 (?).

31. L'iverns vai e·l temps s'aizina
Iverns

A 27 (55 und Arch. 33, 333), C 174 (MG. 726), Dª 188–678, Index I, K 102 (MG. 725), N 270 —429, R 5–7 (MG. 724), a¹ 299 (46)[1], α 30995.

Sirv. mit Binnenrefrains. — Dejeanne p. 144.

32. Lo vers comensa

A 28 (57 und Arch. 51, 26), C 171, I 117 (MG. 662), K 103, N 271—431 (MG. 663), R 8 –49, d 302–112[2]), α 32206.

Sirv. — Dejeanne p. 152.

33. Lo vers comens, quan vei del fau car, mas

A 28 (60 und Arch. 33, 335; MG. 799), C 177, E 154 (MG. 798; Dejeanne p. 162), I 117, K 103, R 5—9, d 303—115.

Sirv. — Dejeanne p. 159.

34. Oimais dei esser alegrans

C 176 (Jeanroy, AdM. 17, 484 mit Var. von R), R 5—2.

Sirv. — Dejeanne p. 165.

35. Pax! in nomine Domini

A 29 (62 und Arch. 51, 27), C 177 (MG. 721), I 117 (MG. 720), K 103, R 5—1, a¹ 293 (40), d 303—116[3]); anonym W 194♩ (p. 398; Musik Riv. mus. it. 3, 250).

Kreuzlied (in 223, 6 genannt *lo vers del lavador*). — Milá p. 75. Krit. hgb. P. Meyer, Recueil p. 74 (vgl. Übersetzung u. Erläuterungen Rom. 6, 121). Crescini, Manualetto p. 198 u. Manuale p. 166. Appel, Chrest. p. 109. Crescini, Testo critico e illustrazione d'uno de' più solenni canti di Marcabruno trovatore, Atti del R. Istituto Veneto 59 II (1899—900) 691 (wichtige Anmerkungen, Übersetzung; vgl. Jeanroy, AdM. 14, 133 und Appel, Lit.-Blatt 1902, 78, beide mit Besserungen). Quatre poésies de Marcabru p. 7. Dejeanne p. 169. Lommatzsch, Liederb. p. 15, Mel. p. 418. Übers. Jeanroy, Anthol. p. 112. — Zu V. 34 s. Chabaneau, Marcabru, Rom. 8, 125; Gröber, Zts. 3, 307. —

---

[1]) Auch in z (Studi rom. 12, 154).
[2]) Ebenfalls in z (ibid. p. 160).
[3]) Desgl. in z (ibid. p. 161).

Chabaneau, Sur la date du *Vers del Lavador* de Marcabrun, Rlr. 27, 250; vgl. P. Meyer, Rom. 14, 613. — Zum selben V. 34 (*l'estela gauzignaus* = *gallicinialis*) und zur Abfassungszeit[1]) s. Crescini, Per il „vers“ del „lavador“, Atti e Mem. d. R. Accad. di scienze ... in Padova, n. s. vol. 16 (1900), p. 211; vgl. Rom. 29, 474 und AdM. 12, 572.

36. Per l'aura freida que guida

A 32 (73 und Arch. 33, 339; MG. 809), E 151 (MG. 808), I 119, K 105, a¹ 305 (51), d 306—125.

Sirv. — Dejeanne p. 174.

37. Per savi·l tenc ses doptansa

A 33 (79 und Arch. 33, 340), Dª 189—682, I 120 (MG. 722), K 106, N 267—423 (MG. 723), a¹ 308 (54).

Sirv. — Dejeanne p. 178.

38. Pos la foilla revirola

Mas *E*

Quan la f. que·s degolla *C*

A 32 (75 und Arch. 33, 339; MG. 807), C 174 (Dejeanne p. 186), E 152 (MG. 806), I 119, K 105, R 5–3 (Dejeanne p. 186), a¹ 306 (52), d 306—127.

Sirv. — Dejeanne p. 184.

39. Pos l'iverns d'ogan es anatz

Mas

A 34 (81 und Arch. 51, 131), C 175, I 121, K 107, N 268—425, a¹ 298 (45), d 308—132.

Sirv. — Lex. rom. 1, 425. Hist. lit. 20, 544. MW. 1, 57. Dejeanne p. 191.

40. Pos mos coratges s'esclarzis

es faillitz

A 30 (64 und Arch. 51, 28), I 118, K 104, d 304—118; Bernart de Ventadorn C 58, E 106.

Sirv. — Choix 4, 301. MW. 1, 54. Dejeanne p. 196.

41. Pos ses foilla son li vergan

Pus s'enfulleysson li verjan *Dej. mit C*

Mos sens foilla sul (soz lo) v. *A, IKd*

A 30 (68 und Arch. 51, 30), C 171, I 118 (MG. 664), K 104, d 305—122.

Sirv. — Dejeanne p. 201. Appel, Zts. 43, 429.

42. Quan l'aura doussana bufa

A 30 (67 und Arch. 33, 337; MG. 803), I 118 (MG. 802), K 104, d 305—121.

Sirv. — Dejeanne p. 205.

43. Seigner n'Audric

Alric, Oldric, Anric

Una re·us dic, | Segner n'Enric *a¹*

A 28 (59 und Arch. 33, 335), C 177, I 117, K 103, R 5—8, a¹ 571 (in 313, Studj romanzi 2, 91 und Dejeanne p. 101), d 303—114[2]); anonym Dª 208—in 761.

Sirv. als Antwort auf 16b, 1. — Krit. hgb. Suchier, Jahrb. 14, 147. Monaci, Testi ant. prov. mit 16b, 1. Dejeanne p. 99.

44. Soudadier, per cui es jovens

A 34 (82 und Arch. 33, 341), E 155, I 121, K 107, N 269—426, d 308—133.

Sirv. — Dejeanne p. 208.

---

[1]) Jetzt auch P. Boissonnade, Rom. 48, 220.

[2]) Auch in z (Studi rom. 12, 160).

(45. „Tenzone mit seigner n'Enric, stand in a"; gemeint ist 16b, 1 + 293, 43.)

Sonst werden ihm attribuiert:

323, 5 Bela m'es la flors d'aguilen (Peire d'Alvergne)
323, 17 En estiu, quan crida·l jais (ders.)
34, 3 Mout dezir l'aura doussana (Arnaut de Tintignac).

293a. Marcabru (II).

Ein anderer als der ältere und berühmte Marcabru. — Suchier, Jahrb. 14, 158; Chabaneau, Biogr. p. 365 (vgl. Onomastique des troub. p. 12); Torraca, Studi su la lirica ital. del duecento p. 340; Dejeanne, Poésies complètes du troub. Marcabru p. 42. S. dagegen Bertoni, I trov. d' Italia p. 30 A. 2.

1. **Be for' ab lui aunit lo ric barnatge** honiz
P 65 (*c.* 157, Arch. 50, 283), Cobla de Marchabrun per lo rei Aduard e per lo rei A[nfos]. [Bartsch 293, 10.] Cobla mit Tornada. — Krit. hgb. Suchier, l. c. u. Bertoni, l. c. p. 31. Zur Deutung s. besonders Chabaneau u. Bertoni p. 30.[1])

294. Marcoat.

Kritische Ausgabe mit Übersetzung von Dejeanne, Le troubadour gascon Marcoat, AdM. 15, 358.

Hist. lit. 20, 562. — Chabaneau, Biogr. p. 366. — Jeanroy, Jongleurs et troub. gascons, introd. p. IV. — J. Storost, Ursprung u. Entwicklung des altprov. sirventes p. 98.

1. **Mentre m'obri eis l'uissel** hu(i)sel *Hss.*
I 197 (MG. 678), K 182, d 310 —137.
Sirv. joglaresc. — AdM. 15, 360. Jeanroy p. 12.

2. **Una re·us dirai, en Serra** ren os *Hss.*
I 197 (MG. 679), K 182, d 310 —138.
Sirv. — AdM. 15, 365. Jeanroy p. 13.

295. Maria de Ventadorn.

Diez, Leben u. Werke p. 294. Hist. lit. 17, 558. Robert Meyer, Das Leben des Trob. Gaucelm Faidit p. 21 und dagegen Merlo, Giorn. stor. d. let. it. 3, 388. O. Schultz[-Gora], Die prov. Dichterinnen p. 9. Bergert, Damen p. 15. Audiau, Les poésies des quatre troub. d'Ussel p. 12 A. 1. Ders., Bull. de la Société . . . de la Corrèze 46, 20.

Vida: H 53 (208 und Mahn, Biogr. p. 58); vgl. $\varkappa$ 133 und 115 (Mussafia p. 254). — S. auch die Vida des Gaucelm Faidit. —

[1]) S. jetzt auch A. Jeanroy in: A Miscellany of Studies in Romance Languages and Literatures presented to Leon E. Kastner, ... Cambridge 1932, p. 303.

Parn. occ. p. 266. Choix 5, 257. Chabaneau, Biogr. p. 248. Carstens, Die Tenzonen der d'Uisel p. 41. Audiau, Les poésies p. 103 und Bulletin . . . de la Corrèze 46, 25.

1. Gui d'Uisel, be·m peza de vos
A 185 (528), C 389, D 149 — 520, E 220, H 53 (209), R 78–647, T 83, a[1] 548 (292), ϰ 134 (Mussafia p. 254); ferner in der Vida des Gui d'Uisel P 48 (Arch. 50, 256) eine Strophe mit Razo. Überschriften: Na Maria de Ventadorn A, Index B, DH, na Maria Ca[1] — Gui d'Uisel A, Index B, Ca[1]. Tenzone (Partimen) mit Gui d'Uisel = 194, 9. — Choix 4, 28. Parn. occ. p. 266. MW. 3, 51. O. Schultz[-Gora] p. 21. Santangelo, Poesie di Gui d'Uisel p. 37. Carstens p. 76 (vgl. p. 16). Audiau, Les poésies p. 73 u. Bulletin 46, 29. Audiau et Lavaud, Nouv. Anthol. p. 199. Übers. bei Jeanroy, Anthol. p. 78.

296. Marques.

Wahrscheinlich Marques de Canillac; Marques ist hierbei Name (Márques), nicht Titel.

Chabaneau, Biogr. p. 366. Anglade, Le troub. Guiraut Riquier p. 175.

1. De so don eu soi doptos
Tenzone mit Guillem de Mur, Guiraut Riquier und Enric II Grafen von Rodez, s. 226, 1.

1a. Domna, a vos me coman
R 24—207, anonym. — Unter dem *marques* wurde gewöhnlich Albert marques de Malaspina verstanden, so von den älteren Hgb. und Galvani, Annuario storico Modenese 1, 60, aber auch von Chabaneau, Biogr. p. 328, Selbach, Streitgedicht p. 36, Knobloch, Die Streitgedichte im Prov. und Altfranz. p. 11, Jeanroy, Rom. 19, 394 A. 1; doch s. Pillet bei Bertoni, Trovatori d' Italia p. 50 und Arch. 138, 272. [Bartsch 16, 10 [1]).] Fingierte Tenzone in kurzer Wechselrede zwischen *dona* und *amicx*, bez. von Strophe VI ab zwischen *dona* und *marques*. — Choix 3, 163. Parn. occ. p. 94. Bartsch, Lesebuch p. 95. MW. 3, 181. Krit. hgb. Bertoni, l. c. p. 470.

2. Guiraut Riquier, a cela que amatz
R 76—635, anonym.
Tenzone (Partimen) mit Guiraut Riquier = 248, 39. — MW. 4, 240.

3. Marques, una partida·us fatz
Verlorene Tenzone, wohl mit Guiraut Riquier, s. 248, 54.

4. Seign'en Enric, a vos don avantatge
Tenzone mit Guiraut Riquier und Enric II Grafen von Rodez, s. 248, 75.

---

[1]) Bartsch hat das Gedicht bloß durch ein Versehen unter Albertet untergebracht.

297. Matfre Ermengau.

Verf. des Breviari d'amor (α).

Diez, Poesie p. 195. — Azaïs, Les Troubadours de Béziers p. 128 und Le Breviari d'amor t. I, Introduction. — Bartsch, Grdr. p. 53 und 45. — R. Weisse, Die Sprachformen Matfre Ermengau's, Zts. 7, 390. — Stimming in Gröbers Grdr. 2 II 43 und 52. — P. Meyer, Hist. lit. 32, 16 (wichtig). — Suchier u. Birch-Hirschfeld, Gesch. d. frz. Lit. 1, 93. — G. Battezzati, El Breviari d'amor di Matfre Ermengau. Studi critici. Torino 1906 (die Biographie enthält nichts Neues). — Anglade, Hist. somm. de la litt. mérid. p. 181 u. 185. — E. Müller, Die altprov. Versnovelle p. 96.

1. **Cel que ditz que lejalmen**
   α 30909—30915.
   Strophe aus einer Canzone.

2. **Compair', aitan com lo soleill** -re *Azaïs*
   α 31714 (auch MG. I 216).
   Cobla (‚conseill') als Antwort auf 341, 1.

3. **De midons posc eu dir en tota plassa** pensi *Var.*
   α 30090 (auch MG. I 205).
   Strophe aus einer Canzone.

4. **Dregz de natura comanda**
   C 377, α 300 und 33239, sowie in folgenden Hss. des Breviari: B. N. fr. 858 fol. 251, Brit. Museum Royal 19. C. 1 fol. 1, Escorial S. I. 3 Anfang♩, St. Petersburger K. Öffentliche Bibl. Franç. F. v. XV, 7 fol. 1♩, Wiener Hofbibl. 2563 fol. 4♩ und 2583* fol. 1♩.
   Canz. — Bartsch, Denkm. p. 79. Azaïs, Troub. de Béziers p. 130. Melodie bei Beck, Melodien p. 61 u. 191.

5. **Gardan dreg e lejaleza**[1]
   α 28765 (auch MG. I 191).
   Cobla (‚sentencia').

5a. **Greu es nuls hom tan complitz** er
   α 28020 (auch MG. I 183).
   Cobla nach Salomo, von Bartsch unter einen Troubadour Salamo 431, 1 gestellt! (s. Chabaneau, Biogr. p. 392 A. 4.)

(6. **Mens la pretz que volp en estiu**
   α 34083, ist kein Zitat, sondern gehört zum fortlaufenden Texte des Breviari.)

7. **Retenemens es mout nobla vertutz**
   α 32447.
   Cobla nach Salomo.

8. **Temps es qu'eu mon sen espanda** sens
   Escorial Anfang nach 297, 4, St. Petersburg fol. 1, Wiener Hofbibl. 2583* fol. 1.
   Sirv. — Mussafia, Sitzungsber. der K. Akad. der Wiss., phil.-hist. Kl. 46, 447 nach der Wiener Hs. Azaïs, Troub. de Béziers p. 134.

Hierzu kommt das schon erwähnte Breviari d'amor (s. α). Auf dieses folgt in den meisten Hss. Matfres poetischer Brief an seine Schwester (Ayso es la pistola que trames frayres Matfres menres

[1]) Bartsch läßt sie erst mit v. 28766 beginnen: *Nuls (Lunhs) hom no fai savieza.*

la festa de nadal a sa sor na Suau et apres lieys en general a totz), beginnend:

Fraires Matfres a sa cara seror
Bibl. Nat. fr. 857 fol. 238, 858 fol. 246; Brit. Museum Royal 19. C. 1 fol. 250, Harl. 4940 fol. 231; Carpentras 380 fol. 203; Escorial S. I. 3 am Schluß; Wiener Hofbibl. 2563 fol. 248 und 2583* fol. 193; außerdem B. N. fr. 1745 (Z) fol. 136 und Laurenziana Ashburnham 105[a] fol. 18 [vgl. P. Meyer, Rom. 14, 520].
Bartsch, Denkm. p. 81. Le Breviari d'amor, ed. Azaïs II 675.

Vielleicht sind noch von ihm die in einigen Hss. überlieferten Übersetzungen in Prosa: *Salve regina en romans* und *Del peccat d'Adam* (letzteres Stück nach Brit. Mus. Royal 19. C. 1 fol. 252 und B. N. fr. 858 fol. 247 hgb. von Suchier, Denkm. 1, 167).

298. Matheu.

Chabaneau, Biogr. p. 366. Selbach, Streitgedicht p. 58.

1. **Seigner Bertran, per la desconoissensa**
H 56 (249 + 250 und Arch. 34, 415), Matheus a Bertram-Bertram li respondet.
Coblaswechsel [1]) mit Bertran de Gordo = 84, 1a. — Krit. hgb. Kolsen, Dichtungen p. 203 u. 205.

299. Matieu de Caerci.

Mayestre in C genannt. — Hist. lit. 19, 607. Milá y Fontanals, Trovadores en Esp. p. 189. Springer, Klagelied p. 73. Anglade, Le troub. Guiraut Riquier p. 50 A. 6.

1. **Tan sui marritz que no·m posc alegrar**
C 378.
Planch. — Krit. hgb. Appel, Prov. Inedita p. 193.

300. Miquel de Castillo.

Chabaneau, Rlr. 32, 126. Anglade, Le troub. Guiraut Riquier p. 98.

1. **A'n Miquel de Castillo**
Tenzone mit Guiraut Riquier und Codolet, s. 248, 11 = 115a, 1.

300a. Miquel de la Tor.

Er legte das 'Libro di Michele' an — s. ϰ 120 (Mussafia p. 211; Chabaneau, Biogr. p. 367 A. 1) —, nennt sich am Schlusse

[1]) Auf jeden kommt eine Cobla mit Tornada. — Nach Kolsen, l. c. p. 203 ist Matheu mit dem unter Nr. 299 genannten Dichter identisch.

der Vida von Peire Cardenal und wird noch von Barbieri als Vf. einer Canzone (s. 379, 1) bezeichnet.

Miraval s. Raimon de Miraval.

301. Mir Bernart.

Anglade, Guiraut Riquier p. 20 A. 2 nennt ihn Bernard Mir. — Chabaneau, Biogr. p. 367.

1. **Mir Bernart, mas vos ai trobat**
   Tenzone mit Sifre, s. 435, 1.

302. Mola.

Milá y Fontanals, Trovadores en Esp. p. 461; dagegen Chabaneau, Biogr. p. 367 und 384 A. 1.

1. **Reis feritz de merda pel çuc**
   H 54 (225 und Arch. 34, 412), Mola li respondet aisi.
   Cobla mit Tornada als Antwort auf 229, 4. — (Choix 5, 267. Milá p. 462.)

303. Monge[1].

Sammelnummer.

1. **Monges, cauzetz, segon vostra sciensa**
   Tenzone mit Albertet (de Sestaro), s. 16, 17.
2. **Mong', eu vos deman**
   Tenzone mit einem Herrn Bertran, s. 75, 5.

304. Monge de Foissan.

Identisch mit Jaufre de Foixá, dem im Anhang zu den Quellen genannten Verf. der Regles. — A. Thomas, Extraits des archives du Vatican[2] pour servir à l'histoire littéraire. I. Jaufré de Foixá, Rom. 10, 322. — Chabaneau, Biogr. p. 361. — A. Morel-Fatio, Gröbers Grdr. 2 II 126. — Lluis Nicolau, Notes sobre les Regles de Trobar, de Jofre de Foixà, y sobre les poesíes que se li han atribuit, in Estudis Universitaris Catalans, 1907, p. 234 (mir nicht zugänglich). — Eduardo Gonzalez Hurtebise, Jofre de Foixa, nota biografica, Congrès historich de la corona de Arago, Barcelona 1908, p. 521 u. 1121 (nicht zugänglich). — J. Rubió y Balaguer, Revista de bibliografia catalana 5 (1911, nicht zugänglich).

---

[1]) Bartsch schreibt hier und im folgenden „Mönch". Ich habe die prov. Bezeichnung vorgezogen, da es ohne Störung der alphabetischen Reihenfolge geschehen konnte.

[2]) Die Bulle Benedikts VIII. für J. ist noch abgedruckt in Documents per l'historia de la cultura catalana mig-eval, publicats per Antoni Rubió y Lluch, vol. I (Institut d'estudis catalans, 4), Barcelona 1908, p. 12.

1. Be m'a lonc temps menat a guiza d'aura

C 345, R 81—669. — Den Schluß aller 6 Strophen und der Tornada bilden die Anfangszeilen bekannter Gedichte, doch ohne Namen der Verfasser. Canz. — Parn. occ. p. 167. MW. 3, 296.

2. Be volgra fos mos cors tan regardans

C 346, R 80—668.
Canz. — Krit. hgb. Appel, Prov. Inedita p. 196.

3. Be volria, car seria razos

C 346, R 81—670.
Canz. — Krit. hgb. Appel, ib. p. 198.

4. Subra fusa ab cabirol

Bibl. de Catalunya, fol. 35, Nr. 309.
Cobla (‚plazer') mit responcio (?). — Krit. hgb. J. Massó Torrents, AdM. 35/36, 313 (mit weiteren wichtigen Angaben über den Dichter).

305. Monge de Montaudo.

Ausgaben: 1. Der Mönch von Montaudon, ein prov. Troubadour. Sein Leben und seine Gedichte, bearbeitet und erläutert mit Benutzung unedierter Texte aus den Vaticanischen Hss. Nr. 3206, 3207, 3208 und 5232, sowie der Estensischen Hs. in Modena von Emil Philippson[1]). Halle 1873. — Ein Auszug erschien als Leipziger Diss. 1873. — Besprochen von Bartsch, Götting. gelehrte Anz. 1874 I 257; Suchier, Jahrb. 13, 339 (beide mit Besserungen). — Die Ausgabe genügt kritischen Ansprüchen nicht mehr, die Anmerkungen behalten aber ihren Wert.

2. Die Dichtungen des Mönchs von Montaudon neu hgb. von Otto Klein[1]), Marburg 1885 = Ausgaben u. Abhandlungen ... veröff. v. E. Stengel, Bd. 7. — Ein Teil erschien als Marburger Diss. 1882. — Besprochen von Levy, Lit.-Blatt 1886, 455 (wichtige Besserungen); Appel, Deutsche Literaturzeitg. 1886, 1064. — Diese Ausgabe beruht auf einem ausgedehnten Material und bietet einen besser durchgearbeiteten Text; außerdem enthält sie eine Biographie,

---

[1]) Anordnung der Texte:

Klein	Phil.	Grdr.
1	= 10	= 16
2	= 12	= 12
3	= 13	= 7
4, 4b	= 14	= 11
5	= 15	= 13
6	= 16	= 5
7	= 17	= 8
8a	= 20	= 15
8b	= 18	= 9
9	= 19	= 10
10	= 21	= 17
11	= 1	= 1

Klein	Phil.	Grdr.
12 =	2 =	2
13 =	3 =	4
14 =	4 =	6
15 =	5 =	3
16 =	6 =	14.
Unechte:		
I =	0 =	in 133, 8
II =	in 14 =	in 11 Fortsetzung
III =	11 =	173, 4
IV =	9 =	173, 12
V =	8 =	47, 2
VI =	7 =	194, 1.

einen guten Abschnitt „Metrisches" mit Ineditis, ein Rimarium und ein Wortverzeichnis.

Sonstige Literatur: Diez, Leben u. Werke p. 270. — Hist. lit. 17, 565. — Fauriel, Hist. de la poésie prov. 2, 190. — Ernest Sabatier, Le moine de Montaudon, Mém. de l'Académie de Nîmes, VIIe série, t. I, année 1878, Nîmes 1879, p. 277. — Suchier u. Birch-Hirschfeld, Gesch. d. frz. Lit. 1, 76. — C. Fabre, Le moine de Montaudon et l'empereur Othon IV, AdM. 20, 351 (zu 305, 17). — Chaytor, The troubadours p. 69. — Gmelin, Zts. f. franz. u. engl. Unterr. 27, 23. — Kurze Notiz bei Anglade, Hist. somm. de la litt. mérid. p. 77.

Vida: A 112 (p. 348), B 71 (ib. p. 697; Mahn, Biogr. p. 36), E 198, I 135, K 120, P 52 (XV, Arch. 50, 262), R 2 d.

Parn. occ. p. 294. Choix 5, 263. MW. 2, 57. Milá y Fontanals, Trovadores en Esp. p. 108 A. 27. Klein p. 5. Chabaneau, Biogr. p. 269. Lommatzsch, Liederb. p. 1.

1. Aissi com cel qu'a estat ses seignor

A 113 (323), B 72 (MG. 16), C 185, D 45—155, E 156 (MG. 396), G 90 (p. 280), I 135, K 121, M 145, R 40—334, S 221—143 (MG. 397), T 134, U 122 (Arch. 35, 447), a[1] 465 (214); Gausbert de Poicibot f 53; Vescoms de Saint A[ntoni] P 35 (111, Arch. 49, 316); anonym L 36, O 27 (44).
Canz. — Philippson p. 10. Klein p. 58. Troub. cantaliens 2, 336.

2. Aissi com cel qu'a plag mal e sobrier gran

C 185 (MG. 398), a[1] 468 (216).
Canz. — Philippson p. 14. Klein p. 64. Troub. cantaliens 2, 348.

3. Aissi com cel qu'es en mal seignoratge

A 113 (322), B 71 (MG. 15), C 185, D 45—156, F 33 (116), I 136 (MG. 394), K 122, R 40—335 (MG. 395), T 133, a[1] 464 (213), f 74.
Canz. — Philippson p. 20. Klein p. 74. Troub. cantaliens 2, 370.

4. Aissi com cel qu'om men' al jutjamen a

A 113 (324), B 72 (MG. 1342), C 184, D 45—153, G 89 (p. 278), I 135, K 121, R 19—158, T 132, U 121 (Arch. 35, 446), a[1] 467 (215), f 74; Arnaut de Maroill N 65—45 (MG. 967); anonym P 36 (114, Arch. 49, 318), S 205—132.
Canz. — Choix 3, 449. MW. 2, 58. Philippson p. 16. Klein p. 66. Troub. cantaliens 2, 356.

5. Amics Robertz, fe que dei vos qu'ieu

C 189 (MG. 349), E 156 (MG. 411); anonym Vat. 7182 Nr. II.
Enog. — Philippson p. 48. Klein p. 47. Troub. cantaliens 2, 306.

6. Ara pot ma domna saber Ara·m

C 186, I 136 (MG. 309), K 122, R 39—332 (MG. 404), S 223 —144 (MG. 405), d 299—102, f 75; Cadenet U 72 (Arch. 35, 412). Strophe II *Cel (Aicel) qui (que) son petit poder* [Bartsch 461, 66] steht als anonyme

Cobla in G 129 (p. 429, Arch. 35, 107), J 13 (c. 19), N 85 —89, Q 107 (263, p. 206), ist nach N gedruckt von Suchier, Denkm. 1, 317.
Canz. — Philippson p. 18. Klein p. 70. Troub. cantaliens 2, 362.

7. **Autra vetz fui a parlamen**
L'autrier al

A 187 (533), C 187, R 54 —454, f 75.
Fingierte Tenzone (nebst Einleitung) mit Gott. — Choix 4, 42. MW. 2, 62. Philippson p. 39. Klein p. 34. Troub. cantaliens 2, 268. Lommatzsch, Liederb. p. 143. Übers. bei Jeanroy, Anthol. p. 65.

8. **Be m'enojan per saint Marsal**
-a

C 188 (MG. 392).
Enog. — Philippson p. 49. Klein p. 49. Troub. cantaliens 2, 310.

9. **Be m'enoja per saint Salvaire**

C 188 (MG. 391), E 158.
Enog. — MW. 2, 67 nach C. Philippson p. 50. Klein p. 52. Troub. cantaliens 2, 314.

9a. **Cel qui quier conseill e·l cre**

a[1] 470 (218, Studj di fil. rom. 8, 439).
Canzone. — Krit. hgb. Appel, Zts. f. frz. Spr. u. Lit. 43, 138. — Zu Str. VI, v. 1 s. Bertoni, Rlr. 59, 34.

10. **Fort m'enoja, so auzes dire**
Be *Bartsch Grdr., Phil.*, Mot

C 187, D^a 199—723, I 195 (MG. 390), K 180, R 40—336.
Enog. — (Choix 5, 264. MW. 2, 66.) Bartsch, Lesebuch p. 82 und krit. hgb. Chrest. col. 146. Philippson p. 51. Klein p. 54. Appel, Chrest. p. 83. Troub. cantaliens 2, 320. Lommatzsch, Liederb. p. 145 u. Mel. p. 437. Übers. bei Jeanroy, Anthol. p. 62. Mel. auch bei Beck, La musique des troub. p. 90.

11. **L'autre jorn m'en pogei el cel**
autrier

C 186, D^a 166—578 (Del cod. Estense, Sitzungsber. etc. p. 436), E 158, I 137, K 122, R 20–161, d 300—105.
Erzählung von St. Julians Beschwerde (*clam*) bei Gott. — Choix 4, 373. Parn. occ. p. 296. MW. 2, 65. Philippson p. 41. Klein p. 38. Troub. cantaliens 2, 278.

Daran schließt sich ziemlich unvermittelt an:

Quan tuit aquist clam foron fait
faitz *Hss.*

D^a 166—579 (Del cod. Est., Sitzungsber. p. 436), I 137 (MG. 393 und Nachtrag II 96), K 123, d 300—106.
Erzählung von einem Streit, den die Heiligenbilder (*vout*) und die Frauen vor Gott führen, und von seinem Ausgang. — Philippson p. 43. Klein p. 42 Nr. 4b und p. 80 Nr. II. Troub. cantaliens 2, 286. — Klein nimmt an, daß die Strophen von *Sobre sacramen vei obrar* ab (bei ihm Nr. II) unecht seien; manche sind es sicher.

12. **L'autrier fui en paradis**

C 187, D^a 165—577, E 157, I 137, K 122, R 20—160, d 300 —104; anonym N 284—456.

Fingierte Tenzone (nebst Einleitung) mit Gott. — Choix 4, 40. Parn. occ. p. 294. MW. 2, 64. Krit. hgb. Bartsch, Chrest. col. 143. Philippson p. 37. Klein p. 30. Crescini, Manualetto p. 257 u. Manuale p. 218. Appel, Chrest. p. 132. Troub. cantaliens 2, 262. Audiau et Lavaud, Nouv. Anthol. p. 187. Übers. bei Jeanroy, Anthol. p. 66. — Zu v. 14 s. Stroński, AdM. 19, 232.

13. **Manens e frairis foron compaigno**
C 188 (MG. 408).
Fabel von einem Streit zwischen Reich und Arm (der Tenzone angenähert). — Philippson p. 46. Klein p. 44. Troub. cantaliens 2, 298.

14. **Mos sens e ma conoissensa**
A 114 (326), C 184 (MG. 409), D 45 - 154, I 135 (MG. 410), K 121, R 19—159, T 133, α 31163.
Canz. — Philippson p. 23. Klein p. 77. Troub. cantaliens 2, 378.

15. **Mout mi platz deportz e gajeza**
C 186, E 158.
Plazer. — Choix 3, 451. MW. 2, 59. Philippson p. 54. Klein p. 51. Appel, Chrest. p. 84. Troub. cantaliens 2, 330.

16. **Pos Peire d'Alvergn' a chantat**
A 214 (620), C 183, D^a 166 —580, I 135, K 121, L 33, M 146, R 40—337, a^1 470 (219), d 298—101, α 28167 (auch MG. I 185), ϰ 131 (Mussafia p. 236). — Strophe VIII ist in die meisten Hss. von 323, 11 interpoliert worden.
Sirv. gegen zeitgenössische Troubadours. — Choix 4, 368. MW. 2, 60. P. Meyer, Derniers Troubadours p. 136 (nur einzelne Strophen zum Vergleich mit den Angaben von Nostradamus). Philippson p. 30. Klein p. 18. Troub. cantaliens 2, 244. Lommatzsch, Liederb. p. 139. — Zur Datierung s. auch Zingarelli, La personalità storica di Folchetto di Marsiglia[2] p. 53 A. 80. Zur Erklärung der Strophe gegen Folquet de Marseilla s. Stroński p. 48*.

17. **Seigner, s'aguessetz reignat**
H 56 (240 und Arch. 34, 414).
Cobla. — Philippson p. 55. Klein p. 57. Fabre, AdM. 20, 352. Troub. cantaliens 2, 334.

Zugeschrieben werden ihm noch:

194, 1 Ades, on plus viu, mais apren (Gui d'Uisel?)
47, 2 Aissi com hom que seigner ocaizona (Berenguier de Palazol?)
173, 3 Car no·m abelis solatz (Gausbert de Poicibot)
173, 4 Gasc, pecs, laitz joglars e fers (ders.)
133, 8 Per mantener joi e chant e solatz (Elias Cairel)
173, 12 S'eu vos voill tan gen lauzar (Gausbert de Poicibot).

ι 11 (Egidi 1, 121; Thomas p. 175), 35 c (Eg. 2, 37; Th. p. 183; Jahrb. 11, 50), 35 d (Eg. 2, 39; Th. p. 184), 42 (Eg. 2, 121; Th. p. 187; Jahrb. 11, 51) berichtet Aussprüche (*dicta*) von ihm und erzählt ihm eine Geschichte nach; vgl. Thomas p. 108. S. noch E. Müller, Die altprov. Versnovelle p. 132.

= Monge (Gaubertz) de Poicibot s. Gausbert de Poicibot. =

= Montaignagol, Montaignago(u)t s. Guillem de Montaignagol. =

306. Montan.

Hist. lit. 19, 539. Chabaneau, Biogr. p. 368.

1. **Cascus deu blasmar sa folor**
   F 58 (173).
   Cobla. — (Choix 5, 267.)

2. **Eu veing vas vos, seigner, fauda levada**
   I 163 (MG. 63), T 69. La tenzon de seigner Montan e de la domna *I*.
   Fingierte Tenzone zwischen einer Dame und ihm.

3. **Meraveill me com negus onratz bars**
   Coblaswechsel mit Sordel, s. 437, 8.

4. **Vostr' ales es tan putnais**
   H 55 (238 und Arch. 34, 414).
   Cobla.

307. Montan Sartre.

1. **Coms de Tolsan, ja non er qu'ie·us o pliva**
   M 246.
   Sirv. — (Choix 5, 268.) Krit. hgb. Chabaneau, Rlr. 27, 157.

= Morgue ... s. Monge ... =

308. Motet.

P. Meyer, Derniers Troubadours p. 101 und Hist. lit. 32, 69. Vielleicht mit Jacme Mote identisch.

1. **Si tot d'amors sui destregz nog e dia**
   f 49.
   Canz. — Krit. hgb. Dern. Troub. p. 101.

309. N'At de Mons.

Bartsch schrieb Nat. Chabaneau, Biogr. p. 333 A. 4 zeigte, daß man *Nat* in *n'At* zu zerlegen und den Dichter At de Mons zu nennen habe, und fand allgemeine Zustimmung. O. Schultz[-Gora], „Nat de Mons" oder „n'At de Mons"?, Zts. 18, 124 meint, daß das *n'* wenigstens mit dem Namen At fest verwachsen war. Zum Namen auch Anglade, Rom. 51, 422.

Kritische Ausgabe mit Einleitung (Leben, Werke, Sprache des Dichters und der Hs., Metrisches), Analysen und Anmerkungen: Die Werke des Trobadors N'At de Mons. Zum ersten Mal hgb. von Wilhelm Bernhardt. Heilbronn 1887 (= Altfranzösische Bibliothek hgb. von Wendelin Foerster, 11. Bd.). Der I. Teil erschien auch als Bonner Diss. Leipzig 1887. — Besprochen von Chabaneau, Rlr. 31, 448; Appel, Zts. 11, 559; Levy, Lit.-Blatt 1888, 308; O. Schultz[-Gora], Deutsche Literaturzeitg. 1888, 91 (überall mit Besserungen).

Frühere Literatur: Diez, Poesie p. 203. Hist. lit. 19, 576. Milá y Fontanals, Trovadores en Esp. p. 184. Bartsch, Grdr. p. 49. Chabaneau, Biogr. p. 333. — Spätere: Stimming in Gröbers Grdr. 2 II 49. Anglade, Le troub. Guiraut Riquier p. 279 u. passim. Ders., Hist. somm. de la litt. mérid. p. 111 u. 180 und Rom. 51, 414, auch in Les troub. de Toulouse p. 188.

1. **La valors es grans e l'onors** C 373, R 98 — 826. Die in λ I 248 zitierte Cobla *Reys ricz romieus mas man milhors* (Bernhardt p. XII) müßte dem Metrum nach hierher gehören, ist aber wohl eine Nachahmung. Sirv. — Parn. occ. p. 164. Milá p. 185. MW. 3, 307. Krit. hgb. Bartsch, Chrest. col. 327. Bernhardt p. 127. S. jetzt auch Anglade et Salvat, Rom. 52, 508.

Dazu kommen die didaktischen Gedichte:

I. Al bo rei de Castela
R 126.
Lehrgedicht über die Frage, ob das Schicksal des Menschen durch seinen Stern oder durch den Zufall bestimmt werde. König Alfons X. von Kastilien soll den Streit der Parteien entscheiden; seine (angebliche) Antwort (das *jutjamen*) beginnt etwa v. 1245. — Bernhardt p. 1.

II. Al bo rei seignor d'Arago -er
R 130.
Epistel. — Bernhardt p. 103.

III. Al noble rei aragones
R 130.
Epistel. — Bernhardt p. 96.

IV. Si n'At de Mons agues
R 130; daraus zitiert λ II 236, 388, 390.
Lehrgedicht. — Bernhardt p. 111.

V. Si tot non es enquistz -ist
R 128; daraus zitiert λ II 236, 370 [in anderem Zusammenhang und viel ausführlicher in der Redaktion A fol. 17; Chabaneau, Hist. gén. de Languedoc 10, 194], 392, III 62, II 78, 256 und 390, 130 [anonym], 78.
Enseignamen (zunächst für einen Spielmann bestimmt). — Bernhardt p. 55.

Nicht identifiziert sind die Zitate in λ II 86 und 236 (*Gaugz se pren de plazer*), sowie α 27878 (auch MG. I 182; Bernhardt p. XIII).

310. Nicolet de Turin.

Hist. lit. 18, 626. O. Schultz[-Gora], Zts. 7, 214 (wichtig). Selbach, Streitgedicht p. 68. Zenker, Die Gedichte des Folquet v. Romans p. 27. Bertoni, I trov. d' Italia p. 60.

1. En Nicolet, d'un sogne qu'eu sognava

Tenzone mit Joan d'Albuzo, s. 265, 2.

2. Nicolet, gran malanansa

Coblaswechsel mit Folquet de Romans, s. 156, 9.

3. N'Uc de Saint Circ, sabers e conoissensa

H 54 (221 und Arch. 34, 411; MG. 1163 Nr. F).
Cobla mit Tornada als Antwort auf 457, 36. — Monaci, Testi ant. prov., col. 89 und Poesie prov. di trovad. ital. p. 11. Krit. hgb. Bertoni, l. c. p. 254 u. Jeanroy et Salverda de Grave, Poésies de Uc de Saint-Circ p. 129.

Obs de Biguli s. unter 229, 3.

Ogier (Novella, Niella) s. Art. 205.

311. Olivier de la Mar.

Nauliuers in der Hs. — Hist. lit. 19, 546. Chabaneau, Biogr. p. 368.

1. Ai! qual merce fera Deus
H 56 (245 und Arch. 34, 414).
Cobla. — (Choix 5, 272.)

312. Olivier lo Templier.

Bartsch nennt ihn Olivier del Temple; meine Bezeichnung bleibt der unserer einzigen Hs. *lo templier en Olivier* näher. An seine Identität mit dem Cavalier del Temple (Art. 439) ist nicht mehr zu denken, seitdem a[1] bekannt ist.

Hist. lit. 19, 545. Milá y Fontanals, Trovadores en Esp. p. 379. Chabaneau, Biogr. p. 368. Schindler, Die Kreuzzüge in der apr. und mhd. Lyrik p. 32. Lewent, Rom. Forschungen 21, 358.

1. Estat aurai lonc temps en pensamen
R 60—504.
Kreuzlied. — Milá p. 381. Krit. hgb. Lewent, l. c. p. 439, mit Übersetzung.

313. Oste.

Die Überschrift *de l'oste* zeigt, daß schon die Hss. *oste* als Appellativum aufgefaßt haben; aber die Anrede *Nostes* = *N'Ostes* (wenigstens im Texte von I) spricht eher für einen Eigennamen.

1. Guillem, razon ai trobada
I 162 (Selbach, Streitgedicht p. 107), K 148, a[1] 531 (278), d 301—108. La tenzon de l'oste e de Guillem *Hss.*

Tenzone (Partimen) mit einem Guillem = 201, 4. — Krit. hgb. Kolsen, Trobadorgedichte p. 44.

314. Ozil de Cadartz.

Cadartz CR, Gadartz D, Cadals M. — Chabaneau, Biogr. p. 369. A. Långfors, Le troubadour Ozil de Cadars, Annales Academiae Scientiarum Fennicae, ser. B, t. VII, no. 5, Helsinki 1913. Besprochen von Appel, Neuphilol. Mittlgn. 1913, p. 184, Spitzer, ibid. p. 256 und Andresen, ibid. 1914, p. 7.

1. **Assatz es dregz, | pos jois no·m pot venir**
C 364 (MG. 756), D 82—295 (Hüffer, Der Trob. Guillem de Cabestanh p. 62), M 147 (MG. 757), R 41—342; Guillem de Cabestaing I 105bis, K 90, d 289—77; Pistoleta CReg.
Ratschläge für Liebende in der Form einer Canzone. — Krit. hgb. Långfors, s. oben!

315. Palais.

O. Schultz[-Gora], Zts. 7, 194. — Witthoeft, Sirventes joglaresc p. 32. — Nozze Battistelli-Cielo. A. Restori, Palais. Cremona 1892 (mit Abdruck von Da); besprochen Rom. 21, 632 und (mit Besserungen) von Crescini, Giorn. stor. d. let. it. 19, 163, Jeanroy, Rev. des Pyrénées 1893, 12, Levy, Lit.-Blatt 1893, 364. — Bertoni, Intorno a un trovatore alla corte di Otto del Carretto, Giorn. stor. d. let. it. 53, 178 (zum Texte).

1. **Adreg fora, si a midons plagues**
Da 197—714 (Restori p. 14). — R. möchte 461, 105 als Strophe aus diesem Liede betrachtet wissen.
Canz. — (Choix 5, 274. MW. 3, 340.)

2. **Be·m plai lo chantars e·l ris**
Da 197—713 (Restori p. 15).
Sirv. — (Choix 5, 274. MW. 3, 341.)

3. **Mout m'enoja d'una gen pautoneira**
Da 206–753 (Zts. 7, 195; Restori p. 16); anonym J 12 (*c. e.* 7; auch Riv. 1, 40).
Cobla. — Krit. hgb. Witthoeft p. 72.

4. **Mout se feira de chantar bo recreire**
Da 206 (Zts. 7, 194; Restori p. 16); anonym Q 112 (293, p. 215 und Zts. 4, 519), bei Bartsch 461, 172.
Cobla. — Krit. hgb. Witthoeft p. 72. Bertoni, I trov. d'Italia p. 57.

5. **Un estribot farai don sui aperceubutz**
Da 206 (Restori p. 16); anonym Q 112 (294, p. 215 und Zts. 4, 519).
Estribot (eine Alexandrinerlaisse).

Zugeschrieben wird ihm noch:

236, 11 Un sirventes farai d'una trista persona (Guillem de la Tor).

316. Palazi.

S. Tomier e Palazi, Art. 442.

317. Paul Lanfranc, de Pistoja.

Paulo Lanfranchi Hs.

Ausgabe mit Übersetzung: Poesie provenzali ed italiane di Paolo Lanfranchi da Pistoja raccolte ed illustrate dal conte Carlo Baudi di Vesme, in La Rivista Sarda, anno I, (vol. II,) Cagliari 1875, p. 391.

Frühere Literatur: Milá y Fontanals, Trovadores en Esp. p. 248. — Spätere: O. Schultz[-Gora], Zts. 7, 229. Bertoni, I trov. d' Italia p. 118.

1. **Valens seigner, reis dels Aragones** rei
P 63 (c. 126, Arch. 50, 279). Sirv. in Form eines Sonetts[1]). — Choix 5, 277. MW. 3, 347. Riv. Sarda 1, 395. Monaci, Testi ant. prov., col. 94. Bertoni p. 457.

Baudi di Vesme druckt ferner aus P eine Anzahl anonymer Strophen ab, die auf das Sonett folgen, aber darum noch keineswegs unserem Dichter gehören, und ein halbes Dutzend italienischer Sonette aus italienischen Hss.

(318. Paulet.

1. **Seign'en Jorda, si·us manda Livernos**
gehört wahrscheinlich Paulet de Marseilla, s. 319, 7a.)

319. Paulet de Marseilla.

Kritische Ausgabe[2]) mit Einleitung und Anmerkungen von E. Levy, Le troubadour Paulet de Marseille, Rlr. 21, 261. — Besprochen von Stengel, Lit.-Blatt 1882, 396 mit Besserungen.

Ältere Literatur: Diez, Leben u. Werke p. 471. Hist. lit. 20, 553. C. Merkel, Atti e Mem. della R. Acc. dei Lincei, ser. IV, vol. IV, p. 317. — Spätere: Anglade, Le troub. Guiraut Riquier p. 88 (wichtig).

---

[1]) Als Sonett aufgefaßt auch Giorn. di fil. rom. 4, 220.
[2]) Anordnung der Texte:

Levy	Grdr.	Levy	Grdr.
1 = 3		5 = 4	
2 = 5		6 = 7	
3 = 8		7 = 1	
4 = 2		8 = 6	
		9 = 7a (248, 77).	

1. **Ab marrimen et ab mala sabensa**
C 322.
Sirv.[1]) — Choix 4, 72. Bartsch bei Schirrmacher, Die letzten Hohenstaufen p. 667. Milá y Fontanals, Trovadores en Esp. p. 211. MW. 3, 151. Rlr. 21, 279. — Vgl. C. Michaelis de Vasconcellos, Zts. 27, 422.

2. **Ara qu'es lo gais pascors**
C 322, E 169.
Canz. mit Refrain. – Rlr. 21, 274.

3. **Ar que·l jorn | son bel e clar**
C 321.
Canz. — Rlr. 21, 268.

4. **Bela domna plazens, ai**
C 322.
Dansa. — Rlr. 21, 276.

5. **Ges pels crois reprendedors**
C 321.
Canz. — Rlr. 21, 270.

6. **L'autrier m'anav' ab cor pensiu**
E 169 (MG. 514; Merkel p. 317 A. 3).
Pastourelle[1]). — Rlr. 21, 280.

7. **Razos non es que hom deja chantar**
C 322.
Planch. — Choix 4, 74. MW. 3, 152. Rlr. 21, 278. — Zum Datum s. Springer, Klagelied p. 79.

7a. **Seign'en Jorda, si·us manda Livernos**
[Bartsch 318, 1.] Tenzone[1]) mit Guiraut Riquier, Jordan und Raimon Izarn, s. 248, 77.

8. **Si tot no·m fatz tan valens**
fas
C 321.
Canz. — Rlr. 21, 272.

320. Paves.

O. Schultz[-Gora], Zts. 7, 214. De Lollis, Vita e poesie di Sordello di Goito p. 6. Bertoni, I trov. d' Italia p. 83.

1. **Anc de Rolan ni del pro n'Aulivier**
H 52 (198 und Arch. 34, 408).
Cobla; vgl. dazu 217, 1a und 10, 9. — Monaci, Testi ant. prov., col. 86 und Poesie prov. di trovad. ital. p. 10. Krit. hgb. Bertoni, l. c. p. 301.

321. Pei Ramon.

Von Uc de S. Circ 457, 27 verspottet.

322. Peire.

Chabaneau, Biogr. p. 369.

1. **En Peire, dui pro cavalier**
Tenzone mit Albertet (de Sestaro), s. 16, 15.

---

[1]) Levy glaubt, daß das Sirventes und die Pastourelle sowie der Anteil an der Tenzone wahrscheinlich einem anderen Paulet gehören; Anglade hat aber gegen diese Annahme beachtenswerte Gründe vorgebracht.

322a. Peire.

P. Meyer, Derniers Troubadours p. 48. Ch. de Tourtoulon, Rlr. 4, 397 (zur Situation). P. Meyer, Hist. lit. 32, 64 [1]).

1. **En aquel so que·m plai ni que quel m'agensa** f 18, tenson. — Die Streitenden sind (en) Peire und (en) Guillem. Tenzone mit einem Guillem = 201, 1. — Krit. hgb. Dern. Troub. p. 51.

322b. Peire. (Senyer en Peyres Hs.)

1. **Car vei en Peironet ploran** Can, Com -ey Ve. Ag. I [zweimal] [2]). Zwei Coblas, beantwortet durch 367, 2. — Krit. hgb. Milá y Fontanals, Rlr. 13, 65.

323. Peire d'Alvergne.

Kritische Ausgabe [3]): Die Lieder Peires von Auvergne kritisch hgb. mit Einleitung, Übersetzung, Kommentar und Glossar von Rudolf Zenker, Erlangen 1900. — Die Ausgabe erschien auch in Rom. Forschungen 12, 653. Ich zitiere gewöhnlich nach dem selbständigen Druck, gebe aber für die Texte noch R. F. 12, ... besonders an. — Besprochen von Appel, Deutsche Literaturzeitg. 1901, 2964; Schultz-Gora, Lit.-Blatt 1902, 71; Coulet, AdM. 14, 374; Jeanroy, Rom. 32, 313 (von den drei letzten mit Besserungen).

Ältere Literatur: Diez, Leben u. Werke p. 60. — Victor Le Clerc, Hist. lit. 25, 114 (schlecht). — Fauriel, Hist. de la poésie prov. 2, 9. — Suchier, Jahrb. 14, 281 (Verhältnis zu Marcabru). —

---

[1]) Wenn P. Meyer hier, wie bereits Rom. 26, 155, Peire mit dem Verf. des Marienliedes 344, 1, Peire Guillem, der dann aus chronologischen Rücksichten nicht Peire Guillem de Luzerna sein könnte, zu identifizieren sucht, so steht dem nicht nur entgegen, daß sich für die Autorschaft des P. G. de Luzerna bei 344, 1 gute Gründe beibringen lassen, sondern auch, daß 344, 1 schon in D^a aufgenommen und also mindestens 30 Jahre älter ist als die Tenzone (gegen 1280).

[2]) fol. CXV v° und CXCIIIj v° (Butlletí 1, 57, Nr. 81 und 1, 62, No. 134), unter Tenço.

[3]) Anordnung der Texte:

Zenker	Grdr.	Zenker	Grdr.	Anhang. Unechte Gedichte:
1	= 20	11	= 8	323, 4
2	= 19	12	= 11	— 5
3	= 24	13	= 9	— 6
4	= 2	14	= 10	— 22
5	= 12	15	= 18	112, 2
6	= 15	16	= 13	27, 4 b.
7	= 17	17	= 14	
8	= 3	18	= 16	
9	= 23	19	= 21.	
10	= 7			

O. Schultz[-Gora], Zts. 10, 595 (ein urkundlicher Nachweis). — Pätzold, Die individuellen Eigentümlichkeiten p. 50 (Charakteristik). — Lowinsky, Zts. f. frz. Sprache u. Lit. 20 I 169 und passim (zu den geistlichen Liedern, denen er, Appel und Coulet auch 323, 19 und 20 zuzählen).

Spätere Literatur: Suchier u. Birch-Hirschfeld, Gesch. d. frz. Lit. 1, 73. — C. De Lollis, Intorno a Pietro d'Alvernia, Giorn. stor. d. let. it. 43, 28 (hauptsächlich zur prov. Biographie). — Anglade, Les Troubadours p. 154 und 202. — Vossler, Die göttl. Komödie II, 1, 636. — Chaytor, The troubadours p. 67. — Bergert, Damen p. 8. — Appel, B. von Ventadorn p. LXIX. — Anglade, Hist. somm. de la litt. mérid. p. 74. — Schultz-Gora, Zur urkundlichen Identifikation von Peire d'Alvernhe, Arch. 141, 149. — J. Storost, Ursprung und Entwicklung des altprov. sirventes p. 92 (zu den Sirventesen).

Vida: A 9 (p. 1), B 33 (ib. p. 671; Mahn, Biogr. p. 3), E 189, I 11, K 1, N² 19 (VIII, Arch. 102, 193), R 3 b; vgl. ϰ 95 (Mussafia p. 227).

Parn. occ. p. 135. Choix 5, 291. MW. 1, 89. Krit. hgb. P. Meyer, Recueil p. 98. Chabaneau, Biogr. p. 260. Monaci, Testi ant. prov., col. 44. Zenker p. 79 (R. F. 12, 731). Chaytor, Troub. of Dante p. 4. Lommatzsch, Liederb. p. 54.

1. **Abans que·l blanc poi sion vert que pueg blanc**

A 9 (3 und Arch. 51, 2), B 34 (MG. 1319), C Reg., D 1—2, E 47 (MG. 813), I 11 (MG. 1), K 1, N 255—389 [1]), N² 19 (VIII 1, Arch. 102, 193), T 153 [2]); Peire Rogier Dᶜ 255 (143, AdM. 13, 386); Guiraut de Borneill C 28 (MG. 812), Q 83 (217, p. 162), R 9—61, Sg Nr. 16, a 61 (38, Rlr. 42, 29). — Die Autorschaft ist unsicher. Gröber, Rom. Studien 2, 385 und Zenker p. 2 sprechen sich für Guiraut aus; Kolsen, Sämtliche Lieder des Trob. Giraut de Bornelh I, p. VIII ist für Peire. Die beiderseitigen Gründe haben ungefähr gleiches Gewicht. Sirv. — Krit. hgb. Appel, Peire Rogier p. 97.

2. **Ab fina joja comensa**

A 10 (4 und Arch. 51, 3), B 34 (MG. 2), D 1—1, E 46, I 12, K 2, N 256—390 [3]).
Canz. (‚vers'). — Zenker p. 88 (R. F. 12, 739).

3. **Al dessebrar del païs**

C 178 (MG. 203), E 51.
Canz. — Zenker p. 100 (R. F. 12, 751).

4. **Amics Bernartz de Ventadorn del**

A 177 (505), D 143—497, E 212, G 100 (p. 326), I 155, K 141, L 51, W 190J (p. 394). Überschriften: Peire L, Peire Vidal W, Peirol ADIK —

[1]) In N stehen alle Lieder anonym zusammen.
[2]) Auch in z (Studi rom. 12, 147).
[3]) Desgl. in z (Studi rom. 12, 148).

Bernart de Ventadorn AIK, Bernart L. — Peirol kommt nicht in Betracht, da die Hss., die ihn in der Überschrift nennen, im Texte nur Peire haben; P. Vidal scheidet auch aus. Die Zuweisung an P. d'Alvergne ist willkürlich, aber nicht unwahrscheinlich. Vgl. Gröber, Rom. Studien 2, 440. Zenker, Die prov. Tenzone p. 82 und Ausg. p. 2. Jeanroy, AdM. 2, 293. Restori, Riv. musicale ital. 3, 423 A. 2. Appel, Deutsche Literaturzeitg. 1901, 2964. Zingarelli, Studi medievali 1, 363. Vossler, B. von Ventadorn, Sitzungsber. 1918, p. 95.
Tenzone mit Bernart de Ventadorn = 70, 2. — Choix 4, 5. MW. 1, 102. Galvani, Osservazioni p. 76. Zenker p. 139 (R. F. 12, 790). Schultz-Gora, Elementarbuch p. 154. Appel, B. von Ventadorn p. 10. Lommatzsch, Liederb. p. 49.

5. **Bela m'es la flors d'aguilen**
A 9 (1 und Arch. 51, 1), B 33 (MG. 1317), D 1—3, E 45, I 11, K 1, N 254—387, N² 20 (VIII 3, Arch. 102, 195)[1]; Marcabru C 175; B. Marti C Reg., R 29 —249. — Zenker p. 7 will es gegen die sämtlichen Hss. dem Bernart de Venzac zuschreiben wie 323, 6 (s. dazu Giorn. stor. d. let. it. 43, 32). Ich kann ihm hierin nicht folgen. — Hoepffner, Rom. 53, 108 ist eher für Bernart Marti.
Sirv. — Choix 4, 295. MW. 1, 96. Zenker p. 141 (R. F. 12, 792). — S. noch J. Storost, Ursprung u. Entwicklung des altprov. sirventes p. 97.

6. **Bel m'es dous chans per la faja**
-s lo
A 10 (5 und Arch. 51, 3), D 2 —5, E 46, I 12, K 2, N 256 —391 (MG. 280)[2]; Bernart de Venzac C 259. — Zenker p. 4 spricht es B. de Venzac zu.
Sirv. — Zenker p. 144 (R. F. 12, 795).

7. **Bel m'es, quan la roza floris**
E 52, T 152.
Sirv. — Choix 4, 121. MW. 1, 98. Milá y Fontanals, Trovadores en Esp. p. 82. Krit. hgb. Suchier, Jahrb. 14, 282. Zenker p. 107 (R. F. 12, 758). — Vgl. Appel, Zts. 43, 419.

8. **Bel m'es, qui a son bo sen**
C 182 (MG. 222), E 49, R 6 —17, T 149.
Sirv. — Zenker p. 108 (R. F. 12, 759).

9. **Bel m'es qu'eu fass' oimais un vers**
C 179 (MG. 223)[3].
Sirv. — Zenker p. 117 (R. F. 12, 768). Kolsen, Zts. 40, 598. Zum Text s. auch Bertoni, Studi rom. 13, 23.

10. **Be m'es plazen**
C 180 (MG. 226)[4]; Raimbaut de Vaqueiras a¹ 340 (85).
Sirv. — Zenker p. 119 (R. F.

[1]) v. 32 ff. auch in z (Studi rom. 12, 146).
[2]) Auch in z (Studi rom. 12, 149).
[3]) Desgl. in z (Studi rom. 12, 150).
[4]) v. 35—36 und Torn. auch in z (Studi rom. 12, 150). De Bartholomaeis' Vermutung (ibid. p. 170) ist durch das vorher schon erfolgte Erscheinen von a¹ (Bertoni, Càmpori p. 164 u. 165) gegenstandslos; vgl. Studi rom. 13, 28.

12, 770). Bertoni, Restitution d'une chanson de Peire d'Auvernhe ou de Raimbaut de Vaqueiras, Rlr. 44, 159 (nach C und a[1]). Chaytor, Troub. of Dante p. 14.

11. **Chantarai d'aquestz trobadors** -est, -els

A 214 (619), C 183, D^a 198—721, I 195, K 181, N^2 28 (VIII 4, Arch. 102, 209), R 6—14, a 127 [1]) (136, Rlr. 44, 333). — Strophe VI ist in 305, 16 von ACDIKL interpoliert worden. Str. IV [seltsam kommentiert von Zingarelli, Studi medievali 1, 319] wird zitiert in der Vida von Bernart de Ventadorn in N^2 (vgl. Appel p. XII u. XIX), Str. XIV in der Vida unseres Dichters sowie in b I 1 und ϰ 95 (Mussafia p. 227). — Appel, Zts. 14, 162 hat die Texte der Gruppen CR und ADIN^2 sowie von a parallel gedruckt.

Sirv. auf zeitgenössische Troubadours. — Choix 4, 297. MW. 1, 94. Bartsch, Lesebuch p. 76 und Chrest. col. 85. Krit. hgb. Appel, Chrest. p. 117. Crescini, Manualetto p. 216 u. Manuale p. 182. Zenker p. 110 (R. F. 12, 761). Chaytor, Troub. of Dante p. 11. Lommatzsch, Liederb. p. 61. Audiau et Lavaud, Nouv. Anthol. p. 131. Übers. bei Jeanroy, Anthol. p. 127. — Zur Datierung s. Appel, Peire Rogier p. 10, zur Entstehung ders., B. von Ventadorn p. XX. — Über die Strophen VII und VIII, ihre Echtheit, Gestalt und Bedeutung, die darin besprochenen Persönlichkeiten usw. vgl. Zenker, Die prov. Tenzone p. 34 und die zustimmenden Äußerungen von O. Schultz[-Gora], Zts. 12, 540 und Jeanroy, AdM. 2, 294, die ablehnende von Appel, Lit.-Blatt 1889, 109 und die nun einsetzende Polemik zwischen Zenker, Zu Guilhem Ademar, Eble d'Uisel und Cercalmon, Zts. 13, 294 und Appel, Zu Guillem Ademar, Grimoart Gausmar und Guillem Gasmar, Zts. 14, 160, Zenker, Zu Peire d'Alvernhe's Satire und nochmals „Car vei fenir a tot dia", Zts. 16, 437 und Appel, Zts. 20, 389, sowie Zenkers eingehenden Kommentar. — Crescini, Per la satira di Pietro d'Alvernia, Zts. 18, 270 und Ancora per la sat. di P. d'A., ib. p. 539, sowie Manualetto p. 217 Anm. hat sich besonders mit Str. VIII und v. 48 beschäftigt (doch s. AdM. 6, 518); vgl. auch O. Schultz[-Gora], Arch. 93, 139. Zu Str. X in a s. Stroński, F. de Marseille p. 47*. — S. auch Carstens, Die Tenzonen der d'Uisel p. 27, Kolsen, Zts. 41, 545 u. Arch. 143, 109 und wieder Crescini, Manuale p. 183 unter den Varianten und besonders s. Artikel über: Le caricature trobadoriche di Pietro d'Alvernia, Atti del R. Istituto Veneto 83 II 781, 86 II 203 und ibid. p. 1203. S. ferner De Bartholomaeis, Studi medievali, nuova serie 3, 67.

[1]) Auch in z (Studi rom. 12, 152).

12. Chantarai, pos vei qu'a far m'er

C 179 (MG. 231), E 48, R 6—18, T 150, V 78 (Arch. 36, 423).
Canz. — Zenker p. 91 (R. F. 12, 742).

13. Cui bo vers agrad' a auzir
Qui -s (a *fehlt zumeist*)

C 180 (MG. 232), E 50, R 48—401, T 149, V 79 (Arch. 36, 424), a 125 (133, Rlr. 44, 329), b I 5, ϰ 34 (Mussafia p. 257).
Halb Sirv., halb geistliches Lied. — Zenker p. 124 (R. F. 12, 775).

14. De Deu no posc pauc be parlar
no·us

C 181 (MG. 238), R 5—13, a 126bis (135, Rlr. 44, 331).
Geistliches Lied. — Zenker p. 128 (R. F. 12, 779).

15. Dejosta·ls breus jorns e·ls loncs sers

A 10 (6 und Arch. 51, 4), B 35 (MG. 1321), C 178, D 2—6, E 45, I 11, K 1, N² 19 (VIII 2, Arch. 102, 194), R 6♩—15 (Melodie Riv. mus. it. 2, 14), T 153, V 78 (Arch. 36, 424); anonym X 86♩ (Melodie Riv. mus. it. 2, 13 A. 4). Anfang in der Vida zitiert.
Canz. (‚vers'). — Parn. occ. p. 136. MW. 1, 93. Monaci, Testi ant. prov., col. 43 und Poesie in lingua d'oc p. 5. Zenker p. 94 (R. F. 12, 745). Chaytor, Troub. of Dante p. 5. Lommatzsch, Liederb. p. 55 u. Mel. p. 430.

16. Deus, vera vida, verais
e v.

B 35 (MG. 1320; Studj di fil. rom. 3, 672), C 182, Dª 153—527, I 11, K 1, R 5—11, a 130 (137, Rlr. 44, 335).
Gebet. — Choix 4, 423. MW. 1, 100. Zenker p. 131 (R. F. 12, 782).

17. En estiu, quan crida·l jais

A 9 (2 und Arch. 51, 1), B 33 (MG. 1318), C 179, D 1—4, E 47, I 12, K 2, N 255–388 [1]); Marcabru a¹ 296 (43 und Studj rom. 2, 71).
Canz. — Choix 3, 327. MW. 1, 92. Zenker p. 98 (R. F. 12, 749). — Zur zweiten Tornada s. Bertoni, Rlr. 56, 15.

18. Gent es, mentr' om n'a lezer
entr'

C 181, E 48, R 6—16, T 151, V 79 (Crescini, Atti della R. Acc. dei Lincei, ser. IV, vol. VI, p. 45 und Per gli studi rom. p. 131), a 126 (134, Rlr. 44, 330).
Geistliches Lied. — Krit. hgb. Appel, Prov. Inedita p. 201. Zenker p. 121 (R. F. 12, 772).

19. Lo foills e·l flors e·l frugz madurs
La foill' *Bartsch*

C 179.
(Geistliche?) Canz. — Krit. hgb. Appel, ib. p. 205. Zenker p. 85 (R. F. 12, 736).

20. L'airs clars e·l chans dels auzels

C 180.
(Geistliche?) Canz. (‚vers'). — Krit. hgb. Appel, ib. p. 208. Zenker p. 83 (R. F. 12, 734).

---

1) Auch in z (Studi rom. 12, 146).

21. Lauzatz si' Emanuel
-at sia Manuel *R*

C 181, R 5—12 (MG. 1022).
Geistliches Lied. — Zenker p. 136 (R. F. 12, 787).

22. Lo seigner que formet lo tro

E 52. — Zenker p. 15 erklärt es für unecht, und man wird ihm zustimmen müssen; vgl. auch Lewent, Rom. Forschungen 21, 352 u. De Bartholomaeis, Osservazioni p. 100.
Kreuzlied. — Choix 4, 115. MW. 1, 99. Zenker p. 147 (R. F. 12, 798).

23. Rossignol, el seu repaire
en son

E 49, T 152, V 80 (Arch. 36, 425). — Teil II (*Ben a tengut dreg viatge*) fehlt in T, steht in V vor Teil I.
Romanze; vgl. 293, 25. (I: Der Dichter sendet die Nachtigall mit einer Botschaft an die Geliebte; II: der Vogel bringt die Antwort.) — Parn. occ. p. 138 + 140. Choix 5, 292. MW. 1, 89. Bartsch, Lesebuch p. 60 und krit. hgb. Chrest. col. 81. Appel, Chrest. p. 97. Zenker p. 102 (R. F. 12, 753). Chaytor, Troub. of Dante p. 7. Lommatzsch, Liederb. p. 57. Anglade, Anthol. p. 88. — S. auch E. Müller, Die altprov. Versnovelle p. 25.

24. Sobre·l veill trobar e·l novel

E 44, V 78 (Arch. 36, 424; MG. 1023).
Sirv. (eine Art literarischer *vanto*). — Zenker p. 87 (R. F. 12, 738). Dejeanne, A propos d'une chanson de Peire d'Alvernhe, AdM. 16, 341 (Text mit Besserungs- u. Erklärungsvorschlägen). Coulet, Mélanges Chabaneau p. 777.

Zugeschrieben werden ihm noch (vgl. Zenker p. 11):

27, 4b Deus verais, a vos mi ren (Arnaut Catalan)
338, 1 Domna, dels angels regina (Peire de Corbiac)
112, 2 Ges per lo freg temps no m'irais (Cercamon?)
375, 21 Si totz los gaugz e·ls bes (Pons de Capdoill).

(324. Peire (II) d'Arago.

Nicht er, sondern sein Vater Alfons II hat mit Guiraut de Borneill die Tenzone gewechselt:

1. Be·m plairia, seigner en reis
s. 23, 1 a = 242, 22 [wo Literatur]).

325. Peire rei d'Arago.

Mosenher en Peire reys d'Arago C, lo reis Peire d'Arragon I. — Es ist Pedro III.

Diez, Leben u. Werke p. 480. Hist. lit. 20, 529. Milá y Fontanals, Trovadores en Esp. p. 413. Anglade, Le troub. Guiraut Riquier p. 61.

1. **Peire Salvatg', en greu pensar** -tz

C 382, I 149.
Sirv. von 2 Coblas und 1 Tornada, beantwortet durch 357,1; vgl. auch 182, 2 und 57, 3. — Choix 4, 217. Parn. occ. p. 290. Hist. lit. 20, 530. MW. 3, 165. Milá p. 416. Jeanroy, Homenaje Pidal 3, 81.

326. Peire de Barjac.

Vida: I 190, K 176, N² 23 (XVII, Arch. 102, 204). — Vgl. auch die Vida von Guillem de Balaun. — Parn. occ. p. 34. Choix 5, 296. Mahn, Biogr. p. 63. Chabaneau, Biogr. p. 281. Charvet (s. Art. 43) p. 144.

1. **Tot francamen, domna, veing denan vos** venc donna

D 82—292, I 190, K 176; Peire de Bussignac CReg.; Berenguier de Palazol C 209, R 36—305; Elias de Barjols f 65; Guillem de la Tor M 87; Pons de Capdoill a 214 (229, Rlr. 45, 226); Uc de S. Circ T 199; anonym G 108 (p. 351), L 7, U 135 (Arch. 35, 457). — Die Autorschaft bleibt angesichts der völligen Divergenz der Attributionen zweifelhaft; immerhin hat P. die meisten Ansprüche.
Canz. (‚conjat' in L). — Choix 3, 242. Parn. occ. p. 35. Galvani, Osservazioni p. 189. MW. 3, 42. Charvet p. 148. Krit. hgb. Bartsch, Chrest. col. 217. von Napolski, Leben u. Werke des Trob. Ponz de Capduoill p. 95.

327. Peire Basc.

Hist. lit. 20, 593. Milá y Fontanals, Trovadores en Esp. p. 186.

1. **Ab greu consire Et ab greu marrimen**

R 66—556.
Sirv. (‚sirventesca'), einer Frau in den Mund gelegt. — (Choix 5, 297. Milá p. 186 A.) Krit. hgb. Appel, Prov. Inedita p. 210.

328. Peire de Blai.

Peire de Blai wird er in M, Peire de Brau in CReg. genannt.

1. **En est so fatz chansoneta novela** farai chanso

CReg., M 158; Uc Brunenc C 257. — Appel, Abhandlungen ... Adolf Tobler dargebracht p. 50 spricht das Gedicht Uc Br. entschieden ab. [Bartsch 450,5.] Canz. — Parn. occ. p. 393. MW. 3, 337.

Peire de Bocinhac, Bossignac etc. s. Art. 332.

329. Peire de Bragairac.

Hist. lit. 18, 547.

1. **Bel m'es quant aug lo resso** I 196, K 181, d 338—220. Sirv. — Choix 4, 189. MW. 3, 268. Milá y Fontanals, Trovadores en Esp. p. 139.

Peire de Brau s. Art. 328.

330. Peire Bremon Ricas Novas.

Peire Bremon Ricas Novas wird der Dichter genannt in CD^cMR, nur Ricas Novas in ADD^aFHIKTa^1. Die Hss. unterscheiden ihn von Peire Bremon lo Tort; c allein kennt bloß einen Peire Breumon, dem es 330, 12 wie 331, 1 und 2 und selbst 356, 1 zuschreibt.

Kritische Ausgabe[1]): Les poésies du troub. Peire Bremon Ricas Novas publiées avec une introduction, une traduction et des notes par Jean Boutière, Toulouse-Paris 1930 (= Bibl. mérid., 1re série, t. 21). Besprechungen: Appel, Arch. 160, 139; Lewent, Zts. f. franz. Spr. u. Lit. 55, 239 und Zts. f. roman. Philol. 51, 568.

Diez, Leben u. Werke p. 385 und 470. — Hist. lit. 19, 526. — O. Schultz[-Gora], Zts. 7, 211 u. „Über den Liederstreit zwischen Sordel und Peire Bremon", Arch. 93, 123 (mit einem Exkurs p. 125 über lyrische Gedichte in Alexandrinerstrophen; wichtig für Anordnung und Datierung der Gedichtpaare). — De Lollis, Vita e poesie di

---

¹) Anordnung der Texte:

	Boutière		Grdr.
Chansons amoureuses:	1	=	8
	2	=	19a (= 242, 81)
	3	=	17
	4	=	21
	5	=	2
	6	=	7
	7	=	5
	8	=	3
	9	=	1
	10	=	16
	11	=	19
	12	=	15a
	13	=	12
Mieja canso:	14	=	15
Sirventés:	15	=	3a (= 461, 45)
	16	=	9
	17	=	18
	18	=	6
Coblas échangées:	19	=	20
Planh:	20	=	14
Appendices:	I	=	126, 2 (= 125, 1)
	II	=	Sirventés de Sordel (Traductions).

Sordello di Goito p. 43 (zum selben Streit). — Zenker, Die Lieder Peires v. Auvergne p. 199; weitere Literatur zu der Peire Bremon betreffenden Strophe VIII von 323, 11 s. unter dieser Nummer. — Bertoni, AdM. 25, 476 (zur Unterscheidung von P. Bremon lo Tort). — Bertoni et Jeanroy, Un duel poétique au XIIIe siècle: les sirventés échangés entre Sordel et Peire Brémon Ricas Novas, AdM. 28, 269; dazu Schultz-Gora, Arch. 147, 80.

1a. **Ab marrimens angoissos et ab plor** -en doloiros *a*[1]
a[1] 255 (4); Aimeric de Peguillan I 198 (MG. 557), K 184. — Die Autorschaft Aimerics wurde von Zingarelli, Intorno a due Trovatori in Italia p. 39 schon vor der Entdeckung von a[1] bestritten. Gegen P.B. scheinen mir keine unüberwindlichen Bedenken vorzuliegen.
[Bartsch 10,1.] Planch. — Krit. hgb. Zingarelli, l. c. p. 41. — Vgl. auch Springer, Klagelied p. 71. Dann: Bertoni, Scritti .... Rodolfo Renier p. 249, mit histor. Kommentar.

1. **Be dei chantar alegramen**
C 254 (MG. 912), R 102–856 (MG. 911).
Canzone. — Boutière p. 33.

2. **Be deu estar ses gran joi tostemps mais**
C 255, D[c] 259 (201, AdM. 14, 528), F 47 (148), M 22 (MG. 916), R 102—854 (MG. 917), T 221, a[1] 253 (2).
Canzone. — Boutière p. 15.

3. **Be farai chanso plazen**
T 220.
Canz. — Krit. hgb. Appel, Prov. Inedita p. 214. Boutière p. 29.

3a. **Be·m meravill d'en Sordel e de vos**
P 64 (*c.* 134, Arch. 50, 280), anonym. — O. Schultz[-Gora], Zts. 7, 211 und Arch. 93, 128 A. und 132 macht seine Autorschaft sehr wahrscheinlich.
[Bartsch 461, 45.] Sirv. von 2 Coblas und 1 Tornada. — Boutière p. 57.

(4. **Ben es razos qu'eu retraja**
gehört wohl Arnaut Catalan, s. 27, 4 a.)

5. **Be volgra de totz chantadors**
D[c] 259 (202, AdM. 14, 528), R 102—855.
Canz. — Krit. hgb. Appel, Prov. Inedita p. 217. Boutière p. 25.

6. **En la mar major sui e d'estiu e d'ivern** sai anar *C*
A 210 (607), D 141—489, M 234, R 28—242. Die ersten drei Verse stehen in C am Schlusse von 293, 24 (Jahrb. 14, 292 A. und Marcabru ed. Dejeanne p. 118).
Sirv. als Antwort auf 437, 34. — Parn. occ. p. 216. MW. 3, 254. Bertoni et Jeanroy, AdM. 28, 293. Boutière p. 68. Übers. Jeanroy, Anthol. p. 86.

7. **Iratz chant e chantan m'irais**
D[a] 186–667, I 111 (MG. 567), K 96; Peire Camor C 370.
Canzone. — Boutière p. 21.

8. **Ja lauzengier, si tot si fan gignos**
F 48 (149).
Cobla aus einer Canzone. — Boutière p. 1.

9. Lo bels terminis comensa
m'agensa

A 209 (605 und Arch. 34,198), D 140—486.
Sirv. als Antwort auf 437, 28. — (Choix 5, 299. MW. 3, 255.) Bertoni et Jeanroy, AdM. 28, 281. Boutière p. 59.

(**10. Mei oill an gran manentia**
gehört unter Peire Bremon lo Tort 331, 2.)

11. Peire Bermon, maint fin entendedor

Tenzone von Peire Bremon mit einem Gausbert, s. 171, 1.

12. Pos lo bels temps renovela
novell *T*

Peire Breumon c 85 (128); Peire Raimon T 211 [bei Bartsch als 355, 11 gesondert aufgeführt]. — Ich entscheide mich für unseren Dichter, weil hier wie in 330, 15a eine Audiart del Baus[1]) genannt wird (über diese s. O. Schultz [-Gora], Arch. 85, 118 und besonders Springer, Klagelied p. 80). — Zur Attrib. auch Bertoni, AdM. 25, 478.
Canz. — Krit. hgb. Appel, Prov. Inedita p. 246, danach Anglade, AdM. 31/32, p. 295 und Boutière p. 51.

(**13. Pos nostre temps comens' a brunezir**
s. unter Cercamon 112, 3a.)

14. Pos partit an lo cor en Sordels e'n Bertrans
-el

R 28—241.
Planch, anknüpfend an 437, 24 und 76, 12. — Choix 4, 70. MW. 3, 253. Krit. hgb. Springer, Klagelied p. 100. Boutière p. 77. — Zur Datierung s. auch die Vorschläge von De Lollis, Vita e poesie di Sordello di Goito p. 42 (bestritten von Schultz-Gora, Zts. 21, 240) und Salverda de Grave, Le troub. Bertran d'Alamanon p. 99 und dagegen die Darlegungen von Stroński, Rlr. 50, 28 ff., auch Fabre, AdM. 24, 181 und dagegen Salverda de Grave, ibid. p. 568. Vgl. Boutière p. 121.

15. Pos que tug volon saber
tant volon tuit

C 254, R 102—852 (MG. 910); Bertran d'Alamano F 49 (153); anonym Q 112 (299, p. 216).
Canz. (,mieja chanso'). — Krit. hgb. Crescini, Manualetto p. 352 u. Manuale p. 303. Boutière p. 54.

15a. Rics pretz ferms e sobeiras
pres

a[1] 252 (1, Studj di fil. rom. 8, 457).
Canzone. — Boutière p. 47.

16. Si·m ten amors | ab dous plazer jauzen
plazen

C 253, D[c] 259 (203, AdM. 14, 529), M 21, R 102—853, a[1] 254 (3).
Canz. – Krit. hgb. Appel, Prov. Inedita p. 219. Boutière p. 37. S. auch Bertoni, Rlr. 56, 16.

17. So don me cuidava bordir

T 224.
Canz. — Krit. hgb. Appel, ib. p. 222 (Arch. 160, 140). Boutière p. 7.

18. Tan fort m'agrat del termini novel
el

A 210 (606 und Arch. 34, 199), D 140—488.

---

[1]) Über sie auch Bergert, Damen p. 62 und Boutière p. 105 A. 55.

Sirv. als Antwort auf 437, 20. — Bertoni et Jeanroy, AdM. 28, 287. Boutière p. 64.

19. Tuit van chanso demandan

T 223. Es steht anonym mit 437, 23 (Sordel) unter Liedern von Ricas Novas. Die Echtheit ist mithin unsicher. Appel denkt an Sordel, doch ist man dazu nicht gezwungen; vgl. Boutière p. 102.
Canz. — Krit. hgb. Appel, Prov. Inedita p. 224. Boutière p. 42.

19a. Un sonet novel fatz

A 142 (409), D^a 185 — 664, I 110, K 96; Guiraut de Borneill A 22 (38 und Arch. 51, 18), B 11 (MG. 130), N 171—257, Q 94 (236, p. 180) + 94 (p. 181; der zweite Teil *Mout me ten car amors* ist eingeschoben in 242, 12, bei Bartsch als eigenes Gedicht aufgefaßt 461, 171, auch Zts. 4, 516 gedruckt), Sg Nr. 24, a 69 (45, Rlr. 42, 38), zitiert N^2 Nr. 38; Peirol C 105, E 173, R 13—101; Raimbaut d'Aurenga (?) V 114 (Arch. 36, 451). Kolsen, Sämtliche Lieder des Trob. Giraut de Bornelh, I, p. VII spricht es G. ab und unserem Dichter zu; natürlich bleiben noch manche Zweifel.
[Bartsch 242, 81.] Canz. — MW. 2, 29. Krit. hgb. Kolsen, Altprovenzalisches, Zts. 38, 578 (vgl. Arch. roman. 1, 140). Boutière p. 2.

20. Un vers voill comensar el so de messer Gui
ser

H 54 (216 und Arch. 34, 410), Ricas Novas a Gui.
Cobla, beantwortet durch 192, 1. — Boutière p. 74. — Zu dem Streit mit Gui de Cavaillo s. O. Schultz [-Gora], Zts. 9, 128. Über den *so de messer Gui* s. auch Zingarelli, Intorno a due Trovatori in Italia p. 15. Ich würde annehmen, daß auf 192, 3 angespielt ist.

21. Us covinens gentils cors plazentiers

A 143 (411 und Arch. 34, 169), D^a 186—666, I 111 (MG. 915), K 96; Richart de Berbezill T 266; anonym unter *cansos ses titol* C 384. — Zur Attribution s. Anglade, Rlr. 60, 241.
Canzone. — Boutière p. 10.

Sonst werden ihm noch attribuiert:

249, 1 Aissi com cel qu'a la lebre cassada (Guiraut de Salaignac)
356, 1 [1]) Al pareissen de las flors (Peire Rogier)
132, 4 Be deu hom son bo seignor (Elias de Barjols)
437, 17 Gran esfortz fai qui ama per amor (Sordel)
76, 12 Mout m'es greu d'en Sordel, car l'es faillitz sos sens (Bertran d'Alamano)
112, 4 Quan l'aura doussa s'amarzis (Cercamon)
76, 22 Un sirventes farai ses alegratge (Bertran d'Alamano)
126, 2 Vil sirventes leugier e venassal (Duran sartor de Paernas).

---

[1]) In c und unter Peire Breumon.

Nicht identifiziert wurde ein Zitat *Mal fa dona, car non enquier* etc. in β^1 481 (Peire Bremon) und bei Jaufre de Foixa § 26 (en Riques Noves).

331. Peire Bremon lo Tort.

Bremon oder Bermon.

Hist. lit. 17, 570. — Chabaneau, Biogr. p. 370. — Bertoni, Peire Bremon lo Tort, AdM. 25, 476 (zu 331, 2 u. 330, 12). — Jean Boutière, Peire Bremon lo Tort, Rom. 54, 427. — De Bartholomaeis, Il trovadore P. Bremon lo Tort, Studi medievali, n. s. 3, 53. — Schultz-Gora, Zts. 51, 591. — Lewent, Zts. f. franz. Spr. u. Lit. 55, 240 Anm.

Vida: A 166 (p. 519), I 141, K 127, N² 23 (XV, Arch. 102, 204 und Rlr. 19, 282).

Parn. occ. p. 377. Choix 5, 300. Mahn, Biogr. p. 63. Chabaneau, Biogr. p. 296. Boutière, l. c. p. 451.

1. **En abril, quan vei verdejar** C 364, D 82—293, I 141, K 127; Peire Breumon c 84 (127; auch von Stengel zu a Nr. 268 gedruckt Rlr. 45, 266); Peire Raimon T 211; Bernart de Ventadorn CReg., G 15 (p. 45), R 57—481, zitiert N² Nr. 35; Raimbaut de Vaqueiras Nr. 3 in Sg 48; anonym O 66 (105). — Diez, Leben u. Werke p. 35; Pätzold, Die individuellen Eigentümlichkeiten p. 38 A. 9 sprechen es Bernart de V. ab, und zweifellos mit Recht. Canz. — Choix 3, 82. MW. 1, 46. Krit. hgb. Appel, Chrest. p. 62. Massó y Torrents, Institut d'Estudis Catalans, Anuari 1907, 427 nach Sg. Boutière, l. c. p. 442. De Bartholomaeis, l. c. p. 53 u. 61.

2. **Mei oill an gran manentia** A 166 (480 und Arch. 34, 178), D 82—294, I 141 (MG. 674), K 127; Peire Breumon c 84 (126). — Das Lied ist von Bartsch durch ein bloßes Versehen unter P. B. Ricas Novas untergebracht worden. [Bartsch 330, 10.] Canzone. — Krit. hgb. Boutière, l. c. p. 448. De Bartholomaeis, l. c. p. 64.

332. Peire de Bussignac.

Verschiedene Formen des Namens: Bus(s)ignac, Bussinac; Bocinhac, Bos(s)ignac, Bossinac.

Vida: A 208 (p. 642), B 121 (ib. p. 719), I 190, K 176, N² 23 (XVIII, Arch. 102, 205 und Rlr. 19, 283).

Parn. occ. p. 292. Choix 5, 301. Mahn, Biogr. p. 57. Chabaneau, Biogr. p. 241.

1. **Quan lo dous temps d'abril**
Pos l'adreitz
A 208 (601), B 121 (MG. 147), C 354, D 131—449, I 196, K 182, R 66—555, α 29625 und 29649 (auch MG. I 200, bez. 201); Guillem de B. neben Peire in CReg. und als Var.

in α; Peire Cardenal D[b] 242 –821, T 94; verstümmelt und anonym nach Peire de Maensac H 42 (135); Folquet de Romans M 239; Bertran de Born a[1] 445 (193); Richart de Berbezill S 191–122 (vgl. Rlr. 60, 242). Sirv. — Choix 4, 265. Parn. occ. p. 292. MW. 3, 278. Audiau et Lavaud, Nouv. Anthol. p. 173.

2. Sirventes e chansos lais
A 208 (602), B 121 (MG. 152), C 354, D 131—450, I 190, K 176; Peire de Maensac H 41 (134); Folquet de Romans M 239; Raimbaut de Vaqueiras R 61—516. Sirv. — Choix 4, 268. MW. 3, 279.

In CReg. wird ihm noch zugeschrieben:

326, 1 Tot francamen, domna, veing denan vos (Peire de Barjac).

333. Peire Camor.

In C wird ihm zugeschrieben:

330, 7 Iratz chant e chantan m'irais (Peire Bremon Ricas Novas).

Bartsch, Grdr. p. 78 und Chabaneau, Biogr. p. 370 A. 7 identifizieren ihn mit Peire Camo, einem der sieben Begründer der Schule von Toulouse (1323). Schon mit Rücksicht auf das Alter der anderen Hss. D[a]IK müßten wir diesem das Gedicht unbedingt absprechen.

334. Peire de la Cavarana.

Hss.: Cavarana D[a], Caravana I, K, N[2] 24 (Arch. 102, 205). Die Form Cavarana wird jetzt gewöhnlich bevorzugt; Bartsch hat die andere.

Hist. lit. 18, 648. — Th. Toeche, Kaiser Heinrich VI., Leipzig 1867 (Jahrbücher der deutschen Gesch.) p. 420 (Datierung). — Canello, Peire de la Cavarana e il suo sirventese, Giorn. di fil. rom. 3 II 1 (mit Text); dazu Gaspary, Zts. 6, 162. — O. Schultz[-Gora], Zts. 7, 182; hierzu Casini, Giorn. stor. d. let. it. 2, 396 und wiederum Schultz-Gora, Ein Sirv. von Guilhem Figueira p. 58. — Torraca, Il serventese di Pietro de la Cavarana, Rassegna critica d. let. it. 4, 1 (Konjekturen, Datierung); vgl. Jeanroy, AdM. 12, 124. — Bertoni, Intorno a Peire de la Caravana o la Cavarana, Rlr. 53, 397 und I trov. d'Italia p. 41.

1. D'un sirventes faire
D[a] 206—750, I 195, K 181. Sirv. mit Refrain. — Choix 4, 197. A. Bartoli, Storia d. lett. ital. 2, 355. MW. 3, 271. Krit. hgb. Canello, l. c. p. 6. Monaci, Testi ant. prov., col. 69 und Poesie prov. di trovad. ital. p. 4. Crescini, Manualetto p. 276 (und Manuale p. 236); Besserungen zur 1. Aufl. s. Levy, Lit.-Blatt 1895, 23. — Vgl. Schultz-Gora, Eine Strophe im Sirventes des Peire de la Cavarana, Zts. 21, 128. Ferner: Wittenberg, Die Hohenstaufen im Munde der Troubadours, p. 92 (vgl. p. 49). Bertoni, I trov. d'Italia p. 206. — Vgl. Antonio Restori, Noterelle proven-

zali, Rassegna bibliogr. della lett. ital. 20, 190 und Antonio Scolari, Il serventese ai Lombardi di Peire de la Cavarana, Giorn. stor. d. lett. ital. 59, 347. — Zu v. 33 (broder Guaz) s. Schultz-Gora, Arch. 142, 135; E. Levi, Studi mediev., n. s. 2, 425 u. dazu Bertoni, ibid. 3, 142.[1])

335. Peire Cardenal.

Oder P. Cardinal.

Diez, Leben u. Werke p. 359. — Hist. lit. 20, 569. — Fauriel, Hist. de la poésie prov. 2, 173 und 217. — Bartsch, Grdr. p. 47. — F. W. Maus, Peire Cardenals Strophenbau in seinem Verhältnis zu dem anderer Trobadors, nebst einem Anhang enthaltend: Alphabetisches Verzeichnis sämtlicher Strophenformen der prov. Lyrik, Marburg 1884 (= Ausgaben und Abhandlungen ... veröff. von E. Stengel, V). Der Anhang ist trotz mancher Mängel und Fehler ein unentbehrliches Hilfsmittel; die Abhandlung selbst kommt nicht bloß für P. C. in Betracht. Besprochen von Appel, Lit.-Blatt 1885, 22. — Chabaneau, Biogr. p. 370. — Stimming in Gröbers Grdr. 2 II 45 u. 48. — Lowinsky, Zts. f. frz. Sprache u. Lit. 20 I 175 und 223 (zu seinen religiösen Anschauungen). — Suchier und Birch-Hirschfeld, Gesch. d. frz. Lit. 1, 84. — C. Fabre, Mélanges Chabaneau p. 263; Études sur P. C. Estève de Belmont, AdM. 21, 5. Vgl. Teulié, AdM. 23, 494 und Vossler, Sitzungsber. p. 186. — Anglade, Les Troubadours p. 179 und 208. — Giorgio Dalmazzone, Peire Cardenal, Turin 1910 (Cardinal, Dante und Rabelais); vgl. Fabre, Mém. de la Soc. scientif. et agric. du Puy-en-Velay, t. 16 (nicht zugänglich). — Ders., Bull. de la Soc. scientif. et agric. de la Haute-Loire 1912, p. 60 (nicht zugänglich). — Ders., La famille Cardinal, Bull. de la Soc. scientif. et agric. de la Haute-Loire 1912, p. 92 u. 171 (nicht zugänglich). — Chaytor, The troubadours p. 84. — Vossler, Peire Cardinal, ein Satiriker aus dem Zeitalter der Albigenserkriege, Sitzungsber. der Kgl. Bayer. Akad. der Wiss., philos.-philol. u. hist. Kl., Jahrg. 1916, Abhdlg. 6; dazu Bertoni, Arch. roman. 1, 436, Schultz-Gora, Arch. 136, 334, Kolsen, Lit.-Bl. 1918, col. 109, Küchler, Die neueren Sprachen 26, 280. — Fabre, Un poème inédit de Peire Cardinal, Arch. roman. 3, 28 (zu 51 a); dazu Bertoni, ibid. p. 42. — Ders., Documents d'histoire trouvés au XVIe siècle dans des livres de Pierre Cardinal et de sa famille (1218—1286), Arch. roman. 3, 327, dazu p. 515. — Bertoni, Due cobbole provenzali inedite, Zts. 40, 351. — Fabre, Un poème inédit de Pierre Cardinal, The Romanic Review 11, 195 (zu 51 a); dazu Anglade, AdM. 35/36, 386. — Anglade, Hist. somm. de la litt. mérid. p. 86 u. 151 A. 3.

[1]) Zuletzt Crescini in: A Miscellany of Studies in Romance Languages and Literatures presented to Leon E. Kastner, ... Cambridge 1932, p. 147.

Vida: I 164, K 149 und X, d 319, ϱ. — Am Ende der Biographie nennt sich Miquel de la Tor (s. 300a).

Parn. occ. p. 306. Choix 5, 302. Mahn, Biogr. p. 49. MW. 2, 180. Krit. hgb. P. Meyer, Recueil p. 100. Chabaneau, Biogr. p. 269. Schultz-Gora, Elementarbuch p. 147. Vossler p. 2 A. 1 u. p. 10 A. 2. Lommatzsch, Liederb. p. 196.

1. **Ab votz d'angel, lengu' esperta, no bleza** -t'e

I 172 (MG. 6), K 157, T 92 [1]) (MG. 1233), d 334—216, f 17.
Sirventes. — Vossler, Sitzungsber. p. 165.

2. **Aissi com hom plaing son fill o son paire**

C 281, D^b 234—793, I 166, K 151, M 211, R 70—589, T 96, d 324—184.
Sirv. — Lex. rom. 1, 448. MW. 2, 211.

3. **Al nom del seignor drechurier**

I 172, K 157, d 334—214.
Sirv. (‚vers'). — Lex. rom. 1, 460. MW. 2, 213.

4. **Anc mais tan gen no vi venir pascor**

C 281; Bernart d'Arnaut de Moncuc F 58 (175). — Zur Attribution s. Maus p. 61; vgl. dagegen Vossler p. 12 A. 1.
Sirv. — Choix 4, 254. MW. 3, 76.

5. **Anc no vi Breto ni Baivier**
Ieu sai

A 216 (625), C 275 (MG. 214), D^b 232—781, I 164, J 1 (3), K 149, M 214 (MG. 1231), R 67—560, T 99 (MG. 1232), d 320—170, α 32685; anonym Y 1, f 14.
Sirv. — Krit. hgb. Kolsen, Trobadorgedichte p. 46.

6. **Aquesta gens, quan son en lor gajeza**

C 277, I 170, J 2 (10), K 155, M 220, R 68—572, T 104 [die Tornada *Le pros | dels pros | me plazeria* T 104 steht bei Bartsch als 461, 153], d 331—205, α 31199 (auch MG. I 213), zitiert von Berenguier de Noya (Homenaje Pidal 1, 683).
Sirv. — Lex. rom. 1, 451. MW. 2, 214. Zur Datierung s. Vossler p. 173.

7. **Ar mi posc eu lauzar d'amor**
Ara·m *Db* d'amors lauzar *T*

C 273, D^b 233—785, I 170, K 156, R 72—608 [Musik von 242, 51], T 98, d 331—206, f 34, α 34277. Das Zitat aus α *Mais deu hom lauzar (amar) vencedor* bringt Bartsch noch 461, 158.
Canz. (Absage an die Minne). — Choix 3, 438. MW. 2, 209. Krit. hgb. Bartsch, Chrest. col. 191. Anglade, Anthol. p. 154. Übers. bei Jeanroy, Anthol. p. 69.

8. **A totas partz vei mescl' ab avareza**

M 220 (MG. 327).
Sirventes.

9. **Atressi com per fargar**

C 275 (MG. 758), D^b 235—797, I 171, J 3 (12), K 156, M 215 (MG. 759), R 68—569, T 95, d 332—209.
Sirventes.

---

[1]) Die Gedichte des Peire Cardenal stehen in T 89—110 ohne Überschriften zusammen; nur auf fol. 89 ist von jüngerer Hand und sehr verwischt Peire Cardinal zu lesen.

10. Bel m'es qu'eu bastis
que, qui

C 281 (MG. 760), I 167, K 152, M 217 (MG. 761) und 221, R 70–590, T 93, d 325–185.
Sirventes.

11. Be teing per fol e per muzart

C 287, D^b 237—805, M 221, T 101, f 36; anonym α 34326. *Anc cant* (l. *tant*) *non guazanhiei en re* steht in T 101 vor der Anfangsstrophe (bei Bartsch 461, 25).
Canz. (ein *comjat*). — Choix 3, 436. Parn. occ. p. 306. MW. 2, 210. Audiau et Lavaud, Nouv. Anthol. p. 111.

12. Be volgra, si Deus o volgues
Ieu

C 280, I 166, K 151, M 222 (MG. 1258), T 102, d 324–183.
Sirv. — (Choix 5, 303.) MW. 2, 239. — Zur Datierung Maus p. 85 und richtiger Wittenberg, Hohenstaufen p. 70, auch Vossler, Sitzungsber. p. 114. S. auch De Bartholomaeis, Osservazioni p. 110 und Fabre, Arch. roman. 3, 31 und The Romanic Review 11, 210.

13. Caritatz es en tan bel estamen

C 274, D^b 235—795, I 171, K 156, M 222, R 68—571, T 103 (MG. 1236, beginnt *Dretz dis a totz que vivam justamen* = Bartsch 461, 99), d 332—208.
Sirv. — Lex. rom. 1, 457. MW. 2, 215.

14. Cel que fetz tot quant es
fes

R 137 (MG. 1245).
Lehrgedicht in Strophenform.

15. Dels quatre caps que a la cros
De

C 279, D^b 236—799, I 166, K 151, M 224, R 72—603, T 99, d 323—181, ϱ.
Lied auf das Kreuz. — Choix 4, 444. MW. 2, 200. Galvani, Osservazioni p. 86.

16[1]. De cels qu'avetz el sirventes dig mal

C 272 (MG. 983).
Sirventes.

17. De sirventes faire no·m toill
D'un, Ges de (s. far)

C 272, D^b 236—798, I 164, J 1(2), K 149, M 214, R 67—557, T 105 [der Schluss *Ben quania* (= *camja*) *civada per sueil* (l. *jueil*) steht für sich = Bartsch 461, 46], d 320–168, $\varkappa$ 127 (Mussafia p. 222).
Sirv. — Lex. rom. 1, 437. MW. 2, 224.

18. De sirventes soill servir
D'un vuelh

C 278, D^b 235—796, I 171, K 157, M 219, R 69—581, T 104, d 333—212.
Sirv. — Lex. rom. 1, 455. MW. 2, 223. Zur Datierung s. Vossler p. 181.

19. D'Esteve de Belmon m'enoja
Esteve

C 285 (MG. 762), R 70—586 (MG. 763), T 102.
Sirventes.

20. D'un sirventes far sui aders
De

C 287, D^b 239—812, M 212, R 72—609 (MG. 1256), T 106 [Tornada noch T 107].
Sirv. — Lex. rom. 1, 463. MW. 2, 225.

[1]) Die falsche Stellung hat schon Bartsch verschuldet.

21. Un sirventes qu'er megz mals
D'un *Bartsch* e megz bos
I 172 (MG. 1250), K 157, T 102, d 334–215; Guillem de Lemotjas C 363 (MG. 1250^b^).
Sirv. — (Choix 5, 200.)

(**22. El mon non a leo aitan salvatge**
s. 335, 68.)

23. En Peire, per mon chantar bel
Coblaswechsel mit Uc de Maensac, s. 453, 1.

24. Eu trazi pegz que si portava
trac trop queira
C 280 (MG. 1241), D^b^ 234–791, I 168, K 153, M 209 (MG. 1242), R 71–599, T 95, d 328–194.
Sirventes.

25. Falsedatz e desmezura
C 276, D^b^ 232—783, I 170, K 155, M 210, R 69—575, T 99, d 330–202, f 11. Strophe *Our* (l. *Ara*) *ez vengut de Françe* anonym Y 1 = Bartsch 461, 26.
Sirv. — Choix 4, 338. Parn. occ. p. 308. MW. 2, 192.

26. Ges eu no·m sui de maldir castiatz
C 282 (MG. 982), D^b^ 235–794, I 167 (MG. 1239), K 152, M 223 (MG. 1240), R 71—594, T 104, d 325—187.
Sirventes.

27. Jezu Crist, nostre salvaire
I 172, K 158 und X, R 137, T 89, d 335—217.
Geistliches Gedicht (‚sermon' K). — Choix 4, 446. MW. 2, 201.

28. L'afar del comte Guio
C 282 (MG. 1226), I 167, K 152, M 216 (MG. 972), d 326–188; beginnt *Encara sera sazos* (l. *sazo*) R 72—602 (MG. 1227), T 96.
Sirventes. — Vossler, Sitzungsber. p. 93.

29. L'arcivesques de Narbona
C 278, D^b^ 233—788, I 165, K 150, M 210, R 69—580, T 93, d 323—178.
Sirv. — Lex. rom. 1, 438. MW. 2, 226. Vossler p. 90.

30. Las amairitz, qui encolpar las vol encusar
A 216 (623), D^b^ 232—782, I 165 (MG. 605), J 2 (8), K 150, R 70—585 (MG. 606), T 96, d 322—175, beginnt *Prop a guerra qui l'a en mieg son (del) sol*[1]) C 273 (MG. 607), M 209 (MG. 608), zwei Verse zitiert ϰ 94 (Mussafia p. 222); Strophe *Quant paubre hom* anonym P 64 (*c.* 142, Arch. 50, 281).
Sirv. — Krit. hgb. Appel, Chrest. p. 115. Anglade, Anthol. p. 157. Audiau et Lavaud, Nouv. Anthol. p. 181.

31. Li clerc si fan pastor
Clerc se son fait
A 216 (624), C 276, D^b^ 238—808, I 165, J 2 (9), K 150, R 70–592, d 322–176, beginnt *Quan son (soi) en (el, al) refreitor* D^b^ 239—810, M 223 (MG. 981), T 107.
Sirv. — Choix 4, 343. MW. 2, 180. Krit. hgb. Appel, Chrest. p. 113. Anglade, Anthol. p. 159. Audiau et Lavaud, Nouv. Anthol.

[1]) Ramon Muntaner zitiert anscheinend diesen und den folgenden Vers als von Munteyagol; s. Coulet, Le troub. Guilhem Montanhagol p. 22 A. 4.

p. 183. Zur Datierung Vossler p. 179.

32. Lo jorn qu'eu fui natz
Selh que ieu f., que f.

C 279, D^{b} 240—814, I 168 (MG. 612), K 153, R 72—605 (MG. 613), T 110, d 327–193.
Sirv. — Lex. rom. 1, 449. MW. 2, 232.

33. Lo mons es aitals tornatz

C 278 (MG. 974), D^{b} 233–787, I 164, J 1 (5), K 149, M 213 (MG. 973), R 69—576, T 107 und 108, d 321—172.
Sirventes. — Krit. hgb. Kolsen, Zwei prov. Sirventese p. 1; vgl. Lewent, Zts. 40, 370.

34. Lo sabers d'est segl'es foudatz
-er segle

C 286 (MG. 644), I 169 (MG. 643), K 154, R 68–566, T 101, d 329—199.
Sirventes. — Vossler p. 76.

35. Lo segle vei camjar

D^{b} 241–815. — Nach Ansicht des Hgbs. unecht; vgl. dagegen Vossler p. 3 A. 3.
2 Coblas. — Krit. hgb. Appel, Rlr. 39, 177.

36. Maint baro ses lei
Manz baronz

D^{b} 241—816, T 93.
Sirv. in der Form eines Descort. — Krit. hgb. Appel, Prov. Inedita p. 227.

(**37. Mon chantar voill retrair' al cominal**
ist wohl von Raimon de Castelnou, s. 396, 6.)

38. No crei que mos ditz
Ja non vuoill

A 216 (626 und Arch. 34, 201; MG. 1243), C 275 (MG. 978), D^{b} 237—803, I 164, J 1 (4), K 149, M 217 (MG. 977), R 67—559, T 93, d 321—171, α 34298 [*Hom, quar no·t sove*, bei Bartsch fälschlich unter den Anonyma 461, 140].
Sirventes.

39. Non es cortes, ni l'es pretz agradius

C 286, I 170, K 155, R 67—565, T 100, d 330—201.
Sirv. — Lex. rom. 1, 453. MW. 2, 227.

40. Per fols tenc Poilles e Lombartz
Toscans

C 279, D^{b} 232—784, I 166, K 151, M 208, R 69—583, d 323—180, beginnt *Cuira (?) liatz bons estandartz* T 104 [Bartsch 461, 71]; Tornada *Don* (l. *Non*) *cuiz c'a la mort* steht anonym P 65 (c. 152, Arch. 50, 282).
Sirv. — Choix 4, 345. Parn. occ. p. 310. MW. 2, 194. Vossler p. 101.

41. Pos ma boca parla sens

C 278, D^{b} 233—789, I 166, K 151, M 219, R 69—582, T 108, d 323—179.
Sirv. — Choix 4, 353. Parn. occ. p. 312. MW. 2, 187. Coll y Vehí, La sátira provenzal p. 95.

42. Predicator

D^{b} 241—819, I 173 (MG. 941), K 159 und XI, T 91, d 337—218.
‚Sermon'. — Galvani, Osservazioni p. 210 nach D^{b}; dazu Mussafia, Del cod. Estense, Sitzungsber. etc. p. 428. Übers. bei Jeanroy, Anthol. p. 134.

43. Quals aventura
C 280 (MG. 980), D^b 238–809, I 167, K 153, M 213 (MG. 979), R 71—595, T 106 [Schlußstrophe *Qal benenansa* hier besonders aufgeführt und nochmals T 107 = Bartsch 461, 199], d 326—189.
Sirventes. — (Vossler p. 162.)

44. Qui·s vol tal fais cargar que·l fais lo vensa
C 277, D^b 234—792, I 170, K 155, M 211, R 68—573, T 98, d 331—204.
Sirv. — Lex. rom. 1, 459. MW. 2, 228. Zur Datierung Vossler p. 184.

45. Qui ve gran maleza faire
C 275, D^b 237—802, I 171, K 156, M 218, R 69—579, T 95, d 332—210.
Sirv. — Choix 4, 355. Parn. occ. p. 313. MW. 2, 185. Bartsch, Lesebuch p. 83 und Chrest. col. 189 (nur nach CIM).

46. Qui vol aver
C 276, D^b 233—786, I 165, J 1 (6), K 150, M 212, R 69—577, T 97, d 321—173.
Sirv. — Lex. rom. 1, 440. MW. 2, 229.

47. Qui volra sirventes auzir
C 280, I 166, K 151, R 68—568, T 98, d 324—182.
Sirv. — Lex. rom. 1, 446. MW. 2, 231.

48. Razos es qu'eu m'esbaudei
Saços
C 276, D^b 236—800, I 165, J 2 (7), K 150, M 208, R 69—578, T 105, d 321—174, α 34535.
Sirv. — Choix 4, 362. Parn. occ. p. 315. MW. 2, 191. Krit. hgb. P. Meyer, Recueil p. 91. Vossler p. 105.

49. Rics hom que greu ditz vertat e leu men
C 273, D^b 234—790, I 171, K 156, M 208, R 72J—604 [Musik von 404, 11], T 109, d 333—211; Anfangsstrophe unter Guillem de l'Olivier [en G. de Lobevier] f 6 (P. Meyer, Dern. Troub. p. 108).
Sirv. — Choix 4, 341. Parn. occ. p. 316. MW. 2, 197. Vossler p. 18.

= Seigner n'Eble, vostre vezi s. Nr. 53. =

50. S'eu fos amatz o ames
D^b 237–804, I 165 (MG. 1248), K 150, M 218 (MG. 1249), R 72–610, T 94, d 322–177, α 31370 (auch MG. I 214).
Eine Art Canz. — (Appel, Rlr. 39, 179.)

51. Si tot non ai joi ni plazer
gaug
C 287 (MG. 1251), R 72–607 (MG. 1252).
Sirventes. — Str. 1 Kolsen, Zts. 38, 302 A. 1.

51a. Si totz temps vols viure valens e pros
-t
Ve. Ag. II [1]), überschrieben: Serventesch tot uniçonant fer (l. fet) per en Pere Cardenal.
Sirventes. [Mir unbekannt [2]).] — Krit. hgb. Fabre, Arch. roman. 3, 28 und The Romanic Review

[1]) fol. CCCCXXXXIj, überschrieben: Serventesch tot unicorant fet per en Pere Cardenal (Butlletí 1, 69, No. 40); vgl. Miscellània Prat de la Riba p. 434 (!).
[2]) Zusatz von Pillet.

11, 195, dazu Anglade, AdM. 35/36, 386. — Zur Attribution (für Peire Catalan) s. Bertoni, Arch. roman. 2, 402 und 3, 42 und noch gegen Fabre Arch. roman. 4, 557.

52. Tals cuja be
C 283, D^b 238—807, I 168, K 153, M 224, R 71—596, T 106, d 326—190.
Sirv. — Choix 4, 350. Parn. occ. p. 318. MW. 2, 186. — Zu *cel de Toloza* s. Chabaneau, Sur un vers de Pierre Cardinal, Rlr. 16, 180. Zur Datierung s. Vossler p. 181.

53. Seigner n'Eble, vostre vezi
Tan son valen *Bartsch*
C 274 (MG. 1247), D^b 243 –822, I 170 (MG. 1246), K 155, M 218, R 72–606, T 97, d 330 —203, *α* 29661 (auch MG. I 201). — Bertran Carbonel 82, 39 spielt auf das Gedicht an; s. Bartsch, Denkm. p. 320. Sirv. — Choix 4, 360. Parn. occ. p. 319. MW. 2, 189. Bartsch, Lesebuch p. 83.

54. Tan vei lo segle cobeitos
C 284 (MG. 1228), I 169 (MG. 1230), K 154, R 67–563 (MG. 1229), T 93, d 328—195.
Sirventes. — Krit. hgb. Kolsen, Dichtungen p. 115.

55. Tartarassa ni voutor
C 286, I 169, K 154, R 68 —567, d 329—198.
Sirv. und geistliches Lied. — Choix 4, 357. Parn. occ. p. 320. MW. 2, 183. Krit. hgb. Bartsch, Chrest. col. 190. Lommatzsch, Liederb. p. 197.

56. Tendas e traps, alcubas, pabaillos
R 70—591 (MG. 517).
Sirventes. — Zur Datierung s. Vossler p. 110.

57. Tostemps azir falsetat et engan
A 215 (622), C 272, D^b 232 —780, I 164, J 1 (1), K 149, Kp 105 (5), M 215, R 67–558, T 109, a[1] 511 (263, Studj romanzi 2, 86), d 320–169; anonym Y 1a [eine Strophe] und 1b [Str. *Mant ric home en aychest si mal stant*, bei Bartsch 461, 163]. — Genau so wie das Sirventes beginnt in Sg Teil III ein Sirventes von Ramon de Cornet, Nr. 14, und in Ve. Ag. I[1]) steht eine anonyme *Esparça*: *Mant homens son en est mon quez [e]stan.*
Sirv. — Choix 4, 347. MW. 2, 195. Krit. hgb. Appel, Chrest. p. 114. Übers. bei Jeanroy, Anthol. p. 132.

58. Tostemps vir cuidar en saber
C 274, D^b 237—806, I 171, J 2 (11), K 156, R 68—570, T 95, d 332—207.
Sirv. — Lex. rom. 1, 454. MW. 2, 234.

59. Tostemps volgra·m vengues bon' aventura
D^b 242–820, T 108 (MG. 1253, 1—2). Strophe *Mons enemis don Deu mal' aventura* steht anonym in Y 1 = Bartsch 461, 168.
2 Coblas.

60. Tot enaissi com fortuna de ven atressi
C 286, I 169, K 155, R 67 —561, T 101, d 329—200.

[1]) fol. XXXVIj (Butlletí 1, 52, No. 29).

Sirv. — Choix 4, 358. MW. 2, 184.

61. Tot farai una demanda
? A tot, Totz

C 282, D[b] 236—801, I 167 (MG. 314), K 152, M 219, R 71 —593, T 94, d 325—186.
Sirv. — Lex. rom. 1, 450. MW. 2, 235. — Zur Datierung Vossler p. 185.

62. Totz lo mons es vestitz et abrazatz
abarratz *T*

C 284, M 225, R 67—564, T 103; anonym Y 1.
Sirv. — Lex. rom. 1, 462. MW. 2, 236.[1])

63. Un decret fauc drechurier

C 283, I 168, K 153, R 71 —597, T 106 + 107 [*C[l]ersia non valc anc mais tant*], d 327 —191.
Sirv. in Form eines Descort. — Choix 4, 440. MW. 2, 198.

64. Un estribot farai que er mout maistratz
-at

R 137.
Estribot (eine Alexandriner-laisse). — Parn. occ. p. 324. MW. 2, 238. Krit. hgb. Appel, Chrest. p. 116. Anglade, Anthol. p. 162.

65. Un sirventes ai en cor que comens

C 285 (MG. 764), I 169 (MG. 765), K 154, R 70–587, T 103, d 329—197.
Sirv. — Krit. hgb. L. Ricome, AdM. 21, 26.

66. Un sirventes fauc en loc de jurar

C 277, I 172, J 3 (13), K 157, M 213, R 68–574, d 333–213; die Tornada anonym Y 2.
Sirv. — Choix 4, 337. MW. 2, 182. — Zur Erklärung s. Vossler p. 185.

67. Un sirventes novel voill comensar

C 284, I 169, K 154, R 69—584, T 105, d 328—196, f 17.
Geistliches Lied (‚sirventes'). — Choix 4, 364. MW. 2, 196. Krit. hgb. Crescini, Manualetto p. 324 und Manuale p. 279. Vossler p. 46. Lommatzsch, Liederb. p. 198 u. Mel. p. 453. Anglade, Anthol. p. 164. Singweise auch bei Beck, La musique des troub. p. 88.

= Un sirventes qu'er megz mals e megz bos s. Nr. 21. =

68. Un sirventes trametrai per messatge

C 285 (MG. 1254), R 70–588 (MG. 1255, eine Strophe) + R 67 —562 (MG. 1237 u. 1255, beginnend *El mon non a leo aitan salvatge* = Bartsch 335, 22).
Sirv. — (Appel, Rlr. 39, 178.)

69. Un sirventes voill far dels autz glotos

C 283, I 168, K 153, R 71 —598, T 100, d 327—192.
Sirv. — Lex. rom. 1, 451. MW. 2, 237. Schultz-Gora, Elementarbuch p. 174.

70. Vera vergena Maria

C 288, T 109, stand auch in R 73—611.
Marienlied mit Refrain. — Choix 4, 442. MW. 2, 199. Anglade, Anthol. p. 166.

[1]) Hgb. von C. Fabre in: A Miscellany of Studies in Romance Languages and Literatures presented to Leon E. Kastner, ... Cambridge 1932, p. 217.

Sonst werden ihm noch attribuiert:

A. an Liedern:

377, 2 D'un sirventes a far ai gran talen (Pons de la Gardia)
80, 15 Eu m'escondisc, domna, que mal no mier (Bertran de Born)
392, 19 Ja hom pres ni dezeritatz (Raimbaut de Vaqueiras)
163, 1 Nog e jorn sui en pensamen (Garin lo Brun)
70, 37 Quan la douss' aura venta (Bernart de Ventadorn)
332, 1 Quan lo dous temps d'abril (Peire de Bussignac)
461, 236 Tot aissi soi desconseillatz (anonym);

B. an Coblas[1]) (vgl. Vossler, Sitzungsber. p. 189):

8 (T) Aicel que non es aizit
11 (T) Albres, quant es en flor
14 (T) Alexandres fon lo plus conquerens
15 (T) Amics non es hom, si no par
30 (T) A tota domna fora sens
53 (T) Be volria que Deus agues
55 (T) Bona gens, vejatz qual via
79 (f) De tan tenc per nesci Andreu
84 (T) Dezirat ai, ancar dezir
96 (T) Domna que va ves Valensa
112 (T) Entre·ls deslejals baros mi platz rabasta
115 (T) Eu contraditz so qu'om ten a boban
131 (T) Ges no faill, quan s'ave
155 (f) Ma domna am de bona guiza
182 (T) Oimais no trop qui·m reprenda
225 (T) Si ves home e no saps cui
238 (T) Tot m'enoja quant aug ni vei
244 (T) Una ren ai conoguda.

P. Cardenal gehört noch ein kleines Lehrgedicht, beginnend:

De paraulas es grans mercatz gran viltat D^b 240–813, T 97 (MG. 1235). Bartsch, Denkm. p. 139 und krit. hgb. Vossler p. 190,

und eine Fabel (*fabla*):

Una ciutatz fo, no sai quals I 174, K 159, R 136, T 89, d 337—219, sowie in der Hs. der Bibl. de l'Arsenal 5991 fol. 5 [Anfang 14. Jh., Pergament; vgl. P. Meyer, Bibl. de l'École des Chartes 38 (1877), 499 und Catalogue des mss. de la Bibl. de l'Ars. par H. Martin, t. 5, Paris 1889, p. 478]. Ein

[1]) Alle bei mir anonym unter Art. 461. Ich gebe hier in Klammern an, ob die Coblas unter dem Namen P. Cardenal in f oder ohne Überschrift zusammen mit anderen (ihm zweifellos gehörenden) Liedern und Strophen in T stehen.

Teil *Et aquel c'avia son sen* steht mit eigener Überschrift in I (MG. 1238), K.
Choix 4, 366. Parn. occ. p. 321. MW. 2, 189. Galvani, Osservazioni p. 224. Krit. hgb. Bartsch, Lesebuch p. 122 und Chrest. col. 193. Appel, Chrest. p. 162. Übers. bei Vossler p. 147. — S. noch E. Müller, Die altprov. Versnovelle p. 109.

Dagegen ist nicht von ihm, sondern von Raimon de Cornet eine Satire in Strophenform auf die verschiedenen Stände (*versa*, v. 3), in einer Hs. betitelt *la gesta de fra Peyre Cardinal*, beginnend *Quar mot home fan vers*, gedruckt Lex. rom. 1, 464; MW. 2, 217; Deux mss. provençaux du XIVe siècle . . . p. p. le docteur J.-B. Noulet et Camille Chabaneau, Montpellier-Paris 1888 (Soc. pour l'étude des langues romanes), p. 2 (s. auch p. 141 und 241).
Nach Fabre ist P. Cardenal auch der Verfasser des zweiten Teiles der Chanson de la croisade contre les Albigeois; s. dagegen Vossler, Sitzungsber. p. 54. — S. auch p. 172 (Art. 204) Anm.

336. Peire de Castelnou.

Bei Achard erwähnt, s. Chabaneau, Rlr. 23, 79; vgl. auch O. Schultz[-Gora], Zts. 7, 186. Bertoni, I trov. d'Italia p. 138 A. 1.

1. **Oimais no·m cal far plus long' atendensa** -gua tend.
a[1] 518 (269, Studj di fil. rom. 8, 464).
[Bartsch unbekannt.] Sirv. — Zwei Strophen hgb. von Bertoni, Giorn. stor. d. let. it. 38, 291; zur Datierung und Erklärung s. besonders Jeanroy, AdM. 15, 163 (auch Appel, Deutsche Gesch. in der prov. Dichtung p. 15) und vor ihm mit anderer Auffassung: P. Meyer, Rom. 31, 161; Torraca, Studi su la lirica italiana del duecento p. 340; Bertoni, l. c. p. 277.

Peire de la Cavarana s. Art. 334.

Peire de Cazals s. Guillem Peire de Cazals.

337. Peire de Cols, d'Aorlac.

Hist. lit. 19, 612.

1. **Si co·l soleills nobles per gran clardat**
C 366, α 29338 (auch MG. I 197); Richart de Berbezill f 29.
Canz. — Krit. hgb. Appel, Prov. Inedita p. 229. Troub. cantaliens 2, 536. Chabaneau et Anglade, Les chansons du troub. Rigaut de Barbezieux p. 91. Anglade, Rlr. 60, 289 (vgl. p. 242). De Lollis, Poesie prov. sulla origine e sulla natura d'amore, p. 27.

338. Peire de Corbiac.

Corbiac und in CR Corbia(n). — Diez, Poesie p. 197. Hist. lit. 19, 499. Sachs, Introduction zur Ausgabe des Tezaur. Bartsch, Grdr. p. 52. Stimming in Gröbers Grdr. 2 II 43. Lowinsky, Zts. f. frz. Sprache u. Lit. 20 I 179.

1. **Domna, dels angels regina** d'angels anima (!) *Bamb.* C 373, D[a] 192—694, I 149, K 135, R 29—245; Peire d'Alvergne b I 1, ϰ 96 (Mussafia p. 228); anonym Bamberg Ed. V. 11 fol. 32 (Zts. 22, 250) [von Jeanroy, Bibliogr. p. 30 w genannt]. — Marienlied. — Choix 4, 465. Parn. occ. p. 302. MW. 3, 292. Bartsch, Lesebuch p. 92 und krit. hgb. Chrest. col. 231. Übers. bei Jeanroy, Anthol. p. 140. — Zu den Quellen etc. s. Lowinsky, l. c. p. 217.

Peires Hauptwerk, seine Enzyklopädie, *Tezaur* von ihm selbst genannt, ist in zwei Redaktionen auf uns gekommen. Beide beginnen:

En nom de Jhesu Crist, qu'es nostre salvamens

I. Die ältere, kürzere steht in D[a] 213—778, L 126; II. die interpolierte in R 121.

Ausgaben: Galvani, Osservazioni p. 321 (nach D[a], jedoch nicht vollständig). Le Trésor de Pierre de Corbiac en vers provençaux, publié en entier, avec une introduction et des extraits du Bréviaire d'amour de Matfre Ermengau de Béziers, de l'Image du Monde de Gautier de Metz et du Trésor de Brunetto Latini, par Dr. Sachs, im Programm der Saldernschen Realschule, Brandenburg 1859 (im wesentlichen nach R; der Text läßt viel zu wünschen übrig, doch sind die Einleitung und die Anmerkungen verdienstlich; besprochen mit Besserungen von Bartsch, Jahrb. 4, 229). Jeanroy et Bertoni, Le «Thezaur» de Peire de Corbian, AdM. 23, 289—308 und 451—471. — Auszüge: Choix 5, 310. MW. 3, 293. Bartsch, Lesebuch p. 149 und Chrest. col. 234. — Vgl. Gustavo Sacerdote, The Ninth Meḥabbereth of Emanuele da Roma and the Trésor of Peire de Corbiac, The Jewish Quarterly Review, vol. 7, London 1895, p. 711 (interessanter Versuch, Nachahmung Peires durch einen jüdischen Kompilator des 14. Jhs. zu beweisen). — George L. Hamilton, Sur la date et quelques sources du Thezaur de Peire de Corbian, Rom. 41, 269.

339. Peire Duran.

Hist. lit. 17, 467.

1. **Amors me ven assaillir tan soven** R 101—848. — Canz. — Krit. hgb. Appel, Prov. Inedita p. 231.

2. Com cel qu'es pres e sap, son escien

R 101—847.

Canz. — Krit. hgb. Appel, ib. p. 233.

3. Midons, cui fui, deman del sieu cors gen

R 101—849 (MG. 1075).

Sirv. gegen seine frühere Dame.

Zugeschrieben werden ihm noch:

234, 8 D'una domn' ai auzit dir que s'es clamada (Guillem de S. Leidier?)

454, 1 D'un sirventes m'es pres talens (Uc de Mataplana).

340. Peire de Durban.

Erwähnt in N[2] 23 (Arch. 102, 205). — P. Meyer, La Chanson de la Croisade contre les Albigeois 2, 308 A. 2. Chabaneau, Biogr. p. 371. Soltau, Zts. 24, 35.

1. Peironet, be vos es pres

A 203 (584 und Arch. 34, 193), D^a 206(—751?).

Sirv. als Antwort auf 343, 1. — (Choix 5, 313.) Krit. hgb. Kolsen, Dichtungen p. 75.

341. Peire Ermengau.

1. Messier Matfre, pos de conseill

α 31693 (auch MG. I 215).

2 Coblas, beantwortet durch 297, 2.

1a. Messier Matfres, no·us desplassa

α 27948 (auch MG. I 183).

Cobla.

(**2. Qui vol jauzir de domnas e d'amor**

ist von Raimon Ermengau, s. 397a, 1.)

342. Peire Espaignol.

Chabaneau, Biogr. p. 371. Lowinsky, Zts. f. frz. Sprache u. Lit. 20 I 179 und 260.

1. Ar levatz sus, franca corteza
Or levetz gens

C 350 (durch Stengel mit Var. von R abgedruckt), R 100—837. — Beide Hss. sind mit französischen Schreibungen durchsetzt.

Geistliche Alba. — Krit. hgb. Stengel, Peire Espagnol's Alba, Zts. 10, 160.

2. Com cel que fon rics per encantamen

C 349, R 100—838.

Canz. — Krit. hgb. Appel, Prov. Inedita p. 235.

3. Entre que·m pas e·m vauc per ombr' escura

C 350, R 36—300.

Canz. — Krit. hgb. Appel, ib. p. 237.

Zugeschrieben wird ihm noch:

70, 19 Estat ai com hom esperdutz (Bernart de Ventadorn).

342a. Peire d'Estanh.

Er tritt in dem Partimen 248, 75 zwischen Guiraut Riquier, Enric II Grafen von Rodez und Marques als Schiedsrichter auf. — Chabaneau, Rlr. 32, 126; Anglade, Le troub. Guiraut Riquier p. 180 und AdM. 23, 339.

342b. Peire Gauseran.

1. En Gauseran, gardatz qual es lo pes
Coblaswechsel mit Guillem de Berguedan, s. 210, 10b.

343. Peire de Gavaret.

Erwähnt in N[2] 23 (Arch. 102, 205). — Chabaneau, Biogr. p. 255 A. 3 und p. 371. Jeanroy, Jongleurs et troub. gascons, introd. p. VIII.

1. Peironet, en Savartes
A 198 (570 und Arch. 34, 191), D[a] 206—751.
Sirv., beantwortet durch 340, 1. — (Choix 5, 314.) Krit. hgb. Kolsen, Dichtungen p. 72.

344. Peire Guillem de Luzerna.

Der Zusatz de Luzerna findet sich nur in F; doch nennt auch Uc de S. Circ ihn Peire Guillem de Luzerna in der Antwort auf 344, 5.

Kritische Ausgabe[1]) mit Einleitung: Pietro Guglielmo di Luserna, trovatore italiano del sec. XIII. Notizie e poesie per cura del dott. Pier Enea Guarnerio. Genova 1896. (Estratto dal Giornale della Società di letture e conversazioni scientifiche, fasc. III, 1896.) — Besprochen von: Mussafia, Rassegna bibliogr. d. let. it. 4, 309 (besonders wichtige Besserungen); Torraca, Giorn. Dantesco 4, 1; Suchier, Deutsche Literaturzeitg. 1897, 57 (mit Besserungen); P. Meyer, Rom. 26, 154; Zenker, Lit.-Blatt 1897, 275 (dgl.); Jeanroy, Rlr. 40, 388; Levy, Zts. 22, 123 (dgl.).

Ältere Literatur: Cavedoni, Mem. d. R. Accad. di Scienze .. di Modena 2, 304. — O. Schultz[-Gora], Zts. 7, 205. — De Lollis, Vita e poesie di Sordello di Goito p. 22. — Spätere: Lowinsky, Zts. f. frz. Sprache u. Lit. 20 I 178. — Torraca, Studi su la lirica italiana del duecento p. 300. — Schultz-Gora, Ein Sirv. von Guilhem Figueira p. 58. — Bertoni, I trov. d'Italia p. 70.

---

[1]) Anordnung der Texte:

Guarnerio	Grdr.	Guarnerio	Grdr.
1 =	2	4 =	4
2 =	3	5 =	1.
3 =	5	Appendice =	461, 104.

1. **Ai! vergena, en cui ai m'entendensa**
D[a] 192—696, I 110 (MG. 305), K 95. (Vgl. Anm. zu 322 a.) Marienlied. — Guarnerio p. 37. Bertoni, l. c. p. 282.

2. **Be·s met en gran aventura**
H 56 (242 und Arch. 34, 414). Cobla. — MW. 3, 345. Guarnerio p. 30. Torraca, l. c. p. 300 A. 3. Bertoni, l. c. p. 269.

3. **En aquest gai sonet leugier Me voill en chantan esbaudir**
D[a] 193—698, D[c] 259 (208, AdM. 14, 530), F 58 (171), I 110, K 95, c 83 (124); Bernart de Ventadorn C 52, E 102; anonym G 106 (p. 345). — Das Gedicht gehört sicherlich nicht Bernart de Ventadorn, wie noch Diez (Leben u. Werke p. 28) und Fauriel (Dante et les origines 1, 258) glaubten, sondern unserem Peire Guillem; hierzu und zur Datierung und Erklärung vgl. besonders Cavedoni, l. c. p. 304, Carducci, Opere 8, 447, Guarnerio p. 12. — S. auch De Bartholomaeis, Osservazioni p. 105.
Sirv. — Choix 4, 139. MW. 1, 25. Guarnerio p. 31. Bertoni p. 270.

3a. **En Sordel, que vos es semblan** e que·us
E 224, M 255, N 275—437, O 84 (132 und Arch. 34, 379), a[1] 593 (333). Überschrift: La tenzo de (d'en) Peire Guillem e d'en Sordel Oa[1]. Zwei Verse (35–36) unter Sordel in D[c] 258 (in 200, AdM. 14, 528). Es besteht kein Grund, die Tenzone stets P. G. de Toloza (so u. a. O. Schultz[-Gora], Zts. 7, 208 A. 8; De Lollis p. 30) zuzuweisen statt P. G. de Luzerna, zu dessen Lebensumständen sie sehr gut passen würde.
[Bartsch 345, 1.] Tenzone mit Sordel = 437, 15. — MW. 2, 252. Krit. hgb. De Lollis, Vita e poesie di Sordello di Goito p. 172. — Vgl. Bertoni, Rlr. 55, 97.

4. **No·m fai chantar amors ni drudaria**
D[a] 193—697, D[c] 259 (207, AdM. 14, 529), F 58 (172), I 110, K 95, c 82 (123); Peire Vidal C 42, E 27 (MG. 74), R 17—138; anonym G 106 (p. 344). Strophe *Mout m'abellis qi m'a bella paria* anonym P 65 (*c.* 156, Arch. 50, 282). Sirv. (eine Art Plazer). — Krit. hgb. Bartsch, Peire Vidal's Lieder p. 65. Guarnerio p. 34. Bertoni p. 278.

5. **Qui na Cuniça guerreja**
H 52 (201 und Arch. 34, 408). Sirv. von 2 Coblas und 1 Tornada, beantwortet durch 457, 28. — Guarnerio p. 33. P. Meyer, Restitution d'une chanson de Peire Guillem de Luserne, Rom. 26, 96 (Text und Besserungen). Monaci, Poesie prov. di trovad. ital. p. 14. Jeanroy et Salverda de Grave, Poésies de Uc de Saint-Circ p. 132. Bertoni p. 275.

345. Peire Guillem de Toloza.

Die Vida beginnt *Peire Guillems si fo de Tolosa*, steht aber vor den Gedichten von Peire Guillem [de Luzerna]. Die Tenzone glaube ich diesem zuweisen zu sollen. Bleibt das Sirventes, das freilich Willems Peire überschrieben ist. Es ist jedenfalls nicht von P. G. de Luzerna und würde zu der Charakteristik der Vida unseres Dichters passen (vgl. Zenker, Lit.-Blatt 1897, 276). — Hist. lit. 19, 542. Chabaneau, Biogr. p. 372. Guarnerio, Pietro Guglielmo di Luserna p. 21. Anglade, Les troub. de Toulouse p. 141.

Vida: I 110, K 95.

Parn. occ. p. 379. Choix 5, 315. Mahn, Biogr. p. 63. Chabaneau, Biogr. p. 283.

(1. **En Sordel, que vos es semblan** s. unt. P. G. de Luzerna 344, 3 a.)

2. **Eu chantera de gaug e volontos -ai**
D[a] 197—715, D[c] 259 (209, AdM. 14, 530) unter Willems (Guillelms) Peire. Die Strophen *No·m platz ric[s] hom, si non es amoros* — bei Bartsch 461, 176 — und *Trop m'enuoja d'avol(s) hom[e] ricor* (l. *ricos*) stehen anonym in T 190 hinter 376, 1; drei Verse zitiert μ 254 als von Fabre d'Uzest.
Sirv. — Krit. hgb. Appel, Rlr. 39, 181.

Von einem Peire Guillem, vielleicht P. G. de Toloza, ist eine allegorische Erzählung, beginnend:

Lai on cobra sos dregz estatz
R 148.
Lex. rom. 1, 405. MW. 1, 241. Kollation bei Bartsch, Peire Vidal's Lieder p. XCIV Anm. Die erste Hälfte auch bei Bartsch, Chrest. col. 291. — Vgl. Bartsch, Grdr. p. 22; Stimming in Gröbers Grdr. 2 II 46; O. Dammann, Die allegorische Canz. des Guiraut de Calanso p. 26; E. Müller, Die altprov. Versnovelle p. 97.

346. Peire Imbert.

Mannucci, Un nuovo trovatore della corte angioina, Giorn. stor. e lett. della Liguria 7, 440.

1. **Ara pos vei que m'aonda mos sens**
C 377 (MG. 750), R 98—824 (MG. 751).
Canzone. — Mannucci p. 446.

(347. Peire Luzer.

Anscheinend verschrieben für Peire Rogier:

356, 6 Per far esbaudir mos vezis.)

348. Peire de Maensac.

Hist. lit. 18, 618. Chabaneau, Biogr. p. 265 und 372.

Vida: I 107, K 93, d 317.

Parn. occ. p. 304. Choix 5, 317. Mahn, Biogr. p. 59. Chabaneau, Biogr. p. 265.

In CIKd wird ihm zugeschrieben, und vielleicht mit Recht:

194, 7 Estat aurai de chantar (Gui d'Uisel?),

in IKd, doch ohne andere Stützen:

276, 1 Longa sazon ai estat vas amor (Jordan de l'Isla de Venessi?),

nur in H (hier P. de Maisac):

375, 3 Astrucs es cel cui amors te jojos (Pons de Capdoill)
332, 2 Sirventes e chansos lais (Peire de Bussignac).

Gegen ihn richtet sich 95, 2. Er steht auch im Register des Bernart Amoros.

349. Peire Milo.

Kritische Ausgabe seiner Gedichte (mit Ausnahme zweier schon in den Prov. Inedita p. 239 herausgegebenen) durch Appel, Rlr. 39, 185, mit eingehender sprachlicher (dazu eine Bemerkung von P. Meyer, Rom. 26, 473) und literarischer Untersuchung.

O. Schultz[-Gora], Arch. 85, 118 gab vorher einen urkundlichen Nachweis. — Bertoni, Nota su Peire Milon, Zts. 33, 74 (Versuch einer Identifizierung des Dichters mit einem Italiener) und I trovatori d' Italia p. 131 und bes. p. 177.

1. **Aissi m'ave com cel qui seignors dos**

   I 147 (MG. 672), K 133, N 103—138 (MG. 673), a 243 (260, Rlr. 45, 256), d 318–164; Peire Vidal C 44 (MG. 19); anonym ω 61 + 55 + 46 (p. 575).

   Canz. — Bartsch, Peire Vidal's Lieder p. 130 nach CI. Rlr. 39, 190.

2. **A vos, merces, voill retrar mon afaire**

   M 98, a 247 (264, Rlr. 45, 260); anonym nach P. Milo N 106—143.

   Canz. — Prov. Inedita p. 239.

3. **En amor trop pietat gran**
   D'amors a bon (?) *P*

   N 105 — 142; anonym P 62 (c. 111, Arch. 50, 276) = Bartsch 461, 72.

   Cobla. — Choix 5, 319. MW. 3, 333. Rlr. 39, 193.

4. **Per pratz vertz ni per amor**

   a 245 (262, Rlr. 45, 258).

   Canz. (z. T. in kurzer Wechselrede). — Rlr. 39, 185.

5. **Pos l'us auzels envas l'autre s'atura**

   a 244 (261, Rlr. 45, 257).

   Canz. — Rlr. 39, 187.

6. **Pos que dal cor m'ave, farai chansos**

   I 148 (MG. 918), K 133, N 102—136 (MG. 289), a 240 (257, Rlr. 45, 253), d 319—166; anonym ω 64 + 61 + 64 (p. 573).

   Canz. — Rlr. 39, 193.

7. **Quant hom troba dos bos combatedor**
   (*sic*) -ors

   I 148 (MG. 919), K 134, N 103

–137, a 241 (258, Rlr. 45, 254), d 319—167; anonym ω 64 + 61 + 64 + 61 (p. 574). Canz. — Rlr. 39, 195.

8. **S'eu anc d'amor sofers ni mal ni pena**
I 147, K 133, M 97, N 104 –140, a 246 (263, Rlr. 45, 259), d 318—165.
Canzone. — Prov. Inedita p. 242.

9. **Si com lo metge fa crer** fai creire
I 147, K 133, N 102—135 (MG. 288), a 242 (259, Rlr. 45, 255), d 318–163; anonym ω 61 + 64 + 61 (p. 575).
Canz. — Rlr. 39, 198.

Sonst werden ihm noch attribuiert:

213, 6 Lo jorn que·us vi, domna, premeiramen (Guillem de Cabestaing)
457, 26 Nuls hom no sap d'amic, tro l'a perdut (Uc de S. Circ)
236, 6 Quant hom reigna vas celui falsamen (Guillem de la Tor).

350. Peire de Mont Albert.

1. **Gaucelm, que·us par d'un cavalier**
a[1] 585 (325, Studj di fil. rom. 8, 477), la tenzo [de] Peire de Mont Albert e d'en Gaucelm.
[Bartsch noch unbekannt.] Tenzone (Partimen) mit einem Gaucelm = 165, 3.

351. Peire de Monzo.

Ab Peire de Monzo so set, beginnt die VIII. Strophe von Peire d'Alvergnes berühmter Satire (Literatur s. 323, 11), wenigstens in der Hs. a, und so bei Appel, Crescini, Bartsch-Koschwitz. Zenker zieht die Lesart von CR vor: *E Peire Bermon se baisset* und hält demgemäß die Strophe für interpoliert; auch O. Schultz[-Gora] ist für CR.

352. Peire de la Mula.

Auch P. de M., P. da la M. — Hist. lit. 20, 591. Suchier, Jahrb. 14, 150 (mit kritischen Texten). O. Schultz[-Gora], Zts. 7, 194. Witthoeft, Sirv. joglaresc p. 31. Bertoni, I trovatori d'Italia p. 56.

Vida: A 199 (p. 614), N[2] 24 (XX, Arch. 102, 205; Rlr. 19, 284).
Bartsch, Jahrb. 11, 21. Zts. 7, 194. Chabaneau, Biogr. p. 312. Monaci, Testi ant. prov., col. 73. Bertoni p. 245.

1. **Dels joglars servir mi laisse** De
A 199 (571 und Arch. 34, 192), C 358, D[a] 205—748, R 22 —183 (MG. 544). — Parallelabdruck von AR bei Monaci, Testi ant. prov., col. 72. — Die angebliche III. Strophe s. unter 352, 3.
Sirv. von 2 Coblas. — Krit. hgb. Suchier, Jahrb. 14, 151. Witthoeft, l. c. p. 70. Monaci,

Poesie prov. di trovadori ital. p. 7. Bertoni p. 245.

2. **Ja de razo no·m cal metr' en pantais**

A 199 (in Nr. 571; Arch. 34, 192), C 357, D^a 197–712, R 22–182; Folquet de Romans E 131; anonym L 7 (Arch. 34, 425). — Parallelabdruck von AL bei Monaci, Testi col. 71.

Sirv. — Krit. hgb. Jahrb. 14, 152. Monaci, Poesie prov. p. 6. Bertoni p. 249; vgl. Långfors, Rom. 44, 605.

3. **Una leis qu'es d'escoill**
leig vei d'avol (!) e. *A*

[Fehlt bei Bartsch.] Cobla, in den Hss. und Drucken als Strophe III von 352, 1 aufgefaßt, von Monaci, Testi col. 72 und Poesie prov. p. 8 als selbständig erkannt. — Bertoni p. 247.

Peire Pelet s. Art. 18.

353. Peire Pelissier.

Diez, Leben u. Werke p. 95. Hist. lit. 18, 616.

Vida: H 46 (zu 161; auch Mahn, Biogr. p. 63). — Zugleich Razo zu 353, 1.

Choix 5, 321. Chabaneau, Biogr. p. 263.

1. **Al Dalfi man qu'estei dins son**
-ins ostal

H 47 (161+162; MG. 645). Coblaswechsel mit dem Dalfi d'Alvergne = 119, 1 a. — Choix 5, 321. MW. 3, 343. Chabaneau, Biogr. p. 264.

2. **En Pelizier, cauzetz de tres lairos**

Coblaswechsel mit Blacatz, s. 97, 3. — Die Attribution ist unsicher; vgl. unter 97, 3.

354. Peire del Poi. [1])

1. **Peire del Poi, li trobador**

Tenzone mit einem Aimeric, s. 8, 1.

Zugeschrieben wird ihm noch:

213, 6 Lo jorn que·us vi, domna, premeiramen
(Guillem de Cabestaing?).

Peire da Pomarol s. Pomairol.

355. Peire Raimon de Toloza.

Nur Peire Raimon T, Raymon de Tholosa C; Zusätze: lo vieills ABKN², lo gros D^aK, lo pros f.

[1]) Nach Vossler, Peire Cardinal, Sitzungsber. 1916, p. 138 u. 188 ist er Peire Cardenal.

Ausgabe[1]: J. Anglade, Poésies du troub. Peire Raimon de Toulouse, AdM. 31/32, 157—189 u. 257—304; vgl. Bertoni, Arch. roman. 4, 250. — Vorher: J. Anglade, Quatre poésies du troub. Peire Raimon de Tolosa, Toulouse 1917, auch erschienen in der revue L'Auta, organe de la Soc. des Toulousains de Toulouse, März 1916, Juli 1916, Januar 1917, Juni 1917. — Weitere vier Lieder erschienen im Bulletin de la Soc. archéol. du Midi de la France 45 (1919), p. 225, auch: A propos des troubadours toulousains, Toulouse 1917. Über den Dichter s. auch Bulletin p. 210.

Hist. lit. 15, 457 und 18, 641 (hier liegt die Hypothese zugrunde, daß es zwei Dichter des Namens gegeben habe). Diez, Leben u. Werke p. 97. Vgl. auch O. Schultz[-Gora], Zts. 7, 201 und Chabaneau, Biogr. p. 373. — Ferner: Bertoni, I trov. d'Italia p. 14 A. 2. Anglade, Hist. somm. de la litt. mérid. p. 72 und Ders., Les troub. de Toulouse p. 57.

Vida: A 171 (p. 533), B 105 (ib. p. 712; Mahn, Biogr. p. 12), I 84, K 68, N² 23 (XVI, Arch. 102, 204; Rlr. 19, 283).

Parn. occ. p. 29. Choix 5, 322. MW. 1, 133. Chabaneau, Biogr. p. 271. AdM. 31/32, 158.

1. Ab so gai, plan e car
G 51 (p. 160), c 79 (118).
Descort. — Lex. rom. 1, 513. MW. 3, 377. Monaci, Testi ant. prov., col. 79. AdM. 31/32, 170, auch in der revue L'Auta, Juli 1916.

(**2. Aissi·m sal Deus, en mon major afaire**
e
aus 355, 9.)

3. Ar ai be d'amor apres
C 244, *a* 31 564 (auch MG. I 214).
Canz. — Krit. hgb. Appel, Prov. Inedita p. 244, danach in der revue L'Auta und AdM. 31/32, 173. Anglade, Anthol. p. 128. Audiau et Lavaud, Nouv. Anthol. p. 95.

4. Ara pos l'iverns fraing los brotz
hyv. -ns
C 242 (MG. 790), Dª 173–608, I 86 (MG. 791), K 70.
Sirventes. — Krit. hgb. Kolsen, Dichtungen p. 132. AdM. 31/32, 175 und Bulletin p. 226. — Zu Str. 4 s. Bertoni, Arch. roman. 1, 517.

5. Atressi com la candela
Aissi
A 171 (495), B 106 (MG. 1420), C 242, D 75–264, Dᶜ 257 (184, AdM. 14, 523), F 34 (119), G 52 (p. 161), I 85, K 68, M 185, N 240—378, R 97—814, S 208—134, U 86 (Arch. 35, 421), c 78 (116; von Stengel gedruckt zu a Nr. 200, Rlr. 45, 135), f 65; Richart de Berbezill T 269; anonym O 39 (64), Q 80 (210, p. 155).
Canz. — Choix 3, 127. MW. 1, 137. Bartsch, Lesebuch p. 64 und krit. hgb. Chrest. col. 95, danach Bulletin p. 229 und AdM. 31/32, 179. — Zur Er-

[1]) Reihenfolge der Texte wie hier, wobei Nr. 2 (355, 9) wegfällt und Nr. 11 (330, 12) in den Anhang verwiesen wird.

klärung von v. 23 ff. s. auch Kolsen, Zts. 39, 165 A. 2.

6. De fin' amor son tuit mei pensamen

G 50 (p. 157 und Arch. 32, 400), I 85, K 69, c 80 (120), d 315—156, β^3 87 [nur in den Hss. CL].
Canz. — Casini, Propugnatore 12 II 423 (nach d). AdM. 31/32, 183, auch Bulletin p. 232.[1]) — Vgl. Crescini, Rendiconti della R. Acc. dei Lincei, ser. 5, vol. 27, p. 122.

7. Enquera·m vai recalivan
An-

C 244, D[a] 174—612, I 86, K 69, R 21–170, f 65, α 28976 (auch MG. I 194); Guillem Ademar A 110 (315), I 105, K 89, d 289—76; Gaucelm Faidit C Reg.
Canz. — Choix 3, 130. MW. 1, 134. Anglade, revue l'Auta und AdM. 31/32, 186 u. Anthol. p. 130.

8. Lo dous chan qu'au de la calandra

D[a] 174—613, I 86 (MG. 611), K 70.
Canzone. — AdM. 31/32, 257, auch Bulletin p. 235.

9. No·m posc sofrir d'una leu
No chanso faire

A 171 (494), B 105 (MG. 1419), C 241, D 74—263, D[c] 258 (187, AdM. 14, 524), F 34 (118), I 85, K 69, M 186, N 241—379 [Str. V ff. *Aissi·m sal Deus* = 355, 2], R 97—813, U 83 (Arch. 35, 419), c 77 (114); anonym O 57 (91).
Canz. — Choix 3, 124. MW. 1, 139. AdM. 31/32, 259.

10. Pensamen ai e consir

C 243, a 182 (197, Rlr. 45, 132).
Canz. — Choix 3, 120. MW. 1, 141. AdM. 31/32, 264, auch in der revue L'Auta.

(**11. Pos lo novels temps renovela** = 330, 12, Peire Bremon Ricas Novas.)

12. Pos lo prims vergans botona

D[a] 174–610, M 184 (MG. 792), R 20—168; Uc de la Bacalaria I 148, K 134, d 314—152.
Canz. — (Choix 5, 326. MW. 1, 138.) AdM. 31/32, 267.

13. Pos vei parer la flor el glai
partir, fueill' florir

C 243, D[a] 173—607, I 86, K 70, M 184, T 212, α 30369 (auch MG. I 208); Lamberti de Buvalel D[a] 195—707; Guillem de Berguedan H 12 (41).
Canz. — Choix 3, 122. MW. 1, 143. AdM. 31/32, 269.

14. Pos vezem boscs e broills floritz

D[a] 174—611, I 87 (MG. 942), K 71, R 20—169, c 80 (119; von Stengel gedruckt zu a Nr. 201, Rlr. 45, 136).
Canzone. — AdM. 31/32, 272.

15. S'eu fos aventuratz

D[c] 257 (186, AdM. 14, 524), G 51 (p. 158), I 85, K 69, T 212, U 84 (Arch. 35, 420), c 79 (117), d 316—157; Peire Vidal C 44.
Canzone. — AdM. 31/32, 276.

---

[1]) Ferner: A propos des troub. toulousains p. 44 (?).

16. Si com celui qu'a servit son seignor

C 244, D^{c} 257 (185, AdM. 14, 523), G 52 (p. 163), I 85, K 69, a 183 (198, Rlr. 45, 132), d 316—158, $\varkappa$ 129 (Mussafia p. 221); Blacasset P 1 (2, Arch. 49, 60), e 240.

Canz. — Choix 5, 323. MW. 1, 136. AdM. 31/32, 278.

17. Si com l'enfans qu'es alevatz petitz

I 86, K 70, d 316—159.

Canz. — Krit. hgb. Appel, Prov. Inedita p. 248. AdM. 31/32, 281.

18. Tostemps aug dir qu'us jois autre n'adutz

C 242, D^{a} 173—609, I 87, K 70, U 85 (Arch. 33, 297 und 35, 421), c 81 (121), α 32393.

Canzone. — AdM. 31/32, 285.

19. Totz tos afars es niens

Tenzone mit Bertran de Gordo, s. 84, 1.

20. Us novels pensamens m'estai

C 243, D 87—315, D^{c} 258 (188, AdM. 14, 524), I 87, K 70, c 78 (115), α 32473; Lamberti de Buvalel D^{a} 196–708; Peirol N 76—67.

Canz. — Parn. occ. p. 29. Lex. rom. 1, 334. MW. 1, 144. AdM. 31/32, 292.

Zugeschrieben werden ihm noch:

331, 1 En abril, quan vei verdejar (Peire Bremon lo Tort)
276, 1 Longa sazon ai estat vas amor (Jordan de l'Isla de Venessi?)
132, 8 Mas comjat ai de far chanso (Elias de Barjols?)
205, 5 Ses alegratge (Guillem Augier Novella)
421, 10 Tuit demandon qu'es devengud' amors (Richart de Berbezill).

ι erwähnt ihn 9 (Egidi 1, 90; Thomas p. 172; Jahrb. 11, 44), 10 (Eg. 1, 105; Th. p. 173; Jb. p. 45) und sehr unbestimmt 35 (Eg. 2, 35; Th. p. 183; Jb. p. 49). An der ersten Stelle wird er Petrus Raymundi, an der zweiten Raymundus de Tollosa genannt; an jener ist die Rede von *istis brevibus novellettis.*

356. Peire Rogier.

Peire Rogier de Mirapeys in Ca^{1}f; Rogiers d'Alvergna D^{c}.

Kritische Ausgabe[1]: Das Leben und die Lieder des Trobadors Peire Rogier, bearbeitet von Carl Appel, Berlin 1882. Auch als Berliner Diss. 1882. (Die Einleitung ist von allgemeiner Bedeutung, besonders durch ihre vortrefflichen Bemerkungen zur

[1]) Anordnung der Texte:

Appel	Grdr.	Appel	Grdr.	Appel	Grdr.
1 =	1	7 =	3	II =	32, 1
2 =	8	8 =	7	III =	70, 11
3 =	6	[8 A =	389, 34]	IV =	225, 11
4 =	5	9 =	2.	V =	323, 1
5 =	9	[Unechte Lieder:		VI =	375, 12 (nur Nachträge)
6 =	4	I =	9, 11	VII =	392, 8.]

Metrik. — Besprochen von Bartsch, Lit.-Blatt 1883, 66; Suchier, Gött. gel. Anz. 1883 (II) 1339 (mit Besserungen); Chabaneau, Rlr. 25, 102.

Frühere Literatur: Hist. lit. 15, 459 (wertlos). Diez, Leben u. Werke p. 79. Spätere: Bergert, Damen p. 7. Kurze Notiz bei Anglade, Hist. somm. de la litt. mérid. p. 74.

Vida: A 107 (p. 332), B 107 (ib. p. 695; Mahn, Biogr. p. 9), E 189, I 12, K 2, N² 23 (XIV, Arch. 102, 204), R 3 a.

Parn. occ. p. 24. Choix 5, 330. MW. 1, 116. Appel p. 34. Chabaneau, Biogr. p. 261.

1. **Al pareissen de las flors**
Er al p.
A 108 (308), B 108 (MG. 1401), C 195, D 3—7, E 173, I 12, K 2, M 196, R 26—224; Peire Breumon c 84 (125); anonym ω 59 + 66 + 59 (p. 577).
Canz. — Choix 3, 27. MW. 1, 119. Appel p. 37. Troub. cantaliens 2, 408.

2. **Douss' amiga, no·n posc mais**
Dousa
c 86 (130). — Wahrscheinlich unecht.
Canz. — Krit. hgb. Chabaneau, Rlr. 20, 139. Appel p. 67. Troub. cantaliens 2, 478.

3. **Entr' ir' e joi m'an si devis**
A 108 (309), C 195, D 3–10, E 174, I 14, K 3, M 196, R 27 —225, T 211, a¹ 473 (221).
Canz. (‚vers'), z. T. in kurzer Wechselrede. — Choix 3, 36. MW. 1, 118. Appel p. 58. Troub. cantaliens 2, 456.

4. **Ges no posc en bo vers faillir**
en b. v. n. p. f.
A 107 (307), C 194, D 3 – 9, I 13, K 3, M 195, R 6—21, T 209, c 86 (131), α 29 825 und 31 619 (auch MG. I 202 und 215); Jaufre Rudel S 180 —114; anonym O 43 (69).
Canz. (‚vers'), z. T. in kürzester Wechselrede. — Lex. rom. 1, 327. MW. 1, 123. Bartsch, Lesebuch p. 63 und Chrest. col. 87. Appel p. 52. Troub. cantaliens 2, 448.

5. **No sai don chant, e chantars plagra·m fort**
C 193 (MG. 1056), Dª 153–529, Dᶜ 255 (141, AdM. 13, 386), I 13, K 3, M 194 (MG. 1055), R 26 — 223, T 210; anonym ω 57 (p. 579; wenig erhalten).
Canz. (‚vers'), meist in kurzer Wechselrede. — Appel p. 47. Troub. cantaliens 2, 432.

6. **Per far esbaudir mos vezis**
C 194, Dª 153 — 528, I 13, K 3, a¹ 474 (222); P. Luzer R 21—178; Guiraut de Borneill A 23 (42 und Arch. 51, 20), B 15 (MG. 1371), CReg., N 177 —267 (MG. 881); anonym ω 66 + 59 (p. 578). — Echtheit gesichert.
Canz. — Choix 3, 32. MW. 1, 117. Appel p. 44. Troub. cantaliens 2, 424.

7. **Seign'en Raïmbaut, per vezer**
-er -tz
A 207 (599), C 196, D 136—468, Dᶜ 255 (144, AdM. 13, 387), E 175, I 155, K 141, R 6–20, T 189, U 138 (Arch. 35, 459), a¹ 475 (223), α 32 617 und 32 634, β² 1154; Raimbaut d'Aurenga G 89 (p. 277).

Strophe I und II werden in der Vida zitiert.
Sirv., beantwortet durch 389,34. — Choix 4, 1. Parn. occ. p. 25. MW. 1, 124. Appel p. 60; vgl. ders., Raïmbaut von Orange p. 19. Troub. cantaliens 2, 462. — S. auch J. Storost, Ursprung u. Entwicklung des altprov. sirventes p. 102.

8. **Tan no plou ni venta**
C 195, D 3—8, I 13, K 2, M 194, R 27—226; Guiraut de Borneill [trotz der ersten Tornada!] A 23 (41 und Arch. 51, 20), N 176—266; anonym ω 66 + 59 + 66 (p. 577).
Canz. (‚vers'). — Choix 3, 29. MW. 1, 120. Appel p. 40. Troub. cantaliens 2, 414.

9. **Tant ai mon cor en joi assis** en j. m. c. a.
C 194, D^a 154—530, D^c 255 (142, AdM. 13, 386), E 174, I 13, K 3, M 196; anonym ω 66 + 59 (p. 576).
Canz. — Choix 3, 34. MW. 1, 122. Appel p. 50. Troub. cantaliens 2, 440.

Zugeschrieben werden ihm noch:

323, 1 Abans que·l blanc poi sion vert (Peire d'Alvergne?)
70, 11 Bels Monruels, aicel que·s part de vos (Bernart de Ventadorn?)
392, 8 Be sai e conosc veramen (Raimbaut de Vaqueiras?)
32, 1 Be volgra midons saubes (Arnaut Plagues)
9, 11 Ja no creirai qu'afans ni consiriers (Aimeric de Belenoi?)
375, 12 L'adregz solatz e l'avinens compaigna (Pons de Capdoill)
225, 11 On mais a hom de valensa (Guillem de Montaignagol).

357. Peire Salvatge.

Diez, Leben u. Werke p. 480. Hist. lit. 20, 530. Milá y Fontanals, Trovadores en Esp. p. 414. Joaquim Miret y Sans [1]), Notes biogràfiques d'en Pere Salvatge y Fr. Romeu Sa Bruguera . . . (Estret del volum de Treballs del Congrés d'historia de la Corona d'Aragó, dedicat al rey en Jaume I, celebrat en la ciutat de Barcelona en lo mes de juny de 1908, p. 147), Barcelona 1909 (wichtig für sein Leben); s. P. Meyer, Rom. 39, 418 u. Anglade, AdM. 23, 278.

1. **Seigner, reis qu'enamoratz par Totz**
C 382, I 149, als Resposta bezeichnet.
Cobla als Antwort auf 325, 1; vgl. 182, 2 und 57, 3. — Parn. occ. p. 291. Choix 5, 332. Hist. lit. 20, 532. Milá p. 417. MW. 3, 166. Jeanroy, Homenaje Pidal 3, 82.

---

[1]) (auch in s. Viatges del Infant en Pere, fill de Jaume Ier, en els anys 1268 y 1269, Barcelona 1908?)

358. Peire Torat.

(Hist. lit. 20, 604.) Anglade, Le troub. Guiraut Riquier p. 101.

1. **Guiraut Riquier, si be·us etz loing de nos** es
R 35—294, anonym (Selbach, Streitgedicht p. 107). 2 Coblas und 2 Tornadas, beantwortet durch 248, 80a. — (Choix 5, 333.) Krit. hgb. Chabaneau, Rlr. 32, 117.

359. Peire Trabustal.

P. Meyer, Derniers Troubadours p. 127.

1. **Amics Rainaut, una domna valen**
f 21, Tenson de Peyre Trabustal e de Raynaut de Tres Sauses. Tenzone (Partimen) mit Rainaut de Tres Sauzes = 415, 1. — Krit. hgb. Dern. Troub. p. 128.

(360. Peire d'Ugon.

Peire d'Ugon steht im Reg. von a und steht entsprechend in a[1] über 370, 13. Es ist Perdigo gemeint.)

361. Peire d'Uisel.

S. Art. 194.

Vida: s. die Vida von Gui d'Uisel.

1. **En Gui d'Uisel, be·m plai vostra chansos**
Fraire en Gui, ben parlatz (!) v. c. *P*
H 55 (231 und Arch. 34, 412), P 48 (in IX, Arch. 50, 256, mit einer kleinen Razo). Cobla mit Tornada; bezieht sich auf 194, 19. — Krit. hgb. Carstens p. 72. Audiau p. 96.

362. Peire de Valeira.

Valeria IK, Valera D[a]D[c]F.

Kritische Ausgabe und Besprechung von Appel, Rlr. 40, 405. — Vgl. auch Hist. lit. 20, 600; Fauriel, Hist. de la poésie prov. 2, 7; Chabaneau, Biogr. p. 373. — Ferner Jeanroy in: Jongleurs et troub. gascons, introd. p. III und p. 1 ff.

Vida: I 122, |K 108. — Parn. occ. p. 380. Choix 5, 333. Mahn, Biogr. p. 59. Chabaneau, Biogr. p. 217. Rlr. 40, 407. Jeanroy p. 1.

(1. **Ja hom que·s vol recrezer**
aus 362, 2.)

2. **So qu'az autre vei plazer**
D[c] 255 (145, AdM. 13, 387), F 57 (169). Canz., aus der D[c] zwei Strophen mitteilt, dagegen F nur eine, die zweite von D[c], und zwar als selbständig: *Ja hom qe·s vol recrezer* = Bartsch

362, 1. — Rlr. 40, 405. Jeanroy p. 1.

3. Vezer volgra n'Ezelgarda
F 57 (170), ohne besondere Überschrift hinter 362, 2. Zwei Coblas. — Rlr. 40, 406 Anm. Jeanroy p. 3.

Zugeschrieben wird ihm noch in D^a IK:

34, 2 Lo joi comens en un bel mes (Arnaut de Tintignac).

363. Peire del Vern.

Chabaneau, Biogr. p. 373 und Rlr. 32, 171 A. 1. P. Meyer, Rom. 18, 173.

1. Ab lejal cor amoros
R 98—818. Canz. — Krit. hgb. Rlr. 32, 171 und Appel, Prov. Inedita p. 250.

364. Peire Vidal.

Kritische Ausgaben: 1. Peire Vidal's Lieder, hgb. von Dr. Karl Bartsch[1]), Berlin 1857. [Die erste kritische Ausgabe eines Troubadours, heutigen Anforderungen allerdings nicht mehr genügend. Enthält eine Einleitung über sein Leben (mit vielen Übersetzungen), Sprache und Metrik, Hss. und Attributionen; ferner den Text, auch von einigen unechten Liedern, „Anmerkungen" (im wesentlichen Variantenapparat), Strophenanfänge und ein kleines Glossar.]

2. Les poésies de Peire Vidal, éditées par Joseph Anglade[2]), Paris 1913, 2e éd. Paris 1923 (= Les classiques franç. du moyen âge, 11). Besprechungen: Jeanroy, Rom. 43, 438; E. Langlois, Bibl. de l'École des Chartes 75 (1914), 111; Bertoni, Giorn. stor. della lett. ital. 65, 126; Andresen, Zts. f. frz. Spr. u. Lit. 44, 195.

---

[1]) Anordnung der Texte:

Bartschs Ausgabe	Grdr.	Ba.	Grdr.	Ba.	Grdr.	Ba.	Grdr.
1	= 29	15	= 28	29	= 38	43	= 42
2	= 21	16	= 6	30	= 18	44	= 46
3	= 17	17	= 1	31	= 9	45	= 7
4	= 13	18	= 15	32	= 40	46	= 12.
5	= 20	19	= 43	33	= 19 (285, 1)		
6	= 24	20	= 48	34	= 344, 4	Unechte Lieder:	
7	= 2	21	= 3	35	= 4	I	= 240, 6
8	= 27	22	= 35	36	= 49	II	= 349, 1
9	= 16	23	= 39	37	= 36	III	= 112, 2
10	= 34	24	= 31	38	= 10	IV	= 366, 34
11	= 25	25	= 8	39	= 32 (97, 7)	V	= 461, 70a
12	= 47	26	= 23	40	= 50	VI	= 461, 164a
13	= 37	27	= 30	41	= 14	VII	= 44
14	= 11	28	= 22	42	= 33	VIII	= 47, 8.

[2]) S. die Table de concordance (p. XI).

Ältere Literatur: Hist. lit. 15, 470. — Diez, Leben u. Werke p. 125.

Spätere Literatur: Milá y Fontanals, Trovadores en Esp. p. 104. — P. Meyer, Rom. 1, 104 und 2, 423 (speziell zu Nr. 18). — Maus, P. Cardenals Strophenbau p. 34 (Nachahmung seiner Strophenformen bei P. C. und anderen). — Sigmund Schopf, Beiträge zur Biographie und zur Chronologie der Lieder des Troubadours Peire Vidal, Kieler Diss., Breslau 1887 (bringt auch Anmerkungen zu den Liedern); besprochen von Chabaneau, Rlr. 32, 213 (erklärt noch einige Stellen). — Chabaneau, Rlr. 32, 93 (zu zwei Versteckuamen). — Novati, Un' avventura di Peire Vidal, Rom. 21, 78 (Unglaubwürdigkeit der Erzählung von der seltsamen Wolfsjagd); vgl. Stroński, Folquet de Marseille p. VIII. — Pätzold, Die individuellen Eigentümlichkeiten p. 76 (Charakteristik). — Suchier u. Birch-Hirschfeld, Gesch. d. frz. Lit. 1, 78. — Anglade, Les Troubadours p. 39 und 160. — L. de Santi, La Louve de Pennautier, Revue des Pyrénées 16, 359. — Chaytor, The troubadours p. 71. — Bergert, Damen p. 31 u. 66. — Zanders, Prosanovelle p. 68. — Anglade, A propos d'un nom de lieu dans P. Vidal, AdM. 26, 229. — Thomas, P. Vidal an Tère Sainte, Rom. 43, 593. — Bertoni, Come fu che P. Vidal divenne imperatore, Giorn. stor. d. lett. it. 65, 45, auch in: Studi su vecchie e nuove poesie e prose d'amore e di romanzi, p. 91. — Torraca, Pietro Vidal in Italia, Atti della R. Acc. di archeol., lett. e belle arti di Napoli, nuova serie, vol. 4, I, 211 (mit Besserungen). Vgl. Anglade, Bull. de la Soc. archéol. du midi de la France 45 (1919), p. 195. — Jeanroy, Bulletin italien 16 (1916), 141 (Nachahmung Vidals durch Giacomo da Lentino). — Meyer-Lübke, Zu P. Vidal, Zts. 40, 231. — Schultz-Gora, Nochmals zu Pons de Capduelh und P. Vidal, ibid. p. 715. — Anglade, Hist. somm. de la litt. mérid. p. 71. — Ders., A propos de P. Vidal, Rom. 49, 104. — Crescini, En Pier, Mélanges Antoine Thomas p. 121. — E. Hœpffner, Le «Castiat» de P. Vidal, ibid. p. 211 (senhal C. = Raimund V. von Toulouse). — A. Smirnov, Contribution à l'étude de la vie provençale de P. Vidal, Rom. 54, 261. — (Ders. auch im Journal du ministère de l'instruction publique [russe], 1916?) — S. auch Andraud, Raimon de Miraval, passim und Stroński, Folquet de Marseille, passim. — Gmelin, Zts. f. franz. u. engl. Unterr. 27, 24. — Anglade, P. Vidal et le „Liber de nobilitate animi", Studi mediev., nuova serie 2, 445. — Ders., Les troub. de Toulouse p. 33. — Zingarelli, P. Vidal e le cose d' Italia, Studi mediev., nuova serie, vol. 1, 336 (?).

Vida: A 95 (p. 290), B 60 (ib. p. 692; Mahn, Biogr. p. 13 Nr. 21), E 194, H 22 (68), I 39, K 27, N^2 20 (XI, Arch. 102, 196; z. T. auch Rlr. 19, 280 und 20, 105), P 42 (IV, Arch. 50, 247), R 2b, a 114 und II 30 (Rlr. 44, 223), e 110, ϱ; vgl. $\varkappa$ 53 und 107 (Mussafia p. 258), sowie α 28340.

Razos: I zu 37 in N^2ERPHe; II zu 16 in denselben Hss. außer H. N^2 zitiert 10 Liederanfänge.

Parn. occ. p. 178. Choix 5, 334. MW. 1, 216. Mahn, Biogr. p. 13 Nr. 22 und 15 Nr. 23. Bartsch, P. Vidal p. 1 und Chrest. col. 262 (nur die erste Razo). Chabaneau, Biogr. p. 271; danach Monaci, Testi ant. prov., col. 68. Lommatzsch, Liederb. p. 118. Anglade, Poésies p. 155.

1. Ab l'ale tir vas me l'aire
C 43, D 24—79, I 43, K 30. Canz. — Choix 3, 318. Parn. occ. p. 181. MW. 1, 224. Bartsch, Lesebuch p. 66 und P. Vidal p. 35. Crescini, Manualetto p. 269 u. Manuale p. 229. Appel, Chrest. p. 64. Schultz-Gora, Elementarbuch p. 157. Lommatzsch, Liederb. p. 124. Anglade, Poésies p. 60 u. Anthol. p. 119. Audiau et Lavaud, Nouv. Anthol. p. 71. — Zu v. 26ff. s. Meyer-Lübke, Zts. 40, 231 u. Schultz-Gora, ibid. p. 717, auch Crescini, Nuovi studi mediev. 1, 156.

2. Ajostar | e lassar
A 95 (268), C 37 (MG. 22), D 26—89, H 7 (22), I 41 (MG. 680), K 28, M 55, N 90 —104 (MG. 372), R 65—545 (MG. 681), T 256, c 59 (83), e 1, μ 589, zitiert N² Nr. 3; anonym L 141. Aus Strophe II wird in der ersten Razo zitiert. Canz. — Bartsch p. 19. Anglade, Poésies p. 61. — Zu einer 3ten Torn. s. Kolsen, Zts. 38, 584 u. Bertoni, Giorn. stor. d. lett. it. 65, 49 A., auch Anglade, Rom. 49, 108.

3. Amors, pres sui de la bera
prop
A 101 (288), C 41, D 27—91, E 27 (MG. 27), H 25 (77), I 40, K 28, M 67, N 96—115 (MG. 380), R 65—543 (MG. 381), T 246, a 123 (124, Rlr. 44, 233), e 118. Canzone. — Bartsch p. 42. Anglade, Poésies p. 98.

4. Anc no mori per amor ni per al
als
A 95 (270), B 60 (MG. 29), C 31, D 22—72, Dc 248 (66, AdM. 13, 207), F 17 (34), G 41♩ (p. 129), I 42, K 29, L 16, M 58, N 88—100, P 21 (66, Arch. 49, 292), Q 68 (177, p. 132), R 46♩—387, S 9—6 (MG. 246), U 102 (Arch. 35, 432), c 64 (93; Stengel zu a Nr. 126, Rlr. 44, 235), e 7, f 57, α 29195 (auch MG. I 196) und 33736, zitiert N² Nr. 7; anonym X 85♩. Canz. — Delius, Ungedruckte provenz. Lieder p. 3 nach S. Bartsch p. 67. Anglade, Poésies p. 76.

(**5. Ara·m va meills que no sol, Quant eu remir mon anel**
a 120 (121, Rlr. 44, 230). Strophe I und III sind von 364, 25, die übrigen von 80, 28. — Chabaneau, Rlr. 25, 235. Anglade, Poésies p. 2.)

6. Atressi co·l perillans
C 46 (MG. 218), R 66—549. Canz. — Bartsch p. 33. Anglade p. 3.

(**6a.** [1]))

---

[1]) **6a. Axi com cell qui del tot s'abandona**
Ve. Ag. — Attribution unsicher; vgl. Massó Torrents, Miscellània Prat de la Riba p. 421 und 431. [Bartsch unbekannt.] Canz. —

7. Baro, de mon dan covit
-os

C 45, E 27 (MG. 36), M 63, R 65♩—540, e 95, beginnt *Tainç bon torneiç ai bastit* in Q 73 (190, p. 140 und Zts. 4, 513).
Teils Canz., teils *vanto.* — Bartsch p. 83. Anglade p. 30. — Zu V. 17 s. Schultz-Gora, Ein Sirv. von Guilhem Figueira p. 46.

8. Baro, Jezus, qu'en crotz fo mes
-os

A 101 (287), B 64 (MG. 1424), C 37, D 27—93, D^c^ 249 (71, AdM. 13, 208), E 28, I 41, K 29, L 17, M 66, N 93–109, Q 73 (191, p. 141), R 47–391, T 244, c 66 (96), e 113, ϱ; anonym O 40 (65 und MG. 926).
Sirv. — Choix 4, 118. MW. 1, 231. Bartsch, P. Vidal p. 49 und Chrest. col. 118. Anglade p. 133.

9. Bels amics cars, ven s'en vas vos estius

A 100 (283), C 42 (MG. 220), D 26—90, R 17—137, c 64 (94).
Canz. an eine als *amic* bezeichnete Dame. — Bartsch p. 61. Anglade p. 8.

10. Be·m agrada la covinens sazos

A 100 (285), C 35 (MG. 224), D^a^ 162—565, H 5 (16), I 40, K 28, M 65 (MG. 374), N 97 —117 (MG. 373), Q 76 (197, p. 146), R 16—126, U 100 (Arch. 35, 431), c 59 (84), e 103; anonym O 65 (102). Strophe *Fis gaugz entiers* anonym J 14 (*c. e.* 57; auch Riv. 1, 43).
Canz. — Bartsch p. 72. Anglade, Poésies p. 86 u. Anthol. p. 121.

11. Be·m pac d'ivern et d'estiu
pauc(!)

A 96 (272), B 61 (MG. 1341), C 31, D 23—78, G 40♩ (p. 124), H 6 (19), I 40, K 28, M 58, N 95 —114, Q 67 (172, p. 128), R 48♩—398, S 12—8, T 257, c 68 (100; auch von Stengel gedruckt zu a Nr. 129, Rlr. 44, 240), e 71, α 30003 und 30739 (auch MG. I 204, bez. 212), zitiert N² Nr. 2; anonym X 87♩.
Canz. (‚vers'). — Parn. occ. p. 182. MW. 1, 219. Bartsch p. 30. Anglade p. 47. — Zur Datierung s. Stroński, Folquet de Marseille p. 14* A. 1.

12. Ben aja eu, car sai cobrir

M 61, e 87.
Eine Art *vanto* mit Refrain. — Bartsch p. 84.

13. Be viu a gran dolor
Mout

A 100 (284), C 33, D 24—83, D^c^ 248 (62, AdM. 13, 205), E 30 (MG. 41), H 25 (76), I 43, K 31, M 59 (MG. 922), Q 71 (184, p. 137), R 17—140, c 62 (91), e 75, β^3 85. Die erste Strophe wird parodiert von Strophe III in 162, 8.
Sirventes-Canz. (‚chanso') — Bartsch p. 12. Anglade p. 118.

Krit. hgb. Anglade, Bull. de la Soc. archéol. du midi de la France 45 (1919), p. 220 und vorher in: A propos des troub. toulousains (Toulouse 1917) p. 32.

14. Bon' aventura do Deus als Pizas

A 213 (615), B 122 (MG. 42), C 43 [beginnt *Ara m' alberc,* also mit Str. IV], D 141—490, I 45, K 32, N 92 107 (MG. 375), Q 69 (179, p. 133), R 65 —542, c 69 (102).

Sirv. — Bartsch p. 76; danach Monaci, Testi ant. prov., col. 67. Crescini, Manualetto p. 272 und Manuale p. 232. Anglade p. 115. — Zu v. 28 u. zur Datierung s. Torraca, Atti della R. Acc.... di Napoli 4, I, 221 u. 229. Vgl. Stroński, F. de Marseille p. 176 A. 3.

15. Car' amiga, douss' e franca

A 102 (291), C 42, D 21—68, H 26 (79), I 39, K 27, Q 70 (182, p. 135), R 17—136, c 61 (87), e 37, μ 250.

Canz. — Parn. occ. p. 184. MW. 1, 238. Bartsch p. 36. Anglade p. 13. — Zur Erklärung der letzten Str. s. Anglade, Rom. 52, 361.

16. De chantar m' era laissatz

A 97 (276), C 38, D 24—82, E 24, H 27 (83), I 44, K 31, N 99—121, Q 71 (185, p. 138), R 16—129, T 252, a 119 (120, Rlr. 44, 229), e 13. Dazu Razo in N[2]ERPe.

Canz. — Choix 3, 324. Parn. occ. p. 185. MW. 1, 226. Bartsch p. 23. Tarbé, Les Œuvres de Blondel de Néele p. 135. Lommatzsch, Liederb. p. 131. Anglade p. 104. — Zu V. 53 s. Chabaneau, Rlr. 32, 97 A.

17. Deus en sia grazitz

A 102 (289), C 40, D 25—87, E 29, H 24 (74), I 40, K 28, M 55, Q 75 (196, p. 145), R 47—393, c 76 (112, von Stengel gedruckt zu a Nr. 132, Rlr. 44, 328), e 63, α 32148.

Sirventes-Canz. — Lex. rom. 1, 402. MW. 1, 236. Bartsch p. 10. Anglade p. 126.

(**17a.** [1]))

18. Drogoman seigner, s'agues bo destrier

A 213 (616), C 35, D 141–491, I 45, K 32, M 61, N 93–108, Q 72 (189, p. 140), R 47–389, T 253, c 69 (101), e 85, α 32153.

Vanto. — Parn. occ. p. 187. MW. 1, 220. Bartsch, P. Vidal p. 60 und Chrest. col. 120. P. Meyer, Explication de la pièce de Peire Vidal *Drogoman seiner* etc., Rom. 2, 423 (kritischer Text, Übersetzung, wertvolle Bemerkungen) und Recueil p. 80. Crescini, Manualetto p. 270 und Manuale p. 230. — Zu V. 38 s. A. Thomas, Nouveaux Essais de philologie française, Paris 1904, p. 114 A. 2 und Crescini, Manuale p. 231 unter den Varianten. — S. noch: Lommatzsch, Liederb. p. 122. Anglade, Poésies p. 40 u. Anthol. p. 123. Audiau et Lavaud, Nouv. Anthol. p. 115.

---

[1]) **17a. Dompna, tot jorn vos vau preyan**

Ve. Ag. I, fol. CCXIIIj (Butlletí de la Biblioteca de Catalunya 1, 63, Nr. 149). — Attribution zweifelhaft. [Bartsch unbekannt.] 3 coblas einer Canz. — Krit. hgb. Crescini, Rendiconti della R. Acc. dei Lincei, classe di scienze mor., stor. e filol., ser. 5, vol. 27, p. 120. Anglade, Bull. de la Soc. archéol. du midi de la France 45 (1919), p. 223.

Übers. bei Jeanroy, Anthol. p. 60. — Zu „Ad espazas tornau!“ (v. 33) schon P. Meyer, Rom. 1, 104.

19. Emperador avem de tal maneira

Coblaswechsel mit Lanza marques, s. 285, 1.

20. En una terr' estraigna

C 45 (MG. 920), R 64—533.
Canz. — Bartsch, Lesebuch p. 68 und P. Vidal's Lieder p. 14. Anglade p. 19.

21. Estat ai gran sazo

C 39, D^a 163—567, H 26 (80), M 51, Q 75 (195, p. 144), R 47—392, S 15—9 (MG. 247), e 47, zwei Zeilen in b I 6 und ϰ 65 (Mussafia p. 226).
Canz. — Delius p. 5. Bartsch p. 8. Anglade p. 107.

22. Ges car estius | es bels e gens
Si tot l'e. clars

A 98 (277), C 38, D 27—92, H 6 (21), I 44, K 31, M 54, Q 76 (198, p. 147 und Arch. 33, 422), R 47–396, c 73 (107), e 45, μ 534; anonym L 135.
Canz. — Bartsch p. 55. Anglade p. 92.

23. Ges del joi qu'eu ai no·m raneur

A 103 (292), B 64 (MG. 61), C 41, D 21—71, H 26 (81), R 17—134, c 75 (111); anonym vor P. Vidal in L 14.
Canz. — Bartsch p. 51. Anglade p. 6.

24. Ges pel temps fer e brau
per

A 97 (275), C 32, D 23—77, H 23 (70), I 43, K 30, M 60 (MG. 379), N 91—105 (MG. 378), Q 67 (174, p. 130; MG. 921), R 64—536, T 242, c 71 (105; von Stengel gedruckt zu a Nr. 130, Rlr. 44, 241), e 79. Anfang der Strophe *[C]ar qi vos ve ni au* zitiert H 48 (in 167).
Sirventes-Canz. (‚vers‘). — Bartsch p. 16. Anglade p. 71.

25. La lauzet' e·l rossignol

C 45, ferner zwei Strophen in a s. 364, 5; anonym J 13 (*c.* 25—27; auch Riv. 1, 41).
Canz. — Bartsch p. 26. Anglade, Poésies p. 1 u. Anthol. p. 125.

(**26. Ma volontatz me mou guerr' e trebaill**

ist unecht; s. 461, 164a.)

27. Mos cors s'alegr' e s'esjau
Mon cor

C 41, D 21—70, H 27 (82), R 17—135, α 29716 (auch MG. I 201). Zehn Verse sind in I und D^a anonym an den Schluß von 70, 21 geraten; s. Bartsch p. 98 und Zingarelli, Studi mediev. 1, 358 A. 2.
Sirventes-Canz. — Parn. occ. p. 189. MW. 1, 221. Bartsch p. 22. Anglade p. 23. Übers. bei Jeanroy, Anthol. p. 38. — Zu v. 15ff. s. Anglade, Rom. 49, 424.

28. Mout es bona terr' Espaigna

C 40, D^a 162—562, E 28, I 39, K 27, R 66—548.
Sirventes-Canz. — Parn. occ. p. 190. MW. 1, 235. Bartsch p. 32. Anglade p. 11.

29. Mout m'es bon e bel

A 98 (278), B 61 (MG. 73), C 36, D 25—84, H 5 (17), I 39, K 27, M 62, N 86—97 (MG. 377), Q 73 (192, p. 141), R 47—397, c 68 (99), e 89, f 48, β³ 74.

Canz. — Bartsch p. 5. Lommatzsch, Liederb. p. 128. Anglade p. 51.

30. Neus ni gels ni ploja ni faing
glatz

A 96 (273), C 34, D 24—80, I 45, K 32, L 70, M 60, N 90—103, Q 72 (188, p. 139), R 64J—537, T 243, c 60 (86), e 29, f 35, α 31821 (auch MG. I 217). Strophe *A drut* anonym J 14 (*c. e.* 58; auch Riv. 1, 43).
Sirventes-Canz. — Parn. occ. p. 191. MW. 1, 232. Bartsch p. 52. Anglade p. 136.

30a. Non es savis ni gaire ben apres

c 73 (108; von Stengel gedruckt zu a Nr. 131, Rlr. 44, 243); Guiraut de Borneill P 5 (12, Arch. 33,305; MG. 869), e 226. — Zur Attribution s. Gröber, Rom. Studien 2, 448; Schopf p. 20; Kolsen, Guiraut v. Bornelh p. 12; Bertoni, I trov. d'Italia p. 13 A. 2.
[Bartsch 242, 50.] Canzone. — Anglade p. 141.

31. Nuls hom no pot d'amor gandir
no's

A 99 (280), C 33, D 23—76, D^c 248 (63, AdM. 13, 206), E 25 (MG. 79), F 19 (38), H 7 (23), I 43, K 31, L 17, M 67, N 89—101 und 100—122 (MG. 382), Q 67 (173, p. 129), R 64J—531, T 250, c 67 (98; von Stengel gedruckt zu a Nr. 128, Rlr. 44, 239), e 116, f 58.
Canz. — Bartsch p. 47. Anglade p. 79. — Zur Datierung F. Noubel, AdM. 31/32, 427.

32. Peire Vidal, pos far m'ave tenso

Tenzone mit Blacatz, s. 97, 7.

= Per ces ... s. Nr. 34. =

33. Per meills sofrir lo maltrag e·l afan

C 43, H 24 (73), M 53 (MG. 923), N 93—111 (MG. 376), R 65—541, a 115 (115, Rlr. 44, 224), e 58; Guiraut de Borneill P 5 (13, Arch. 49, 66).
Canz. — Bartsch p. 77. Anglade p. 130.

34. Per ces dei una chanso
sen

C 43, D 21—69, R 64—534 (MG. 924), c 76 (113).
Canz. — Bartsch p. 24. Anglade p. 113.

35. Per pauc de chantar no me lais
A per *C*

C 38, D^a 163—566, H 25 (78), I 44, K 31, N 99—120, Q 72 (186, p. 138), R 16—131, S 247—161.
Sirventes-Canz. — Choix 4, 105. MW. 1, 227. Tarbé, Les Œuvres de Blondel de Néele p. 134 u. 137. Bartsch p. 43. Appel, Chrest. p. 107. Anglade p. 101.

36. Plus que·l paubres, quan jai
Si quo·l ... **el ric ostal**

A 101 (286), B 63 (MG. 1423), C 34, D 25—85, D^c 249 (68, AdM. 13, 207), E 25, F 17 (35), H 23 (71), I 41, J 4 (17), K 29, M 51, Q 72 (187, p. 139), R 64J—532, S 11—7, T 247, a 116 (116, Rlr. 44, 225), c 74 (109), e 25, f 58, zitiert N^2 Nr. 1; Guiraut de Borneill P 3 (8, Arch. 49, 64); anonym λ 3, 286. V. 13—16 zitiert in der ersten Razo, auch in P.
Canz. — Choix 3, 319. Parn. occ. p. 196. MW. 1, 222. Bartsch p. 70. Anglade p. 56.

36a. Pus que d'amor non (no·m?) pusch defendre

Zitiert im ,Mirall de trobar' des Berenguier de Noya (Anglade, Rom. 49, 108 u. Homenaje Pidal 1, 683).

[Bartsch unbekannt.] Fragment eines Liedes. – Anglade, Poésies p. 154 (vgl. p. 181).

37. Pos tornatz sui en Proensa

A 95 (269), B 60 (MG. 1421), C 35, D 22—73, E 23, G 42♩ (p. 132 und Riv. mus. it. 3, 252), H 23 (69), I 41, J 3 (14), K 29, M 52, N 97—116, P 21 (65, Arch. 49, 291), Q 70 (181, p. 135), R 63—530, S 7—5, T 255, U 100 (Arch. 35, 431), b I 5, c 60 (85), e 9, ϰ 54 (Mussafia p. 259), zitiert N² Nr. 4. Dazu Razo in N² ERPHe; in der Razo von H werden V. 50—54 angeführt.

Canz. — Choix 3, 321. Parn. occ. p. 194. MW. 1, 224. Bartsch, Lesebuch p. 67, P. Vidal p. 28 und Chrest. col. 115. Lommatzsch, Liederb. p. 125 u. Mel. p. 435. Anglade p. 89. — Zum Schlußvers s. Kolsen, Zts. 39, 171.

38. Pos ubert ai mon ric tezaur (r. *fehlt Me*)

A 212 (614), C 39, D 141—492, Dc 249 (73, AdM. 13, 209), I 45 (MG. 925), K 32, M 64, N 95—113 (MG. 276), R 16—132, c 70 (103), e 99, μ 195.

Sirventes - Canz. — Bartsch, Lesebuch p. 79 und P. Vidal p. 57. Anglade p. 143. De Bartholomaeis, Studi mediev., nuova serie 2, 50. — Zu Str. 6 s. Cerrato, Giorn. ligustico 21, 107 und Torraca, Atti ... di Napoli 4 I 245.[1])

39. Quant hom es en autrui poder

A 99 (282), B 63 (MG. 90), C 30, D 22—75, Dc 249 (70, AdM. 13, 208), E 24, F 18 (37), G 42♩ (p. 130), H 6 (20), I 42, J 3 (16), K 30, Kp 108 (12), L 15, M 57, N 87—98, P 20 (62, Arch. 49, 289), Q 69 (180, p. 134), R 63♩—528, S 2—2, T 248, U 101 (Arch. 35, 432), c 63 (92), e 21, f 24 (P. Meyer, Dern. Troub. p. 146 A. 4), α 29992 (auch MG. I 204), 33159, 33176, 33206, 33550, μ 360, zitiert N² Nr. 9; anonym O 45 (73), W 204♩ (p. 404). Die vier ersten Zeilen jeder Strophe werden in 74, 9 angeführt und verwertet.

Sirventes - Canz. — Bartsch p. 45. Anglade p. 122.

40. Quant hom onratz torna en gran paubreira

A 99 (281), B 62 (MG. 1422), C 31, D 22—74, Dc 249 (67, AdM. 13, 207), E 22 (MG. 44), G 41♩ (p. 127), I 43, J 3 (15), K 30, L 14, M 57, P 21 (63, Arch. 49, 290), Q 68 (175 + 176, p. 131), R 63—529, S 4—3, T 251, U 103 (Arch. 35, 433), c 71 (104), e 17, f 37 + 69 [beginnend *Qu'ilh es tan dousa*], zitiert N² Nr. 10. V. 23 — 28 *Si com l'enclaus* anonym in W 197 (p. 400).

Canz. — Delius p. 7. Bartsch p. 63. Anglade p. 36.

(**41. Quor qu'om trobes Florentis orgoillos**

ist unecht; s. 461, 70 a.)

[1]) Zuletzt krit. hgb. von Schultz-Gora, Zts. 52, 431 (Text p. 452).

42. S'eu fos en cort on hom tengues drechura

A 96 (271), B 61 (MG. 93), C 36, D 26—88, D^c 249 (69, AdM. 13, 208), E 26, F 17 (33), I 42, K 29, M 56, N 98–119, P 21 (64, Arch. 49, 291), Q 74 (194, p. 143), R 64—538, S 6—4 (MG. 245), c 65 (95; von Stengel gedruckt zu a Nr. 127, Rlr. 44, 237), e 67, f 57, zitiert N^2 Nr. 5, auch von Berenguier de Noya (Rom. 49, 107 u. Homenaje Pidal 1, 683); anonym O 37 (61).

Canz. — Delius p. 1. Bartsch p. 78. Appel, Chrest. p. 65. Anglade p. 16.

43. Si·m laissava de chantar

A 102 (290), B 64 (MG. 1425), C 33, D 25—86, H 24 (72), I 42, K 30, M 63, N 98–118, P 24 (76, Arch. 49, 298), Q 69 (178, p. 132), R 16—128, S 18—11, c 62 (90), e 41, α 32260, ι 91 (Thomas p. 196), zitiert N^2 Nr. 8.

Sirventes-Canz. — Choix 4, 107. MW. 1, 239. Bartsch p. 38. Anglade p. 68.

44. Si saubesson mei oill parlar

N 89—102 (MG. 383), c 74 (110); anonym G 130 (p. 436 und Arch. 35, 110), L 142, Q 109 (282, p. 209). — Von Bartsch p. XCII und 139 A. für unecht erklärt, doch mit unzureichenden Gründen.[1])

Canz. — Bartsch p. 137.

45. Son ben apoderatz

a 122 (123, Rlr. 44, 232).

Sirventes-Canz. — Krit. hgb. Chabaneau, Une chanson inédite de Peire Vidal, Rlr. 32, 93. Anglade p. 43. Crescini, Studi mediev., nuova serie, vol. 1, 310 (?).

= Tan mi platz s. Nr. 48. =

46. Tant ai longamen cercat

A 98 (279), C 32, D 21–67, D^c 248 (64, AdM. 13, 206), E 22, H 5 (18), I 44, K 32, M 65, N 87—99, P 20 (61, Arch. 49, 288), R 46—388, S 17—10 (MG. 248), T 253, c 66 (97), e 105; anonym L 111, O 65 (103).

Canz. — Delius p. 9. Bartsch p. 80. Anglade p. 25.

47. Tant an be dig del marques ai

C 40, D^a 162—564, D^c 249 (74, AdM. 13, 209), E 30, I 40, K 28, N 100—123, Q 70 (183, p. 136), R 65—547. — In der Vida des Raimbaut de Vaqueiras in R wird dieses Lied Raimbaut zugeschrieben (*fetz una canso que trames a'n Peire Vidal*)! Vgl. Bartsch p. LIII.

Canz. — Parn. occ. p. 198. Lex. rom. 1, 401. MW. 1, 229. Bartsch p. 26. Anglade p. 110. — Zur Datierung u. zur letzten Str. Torraca, Atti ... di Napoli 4, I, 232 u. 233.

48. Tan mi platz | jois e solatz

A 97 (274), C 37 (MG. 385), D 24—81, D^c 248 (65, AdM. 13, 206), H 25 (75), I 41, K 29, M 54, N 92—106 (MG. 384),

[1]) „Daß der Dichter sich V. 38. 42 aus Tarascon gebürtig nennt, paßt nicht zu Peire Vidal." Er sagt aber gerade, daß er über der Provence seine liebe Heimat vergäße!

Q 74 (193, p. 142), R 47–395, c 62 (89; von Stengel gedruckt zu a Nr. 125, Rlr. 44, 234), e 31, zitiert N[2] Nr. 6. V. 25—27 werden in der ersten Razo zitiert.
Canz. — Bartsch p. 40. Anglade p. 83.

49. Tart mi veiran mei amic en Tolza

C 40, D[a] 162–563, I 39, K 27, R 17—133; anonym W 197 (p. 399).
Canz. — Bartsch p. 69. Anglade p. 96. — Zu v. 12 (tast e milan) s. Schultz-Gora, Zts. 42, 496.

50. Una chanson ai facha mortamen

C 46, R 65—546.
Canz. — Bartsch p. 74. Anglade p. 33.

Appel möchte ihm noch 461, 197 zuschreiben[1]).

ι 11 (Egidi 1, 116; Thomas p. 175; Jahrb. 11, 55) berichtet einen Ausspruch von Petrus Vitalis. In ι 16 (Eg. 1, 170; Th. p. 177; Jb. 11, 46) und Regg. p. 171 werden nach ihm zwei Geschichten erzählt; dazu s. Thomas p. 113. Vgl. E. Müller, Die altprov. Versnovelle p. 119 und 128.

Sonst werden ihm noch attribuiert (vgl. Bartsch p. XCI):

30, 6 Aissi com mos cors es (Arnaut de Maroill)
349, 1 Aissi m'ave com cel qui seignors dos (Peire Milo)
323, 4 Amics Bernartz de Ventadorn (Peire d'Alvergne? — Bernart de Ventadorn)
70, 3 Amors, enquera us pregara (Bernart de Ventadorn)
70, 7 Ara no vei luzir soleill (ders.)
70, 12 Be m'an perdut lai enves Ventadorn (ders.)
240, 6 Be·m ten en son poder amors (Guiraudo lo Ros)
167, 15 Chant e deport, joi, domnei e solatz (Gaucelm Faidit)
10, 27 En greu pantais m'a tengut longamen (Aimeric de Peguillan)
234, 12 En Guillems de Saint Disder, vostra semblansa (Guillem de S. Leidier)
97, 3 En Pelizier, cauzetz de tres lairos (Blacatz-Peire Pelissier oder Peire Vidal?)
80, 15 Eu m'escondisc, domna, que mal no mier (Bertran de Born)
112, 2 Ges per lo freg temps no m'irais (Cercamon?)
392, 19 Ja hom pres ni dezeritatz (Raimbaut de Vaqueiras)
194, 14 L'autre jorn per aventura (Gui d'Uisel)
70, 28 Lo dous temps de pascor (Bernart de Ventadorn)
133, 5 Lo rossignols chanta tan doussamen (Elias Cairel?)
366, 19 Mainta gens me malrazona (Peirol)
344, 4 No·m fai chantar amors ni drudaria (Peire Guillem de Luzerna)
23, 1 Per maintas guizas m'es datz (Anfos)

---

[1]) Ebenso Anglade, introd. p. VIII u. p. 180.

47, 8 Plus ai de talan que no soill (Berenguier de Palazol?)
70, 43 Quan vei l'alauzeta mover (Bernart de Ventadorn)
355, 15 S'eu fos aventuratz (Peire Raimon de Toloza)
366, 31 Si be·m sui loing et entre gent estraigna (Peirol)
243, 9 Si tot l'aura s'es amara (Guiraut de Calanso)
80, 41 Si tuit li dol e·l plor e·l marrimen (Bertran de Born)
366, 34 Tuit mei consir son d'amor e de chan (Peirol).

365. Peire del Vilar.

Hist. lit. 20, 598. — Chabaneau, Biogr. p. 374. — Jeanroy, Un sirventés historique de 1242, in Mélanges Léonce Couture. Études d'histoire méridionale dédiées à la mémoire de L. C., Toulouse 1902, p. 115 (wichtig); s. auch AdM. 16, 311.

1. **Sendatz vermeills, endis e ros**
R 41—341.
Sirv. — Choix 4, 187. Parn. occ. p. 377. MW. 3, 267. Krit. hgb. mit Übersetzung und Kommentar Mél. L. Couture p. 121.

366. Peirol.

Perol in E, Peirol d'Alvergna in einigen Hss.

Hist. lit. 15, 454. — Diez, Leben u. Werke p. 250. — Fauriel, Hist. de la poésie prov. II 117 und 131. — Zenker, Die prov. Tenzone p. 86 und Jeanroy, AdM. 2, 298 (zu den Tenzonen). — Restori, (Per la storia musicale dei Trovatori prov.,) Riv. mus. it. 3, 407 (eine *monografia musicale* über P., aber auch literarisch wichtig). — Crescini, Di una tenzone imaginaria, in Bausteine zur rom. Phil. Festgabe für A. Mussafia p. 461 (speziell zu 366, 29). — Lewent, Rom. Forschungen 21, 419 (zur Zeit seines Aufenthalts im heiligen Lande). — Anglade, Hist. somm. de la litt. mérid. p. 76.

Vida: A 147 (p. 459), B 91 (ib. p. 706; Mahn, Biogr. p. 34), E 208, I 56, K 42, R 1a, a 166 und II 32 (Rlr. 45, 52); vgl. ϰ 125 (Mussafia p. 211).

Parn. occ. p. 88. Choix 5, 281. MW. 2, 1. Chabaneau, Biogr. p. 265.

1. **Ab gran joi mou maintas vetz e comensa**
A 149 (432), C 105 (MG. 182), D^a 169—590, D^c 251 (98, AdM. 13, 373), I 57, K 43, N 83—81, R 90—750, a 179 (189, Rlr. 45, 123); Bernart de Ventadorn T 155.
Canz. (‚vers‘). — MW. 2, 19. Bartsch, Denkm. p. 137 nach T. Krit. hgb. Appel, B. von Ventadorn p. 341.
= Ab joi que·m demora s. 15 =

2. **Atressi co·l cignes fai**
A 152 (440), C 100, D 60—211, D^c 251 (94, AdM. 13, 372), E 170, F 29 (104), H 14 (46), I 60, K 45, N 79—73, R 89—744 (Melodie Riv. mus. it.

3,413), a177 (185, Rlr. 45,120); Elias de Barjols M 36; Richart de Berbezill T 268; anonym L 146, W 197 (p. 400).
Canz. — Choix 3, 271. MW. 2, 1.

3. Be dei chantar, pos amors m'o enseigna
A 152 (441), C 104, D 60–212, F 30 (105), G 48♩ (p. 149; Melodie Rmi. 3, 414), H 14 (47), I 59, K 45, L 29, M 174, N 84–85, Q 78 (204, p. 152), R 13—96, S 90—54, V 95 (Arch. 36, 437), c 88 (132; von Stengel gedruckt zu a Nr. 192, Rlr. 45, 126).
Canz. (‚vers'). — Choix 3, 273. MW. 2, 2.

4. Be·m cujava que no chantes ogan
C 107, R 90—755.
Canz. — (Choix 5, 287. MW. 2, 10.) Krit. hgb. Appel, Prov. Inedita p. 252.

5. Be no val hom joves que no·s perjura
(*l.* Re?)
a 178 (187, Rlr. 45, 121).
Sirv. — Krit. hgb. Chabaneau, Rlr. 32, 570.

6. Camjat m'a mon consirier
ai
A 147 (424), B 91 (MG. 43), C 101, D 62—219, D^c 251 (93bis, AdM. 13, 371), G 46♩ (p. 144; Melodie Rmi. 3, 432), I 58, K 44, L 29, M 179, N 76—66, R 13—98, S 72—42, T 160, a 170 (177, Rlr. 45, 57).
Canz. — MW. 2, 12.

7. Car m'era de joi loignatz
-n
C 106 (MG. 1013), R 89—740 (MG. 1012); anonym V 108 (Arch. 36, 446).
Canz. — MW. 2, 35. Krit. hgb. Kolsen, Trobadorgedichte p. 49.

8. Cora qu'amors voilla
C 102, D^a 169–591, I 57, K 43, N 83—82, R 13—100, a 178 (188, Rlr. 45, 122).
Canz. — Choix 3, 268. MW. 2, 7. Bartsch, Lesebuch p. 69 und krit. hgb. Chrest. col. 151.

9. Cora que·m fezes doler
que mi fes
A 151 (436), B 92 (MG. 137), C 99, D 61—217, D^c 251 (96, AdM. 13, 372), E 171, F 31 (111), G 45♩ (p. 141; Melodien von G und R in Rmi. 3, 424), I 58, K 44, M 180, N 82–80, O 21 (34), Q 79 (206, p. 153), R 88♩—739, S 77—45, V 92 (Arch. 36, 434), a 173 (180, Rlr. 45, 59), c 90 (136), α 33648; zwei Strophen *[D]erenan m'er a tener* und *[B]en m'agrad' e m'abellis* stehen auch anonym V 26 (Arch. 36, 380) = 461, 77; die letztere anonym P 64 (*c.* 133, Arch. 50, 279; auch Riv. Sarda 1, 402) = 461, 44.
Canz. — Choix 3, 275. Parn. occ. p. 92. MW. 2, 4.

10. Dalfi, sabriatz me vos
E 213, G 92 (p. 290), I 161, K 148, N 282—453, Q 10 (22, p. 20), a^1 558 (299), d 301—107, stand in R 74—619.
Überschrift: Dalfin (d'Alvergne a^1) e Peirol IKa^1d.
Tenzone (Partimen) mit dem Dalfi d'Alvergne = 119, 2. — MW. 2, 30.

11. D'eissa la razo qu'eu soill
De selha r.
A 149 (431), C 105, D 61—214, F 31 (109), G 44♩ (p. 137;

Melodie Rmi. 3, 419), H 14 (48), I 60, K 45, M 183, N 84–84, S 86—51 (MG. 265), a 177 (186, Rlr. 45, 121).
Canz. — Delius, Ungedruckte prov. Lieder p. 42 nach S. MW. 2, 23.

12. Del seu tort farai esmenda
Dels seus tortz

A 151 (437), C 101 (MG. 516), D 62—218, Dᶜ 251 (97, AdM. 13, 372), E 171 (MG. 515 mit Var. von R), G 49♩ (p. 152; Melodien von GX in Rmi. 3, 430), I 57, K 43, L 28, M 176, N 75—65, Q 77 (201, p. 149), R 89–748, S 91–55 (MG. 268), a 168 (174, Rlr. 45, 54); anonym X 88♩.
Canz. — Delius p. 46. MW. 2, 21.

13. D'un bo vers vau pensan com lo fezes

A 148 (426), C 104, D 59—207, Dᶜ 251 (92, AdM. 13, 215), F 32 (112), G 43♩ (p. 134; Melodie Rmi. 3, 415), I 56, K 42, L 27, M 176, N 75—64, O 30 (49), Q 77 (199, p. 148), R 90–754, S 80–47 (MG. 263), U 114 (Arch. 35, 441), V 96 (Arch. 36, 437), c 89 (135; von Stengel gedruckt zu a Nr. 194, Rlr. 45, 128), *α* 31 733 (auch MG. I 216), *ι* 71 (Thomas p. 193); Albertett de Terascon (sic) T 131; anonym V 114 (Arch. 36, 451).
Canz. (‚vers') — Delius p. 39. MW. 2, 20.

14. D'un sonet vau pensan
Un

A 152 (442), C 104, D 60—213, E 172 (MG. 521), F 30 (106), G 43♩ (p. 136; Melodie Rmi. 3, 412), I 57, K 43, M 177, N 84—83, P 25 (80, Arch. 49, 300), Q 79 (205, p. 152), R 90—756 (MG. 522), S 79—46 (MG. 262), T 165, V 94 (Arch. 36, 436), a 169 (175, Rlr. 45, 55).
Canz. — Delius p. 37. MW. 2, 17.

15. En joi que·m demora
Ab

A 149 (430), C 102 (MG. 131), D 60—209, G 48♩ (p. 148; Melodie Rmi. 3, 421), H 13 (43), I 58, K 44, M 182, N 76—68, P 26 (81, Arch. 49, 301), R 89–742, S 88–53 (MG. 267), T 164, V 95 (Arch. 36, 437), c 91 (138; von Stengel gedruckt zu a Nr. 196, Rlr. 45, 130).
Canz. — (Choix 5, 285.) MW. 2, 14.

16. Eu no lauzarai ja mon chan

A 148 (427), C 102, D 59—208, I 59, K 45, M 179, N 81—77, P 26 (83, Arch. 49, 302), R 14—102, S 87—52 (MG. 266), T 162, a 176 (184, Rlr. 45, 63).
Canz. — Delius p. 44. MW. 2, 36.

17. Gaucelm, digatz m'al vostre sen

C 396, E 213, G 92 (p. 289), M 261, O 87 (137), Q 9 (18, p. 17, doch nur bis Str. IV) + 24 (nach Nr. 59, p. 49, Str. V *Gausselm aici*; auch Zts. 4, 506), a¹ 601 (339), stand auch in R 74—618. Überschriften: Peirol C O a¹ — Gaucelm Faidit C, Gaucelm O a¹.
Tenzone (Partimen) mit Gaucelm Faidit = 167, 23. — MW. 2, 33.

18. La gran alegransa
A 149 (429), Dª 169–593, G 47 (p. 146), I 60, K 45; anonym unter *cansos ses titol* C 385.
Canz. (mit Binnenrefrain). — MW. 2, 34.

19. Mainta gens me malrazona
Tanta
A 150 (434), C 103, D 58–204, E 172, F 31 (110), I 59, K 44, M 177, N 74—62, P 25 (78, Arch. 49, 299), Q 78 (203, p. 151), S 75—44, T 158, c 88 (133; von Stengel gedruckt zu a Nr. 193, Rlr. 45, 127), g 4, α 29 351 (auch MG. I 198); Peire Vidal CReg., R 47♩–390 (Melodie Rmi. 3, 417); anonym O 32 (52), f Schlußblatt [beginnend *Pero si·m fon*].
Canz. — Choix 3, 277. Parn. occ. p. 89. MW. 2, 3.

20. M'entension ai tot' en un vers meza
A 152 (443), C 100, D 61–215, Dᶜ 251 (95, AdM. 13, 372), F 31 (108), I 56, K 42, L 146, M 173 (MG. 1008), N 79–74 (MG. 287), Q 77 (200, p. 149), R 89♩–745 (Melodie Rmi. 3, 433), T 161, V 93 (Arch. 36, 435), a 170 (176, Rlr. 45, 56), c 89 (134).
Canz. (‚vers'). — MW. 2, 11. — Zur Datierung s. Vossler, Peire Cardinal, Sitzungsber. p. 176.

21. Mout m'entremis de chantar volontiers
Tot -er
A 151 (438), B 93 (MG. 72), C 103, D 61—216, Dᶜ 251 (91, AdM. 13, 215), F 29 (102), G 45♩ (p. 139; Melodie Rmi. 3, 418), H 13 (45), I 57, K 42, M 174, N 80—75, P 25 (77, Arch. 49, 299), R 13–99, S 70 —41 (MG. 260), T 160, V 92 (Arch. 36, 434), a 175 (183, Rlr. 45, 62), β³ 84; anonym L 112 (Arch. 34, 434).
Canz. (‚vers'). — Delius p. 33. MW. 2, 16.

22. Nuls hom no s'auci tan gen
A 151 (439), C 99, D 60–210, Dᶜ 251 (93, AdM. 13, 371), F 29 (103), G 49♩ (p. 154; Melodie Rmi. 3, 420), H 13 (44), I 58, K 43, M 177 (MG. 1009), N 81—76, R 90—753, T 163, V 96 (Arch. 36, 438), a 167 (172, Rlr. 45, 53).
Canz. — MW. 2, 22.

23. Peirols, com avetz tant estat
Tenzone mit Bernart de Ventadorn, s. 70, 32; dort ist auch gesagt, daß die Beteiligung u n s e r e s Peirol bestritten wird.

(**24. Peirols** [*l.* **Pomairols**], **dos baros sai**
Tenzone zwischen Guionet und Pomairol, s. 238, 3.)

25. Peirol, pos vengutz es vas nos
Coblaswechsel mit Blacatz, s. 97, 8.

26. Per dan que d'amor m'aveigna
qui mi veigna
A 150 (435), C 105, D 59–205, F 30 (107), G 46♩ (p. 142; Melodie Rmi. 3, 415), H 15 (49), I 59, K 44, M 179 (MG. 1010), N 74—63, Q 79 (207, p. 154), R 90–752, S 94–57 (MG. 270), T 159, V 94 (Arch. 36, 436), c 90 (137; von Stengel gedruckt zu a Nr. 195, Rlr. 45, 130); anonym O 35 (56).
Canz. — Delius p. 50. MW. 2, 24.

27. Pos de mon joi vertadier

A 150 (433), C 103, D^a 169—592, I 58, K 43, M 180 (MG. 1011), N 78—70, R 90—751, S 96—59 (MG. 271), a 171 (178, Rlr. 45, 58); anonym L 148.
Canz. — Delius p. 52. MW. 2, 26.

27a. Pos entremes me sui de far chansos
q'e. -o(n)

D^a 170—595, G 44 (p. 138), R 89-749, S 82–48 (MG. 264); Folquet de Marseilla A 65 (182 und Arch. 51, 270), A^b (Rom. 39, 80), D 43—151, E 6 (MG. 85), M 33, O 75 (120), T 225, a 112 (97, Rlr. 43, 200); Folquet de Romans C 227, c 17 (26); anonym f 72. — Für Folquet de Marseilla erklärte sich Gröber, Rom. Studien 2, 399; für Peirol: P. Meyer, Rom. 17, 304 und 39, 82; Zenker, Die Gedichte des Folquet v. Romans p. 2; Restori, Riv. mus. it. 3, 407 A.; Pätzold, Die individuellen Eigentümlichkeiten p. 73 A. 6; besonders Stroński, Le troub. Folquet de Marseille p. 127*. [Bartsch 155, 17.] Canz. — Delius p. 41. Krit. hgb. Stroński, l. c. p. 98.

28. Pos flum Jordan ai vist e·l monimen

C 106, R 89—743.
Sirv. — Choix 4, 101. MW. 2, 9. Tarbé, Les œuvres de Blondel de Néele p. 147. Übers. bei Jeanroy, Anthol. p. 119. — Zur Datierung De Bartholomaeis, Osservazioni p. 102, Lewent, Kreuzlied p. 419.

29. Quant amors trobet partit
ac tot

A 178 (508 und MG. 1308), C 100, D 147—510, G 48♩ (p. 151; Melodie Rmi. 3, 423), I 158, K 144, L 30, M 183, S 83—49, T 159, a 180 (190, Rlr. 45, 124); anonym O 34 (55), N 279—446, R 78—648.
Fingierte Tenzone mit Amor über die Teilnahme am Kreuzzug. — Choix 3, 279. Parn. occ. p. 90. MW. 2, 6. Crescini, Manualetto p. 261 nach AC und krit. hgb. Bausteine p. 467 (mit Übersetzung und Anm.), auch Manuale p. 221. Lommatzsch, Liederb. p. 135 u. Mel. p. 436. — Zur Datierung s. auch Selbach, Streitgedicht p. 39.

30. Seigner, qual penriatz vos

E 214, G 93 (p. 292), L 67, O 87 (138), Q 32 (82, p. 65), T 77, a^1 602 (340). — Überschrift: Peirol L O a^1 — e son seignor O a^1; sonst anonym.
Tenzone (Partimen) mit einem Herrn, wahrscheinlich dem Dalfi d'Alvergne. — MW. 2, 32. Krit. hgb. Kolsen, Trobadorgedichte p. 50.

31. Si be·m sui loing et entre gent estraigna

A 148 (425), B 92 (MG. 92), C 101, D 59–206, G 50♩ (p. 155; Melodie Rmi. 3, 429), I 59, K 45, M 175, N 77—69, O 31 (50), P 25 (79, Arch. 49, 300), Q 80 (208, p. 154), R 89—747, S 74—43 (MG. 261), V 93 (Arch. 36, 435), a 167 (173, Rlr. 45, 53); Peire Vidal F 18 (36); anonym O 46 (74).
Canz. (‚vers'). — Delius p. 35. MW. 2, 18.

(**32. Tostemps me pac de solatz e de chan**

ist mit 366, 34 identisch.)

33. Tot mon engeing e mon saber

A 148 (428), C 102, G 47 (p. 147; Melodie Rmi. 3, 417), I 58, K 44, M 181, N 81–78, P 26 (82, Arch. 49, 301), R 13 —97, S 92—56 (MG. 269), T 165, V 97 (Arch. 36, 438), a 174 (182, Rlr. 45, 61), d 315 —155, *α* 31604 (auch MG. I 215).

Canz. (‚vers'). — Delius p. 48. MW. 2, 27.

34. Tuit mei consir son d'amor e de chan

Var. Totz temps me pac (plaz *D*[a]) de solatz e de chan *AD*[a]*IK* = 366, 32.

A 153 (444), C 106, D[a] 170 —594, I 60, K 46, M 181, a 174 (181, Rlr. 45, 60); Peire Vidal C Reg., R 16—127, S 22 —13 (MG. 250), f 57; Arnaut de Maroill C Reg., R 82—686; Guillem de S. Leidier M 118, unter diesem zitiert im Zusatz zu *β*[1] in r 2 (Studj di fil. rom. 5, 60; zur Attribution s. Rajna, ib. 5, 8); anonym V 115 (Arch. 36, 452). Strophe *Maltrag d'amor no seran (sera) ja tan gran* anonym in G 130 (Arch. 35, 110), N 101—130, Q 108 (280, p. 208) = Bartsch 461, 160.

Canz. — Delius p. 12. MW. 2, 28. Bartsch, Peire Vidal's Lieder p. 133.

In *ι* 25 (Egidi 1, 269; Thomas p. 181, vgl. p. 115) wird eine Geschichte dem *Em (Gui) Perol provincialis* nacherzählt. S. dazu E. Müller, Die altprov. Versnovelle p. 133.

Sonst werden ihm noch zugeschrieben:

323, 4 Amics Bernartz de Ventadorn (Peire d'Alvergne[?] — Bern. de Vent.)
32, 1 Be volgra midons saubes (Arnaut Plagues)
173, 3 Car no·m abelis solatz (Gausbert de Poicibot)
406, 18 Cel cui jois taing ni chantar sap (Raimon de Miraval)
97, 4 En Raembaut, ses saben (Blacatz)
11, 2 Fis e lejals e senes tot engan (Aimeric de Sarlat)
392, 19 Ja hom pres ni dezeritatz (Raimbaut de Vaqueiras)
404, 4 Lo clar temps vei brunezir (Raimon Jordan, vescoms de S. Antoni)
167, 35 Maintas sazos es hom plus volontos (Gaucelm Faidit)
392, 26 Nuls hom en re no faill (Raimbaut de Vaqueiras)
167, 49 Quan la foilla sobre l'albre s'espan (Gaucelm Faidit?)
167, 52 Si anc nuls hom per aver fi coratge (ders.)
70, 45 Tuit cil que·m pregon qu'eu chan (Bernart de Ventadorn)
330, 19a Un sonet novel fatz (Peire Bremon Ricas Novas?)
355, 20 Us novels pensamens m'estai (Peire Raimon de Toloza).

367. Peironet.

An einen Peironet sind gerichtet 343, 1 und 340, 1.
P. Meyer, Derniers Troubadours p. 66.

1. **D'una razo, Peironet, ai coratge** Tenzone mit Guiraut de Salaignac, s. 249, 2.

2. **Major paor agues l'altr'an** pasor, pasar *oder* entan

Ve. Ag. I [zweimal][1]). [Bartsch unbekannt.] Zwei Coblas als Antwort auf 322b, 1. — Krit. hgb. Milá y Fontanals, Rlr. 13, 66.

368. Pelardit.

Uc de Lescura erwähnt ihn 452, 1 neben verschiedenen Troubadours wegen seiner Kunst, *de contrafar la gen.*

369. Pelestort.

Bertoni: Pel Estort.

1. **Qual penriatz, seigner n' Isnart** a[1] 568 (309, Studj di fil. rom. 8, 473), la tenzon del segner n' Isnart e d' en Pel Estort.

[Bartsch unbekannt.] Tenzone (Partimen) mit Isnart [d'Antravenas] = 254, 1a.

Pelizier s. 97, 3.

Perceval s. Perseval.

370. Perdigo.

Kritische Ausgaben: 1. (mit Übersetzung, aber ohne biographische Einleitung) von H. J. Chaytor, Poésies du troubadour Perdigon, AdM. 21, 153 und 312[2]). — Eine Ergänzung dazu bildet der Aufsatz von Lewent, Zu den Liedern des Perdigon, Zts. 33, 670 (Besserungen und Erklärungen, namentlich auch historische).

2. Ders., Les chansons de Perdigon, Paris 1926 (= Les classiques franç. du moyen âge, 53)[2]). Besprochen von Delbouille, Revue belge de philol. et d'histoire 7 (1928), p. 184(?).

---

[1]) s. 322b, 1.

[2]) Anordnung der Texte:

Chaytor 1	Grdr.	Chaytor 2	Chaytor 1	Grdr.	Chaytor 2	
1 =	9 =	1	8 =	10 =	8	
2 =	3 =	2	9 =	2 =	9	
3 =	14 =	3	10 =	15 =	14	zweifelh.
4 =	13 =	4	11 =	1 =	13	Attrib.
5 =	5 =	5	12 =	12 (167, 47) =	10	
6 =	4 =	6	— =	11 (119, 6) =	11	
7 =	8 =	7	— =	12a (392, 15) =	12.	

Frühere Literatur: Diez, Leben u. Werke p. 440. — Hist. lit. 18, 603. — Spätere: C. Fabre, Le troub. Perdigon, Revue du Vivarais 1913 - 14, p. 102 (?, nicht zugänglich); vgl. G. Kussler-Ratyé, Arch. roman. 2, 414. — Bertoni, Un giudizio «de plano» e la prova del duello in una strofa di Perdigon, Zts. 37, 344 (370, 13, Str. 5). — Schultz-Gora, Eine Anspielung auf die Geschichte von der Katze mit der Kerze bei Perdigon, ibid. p. 465 (370, 11, v. 50f.). — E. Hœpffner, La biographie de Perdigon, Rom. 53, 343. — Kurze Notiz bei Anglade, Hist. somm. de la litt. mérid. p. 88.

Vida: A 158 (p. 494), B 96 (ib. p. 708 und Mahn, Biogr. p. 53 Nr. 57), E 210, I 49, K 36, R 3b, a II 37 (Rlr. 45, 270), a¹ 494 (p. 331).

Parn. occ. p. 114. Choix 5, 278. Mahn, Biogr. p. 53 Nr. 58 EIK. Chabaneau, Biogr. p. 278. Chaytor, Les chansons de Perdigon p. 46.

1. **Anc no cugei que·m pogues far amors**
H 43 (in 140). — Perdigos Autorschaft ist einigermaßen zweifelhaft, s. Gauchat und Kehrli, Studj di fil. rom. 5, 559 und Chaytor; doch hat sich Lewent, Zts. 33, 687 wohl zu scharf gegen sie ausgesprochen. Zwei Strophen einer Canz., parodiert durch 461, 231. — AdM. 21, 332. Chaytor, Chansons p. 41.

2. **Be·m dizon, s'en mas chansos**
Be(n)
A 160 (463, doch nur die beiden ersten Strophen, und Arch. 34, 177), Dª 183—653, H 56 (247 und Arch. 34, 415).
Zwei Coblas. — AdM. 21, 327. Chaytor, Chansons p. 27.

3. **Ben ajo·l mal e·l afan e·l consir**
A 159 (462), B 97 (MG. 1413), C 238, D 108—372, Dᶜ 254 (138, AdM. 13, 385), F 24 (86), G 63 (p. 196), I 49, K 36, M 101, N 204–310, Q 46 (125, p. 91), R 94–784, U 108 (Arch. 35, 437), V 107 (Arch. 36, 444), a¹ 495 (245), f 34, α 29179 und 30764 (auch MG. I 196, bez. 212), β^1 77. Strophen *[E]n amador, Mas fin' amors* zitiert H 48 (in 167), Anfangszeile anonym zitiert in 304, 1; eine ziemlich wörtliche Anspielung in Serveris Lehrgedicht V. 37.
Canz. — Choix 3, 344. MW. 3, 69. AdM. 21, 160. Chaytor p. 4. — Zu Str. 3 s. Bertoni, Rlr. 56, 5.

4. **Cil cui plazon tuit bo saber**
Cel
Dª 183 - 654, I 49, K 36, T 148; anonym, aber im Zusammenhang V 109 (Arch. 36, 446).
Canz. - AdM. 21, 319. Chaytor p. 18.

5. **Entr' amor e pensamen**
A 160 (in 463; auch Arch. 34, 177), E 168 (MG. 511).
Sirventes - Canz. (‚chans. mesclatz'). — Parn. occ. p. 115. AdM. 21, 316. Lewent, Zts. 33, 671 (nochmals krit. hgb., übersetzt und eingehend kommentiert). Chaytor p. 14.

(6. **Eu et amors em d'aital joc espres**
in H, stammt aus 370, 9.)

(7. **Fis amics sui, mas enquer non a gaire**
gehört Bernart Arnaut Sabata, s. 56, 1.)

8. **Ir' e pezars | e domna ses merce**
C 240 (MG. 1437), R 94—786 (MG. 1438). Anfangszeile anonym zitiert in 304, 1.
Canz. — AdM. 21, 322. Chaytor p. 21.

9. **Los mals d'amor ai eu be totz apres**
A 159 (461), B 97 (MG. 346), D 109–375, Dc 254 (137, AdM. 13, 385), F 25 (88), G 64♩ (p. 198), I 50, K 36, N 205bis –313[1]), P 30 (95, Arch. 49, 308), Q 46 (126, p. 92), S 179—113, U 107 (Arch. 35, 436), a1 496 (246), zwei Strophen und Tornada H 43 (140) = 370, 6; Folquet de Marseilla C 5, R 51 –432; en Folquet f 23, α 29776 (auch MG. I 202); anonym O 23 (38). Strophe *Si be·m soi forfaitz ni mespres* anonym J 13 (*c.* 22; auch Riv. 1, 40), krit. hgb. Kolsen, Zwei prov. Sirventese p. 28.
Canz. — Lex. rom. 1, 341. MW. 1, 331. AdM. 21, 156. Stroński, Le troub. Folquet de Marseille p. 101 (zur Attribution s. p. 130*). Chaytor p. 1.

10. **Mais no·m cug que sos gais**
V 110 (Arch. 36, 447) anonym nach Perdigo.
Canz. — AdM. 21, 324. Chaytor p. 23.

11. **Perdigos, ses vassalatge**
Tenzone mit Dalfi d'Alvergne, s. 119, 6.

12. **Perdigo, vostre sen digatz**
Tenzone mit Gaucelm Faidit, s. 167, 47.

12a. **Seigner n'Aimar, cauzetz de tres baros**
Tenzone mit Raimbaut de Vaqueiras und Ademar [de Peiteus?], s. 392, 15.

13. **Tot l'an mi ten amors d'aital faisso**
A 158 (459 und Arch. 34, 177), B 96 (MG. 1412), C 240, D 108 —373, Dc 255 (139, AdM. 13, 385), F 25 (87), G 65♩ (p. 201; Riv. mus. it. 3, 253), I 50, K 36, L 123, N 205–311, P 30 (94, Arch. 49, 307), Q 47 (128, p. 93), R 94—789, S 177 —112, V 108 (Arch. 36, 445), f 64; Peire d'Ugon [offenbar aus Perdigon entstellt] a1 262 (10); anonym O 36 (59). V. 8 —9 in μ 625 zitiert als von *Folquetz le bos.*
Canz. — Choix 3, 348. MW. 3, 71. AdM. 21, 312. Chaytor p. 11.

14. **Trop ai estat mon Bon Esper no vi**
Molt
A 158 (460), C 240, D 109 —374, Dc 255 (140, AdM. 13, 386), E 168 (MG. 512 mit Var. von I), F 25 (89), G 64♩ (p. 199), I 49, K 36, M 101, N 205—312, P 29 (93, Arch. 49, 307), Q 46 (127, p. 93), R 94—785, S 176—111 (MG. 513), U 107 (Arch. 35, 436), a1 497 (247), f 25, α 33757; anonym im Zusammenhang V 109 (Arch. 36, 446), sonst anonym O 58 (92), X 89a♩

[1]) Die Nummern 311—313 in N sind anonym.

(Chaytor, Chansons p. 61). Strophe *Be es raszos* anonym L 33 (Arch. 34, 426). Canz. — Lex. rom. 1, 419. MW. 3, 74. AdM. 21, 164. Chaytor p. 8.

15. Verges, en bon' ora
C 241, R 94—791. — Die Echtheit ist nicht unzweifelhaft; s. Lowinsky, Zts. f. frz. Sprache u. Lit. 20 I 172 und Chaytor, AdM. 21, 154, auch Chansons p. VII. Marienlied. — Choix 4, 420. MW. 3, 72. AdM. 21, 329. Chaytor p. 42.

Ein Zitat bei Redi 3, 278 (s. auch Rlr. 23, 19) konnte ich nicht identifizieren.

Zugeschrieben werden ihm noch:

30, 5 Aissi com cel que tem qu'amors l'aucia (Arnaut de Maroill?)
30, 9 Bels m'es lo dous temps amoros (ders.)
70, 11 Bels Monruels, aicel que·s part de vos (Bernart de Ventadorn?) (Ab chan d'auzels comensa ma chansos)
47, 4 Bona domna, cui rics pretz fai valer (Berenguier de Palazol)
404, 3 D'amor no·m posc departir ni sebrar (Raimon Jordan, vescoms de S. Antoni)
202, 9 No pot esser sofert ni atendut (Guillem Ademar).

371. Perseval Doria.

Italienische Form: Percivalle Doria. — Vgl. Art. 436.

Desimoni, Giorn. ligustico 5, 255. — Cavedoni, Mem. della R. Acc. di scienze ... di Modena 2, 308. — O. Schultz[-Gora], Zts. 7, 221 u. 9, 406. — C. Merkel, Atti e Mem. della R. Acc. dei Lincei, ser. IV, vol. IV, p. 388 A. 1. — Schultz[-Gora], Noch einmal Perceval Doria, Arch. 91, 250; vgl. Rajna, Rom. 12, 182. — Bertoni, Giorn. stor. d. lett. ital. 36, 4 u. 460. — Torraca, Studi su la lirica ital. del Duecento p. 129. — Bertoni, I trov. min. di Genova, introd. p. XI. — Arturo Ferretto, Documenti intorno ai trovatori Percivalle e Simone Doria, Studi medievali 1, 126—151; 2, 113—140 u. 274—85. — Bertoni, Nuovi versi provenzali di P. Doria, Rom. 40, 454. — Ders., I trov. d'Italia p. 89. — L. Crema, Percivalle alla corte di Manfredo III di Saluzzo e Percivalle Doria poeta provenzale, Arch. roman. 12, 329. — Bertoni, Il Duecento p. 20 und 72.

1. Felon cor ai et enic
a[1] 517 (268, kein Text). [Bartsch unbekannt.] Sirv. — Krit. hgb. Torraca, l. c. p. 211. Bertoni, Giorn. stor. d. lett. it. 36, 24 (vgl. Torraca p. 213), Trov. min. di Genova p. 1 u. Trov. d'Italia p. 307.

2. Per aqest cors, del teu trip
Mailand, B. Ambrosiana R 105 sup., fol. 169 (von Bertoni, Trov. d'Italia p. 197 mit ambr.,

von Jeanroy, Bibliogr. somm. p. 31 mit y bezeichnet). [Bartsch unbekannt.] Tenzone (Coblaswechsel) mit Felip de Valenza = 149 a, 1. — Krit. hgb. Bertoni, Rom. 40, 458 u. I trov. d'Italia p. 313.

Über zwei ihm zugeschriebene italienische Gedichte s. Bertoni, I trov. min. di Genova p. 33, auch Monaci, Crestomazia ital. dei primi secoli p. 80.

372. Pistoleta.

Kritische Ausgabe[1]: Erich Niestroy, Der Trobador Pistoleta, Halle a. S. 1914 (= Beihefte zur Zts. f. rom. Phil. Nr. 52, p. 1—77). Besprechungen s. Art. 223.

Hist. lit. 18, 579. — Kurze Notiz bei Anglade, Hist. somm. de la litt. mérid. p. 80.

Vida: I 137, K 123, N² 4 (II, Arch. 101, 372; Rlr. 19, 266).

Parn. occ. p. 381. Choix 5, 349. Mahn, Biogr. p. 63. Chabaneau, Biogr. p. 289. Niestroy p. 20.

1. **Ai! tan sospir mi venon nog e dia**

   I 138 (MG. 304), K 124, d 317 —162.

   Canz. — Niestroy p. 21.

2. **Anc mais nuls hom no fon apoderatz**

   C 335 (MG. 743), Dª 177–630, I 137 (MG. 744), K 123, R 101 —844; Pons de Capdoill F 27 (96), a 215 (230, Rlr. 45, 227); Jordan de Born C Reg.; anonym G 102 (p. 332 und Arch. 32, 422).

   Canz. — Krit. hgb. v. Napolski, Ponz de Capduoill p. 100. Niestroy p. 28.

3. **Ar agues eu mil marcs de fin argen**

   C 336, Dª 178—631, I 138, K 123, α 30018 (MG. I 204) u. 33341; Elias Cairel C Reg., R 52—440; anonym G 103 (p. 334), J 12 (51), L 4, P 65 (c. 155, Arch. 50, 282), T 68 (Geste) u. 69 (Lo sen volgra de Salamon), Ve. Ag.[2]) (vgl. Anglade, Bull. de la Soc. archéol. du midi de la France 45, 220), X 82ʲ (Arch. 22, 415), Y 2, ϑ Vorsatzblatt v⁰, bet. cinque aguraçes (Mussafia, Jahrb. 8, 216), zitiert ϰ 129 (Mussafia p. 221, 2 Verse); französische anonyme Nachahmungen (Meyer, Dern. troub. p. 178 A. 2, Raynaud Nr. 641): Bibl. Nat. 846, fol. 125ʲ; 12581, fol. 88; Douce 308: balletes, fol. 247 Nr. 182 (Steffens, Arch. 99, 385); Montpellier,

---

[1]) Anordnung:

Niestroy	Grdr.	Niestroy	Grdr.	Niestroy	Grdr.
1	= 1	5	= 6	9	= 3
2	= 2	6	= 8	10	= 4
3	= 4a	7	= 7	11	= 6a.
4	= 4b	8	= 5		

[2]) Vgl. noch Massó Torrents, Miscellània Prat de la Riba p. 431.

Bibl. de la Faculté de Médecine 236, Ende (Boucherie, Rlr. 3, 318). — Nach Jaeschke, Elias Cairel p. 49 ist eher C. der Verfasser.
Sirv., vgl. 461, 120 (u. 154?) — Choix 5, 350. Krit. hgb. P. Meyer, Rom. 19, 43. Niestroy p. 59; vgl. Jaeschke p. 203. Lommatzsch, Liederb. p. 203. Übers. bei Jeanroy, Anthol. p. 68. — Zur Übers. von Diez s. Tobler, Arch. 92, 140, zur Melodie Beck, Melodien p. 61 u. Les chansonniers des troub. et des trouv. 2, 290. — S. auch Bertoni, Rlr. 56, 15.

4. Bona domna, un conseill vos deman

Da 202—734, I 138, K 124, L 48 (a. R. Bertran del Puget. Conseill); Raimbaut de Vaqueiras Sg 47 Nr. 1, Ve. Ag. I, fol. CXXj u. Ve. Ag. III, fol. X[1]); anonym O 47 (75), R 75–628 (unter Tenz.), T 71 (tenson, nach 87, 1). — Zur Attribution s. Crescini, Rendiconti della R. Acc. dei Lincei, vol. 10, p. 114, dazu Jeanroy, AdM. 13, 582.
Fingierte Tenzone mit einer Dame, vgl. 87, 1. — Lex. rom. 1, 506. MW. 3, 192. Institut d'Estudis Catalans, Anuari 1907, p. 424 (nach Sg mit Var. von Ve. Ag. I u. III). Niestroy p. 62 (vgl. p. 13).

4a. Ja nuls amans no·s feigna

a1 484 (232, Studj di fil. rom. 8, 438).
Canz. — Niestroy p. 35.

4b. La majer temensa

a1 483 (231, Studj di fil. rom. 8, 437).
Canz. — Niestroy p. 38.

5. Mainta gen fatz meravillar
Tanta aug

C 336, R 101–845, f 18; Saill de Scola D 87—314.
Sirv. — Choix 3, 228. Parn. occ. p. 381. MW. 3, 191. Niestroy p. 54.

6. Plus gais sui qu'eu no soill

C Reg., D 83—299, N2 4 (II 2, Arch. 101, 373), R 21—171 (MG. 1080), a1 482 (230); Jordan de Cofolen C 334.
Canz. — Niestroy p. 43.

6a. Seigner Blacatz, pos d'amor

a1 589 (329, Studj di fil. rom. 8, 435), la tenzos de Pistoleta e d'en Blacatz. Eine Strophe bei Nostradamus, s. Soltau, Zts. 23, 239 und 24, 49, sowie Rom. 40, 294.
Tenzone (Partimen) mit Blacatz = 97, 13. — Niestroy p. 70. — Zum Text s. De Lollis, Studj di fil. rom. 9, 161.

7. Sens e sabers, auzirs e fin' amors

D 83—298, I 137, K 123, N2 4 (II 1, Arch. 101, 372).
Canz. — Choix 3, 227. MW. 3, 190. Niestroy p. 50.

8. Si chantars fos grazitz

a1 481 (229, Studj di fil. rom. 8, 436).
[Bartsch unbekannt.] Canz. — Niestroy p. 47.

1) Vgl. Miscellània Prat de la Riba p. 433 und 435.

Weitere Attributionen:

314, 1 Assatz es dregz, | pos jois no·m pot venir (Ozil de Cadartz)
124, 8 Del bel dezir que jois novels m'adutz (Daude de Pradas).

373. Pomairol.

Ein Peyre da Pomarol wird in der Leandreide erwähnt; siehe dazu Chabaneau, Rlr. 23, 11.

1. **Pomairols, dos baros sai**
   Tenzone (Partimen) mit Guionet, s. 238, 3.

374. Pons Barba.

Hist. lit. 18, 644. Milá y Fontanals, Trovadores en Esp. p. 460.

1. **Non a tan poder en se**
   D^c 260 (223, AdM. 14, 535), F 47 (145).
   Canz. — (Choix 5, 352.)
2. **Sirventes non es lejals**
   D^c 260 (222, AdM. 14, 535), I 197, K 183, d 338—221.
   Sirv. — (Choix 5, 351.) Milá y Fontanals, Trov. en Esp. p. 460. Krit. hgb. Jeanroy, AdM. 17, 473.

375. Pons de Capdoill.

Andere Schreibungen: Ponsetç, Ponsett, Ponset; Capduoill, Cabdueill, Capduch, Capduelh, Capdueil, Capduill.

Kritische Ausgabe[1]): Leben und Werke des Trobadors Ponz de Capduoill von Dr. Max von Napolski, Halle 1879. Besprechungen: Bartsch, Lit.-Bl. 1881, col. 441; Meyer, Rom. 10, 268; Stengel, Dt.-Lit.-Ztg. 1881, col. 360.

Weitere Literatur: Hist. lit. 15, 22 und 17, 420. — Diez, Leben u. Werke p. 207. — Thomas, L'identité du troubadour Pons de

---

[1]) Anordnung der Texte:

Echte Lieder:

v. Napolski	Grdr.	v. Napolski	Grdr.	v. Napolski	Grdr.
1 =	2	14 =	14	27 =	26
2 =	17	15 =	10	Unechte Lieder:	
3 =	6	16 =	21	I =	326, 1
4 =	4	17 =	5	II =	379, 2
5 =	13	18 =	25	III =	276, 1
6 =	18	19 =	27	IV =	372, 2
7 =	15	20 =	12	V =	155, 13
8 =	19	21 =	24	VI =	194, 6
9 =	16	22 =	11	VII =	30, 22
10 =	9	23 =	3	VIII =	30, 18
11 =	1	24 =	7	IX =	B. p. 41
12 =	20	25 =	23	(s. am Schluß des	
13 =	22	26 =	8	Artikels).	

Chapteuil, AdM. 5, 374. — Springer, Klagelied p. 52. — Lewent, Rom. Forschungen 21, 350 (zu den Kreuzliedern 2, 8 u. 22). — R. Lavaud, Pons de Capdeuil, Mém. de la Soc. agric. et scientif. de la Haute-Loire 13, 292 (nicht zugänglich). — C. Fabre, Le troubadour Pons de Chapteuil; quelques remarques sur sa vie et sur l'esprit de ses poèmes, Mém. de la Soc. agric. et scientif. de la Haute-Loire 14, 25 (nicht zugänglich); vgl. Stroński, AdM. 19, 547. — Stroński, En Pons de Capduelh, AdM. 18, 483. — Fabre, Mélanges Chabaneau p. 262. — Bergert, Damen p. 63. — Zanders, Die altprov. Prosanovelle p. 94. — Fabre, Archiv. roman. 3, 37 (Cardinal et Pons de Chapteuil). — Kurze Notiz bei Anglade, Hist. somm. de la litt. mérid. p. 77.

Vida: A 56 (p. 164), B 36 (ib. p. 683; Mahn, Biogr. p. 30 Nr. 29), E 205, I 72, K 57, P 47 (VIII, Arch. 50, 254), R 3 b, Sg Teil II, a 213 und II 33 (Rlr. 45, 225), b II 9 (AdM. 21, 202) u. 15 (AdM. 21, 204, vor 375, 20), ϱ; vgl. $\varkappa$ 67 u. 124 (Mussafia p. 228). — Razos in P R.

Parn. occ. p. 10. Choix 5, 352. MW. 1, 337. Mahn, Biogr. p. 31 Nr. 30 (E I R). Chabaneau, Biogr. p. 267. von Napolski p. 7.

1. **Aissi m'es pres cum celui que cercan**

A 60 (167, Arch. 51,260), B 38 (MG. 155 u. 1324), C 118, D 112—383, D[c] 251 (102, AdM. 13, 374), F 26 (95), I 73, K 58, M 159, N 214—329, R 55–463, U 98 (Arch. 35,429), Sg Nr. 3, a 222 (238, Rlr. 45, 235), b II 9 + 15 (2, AdM. 21,203), f 56; anonym L 116.
Canz. — Choix 5, 355. MW. 1, 338. v. Napolski p. 64.

2. **Ar nos sia capdelhs e garentia**
Er

C 120, D[a] 184—659, L 66, R 12—89.
Kreuzlied. — Choix 4, 90. MW. 1, 354. v. Napolski p. 49. Lommatzsch, Liederb. p. 133. Schultz-Gora, Elementarbuch p. 170. Übers. bei Jeanroy, Anthol. p. 117. — Zu Str. 5 s. Meyer-Lübke, Zts. 40, 231 u. dazu Schultz-Gora, ibid. p. 715 und Lewent, Arch. 140, 263.

3. **Astrucs es cel cui amors te jojos**
-c -s -r

A 58 (161, Arch. 51, 257), C 120, D 113–388, I 75, K 59, R 13–92, T 125, f 76, α 31 104; Peire de Maensac H 59 (264); anonym O 69 (109).
Canz. — Choix 3, 175. MW. 1, 348. v. Napolski p. 84.

4. **Ben es fols cel que reigna**

A 58 (158, Arch. 51, 256), C 122, D 114–392, I 75, K 59, T 122, a 217 (232, Rlr. 45,229); Albertet (am Rande Pontz de Capdoill) N 127—180.
Canz. — Choix 3, 177. MW. 1, 349. v. Napolski p. 54.

5. **Be sai que per sobrevoler**
-a-

C 122 (MG. 229), D[a] 185–660, R 13—94; anonym, aber im Zusammenhang O 71 (113).

Canz. — Choix 5, 357.) v. Napolski p. 74.

6. **Coras que·m tengues jauzen**
A 61 (169, Arch. 51, 261), C 122, D 113—389, I 74, K 59, R 13—93.
Canz. — (Choix 5, 356. MW. 1, 352.) v. Napolski p. 52.

7. **De totz caitius sui eu aicel que plus**
A 58 (159, Arch. 51, 256), B 37 (MG. 1426), C 119, D 114 —393, I 197, K 183, M 159, R 12—90, Sg Nr. 4, T 127, a 218 (233, Rlr. 45, 230), b II 20 + 10 (9, AdM. 21, 209); anonym, aber im Zusammenhang O 70 (112).
Planch. — Choix 3, 189. MW. 1, 344. Bartsch, Leseb. p. 91 und krit. hgb. Chrest. col. 135. v. Napolski p. 85. Übers. Jeanroy, Anthol. p. 43. — Vgl. Springer, Klagelied p. 52.

8. **En honor del pair' en cui es**
A 57 (156, Arch. 51, 254), C 119, D^a 184—657, L 65, R 12—88; anonym G 114 (p. 368).
Kreuzlied. — Choix 4, 87. MW. 1, 353. v. Napolski p. 89. — Vgl. De Bartholomaeis, Osservazioni p. 99.

9. **Ges per la coindeta sason**
D 113—387.
Canz. — Choix 3, 188. Lex. rom. 1, 388. MW. 1, 351. v. Napolski p. 63.

10. **Humils e francs e fis soplei ves vos**
A 60 (166, Arch. 51, 260), C 116, D 111—378, D^c 251 (101, AdM. 13, 374), F 26 (94), I 73, K 58, M 160, N 213—328, R 55—464, T 122, a 224 (240, Rlr. 45, 237), b II 9 (1, AdM. 21, 203); Bernart de Ventadorn f 63; Anfangszeile anonym zitiert in 304, 1, Anfang der Str. *[P]ero d'aitan soi ben aventuros* anonym H 48 (in 167).
Canz. — Choix 3, 174. MW. 1, 347. v. Napolski p. 70.

11. **Ja non er hom tan pros**
La (!)
A 59 (164, Arch. 33, 447; MG. 1036), C 117, D 112—384, I 73, K 57, M 161 (MG. 1037), N 212—326, R 56—471, T 123, U 96 (Arch. 35, 428), a 225 (241, Rlr. 45, 238), b II 17 (5, AdM. 21, 207); Arnaut de Maroill R 81—676; Anfang der Str. *Mal aja, si ja men* u. *[L]as, tan mal sui iros* anonym zitiert H 48 (in 167).
Canz. — (Choix 5, 358.) v. Napolski p. 81.

12. **L'adregz solatz e l'avinens compaigna**
C 122, R 55—465 (MG. 1035); Peire Rogier de Mirapeysh CReg., f 31; Aimeric de Peguillan a^1 349 (94).
Canz. — v. Napolski p. 78; s. Appel, Peire Rogier p. 100.

13. **L'amoros pensamenz**
a 216 (231, Rlr. 45, 228).
Canz. — v. Napolski p. 55.

14. **Lejals amics cui amors te jojos**
A 60 (165, Arch. 51, 259), C 116, D 111—379, F 27 (97), I 73, K 57, Kp 108 (11, Zts. 1, 396; 1 Str.), M 161, N 212 —327, R 56—467, Sg Nr. 1, T 120, a 220 (236, Rlr. 45, 233), b II 18 (6, AdM. 21, 207), f 56; anonym O 23 (37), W 202 (p. 403, 1 Str.), dazu (von

Stengel identifiziert) c 17 (25, Folchet, Anfang verstümmelt), von Bartsch unter Folquet de Romans = 156,7 aufgeführt.
Canz. — Choix 3, 170. MW. 1, 340. v. Napolski p. 69.

15. Ma domna·m ditz qu'eu fatz orgoill
C 118.
Canz. — v. Napolski p. 58.

16. Meills qu'om no pot dir ni pensar
A 56 (154, Arch. 51, 253), C 118, D 112—382, G 78J (p. 245, Arch. 32, 406; Melodie Rmi. 3, 252), I 74, K 58, M 162 (MG. 1034), R 56—468, T 125, b II 20 (8, AdM. 21, 209).
Canz. — v. Napolski p. 61.

17. Per joi d'amor e de fis amadors
C 121.
Canz. — Choix 3, 181. MW. 1, 339. v. Napolski p. 51.

18. Qui per nesci cuidar
-s -tz
A 57 (157, Arch. 51, 255), C 120, D 114–391, I 75, K 59, R 12—91, a 219 (234, Rlr. 45, 231), b I 6 (1 Str.) u. b II 16 (4, AdM. 21, 206), ϰ 68 (Mussafia p. 229).
Canz. — Choix 3, 185. Parn. occ. p. 12. MW. 1, 342. v. Napolski p. 57.

19. S'eu fis ni dis nuilla sazo
S'anc
A 61 (168, Arch. 51, 261), C 116, D 112–385, D^c 251 (99, AdM. 13, 373), G 79J (p. 247), H 13 (42), I 74 (MG. 555), K 58, M 162, N 214—330, P 36 (115, Arch. 49, 319), R 55–462, a 223 (239, Rlr. 45, 236), f 55.
Canz. — Choix 3, 183. MW. 1, 341. v. Napolski p. 59, dazu Stroński, Folquet de Marseille p. 58*.

20. Si com celui qu'a pro de valedors
Issi
A 59 (163, Arch. 51, 258), B 37 (MG. 1323), C Reg., D 111—380, D^c 251 (100, AdM. 13, 373), G 79 (p. 248), I 73, K 57, O 24 (39), P 36 (116, Arch. 49, 319), R 12–87, S 207—133, Sg Nr. 2, T 119, U 98 (Arch. 35, 430), b I 6 (1 Str.) u. b II 16 (3, AdM. 21, 205), f 56, ϰ 67 (Mussafia p. 228); Arnaut de Maroill C 107 (Anfang verstümmelt), M 128, R 83—688; Çirardus Q 109 (285, p. 210); anonym, aber vor Pons de Capdueil N 211—325, die ersten Verse der Str. 1—3 anonym zitiert u. kommentiert H 48 (in 167).
Canz. — Choix 3, 187. MW. 1, 343. v. Napolski p. 65.

21. Si totz los gaugz e·ls bes
A 58 (160, Arch. 51, 257), C 117, D 114—390, I 75, K 59, M 160, T 127, a 226 (242, Rlr. 45, 239), b II 10 (10, AdM. 21, 210), α 29 932 (MG. I 204); P. d'Alvernhe R 48—402; anonym L 116, (im Zusammenhang) O 71 (114).
Canz. — Choix 3, 172. MW. 1, 346. v. Napolski p. 72.

22. So qu'om plus vol e plus es voluntos
A 59 (162, Arch. 51, 258), C 118, D 114—394, I 74, K 58, M 163, R 56—469, T 124, a 219 (235, Rlr. 45, 231), ϱ; anonym G 115 (p. 370, nach 375, 8).
Kreuzlied. — Choix 4, 92. MW. 1, 356. v. Napolski p. 67. —

Zur Datierung s. De Bartholomaeis, Osservazioni p. 99.

23. Tan m'a donat fin cor e ferm voler

A 57 (155, Arch. 51, 254), B 36 (MG. 1322), C 117, D 111—381, F 27 (98), I 74, K 58, R 56—470, T 121, U 99 (Arch. 35, 430), f 75, α 28383 (MG. I 187).
Canz. — Choix 3, 179. MW. 1, 350. v. Napolski p. 87.

24. Tant mi destrein uns desconortz qi·m ve

a 228 (244, Rlr. 45, 241).
Canz. — v. Napolski p. 80.

25. Tuich dison q'el temps de pascor

Da 184—658, a 228 (245, Rlr. 45, 242).
Canz. — v. Napolski p. 75.

26. Un gai descort tramet leis cui dezir

C 121, D 113—386 (Del cod. Estense, Sitzungsberichte etc. p. 441), I 75, K 59.
Descort. — v. Napolski p. 91. — Vgl. Bertoni, Rlr. 55, 95.

27. Us gais conortz me fai gajamen far

C 121, R 55♩—466, α 32298; anonym X 90♩.
Canz. — v. Napolski p. 77.

Weitere Attributionen:

372, 2 Anc mais nuls hom no fon apoderatz (Pistoleta)
80, 8 a Be·m platz lo gais temps de pascor (Bertran de Born?)
406, 18 Cel cui jois taing ni chantar sap (Raimon de Miraval)
234, 6 Compaignon, ab joi mou mon chan (Guillem de Saint Leidier)
194, 6 En tanta guiza·m men' amors (Gui d'Uisel)
376, 1 Locs es qu'om si deu alegrar (Pons Fabre d'Uzes)
30, 18 Lo gens temps m'abelis e·m platz (Arnaut de Maroill)
276, 1 Longa sazon ai estat vas amor (Jordan de l'Isla de Venessi)
155, 13 Meravill me com pot nuls hom chantar (Folquet de Marseilla)
461, 189 Per fin' amor ses enjan (anonym)
379, 2 Si ai perdut mon saber (Pons d'Ortafas)
30, 22 Si com li peis an en l'aiga lor vida (Arnaut de Maroill)
326, 1 Tot francamen, domna, veing denan vos (Peire de Barjac).

Zu dem von Bartsch, Grdr. p. 41 genannten Liebesbrief

D o m n a, e u p r e i n g c o m j a t d e v o s

s. den Artikel über Folquet de Romans (156) am Schlusse.

Zu einem Zitat bei Redi 3, 142 s. Rlr. 23, 19.

376. Pons Fabre d'Uzes.

Auch nur Fabre d'Uzes; D hat Uisel.

Hist. lit. 19, 598. — P. Meyer, Daurel et Beton p. lxxxvj (läßt ihn in der ersten Hälfte des XIII. Jhs. leben).

1. Locs es qu'om si deu alegrar
Tems

C 381, D 83—297, Dc 260 (219, AdM. 14, 533), F 40 (132), M 36, R 52—439, T 190, U 135 (Arch. 35, 457), f 7,

α 32018 u. 32488, ferner in der Hs. Bibl. Nat., nouv. acq. fr. 4232, fol. 78 r° (lo faure d'Uzeste; Daurel et Beton, p. p. P. Meyer p. lxxxvj); Pons de Capdueyll Sg Nr. 5; en Ugo Brunecs de Rodes a¹ 359 (105); 4 Str. in e 210 unter Gaucelm Faidit, beg. *Chascun deu entendre en plazers* (Crescimbeni, Dell' Istoria della Volgar Poesia, vol. 2, p. 234); anonym P 38 (122, Arch. 49, 323).
Sirv. — Choix 4, 472 u. 5, 359. Parn. occ. p. 366. MW. 3, 297.

2. **Quan pes qui sui, fui so que·m fraing**
C 382.
Sestine, vgl. 29, 14. — Krit. hgb. Appel, Prov. Inedita p. 254. — Vgl. Maus p. 93.

Zugeschrieben werden ihm noch 3 Verse aus

345, 2 Eu chantera de gaug e volontos (Peire Guillem de Toloza).

377. Pons de la Garda.

Andere Formen: Gardia (E) und de Sa Gardia (CR).
Hist. lit. 15, 460 u. 17, 419. Chabaneau, Biogr. p. 375.

1. **De chantar dei aver talan**
E 167.
Canz. — (Choix 5, 359. MW. 3, 205.) Krit. hgb. Appel, Prov. Inedita p. 256.

2. **D'un sirventes a far ai gran talen**
C 339; Peire Cardenal R 71—601 (MG. 1257).
Sirv. — Choix 4, 278. MW. 3, 203. Übers. bei Jeanroy, Anthol. p. 138.

3. **Farai chanson ans que venga·l laitz temps**
C 338; anonym V 100 (Arch. 36, 440 u. MG. 1025).
Canz. —

4. **Mandat m'es que no·m recreja**
es *Bartsch*
E 166; Bernart de Ventadorn V 58 (Arch. 36, 407).
Canz. — Parn. occ. p. 325. MW. 3, 204. Krit. hgb. Appel, B. von Ventadorn p. 344.

5. **Si tot no·m ai al cor gran alegransa**
C 339, R 30—255; anonym J 13 (c. 31—32, Riv. 1, 41).
Canz. — Choix 3, 266. MW. 3, 202.

6. **Tan sui apensatz**
apoderatz
E 166 (MG. 935); Bernart de Ventadorn V 59 (Arch. 36, 407; MG. 934).
Canz. — Krit. hgb. Appel, B. von Ventadorn p. 346.

7. **Totz temps de tota fazenda**
S 229—148 (MG. 1026); anonym V 101 (Arch. 36, 441; MG. 1027).
Canz. — Krit. hgb. Kolsen, Trobadorgedichte p. 52.

Von Liedern werden ihm noch attribuiert:

63, 4 Ben es dregz qu'eu fass' oimai (Bernart Marti)
106, 12 Camjada s'es m'aventura (Cadenet)

132, 8 Mas comjat ai de far chanso (Elias de Barjols)
233, 3 Nog e jorn ai dos mals seignors (Guillem de Saint Gregori)
47, 8 Plus ai de talan que no soill (Berenguier de Palazol)
406, 34 Pos ogan no·m valc estius (Raimon de Miraval).

378. Pons de Monlaur.

Pons III. (1190—1226). — Vgl. Art. 142.

Hist. lit. 19, 595. — Chabaneau, Biogr. p. 375 A. 4. — P. Meyer, Annuaire-Bulletin de la Soc. de l'Histoire de France 16 (1879), p. 289. — Witthoeft, Sirventes joglaresc p. 36. — A. Luchaire in E. Lavisse, Hist. de France III, 1, p. 210. — Fabre, Pons de Montlaur dans l'histoire et dans la poésie provençale, Mém. de la Soc. agric. et scientif. de la Haute-Loire 15, p. 9 (?). — Appel, Cadenet p. 111.

1. **Seign'en Pons de Monlaur, per vos**
Tenzone (Partimen) mit Esperdut (Gui de Cavaillo), s. 142, 3.

379. Pons d'Ortafas.

Ortafam in R. — Hist. lit. 19, 611. — Milá y Fontanals, Trov. en Esp. p. 472. — Anglade, A propos du troubadour Pons d'Ortaffa, Rom. 54, 509.

1. **Aissi cum la naus en mar**
Eine Silbe fehlt
C 356 (MG. 13). — Zur Attribution vgl. 300 a.
Canz. — (Choix 5, 362. MW. 3, 335.) Zu „Berenguier" s. Edmond de Rivals, Rom. 56, 418.

2. **Si ai perdut mon saber**
n'ai
C 356, R 30 — 256; Pons de Capdoill a 214 (228, Rlr. 45, 225), b II 19 (7, AdM. 21, 208); Raimbaut de Vaqueiras Ve. Ag. I, fol. CXXIj; anonym[1]) Ve. Ag. I, fol. CXCVIIj, f 30. — Zur Attribution vgl. von Napolski, Ponz de Capduoill p. 44 A. 2 u. p. 45.
Canz. — Parn. occ. p. 383. (Choix 5, 364.) MW. 3, 334. Milá y Fontanals, Trov. en Esp. p. 473. P. Meyer, Dern. Troub. p. 119 (nach f). Krit. hgb. von Napolski, l. c. p. 97. Institut d'Estudis Catalans, Anuari 1907, 433 (nach Ve. Ag.).

380. Pons Santolh de Tholoza.

Überschrift von C auch Mahn, Biogr. p. 66 Nr. 120.

P. Santolh α 34140 ist als Peire aufzulösen.

Hist. lit. 19, 486. — Chabaneau, Biogr. p. 303 A. 4 u. p. 375.

---

[1]) Aber nach Butlletí 1, 62, Nr. 136 auch: Rambautz de Vaqueras; vgl. Miscellània Prat de la Riba p. 433.

1. **Marritz cum homs mal sabens ab frachura**
C 362.
Planch. — (Choix 5, 365.) Krit. hgb. Appel, Prov. Inedita p. 258. Coulet, Guilhem Montanhagol p. 197. — Vgl. Springer, Klagelied p. 62.

2. **Per oblidar cela que plus m'agensa**
α 34 143.
Cobla.

381. Ponson.

P. Meyer, Derniers Troubadours p. 97. — Hist. lit. 32, 70.

1. **Ben dey viure tostemps am gran dolor**
f 24.
Canz. — Krit. hgb. P. Meyer, l. c. p. 98.

2. **Valent donna per qu'ieu planc e sospir**
f 25.
Canz. — P. Meyer, l. c. p. 100.

382. Porcier.

Hist. lit. 19, 610.

1. **Porcier, cara de guiner**
Coblaswechsel mit einem Grafen von Toulouse, s. (152, 1 und) 186, 1 a.

383. Pouzet.

Chabaneau, Biogr. p. 375 nennt ihn Ponzet (diminutif de Ponz). — Hist. lit. 19, 609.

1. **Del joi d'amor agradiu**
Tenzone (Partimen) mit Guillem Raimon de Gironela, s. 230, 1 a.

384. Prebost de Valensa.

Chabaneau, Biogr. p. 385.

1. **Savaric, e·us deman**
En S.
A 187 (535), C 391, D^a 205—747, G 99 (318, Arch. 32, 418), I 161, K 147, L 82, N 276–440, O 81 (128), R 34–288 (MG. 1131), T 84, a¹ 549 (293), d 345–241, α (?). Überschriften: lo perbostz e·n Savarics de Malleon A, ähnlich Index B, D^a, I; partimen d'en Prebost e d'en Savaric C; la tençon de Savaric e de Perbost d, ähnlich KLOa¹; tenso T. — Nach Chabaneau, Biogr. p. 364 handelt es sich nicht um den Prévôt de Valence, sondern um denjenigen von Limoges (Hist. lit. 18, 680). Tenzone (Partimen) mit Savaric de Malleo = 432, 3. — (Choix 5, 366. MW. 2, 146.) Krit. hgb. Kolsen, Dichtungen p. 14.

Zugeschrieben werden ihm noch:

273, 1a Anc mais aissi finamen non amei (Jordan Bonel)
457, 12 Enaissi cum son plus car (Uc de Saint Circ)
245, 1 Ges si tot m'ai ma volontat felona (Guiraut de Luc).

384a. Lo princeps dels bauz.

So genannt in aReg. 173; fehlt a[1] wegen Ausfalls zweier Blätter.

385. Prior.

Hist. lit. 19, 610.

1. **Seigner prior, lo sains es rancuros**
Tenzone mit Guillalmet, s. 198, 1.

386. Pujol.

Andere Form: Pojol.

A. Jeanroy, Le troubadour Pujol in: Bibliothèque de l'Ecole des Hautes Études, 230e fasc. Cinquantenaire de l'École pratique des Hautes Études, Paris 1921, p. 157; vgl. Bertoni, Arch. roman. 5, 290. — Ältere Literatur: Hist. lit. 18, 643. — O. Schultz [-Gora], Zts. 9, 116.

1. **Ad un nostre Genoes**
vostre genoes *Bertoni*
C 394 (MG. 191), anonym. — Schon Zenker, Peire von Auvergne p. 186 zeigt, daß Str. III (beg. *Anc no·m moc de cor un dia*, s. Jeanroy, l. c. p. 166) selbständige cobla (mit Tornada), also anderswo unterzubringen ist, aber unter P. oder anonym?
Tenzone (Partimen) mit einem „poestat". — Krit. hgb. Bertoni, Arch. roman. 1, 519. Jeanroy p. 166.

1a. **Cel qi salvet Daniel dels leos**
a[1] 417 (161, Studj di fil. rom. 8, 451).
Canzone. — Jeanroy p. 164.

2. **Deus es amors e verais salvamens**
C 355 (MG. 53).
Antwort auf 96, 10a. — Jeanroy p. 163.

3. **En aquest sonet cortes**
C 394 (MG. 566), anonym. — Zur Autorschaft s. O. Schultz[-Gora], Zts. 9, 118 und Jeanroy p. 160.
Tenzone (Partimen). — Jeanroy p. 167.

(4. **Si·l mals d'amor m'auci ni m'es nozens**
gehört Blacasset, s. 96, 10a.)

387. Raimbaudet.

Ihm wird in CReg. und in R zugeschrieben:

242, 49 No·m platz chans de rossignol (Guiraut de Borneill).

388. Raimbaut.

Chabaneau, Biogr. p. 376 vermutet in dem R. der vier Tenzonen Raimbaut de Vaqueiras. — Vgl. Soltau, Zts. 23, 207.

1. **Albertet, dui pro cavalier**
O 21 (35, Arch. 34, 374), a[1] 565 (306). — Überschriften: Contencio Rambaut & Albertet O, la tenzon d'en Albertet e d'en Raembaut a[1].
Tenzone (Partimen) mit Albertet (de Sestaro) = 16, 4. — Krit. hgb. Kolsen, Trobadorged. p. 2.

2. **En Raïmbaut, pro domna d'aut paratge**
Tenzone (Partimen) mit Guionet, s. 238, 2.

3. **En Raembaut, ses saben**
Tenzone (Partimen) mit Blacatz, s. 97, 4.

4. **Ara·m digatz, Gaucelm Faidit**
N 285—459, a[1] 559 (300). — Überschrift: la tenzo de Gaucelm e d'en Rembaut a[1].
Tenzone mit Gaucelm Faidit = 167, 8. — Hgb. Suchier, Denkmäler 1, 331 (nach N).

Über **Raimbaut provincialis** als Novellenerzähler bei ι s. Thomas, Francesco da Barberino p. 128. — Vgl. Bartsch, Grdr. p. 64 u. Chabaneau, Biogr. p. 376, ferner E. Müller, Die altprov. Versnovelle p. 136.

389. Raimbaut d'Aurenga.

C. Appel, Raïmbaut von Orange, Berlin 1928 (= Abhandlungen der Gesellschaft der Wissenschaften zu Göttingen, philol.-hist. Kl., Neue Folge, Bd. XXI, 2). Besprechungen: Schultz-Gora, Deutsche Lit.-Ztg. 1929, col. 1623 und Arch. 157, 299; H. Breuer, Zts. 50, 121; Lewent, Zts. f. frz. Spr. u. Lit. 52, 151, Nachtrag dazu von Th. Kalepky, ibid. 53, 382. — S. auch den Nachtrag von Appel, Zts. 48, 240.

Weitere Literatur: Hist. lit. 13, 471 u. 17, 420. — Hist. gén. de Languedoc 3, 797 u. 5, 1176. — Diez, Leben u. Werke p. 54. — Pätzold, Die individuellen Eigentümlichkeiten p. 15. — Zenker, Peire von Auvergne p. 201. — Anglade, Les Troubadours p. 148. — Chaytor, The Troubadours p. 64. — Suchier u. Birch-Hirschfeld, Gesch. d. franz. Lit. 1, 72. — Anglade, Hist. somm. de la litt. mérid. p. 78. — Kolsen, Der Versteckname „Joglar" bei R. d'Aurenga, Zts. 41, 549. — Zu „Joglar" s. auch Appel, Zts. 49, 473. — Joachim Storost, Ursprung und Entwicklung des altprov. sirventes p. 104 (zu den Sirventesen). — Appel, R. d'Aurenga und Bertran de Born, Studi mediev., nuova serie 2, 391 (R.'s Einfluß auf B. de Born und zu 389, 5); vgl. Mulertt, Lit.-Bl. 1931, col. 212. — Vgl. Lewent, Carl Appel, Sechs Abhandlungen zu R. von Orange und B. von Born, Zts. 52, 615.

Vida: N[2] 12 (V, Arch. 102, 179 u. Rlr. 19, 269); vgl. ϰ 111 (Mussafia p. 224).

Chabaneau, Biogr. p. 284. — S. auch O. Schultz[-Gora], Arch. 92, 229; Kolsen, Guiraut von Bornelh p. 63; Stroński, Rlr. 50, 14 A. 2; Appel, R. von Orange p. 8.

1. Ab nou cor et ab nou talen
joi
A 37 (91 u. Arch. 51, 137), C 201, D 88—320, D^c 256 (164 u. AdM. 14, 200), I 144, K 130, M 138, N² 13 (V 4 u. Arch. 102, 181), R 7–30, V 112 (Arch. 36, 449), a 190 (207, Rlr. 45, 142); anonym N[1]) 250 –401; zitiert Berenguier de Noya (Homenaje . . . Pidal 1, 684).
Vers (nach v. 4 u. 50). — Choix 3, 15. MW. 1, 67.

2. Ab vergoinha, part marimentz
V 113 (Arch. 36, 449 u. MG. 1031). — Ob noch zu ihm?
Canz. — Krit. hgb. Appel, Zts. 49, 490.

3. Aissi mou | un sonet nou, | on ferm e latz
enformelatz *Bartsch*
on form e l. *Pillet*
A 36 (88, Arch. 51, 134), I 146 (MG. 630), K 132 (MG. 631), N² 16 (V 14, Arch. 102, 187), a 199 (216, Rlr. 45, 212), d 341 —230; anonym N 248–397.
Canz. — Appel, Raïmbaut von Orange p. 80 (vgl. p. 98).

4. Al prim | qe·il cim | sorzen sus
tim *Appel;* rim
a 208 (225, Rlr. 45, 221). — Wahrscheinlich Binnenreim.
Vers (nach v. 3). — Krit. hgb. Appel, Rlr. 40, 409.

5. Als durs, crus, cozens lauzengiers
Bels drutz
A 35 (83, Arch. 51, 132), C 197 (MG. 356), D 89—321, D^c 256 (165, AdM. 14, 201), I 144 (MG. 625), K 130, N² 13 (V 3, Arch. 102, 181), a 192 (209, Rlr. 45, 144).
Sirv. (‚vers‘ nach v. 3 und 58). — Krit. hgb. Appel, Studi mediev., nuova serie 2, 393 (vgl. Mulertt, Lit.-Bl. 1931, col. 212).

6. Amics, en gran consirier
Tenzone (mit Beatritz de Dia?), s. 46, 3.

7. A mon vers dirai chanso
moners darai
A 37 (92, Arch. 33, 434), a 187 (204, Rlr. 45, 139).
Canz. — Krit. hgb. Kolsen, Zts. 40, 589; vgl. Appel, R. von Orange p. 32.

8. Amors, com er? que farai
A 35 (86, Arch. 51, 133), C 198 (MG. 357), D 88—319, E 176, I 145 (MG. 621), K 131, M 138, N² 15 (V 11, Arch. 102, 185; hier und in M ist *Mas* . . . Str. VI); in I 146, K 131 folgt *Mas eu o dic e sui (?* l. *si·n) brai,* in d 341—229 steht nur *Mas eu dic e s'ieu brai.*
Canz. — Vgl. Appel, R. von Orange p. 23.

9. Anz qe l'aura bruna·s cal
h- -am-
a 202 (219, Rlr. 45, 216, auch Klein, Mönch von Montaudon p. 94 A.); Chabaneau, Biogr. p. 376 A. 1 und Appel, R. von Orange p. 11 sprechen das Lied dem Dichter ab.
Sirv.-Canz. (‚vers‘ nach v. 2). – vgl. Appel, R. von Orange p. 11, Anm.

[1]) In N stehen alle Nummern (397—406) anonym zusammen.

10. Apres mon vers voill sempr' ordre

D 89—323 (MG. 939), I 145 (MG. 624), K 131, M 137 (MG. 320), N² 14 (V 7, Arch. 102, 183).
Canz. — Krit. hgb. Kolsen, Dichtungen p. 225.

10a. Ara·m platz, Guiraut de Borneill

Dª 183–652, E 221 (MG. 336), N² 18 (V 20, Arch. 102, 191), R 24—203 (MG. 821); Überschrift: „Guiraut de Borneill" et „Linhaure" E.
[Bartsch 287, 1.] Tenzone mit Guiraut de Borneill = 242, 14. Krit. hgb. Appel, Chrest. p. 126; vgl. Raïmbaut v. Orange p. 30 u. 34. Chaytor, Troub. of Dante p. 33. Kolsen, Giraut de Bornelh I 374 (im ersten Buche p. 83, vgl. Appel, Arch. 97, 187). Lommatzsch, Liederb. p. 66. Anglade, Anthol. p. 74. Audiau et Lavaud, Nouv. Anthol. p. 191.

11. Ara·m so del tot conquis

V 113 (Arch. 36, 450 u. MG. 1032). — Ob noch zu ihm? Canzone.

12. Aras no siscla ni chanta

C 202 (MG. 358), R 7—34, a 207 (224, Rlr. 45, 221).
Canz. — (Choix 5, 405. MW. 1, 78.) Krit. hgb. Kolsen, Trobadorged. p. 54.

13. Ar m'er tal un vers a faire
Er tan

A 36 (89, Arch. 51, 136), C 200 (MG. 359), I 146 (MG. 622), K 132, N² 17 (V 15, Arch. 102, 188), a 201 (218, Rlr. 45, 214), d 341–231; anonym N 249—398.
Vers (nach v. 1). — Appel, R. von Orange p. 45.

14. Ar no sui ges mals et astrucs
Eu malastrucx

A 37 (90, Arch. 51, 136), C 196, Dª 182—648, I 145, K 131, N² 15 (V 8, Arch. 102, 184), R 7—29, a 206 (223, Rlr. 45, 220); anonym N 250—400.
Vers (nach v. 4). — Choix 3, 19. MW. 1, 70.

15. Ar quan s'emblo·l foill del fraisse
Er CRN² laisse

C 199 (MG. 362), N² 17 (V 17, Arch. 102, 189), R 7—38; anonym N 251—402.
Canzone.

16. Ar s'espan la flors enversa
Er resplan

C 198, D 90—324, E 176, I 145, K 131, M 135 (MG. 325), N² 15 (V 10, Arch. 102, 185), R 7—32, a 195 (212, Rlr. 45, 148); Arnaut Daniel U 24 (Arch. 35, 377 u. MG. 1304), c 42 (56); anonym N 251–403, O 31 (51).
Vers (nach v. 41). — Krit. hgb. Appel, Chrest. p. 60; vgl. R. von Orange p. 99.

17. Assatz m'es bel
Ara

C 199 (MG. 354), D 90–326, I 143, K 129, M 136 (MG. 326), N² 12 (V 1, Arch. 102, 179), R 7—37, μ 141; Torn. *Er vueill prejar* zitiert b I 3 u. $\varkappa$ 111 (Mussafia p. 225).
Vers (nach v. 71). — (Choix 5, 411. MW. 1, 79.) Krit. hgb. Kolsen, Dichtungen p. 66. Appel, R. von Orange p. 24.

18. Assatz sai d'amor ben parlar
C 197, D^a 182—650, I 146, K 132, N^2 16 (V 12, Arch. 102, 186), V 111 (Arch. 36, 447); anonym N 257—406; zitiert Berenguier de Noya (Homenaje . . . Pidal 1, 682).
Vers (nach v. 60). — Lex. rom. 1, 324. Parn. occ. p. 49. MW. 1, 71. Krit. hgb. Constans, Rlr. 20, 118 (s. Einltg. p. 117). Anglade, Anthol. p. 99. Audiau et Lavaud, Nouv. Anthol. p. 107. Übers. bei Jeanroy, Anthol. p. 56. — Vgl. Appel, R. von Orange p. 40.

19. Be sai qu'a cels seria fer
C 197 (MG. 360), E 178, a 191 (208, Rlr. 45, 143).
Canz. — Appel, R. von Orange p. 56.

20. Be s'eschai qu'en bona cort
A 38 (93, Arch. 33, 435), a 189 (206, Rlr. 45, 141), β^1 92.
Canz. — Appel, R. von Orange p. 26. Crescini, Atti del R. Istituto Veneto 86, II, p. 1236.

21. Brais, chans, quils, critz
Brails(?), Braitz
Brautz, Braus
A 35 (84, Arch. 33, 434), D 89—322, D^c 256 (166, AdM. 14, 201), E 177, I 144, K 130, M 140, N^2 14 (V 6, Arch. 102, 183), a 203 (220, Rlr. 45, 217).
Canzone.

22.[1] **Cars, dous e feinz | del bederesc**
Clars; bedresc, bred(r)esc, bazeresc
D 91—328, I 144 (MG. 626), K 130, M 140 (MG. 627), N^2 14 (V 5, Arch. 102, 182), a 205 (222, Rlr. 45, 218).
Sirv., Kampf von „Joi" und „Pretz" gegen „Malvestat" in allegorischer Form (‚vers' nach v. 64). — Appel, R. von Orange p. 86 (vgl. p. 99).

(**23. Car vei qe clars | chanz s'abriva** s. 389, 38.)

24. Compainho, qui qu'en irais ni·n veill
V 112 (Arch. 36, 448 u. MG. 1030).
Canz. — Vgl. Appel, R. von Orange p. 43.

25. Domna, si m'auzes rancurar
E 179 (MG. 1028), V 111 (Arch. 36, 448 u. MG. 1029).
Canzone.

26. En aital rimeta prima
D 90—327, I 144 (MG. 628), K 129, M 139 (MG. 629), N^2 13 (V 2, Arch. 102, 180).
Sirv.-Canzone.

27. Entre gel e vent e fanc
A 36 (87, Arch. 51, 134), C 200 (MG. 361), D^a 183—651, D^c 256 (162, AdM. 14, 200), I 146 (MG. 623), K 132, N^2 16 (V 13, Arch. 102, 187), R 7—35.
Canz. — (Choix 5, 413. MW. 1, 80.) Krit. hgb. Kolsen, Dichtungen p. 231. — Vgl. Appel, R. von Orange p. 36 u. 60.

28. Escoutatz, mas no sai que·s es
C 201, M 135, R 8—39, a 204 (221, Rlr. 45, 217).
No-sai-que·s-es (gap). — Choix 2, 248. Parn. occ. p. 51. MW. 1, 74. Galvani, Osservazioni p. 181. Bartsch, Leseb. p. 58 u. krit. hgb. Chrest. col. 72. P. Meyer, Recueil p. 78. Crescini, Manualetto p. 213 u. Ma-

[1]) Pillet: Car dous e feinz | del bedresc

nuale p. 180. Lommatzsch, Prov. Liederb. p. 51. Appel, Chrest. p. 77; vgl. R. von Orange p. 42. — Übers. (u. Deutung) bei Crescini, Mélanges Chabaneau p. 315 und Jeanroy, Anthol. p. 58. — Zur Datierung s. Kolsen, Arch. 143, 109 u. Zts. 41, 545, dagegen Appel, R. von Orange p. 79 Anm. — Vgl. noch Thurau, Singen und Sagen p. 37.

(29. **Estat ai fis amics adreis**
gehört zu 389, 36.)

30. **Joglar, fe qed eu dei**
que deu (!) *Bartsch, Pillet*

a 188 (205, Rlr. 45, 140).
Canz. — Krit. hgb. Appel, Rlr. 40, 412; ders., R. von Orange p. 102 (vgl. p. 60).

31. **Lonc temps ai estat cubertz**
I 147 (MG. 620), K 133, d 342 —233.
Gap (Vanto). — Appel, R. von Orange p. 38 A.

32. **No chan per auzel ni per flor**
A 38 (94, Arch. 51, 137), a 193 (210, Rlr. 45, 146).
Canz. — (Choix 5, 401. MW. 1, 77.) Krit. hgb. Kolsen, Trobadorged. p. 57; vgl. Arch. 141, 250.

33. **Parliers . . . .**
. . . . en chan
E 178. — Reim -ana?
Sirv. — (Choix 5, 410. MW. 1, 83.) Krit. hgb. Appel, Prov. Inedita p. 261.

34. **Peire Rogier, a trassaillir**
A 208 (600), C 196, D 136 —469, D^c^ 256 (167, AdM. 14, 201), E 175, I 155 (Rambautz ed en Peire Rogiers), K 141 (Rambautz), U 139 (Arch. 35, 460, Raembaut).
Sirv. als Antwort auf 356, 7. — Choix 4, 3. Parn. occ. p. 52. MW. 1, 73. Krit. hgb. Appel, Peire Rogier p. 64; vgl. R. von Orange p. 19. Troub. cantaliens 2, 470 (mit Übers.).

(35. **Pos n'Aimerics a fag far mesclans' e batailla**
s. 236, 5 a.)

36. **Pos tals sabers mi sors e·m creis**

A 35 (85, Arch. 33, 434 und 51, 133), C 198, D^a^ 182—649, D^c^ 256 (163, AdM. 14, 200), G 88 (p. 275), I 145 u. 147, K 131 u. 132, L 62, M 136, N^2^ 15 (V 9, Arch. 102, 184), U 124 (Arch. 35, 449), a 186 (203, Rlr. 45, 138), d 341–232; anonym X 88♩ (Melodie Rmi. 3, 245); Str. *Estat ai fis amics adreis* C 201, R 7—33 von Bartsch unter 389, 29 besonders aufgeführt.
Canz. — Choix 5, 411. MW. 1, 81. Krit. hgb. Bartsch, Chrest. col. 69. — Zur Mel. auch Beck, Melodien p. 35.

37. **Pos trobars plans | es volguz tan** *Bartsch* vegutz

a 198 (215, Rlr. 45, 211).
Canz. — Krit. hgb. Appel, Rlr. 40, 414.

38. **Pos vei que·l clars | temps s'abriva**
s'abraiva, s'abrauia

N^2^ 17 (V 18, Arch. 102, 190); anonym N 252—404; beg. *Car vei qe clars | chanz s'abriva* a 200 (217, Rlr. 45, 213) = Bartsch 389, 23. — Zum Binnen-

reim s. Levy, B. Zorzi p. 32 A. und Appel, R. von Orange p. 77.
Canz. (‚chansoneta' nach v. 6). — Nach N² u. N hgb. von Constans, Rlr. 19, 272; s. Chabaneau, ibid. 19, 287. S. jetzt Appel, Zts. 49, 487.

38a. Si de trobar agues meillor razo

S 204—131; Lamberti de Buvalel C 337; Raimbaut de Vaqueiras G 57 (p. 178), O 2 (3), a¹ 337 (82), g 1; Ricardus (aber nach Raimbaut) Q 50 (136, p. 100); anonym L 134, N 205–314. — Zur Attribution s. T. Casini, Propugnatore 12 II 411 (dazu p. 406) und O. Schultz[-Gora], Zts. 7, 202. [Bartsch 281, 9.] Canz. — Choix 3, 17. MW. 1, 68.

39. Si·l cors es pres, la lengua non es preza

E 179 (MG. 523).
Gap. — Krit. hgb. Appel, Zts. 49, 480.

40. Una chansoneta fera

C 202, R 7—36, a 196 (213, Rlr. 45, 149).
Canz. (‚chansoneta' nach v. 1). — (Choix 5, 410. MW. 1, 84.) Krit. hgb. Appel, Prov. Ined. p. 263. Jeanroy, AdM. 17, 486 (nach C mit Var. von R).

41. Un vers farai de tal mena

A 38 (95, Arch. 51, 138), C 200, Dᶜ 256 (168, AdM. 14, 201), N² 18 (V 19, Arch. 102, 190), a 197 (214, Rlr. 45, 150); anonym N 252 und 245—405. Vers (nach v. 1 u. 55). — Choix 5, 414. MW. 1, 79. Appel, R. von Orange p. 49.

Von Liedern werden ihm ferner attribuiert:

242, 3 Ailas, com mor! — que as, amis (Guiraut de Borneill)
392, 5 Ar vei escur e trebol cel (Raimbaut de Vaqueiras)
293, 11 Bel m'es quan la rana chanta (Marcabru)
293, 18 Dirai vos senes doptansa (ders.)
392, 13 Eissament ai guerrejat ab amor (Raimbaut de Vaqueiras)
392, 19 Ja hom pres ni dezeritatz (ders.)
392, 23 Leu pot hom gaug e pretz aver (ders.)
163, 1 Nog e jorn sui en pensamen (Garin lo Brun)
392, 26 Nuills hom en re no faill (Raimbaut de Vaqueiras)
356, 7 Seign'en Raïmbaut, per vezer (Peire Rogier)
29, 18 Sols sui qui sai lo sobrafan que·m sortz (Arnaut Daniel)
330, 19a Un sonet novel fatz (Peire Bremon Ricas Novas).

Dazu kommt vermutlich ein Liebesbrief (*domnejaire*, vgl. Bartsch, Grdr. p. 40 A. 6; Anglade, Hist. somm. de la litt. mérid. p. 190):

Donna, cel qe·us es bos amics

G 122 (p. 401, Arch. 35, 105).

Krit. hgb. Appel, Der Liebesbrief Raïmbauts von Orange, Mélanges Jeanroy p. 361; vgl. Schultz-Gora, Arch. 156, 145.

390. Raimbaut de Beljoc.

Hist. lit. 18, 645. — O. Schultz[-Gora], Zts. 10, 595.

1. **A peure m'er lo conort del salvatge**
Anpere *Hss.*, An Peire *Bartsch*

I 148, K 134, d 343—235. Sirv. — (Choix 5, 400.) Krit. hgb. Appel, Prov. Ined. p. 266. — Zur Datierung s. Schultz-Gora, Ein Sirv. von G. Figueira p. 37 und De Bartholomaeis, Osservazioni p. 121.

391. Raimbaut d'Eira.

Bartsch hat „Eiras". — Hist. lit. 18, 670. — Chabaneau, Biogr. p. 300. — Bergert, Damen p. 65 A. 2.

1. **Coms proensals, si s'en vai domna Sancha**

H 55 (229, Arch. 34, 412 u. MG. 649), b I 3 u. ϰ 111 (Mussafia p. 256). Cobla. — Choix 5, 401. Chabaneau, Biogr. p. 301. Milá y Fontanals, Trov. en Esp. p. 60 Anm. — Vgl. Springer, Klagelied p. 56.

392. Raimbaut de Vaqueiras.

Klara M. Fassbinder, Der Trobador Raimbaut von Vaqueiras, Zts. 47, 619—43; 49, 129—190 u. 437—72; vgl. Appel, Zts. 50, 621, Lewent, Lit.-Bl. 1931, col. 283 und Delbouille, Revue belge de philologie et d'histoire 9 (Juli—Dezember 1930, ?).

Weitere Literatur: Hist. lit. 17, 499. — Diez, Leben u. Werke p. 216. — Fauriel, Hist. de la poésie prov. 1, 488 und 2, 58. — L. Biondi, Intorno alcune poesie di Raimbaldo da Vaquerasso, Roma 1840. — O. Schultz[-Gora], Zts. 7, 191. — G. Cerrato, Il „bel cavaliere" di Rambaldo di Vaqueiras, Giorn. stor. d. lett. ital. 4, 81. — G. Carducci, Galanterie cavalleresche del secolo XII e XIII, Nuova Antologia, ser. 2, vol. 49, p. 5, auch in: Cavalleria e umanesimo p. 39 (Bd. 20 der Opere). — A. Bartoli, Storia della lett. ital. 2, 3. — E. Cais di Pierlas, Giacobina di Ventimiglia e le sue attinenze famigliari in un nuovo frammento di canzone di R. di Vaqueiras, Propugnatore 25 II 5, dazu Crescini, ibid. p. 458. — Crescini, Di un „conseill" male attribuito a R. de Vaqueiras, Rendiconti della R. Acc. dei Lincei, cl. di sc. mor., stor. e fil., ser. 5, vol. 10, p. 114 (zu 372, 4). — Torraca, Le donne italiane nella poesia provenzale, p. 7. — Lewent, Rom. Forschungen 21, 343 u. 346 u. 434 (zu den Kreuzliedern 3 u. 9 a). — J. Massó y Torrents, Riambau de Vaqueres en els cançoners catalans. Institut d'Estudis catalans, Anuari 1907, p. 420; vgl. Jeanroy, AdM. 21, 551. — Bertoni, Il Duecento p. 8. — Anglade, Les Troubadours p. 224. — N. Zingarelli, Engles nelle rime di R. di Vaqueiras, Miscellanea di studi critici e ricerche erudite in onore di V. Crescini p. 113; vgl. Bertoni, Giorn. stor. della lett. it. 59, 412 und Arch. 126, 300. —

Ders., Bel Cavalier e Beatrice di Monferrato, Studi Rajna p. 557; vgl. Bertoni, Giorn. stor. d. lett. it. 59, 416. — Chaytor, The Troubadours p. 96. — Suchier u. Birch-Hirschfeld, Gesch. der franz. Lit. 1, 77. — Bergert, Damen p. 67. — Zanders, Die altprov. Prosanovelle p. 110. — Bertoni, Trov. d'Italia p. 9. — Anglade, Hist. somm. de la litt. mérid. p. 81 u. 191. — Kolsen, Bemerkungen zu R. de Vaqueiras, Arch. 145, 274. — Schultz-Gora, „En Vaqueiras" in einer Urkunde, Arch. 156, 100.

Zu Bonifaz I. von Monferrat und den Briefen:

Krit. Ausg.: O. Schultz[-Gora], Die Briefe des Trobadors Raimbaut de Vaqueiras an Bonifaz I., Markgrafen von Monferrat. Zum ersten Male kritisch herausgeg., nebst zwei Karten und einer Beilage über die Markgrafen von Monferrat und die Markgrafen Malaspina in ihren Beziehungen zu den Trobadors, Halle a. S. 1893. Besprechungen: Suchier, Deutsche Lit.-Ztg. 1895, col. 139; Zenker, Zts. 18, 195 (beide für einen Brief, vgl. Rom. 23, 613); Appel, Zts. 18, 293; Stimming, Lit.-Bl. 1894, col. 190. — Italienische Übersetzung von G. del Noce, Le epistole del trovatore Rambaldo di Vaqueiras al marchese Bonifazio I di Monferrato, Firenze 1898 (= Bibl. crit. d. lett. ital. Nr. 23—24); vgl. Jeanroy, AdM. 11, 140 und Crescini, Giorn. stor. d. lett. it. 34, 231. — Karl Hopf, Bonifaz von Montferrat, der Eroberer von Konstantinopel, und der Troubadour R. von Vaqueiras, Berlin 1877 (= Sammlung gemeinverst. wissensch. Vorträge, Serie 12, Heft 272). — Schultz-Gora, Noch einmal zu den Briefen des R. de Vaqueiras, Zts. 21, 206. — Crescini, Ancora delle lettere di R. de Vaqueiras al marchese Bonifacio I di Monferrato, Atti e Mem. della R. Acc. di scienze, lett. ed arti in Padova, n. s., vol. 15, p. 79. — Ders., R. de Vaqueiras et le marquis Boniface I de Montferrat (Nouvelles observations), AdM. 11, 417; 12, 433; 13, 41. Vgl. Appel, Lit.-Bl. 1902, col. 78. — Ders., La lettera epica di R. di Vaqueiras (Testo critico, versione, postille), Atti e Mem. della R. Acc. ... in Padova, n. s., vol. 18, p. 207; vgl. Jeanroy, AdM. 15, 275 und Schultz-Gora, Arch. 147, 75. — Die Texte stehen noch unter dem Titel: La lett. epica di R. di Vaqueiras al marchese Bonifazio I di Monferrato per cura di V. Crescini, Roma 1903, als fasc. 6 der Testi romanzi per uso delle scuole a cura di E. Monaci. — Paolo Savj-Lopez, La lettera epica di R. de Vaqueiras in un nuovo manoscritto, Bausteine zur roman. Philologie, Festgabe für A. Mussafia (Halle 1905), p. 177. — D. Brader, Bonifaz von Monferrat bis zum Antritt der Kreuzfahrt 1202, Berlin 1907. — Schultz-Gora, Über einige Stellen bei R. de Vaqueiras, Zts. 34, 458. — Franz Settegast, Wirklichkeit oder Dichtung in dem ersten Briefe des Troubadours R. von Vaqueiras an den Markgrafen Bonifaz? Zts. 38, 615. — A. Jeanroy, Boniface Ier et R. de Vaqueiras, Revue historique 164, 2.

Zur Streitfrage über den Kaiser von Konstantinopel:

Crescini, Rambaldo di Vaqueiras a Baldovino imperatore, Atti del R. Istituto Veneto 60, II, 871. Vgl. Schultz-Gora, Lit.-Bl. 1902, col. 302; Zenker, Zts. 27, 471; Jeanroy, AdM. 14, 132. — Zenker, Raimbaut von Vaqueiras und Kaiser Alexius IV. von Konstantinopel, Philol. und volkskundl. Arbeiten, Karl Vollmöller zum 16. Oktober 1908 dargeboten (Erlangen 1908), p. 187 und Ders., Nochmals R. von Vaqueiras und der Kaiser von Konstantinopel, Arch. 125, 404. S. dagegen K. Lewent, R. de Vaqueiras und der Kaiser von Konstantinopel, Arch. 123, 319 und eine kurze Erwiderung im Arch. 125, 410. — S. auch die bei Lommatzsch, Prov. Liederbuch p. 475 und Carducci, Cavalleria e umanesimo p. 73 angegebene Literatur.

Vida: A 160 (p. 500), B 99 (ib. p. 709, Mahn, Biogr. p. 32 Nr. 31), E 208, H(?), I 75, K 60, N² 9 (IV, Arch. 101, 381, z. T. auch Rlr. 19, 269), P 43 (V, Arch. 50, 249), R 3 a, Sg Teil II Anfg., a II 35 (Rlr. 45, 268), a¹ 324 (p. 128), ϱ; vgl. ϰ 51 ff. u. 110 (Mussafia p. 257 u. 219). — Razos in E R P (vgl. Schultz[-Gora], Arch. 92, 227).

Parn. occ. p. 73. Choix 5, 416. MW. 1, 358. Mahn, Biogr. p. 32 Nr. 32 (E I K R). Bartsch, Lesebuch p. 161. Chabaneau, Biogr. p. 293. Monaci, Testi ant. prov., col. 67. Massó y Torrents, Institut d'Estudis Catalans, Anuari 1907, p. 421 (Sg). Lommatzsch, Liederb. p. 164 u. 172. Fassbinder, Zts. 49, 134 (nach Chab.).

1. Ara·m digatz, Rambautz, si vos agrada

Tenzone mit Albert marques, s. 15, 1.

2. Ara·m requier sa costum' e son us
Era·m

A 162 (468), C 124, D 106 —367, Dᶜ 252 (108, AdM. 13, 377), E 184, J 6 (29), M 103, N² 12 (IV 9, Arch. 101, 388), P 13 (41, Arch. 49, 81), R 61ȷ —512, Sg 47 Nr. 2, T 187, U 73 (Arch. 35, 413), a¹ 324 (69), α 31 177 (MG. I 213); anonym O 26 (43); Str. I in b I 5 u. ϰ 53 (Mussafia p. 257), Torn. *Bel cavalier* in b I 2 u. ϰ 110 (Mussafia p. 219).

Canz. — Parn. occ. p. 78. Choix 3, 258. MW. 1, 365. Institut d' Estudis Catalans, Anuari 1907, p. 435 (Sg). Text und Übers. auch L. Constans, La revue félibréenne 1893, p. 16.

3. Ara pot hom conoisser e proar
podetz prejar

A 163 (471), C 129, Dᵃ 181 —645, I 77, K 61, L 63, N² 11 (IV 8, Arch. 101, 387), R 61ȷ —517, a¹ 332 (77), ϱ; Aimeric de Peguillan N 159—240; anonym G 115 (p. 371).

Kreuzlied. — Choix 4, 112. MW. 1, 375. Krit. hgb. Bartsch, Chrest. col. 137.

4. Ara quan vei verdejar
Eras, Lan can

C 125, E 187, M 108, R 62 —521, Sg 50 Nr. 9, a¹ 334 (79, auch Studj rom. 2, 74), f 76, λ I 334 (Str. *Bels cavayers, tant es grans*); anonym (aber darüber von moderner Hand: R. de V.) M 251 (1 Str.). Fünfsprachiger Descort. — Parn. occ. p. 79. Choix 2, 226. MW. 1, 371. Galvani, Osservazioni p. 110. Krit. hgb. P. Meyer, Recueil p. 89, danach Monaci, Testi ant. prov. col. 63. Crescini, Manualetto p. 278 und Manuale p. 238. Institut d' Estudis Catalans, Anuari 1907, p. 442 (Sg). Lommatzsch, Prov. Liederb. p. 170. Appel, Chrest. p. 77. Crescini, Nuovi studi mediev. 1, 73 und (zu v. 32) ibid. p. 158. — S. auch Gröber, Grundriß 2, II, 173 A. 1, ferner Appel, Zts. 20, 391 und Anglade, AdM. 35/36, 311.

4a. **Ar preu comjat per tostemps de chantar**

Sg 50 Nr. 10, Ve. Ag. I fol. CXXIj. — Attribution unsicher (Lewent, Lit.-Bl. 1931, col. 285). [Bartsch unbekannt.] Planch. — Institut d'Estudis Catalans, Anuari 1907, p. 422 (Sg).

5. **Ar vei escur e trebol cel**
Erai bru (et) escur

C 127 (MG. 217), E 182 (MG. 524); Raimbaut d'Aurenga CReg., N² 17 (V 16, Arch. 102, 188), R 7—31; anonym (unter den anderen anon. Liedern von R. d'Aurenga) N 249 —399.

Canz. — Zts. 49, 463 (CEN).

5a. **Altas undas que venez suz la mar**
L'altas

Sg 56 Nr. 21. — Echtheit wohl zweifelhaft, vgl. Fassbinder, Zts. 49, 168 und Lewent, Lit.-Bl. 1931, col. 285, auch Deutsche Lit.-Ztg. 1928, col. 1109. [Bartsch unbekannt.] Klage einer Frau um den abwesenden Freund. — Hgb. Institut d'Estudis Catalans, Anuari 1907, p. 424 (Sg). Anglade, Anthologie p. 106. S. auch R. Ortiz, Zts. 49, 559.

6. **A vos, bona domna e pros**

C 128 (MG. 219), E 184 (MG. 527).

Tenzone mit s. Dame. — Zts. 49, 464. Vgl. Niestroy, Pistoleta p. 13.

7. **Bella, tant vos ai prejada**
Domna, B. d.

Dª 209—767, I 156, K 142, a¹ 333 (78). — Überschrift: Rambautz de Vaqueras e de la domna I.

Fingierte Tenzone mit einer Genuesin. — Parn. occ. p. 75. MW. 1, 362. A. Bartoli, Storia della lett. ital. 2, 337 und I primi due secoli della lett. ital. p. 79. Galvani, Strenna filol. modenese per l'anno 1863, p. 84. Krit. hgb. Crescini, Per gli studi romanzi p. 33 (vgl. Jeanroy, Revue des Pyrénées 1893, 6), dazu Studi di fil. rom. 8, 361 (vgl. Appel, Lit.-Bl. 1902, col. 78), ferner Manualetto p. 287 und Manuale p. 245 (s. die Lit.!). Savj-Lopez u. Bartoli, Altital. Chrest. p. 8. Ulrich, Altital. Leseb. p. 1. Monaci, Crestomazia ital. dei primi secoli p. 14. Appel, Chrest. p. 131. Lommatzsch, Prov. Liederb. p. 166. — Zu v. 27—28 s. Crescini, Manuale p. 246 (Var.) und Restori, Rassegna bibliogr. d. lett. ital. 20, 192.

8. Be sai e conosc veramen
E 188; Peire Rogier (aber nach R. de Vaqueiras) T 189.
Sirv. (Ablehnung der Teilnahme an einem Kreuzzuge). — (Choix 5, 420. MW. 1, 384.) Krit. hgb. Appel, Peire Rogier p. 101.

9. Calenda maja
Kalenda *Hss.*
C 125 (MG. 971), M 106, P (?), R 62♩—519 (Melodie Riv. mus. it. 3, 236), Sg 49 Nr. 8; anonym M 250 (MG. 970). — Razo in P.
Estampida. — Institut d'Estudis Catalans, Anuari 1907, p. 440 (Sg). Krit. hgb. Appel, Chrest. p. 89. Lommatzsch, Prov. Liederb. p. 173 und Mel. p. 447. Zur Mel. s. noch Aubry, Trouvères et troub. p. 56 und Beck, La musique des troub. p. 110. — Zur Lit. und Mel. der «Estampida» s. außer den bei Lommatzsch, l. c. p. 477 Nr. 84 und p. 506 und bei Anglade, Bibliogr. élém. de l'ancien prov. p. 81 gemachten Angaben noch L. Biadene, Varietà letterarie e linguistiche (Padova 1896) p. 50 und Zingarelli, Intorno a due trov. in Italia p. 57.

9a. Conseil don a l'emperador
a¹ 340 (86, Studj di fil. rom. 8, 429).
[Bartsch unbekannt.] Kreuzlied (‚conseil'). — Krit. hgb. Crescini, Atti del R. Istituto Veneto 60, II, 873, danach Zenker, Philol. und volkskundl. Arbeiten, Karl Vollmöller .... dargeboten, p. 189. Zur Identifizierung des Kaisers s. die Polemik zwischen Zenker und Lewent.

10. D'amor no·m lau, qu'anc no pogei tant aut
C 128 (MG. 235).
Canz. — Zts. 49, 464.

11. Del rei d'Arago consir
I 187, K 173, N² 12 (IV 10, Arch. 101, 389); Raimon de Miraval A 206 (594), D 137 —472.
Sirv. — Choix 4, 184. MW. 1, 360. Milá y Fontanals, Trov. en Esp. p. 87. — Vgl. Andraud, Raimon de Miraval p. 76 A. 2.

12. D'una domna·m toill e·m lais
laisi
C 125, E 187 (MG. 529), T 189.
Sirv. — Zts. 49, 465 (CE).

13. Eissament ai guerrejat ab amor
Atressi
A 162 (467), B 99 (MG. 55), C 123, D 106—366, Dᶜ 252 (107, AdM. 13, 376), E 183, F 28 (101), G 56 (p. 175), I 77, J 6 (30), K 61, N² 11 (IV 6, Arch. 101, 385), P 13 (42, Arch. 49, 81), Q 49 (134, p. 99), R 61♩—515, S 128 — 80, Sg 49 Nr. 6, a¹ 328 (72), β¹ 784; Raimon de Miraval E 35 (MG. 54, beg. *Dona, ben sai, si merces no·m secor*); zitiert als von Rembautz d'Orenga μ 594.
Canz. — Institut d'Estudis Catalans, Anuari 1907, p. 437 (Sg). Schultz-Gora, Elementarbuch p. 160.

14. El so que pus m'agensa
R 143. — Zur Attribution s. Lewent, Lit.-Bl. 1931, col. 286. Garlambey (Turnierbeschrei-

bung). — Krit. hgb. Appel, Prov. Ined. p. 268.

15. Seigner n'Aimar, cauzetz de tres baros
Den Açemar
En Ademar *Bartsch*

C 389 (MG. 1519), D^a 204—743, E 225, G 94 (p. 298, Arch. 32, 411; Str. I auch Bertoni, Q p. XXXVII), I 159, K 145, M 265, Q 42 (111, p. 83), R (?); Überschriften: Torneyamen d'en Aymar e d'en Perdigos e d'en Raymbaut C, „en Raimbaut" et „n'Azemar" E, d'en Rambautz e d'enn Azemars IK, nur N'Aimars de Peiteus D^a, tenso MQ.
Tenzone (Partimen) mit Ademar [de Peiteus?] und Perdigo = 4, 1 und 370, 12a. — Krit. hgb. Appel, Chrest. p. 137. Chaytor, Les chansons de Perdigon p. 36.

15a. Engles, ben tost venget n'Aimar l'asaut
Angles

D^a 210—774 (Selbach, Streitgedicht p. 119), H 47 (unter 166).
Cobla als Antwort auf 209, 1: vgl. 392, 31.

16. Engles, un novel descort
Angles

C 126, D^a 202—733, R 14—104, a^1 335 (80, Studj rom. 2, 76).
Descort. — Krit. hgb. Appel, Prov. Ined. p. 273.

16a. Gaita be, | gaiteta del castel

Sg 56 Nr. 20. — Ob echt? (Lewent, Lit.-Bl. 1931, col. 285 und Deutsche Lit.-Ztg. 1928, col. 1109).
Alba. — Institut d'Estudis Catalans, Anuari 1907, p. 423. Anglade, Anthol. p. 107. Audiau et Lavaud, Nouv. Anthol. p. 255. — Zum Refrain s. R. Ortiz, Zts. 49, 558.

17. Ges, si tot ma domn' et amors

C 128 (MG. 526), D^a 182–647, E 182 (MG. 525, beg. hier u. in D^a mit der vorangest. Str. II *Galop e trot e saut e cors*), G 53 (p. 164), a^1 338 (83).
Canz. — (Choix 5, 419. MW. 1, 364.) Krit. hgb. Appel, Chrest. p. 67.

18. Guerras ni plag no son bo
-a *Bartsch* contr' amor/ N. s. b.

A 162 (469), C 123, D^c 252 (105, AdM. 13, 375), G 55 (p. 171, Arch. 32, 401), I 77, J 7 (33), K 61, M 104, N^2 11 (IV 7, Arch. 101, 386), P 13 (43, Arch. 49, 82), Q 48 (132, p. 97), R 48J–403, Sg 53 Nr. 15, T 185, a^1 326 (71), d 339—223.
Canz. — (Choix 5, 420. MW. 1, 385.) Institut d'Estudis Catalans, Anuari 1907, p. 445 (nach Sg). Krit. hgb. Kolsen, Trobadorged. p. 59. Zts. 49, 466 (nach AIG u. katal.).

19. Ja hom pres ni dezeritatz
Gies desbaratatz

C 128, E 186, T 186, *α* 30807 (MG. I 212) u. 31068 u. 32040 u. 33714; Pere Vidal ut dicitur M 206; Peiroll N 85–86; P. Cardenal R 71—600; Raimbaut d'Aurenga f 19; anonym G 129 (p. 430, Arch. 35, 108), H (?), P 56 (c. 18, Arch. 50, 265), Q 107 (264, p. 206). — Attribution zweifelhaft.
Sirv. — Choix 4, 427. MW. 1, 379.

20. Ja no cugei vezer
Anc, Tan

A 161 (465), B 99 (MG. 1414), C 129, D 105—363, D[c] 251 (103, AdM. 13, 374), G 54 (p. 168), I 76, K 60, M 108, N[2] 9 (IV 3, Arch. 101, 383), P(?), Q 48 (131, p. 95), R 62 -518, S 131-82, Sg 54 Nr. 17, U 75 (Arch. 35, 414), a[1] 336 (81); anonym O 73 (117).
Canz. — Lex. rom. 1, 364. MW. 1, 372. Institut d'Estudis Catalans, Anuari 1907, p. 446 (nach Sg).

21. Las frevols venson lo plus fort
Los, Cas los fortz
Bartsch, Pillet

C 125, E 187.
Devinalh. — Krit. hgb. Tobler, Arch. 68, 85. Appel, Chrest. p. 82.

22. Leus sonetz, | si cum soill
-u -t *Bartsch*

D 131—452, I 187 (MG. 610), K 172; Arnaut de Comunge A 207 (598). — Binnenreim oder Endreim?
Sirv. — Zts. 49, 467 (nach AI).

23. Leu pot hom gaug e pretz aver
Jen, Ben p. e g.

A 160 (464), C 126, D 105 —365, E 186 (MG. 528), G 55 (p. 173), I 76, J 7 (31), K 60, M 104, N[2] 9 (IV 2, Arch. 101, 382), O 3 (5), Q 49 (133, p. 98), R 62—522, S 129—81 (MG. 273), Sg 49 Nr. 7, U 74 (Arch. 35, 413), a[1] 329 (73), f 76, α 28098 (MG. I 184) u. 28121 (MG. I 184), β^1 809; Raimbaut d'Aurenga CReg.
Canz. — Institut d'Estudis Catalans, Anuari 1907, p. 439 (nach Sg). Zts. 49, 468 (nach AIU u. katal.).

24. No·m agrad' iverns ni pascors alegra

A 163 (470), B 100 (MG. 1415), C 124, D[a] 181—644, D[c] 252 (110, AdM. 13, 377), I 77, K 61, M 105, N[2] 10 (IV 5, Arch. 101, 385), P (?), R 61J—514, S 133 —83, Sg 50 Nr. 11, T 188, U 78 (Arch. 35, 416), a[1] 338 (84); Str. *Donc qe·m val conqis ni ricors* zitiert in der razo.
Sirv.-Canz. — Parn. occ. p. 81. Choix 4, 275. MW. 1, 377. Tarbé, Les œuvres de Blondel de Néele p. 139. Institut d'Estudis Catalans, Anuari 1907, p. 443 (Sg). — Zum Text der einzelnen Hss. s. Jeanroy, Studii dedicati a Francesco Torraca nel XXXVI anniversario della sua laurea (Napoli 1912), p. 475. Zur Datierung s. O. Schultz [-Gora], Briefe p. 11. Zu „droguitz“ (v. 33) und „sortz“ (2. Torn.) s. Tobler, Zts. 6, 121 und Chabaneau, Rlr. 21, 240.

25. No posc saber per que·m sia destregz
-g *Bartsch*

C 127, R 62—520 (MG. 1078).
Canz. — Zts. 49, 469 (nach R). Zu dem in Str. III genannten Folquet s. Stroński, Folquet de Marseille p. 53*.

26. Nuills hom en re no faill
tam leu nō fail en re

A 164 (472), B 101 (MG. 76), D[a] 180—643, D[c] 252 (106, AdM. 13, 376), E 185, I 76, J 7 (34), K 60, M 106, N[2] 10 (IV 4, Arch. 101, 384), T 187, a[1] 329 (74), f 77; Aimeric de Belenoi C 150, P 29 (91, Arch. 49, 305), S 147-91 (MG. 896); Peirol R 89J—741; zitiert als von Rembautz d'Orenga μ 601;

anonym Q 80 (209, p. 155) nach perolus; Str. *E car eu non vaill tan* Q 79 (nach Nr. 206, p. 154). — Ist der Verfasser Aimeric de Belenoi? S. zu dieser Frage: O. Schultz [-Gora], Briefe p. 17; Stroński, Folquet de Marseille p. 133* A. 1; Bergert, Damen p. 46; Bertoni, Trov. d'Italia p. 7; Kolsen, Dichtungen p. 56 A. 1; Appel, Cadenet p. 91 A. 26; De Bartholomaeis, (Di una canzone erroneamente attribuita al trovad. R. di Vaqueiras,) Bullettino della Soc. filol. romana 6 (Roma 1904), p. 21; Fassbinder, Zts. 49, 167; Jeanroy, Revue historique 164, 8 A. 3; Lewent, Lit.-Bl. 1931, col. 285 (meistens für Aimeric), doch s. Gröber, Roman. Studien 2, 458.

Canz. — Krit. hgb. Kolsen, Dichtungen p. 56. Fassbinder, Zts. 49, 470 (nach ABIS).

27. Quan lo dous temps comensa jen

C 127, R 61—511; Raimon de Miraval CReg., M 112 (MG. 712); Bernart de Ventadorn E 108 (MG. 711), dazu unter Guiraut de Quentinhac 4 Verse in α 33596 (beg. *Molt fai gran vilanatge*) = Bartsch 247, 1. — Nach Appel, Bernart von Ventadorn p. 287 ist Bernarts Verfasserschaft sehr wahrscheinlich (vgl. Fassbinder, Zts. 49, 167); s. aber Vossler, B. von Ventadorn, Sitzungsber. 1918, p. 31 A. 1.

Canz. — Krit. hgb. Appel, l. c. p. 284.

28. Savis e fols, humils et orgoillos

A 161 (466), C 126, D 105–364, D[c] 252 (104, AdM. 13, 375), E 183, G 53 (p. 166), I 75, J 7 (32), K 60, M 103, N[2] 9 (IV 1, Arch. 101, 382), O 3 (4), R 61—513, S 126–79, Sg 48 Nr. 5, U 77 (Arch. 35, 415), a[1] 330 (75), f 38 (ursprüngl. Aimeric de Belenoi), α 28319 (MG. I 187) und 29951 (MG. I 204).

Canz. — Choix 3, 256. MW. 1, 366. Institut d'Estudis Catalans, Anuari 1907, p. 436 (nach Sg). Zu einer italienischen Nachahmung s. Jeanroy, Bulletin italien 15, 101 (= Annales de la Faculté des lettres de Bordeaux, 37); vgl. Bertoni, Rom. 44, 320.

29. Seigner Coine, jois e pretz et amors -en, -or

C 393, D[a] 201—732, E 217, G 99 (p. 321, Arch. 35, 102; vgl. 192, 5 G), I 156, K 142, Q 6 (12, p. 12), T 74; Überschriften: Partimen d'en Coyne e d'en Raymbaut C, de Ram(n)baut e de Coine G, Rambautz de Vaqueras e seingner Coine IK, nur Rambaut de Vaqueras D[a], tençon QT.

Tenzone mit Coine (Conon de Béthune) = 116, 1. – Krit. hgb. De Bartholomaeis, Rom. 34, 44 (vgl. Zts. 30, 590). Schultz-Gora, Zts. 41, 703.

30. Si ja amors autre pro no·m tengues E si

D[c] 252 (109, AdM. 13, 377), a[1] 325 (70); anonym G 130 (p. 435, Arch. 35, 109), J 12 (*c. e.* 6), N 101—131, Q 108 (278, p. 208), α 32381. — Fassbinder, Zts. 49, 167 zweifelt an R.'s Verfasserschaft; vgl.

Lewent, Lit.-Bl. 1931, col. 285. Cobla esparsa (in a[1] eine ganze Canzone).

31. Tuit me pregon, Engles, qu'eu vos don saut

D^a 210—774 (Selbach, Streitgedicht p. 119), H 47 (165). Cobla gegen Guillem del Baus (s. dessen Biogr.), beantwortet durch 209, 1; vgl. 392, 15a. — (Choix 5, 185.) Fassbinder, Zts. 49, 471.

32. Truan, mala guerra

M 107, R 143, Sg 54 Nr. 18. Carros. — Choix 3, 260. MW. 1, 368. A. Bartoli, Storia della lett. ital. 2, 341. Bartsch, Leseb. p. 111 und krit. hgb. Chrest. col. 140, danach Monaci, Testi ant. prov., col. 64. Crescini, Manualetto p. 281 und Manuale p. 240. Institut d'Estudis Catalans, Anuari 1907, p. 449 (nach Sg). Lommatzsch, Prov. Liederb. p. 175. — Zu v. 81 s. Kolsen, Arch. 134, 426 A. 1. Zur Datierung s. O. Schultz[-Gora], Dichterinnen p. 14 A. 81; Cerrato, Giorn. stor. d. lett. it. 4, 112; Zingarelli, Studi Rajna p. 567; Torraca, Le donne ital. nella poesia prov. p. 14. — Zum „carros" s. ferner außer Torraca, l. c. p. 12 noch Bergert, Damen p. 72, Jeanroy, Revue historique 164, 17 und die bei Lommatzsch, l. c. p. 477 unter Nr. 85 angegebene Literatur.

Weitere Attributionen:

16, 2 Ab so gai e leugier (Albertet [de Sestaro])
124, 3 Anc mais hom tan be non amet (Daude de Pradas)
70, 11 Bels Monruels, aicel que·s part de vos (Bernart de Ventadorn)
323, 10 Be m'es plazen (Peire d'Alvergne)
372, 4 Bona domna, un conseill vos deman (Pistoleta)
404, 3 D'amor no·m posc departir ni sebrar (Raimon Jordan, vescoms de Saint Antoni)
16, 9 Destregz d'amor veing denan vos (Albertet [de Sestaro])
281, 3 D'un salut me voill entremetre (Lamberti de Buvalel)
331, 1 En abril, quan vei verdejar (Peire Bremon lo Tort)
10, 25 En amor trop alques en que·m refraing (Aimeric de Peguillan)
97, 4 En Raembaut, ses saben (Blacatz u. Raimbaut [de Vaq.?])
281, 4 Eu sai la flor plus bela d'autra flor (Lamberti de Buvalel)
16, 18 Mout es greus mals don hom no s'auza plaigner (Albertet [de Sestaro])
379, 2 Si ai perdut mon saber (Pons d'Ortafas)
281, 9 (= 389, 38a) Si de trobar agues meillor razo (Raimbaut d'Aurenga?)
332, 2 Sirventes e chansos lais (Peire de Bussignac)
364, 47 Tant an be dig del marques (Peire Vidal).

S. auch Art. 388. — Über ein Zitat bei Redi 3, 105 s. Rlr. 23, 19.

Dazu kommen drei an den Markgrafen Bonifaz I. von Monferrat gerichtete Briefe (Grdr. p. 41):

I. Senher marques, no·us Honrat, Valen
vuelh totz remembrar recomtar

C 131, R 135, Sg 52 Nr. 12, ferner Hs. Catania, Bibl. Ventimiliana 92 (c v 204, Bausteine zur roman. Philol. [1905] p. 183). (Choix 5, 426. MW. 1, 383.) O. Schultz [-Gora] p. 43. G. del Noce p. 55. Crescini, Manualetto p. 291 u. Manuale p. 249. Institut d'Estudis Catalans, Anuari 1907, p. 458 (nach Sg mit Var. von Catania). Crescini, Atti e Mem. della R. Acc. . . . in Padova, nuova serie, vol. 18, p. 217. Testi romanzi p. 6. — S. die Übers. bei Diez, Leben u. Werke p. 246.

II. Valen marques, ja no·m Senher
diretz de no

C 130, E 181, J 8 (36, Riv. 1, 33), R 135, Sg (52?) Nr. 12, ferner c v 203 (Bausteine p. 182). (Choix 2, 260; 5, 425. MW. 1, 381.) Monaci, Testi ant. prov., col. 66. O. Schultz[-Gora] p. 48. G. del Noce p. 60. Institut d'Estudis Catalans, Anuari 1907, p. 456 (nach Sg mit Var. von Catania). Appel, Chrest. p. 141. Crescini, Atti e Mem. della R. Acc. . . . in Padova, n. s., vol. 18, p. 213. Testi romanzi p. 4. — Zu v. 4 s. Crescini, Araistrigò, Cartentrastenò, Padova 1887 und Ders., Per gli studi romanzi p. 57. — Übers. bei Diez, Leben u. Werke p. 244.

III. Valen marques, seigner de Monferrat

C 130, E 181, J 7 (35, Riv. 1, 32), R 135, Sg (51?) Nr. 12, ferner c v 203 (Bausteine p. 181); 10 Verse in b I 3 und ϰ 110 (Mussafia p. 220).
(Choix 5, 424. MW. 1, 380.) O. Schultz [-Gora] p. 51. G. del Noce p. 65. Institut d'Estudis Catalans, Anuari 1907, p. 455 (nach Sg mit Var. von Catania). Crescini, Atti e Mem. della R. Acc. . . . in Padova, n. s., vol. 18, p. 211. Testi romanzi p. 3. — Übers. bei Diez, Leben u. Werke p. 243.

393. Raimon.

Chabaneau, Biogr. p. 376. — Der in Nr. 1 genannte Raimon kann (nach Kolsen, Zts. 47, 245) Raimon Berenguier V, Graf von Provence, sein (Art. 184). Selbach, Streitgedicht p. 72 und Parducci, Studj rom. 7, 7 vermuten in R. eher Rainaut de Tres Sauzes. Der in Nr. 3 genannte R. ist (nach Chabaneau und Parducci) vielleicht Raimon Guilhem oder Guilhem Raimon.

1. **Ar chauçes de cavalaria**
Tenzone (Partimen) mit Rodrigo, s. 424, 1.

2. **Raimon, una domna pros e valens**
Tenzone (Partimen) mit Lantelm, s. 283, 2.

3. **Se Lestanqer ni Otons sap trobar**
P 55 (c. 7, Arch. 50, 263), 2 Str.; von wem ist die 2te: *Raimon, vos es trop fols veis del pensar?*
Coblaswechsel.

———— Über **Raimon d'Anjou** (Raymundus de Andegavia), der nach ι 34 (Egidi 2, 29; Thomas p. 182, s. auch p. 138) wohl nicht nur didaktischer Dichter war, s. Thomas, Francesco da Barberino p. 130ff. Vgl. auch Bartsch, Grdr. p. 64 und Chabaneau, Biogr. p. 288, auch E. Müller, Die altprov. Versnovelle p. 129. ————

394. Raimon d'Avigno.

Hist. lit. 19, 614. — O. Schultz [-Gora], Zts. 9, 131 A. 1. — Rlr. 58, 422 (?).

1. **Sirvens sui avutz et arlotz** C 372, Da 203—740, I 191, K 177, R 23—193. Sirv. (‚arlotes'). – Choix 4, 462. MW. 3, 290. Krit. hgb. Bartsch, Chrest. col. 229.

395. Raimon Bistortz de Rusillon.

Bistor F (unterpungiert). — Hist. lit. 19, 596. Chabaneau, Biogr. p. 377. Appel, Cadenet p. 116 A. 47.

1. **Non trob qu'eu re me reprenda** F 58 (174); anonym P 60 (*c.* 74, Arch. 50, 272); [dazu Y 1 c, vgl. 461, 119.] Cobla, vgl. 461, 182. — Choix 5, 369. Milá y Fontanals, Trov. en Esp. p. 474.

396. Raimon de Castelnou.

Hist. lit. 19, 558.

1. **Ar a ben dos ans passatz** Er *Hs., Appel* C 271; Ymbert de Castelnou CReg. Canz. — Krit. hgb. Appel, Prov. Ined. p. 275.
2. **Aras, pus ai luec e sazo** C 270; Ymbert de Castelnou CReg. Canz. — Krit. hgb. Appel, l. c. p. 277.
3. **De servir a bon senhor** C 270; Ymbert de Castelnou CReg. Canz. — (Choix 5, 371. MW. 3, 287.) Krit. hgb. Appel, l. c. p. 279.
4. **Entr' ir' et alegrier m'estau** *s. aber Appel!* C 271; Ymbert de Castelnou CReg. Canz. — (Choix 5, 371.) Krit. hgb. Appel, l. c. p. 281.
5. **Ges, si tot es tan suau** C 271. Canz. — Parn. occ. p. 273. MW. 3, 286.
6. **Mon chantar voill retrair' al cominal** criminal C 271, R 100–843 (MG. 976), a1 515 (266); Peire Cardenal Db 241–817, M 207 (MG. 975), T 94; anonym f 13; dazu wahrscheinlich *A tote gen (gens* Hs.*) donray conseil lejal (lejaus* Hs.*)* in Y 1 c = 461, 31. — Zur Attribution s. Anglade, Guiraut

Riquier p. 173 A. 2 (für Raimon); Maus, P. Cardenals Strophenbau p. 38 (für Cardenal); Vossler, P. Cardinal p. 30 A. 3 u. p. 138 (für Cardenal). [Bartsch 335, 37.] Sirv. — Choix 4, 382. MW. 3, 285. Zur Datierung s. Vossler, l. c. p. 182.

Zum Doctrinal (vgl. Stimming in Gröbers Grundriß 2 II 51) s. Suchier, Denkmäler 1, 241 und P. Meyer, Rom. 14, 533, ferner Blanche Sutorius, Archiv. roman. 2, 369; vgl. Bertoni, Rom. 44, 263.

Johan de Castelnou gehört zur toulous. Schule; Dichtgn. Sg T. III.

397. Raimon de Durfort.

Nach Chabaneau, Biogr. p. 242 A. 3 vielleicht derselbe wie Bernart de Durfort (Art. 60). — Hist. lit. 15, 462.

Vida: I 186, K 172.

Parn. occ. p. 73. Choix 5, 370. Mahn, Biogr. p. 64. Chabaneau, Biogr. p. 242. Lavaud, AdM. 22, 21 A. 1.

1. **Turc Malec, a vos mi teing**
   Truc en

   A 212 (612, Arch. 34, 199), D 138–476, H 41 (131), I 186, K 172; n'Audoy C 375, R 27 —233. — Zur Attribution s. Kolsen, Arch. 141, 250 u. Zts. 41, 543. Sirv. (‚arlotes') gegen Turc Malec; vgl. 29, 15 u. 447, 1. — Gedr. Canello, Arnaldo Daniello p. 192; vgl. Kolsen, Zts. 41, 542 Anm.

Ihm wird noch zugeschrieben:

447, 1 En Raimon, be·us tenc a grat (Turc Malec).

397a. Raimon Ermengau.

Chabaneau, Biogr. p. 377.

1. **Qui vol jauzir de domnas e d'amor**

   α 31 426, ausdrücklich als von Raymon E. bezeichnet (s. v. 31 404). [Bartsch 341, 2.] Cobla.

398. Raimon Escriva(n).

Hist. lit. 19, 596. — Chabaneau, Biogr. p. 377.

1. **Senhors, l'autrier vi ses falhida**

   C 372, R 96—807. Allegorische Darstellung eines Streites zwischen „cata" und „trabuquet". — Bartsch, Leseb. p. 106 u. krit. hgb. Chrest. col. 343. — Vgl. Grdr. p. 35 u. Römer, Die volkstüml. Dichtungsarten p. 20.

399. Raimon Estaca.

So nennt den Dichter in 166, 1 die Hs. M 205, während er in C 366 und α 28438 mit Gaucelm Estaca bezeichnet wird.

400. Raimon Feraut.

Der Dichter erwähnt in der «Vida de sant Honorat» eine Canzone auf den Tod des Königs Karl II. von Neapel, s. Lex. rom. 1, 573. (Hist. lit. 22, 236; Bartsch, Grdr. p. 22f. u. 52; Stimming in Gröbers Grundriß 2 II 40; Chabaneau, Biogr. p. 378; C. Brunel, AdM. 36, 269.)

401. Raimon Gaucelm de Beziers.

Auch nur: Raimon Gaucelm R.

Ausgabe[1]) mit Übersetzung bei Azaïs, Les Troub. de Béziers p. 3.

Sonstige Literatur: Hist. lit. 19, 589 u. 20, 588. — Diez, Leben u. Werke p. 477. — Chabaneau, Biogr. p. 378 A. 3. — Lewent, Rom. Forschungen 21, 359 (zu den Kreuzliedern 1 und 8).

1. **Ab grans trebalhs et ab grans marrimens**
   C 333.
   Kreuzlied, vgl. 405, 1. — Choix 4, 137. MW. 3, 160. Azaïs p. 34.

2. **A Dieu done m'arma de bon' amor**
   C 332 (MG. 190).
   Geistliches Lied. — Azaïs p. 12.

3. **A penas vau en loc qu'om no·m deman**
   C 334, R 60—502.
   Sirv. — Parn. occ. p. 300. MW. 3, 161. Azaïs p. 24.

4. **Belh senher Dieus, quora veyrai mo fraire**
   C 333.
   Zwei Coblas u. Torn. eines Lobliedes. — Choix 5, 374. Mahn, Biogr. p. 66. MW. 3, 161. Azaïs p. 22.

5. **Dieus m'a dada febre tersana dobla**
   C 333.
   Geistliches Lied. — Azaïs p. 16.

6. **Joan Miralhas, si Dieus vos gart de dol**
   R 75–625 (MG. 1018), anonym.
   Tenzone mit Joan Miralhas = 268, 1. — Azaïs p. 37.

7. **Quascus planh lo sieu dampnatge**
   C 334; Überschrift (Mahn, Biogr. p. 66): Planch ne fes Raimon Gaucelm en l'an que hom contava M.CC.LXII per un borzes de Bezers lo qual avia nom Guirautz de Linhan.

---

[1]) Anordnung:

Azaïs	Grdr.	Azaïs	Grdr.	Azaïs	Grdr.
1	= 7	4	= 4	7	= 8
2	= 2	5	= 3	8	= 1
3	= 5	6	= 9	9	= 6.

Planch. — (Choix 5, 375.) Azaïs p. 9. — Vgl. Springer, Klagelied p. 66.

8. **Qui vol aver complida amistansa**
C 332.
Kreuzlied. — Choix 4, 135.

MW. 3, 159. Galvani, Osservazioni p. 93. Azaïs p. 31. Appel, Chrest. p. 111.

9. **Un sirventes, si pogues, volgra far**
C 332.
Sirv. — Azaïs p. 27.

(402. Raimon Guillem.

1. **Amics Ferrairi**
s. 229, 1 a = 150, 1.)

403. Raimon Izarn.

Chabaneau, Rlr. 32, 126. Anglade, Guiraut Riquier p. 88.

1. **Seign'en Jorda, si·us manda Livernos**
Tenzone (Partimen) mit Guiraut Riquier, Jordan und Paulet [de Marseilla], s. 248, 77.

Raimon Jordan de Cofenolt, s. 3, 1 und 273.

404. Raimon Jordan, vescoms de Saint Antoni.

Auch nur: Lo vescoms de Saint Antonin (Antolin).

Krit. Ausgabe[1]): Hilding Kjellman, Le troubadour Raimon-Jordan, vicomte de Saint-Antonin. Édition critique, accompagnée d'une étude sur le dialecte parlé dans la vallée de l'Aveyron au XIIe siècle, Uppsala-Paris (1922). Besprechungen: Cl. Brunel, Bibl. de l'École des Chartes 84, 201; Schultz-Gora, Arch. 145, 323; Jeanroy, Rom. 50, 113; K. Sneyders de Vogel, Neophilologus 10, 65; A. Långfors, Neuphilol. Mitteilungen 25, 39 (wichtig); E. Walberg, ibid. p. 85.

Ferner: Hist. lit. 15, 464. — O. Schultz[-Gora], Zts. 10, 594. — Bergert, Damen p. 36. — Stroński, AdM. 25, 293 (zu den Verstecknamen). — Kurze Notiz bei Anglade, Hist. somm. de la litt. mérid. p. 66. — Im übrigen s. die bei Kjellman bes. p. 138 (Guirondet) angegebene Literatur.

[1]) Textanordnung:

Kjellman	Grdr.	Kjellman	Grdr.	Kjellman	Grdr.
1 =	5	6 =	10	11 =	8
2 =	1	7 =	3	12 =	13
3 =	7	8 =	9	13 =	4.
4 =	11	9 =	12		
5 =	6	10 =	2		

Vorher: Fritz Stelzer, Der Trobador Raimon Jordan, Vizegraf von St. Antoni. Textkritische Bearbeitung seines Lebens und seiner Werke. Diss., Breslau 1921 (nicht gedruckt).

Vida: A 128 (p. 396), B 78 (ib. p. 701, Mahn, Biogr. p. 65), I 81, K 65, R 3 c.

Parn. occ. p. 199. Choix 5, 376. Chabaneau, Biogr. p. 249. Kjellman p. 16.

1. **Aissi com cel qu'en poder de seignor**

A 128 (366), B 79 (MG. 17), C 151, D 115—395, I 83, K 67, T 214; Gui d'Uisel M 190 (MG. 670).

Canz. — Kjellman p. 64.

2. **Ben es camjatz ara mos pensamens**

A 129 (368, Arch. 33, 465), C 151 (MG. 788), D 115–397, F 32 (113), I 83, K 66, R 32 –271, a 249 (266, Rlr. 45, 263), f 60; Gui d'Uisel M 189 (MG. 789).

Canz. (‚chansoneta'). — Kjellman p. 101.

3. **D'amor no·m posc departir ni Amors sebrar**

A 130 (372, Arch. 33, 466), CReg., D 116 – 400, I 83, K 67, T 214; Perdigo C 241, R 94—787; Raimbaut de Vaqueiras CReg.; Gui d'Uisel M 190.

Canz. — Kjellman p. 87.

4. **Lo clar temps vei brunezir**

A 130 (371), C 152, D 116 —399, F 32 (114), I 82, K 66; Peirol a 181 (191, Rlr. 45, 125); anonym W 192♩ (p. 397).

Canz. — Parn. occ. p. 200. (Choix 5, 380.) MW. 3, 300. Kjellman p. 110. Zu Str. 6 s. Bergert, Damen p. 37.

5. **No posc mudar no diga mon vejaire**

C 154, α 28 280 (MG. I 186) und 30 210 (MG. I 207). — Nach Appel, Zts. 43, 419 u. 421 Anm. von einer trobairitz verfaßt.

Sirv. gegen die „antic trobador". — (Choix 5, 379. MW. 3, 302.) Krit. hgb. Suchier, Jahrb. 14, 284. Kjellman p. 61.

6. **Per qual forfait o per qual faillimen**

A 128 (367), B 79 (MG. 81), C 151, D 115–396, I 82, K 66, L 118, N² 27 (XXIII 1 u. Arch. 102, 208, Schluß auch Rlr. 19, 286), O 15 (24), R 32–273, S 199–128 (Raimon Jordan de Cofenolt), T 213, a 250 (267, Rlr. 45, 265), f 60; Gui d'Uisel M 189.

Canz. — (Choix 5, 380.) Kjellman p. 78.

7. **Per solatz e per deport**
Mi conort
D'un' amor que·m senh d'una mort?

C 152.

Canz., vgl. 235, 2 (249, 4). — (Choix 5, 380. MW. 3, 302.) Krit. hgb. Appel, Prov. Ined. p. 282. Kjellman p. 67.

8. **Quan la neus chai e gibron li verjan**

C 154.

Canz. — Krit. hgb. Appel, Prov. Ined. p. 285. Kjellman p. 106.

9. **Raimon Jordan, de vos eis voill apendre**

C 153; Str. I in der vida zitiert. Fingierte Tenzone zwischen dem Dichter und der Liebe. — (Choix 5, 378. MW. 3, 303.)

Krit. hgb. Appel, Prov. Ined. p. 287. Kjellman p. 91.

10. **S'eu fos encolpatz (Vas amor de re)**
C 153.
Canz. — Krit. hgb. Appel, Prov. Ined. p. 289. Kjellman p. 83.

11. **Vas vos soplei, domna, premeiramen**
A 129 (369), B 80 (MG. 107), C 150 (MG. 786), D 116–401, I 82, K 66, L 8, M 102 (Le vescons de San Antoli vel Gui d'Uxel, desgl. O Reg.), P 33 (106, Arch. 49, 313), S 202 —130, U 123 (Arch. 35, 448), a 248 (265, Rlr. 45, 262), f 27; anonym O 35 (57), W 194 (p. 397, vgl. 335, 49).
Canz. (‚chansoneta'). — Kjellman p. 71.

12. **Vas vos soplei, en cui ai mes m'entensa**
A 129 (370), B 80 (MG. 108), C 152 (MG. 787), D 115—398, I 83, K 67, R 32 - 272, T 215; Gui d'Uisel M 191; Guiraut de Calanso E 135 (MG. 333, beg. mit Str. V *Amor, ben faitz volpillatg' e faillensa*), von Bartsch unter 243, 3 besonders aufgeführt (vgl. AdM. 15, 167 A. 1); anonym O (?); v. 1 zitiert die vida.
Canz. — Kjellman p. 94.

13. **Vert son li ram e de foilla cubert**
C 153.
Canz. — Krit. hgb. Appel, Prov. Ined. p. 291. Kjellman p. 108.

Weitere Attributionen:

305, 1 Aissi com cel qu'a estat ses seignor (Monge de Montaudo)
[3, 1 Ara·m do Deus que repaire (Ademar lo Negre)]
240, 4 Ara sabrai s'a ges de cortezia (Guiraudo lo Ros).

Dazu ein Zitat in ι 73 (Thomas p. 193) und eine ganze Novelle. S. auch Thomas p. 116 und Kjellman p. 26, auch E. Müller, Die altprov. Versnovelle p. 135.

405. Raimon Menudet.

Hist. lit. 19, 608 u. 20, 596. — Azaïs, Les Troub. de Béziers p. 150.

1. **Ab grans dolors et ab grans marrimens**
C 377 (MG. 153).
Planch, vgl. 401, 1.

406. Raimon de Miraval.

Miravalh C.

Paul Andraud, La vie et l'œuvre du troubadour Raimon de Miraval. Étude sur la littérature et la société méridionales à la veille de la guerre des Albigeois, Paris 1902. Besprechungen:

Schultz-Gora, Arch. 112, 247; Zenker, Zts. 29, 346; Jeanroy, Rom. 32, 131; Salverda de Grave, AdM. 15, 74.

Weitere Literatur: Hist. lit. 17, 456. — Diez, Leben u. Werke p. 308. — Louis de Santi, La Louve de Pennautier. A propos de l'ouvrage de M. P. Andraud sur le troubadour Raimon de Miraval, Revue des Pyrénées 16, 359. — Schultz-Gora, „Orestains“ bei R. de Miraval, Zts. 27, 628 (zu 406, 15 Str. 4). — Ders., Eine Gedichtstelle bei R. von Miraval (Gr. 406, 3), Zts. 29, 336. — Anglade, Les Troubadours p. 177. — Ders., Hist. somm. de la litt. mérid. p. 73. — Bergert, Damen p. 31 u. 34. — S. auch die unter 112, 1 gemachten Angaben.

Zu Gaudairenca:

Choix 5, 390. — Hist. lit. 17, 460. — Diez, Leben und Werke p. 313. — Chabaneau, Biogr. p. 277. — O. Schultz[-Gora], Dichterinnen p. 5. — Andraud, Raimon de Miraval p. 129. — Bergert, Damen p. 108. — Suchier u. Birch-Hirschfeld, Gesch. der franz. Lit. 1, 71 u. 84.

Vida: A 42 (p. 118), B 30 (ib. p. 682; Mahn, Biogr. p. 40 Nr. 41), E 200, H 20 (63), I 67, K 52, P 39 (II, Arch. 50, 242), R 1 d, a II 34 (Rlr. 45, 268), a[1] 312 (p. 106); vgl. ϰ 64 u. 116 (Mussafia p. 226 u. 227). — Razos in ERPH (in ERP zu 38, 4, 8, 28, 12; in ERPH zu 15). — Zur Glaubwürdigkeit der vida s. O. Schultz[-Gora], Arch. 92, 219.

Parn. occ. p. 220. Choix 5, 382. MW. 2, 113. Mahn, Biogr. p. 40 Nr. 42 (EIR). Chabaneau, Biogr. p. 273. Andraud p. 216. Lommatzsch, Liederb. p. 181.

1. A Deu me coman, Bajona

C 86 (MG. 8), R 86—717 MG. 540).
Sirv. joglaresc. — Krit. hgb. Witthoeft, Sirv. jogl. p. 48.

2. Aissi cum es genser pascors
-ers -r

A 43 (110, Arch. 51, 147), B 31 (MG. 12 mit Varianten von E), C 81, D 97—338, D[c] 252 (112, AdM. 13, 377), E 31, F 26 (93), G 68♩ (p. 209), H 15 (51), I 69, K 53, L 137, M 114 (MG. 1091), N 216–334 (MG. 1351), Q 55 (159, p. 108), R 85♩–710, U 93 (Arch. 35, 426), V 45 (Arch. 36, 396), a[1] 319 (64), β[1] 575; anonym O 73 (118); Str. IV (*Un plait*) anonym J 14 (*c. e.* 54), zitiert H 48 (in 167).
Canzone.

3. Aissi·m ten amors franc

C 82 (MG. 197); mit Str. III beginnt (nach Mittlg. von Levy) ein anderes Gedicht.
Canz. — Zu einer Gedichtstelle s. Schultz-Gora, Zts. 29, 336.

4. Amors me fai chantar et esbaudir

A 49 (129, Arch. 51, 243), C 77, D 97—340, E 39, I 71, K 55, R 87—730, b II 21 (14, AdM.

21, 351); Strophe *Bona domna* b I 6 u. ϰ 65 (Mussafia p. 226); diese und *Eu no voill ges* anonym J 14 (*c. e.* 50—51), zitiert H 48 (in 167).
Canz. — Parn. occ. p. 226. MW. 2, 129.

5. Anc non atendei de chantar

C 85 (MG. 735), R 87—729 (MG. 736), V 47 (Crescini, Atti della R. Acc. dei Lincei, ser. IV, vol. VI, p. 45 und Per gli studi rom. p. 130), β^1 111; Strophe *Sabetz per que* anonym J 14 (*c. e.* 52), zitiert H 48 (in 167).
Canzone.

6. Anc trobars clus ni braus chantars

A 45 (115, Arch. 33, 436), C 82 (MG. 733), D 99—347, E 44, I 70, K 54, M 110 (MG. 734), N 219—340, R 14—103, V 48 (Arch. 36, 398); Strophe *No sai* anonym J 14 (*c. e.* 53), zitiert H 48 (in 167).
Canz. — Krit. hgb. Bartsch, Chrest. col. 163. — Vgl. Andraud p. 200 u. Appel, R. von Orange p. 95.

7. A penas sai don m'apreing
on

A 48 (127, Arch. 51, 243), C 76, D 100—351, E 33, G 69J (p. 213), I 68, K 53, L 108, M 116, N 215—332 (MG. 1349), Q 62 (162, p. 121), R 88J—732, S 142—88, V 42bis (Arch. 36, 393), b II 28 (22, AdM. 21, 357), α 30037 (MG. I 205) und 30882 (MG. I 213), β^2 1727.
Canz. — Choix 3, 359. MW. 2, 121.

8. Ar ab la forsa dels freis
del, de

A 45 (117, Arch. 51, 151), C 85, D 97—337, D° 253 (119, AdM. 13, 380), E 37, I 70, K 54, N 220—343[1]), R 88J—736, a¹ 320 (65), β^1 1325; anonym L 144; Anfang v. Str. *[E]n amor a maintas leis* zitiert H 48 (in 167).
Canz. — Parn. occ. p. 227. MW. 2, 124.

9. Ara m'agr' ops que m'aizis
Era

A 45 (118, Arch. 51, 151), D 95—331, E 39 (MG. 335), I 72, K 56, N 220—344, R 86J—720, a¹ 323 (68), b II 23 (17, AdM. 21, 353); Aimeric de Belenoi C 148 (MG. 237), E 88.
Canzone.

10. Aras no m'en posc plus tardar

A 206 (596, Arch. 34, 197), D 137—473.
Sirv. — (Andraud p. 187 A. 2).

10a. Ar aven maint teto bon

N 219—341, anonym.
[fehlt Bartsch] Zwei coblas. — Krit. hgb. Suchier, Denkm. 1, 322.

11. Bajona, per sirventes

C 86, R 86—718 (MG. 541).
Sirv. joglaresc. — Milá y Fontanals, Trov. en Esp. p. 114. Krit. hgb. Witthoeft, Sirv. jogl. p. 49.

12. Bel m'es qu'eu chant e coindei
e·m domney

A 43 (111, Arch. 51, 148), C 75, D 95—329, E 34, F 25 (90),

---

[1]) In N sind die Nummern 343—350 anonym, desgl. Nr. 331.

H 15 (50), I 69, K 54, L 106, M 111, N 217–336, P 31 (100, Arch. 49, 311), Q 62 (163, p. 122), R 85♩—708, S 138 —86, U 95 (Arch. 35, 428), V 46 (Arch. 36, 396), a¹ 318 (63), f 40, α 30574 (MG. I 210); Str. 6 zitiert die vida (H) und Anfang anonym H 48 (in 167).
Canz. — Parn. occ. p. 229. MW. 2, 128. Andraud p. 156.

13. Be m'agrada·l bels temps
Molt d'estiu

A 48 (126, Arch. 51, 242), C 76, D 98—342, D^c 253 (116, AdM. 13, 379), E 32 (MG. 38), F 25 (91), G 67♩ (p. 208), I 68, K 53, L 107, M 112 (MG. 1084), N 215–331, P 32 (102, Arch. 49, 312), Q 55 (158, p. 107), R 85♩—712, S 136—84 (MG. 1085), T 180, U 91 (Arch. 35, 425), V 42 (Arch. 36, 393), a¹ 313 (58 u. Studj rom. 2, 72), b II 23 (16, AdM. 21, 352).
Canz. — (Choix 5, 392.) Krit. hgb. Bartsch, Chrest. col. 167.

14. Ben aja·l cortes esciens

C 84 (MG. 1098), R 88♩—737 (MG. 1099).
Canzone.

15. Ben aja·l messatgiers

A 44 (114, Arch. 51, 150), C 82, D 98—345, D^c 252 (113, AdM. 13, 378), E 42, H 16 (54), I 68, K 52, M 116, N 218—339, R 85♩-709, U 95 (Arch. 35, 427), a¹ 317 (62), b II 21 (13, AdM. 21, 350, beg. *Que massa ricx*), β¹ 739; 2 Verse (23 u. 24) zitiert die vida (H).
Canz. — Parn. occ. p. 231. MW. 2, 126. — Zu „Orestains" (Str. 4) s. Schultz-Gora, Zts. 27, 628.

15a. Ben sai que per aventura

A 46 (121 u. Arch. 33, 438; MG. 1102), C 78 (MG. 1101), D 96—333, E 41 (MG. 1100), I 71, K 55, N 222–347, R 88 —733, V 47 (Arch. 36, 397), b II 25 (19, AdM. 21, 355); Str. *Drutz que soven si rancura* anonym J 14 (*c. e.* 56).
[fehlt Bartsch] Canzone.

16. Bertran, si fossetz tan gignos

A 183 (523 u. Arch. 34, 184; MG. 1086), D 148—515, I 157 (MG. 1087), K 143, L (?); Überschriften: Raimons de Miraval ed en Beltran I, Raimons de Miraval K, Bertrans d'Avignon e Raimons de las Salas A, nur Raimonz D. — Andraud p. 180 entscheidet sich für Raimon de las Salas.
Tenzone mit Bertran (Folco) d'Avigno = 83, 1. — (Choix 5, 71.) Monaci, Testi ant. prov., col. 85 (A).

(**17. Car vos am tan, domna, celadamen**

s. 30, 16.)

18. Cel cui jois taing ni chantar
sap trobar

A 48 (125 u. Arch. 33, 440; MG. 1119), C 80 (MG. 1117), D 96—336, E 31, I 70, K 55, L 147, M 115 (MG. 1116), R 86♩ —715, V 43 (Arch. 36, 394), f 67, β¹ 459; unter Peirols Liedern, aber der Name Peiroll unterpungiert in N 79—72 (MG. 1118); Pons de Capdueyll Sg Nr. 6.
Canzone.

19. Cel que de chantar s'entremet

A 47 (123 u. Arch. 33, 439; MG. 1094), C 79 (MG. 1093), D 96—335, E 41 (MG. 1095), I 71, K 56, N 223—349, a¹ 321 (66), b II 27 (21, AdM. 21, 357).
Canzone.

20. Cel que no vol auzir chansos

A 44 (112, Arch. 51, 149), C 75, D 97–341, Dᶜ 253 (118, AdM. 13, 379), E 32, G 68♩ (p. 212), I 69, K 54, M 111, N 217 -337, P 32 (101, Arch. 49, 311), Q 62 (161, p. 120), R 86♩–713, S 140—87, T 181, V 40 (Arch. 36, 391), b II 22 (15, AdM. 21, 351), *α* 28630 (MG. I 190) u. 32129 u. 32197; anonym L 136; Anfang der Str. *E la bella* anonym zitiert H 48 (in 167), zitiert (En Ramon de Miravaylls) auch von Berenguier de Noya (Homenaje ... Pidal 1, 684).
Canz. — Lex. rom. 1, 423. MW. 2, 123.

21. Chansoneta farai vencutz

C 84 (MG. 1104), R 88♩–735 (MG. 1103).
Canz. (,chansoneta'). — Zu den «peiras d'Alzona» s. den unter 227, 8 zitierten Aufsatz von Noulet, bes. p. 135, auch Mulertt, G. P. de Cazals p. 261.

22. Chans, quan non es qui l'entenda

C 79 (MG. 1106), E 43, R 87♩ —728 (MG. 1105), V 42 (Crescini, Atti della R. Acc. dei Lincei, ser. IV, vol. VI, p. 44 und Per gli studi rom. p. 129).
Canzone.

23. Contr' amor vauc durs et enbrones

A 47 (124, Arch. 51, 242), B 32 (MG. 49), C 81, D 100—352, Dᶜ 253 (117, AdM. 13, 379), E 34, F 26 (92), I 70, K 55, M 115, N 224—350, R 87♩ —723, S 137—85 (MG. 1107), V 44 (Arch. 36, 395), d 338 —222, *β*¹ 610; Strophe *Ab fals ditz* anonym J 14 (*c. e.* 55), zitiert H 48 (in 167).
Canzone.

24. D'amor es totz mos consiriers
mou, son consires

A 47 (122, Arch. 51, 241), C 79, D 96–334, I 71, K 56, M 110, N 223–348, R 87♩–722, T 180, a¹ 322 (67), b II 26 (20, AdM. 21, 356), f 67, *α* 27908 (MG. I 182) u. 30115 (MG. I 206).
Canz. (,chansoneta'). — Choix 3, 362. MW. 2, 118.

25. Dels quatre mestiers valens

C 78, R 87—726, V 40 (Arch. 36, 391), *β*² 1146.
Canz. — Choix 3, 357. MW. 2, 120.

26. De trobar ai tot saber

V 42bis (Arch. 36, 393 u. MG. 933).
Canzone.

27. Enquer non a gaire

C 83 (MG. 1108), H 56 (251 u. Arch. 34, 415, beg. *Messagiers, bel fraire*).
Canzone.

28. Entre dos volers sui pensius
-ls sos, fuy

A 43 (109, Arch. 51, 147), B 30 (MG. 141), C 81, D 98 – 344, Dᶜ 252 (111, AdM. 13, 377), E 42, H 16 (53), I 69, K 53,

M 113, N 216–333 (MG. 1350), R 85J–707, T 181, U 92 (Arch. 35, 425), V 44 (Arch. 36, 395), a[1] 316 (61), f 67; anonym L 136, S 213—137; v. 21—24 zitiert die vida (H).
Canz. — Parn. occ. p. 233. MW. 2, 128.

29. Forniers, per mos enseignamens
A 206 (595, Arch. 34, 196), D 137—474.
Sirv. joglaresc. — Krit. hgb. Witthoeft, Sirv. jogl. p. 50.

30. Grans mestiers m'es razonamens
A 206 (593, Arch. 34, 195), D 137—471, H 42 (137).
Sirv. als Antwort auf 454, 1. — Andraud p. 143. Lommatzsch, Liederb. p. 185.

31. Lonc temps ai avutz consiriers
A 49 (131, Arch. 51, 244), C 77, D 99–348, E 35 (MG. 66), I 70 (MG. 632), K 54, L 145, R 88J—731, V 43 (Arch. 36, 394), zitiert Berenguier de Noya (Homenaje ... Pidal 1, 684); Anfang der Str. *[V]ers es* anonym zitiert H 48 (in 167).
Canzone.

32. Miraval, tenso grazida
Tenzone (Partimen) mit Ademar (lo Negre?), s. 1, 1.

33. Pos de mon chantar dizetz
A 49 (130, Arch. 51, 244), D 99—349, E 37 (MG. 634), I 70 (MG. 633), K 55; anonym L 145, Anfang von Str. 4 zitiert H 48 (in 167).
Canzone.

34. Pos ogan no·m valc estius
Anz, Car, Mas plac
A 46 (119 u. Arch. 33, 437; MG. 1111), C 80 (MG. 1110), D 97—339, D[c] 253 (115, AdM. 13, 378), E 38 (MG. 1109), I 67, K 52, M 114, N 221–345, R 87—725, U 93 (Arch. 35, 426), V 48 (Crescini, Atti della R. Acc. dei Lincei, ser. IV, vol. VI, p. 45 und Per gli studi rom. p. 131); Ponz de la Garda S 230—149.
Canzone.

35. Qui bona chanso consira
C 85 (MG. 1112), R 86—716 (MG. 1083 a = Bd. IV, 17).
Canzone.

36. Res contr' amor non es guirens
-m
C 84 (MG. 1113), R 86J—721 (MG. 1083), V 46 (Arch. 36, 397).
Canzone.

37. S'a dreg fos chantars grazitz
C 83 (MG. 1115), R 87—724 (MG. 1114); zitiert β^1 798 (*Vers es que ies trobar dessals | non es proeza senes als, | ni sol .I. mestier valor*).
Canzone.

38. S'eu en chantar soven
-n
A 45 (116, Arch. 33, 436), B 31 (MG. 150), C 78, D 95—330, E 38, I 68, K 53, N 219–342, R 85—706, b I 6 u. $\varkappa$ 66 (Mussafia p. 226); v. 18—20 zitiert die vida (H).
Canz. — Parn. occ. p. 235. MW. 2, 130.

39. Si·m fos de mon chantar parven
C 84 (MG. 1121), R 88J—738 (MG. 1120).
Canzone.

40. Si tot s'es ma domn' esquiva
m'

A 50 (132, Arch. 51, 245), C 76 (MG. 638), D 100—350, I 72 (MG. 637), K 56, R 85J—711 (MG. 639), a[1] 315 (60); Cadenet E 116.
Canz. — Bartsch, Leseb. p. 72 u. krit. hgb. Chrest. col. 165.

41. Tal chansoneta farai

A 44 (113, Arch. 51, 149), D 99 —346, I 72 (MG. 635), K 57, N 218—338, a[1] 314 (59); Raimon Vidal C 341 (MG. 636). — Zur Attribution s. Kolsen, Arch. 141, 250 u. Zts. 41, 540 A. 3.
Canz. (,chansoneta').

42. Tals vai mon chant enqueren
-l

A 48 (128 u. Arch. 33, 440; MG. 1090), C 83 (MG. 1089), D 98–343, D[c] 253 (114, AdM. 13, 378), E 37 (MG. 1088), H 16 (52), I 71, K 55, Q 55 (160, p. 109) u. 62 (nach Nr. 157, p. 120 *Se ja per*; Arch. 33, 421), R 86J—714, V 44 (Arch. 36, 395), β^1 663 u. 681.
Canzone.

43. Tostemps enseing e mostri al mieu dan

N 216—335 (MG. 1352).
Coblaswechsel mit Guillelmi = 200 a, 1. — Jeanroy, Rom. 19, 397. Andraud p. 183. — S. auch die Lit. unter 200 a.

44. Tot quan fatz de be ni dic
eu be faz

C 75, R 86J—719, V 41 (Arch. 36, 392).
Canzone.

45. Trop an chauzit mei oill en loc onriu

E 36 (MG. 1122); anonym C 384 (MG. 1123), unter cansos ses titol. — Attribution zweifelhaft (Peire Vidal?).
Canz. — vgl. Andraud p. 173 Anm.

46. Tuit cill que van demandan
Totz sels

A 46 (120 u. Arch. 33, 438; MG. 1097), C 77 (MG. 1096), D 95—332, E 40 (MG. 1095), I 72, K 56, N 221—346, R 88 —734, b II 24 (18, AdM. 21, 354), f 67.
Canzone.

47. Un sonet m'es bel qu'espanda

C 80 (MG. 1125), E 43, R 87J —727 (MG. 1124), V 41 (Crescini, Atti della R. Acc. dei Lincei, ser. IV, vol. VI, p. 44 u. Per gli studi rom. p. 129).
Canzone.

Andere Attributionen:

30, 3 Aissi com cel qu'am' e non es amatz (Arnaut de Maroill)
30, 6 Aissi com mos cors es (ders.)
30, 8 Anc vas amor no·s poc res contradire (ders.)
392, 11 Del rei d'Arago consir (Raimbaut de Vaqueiras)
80, 13 D'un sirventes no·m cal far loignor ganda (Bertran de Born)
392, 13 Eissament ai guerrejat ab amor (Raimbaut de Vaqueiras)
30, 16 La grans beutatz e·l fis enseignamens (Arnaut de Maroill)
30, 19 Mout eron dous mei consir (ders.)
240, 7 Nuls hom no sap que s'es grans benanansa (Guiraudo lo Ros)
392, 27 Quan lo dous temps comensa (Raimbaut de Vaqueiras?)

30, 22 Si com li peis an en l'aiga lor vida (Arnaut de Maroill)
30, 23 Si·m destreignetz, domna, vos et amors (ders.).

Dazu kommt vermutlich ein Liebesbrief (*domnejaire*, vgl. Grdr. p. 41):

Dona, la genser c'om demanda

R 136 (MG. 640).
Krit. hgb. Bartsch, Denkm. p. 127. — Vgl. Andraud p. 174.

Ein Zitat in ι 25 (Egidi 1, 270; Thomas p. 181; Jahrb. 11, 48). — S. auch Thomas p. 116 u. Trojel, Rlr. 32, 286.

Über Raimon de Miraval als Verfasser von Novellen s. noch Andraud p. 184 und E. Müller, Die altprov. Versnovelle p. 133.

Reimonz Rascas s. Art. 104.

407. Raimon Rigaut.

In R nur: R. Rigaut. — Hist. lit. 20, 596.

1. **Tota domna que·m don s'amor**
C 376, R 52—441.
Drei coblas esparsas. — (Choix 5, 393.) Krit. hgb. Appel, Prov. Ined. p. 293.

408. Raimon Robin.

Bertoni, I trovatori d'Italia p. 134.

(1. **Raimon Robin, eu vei que Deus comensa**
Keine Tenzone, sondern Sirv. von Lanfranc Cigala, s. 282, 21.)

409. Raimon de las Salas, de Marseilla.

Auch nur: Raimon de la Sala und Raimonz de Salas. — Hist. lit. 18, 639.

Vida: I 108, K 94.
Parn. occ. p. 328. Choix 5, 393. Mahn, Biogr. p. 59. Chabaneau, Biogr. p. 302 u. Rlr. 33, 107.

1. **Anese m'avetz tengut a no caler**
D 86—312; Bernart del Poget F 48 (151, vor Grdr. 87, 2; vgl. Art. 64).
Canzone.

2. **Deus, aidatz** (ajudatz)
C 373, R 30—257; Bernart Marti E 111.
Alba. — (Choix 5, 68. MW. 3, 322.) Bartsch, Leseb. p. 101.

3. **Domna, quar conoissens' e sens** (qu'a … -n)
Dᵃ 179—636, I 108, K 94, d 340—228; anonym L 42 (Arch. 34, 428).
Fingierte Tenzone mit einer Dame. — (MW. 3, 322.) Krit. hgb. Kolsen, Trobadorged. p. 63.

4. **No·m puosc partir | de joi ni Non d'alegranssa**
D 87—313 (Del cod. Estense, Sitzungsber. etc. p. 440).
Canzone.

5. **Si·m fos grazitz mos chans, eu m'esforsera**
Da 179—637, I 108, K 94, d 340—227.
Canz., aus zwei Halbcanz. bestehend. — (Choix 5, 394. MW. 3, 321.) Krit. hgb. O. Schultz[-Gora], Dichterinnen p. 30. Chabaneau, Rlr. 33, 107.

Ihm werden noch zugeschrieben:

70, 11 Bels Monruels, aicel que·s part de vos (Bernart de Ventadorn)
406, 16 Bertran, si fossetz tan gignos (Raimon de Miraval).

= Raymon de Tholosa s. Peire Raimon de Toloza (Art. 355). =

410. Raimon de Tors, de Marseilla.

Kritische Ausgabe[1]) (mit Einleitung, Übersetzung und Anmerkungen): Amos Parducci, Raimon de Tors, trovatore marsigliese del secolo XIII, Studj romanzi 7, p. 5—59. Besprechungen: Bertoni, Giorn. stor. d. lett. it. 59, 418; L. Biadene, Rassegna bibliogr. d. lett. it. 19 (1911), p. 305; Jeanroy, Rom. 41, 138.

Sonstige Literatur: Hist. lit. 19, 553. — C. Merkel, Atti e Mem. della R. Accad. dei Lincei, cl. di scienze mor., stor. e filol., ser. IV, vol. IV, p. 318. — Anglade, Guiraut Riquier p. 107 A. 2. — R. Davidsohn, Gesch. von Florenz 2 II 29.

1. **Amics Gauselm, si aunatz en Toscana**
M 237 (MG. 317).
Sirv. — Monaci, Testi ant. prov., col. 102. Parducci, Studj rom. 7, 31.

2. **Ar es ben dretz | qe vailha mos chantars**
M 235 (MG. 323, Merkel p. 319 Anm.); Bertran de Born b I 1 u. ϰ 98 (Mussafia p. 238).
Sirv. — (Choix 5, 395. Bartsch bei Schirrmacher, Die letzten Hohenstaufen p. 656.) Tarbé, Les œuvres de Blondel de Néele, p. 151. Studj rom. 7, 33.

3. **Ar es dretz q'ieu chan e parlle**
M 236 (MG. 324).
Sirv. — (Choix 5, 396.) Tarbé, Les œuvres de Blondel de Néele, p. 150. Milá y Fontanals, Trov. en Esp. p. 213 A. 12. Studj rom. 7, 36. Chaytor, The troub. and England, p. 88.

4. **A totz maritz mand e dic**
M 237 (MG. 328).
Mieg-sirv. (nach v. 31). — (Choix 5, 397.) Studj rom. 7, 38.

5. **De l'ergueilhos Berenguier**
M 237 (MG. 1059).
Mieg-sirv. (nach v. 4). — Studj rom. 7, 40.

6. **Per l'avinen pascor**
M 236 (MG. 1058).
Sirv. — Studj rom. 7, 41. Zur Datierung s. Maus p. 35.

[1]) Textanordnung wie hier. — Die Lieder stehen nur in M.

411. Raimon Vidal, de Bezaudun.

Hist. lit. 18, 633. — Milá y Fontanals, Trov. en Esp. p. 333. — H. Morf, Vom Ursprung der provenzalischen Schriftsprache, Sitzungsber. der Kgl. Preuß. Akad. d. Wiss., phil.-hist. Kl., XLV (Berlin 1912), p. 1014; vgl. Bertoni, Rlr. 56, 499. — Suchier u. Birch-Hirschfeld, Gesch. d. franz. Lit. 1, 92 u. 96. — Anglade, Hist. somm. de la litt. mérid. p. 156 u. 238 u. passim. — Massó Torrents in: Miscellània Prat de la Riba (Institut d'Estudis Catalans, 1923), p. 344.

1. **Amors non es vils ni desconoissens**
β^1 755 (MG. II 31).
Cobla.

2. **Bel m'es quan l'erba reverdis**
C 341; Arnaut [de] Tintinhac E 70; Anfang zitiert $\varkappa$ 125 (Mussafia p. 221). — Attribution unsicher.
Canz. — Krit. hgb. Appel, Prov. Ined. p. 294.

3. **Entre·l taur e·l dopble signe**
C 340; Anfang zitiert $\varkappa$ 125 (Mussafia p. 221).
Sirv. — Krit. hgb. Appel, Prov. Ined. p. 297.

4. **Lus e dimartz, matis e sers** s. e m.; *ist* sers *Reimwort?*
β^1 438 (MG. II 27; dazu Hs. r, s. Studj di fil. rom. 5, 64).
Cobla.

5. **Vers es c'aman pot hom far nessies**
β^1 1240 (MG. II 35).
Cobla.

Ihm wird noch attribuiert:

406, 41 Tal chansoneta farai (Raimon de Miraval).

Kolsen, Zts. 41, 538 schreibt ihm noch 80, 41 zu.

Ferner haben wir von ihm drei Versnovellen (vgl. Bartsch, Grdr. p. 21 und Stimming in Gröbers Grundriß 2 II 12, auch E. Müller, Die altprov. Versnovelle p. 59 ff.):

I. 'Castia-gilos', beginnend: Unas novas vos vuelh comtar. Hs.: R 133.
Choix 3, 398. Galvani, Osservazioni p. 391. MW. 3, 226. Bartsch, Leseb. p. 29. Milá y Fontanals, Trov. en Esp. p. 132 A. 12. Krit. hgb. Appel, Chrest. p. 27.

II. „Das Minnegericht", beg. So fo el temps qu'om era gais, s. Quellen: β^1.

III. „Vom Verfall der Poesie", beg. Abrils issi' e mais intrava, s. Quellen: β^2.

Dazu kommt eine grammatische Abhandlung,

IV. Las razos de trobar, s. Quellen: β^3 (vgl. Grdr. p. 66) und wahrscheinlich die

V. Doctrina de compondre dictatz, vgl. Morf, Vom Ursprung der provenz. Schriftsprache, p. 1021 A. 2; Anglade, Hist. somm. de la lit. mérid. p. 238.

Einen Ausspruch von Raymundus Vitalis „In milite quod fortitudinis deerat" etc. zitiert *ι* 84 (Thomas p. 195).

(412. Rainart (Rainaut).

1. **Seign'en Austorc del Boy, lo coms plazens**
fällt weg, vgl. 248, 74 Anm.)

413. Rainaut.

Wohl Rainaut VI. d'Albusso (1201—1245). — Chabaneau, Biogr. p. 380. Carstens, Die Tenzonen der d'Uisel p. 20.

1. **Segner Rainaut, vos qi·us faitz amoros**
Tenzone (Partimen) mit Gui d'Uisel, s. 194, 18a.

413a. Rainaut.

1. **Vos dos Gigelms, digatz vostre coratge**
N 285—458, anonym. Tenzone eines Rainaut mit zwei Gigelms = 201, 6. — Krit. hgb. Suchier, Denkm. 1, 330.

414. Rainaut de Pon.

Lit. s. unter Jaufre de Pon, Art. 261.

Vida: I 153, K 139.

Parn. occ. p. 384. Choix 5, 430. Mahn, Biogr. p. 64. Chabaneau, Biogr. p. 254.

1. **Seign'en Jaufre, respondetz mi, -er si·us platz**
A 177 (504), D 143—496, G 96 (p. 305, Arch. 32, 412), I 153, K 139, L 68, M 267, N 278—444, Q 33 (85, p. 67), fortgesetzt Q 47 (129, p. 95: *Qe de mon mal aiguez joi e solaz*) und (130, p. 95: *Segner Jaufre, nō son ges musador,* vgl. Zts. 5, 90), a[1] 552 (295); Überschriften: Rainautz de Pon e·n Jaufres de Pon A, ähnlich N; Jaufres respon en Rainautz de Pon Ind. B; Rainautz de Pon e seingner Jaufre I; de Rambaud e de Jaufre G; Rainauz de Pon DK; Partimen ab tenchon d'en Rainaut ab Jofre L; la tenzo d'en Jaufre e de Rainaut a[1]; tenson MQ.
Tenzone mit Jaufre de Pon = 261, 1.

415. Rainaut de Tres Sauzes.

P. Meyer, Derniers Troubadours p. 127.

1. **Amics Rainaut, una domna valen**
   Tenzone (Partimen) mit Peire Trabustal, s. 359, 1.

2. **Mon bel cenhor, ge vos criee merci**
   f 22.
   Cobla, franz. — Krit. hgb. Dern. Troub. p. 130.

416. Ramonz Bistortz d'Arle.

Auch nur: Ramonz Bistortz; Bartsch nennt ihn Ralmenz B. — Hist. lit. 18, 642. Cavedoni, Mem. della R. Acc. di scienze ... di Modena 2, 309. Chabaneau, Biogr. p. 377. Maus p. 45.

1. **Aissi co·l fortz castels ben establitz**
   F 44 (141), I 148, K 134, d 342 —234.
   Canz. — Lex. rom. 1, 498. Cavedoni p. 310.

2. **Aissi com arditz entendenz**
   F 43 (140).
   Canz. — Krit. hgb. Kolsen, Mélanges Jeanroy (Paris 1928) p. 381.

3. **Ar agues eu, dompna, vostras beutatz**
   F 45 (143); anonym G Schutzblatt (p. XXII A. 3) und P 55 (*c.* 3, Arch. 50, 263).
   Cobla. – (Choix 5, 399.) Bertoni, Rlr. 56, 13 (G).

4. **A vos, meillz de meill, q'om ve**
   F 45 (144).
   Canz. — (Choix 5, 399.) Krit. hgb. Kolsen, Dichtungen p. 198.

5. **Qui vol vezer bel cors e benestan**
   F 45 (142).
   Canz. (zwei Coblas u. Torn.). — (Choix 5, 398.)

417. Reculaire.

1. **Scometre·us voill, Reculaire**
   Tenzone mit Uguet (de Mataplana?), s. 458, 1.

418. Reforsat de Forcalquier.

Die Hss. haben: Folcaquier (I) und Foncalquer (K d). — Vermutlich mit dem folgenden identisch, vgl. Bartsch, Jahrb. 11, 18; Bertoni, Studi rom. 12, 197 f.; Jeanroy, Bibliogr. somm. p. 63. — Hist. lit. 19, 541.

1. **En aquest son qu'eu trop leugier e pla**
   I 196, K 181, d 343—237.
   Sirv. — (Choix 5, 429.) Krit. hgb. Appel, Prov. Ined. p. 299.

419. Reforsat de Tres.

Es ist Jaufre Reforzat de Tres (Trets), s. die Geschlechtstafel des Hauses von Marseille bei Springer, Klagelied p. 75 und Stroński, Folquet de Marseille p. 160.

O. Schultz[-Gora], Zts. 9, 127. — Soltau, Zts. 24, 48. — Springer, Klagelied p. 76. — Bertoni, Sordello e Reforzat, Studi rom. 12, 187. — S. auch Stroński, Elias de Barjols p. XLII A. 2 und die dort angegebene Literatur.

1. **Dui cavalier-joglar mi dison**
D'un *Hs.* **mal**
a[1] 509 (260, Studj di fil. rom. 8, 456); das Sirv. steht gerade an der Stelle, die Ref. de Tres entsprechen würde.
[Bartsch unbekannt.] Sirv. — Krit. hgb. Bertoni, Giorn. stor. d. lett. ital. 38, 290 (Str. 2 u. 3, vgl. p. 282) und (vollständig) Studi rom. 12, 199.

2. **En Jaufrezet, si Deus joi vos aduga**
[Bartsch 260, 2.] Tenzone (Partimen) mit Elias de Barjols, s. 132, 7 a.

Lo reis d'Arago s. Art. 23.

Ricas Novas s. Peire Bremon Ricas Novas (Art. 330).

Einen unbekannten Richart nennt Bartsch in 201, 2; doch s. 140, 1 c.

420. Richart I. von England.

Hist. lit. 15, 320. — Diez, Leben u. Werke p. 86. — H. Schindler, Die Kreuzzüge in der altprov. und mittelhochd. Lyrik. Programm der Annenschule, Dresden 1889, p. 22. — De Boysson, Bull. de la Soc. scientif., hist. et archéol. de la Corrèze, t. 23, p. 65. — Appel, Deutsche Geschichte in der provenz. Dichtung p. 5. — Stroński, Folquet de Marseille p. 18*. — Anglade, Hist. somm. de la litt. mérid. p. 75. — Chaytor, The troub. and England p. 56. — Gmelin, Zts. f. franz. u. engl. Unterricht 26, 561 und 27, 14 u. 81; vgl. Jeanroy, AdM. 41/42, p. 409. — Suchier u. Birch-Hirschfeld, Gesch. der franz. Lit. 1, 139.

Vida: I 185, K 171, zugleich razo zu 420, 1. — Choix 5, 430. MW. 1, 127. Mahn, Biogr. p. 10. Chabaneau, Biogr. p. 261.

1. **Dalfin, ie·us voill deresnier**
yeu vos derainier, demander
A 203 (585, Arch. 34, 193), B 119, D 135—462, I 185, K 170, (fehlt N); anonym R 23—197 (tenso); hierzu (und zu 119, 8) razo in I 185 u. K 171.
Sirv., franz., beantwortet durch 119, 8. — Parn. occ. p. 13. MW. 1, 129. Tarbé, Les œuvres de Blondel de Néele p. 119. Brakelmann, Les plus anciens chansonn. franç. (Ausg. und Abhdlgn. Nr. XCIV) p. 2. — Zur Sprache s. Brakelmann, Les plus anciens chansonniers franç. (Paris 1870–91), p. 216; P. Meyer, Daurel et Beton p. XLVII; Jeanroy, Chansons de Guillaume IX, p. XI.

2. **Ja nuls hom pres no dira sa razo**
-ait
P 22 (67, Arch. 49, 293), S 1–1 (MG. 243), f 48, ζ 103; anonym

(vgl. Raynaud Nr. 1891 und P. Meyer, Documents mss. I 247 A. 5) Paris, Ars. 5198, p. 392 (♩?); Bibl. Nat. 845, f. 180 (♩?); Bibl. Nat. 846, f. 62 ♩; X 104 im franz. Teil; Bibl. Nat., nouv. acq. fr. 1050 (Clairambault), f. 252 (♩?); zu einer weiteren Hs. (za) s. Mélanges Jeanroy p. 511. Sirv. (Klagelied in der Gefangenschaft auf Trifels, Retroencha), urspr. franz. — Choix 4, 183. MW. 1, 129. Sinner, Catal. III, 370. Wackernagel, Altfranz. Lieder und Leiche p. 38 (ζ). Le Roux de Lincy, Recueil de chants historiques franç. 1, 56. Tarbé, Les œuvres de Blondel de Néele p. 114. Brakelmann p. 1. Bartsch, Leseb. p. 78 und kritisch hgb. Chrest. franç. p. 185. De Boysson, l. c. 23, 65. Melodie bei Beck, Les chansonniers des troub. et des trouv. 2, 144. — Vgl. noch Bartsch, Jahrb. 13, 48.

Dazu ein Zitat bei Redi 3, 147, s. Rlr. 23, 20.

421. Richart de Berbezill.

Andere Namensformen: Berbesiu A, Berbesieu IK, Barbasill N, Berbeziu a¹. — Zum Namen s. Chabaneau-Anglade p. 21 A. 2 und Anglade, Rlr. 60, 219 A. 2.

Ausgabe[1]: J. Anglade, Les chansons du troubadour Rigaut de Barbezieux, Rlr. 60, 201. — Vorher erschien: Les chansons du troubadour Rigaut de Barbezieux. Texte[1] préparé par Camille Chabaneau, introduction, traduction et notes par Joseph Anglade, in: Publications spéciales de la Soc. des langues romanes, vol. 27 (Montpellier 1919); vgl. Bertoni, Arch. roman. 5, 139. Ferner: J. Anglade, Le troub. R. de B., Bull. de la Soc. des Archives historiques de la Saintonge et de l'Aunis, vol. 28 (Saintes 1908), p. 198; vgl. P. Meyer, Rom. 39, 103.

Weitere Literatur: Hist. lit. 19, 536. — Diez, Leben u. Werke p. 429. — Thomas, Giorn. di fil. rom. 3, 12. — G. Paris, Revue historique 53, 235 (über die merkwürdige Anekdote). — Schultz[-Gora], Arch. 92, 227. — Torraca, Studi su la lirica ital. del Duecento p. 254. — Bertoni, Bertran de Born ou R. de Barbezieux? AdM. 23, 204 (zu 80, 41). — Bergert, Damen p. 49. — Zanders, Prosanovelle p. 89. — Fabre, Mém. de la Soc. agric. et scientif. de la Haute-Loire, t. 15, p. (?). — Kurze Angaben bei Anglade, Hist. somm. de la litt. mérid. p. 68.

Für weitere Literaturangaben sei auf Anglade, Rlr. 60, 201 verwiesen.

Vida: A 164 (p. 511), B 102 (ib. p. 710), I 87, K 71, P 46 (VII, Arch. 50, 253); vgl. ϰ 99 (Mussafia p. 241). — Razos in P.

Parn. occ. p. 275. Choix 5, 433. Mahn, Biogr. p. 50. Chabaneau, Biogr. p. 251. Crescini, Manualetto p. 306 u. Manuale p. 263.

---

[1]) Textanordnung wie hier; im Anhang wird 421, 5a gebracht, ferner 337, 1 und 461, 102.

Lommatzsch, Liederb. p. 187. Chabaneau-Anglade p. 9. Rlr. 60, 207. Appel, Chrest. p. 191.

1. Atressi cum lo leos
Ausement

A 165 (474), B 102 (MG. 34), C 219, D 104—360, D^c 254 (133, AdM. 13, 384), G 60♩ (p. 187), I 88, J 9 (43), K 71, L 9, M 100, N 71—58, Q 43 (117, p. 85), R 60–506, S 188 —120, U 105 (Arch. 35, 435), a^1 419 (164), α 29299 (MG. I 197) und 29914 (MG. I 203); anonym, aber im Zusammenhang O 17 (29), W 195♩ (p. 398).
Canz. — Bartsch, Leseb. p. 74 u. krit. hgb. Chrest. col. 185. Chabaneau-Anglade p. 58. Rlr. 60, 256 (Melodie am Schluß p. V).

2. Atressi cum l'orifans
Ausement, Tout ausi

A 165 (477), B 103 (MG. 1417), C 219, D^a 180—642 (Del cod. Estense, Sitzungsber. etc. p. 438), D^c 254 (132, AdM. 13, 383), G 63♩ (p. 195), H 30 (92), I 88, J 9 (42), K 72, L 13, M (?), N 72—59, P (?), Q 44 (122, p. 89), R 60–505, U 104 (Arch. 35, 434), a^1 421 (166), b I 1, f 47, ϰ 99 (Mussafia p. 241), zitiert μ 294 (*Mas chansos er dorgumanz*); anonym (aber im Zusammenhang) O 18 (30), Ve. Ag. I, fol. CXVj u. fol. CXCV (Butlletí[1]) p. 57 u. 62), W 195♩ (p. 399), X 84♩, ζ 238 (Arch. 43, 376), λ III 286 (Anfang). — Str. 1 zitiert die vida (P).
Canz. — Choix 5, 433. MW. 3, 38. Crescini, Manualetto p. 308 u. Manuale p. 265. Fabre, Mém. de la Soc. agric. et scientif. de la Haute-Loire, t. 15, p. (?). Appel, Chrest. p. 70 u. 193. Lommatzsch, Prov. Liederb. p. 189. Chabaneau-Anglade p. 61. Rlr. 60, 259. De Lollis, Poesie provenzali sulla origine e sulla natura d'amore, p. 5. Anglade, Anthol. p. 52. — Zur Melodie s. (außer Anglade) Beck, Melodien p. 58 u. 190 und Versepuy, Bull. de la Soc. scientif. et agric. de la Haute-Loire 1913, p. (? orchestration). — Auch im Novellino, s. Varnhagen, Misc. Graf p. 510. Weitere Lit. bei Mussafia, Del cod. Estense p. 391 (unter Nr. 642) und p. 345 A. 2.

3. Atressi cum Persavaus
Ausiment

C 219, D^a 180—640, G 61 (p. 189), I 88, K 71, N 73—61, Q 43 (118, p. 86), R 61—510, S 190—121, T 267, a^1 422 (167); anonym (aber im Zusammenhang) O 17 (28), W 197 (p. 399), X 85♩.
Canz. — Parn. occ. p. 276. MW. 3, 39. Chabaneau-Anglade p. 64. Rlr. 60, 262 (Melodie am Schluß p. VIII). Anglade, Anthol. p. 55. Audiau et Lavaud, Nouv. Anthol. p. 99.

4. Be·m cuidava d'amor gardar
Bartsch gandir (!)

A 165 (476), CReg., D 104 —362, H 31 (94), I 89, K 72,

[1]) Vgl. Miscellània Prat de la Riba p. 433 (auch p. 442f.).

N 71—57, R 17—142, f 64; Daude de Pradas C 168 (MG. 657); Guillem de la Tor D^a 188—674, I 133 (MG. 656), K 118, d (?).
Canz. — Chabaneau-Anglade p. 67. Rlr. 60, 265.

5. **Be volria saber d'amor**
-gra
A 165 (475), B 103 (MG. 1418), C 220, D^a 180—641, D^c 254 (136, AdM. 13, 384), G 62 (p. 192), H 30 (91), I 88, K 72, L 11, M 99, Q 44 (120, p. 87), R 60—507, T 270, a^1 420 (165), f 64, α 33616; Folquet de Marseilla P 10 (30, Arch. 49, 74); anonym W 194 (p. 398, beg. *Si com la tygre al mirador*).
Canz. — Choix 3, 457. MW. 3, 37. Chabaneau-Anglade p. 71. Rlr. 60, 269.

5a. **En chantan eu plaing e sospir** eu *fehlt*
a^1 426 (171, kein Text), anonym nach R. de Berbeziu. — Attribution zweifelhaft, s. Chabaneau-Anglade p. 45 u. 88 Anm. und Anglade, Rlr. 60, 243. Bertoni (Studi Rajna) ist für R. de B., dagegen Jeanroy, Rom. 41, 113 (Bibliogr. p. 74).
Planch. — Krit. hgb. Bertoni, Studi Rajna p. 593; vgl. Jeanroy, Rom. 41, 108. Chabaneau-Anglade p. 88. Rlr. 60, 286.

6. **Lo nous mes d'abril comensa**
temps
C 220, D 104—361, D^c 254 (134, AdM. 13, 384), G 62 (p. 193), H 30 (93), I 88, J 9 (44), K 72, N 70—56, Q 44 (121, p. 88), R 60—509; anonym W 189♩ (p. 392), wegen des Reg. W (Joseaus Tardius) unter Gaucelm Faidit erwähnt.
Canz. — Choix 3, 453. MW. 3, 35. Chabaneau-Anglade p. 73. Rlr. 60, 271.

7. **Pauc sap d'amor | qui merce non aten** *Binnenreim?*
I 89 (MG. 719), K 72, a^1 424 (169), d 339—225.
Canz. — Chabaneau-Anglade p. 76. Rlr. 60, 274.

8. **Pois q'en midonsz es tan d'onor e sen**
L 41 (Arch. 34, 428). — Attribution zweifelhaft; s. Bertoni, Arch. roman. 5, 139.
Canz. — Chabaneau-Anglade p. 79. Rlr. 60, 277. — Zu Str. 3 s. Bertoni, l. c. p. 140.

9. **Tot atressi | cum la clartatz del dia** *Binnenreim?*
I 89, K 73, N 72—60 (MG. 286), a^1 419 (163), d 340–226; Faidit de Belestar H 4 (15), T 264; Albert de Sestaro L 11; anonym L 121. — Attribution ungewiß.
Canz. — Troubadours cantaliens 2, 544 (unter Faidit de Belestar). Chabaneau-Anglade p. 82. Rlr. 60, 280.

10. **Tuit demandon qu'es devengud' amors**
-t(z) d'amor
A 164 (473), B 102 (MG. 1416), C 220, D 104—359, D^c 254 (135, AdM. 13, 384), G 61 (p. 190), H 30 (90), I 87, K 71, N^2 20 (X 1, Arch. 102, 196), Q 43 (119, p. 87), R 60—508, T 265, U 106 (Arch. 35, 435), a^1 418 (162), α 33360 u. 33606, μ 356; Folquet de Marseilla P 10 (29, Arch. 49, 74), ζ 234; Peire Raimon de Tolosa M 185; anonym W 200♩ (p. 402), X 150.

Canz. — Choix 3, 455. MW. 3, 36. Wackernagel, Altfranz. Lieder p. 32. Chabaneau-Anglade p. 85. Rlr. 60, 283 (Melodie am Schluß p. VII). De Lollis, Poesie prov. sulla origine e sulla natura d'amore, p. 6.

Es werden ihm noch attribuiert:

366, 2 Atressi co·l cignes fai (Peirol)
355, 5 Atressi com la candela (Peire Raimon de Toloza)
124, 5 Bela m'es la votz autana (Daude de Pradas)
281, 3 D'un salut me voill entremetre (Lamberti de Buvalel)
461, 102 Eissamen com la pantera (anonym)
5, 1 Ges per freg ni per calor (Ademar de Rocaficha)
30, 18 Lo gens temps m'abelis e·m platz (Arnaut de Maroill)
332, 1 Quan lo dous temps d'abril (Peire de Bussignac)
337, 1 Si co·l soleills nobles per gran clardat (Peire de Cols, d'Aorlac)
30, 22 Si com li peis an en l'aiga lor vida (Arnaut de Maroill)
80, 41 Si tuit li dol e·l plor e·l marrimen (Bertran de Born?)
330, 21 Us covinens gentils cors plazentiers (Peire Bremon Ricas Novas).

422. Ricau de Tarascon.

Nach Chabaneau, Biogr. p. 381 A. 1 würde „Ricau de T.“ der richtige Name sein; Bartsch hat „Richart de T.“ — Hist. lit. 17, 548. — Stroński, Rlr. 50, 28 Anm.

Vida: A 166 (p. 517), B 110 (ib. p. 711), I 122, K 108.

Parn. occ. p. 385. Choix 5, 436. Mahn, Biogr. p. 57. Chabaneau, Biogr. p. 302.

1. **Ab tan de sen cum Deus m'a dat**
A 166 (478), B 110 (MG. 134), D 62—220, I 122, K 108; Gui de Cavaillo C 367; Aimeric de Peguillan c 54 (77).
Canz. — Parn. occ. p. 385. MW. 3, 336.

2. **Cabrit, al meu vejaire**
C 387 (MG. 532), D[a] 200–725, E 219 (MG. 531), I 154, K 140; Überschriften: Tenso d'en Cabrit e d'en Ricau C, Ricau(t)z de Tarascon e·n Guis de Cavaillon D[a]IK, „en Ricau“ et „en Cabrit“ E.
Tenzone mit Gui de Cavaillo (Cabrit) = (105, 1 u.) 192, 1 a. — (MW. 3, 337.) Krit. hgb. Kolsen, Dichtungen der Trob. p. 208. — S. noch Stroński, AdM. 18, 485 A. 1 (zu den beiden Geleiten) und Rlr. 50, 28 Anm.

423. Ricautz Bonomel, fraire del Temple.

In aReg. steht „honomel“, s. Jahrb. 11, 15 und Bertoni, Càmpori p. XVI A. 1; im übrigen s. Art. 439.

= Robert I. von Auvergne s. Dalfi d'Alvergne (Art. 119). =

= Robert von Clermont s. Bischof Robert von Clermont (Art. 95). =

424. Rodrigo.

Hist. lit. 20, 603.

1. **Ar chauçes de cavalaria**
   M 256 (MG. 322), anonym.
   Tenzone (Partimen) mit einem Raimon (Raimon Berenguier V. von Provence?) = 393, 1. — Krit. hgb. Kolsen, Zts. 47, 245.

425. Rofian.

Hist. lit. 19, 610.

1. **Vos qe amatz cuenda donn' e plazen** *Bartsch* domna
   M 258 (MG. 954), anonym.
   Tenzone (Partimen) mit Izarn = 255, 1. — (Choix 5, 437. MW. 3, 345.) Krit. hgb. Kolsen, Trobadorged. p. 42.

426. Rofin.

1. **Rofin, digatz m'ades de cors**
   Tenzone (Partimen) mit Domna H, s. 249a, 1.

427. Rostaing Berenguier, de Marseilla.

Die Hs. setzt davor: Monsen (Mesier). — P. Meyer, Derniers Troubadours p. 73. — Hist. lit. 32, 75. — Vgl. Art. 103.

1. **Ab dous dezir ay desirat**
   f 10.
   Cobla, 'remisio', Antwort auf 103, 3. — Dern. Troub. p. 88.
2. **D'amor de joy genitiva**
   f 10.
   Cobla, 'remisio', Antwort auf 103, 2. — Dern. Troub. p. 88.
3. **La dousa paria**
   f 33.
   Estampida. — Dern. Troub. p. 92; vgl. p. 78 und die unter 392, 9 genannte Literatur.
4. **Pos de sa mar man cavalier del Temple**
   f 10.
   Zwei coblas, 'peticio', beantw. durch ? — Dern. Troub. p. 89.
5. **Quant tot trop tart, tost quant plac trop**
   f 10.
   Cobla, 'peticio', beantwortet durch 103, 1. — Dern. Troub. p. 89.
6. **Si com trobam clar el vielh testamen**
   f 8.
   Loblied auf s. Gönner. — Dern. Troub. p. 85.
7. **Tant es plasent nostr' amia**
   f 34.
   Canz. — Dern. Troub. p. 94.
8. **Tot enaisi con es del balasicz** *Bartsch* basalicz
   f 28.
   Canz. — Dern. Troub. p. 90.

428. Rostanh de Merguas.

In CReg. mit dem Zusatz: Escudier de la Ylha; Rostanh Damergues im Dichterverz. ϰ 133 (Mussafia p. 264). — Chabaneau, Biogr. p. 382.

1. La douss' amors qu'ay al cor
amor ayal
Bartsch Bartsch

C 361; Jordan de Born CReg. (Cat. I 141).
Canz. — (Choix 5, 438.) Krit. hgb. Appel, Prov. Ined. p. 301.

Zugeschrieben wird ihm noch:

276, 1 Longa sazon ai estat vas amor (Jordan de l'Isla de Venessi).

Von einem Rostang ist 461, 43.

Rozenac s. Bernart de Rovenac (Art. 66).

429. Rubaut.

Rubaldo Rubaldi? — Bertoni, I trov. min. di Genova p. XXXIII und I trov. d' Italia p. 133.

1. Amics Rubaut, de leis q'am ses bauzia
Tenzone (Partimen) mit Lanfranc Cigala, s. 282, 1 a.

430. Sail d'Escola.

Catal. I 141 schreibt „Salh d'Escola“, jetzt die übliche Schreibung statt „de Scola“. Zum Namen s. Thomas, AdM. 5, 376 A. 2 und O. Schultz[-Gora], Zts. 10, 595.

Hist. lit. 15, 466 und 17, 419. — Anglade, Guiraut Riquier p. 16. — Bertoni, Noterelle provenzali: Sopra un componimento attribuito a Saill d'Escola, Rlr. 56, 417 (zu 202, 5). — Bergert, Damen p. 7 A. 5.

Vida: I 107, K 93.

Parn. occ. p. 386. Choix 5, 439. Mahn, Biogr. p. 59. Chabaneau, Biogr. p. 219.

1. Gran esfortz fai qui chanta ni·s deporta
C 362.
Canz. — (Choix 5, 439. MW. 3, 202.) Krit. hgb. Chabaneau, Rlr. 25, 218.

Weitere Attributionen:

202, 5 De be gran joja chantera (Guillem Ademar)
70, 21 Ges de chantar no·m pren talans (Bernart de Ventadorn)
372, 5 Mainta gen fatz meravillar (Pistoleta).

(431. Salamo.

1. Greu es nulhs hom tan complitz
s. 297, 5 a.)

432. Savaric de Malleo.

Andere Form: Mauleo(n).

Hist. lit. 18, 671. — P. Meyer, Chanson de la Croisade contre les Albigeois 2, 79 A. 1. — Diez, Leben u. Werke p. 326. — Ledain, Savary de Mauléon et le Poitou à son époque, Saint-Maixent 1892 (nicht zugänglich). — Torraca, Sur la date de la mort de Savary de Mauléon, AdM. 13, 530. — Jeanroy et Salverda de Grave, Poésies de Uc de Saint-Circ p. 152. — Lommatzsch, Savaric von Mauleon und Gottfried Keller, Arch. 134, 384. — Chaytor, The troubadours and England p. 68. — Anglade, Sur Savaric de Mauléon, Rom. 50, 98 (zu S.'s Leben). — Audiau, Les troubadours et l'Angleterre p. 25. — Kurze Notiz bei Anglade, Hist. somm. de la litt. mérid. p. 69. — S. auch die Einleitung des Guillaume de Dole p. LXIII.

Zu Savarics historischer Bedeutung s. auch Recueil des Historiens des Gaules et de la France, t. 17—21 passim.

Vida: I 152, K 138, R 3 d. — Zur Frage der Autorschaft von Uc de Saint Circ s. Gröber, Roman. Studien 2, 493 u. O. Schultz [-Gora], Arch. 92, 228.

Parn. occ. p. 147. Choix 5, 439. MW. 2, 142. Mahn, Biogr. p. 45. Chabaneau, Biogr. p. 254. Lommatzsch, Liederb. p. 192. Vgl. die vidas von Bertran de Born lo fills (Chabaneau p. 240) und Gausbert de Puycibot (ibid. p. 256).

1. **Domna, be sai qu'oimais fora razos**
H 55 (232 u. Arch. 34, 413; MG. 1133).
Cobla. — Krit. hgb. Kolsen, Neophilologus 2, 147.

2. **Gaucelm, tres jocs enamoratz**
A 177 (503), C 391, D 143—495, E(?), G 91 (p. 283), I 152, K 138, L 80, M 264, N 278–445, O 82 (129), Q 24 (59, p. 48), die letzten drei Zeilen fol. 38 (nach 101, p. 77), stand R 73—617, T 80, a[1] 551 (294), f 30; Überschriften: Savarics de Malleo e·n Gaucelms ab n'Ugo A, Index B; Torneyamen d'en Gaucelm Faidit e d'en Ugo e d'en Savaric C; De Savaric e de Ganselm(!) e d'Amigon (? de n'Ugon) tenzos G; En Savarics de Maulleon et en Gausellins (Gauselms) Faidit et en Ugo de la Bacalaria IK; Savarics de Maleon e Gauselm e n'Uc de la Balaira N; la tenzon de Gauzelin Faiditz e d'en Saveric de Malleo e de n'Uc Oa[1]; Tenson d'en Savaric e de Gauselm e d'en Ugo f; nur Savarics de Mauleon D; tenso (partimen) LMQ(R)T. Tenzone (Partimen) mit Gaucelm Faidit und Uc de la Bacalaria = 167, 26 u. 449, 1 a. — Parn. occ. p. 149. Choix 2, 199. MW. 2, 144. Krit. hgb. Bartsch, Chrest. col. 169. Lommatzsch, Liederb. p. 193. De Lollis, Poesie prov. sulla origine e sulla natura d'amore, p. 9. (Audiau, Troubadours et jongleurs du Bas-Limousin No. 8.) Audiau et Lavaud,

Nouv. Anthol. p. 203. Zur Datierung s. Rajna, Raccolta di studii critici ded. ad Alessandro d'Ancona, p. 555.

3. **Savaric, e·us deman**
Tenzone (Partimen) mit Prebost de Valensa, s. 384, 1.

Zugeschrieben wird ihm noch:
457, 7 Ben fai granda folor (Uc de Saint Circ).

Über ein Zitat bei Redi 3, 142 s. Rlr. 23, 20.

433. Scot.

Alberto Scotto (nach Bertoni), Ogerio Scotto (Casini) oder Scotto Scotti (Mannucci). Bartsch setzt hinzu: Schotte. — Casini, Giorn. stor. della lett. ital. 2, 406 A. 2. — O. Schultz[-Gora], Zts. 7, 226 u. 234. — Bertoni, Giorn. stor. d. lett. it. 36, 13 u. 460; ders., Trov. min. di Genova, introd. p. XXI u. XXIX A. 2; ders., Trov. d'Italia p. 105 und Il Duecento p. 19. — Mannucci, Giorn. stor. e lett. della Liguria 7, 18 Anm.

1. **Scotz, qals mais vos plazeria**
Tenzone (Partimen) mit Bonifaci Calvo, s. 101, 11 a.

434. Serveri de Girona.

Zum Namen s. Massó Torrents, Repertori (s. unten!) p. 199 f. Hist. lit. 20, 550. — Milá y Fontanals, Trovadores en España p. 382. — Max Kleinert, Vier bisher ungedruckte Pastorelen des Troubadours Serveri von Gerona. Diss., Halle 1890 (zu 7 c, 7 b, 6 a u. 9 a). Besprechungen: Levy, Lit.-Bl. 1892, col. 97; Jeanroy, Revue des Pyrénées 1893, 17; Thomas, AdM. 3, 139. — Anglade, Le troub. Guiraut Riquier p. 237 und 239 Anm. (zu den Pastourellen) und passim. — Bergert, Damen p. 124 (unter Sobre-Pretz). — Kurze Notiz bei Anglade, Hist. somm. de la litt. mérid. p. 110. — Lowinsky, Zts. f. franz. Spr. u. Lit. 20 I 199. — Miret y Sans, Viatges del Infant en Pere, fill de Jaume I, en els anys 1268 y 1269 (Barcelona 1908), p. ?. — Massó Torrents, Institut d'Estudis Catalans 1923 (Miscellània Prat de la Riba), p. 370 und in s. Repertori de l'antiga Lit. Catal., vol. 1 (La Poesia), Barcelona 1932, p. 182–240.

1. **A greu pot hom conoisser en** *A fehlt auch* **la mar**
C 311 (MG. 774), R 79—652; anonym Sg Nr. 55.
Sirv. (‚lo vers de la falsa femna'). — Lex. rom. 1, 478. Parn. occ. p. 327. MW. 3, 318. Milá y Fontanals, Trov. en Esp. p. 392. Audiau et Lavaud, Nouv. Anthol. p. 177. Übers. bei Jeanroy, Anthol. p. 129.

1 a. **A la pluga, a·l vent iran Çels que muyllers an**
Sg Nr. 100.
[fehlt Bartsch] Espingadura.

2. A vos me sui, | bona dona, donatz
C 314 (MG. 766), R 79—659 (MG. 767); anonym Sg Nr. 48.
Canz. (‚La canso de les letres'). — Milá y Fontanals, Trov. en Esp. p. 398.

3. Baile, jutge, cosselhier d'aut senhor
C 312, R 79—654.
Sirv. — Lex. rom. 1, 479. MW. 3, 319. Milá p. 389.

4. Cavayers e sirvens
C 315 (MG. 768), R 80—666 (MG. 769); anonym Sg Nr. 74.
Sirv. (‚Lo vers qual se tany d'esser cavallers'). — Milá p. 405.

4a. Com es ta mal enseynada
Sg Nr. 101.
Peguesca (d'en Cerveri).

5. Cuenda chanso, plazen ses vilanatge
C 313 (MG. 770), R 79—656 (MG. 771).
Sirv. — Milá p. 397.

6. Del mon volgra que sos noms dreitz seguis
C 313 (MG. 772), R 80—661 (MG. 773).
Sirv. — Milá p. 395.

(6a.[1])

6b. En may, can per la calor
Sg Nr. 89, anonym.
[fehlt Bartsch] Romanze. — Krit. hgb. Kleinert p. 25.

7. En mal punh fon creada
C 313, R 80—663.
Sirv. — Milá p. 396.

7a. Entr' Arago e Navarra jazia
Sg Nr. 96.
[fehlt Bartsch] Lo sopni (que fets en Cerveri).

7b. Entre Caldes e Penedes
Sg Nr. 88, anonym.
[fehlt Bartsch] Pastourelle. — Krit. hgb. Kleinert p. 22. Audiau, La pastourelle p. 106 (vgl. introd. p. XI).

7c. Entre Lerida e Belvis
Sg Nr. 87, anonym.
[fehlt Bartsch] Pastourelle. — Krit. hgb. Kleinert p. 20. Audiau, La pastourelle p. 101 (vgl. introd. p. XI). Audiau et Lavaud, Nouv. Anthol. p. 307.

7d. Gentils domna, vençans humilitatz
Sg Nr. 94.
[fehlt Bartsch] La cobla d'en Cerveri que sa dona dix que no li daria un bays si son pare no lam pregava.

7e. Joys ne solaz, pascors, abrils ne mays
Sg Nr. 92; vgl. Bertoni, Arch. roman. 2, 401.
[fehlt Bartsch] Planch (Lo plant d'en R. de Cardona que feu en Cerveri). — Krit. hgb. Massó Torrents, Estudis Universitaris Catalans 3, 253; vgl. Bertoni, Rlr. 56, 9. Jeanroy, AdM. 24, 49.

8. Manh ric mi demando si am
C 315, R 80—664 (MG. 775).
Canz. — Milá p. 402.

9. No val jurars | lai on falh lialtatz
-t
C 311, R 79—651 (MG. 776).
Sirv. — Milá p. 387.

---

[1]) 6a. In Ve. Ag. I, fol. CXXVIIIj (Butlletí 1, 58, Nr. 92) steht noch als von En Cerveri (vgl. Massó Torrents, Repertori p. 205, Nr. XIX):

De penan (*l.* pen' en) mal e de mal en martire.

9a. Pres d'un jardi encontrey l'altre dia

Sg Nr. 90, anonym.
[fehlt Bartsch] Pastourelle. — Krit. hgb. Kleinert p. 29.

9b. Prometre ses dar

Sg Nr. 95.
[fehlt Bartsch] Cobla esparsa (d'en Cerveri).

9c. Pus on vey leys

Sg Nr. 97.
[fehlt Bartsch] Dança (balada d'en Cerveri).

10. Pus semblet genier amors

C 314, R 80—660 (MG. 777).
Sirv. — Milá p. 400.

11. Qui bon frug vol reculhir, be semena

C 314, R 79—658 (MG. 778); anonym Sg Nr. 61.
Mig vers (miga canso). — Milá p. 401.

12. S'ieu fos tan ricx | que pogues Si gen passar

C 316, R 80—667.
Sirv. — Milá p. 406.

13. Si tot s'es braus l'airs el mes

C 315, R 80—665; anonym Sg Nr. 46.
Sirv. ('Lo vers del comte de Rodes'). — Milá p. 403.

14. Tans | afans | pezans | ni dans

C 312, R 79—657; anonym Sg Nr. 16. — Nach Suchier, Jahrb. 14, 292 geht die erste Zeile bis *pezans*.
Canz. — Milá p. 393.

14a. Tant ay el cor d'alegrança

Sg Nr. 98.
[fehlt Bartsch] Sirventes-dança d'en Cebveri (!).

15. Totz | hom deu far aquo que·l vielhs sers fa

C 312, R 79—653 u. 655; anonym Sg Nr. 18.
Bußlied ('Lo vers del serv'). — Bartsch, Leseb. p. 84 u. krit. hgb. Chrest.² col. 283. Milá p. 390.

16. Un vers farai dels quatre temps de l'an

C 315, R 80—662.
Vers. — Hgb. Sachs, Le Trésor de P. de Corbiac p. 29 (nach R). Milá p. 402.

Dazu kommt ein

„Lehrgedicht über den Wert der Frauen" (vgl. Bartsch, Grdr. p. 48, Stimming in Gröbers Grdr. 2 II 50 und Massó Torrents, Repertori p. 234), beginnend

Si volets dir de vi

Hs: Venedig, Marc. C IV. 6, fol. 52, anonym; Anfang fehlt.

Krit. Ausgabe: Suchier, Denkm. 1, 256. — Stücke bei P. Heyse, Romanische Inedita auf italiänischen Bibliotheken gesammelt (Berlin 1856), p. 20. Milá p. 407.

Zu den anderen didaktischen Gedichten (Faula del rossinyol, Testament ...) s. Gabriel Llabrés in: Public. der Societat Catalana de Bibliòfils, Barcelona 1906, ferner Massó Torrents, Miscellània Prat de la Riba p. 371 und bes. p. 373 ff. und Repertori p. 236 ff.

434a. Lieder, die in Sg anonym sind, doch wahrscheinlich Serveri de Girona gehören (Orthographie beibehalten)[1].

Die Nr. bezieht sich auf Teil I. der Hs.

1. **A Deu sera nuylls hom fals ne trazire**
   Nr. 59.
   Canço.

1a. **Al fals gelos don Deus malaventura**
   Nr. 102.
   Gelosesca.

2. **Apres lo vers comença**
   Nr. 26.
   Pistola.

3. **Ar agues eu atretan d'ardimen**
   Nr. 75.
   Lo vers del mouto.

4. **Aram luyna joy e chan**
   Nr. 83.
   Sirventes.

5. **Ara rasos ses (s'es?)**
   Nr. 78.
   Lo vers forçadamen trames.

6. **Ar (*l.* Un?) vers faray que playra als plasenz**
   Nr. 50.
   Lo vers dels desplazens e dels vilas.

7. **A tot payre deuria (Plaser e saber [bo])**
   Nr. 69.
   Lo vers revers.

8. **Axi com cel c'anan erra la via**
   Nr. 31.
   Alba.

9. **Axi com cel qui ditz quel vis es fortz**
   Nr. 54.
   Lo vers del repenti[men].

10. **Ben deu si eys de tot mal escusar**
    Nr. 8.
    Lo vers de l'acusador.

11. **Can ara paucs avia companyos**
    Nr. 77.
    Lo vers verdadier.

12. **Can aug en cort tritz (*l.* critz) e mazans e brutz**
    Nr. 80.
    Mig sirventes.

13. **Cantas vetz soy blasmatz**
    Nr. 4.
    Lo vers del pessamen.

14. **Com fis destreitz qui nos pot cosseyllar**
    Nr. 39.
    Lo vers del destrecg.

15. **De Deu nos deu nuyll hom maravellar**
    Nr. 52.
    Lo vers de la hostia.

16. **Dels lays dels auzelos**
    Nr. 40.
    Lo vers de la lengua.

17. **De Pala a Torosela**
    Nr. 22; Miscellània p. 342: Entre Pala e Torosela.
    Recepta de xarob.

18. **De vi gras e de carn magra**
    Nr. 5.
    Lo vers del badayll.

19. **Dona de plasença, | Sofrença, | Guirença**
    Nr. 32.
    Estempida.

20. **En breu sazo**
    Nr. 81.
    Sirventes.

---

[1]) Zu den unter dieser Nummer genannten Liedern s. Massó Torrents, Repertori p. 205 ff.

21. En lurs chantars dizon man trobador
Nr. 58.
Lo vers humil.

22. Entrels reys els baros
Nr. 44.
Lo vers que ditz per que avia celatz tan los vers e las xanços.

23. Eras veyrets mots prims e cars
Nr. 34.
Acuydamen.

24. Estrayrem volia | De mi dons amar
Nr. 29.
Descort.

25. Francs reys humils e cars
Nr. 33.
Libel.

26. Fyll, eras pus en escolas anatz
Nr. 62.
Lo vers dels escolas.

27. Greus dolors es entre dos fis amans
Nr. 57.
Canço.

28. Hom no pot far sirventes mas sirven
Nr. 36.
Sirventes.

29. Juglar, prec vos
Nr. 86.
Sirventes.

30. Li cavaler e li prezicador
Nr. 51.
Lo vers de paradis e d'infern.

31. Man semblon l'enjana-pastor.
Nr. 49.
Lo vers de l'enjana-pastor.

32. Mig vers faray leuger e pla ses força
Nr. 66.
Mig vers.

33. Mon chan comenz d'ira mesclat
Nr. 67.
Lo vers de las erbas.

34. Nol prenatz los fals marit iana delgada
Nr. 99.
Ayço es una viadeyra.

35. Nom platz | que pratz | ne may | oymay | atenda
Nr. 7.
Canço.

36. Nom pusch de xantar retener
Nr. 82.
Mig sirventes.

37. Non cuyavo (*l.* -ava) nuls (*l.* nula) persona fos
Nr. 76.
Lo vers contrarios.

38. No say (*l.* fay?) chantar mays ne cuynda sazos
Nr. 3.
Aniversari.

39. No val pascors al mal d'amor guerir
Nr. 2.
Canço.

40. Nuncha querria eu achar
Nr. 93.
Cobla en .VI. lenguatges.

41. Nuylls hom savis no deu seynor preyar
Nr. 53.
Lo vers del rey de Maylorca.

42. Nuylls homs no pot tan bo mot com no dir
Nr. 47.
Lo vers maraveylos.

43. Obra sobtil prim' e trasforia
Nr. 42.
Lo vers gros e soptil.

44. Paratges a molt perpres
Nr. 68.
Lo vers de paratge.

45. Peccatz mortals me par ques de son pars
Nr. 9.
Lo vers dels .V. sens naturals.

46. Pels amans ditz c'amors tan los destreyn
Nr. 60.
Lo vers turmentat.

47. Per que nom daran renda
Nr. 70.
Lo vers leuger.

48. Princepc enic e bibse (*l.* bisbe) negligen
Nr. 6.
Lo vers de cels que fan perdre el mon.

49. Pus amors vol que faça sa comanda
Nr. 28.
Descort.

50. Pus chan era | E s'esmera | D'amar mos fis cors enquera
Nr. 23.
Estempida.

51. Pus fis amayre
Nr. 30.
Desirança.

52. Pus li rey laxon la ley
Nr. 35.
Sirventes.

53. Qui vezia son dan dins ma mayso
Nr. 10.

54. Reys castelas, tota res mor e fina
Nr. 11.
Canço de madona Santa Maria.

55. S'agues tan be temps ne razos (sazos?)
Nr. 21.
Retronxa.

56. Segons que ditz e no men aquest libres
Nr. 71.
Mig vers car e vil.

57. Si cel que ditz entre saig e jutglar
Nr. 45.
Lo vers del saig e del joglar.

58. Si com l'aygua tra peitz que res que sia
Nr. 13.
Canço.

59. Si com mi dons es belayre
Nr. 24.
Estempida.

60. Si nuyll temps fuy pessius ne cossiros
Nr. 15.
Canço, vgl. 257, 1.

61. Si per amar leyalmen ab amor
Nr. 14.
Canso.

62. Si per tristor
Nr. 91.
Lo plant del rey en Jacme. — Krit. hgb. Massó Torrents, Estudis Universitaris Catalans 3, 253.

63. Si tot m'esmay (*l.* m'es may?), can la cigala canta
Nr. 12.
Lo vers de les rimes soltes.

64. Si tot no say (*l.* fay *oder* soy?) Tristanz l'amanz
Nr. 72.
Lo vers de Tristayn.

65. Si voletz quem laix d'amar
Nr. 104.
Balada.

66. Ta flamart (*l.* flam' art?) sa flama o flomon
Nr. 38.
Vers estrayn.

67. **Tan fol cuion que sia covinent**
Nr. 41.
Lo vers dels bes descovinens.

68. **Tart fa hom mal pus sia entre bonas gens**
Nr. 37.
Vers breu.

69. **Tener volria la via caura xantan presentan camors**
Nr. 27.
Estempida.

70. **Tota dona val mays, can letra pren** (*l.* **letr' apren?**)
Nr. 17.
La canso del comte.

71. **Tot can cors dezira**
Nr. 103.
Dança.

72. **Totz homs fay mal qui veya en embarch**
Nr. 65.
Lo vers del vassail leyal.

73. **Tots nobles seyns deuria be gardar**
Nr. 79.
Lo vers d'esguardar.

74. **Trop m'enug de cortz anar**
Nr. 85.
Sirventes.

75. **Tu mal me fay sala**
Nr. 63.
Aniversari.

76. **Una re dey a Deu grazir**
Nr. 56.

77. **Un bon vers agra obs a far enans**
Nr. 19.
Lo vers de Deu.

78. **Un vers ay comensat**
Nr. 73.
Vers cert senblant de pech.

79. **Un vers vuyll novellament bastir**
Nr. 64.
Lo vers dels tres reys.

80. **Usan | chantan. pensan. dreçan. riman**
Nr. 43.
Canso.

81. **Volets aver be** (*l.* **bo?**) **lau entrels valens**
Nr. 84.
Sirventes.

82. **Volgr' agesson li rey**
Nr. 20.
Lo vers de la terra de preste Johan.

83. **Volgra mi dons m'azires**
Nr. 25.
Canço.

84. **. . . . . nos toylla | Amors com pus gelos nos desacoylla**
Nr. 1, f. 13.

435. Sifre.

1. **Mir Bernart, mas vos ay trobat**
R 24—200 (MG. 1020), anonym.
Tenzone mit Mir Bernart = 301, 1.

436. Simon Doria.

Vgl. Art. 371.

Hist. lit. 19, 565. — O. Schultz[-Gora], Zts. 7, 220 u. 9, 406. — Arturo Ferretto, Documenti intorno ai trovatori Percivalle e Simone

Doria, Studi mediev. 1, 126—51; 2, 113—40 und 274—85. — Bertoni, Giorn. stor. della lett. ital. 36, 14 (vgl. Zts. 25, 121). — Ders., I trov. min. di Genova, introd. p. XXII. — Ders., I trov. d'Italia p. 100.

1a. Amics Simon, si·us platz, vostra semblansa

Tenzone (Partimen) mit Lanfranc Cigala, s. 282, 1b.

1. Car es tant conoissenz, vos voil

O 85 (135, Arch. 34, 380), a[1] 596 (336, kein Text); Überschriften: La tenzon d'en Symon e d'en Lanfranc Oa[1].
Tenzone mit Lanfranc Cigala = 282, 1. — Krit. hgb. Bertoni, Trov. min. di Genova p. 11 und Trov. d'Italia p. 405.

2. N'Albert, chauçeç la cal mais vos plairia

T 72 (Selbach, Streitgedicht p. 106), anonym, tenso. — Nach Schultz[-Gora], Zts. 9, 406 ist dieser Albert mit Albertet (de Sestaro) identisch; vgl. dagegen Bertoni, Trov. min. di Genova p. XXVII u. bes. p. XXIX A. 2 (Albert Scot?).
Tenzone mit Albert = 13, 1. — Krit. hgb. Bertoni, Trov. min. di Genova p. 13 u. Trov. d'Italia p. 384. Zur Datierung s. noch De Bartholomaeis, Osservazioni p. 121.

3. Segn'en Jacme Grils, e·us deman

O 92 (146, Arch. 34, 383), a[1] 614 (349, kein Text); Überschriften: La tenzos d'en Symon e d'en Jacme Grill Oa[1].
Tenzone mit Jacme Grill = 258, 1. — (Choix 5, 235.) Monaci, Testi ant. prov., col. 92. Krit. hgb. Bertoni, Trov. min. di Genova p. 15 u. Trov. d'Italia p. 388.

4. Segn'en Lafranc, car es sobresabenz

a[1] 598 (337, kein Text); Überschrift: la tenzo d'en Symon e d'en Lafranc.
[fehlt Bartsch] Tenzone mit Lanfranc Cigala = 282, 21 a. — Krit. hgb. Bertoni, Giorn. stor. d. lett. it. 36, 29, ferner Trov. min. di Genova p. 5 u. Trov. d'Italia p. 396.

5. Segn'en Lafranc, tant m'a sobrat amors
saborat

a[1] 572 (314, kein Text); [Symon e Lafranc.]
[fehlt Bartsch] Tenzone mit Lanfranc Cigala = 282, 21 b. — Krit. hgb. Bertoni, Giorn. stor. d. lett. it. 36, 27, auch Trov. min. di Genova p. 3 u. Trov. d'Italia p. 392.

437. Sordel.

Kritische Ausgabe[1]): Cesare de Lollis, Vita e poesie di Sordello di Goito, Halle 1896 (= Romanische Bibliothek XI).

---

[1]) Anordnung der Texte:

De Lollis	Grdr.	De Lollis	Grdr.
1 =	33	3 =	21
2 =	461, 22, s. 10, 7a	4 =	25

Besprechungen: Appel, Lit.-Bl. 1898, col. 227; Schultz-Gora, Zts. 21, 237; Levy, ibid. 22, 251; Jeanroy, Revue critique 1896, II, 283; Naetebus, Arch. 98, 202; C. Merkel, Archivio stor. lombardo, ser. 3, vol. 6, p. 210; Mussafia, Sitzungsber. der Wiener Akad. der Wiss., philos.-hist. Kl., Bd. 134, Abh. 9, p. 1; Guarnerio, Giorn. stor. d. lett. it. 28, 383 und Giorn. dantesco 5, 106; L. Biadene, Rassegna bibliogr. 4, 1; Pelaez, Nuova Antologia, 1. April 1896.

Vorher erschien von ihm: Sordello di Goito, Nuova Antologia 55, 409 und 56, 58. — Zu seiner Polemik mit Torraca s. Giorn. stor. d. lett. ital. 30, 125, Giorn. dantesco 7, 120 und ibid. 4, 1—43; 297—310; 5, 191; 6, 417—467; 529—560; 7, 1—36.

Weitere Literatur: Hist. lit. 19, 447. — Diez, Leben u. Werke p. 375. — Fauriel, Dante et les origines 1, 504. — Ders., Sordello, Bibl. de l'École des Chartes 4, 93. — Bartsch, Jahrb. 11, 2. — Cappellini, Sordello, Atti e Mem. d. R. Acc. Virgiliana, Mantova 1874—78 (wenig wert). — L. Ruberto, Sordello, Propugnatore 10, II, 169 (desgl.). — Cavedoni, Mem. d. R. Acc. di scienze ... di Modena 2, 297. — O. Schultz[-Gora], Zts. 7, 202 u. 9, 117 A. 3. — P. G. Palazzi, Le poesie inedite di Sordello. Memoria del dott. ..., Atti del R. Istituto Veneto, ser. 6, t. 5, p. 1451 (zu 437, 4 u. 5 und zum Ensenhamen); vgl. Schultz[-Gora], Zts. 12, 270 und Suchier, Lit.-Bl. 1888, col. 317. — A. Bartoli, Storia d. lett. ital. 2, 16. — Ferrari, Sordello: lettura fatta all'Accad. Virgiliana di Mantova, Mantova 1887. — Merkel, Atti e Mem. della R. Acc. dei Lincei, cl. di scienze mor., stor. e filol., ser. IV, v. IV, p. 404. — Ders., Sordello e la sua dimora presso Carlo I d'Angiò, Torino 1890. — V. Spinazzola, La leggenda di Sordello: Strenna della libreria Pierro, Napoli 1891. — V. Crescini, Sordello. Conferenza, Verona-

---

De Lollis	Grdr.	De Lollis	Grdr.
5	= 24	24	= 23
6	= 28	25	= 27
7	= 20	26	= 31
8	= 34	27	= 36
9	= 4	28	= 11
10	= 18	29	= 30, s. 225, 14
11	= 37	30	= 1
12	= 8, s. 306, 3	31	= 3
13	= 8a	32	= 6
14	= 19	33	= ?
15	= 26	34	= 12
16	= 29	35	= 13
17	= 38, s. 236, 12	36	= 14
18	= 15, s. 344, 3a	37	= 16
19	= 10	38	= 32
20	= 2	39	= 35
21	= 5	(40	= B. p. 48, s. am Schluß des Artikels).
22	= 7		
23	= 17		

Padova 1897. — Gerolamo Biscaro, Sordello e lo statuto trivigiano „De his qui jurant mulieres in abscondito“, Giorn. stor. d. lett. ital. 34, 368. — D'Ancona, Lectura Dantis (il canto VII del Purgatorio), Firenze 1901, p. 12 A. 3 und Il canto VIII del Purgatorio in: Dante e la Lunigiana (Milano 1909), p. 3. — Bertoni, Nuove rime di Sordello di Goito, Giorn. stor. d. lett. it. 38, 269. Besprochen von Schultz-Gora, Zts. 26, 367; Jeanroy, AdM. 14, 208; Savj-Lopez, Lit.-Bl. 1904, col. 29. — U. Angeli, Tre publiche commemorazioni, Prato 1903. — Fr. Novati, Lectura Dantis (il canto VI del Purg.), Firenze 1903; s. auch Lommatzsch, Prov. Liederb. p. 224. — L. Carnevali, Sordello da Goito, Mantova 1904; vgl. Archivio stor. lombardo, ser. IV, vol. 31, II, 416. — Crescini, A proposito di Sordello, Atti del R. Istituto Veneto 65, II, 41. — Fr. Bertolini, Sordello, Nuova Antologia 124, 457. — K. Vossler, Die göttl. Komödie II, 1, 682. — Fr. Novati, Freschi e minii del Dugento, Milano 1908, p. 143. — Anglade, Les Troubadours p. 235. — M. A. Dunne, One of Dante's troubadours, American Catholic quarterly review 35, 606. — V. de Bartholomaeis, Studi rom. 7, 303 u. 312 (vgl. Art. 10). — C. Fabre in s. Aufsatz über Guida de Rodez, AdM. 24, 153 u. 321, dazu Salverda de Grave, ibid. p. 561. — Chaytor, The Troubadours p. 101. — Bergert, Damen p. 93. — Bertoni, I trov. d'Italia p. 74 und Il Duecento p. 17. — Ders., Sordello e Reforzat, Studi rom. 12, 187. — Ders., Nota sopra una tenzone di Sordello, Rlr. 55, 97 (zu 344, 3a). — Anglade, Hist. somm. de la litt. mérid. p. 101. — Zum Liederstreit mit Peire Bremon Ricas Novas s. Schultz-Gora, Über den Liederstreit zwischen Sordel und Peire Bremon, Arch. 93, 123, ferner G. Bertoni et A. Jeanroy, Un duel poétique au XIIIe siècle: les sirventés échangés entre Sordel et Peire Brémon Ricas Novas, AdM. 28, 269 und wieder Schultz-Gora, Arch. 147, 80.

Weitere Literaturangaben bei Lommatzsch, Prov. Liederbuch p. 481.

Vida: A 125 (p. 389), I 123, K 109, a II 36 (Rlr. 45, 269), a^1 379 (p. 221), ϱ; vgl. $\varkappa$ 147 (Mussafia p. 243).

Parn. occ. p. 145. Choix 5, 444. MW. 2, 246. Mahn, Biogr. p. 49. Chabaneau, Biogr. p. 313. Monaci, Testi ant. prov., col. 91. De Lollis p. 147; vgl. p. 247. Crescini, Manualetto p. 389 u. Manuale p. 334. Chaytor, Troub. of Dante p. 72. Lommatzsch, Liederb. p. 211.

1. Ailas! e que·m fan mei oill C 265.

Canz. mit Refrain. — Choix 3, 441. MW. 2, 246. De Lollis p. 196. Bertoni, Trov. d'Italia p. 295.

2. Aitan ses plus viu hom quan viu jauzens

C 263, D[c] 258 (195, AdM. 14, 526), F 11 (10), I 123 (MG. 1262), K 109, M 163 (MG. 316), R 60—503 (MG.

1263), d 344—238, e 122, ϰ 148 (Mussafia p. 211).
Canz. — De Lollis p. 177. Chaytor, Troub. of Dante p. 75. Appel, Chrest. p. 72. Bertoni, Trov. d'Italia p. 290; vgl. Långfors, Rom. 44, 606.

3. A lei puesc ma mort demandar
morte(!) *Hs.*
F 12 (12).
Cobla (esparsa od. Liedfragment). — De Lollis p. 198.

3a. Anc al temps d'Artus ni d'ara
Coblaswechsel mit Aimeric de Peguillan, s. 10, 7a.

4. Ar ai proat q'el mon non a dolor
D^c 258 (200, AdM. 14, 528 und Atti del R. Istituto Veneto, ser. VI, t. V, p. 1469).
Liedfragment. — De Lollis p. 161.

4a. Er encontra·l temps de mai
a^1 380 (124).
[fehlt Bartsch] Canz. — Krit. hgb. Bertoni, Giorn. stor. d. let. it. 38, 286.

5. Atrestan dei ben chantar finamen
D^c 258 (196, AdM. 14, 526 und Atti del R. Istituto Veneto, ser. VI, t. V, p. 1469), I 123, K 109, d 344—239 (Atti p. 1470).
Canz. — De Lollis p. 180.

6. Bel cavalier me plai que per amor
H 50 (172 u. Arch. 34, 404; MG. 1264).
Zwei Coblas mit Tornada. — De Lollis p. 198.

7. Bel m'es ab motz leugiers a far
de
C 263; Str. *[B]en me saup mon fin cor emblar* H 50 (173 u. Arch. 34, 404; MG. 1265, vgl. 96, 9), von Bartsch unter 437, 9 besonders aufgeführt; nur diese Str., aber unter der Überschrift *Bel m'es ab motz leugiers de far* in F 9 (3), dazu wahrscheinlich Str. *Gent mi saup* (Bartsch: *sap*) *mon fin cor enblar* in T 280 = 461, 125.
Canz. — Choix 3, 443. MW. 2, 248. Bartsch, Denkm. p. 50. De Lollis p. 181.

8. Be·m meraveill com negus
Meraveill me onratz bars
D^c 258 (199, AdM. 14, 527), F 11 (11); Überschriften: En Sordel D^c; Tensons d'en Sordel e d'en Montan F.
Coblaswechsel mit Montan = 306, 3. — (Choix 5, 267. MW. 2, 252.) De Lollis p. 163.

8a. Ben deu esser bagordada
F 12 (13).
[fehlt Bartsch] Cobla (esparsa oder Sirventesfragment). — De Lollis p. 164.

(9. Ben me saup mon fin cor emblar
Str. aus 437, 7.)

10. Bertran, lo joi de domnas e d'amia
C 390 (MG. 1266), F 9 (nur die 2te Torn. erhalten), Fa 1 (1), M 256 (MG. 1267); Überschriften: Partimen d'en Bertran e d'en Sordelh C; Partimenz d'en Sordel e d'en Bertran d'Alamantz (!) Fa; tenson M.
Tenzone (Partimen) mit Bertran d'Alamano = 76, 2; vgl. auch 189, 4 und (zum Reimschema) 242, 52a. — De Lollis p. 174. Salverda de Grave, Bertran d'Alamanon p. 84. Übers. bei Jeanroy, Anthol. p. 88.

10a. Digatz mi s'es vers so qu'om brui

Tenzone mit Joan d'Albuzo, s. 265, 1a.

11. Doas domnas amon dos cavaliers

I 160 (MG. 1268), K 146, R 144 (MG. 1269), d 344–240; Überschriften: d'en Sordels e d'en Bertrans IKd; Tenso de Brt. de Lama[non] R.
Tenzone mit Bertran d'Alamano = 76, 7. — De Lollis p. 191. Salverda de Grave, Bertran d'Alamanon p. 91.

12. Domna, meills qu'om no pot pensar

F 10 (6), H 3 (10 u. Arch. 34, 392; MG. 1270).
Canz. — De Lollis p. 199.

13. Domna, tot eissamens

D^c 258 (198, AdM. 14, 527), F 10 (7).
Cobla (Fragment einer Canz?). — De Lollis p. 201.

14. Dompna valen, saluz et amistaz

H 43 (138).
Zwei Coblas (aus einer Canz?). — (Choix 5, 445. MW. 2, 252.) De Lollis p. 201.

15. En Sordel, que vos es semblan

Tenzone mit Peire Guillem de Luzerna, s. 344, 3a.

16. Entre dolsor ez amar sui fermatz
mesclaz

F 11 (8); anonym P 59 (*c.* 73, Arch. 50, 272).
Cobla mit Tornada (aus einer Canz?). — De Lollis p. 202.

17. Gran esfortz fai qui ama per amor *Bartsch* chanta

C 265 (MG. 1271), R 23—192 (MG. 1272); Ricas Novas T 222; anonym f 26.
Canz. — De Lollis p. 183.

18. Lai al comte mon segnor voill pregar

F 12 (14), auch ϱ (fol. 32, s. Stengel, Chigiana p. 65 u. 69).
Ablehnung einer Teilnahme am Kreuzzuge. – De Lollis p. 162.

19. Lai a'n Peire Guillem man ses bistensa

D^c 258 (197, AdM. 14, 527), F 11 (9).
Cobla und Tornada. — Choix 5, 445. MW. 2, 250. De Lollis p. 164.

20. Lo reproviers vai averan, so·m par

A 209 (604), D 140–487, I 188 (MG. 641), K 174.
Sirv., beantwortet durch 330,18. — De Lollis p. 158, danach Monaci, Testi ant. prov., col. 90 und Poesie prov. di trov. ital. p. 16. Bertoni-Jeanroy, AdM. 28, 284. Übers. von De Lollis, Raccolta di studii critici ded. ad Alessandro d'Ancona p. 413, auch Boutière, Les poésies du troub. Peire Bremon Ricas Novas p. 86.

20a. Mant home·m fan meravilhar

R nach 85, 1 (R 142 r°; würde wohl bei Meyer 143 sein).
[fehlt Bartsch] Zwei Coblas u. Torn. (Liedfragment). — Krit. hgb. Jeanroy, AdM. 17, 476.

21. Non pueis mudar qan luecs es

M 246 (MG. 1053).
Sirv. — De Lollis p. 150.

22. Non sai qe je die

P 65 (*c.* 149, Arch. 50, 282): Aqest fe messer Sordel pro Karl.

Französisch. — Vgl. C. Merkel, Atti e Mem. della R. Acc. dei Lincei, ser. IV, vol. IV, p. 406 A. 2 u. bes. De Lollis p. 98 A. 1.

23. Per re no·m posc d'amor cuidar

C 264, R 36—302 (MG. 550); anonym (nach Ricas Novas) T 223.
Canz. — De Lollis p. 185.

24. Plaigner voill en Blacatz en aquest leugier so

A 126 (361), C 265, D^a 178—634, H 3 (9), I 188, K 174, R 21—173, S 219—142 (MG. 642), a^1 380 (125).
Planch, vgl. 76, 12 u. 330, 14. — Choix 4, 67. Parn. occ. p. 146. MW. 2, 248. A. Bartoli, Storia d. lett. ital. 2, 351. Krit. hgb. Bartsch, Chrest. col. 225. P. Meyer, Recueil p. 93, danach Monaci, Testi ant. prov., col. 91 und Poesie prov. di trovad. ital. p. 18. De Lollis p. 153 (vgl. p. 261). Chaytor, Troub. of Dante p. 74. Crescini, Manualetto p. 342 u. Manuale p. 295. Bertoni, Trov. d'Italia p. 285. Lommatzsch, Prov. Liederb. p. 211 (Lit. p. 482). Schultz-Gora, Elementarbuch p. 172. Anglade, Anthol. p. 169. Audiau et Lavaud, Nouv. Anthol. p. 231. Übers. bei Jeanroy, Anthol. p. 105. – Zur Datierung s. Soltau, Blacatz p. 56; Schultz-Gora, Ein Sirv. von G. Figueira p. 38; Wittenberg, Die Hohenstaufen im Munde der Troub. p. 73; De Bartholomaeis, Osservazioni p. 113; Fabre, AdM. 24, 180, dagegen Salverda de Grave, ibid. p. 566; Boutière, P. Bremon Ricas Novas p. 119. — Vgl. auch Springer, Klagelied p. 36 und 70, ferner Vossler, Die göttl. Komödie 2 I 683.

25. Puois no·m tenc per pajat d'amor

T 217 (MG. 1273).
Sirv. — De Lollis p. 152.

26. Puois trobat ai qui conois et enten

T 219 (MG. 1274).
Sirv. — De Lollis p. 165.

27. Quan plus creis, dompna, ·l desiriers
On *Stengel* -eis

F 9 (5).
Canz. — De Lollis p. 187.

28. Quan qu'eu chantes d'amor ni d'alegrier

A 209 (603 u. Arch. 34, 197; MG. 1054), D 140—485.
Sirv., beantwortet durch 330, 9. — De Lollis p. 156. Bertoni-Jeanroy, AdM. 28, 279. Übers. bei Boutière, P. Bremon Ricas Novas p. 85. — Metrisches Muster ist 364, 18; s. Rom. 2, 429.

29. Qui be·s membra del segle qu'es passatz

F 12 (15), I 188, K 174, T 218; Aimeric de Peguillan I 199, K 184.
Sirv. — Choix 4, 329. Lex. rom. 1, 473. MW. 2, 249. De Lollis p. 166.

30. Seign'en Sordel, mandamen

Tenzone (Partimen) mit Guillem de Montaignagol, s. 225, 14.

31. Si co·l malaus qe no se sap gardar

H 4 (14 u. Arch. 34, 393; MG. 1275).
Canz. — De Lollis p. 188.

32. Si com estau tain qu'esteja
esta -s

I 124 (MG. 1276).
Cobla. — De Lollis p. 203.

33. Si tot m'asaill de serventes Figueira

H 55 (237 u. Arch. 34, 413; MG. 1277), $\varkappa$ 120 (Mussafia p. 248).
Cobla. — De Lollis p. 149.

34. Sol que m'afi ab armas tostemps del sirventes

C 264 (MG. 1278), R 23—191 (MG. 1279).
Sirv., beantwortet durch 330, 6. — De Lollis p. 160. Bertoni-Jeanroy, AdM. 28, 290. Übers. bei Jeanroy, Anthol. p. 84 und Boutière, P. Bremon Ricas Novas p. 88.

35. Tan m'abelis lo terminis novels

A 125 (360), D 84—302, I 123 (MG. 554), K 109.
Canz. — De Lollis p. 203.

36. Tostemps serai ves amor

C 264 (MG. 1280), R 36—303 (MG. 1281).
Canz. — De Lollis p. 190.

37. Toz hom me van disen en esta maladia

P 65 (c. 148, 1 u. Arch. 50, 281; Riv. Sarda 1, 402). — Str. 2 *Sordel diz mal di mi e far no lo·n (lo·m?) douria* scheint Antwort zu sein. O. Schultz [-Gora], Arch. 93, 126 denkt dabei an Graf Raimon Berenguier v. Provence (Art. 184); doch s. De Lollis p. 48.
Cobla (‚de messer Sordel q'era malad'). – (Choix 5, 445. MW. 2, 251. Galvani, Osservazioni p. 53.) C. Merkel, Atti e Mem. della R. Acc. dei Lincei, ser. IV, vol. IV, p. 405 A. 4 u. p. 406 A. 1. De Lollis p. 163.

38. Us amics et un' amia

Tenzone (Partimen) mit Guillem de la Tor, s. 236, 12.

Weitere Attributionen:

461, 195a Poi qe neve ni glazi (anonym)
76, 22 Un sirventes farai ses alegratge (Bertran d'Alamano).

Gegen welches Gedicht Sordels ist 265, 3 (Joan d'Albuzo) gerichtet?
Hierzu kommt das „Ensenhamen d'onor“ (vgl. Bartsch, Jahrb. 11, 2 u. Grdr. p. 48; Bertoni, Ambrosiana p. VIII u. 449; De Lollis p. 88),
beginnend

Aissi co·l tesaurs es perdutz

Hs.: G 131.

Ausgaben: Palazzi, Atti del R. Istituto Veneto, ser. VI, t. V, p. 1471. De Lollis p. 206. Chaytor, Troub. of Dante p. 77.

Auszüge: Monaci, Testi ant. prov., col. 109. Crescini, Manualetto p. 344 und Manuale p. 296. Appel, Chrest. p. 165. Schultz-Gora, Elementarbuch p. 188. — Zu v. 1233—36 s. Bertoni, Rlr. 55, 98.

438. Taurel.

Hist. lit. 17, 528. — Levy, G. Figueira p. 96. — Schultz-Gora, Ein Sirv. von G. Figueira p. 57. — Torraca, Studi su la lirica ital. del Duecento p. 293 (Nuova Antologia 55, 244). — De Bartholomaeis, AdM. 18, 191. — Bergert, Damen p. 75. — Bertoni, I trov. d'Italia p. 135.

1. **Falconet, de Guillalmona**
O 92 (145, Arch. 34, 383), a[1] 613 (348); Überschriften: la tenzos de (d'en) Taurel e d'en Falconet O a[1].
Tenzone mit Falconet = 148, 2. — Monaci, Poesie prov. di trov. it. p. 19. Krit. hgb. De Bartholomaeis, AdM. 18, 172. Torraca, l. c. p. 293 Anm. — Zu v. 27 ff. s. Långfors, Rom. 44, 604, zur Datierung Schultz-Gora, l. c. p. 38.

439. Templier (us cavaliers del Temple).

Gemeint ist Ricaut Bonomel, vgl. Art. 423 u. 312.

Hist. lit. 19, 543. — Fauriel, Hist. de la poésie prov. 2, 138. — Bartsch, Jahrb. 11, 18. — Diez, Leben u. Werke p. 475. — Chabaneau, Biogr. p. 381 (vgl. p. 383). — Merkel, Atti e Mem. della R. Accad. dei Lincei, classe di scienze mor., stor. e filol., ser. IV, vol. IV, p. 316. — Milá y Fontanals, Trov. en Esp. p. 379 (denkt an Olivier del Temple). — Lewent, Rom. Forschungen 21, 327. — Bertoni, I trov. d'Italia p. 28. — Anglade, Hist. somm. de la lit. mérid. p. 107 A. 2. — Massó Torrents, Repertori 1, 241.

1. **Ir' e dolors s'es dins mon cor asseza**
C 367, a[1] 516 (267, Studj rom. 2, 87) unter en Ricatz Bonomel (honomel a[1]) fraire del Temple.
Sirv. — Choix 4, 131. MW. 3, 158. Krit. hgb. P. Meyer. Recueil p. 95. Bertoni, Zts. 34, 701; vgl. Rom. 41, 313, Übers. bei Jeanroy, Anthol. p. 120.

Tibaut de Blizon (Thibaut de Blaison) s. Art. 106, 15.

440. Tibors, na.

Hist. lit. 18, 570. — O. Schultz[-Gora], Zts. 9, 131 A. 9 u. Dichterinnen p. 13. — Bergert, Damen p. 24.

Vida: H 45 (149); vgl. ϰ 136 (Mussafia p. 263). — Parn. occ. p. 328. Choix 5, 446. Mahn, Biogr. p. 58. Chabaneau, Biogr. p. 300. Schultz[-Gora], Dichterinnen p. 13.

1. **Bels dous amics, ben vos puosc en ver dir** *Bartsch* p. v.
H 45 (150, MG. 647), ϰ 136 (Mussafia p. 263).
Liedfragment. — Parn. occ. p. 328. Choix 5, 447. MW. 3, 321. Krit. hgb. Schultz[-Gora], Dichterinnen p. 25.

441. Tomas.

Vgl. 282, 22. — Vermutlich Thomas II., Graf von Savoyen (vor 1237 bis 1. Februar 1259).

Hist. lit. 19, 596. — O. Schultz[-Gora], Zts. 7, 218 u. 233. — Chabaneau, Biogr. p. 383. — Bertoni, Giorn. stor. d. lett. ital. 57, 171 u. I trov. d'Italia p. 86. — S. auch Jeanroy, Revue historique 164, 8.

1. **Bernado, la jenser dona que·s myr**
R 34—289 (Selbach, Streitgedicht p. 101; vgl. Appel, Lit.-Bl. 1887, 79), anonym.
Tenzone mit Bernado = 51, 1. — (Choix 5, 446.) Krit. hgb. Bertoni, Trov. d'Italia p. 473.

442. Tomier e Palazi.

Andere Namensformen: Tomers D^a; Palaisis, Palaisins D^a, Palazis IK. — Hist. lit. 17, 593. — Milá y Fontanals, Trov. en Esp. p. 164.

Vida: I 191, K 176.

Parn. occ. p. 273. Choix 5, 274. Mahn, Biogr. p. 63. Chabaneau, Biogr. p. 302.

1. **De chantar farai || Una esdemessa** demessa *Bartsch*
D^a 198—720.
Esdemessa (eine Art Sirv. mit Refrain). — (Choix 5, 447. MW. 3, 341.) Krit. hgb. Appel, Chrest. p. 107. — Zur Datierung s. De Bartholomaeis, Osservazioni p. 106 und Schultz-Gora, Ein Sirv. von G. Figueira p. 38. Vgl. noch Römer, Dichtungsarten p. 51.

2. **Si co·l flacs molins torneja**
D^a 193—699, I 191, K 176.
Sirv. — Choix 5, 275. MW. 3, 342. Krit. hgb. Jeanroy, Un sirventés en faveur de Raimon VII (1216) in: Bausteine zur roman. Philol., Festgabe für A. Mussafia, p. 629.

443. Torcafol.

Hist. lit. 20, 603. — Chabaneau, Biogr. p. 384. — Witthoeft, Sirv. joglaresc p. 21. — Stroński, Sur deux passages du moine de Montaudon et de Torcafol, AdM. 19, 232 (zu zwei Anspielungen in 443, 1 u. 2). Im übrigen s. Art. 162.

1. **Comtor d'Apchier rebussat**
D 139—482; anonym R 23—195 (tenso).
Sirv. — Choix 4, 253. MW. 3, 277. Krit. hgb. Appel, Rlr. 34, 13. Witthoeft p. 59.

2. **Comunal, en rima clauza**
D 139–480, I 191, K 177, R 8–47 (tenso, nach G. de Bornelh).
Sirv. — (Choix 5, 449. MW. 3, 347.) Witthoeft p. 57. Appel, Prov. Ined. p. 305.

2a. Comunal veill, flac, plaides
D 138—479, I 191, K 177, R 8—46 (tenso, nach G. de Bornelh).
[Bartsch 162, 2] Sirv., vgl. 162, 7. — Choix 4, 249. MW. 3, 274. Appel, Rlr. 34, 20. Witthoeft p. 55.

2b. Mals albergiers denairada de fe
D^a 202—738.
[Bartsch 162, 4] Cobla. — Appel, Rlr. 34, 23. Witthoeft p. 64.

3. Membraria·us del jornal
D^a 202–735 (Torcafofols [sic!]; Klein, Die Dichtungen des Mönchs von Montaudon p. 106 A. 2); Garins D 140—484*.
Cobla. — (Choix 5, 156. MW. 3, 277.) Appel, Rlr. 34, 27. Witthoeft p. 63.

4. Mos Comunals fai be parer
Pos
D 139—481, I 192, K 177; anonym R 23–194 (MG. 1021, tenso).
[Bartsch 162, 5] Sirv. — Choix 4, 250. MW. 3, 275. Appel, Rlr. 34, 15. Witthoeft p. 58.

5. Veills Comunals plaides
D 139—484 (Klein, Die Dichtungen des Mönchs von Montaudon p. 107), unter Garins.
[Bartsch 162, 7] Sirv. (nur zwei Coblas). — (Choix 5, 156. MW. 3, 276.) Appel, Rlr. 34, 23. Witthoeft p. 62.

Zugeschrieben wird ihm noch
162, 8 Veill Comunal, ma tor (Garin d'Apchier).

444. Tostemps.

Strońki, Le troubadour Folquet de Marseille p. 41* Anm.

1. Tostemps, si vos sabetz d'amor
Tenzone (Partimen) mit Folquet de Marseilla, s. 155, 24.

445. Tremoleta.

Ein Katalane, den der Mönch von Montaudon in seinem gegen zeitgenössische Troubadours gerichteten Sirventes als achten Dichter erwähnt (Choix 4, 370; MW. 2, 61).

Hist. lit. 17, 572 (= Arnaut Catalan). — Suchier, Jahrb. 14, 151. — Milá y Fontanals, Trov. en Esp. p. 461 (= Mola). — Chabaneau, Biogr. p. 384 A. 1. — Ist er der Verfasser von 461, 241? S. dazu Bertoni, Rlr. 56, 6.

446. Le Trobaire de Villa-Arnaut (Villarnaud).

Hist. lit. 19, 613. — Anglade, Guiraut Riquier p. 241 A. 4. — Miret y Sans, Viatges del Infant en Pere, fill de Jaume I, en els anys 1268 y 1269 (Barcelona 1908), p. ?

1. **Mal mon grat fatz serventula**
M 240 (MG. 1006; s. Mussafia, Del cod. Estense p. 344).
Sirv. — Krit. hgb. Bartsch, Denkm. p. 136.

2. **Un serventes nou q'om chan**
M 241.
Sirv. — (Choix 5, 450.) Krit. hgb. Appel, Prov. Ined. p. 308.

447. Turc Malec.

Andere Namensformen: Truc Malec A H, Turc Malet C, Truc Maletz R; Anglade schreibt Turcmalec. — S. auch die vida des Raimon de Durfort.

Hist. lit. 15, 462 u. 17, 419. — Chabaneau, Biogr. p. 242.

1. **En Raimon, be·us tenc a grat**
Turc Malet *C*
Truc Maletz *R*
A 212 (613, Arch. 34, 200), D 138—477, H 41 (132), I 186, K 172; Guillem de Durfort C 379; R. de Durtfort R 28—234. — Nach Canello, Arnaldo Daniello p. 6 A. 1 u. Lavaud, AdM. 22, 21 A. 1 ist Raimon de Durfort der alleinige Verfasser; doch s. Kolsen, Arch. 141, 250 u. Zts. 41, 543.
Sirv., vgl. 29, 15 u. 397, 1. — Choix 5, 370. Canello, l. c. p. 193; vgl. Kolsen, Zts. 41, 543 Anm.

448. Uc.

(Hist. lit. 19, 600.)

1. **Dalfin, respondetz mi, si·us platz**
Baussan *Ra*[1]
D 150—522 (Forts. *Bauzan, car m'avez enseingnat* in 150—522* als eigenes Gedicht aufgefaßt), G 96 (p. 307, hier *Qan bona donna al prez verai* als eigenes Ged. aufgefaßt), M 253 (MG. 457), N 283—455 (MG. 458), Q 9 (18, p. 18, Schluß von Str. 11 u. 12—13, unmittelbar hinter 366, 17, beg. *Maiz eu n'ai bon razonamen*) und 38 (101, p. 76; vgl. Jahrb. 11, 10 u. Zts. 4, 504), R 75—629, a[1] 562 (303) und 563 (304); Überschriften: *Gauselms Faidiz* D; *la tenzo qe mou n'Ugo a'n Bauzan* und *la tenzon qe respon Bauzan a n'Ugo* a[1]; *tençon* Q.
Tenzone (Partimen) mit dem Dalfi d'Alvergne (= Baussan) = 119, 1, s. auch 45, 1. — (Choix 2, 195 u. 5, 217.) Krit. hgb. Kolsen, Trobadorged. p. 8.

2. **N'Ugo, cauzetz, avans que respondatz**
Tenzone (Partimen) mit Chardo, s. 114, 1.

Von einem Uc zitiert μ 215/6:

Amic veray, a vos me playgis
Quar fin' amors no me refraygis.

449. Uc de la Bacalaria.

Auch Bacalairia. — Hist. lit. 17, 574. — Kurze Notiz bei Anglade, Hist. somm. de la litt. mérid. p. 66.

Vida: I 154, K 140.

Parn. occ. p. 375. Choix 5, 218. Mahn, Biogr. p. 62. Chabaneau, Biogr. p. 251.

1. Digatz, Bertran de San Felitz -is

A 179 (509), C 388, D 144—500, I 154, K 140, O 86 (136), a[1] 600 (338); Überschriften: N'Uc de la Bacallaria A, Index B, ähnlich DIK — Bertrans de Sain Feliz A, Index B, ähnlich I; Partimen d'en Bertran de Sant Felitz e d'en Ugo C; la tenzo d'en Ugo e d'en Bertran O a[1].
Tenzone mit Bertran de Saint Felitz = 91, 1. — Choix 4, 30. MW. 3, 213.

1a. Gaucelm, tres jocs enamoratz

Tenzone (Partimen) mit Gaucelm Faidit und Savaric de Malleo, s. 432, 2 (= 167, 26).

2. N'Uc de la Bacalaria

Tenzone (Partimen) mit Gaucelm Faidit, s. 167, 44.

3. Per grazir la bon' estrena

C 347; Guillem de la Bacalaria C Reg., R 100—839.
Alba. — Parn. occ. p. 375. Choix 3, 342. MW. 3, 212. Krit. hgb. Appel, Chrest. p. 92. (Audiau, Troubadours et jongleurs du Bas-Limousin, Nr. 9.) Audiau et Lavaud, Nouv. Anthol. p. 251.

4. Seigner Bertrans, us cavaliers S. en prezatz

D 151—526, D[a] 207—755, E 215, G 97 (p. 309), L 83 (Arch. 34, 432), Q 9 (19, p. 18); Überschriften: Gauselms Faidiz D; N'Uc de la Bazalaria D[a]; en Bertran et n'Ugo E; Tenchons de n'Ug ab Bertran L; tençon Q.
Tenzone (Partimen) mit einem Herrn Bertran (B. de S. Felitz?) = 75, 7. — (Choix 5, 217. MW. 3, 214.) Krit. hgb. Kolsen, Trobadorged. p. 64.

5. Ses totz enjans e ses fals' entendensa

C 347, f 52, α 29805 (MG. I 202).
Canz. — Choix 3, 340. MW. 3, 211. Krit. hgb. Audiau, Mélanges Antoine Thomas p. 11. (Ders., Troub. et jongleurs du Bas-Limousin, Nr. 4.) Audiau et Lavaud, Nouv. Anthol. p. 91.

Ferner werden ihm attribuiert:

293, 15 Cortezamen voill comensar (Marcabru)
355, 12 Pos lo prims vergans botona (Peire Raimon de Toloza)
167, 51 Razon e mandamen (Gaucelm Faidit).

450. Uc Brunet.

Namensformen: Uc Brunetz AB; Huc Brunenc de Rodes Cf; Ugo Bruneng DO; Ucs Brunerics D[c]; Uc Brunenc EMR; Uc Bruneng (Brunecs) Fa; Uc Bruneng de Rodes G; Uc Brunec (Brunes) H; Ucs Brunecs IKNU; Uc de Brundel Q; Uc Brunel NS; Uc Brunexs (-ecs, -enx) T; Uc Brunec, Ugo Brunec(s) de Rodes und Ugo Brunetz de Rodes a[1]; Uc Brunencx (: fadencx) β[1] 827 (?). — Chabaneau: Uc Brunenc; Appel: Brunec oder Brunenc; Jeanroy; Uc Brunet; Anglade: Uc Brunenc oder Brunet de Rodez; nach P. Meyer, Rom. 24, 452 nur Brunet oder Brunenc, Brunec unzulässig.

Kritische Ausgabe[1]): C. Appel, Der Trobador Uc Brunec (oder Brunenc) in: Abhandlungen Herrn Prof. Dr. Adolf Tobler... dargebracht, Halle 1895, p. 45—78. — Vgl. Tobler, Arch. 95, 199; P. Meyer, Rom. 24, 452.

Weitere Literatur: Hist. lit. 17, 562. — Springer, Klagelied p. 61. — C. Brunel, Rom. 52, 507 (zum Namen und Leben).

Vida: A 117 (p. 362), B 109 (ib. p. 698), E 199, I 102, K 86, R 1 b, a II 35 (Rlr. 45, 269), a[1] 355 (p. 186).

Parn. occ. p. 111. Choix 5, 218. Mahn, Biogr. p. 57. Chabaneau, Biogr. p. 243. Appel p. 45.

1. Ab plazer recep e acuoill
recoill *Bartsch*

A 118 (336), C Reg., D 49—167, D[c] 250 (89, AdM. 13, 214), Fa 49 (63), I 103 (MG. 414), K 86, M 200 (MG. 413), N[2]) 234—369, a[1] 362 (108); Arnaut Daniel C 205 (MG. 5), H 35 (114), R 27—227, β[1]: Die Hs. r 2, col. 5 u. 6 hat einen Einschub (Studj di fil. rom. 5, 59; vgl. Rajna, Studj l. c. p. 7), und darin werden zwei Stücke aus dem Gedicht als von Arnaut Daniel zitiert.
Canz. — (Choix 5, 35. MW. 2, 76.) Appel p. 63.

2. Ara·m nafron li sospir
Era·m

A 118 (337), C 255 (MG. 747), D 49—168, D[c] 250 (90, AdM. 13, 215), Fa 50 (64), G 67 (p. 206, Arch. 32, 405), H 35 (112), I 102, K 86, N 234—367, Q 37 (100, p. 75), R 66—553, S 169—107 (MG. 748), T 203, a[1] 356 (102), β[1] 829; Str. 3 (*Ha, Dieus! e que·m volon dir*) anonym J 14 (*c. e.* 60, Riv. 1, 43).
Canz. — Appel p. 65.

3. Coindas razos e novelas plazens
Conplidas

A 119 (338 u. Arch. 33, 460; MG. 985), C 256, D 48—165, D[c] 250 (86, AdM. 13, 213), Fa 49 (62), H 35 (113), I 103, K 86, M 200, R 66 J—550, S 175—110, T 201, U 109 (Arch. 35, 437), a[1] 356 (101), α 32425 u. 32516 u. 32591; anonym G 130 (p. 433), N 86—96 u. 234—368, O 44 (70), Q 108 (274, p. 207), V 105 (Arch. 36, 443); Str. *Mas* (*mes* Hs.) *d'una ren m'er vengutz pensamens* (*pensamen* Hs.) P 66 (*c.* 163, Arch. 50, 283) = Grdr. 461, 164 u. Str. *Ab los jauzenz deu hom esser jojos* P 61 (*c.* 96, Arch. 50, 275), von Bartsch unter 461, 4 besonders aufgeführt.
Sirv. — Lex. rom. 1, 400. Parn.

---

[1]) Reihenfolge der Texte wie hier, wobei Nr. 5 ausgeschieden wird.
[2]) In N sind die Nummern 368—372 anonym, bei 367 n'Ucs Brunel.

occ. p. 112. MW. 3, 209. Appel p. 67.

4. **Cortezamen mou en mon cor mesclansa**

A 117 (333), C 255, D 48—163, D^c 250 (87, AdM. 13, 213), Fa 47 (60), G 65 (p. 202), H 18 (60), I 103, K 87, M 201, N 236—372, Q 37 (98, p. 73), R 66-551, S 171-108, T 200, U 109 (Arch. 35, 438), a^1 360 (106), η (?); anonym O 12 (20, beg. mit *P' que aqil a cui obs ma cōques,* unmittelbar nach 16, 16; vgl. Jahrb. 11, 24); Str. *Mas dompna sap joi far semblar pezanssa* anonym J 14 (*c. e.* 61, Riv. 1, 43); mehrere Verse zitiert ι 35 (Egidi 2, 36; Thomas p. 183; Jahrb. 11, 49).
Canz. — Choix 3, 315. MW. 3, 206. Appel p. 69. De Lollis, Poesie provenzali sulla origine e sulla natura d'amore, p. 3.

(5. **En est so fatz chansoneta novela**

s. 328, 1.)

6. **Lanquan son li rozier vermeill**
li r. son

A 118 (335, Arch. 33, 459), C 256, D 48—166, H 34bis (111), I 103, K 87, M 199 (MG. 984), N 236—371, R 66—554, T 202, a^1 361 (107), f 79, α 29 562 (MG. I 200); Str. *Qui* (*S'om*) *pogues vezer en espeill* unter Bertran Carbonel in f 6, anonym G 130 (p. 436, Arch. 35, 110), Q 108 (281, p. 208), von Bartsch unter 82, 77 (Bertran Carbonel) aufgeführt.
Sirv. — (MW. 3, 209.) P. Meyer, Dern. Troub. p. 66. Appel p. 72.

7. **Pos l'adreitz temps ven chan-**
Mas, Qant **tan e rizen**

A 117 (334), B 109 (MG. 84), C 256, D 48—164, D^c 250 (88, AdM. 13, 214), Fa 47 (61), G 66 (p. 204), H 34bis (110), I 103, K 87, M 199, N 235—370, O 7 (11), Q 37 (99, p. 74), R 66-552, S 173-109, T 201, U 110 (Arch. 35, 439), a^1 358 (104), α 28 527 (MG. I 189) u. 29 586 (MG. I 200).
Sirv. — Choix 4, 429. MW. 3, 207. Appel p. 74.

Andere Attributionen:

457, 3 Anc enemics qu'eu agues (Uc de Saint Circ)
32, 1 Be volgra midons saubes (Arnaut Plagues)
124, 8 Del bel dezir que jois novels m'adutz (Daude de Pradas)
376, 1 Locs es qu'om si deu alegrar (Pons Fabre d'Uzes)
163, 1 Nog e jorn sui en pensamen (Garin lo Brun)
9, 18 Pos lo gais temps de pascor (Aimeric de Belenoi)
10, 50 Si com l'arbres que per sobrecargar (Aimeric de Peguillan).

451. Uc Catola.

Ugo Catola Hss. — Hist. lit. 20, 601. — A. Franz, Über den Troubadour Marcabru p. 24 (nach ihm ist Catola „als Dichter von erhaltenen provenzalischen Versen zu streichen").

1. **Amics Marchabrun, car digam**
D^{a} 208—760 (Klein, Die Dichtungen des Mönchs von Montaudon p. 99), ferner in z (Studi romanzi 12, 158). — Zu der Ansicht, daß Marcabru alleiniger Verfasser, die Tenzone also fingiert ist, s. Franz, l. c. p. 23 u. Vossler, Der Trob. Marcabru, Sitzungsber. 1913, p. 42 Anm., dagegen Appel, Zts. 43, 423 Anm. u. p. 439. Tenzone mit Marcabru = 293, 6. Krit. hgb. Appel, Chrest. p. 124. Dejeanne, Marcabru p. 24.

2. **No'm pois mudar, bels amics, q'eu chantanz**
D^{a} 208—762, anonym nach 293, 20. – Dejeanne, Marcabru p. 219 ist gegen Uc Catola als Verfasser von Str. 2, auch gegen Marcabru, Bertoni, Rlr. 54, 67 ist für Marcabru; doch s. Appel, Zts. 43, 434 A. 3. Coblaswechsel zwischen einer Dame u. dem Dichter (Bertoni: comjat, in forma di dialogo tra l'amata e il poeta). — Krit. hgb. Bartsch, Chrest. col. 59. Dejeanne p. 219. Bertoni, Rlr. 54, 67.

Vgl. noch
293, 43 Seigner n'Audric (Marcabru)
16b, 1 Tot a estru (Aldric del Vilar).

452. Uc de l'Escura.

Oder Lescura. — Hist. lit. 19, 619.

1. **De mots ricos no tem Peire Vidal**
C 358.
Sirv. — (Choix 5, 220.) Levy, Lit.-Bl. 1887, col. 271. Krit. hgb. Jeanroy, AdM. 17, 477. — Zur Erklärung von v. 2 s. Bertoni, Trov. d'Italia p. 9, zur Zeitbestimmung Maus, P. Cardenals Strophenbau p. 40.

453. Uc de Maensac.

Moensac Hs. — P. Meyer, Dern. Troub. p. 30. — Fabre, Archiv. roman. 3, 39 A. 2.

1. **En Peire, per mon chantar bel**
f 38; Überschrift: Hugo de Moensac, P. Cardenal. Coblaswechsel mit Peire Cardenal = 335, 23. — P. Meyer, Dern. Troub. p. 30.

454. Uc de Mataplana.

Auch Uguet de Mat. (gest. 1213), s. noch Art. 458. — Hist. lit. 18, 571. — Chabaneau, Biogr. p. 278. — Milá y Fontanals, Trov. en Esp. p. 322. — P. Andraud, Raimon de Miraval p. 131 ff. und passim.

1. **D'un sirventes m'es pres talens**
A 205 (592, Arch. 34, 195), D 137—470, H 20 (64; dazu bildet Abschn. 3 der voraufgehenden vida des R. de Miraval die razo fol. 20, Nr. 63),

ϰ 115 (Mussafia p. 247); P. Duran R 101—850.
Sirv., beantwortet durch 406, 30. — Parn. occ. p. 288. MW. 3, 316. Milá y Fontanals, Trov. en Esp. p. 331. Andraud p. 138. Lommatzsch, Liederb. p. 183.

2. **En Blancacet, eu sui de noit** P 62 (c. 118, Arch. 50, 277); Überschrift: *N'Uc de Mataplana a en Blancacet* und *Responsiva: En diable, vos es per dar enoi.* — Soltau, Zts. 23, 215 meint, Uc de Mataplana (gest. 1213) könne nicht mit Blacasset tenzoniert haben. Coblaswechsel mit Blacasset = 96, 5. — (Choix 5, 220.) Milá y Fontanals, Trov. en Esp. p. 331 A. 5. Krit. hgb. Klein, Der Troub. Blacassetz p. 11.

455. Uc de Murel.

Hist. lit. 19, 596. — Chabaneau, Biogr. p. 385.

1. **Ges, si tot bos pretz s'amorta bon** C 373 (nur *Ges* leserlich), R 39—331.
Sirv. — (Choix 5, 221.) Krit. hgb. Appel, Prov. Ined. p. 310.

456. Uc de Pena.

Penna Fa[1]. — Hist. lit. 19, 572. — O. Schultz[-Gora], Zts. 7, 178.

Vida: A 167 (p. 521), I 140, K 126, N[2] 24 (XXI, Arch. 102, 205 u. Rlr. 19, 284); vgl. ϰ 114 (Mussafia p. 223).

Parn. occ. p. 325. Choix 5, 221. Mahn, Biogr. p. 62. Chabaneau, Biogr. p. 258.

1. **Cora que·m desplagues amors** A 167 (482, Arch. 34, 179), D 80—285, F 42 (136), I 140, K 126, a[1] 345 (90); Guillem Ademar T 175. C 371, R 25—214, a[1] 342 (87 und Studj rom. 2, 77).
Canz. — (Choix 5, 221. MW. 3, 343.) Krit. hgb. Kolsen, Trobadorged. p. 66.
Canz. — (Choix 5, 222. MW. 3, 344.) Krit. hgb. Appel, Prov. Ined. p. 313.

2. **Si anc me fe amors que·m desplagues**
Si *fehlt auch*

2a. **Uns novels jois m'adutz** a[1] 343 (88, Studj di fil. rom. 8, 453).
[Bartsch unbek.] Canzone.

Andere Attributionen:

27, 4 Anc per nul temps | no·m donet jai (Arnaut Catalan)
10, 18 D'avinen sap enganar e traïr (Aimeric de Peguillan)
30, 18 Lo gens temps m'abelis e·m platz (Arnaut de Maroill).

ϰ 115 (Mussafia p. 223) zitiert eine Canzone:

Totz aitals mi soi, com sueill | Francx, e fis, et amoros.

457. Uc de Saint Circ.

a[1] nennt ihn Uc de Saint Sixt.

Kritische Ausgabe[1]): A. Jeanroy et J. J. Salverda de Grave, Poésies de Uc de Saint-Circ, publiées avec une introduction, une traduction et des notes, Toulouse 1913 (= Bibl. mérid., 1re série, t. 15). — Besprechungen: Levy und Jeanroy, AdM. 25, 345; Bertoni, Rom. 42, 109; Spitzer, Zts. f. frz. Spr. u. Lit. 41 II 10; (Giorn. stor. d. lett. ital. 63, 160). — Vorher erschienen von denselben: Quatre chansons du troubadour Uc de Saint Circ, Studi lett. e linguist. dedicati a Pio Rajna, p. 1—28 und J. J. Salverda de Grave, Inleiding tot een uitgave der gedichten van de troubadour Uc de Saint-Circ, Koninklijke Akademie van Wetenschappen, verslagen en mededeelingen, afdeeling letterkunde (Amsterdam 1912), reeks 4, deel 11, p. 54—91.

Weitere Literatur: Hist. lit. 19, 470. — Diez, Leben und Werke p. 334. — Cavedoni, Mem. d. R. Accad. di Scienze . . . di Modena 2, 298. — Casini, Propugnatore 18 I 151. — Gröber, Zts. 8, 112 u. 290, auch Giorn. stor. d. lett. ital. 4, 203 (Vermutung, daß Uc auch der Verfasser des „Donat proensal“ ist); vgl. P. Meyer, Rom. 13, 630 und Merlo, Giorn. stor. d. l. it. 3, 398. — Stroński, Le lieu d'origine d'Uc de Saint-Circ, AdM. 25, 278. — Suchier u. Birch-Hirschfeld, Gesch. d. frz. Lit. 1, 95. — Anglade, Hist. somm. de la lit. mérid. p. 94. — Bertoni, Il Duecento p. 14. — Bergert, Damen p. 99 (zu Stazaïlla).

---

[1]) Anordnung der Texte:

	Jeanroy-S. de Grave	Grdr.		Jeanroy-S. de Grave	Grdr.
chansons:	1	= 3		24	= 41
	2	= 40		25	= 10
	3	= 9		26	= 43
	4	= 16		27	= 27
	5	= 1		28	= 17
	6	= 34		29	= 32
	7	= 26		30	= 6
	8	= 25		31	= 31
	9	= 20		32	= 29
	10	= 18	tensons, coblas	33	= 26a
	11	= 35	échangées:	34	= 20a
	12	= 15		35	= (14) 460,1
	13	= 7		36	= 44
	14	= 4		37 }	= 33
	15	= 12		38 }	
sirv., coblas:	16	= 19		39	= 30
	17	= 39		40	= (23) 2a
	18	= 22		41	= 36
	19	= 38		42	= 28
	20	= 8	partimen:	43	= (24) 185,2
	21	= 5	(salut:	44	= B. p. 41,
	22	= 21			s. am Schluß des Artikels).
	23	= 42			

— Crescini, Ugo di Saint Circ a Treviso, Studi mediev., nuova serie 2 (1929), p. 26 und 447 (zu Stazaïlla).

Zu Uc als Biographen s. noch: Gröber, Roman. Studien 2, 492 u. bes. p. 494; O. Schultz[-Gora], Arch. 92, 228 u. 230 A. 4; Jeanroy, Arch. roman. 1, 292 u. den Artikel von De Lollis, Su e giù per le biografie provenzali, Mélanges Chabaneau p. 387.

Vida: A 153 (p. 479), B 94 (ib. p. 707), I 127, K 113, N² 5 (III, Arch. 101, 373 u. Rlr. 19, 267), P 49 (XI, Arch. 50, 257). — Razos zu 4 in P, zu 18 in N².

Parn. occ. p. 161. Choix 5, 222. MW. 2, 147. Mahn, Biogr. p. 47. Chabaneau, Biogr. p. 259, danach (teilw.) Monaci, Testi ant. prov., col. 88. Jeanroy et Salverda de Grave p. 147.

1. **Aissi cum es coind' e gaja**
Ai guay
A 157 (457), C 225 (MG. 11), D 80–283, G 85 (p. 263), I 129 (MG. 1137), K 114, N 109—148, N² 7 (III 6, Arch. 101, 377), R 25–216 (MG. 1138); anonym L 57.
Canz. — Jeanroy et Salverda de Grave p. 25. Audiau et Lavaud, Nouv. Anthol. p. 73.

(2. **Als bels captenemens**
Strophe von 457, 20.)

2a. **Amic Giraut, tan me fai de vertut**
H 53 (211 u. Arch. 34, 410; MG. 1162, 2).
Sirv. als Antwort auf 241, 1. — Jeanroy et Salverda de Grave p. 127.

3. **Anc enemics qu'eu agues**
-c
A 154 (446), B 94 (MG. 28), CReg., D 78—278, Dᶜ 257 (178, AdM. 14, 204), E 162 (MG. 687), G 84 (p. 261), I 128, K 114, L 55, N 107–145 (MG. 1146), N² 6 (III 4, Arch. 101, 376), P 35 (110, Arch. 49, 316), R 25—215, T 198, U 112 (Arch. 35, 440), a¹ 280 (26); Uc Brunet C 257 (MG. 1145), *α* 28482 u. 29476 (MG. I 188 bzw. 199); anonym O 29 (47); Str. *Ma dompna peitz de mort es* anonym J 13 (*c. e.* 42).
Canz. — Jeanroy et Salverda de Grave, Quatre chansons (Studi Rajna) p. 2 u. Poésies p. 1.

4. **Anc mais no vi temps ni sazo**
m. *fehlt auch*
A 157 (455 u. Arch. 34, 175; MG. 1147), D 80—284, I 129 (MG. 310), K 114, N² 7 (III 7, Arch. 101, 378), P (?; Arch. 50, 258). — Razo in P.
Canz. — Jeanroy et Salverda de Grave p. 68.

5. **Antan fez coblas d'una bordeliera**
-eira *Bartsch*
Dᵃ 210—772.
Zwei Coblas. — Stengel bei Witthoeft, Sirv. joglaresc p. 73 Anm. Jeanroy et Salverda de Grave p. 91.

6. **Be·m meraveill s'eu conegutz es sans** (=el) -t
zes *Bartsch*
H 52 (203, Arch. 34, 409), anonym, aber zwischen anderen Gedichten von Uc de S. C.
Cobla. — Jeanroy et Salverda de Grave p. 108.

7. Ben fai granda folor

C 226 (MG. 1153); Savaric R 78—650 (MG. 1132).
Canz. — Jeanroy et Salverda de Grave p. 64.

8. Chanzos q'es leus per entendre
-n qu'er leu *Bartsch*

T 196 (MG. 1154), a[1] 283 (29); Str. *Savis hom, can vol enpendre* unter Bertran Carbonel in f 5 = Bartsch 82, 79 (Bertran Carbonel).
Sirv. — P. Meyer, Dern. Troub. p. 65. Casini p. 170. Jeanroy et Salverda de Grave p. 87.

9. Dels oills e del cor e de me

A 157 (456 u. Arch. 34, 176; MG. 1156), I 130 (MG. 1155), K 116, d 312—146.
Canz. — Jeanroy et Salverda de Grave, Quatre chansons (Studi Rajna) p. 12 u. Poésies p. 16.

10. De vos me sui partitz, mals focs vos arga

H 49 (168).
Cobla (Fragment eines Abschiedsliedes; vgl. Russmann, Abschiedslieder p. 19). — (Zur Form vgl. 29, 17; 80, 29 u. 24a; 214, 1.) Jeanroy et Salverda de Grave p. 103.

(**11. Domna, eu sui d'aital faisso**

= 461, 88, Str. von 457, 35.)

12. Enaissi cum son plus car
clar

A 156 (453), D 79–281, D[c] 257 (176, AdM. 14, 203), H (?), I 129, K 115, N[2] 7 (III 9, Arch. 101, 379); Coms de Peiteus C 231 (MG. 173); Prebost de Valensa C Reg; Str. *Bela domna, ges no'm par* als anonyme cobla [= Bartsch 461, 39] in G 130 (p. 435, Arch. 35, 110), H 47 (in 167, Rlr. 33, 188), J 14 (*c. e.* 46), Q 108 (279, p. 208). — Sachse, Wilhelm IX. p. 38 ist für Uc; Jeanroy, AdM. 17, 165 (bzw. Chansons p. VIII) stimmt zu.
Canz. – Lex. rom. 1, 321. MW. 1, 9. Holland-Keller, Die Lieder Guillems IX. p. 13. Jeanroy et Salverda de Grave p. 72.

(**13. En Savaric, ges m'amor non partria**

Tornada von 457, 26.)

14. En vostr' ais me farai vezer

Tenzone mit einem Vescoms de Torena, s. 460, 1.

15. Estat ai fort longamen

A 155 (450), B 95 (MG. 58), D 78–276, D[c] 257 (177, AdM. 14, 204), Fa 62 (80), I 130, K 115 (MG. 1139), N[2] 8 (III 11, Arch. 101, 380).
Canz. — (Casini p. 156.) Jeanroy et Salverda de Grave p. 60.

16. Gent an saubut mei oill vencer mon cor

A 155 (448 u. Arch. 34, 173; MG. 1151), C 225 (MG. 1149), D 77—274, Fa 59 (77), G 83 (p. 258), I 127 (MG. 1148), K 113, N 109–149 (MG. 1152), N[2] 5 (III 1, Arch. 101, 374), R 26—217 (MG. 1150), U 113 (Arch. 35, 440), a[1] 282 (28); Str. *Mantas saisos* (*saison* Hs.) *mou acort e mon cor* anonym T 80 = 461, 161.
Canz. — Jeanroy et Salverda de Grave, Quatre chansons (Studi Rajna) p. 15 u. Poésies p. 20.

17. Guillelms Fabres nos fai en brau lignatge
lengage
H 52 (204 u. Arch. 34, 409; MG. 1163A).
Cobla. — Anglade, Deux Troub. narbonnais p. 21. Jeanroy et Salverda de Grave p. 106.

18. Longament ai atenduda
ha en-
A 156 (452), B 95 (MG. 345), C 224, D 79—280, Dc 257 (175, AdM. 14, 203), F 23 (81), Fa 62, I 128, K 114, N2 6 (III 5, Arch. 101, 376), R 26 —219, T 199, b I 3 u. ϰ 114 (Mussafia p. 223); Anfang der Strophen *Folla dompna* und *E pos dompn' es* anonym J 14 (*c. e.* 44 u. 45), zitiert H 47 (in 167). — Razo in N2 (Rlr. 19, 268).
Canz. — Parn. occ. p. 162. MW. 2, 152. Casini, Propugnatore 18 I 153. Jeanroy et Salverda de Grave p. 49. Übers. bei Jeanroy, Anthol. p. 51.

19. Ma domna cuit fassa sen
H 52 (207 u. Arch. 34, 409; MG. 1163D).
Zwei Coblas u. Torn. — Jeanroy et Salverda de Grave p. 77.

20. Mains greus durs pensamens
A 158 (458 u. Arch. 34, 176; MG. 1157), H (?), I 130 (MG. 671), K 116, d 313–147; Str. *Als bels captenemens* Dc 257 (183, AdM. 14, 205), anonym H 49 (in 167), J 13 (*c. e.* 39, Riv. 1, 42), von Bartsch unter 457, 2 aufgeführt.
Canz. — Bartsch, Chrest. col. 326. Jeanroy et Salverda de Grave p. 46.

20a. Mesier Albric, so·m prega Ardisos
N 110—151, nach Uch de San Sist.
[fehlt Bartsch] Tenzone mit Albric (Alberico da Romano) = 16a, 1. — (Casini, Propugnatore 18 I 162.) Krit. hgb. Suchier, Denkm. p. 320, danach Monaci, Testi ant. prov., col. 89 u. Poesie prov. di trov. it. p. 16. Jeanroy et Salverda de Grave p. 112. Bertoni, Trov. d'Italia p. 267. — Zu „Ardison" s. Bergert, Damen p. 109, zur Datierung noch O. Schultz [-Gora], Zts. 7, 203 A. 9. — Zu „Ardisos" und „un car d'erbas de moill" s. auch Crescini, Studi mediev., n. s. 2, 41 und 448.

21. Messonget, un sirventes
C 227, R 96—804. — Die Form des Liedes ist 32, 1: *Be volgra midons saubes* entlehnt.
Sirv. joglaresc. — Choix 4, 288. MW. 2, 150. Cavedoni, Mem. della R. Acc. .... di Modena 2, 298. Witthoeft, Sirv. joglaresc p. 54. Jeanroy et Salverda de Grave p. 93.

22. Na Maria es gent' e plazenteira
de Mons es
D 175–615, I 129 (MG. 694), K 114; anonym Q 38 (nach 101, p. 77) u. 40 (nach 106, p. 81, beg. *E pos Deus l'a messa en tal carreira*, s. Jahrb. 11, 10 u. Zts. 4, 509).
Zwei Coblas u. Torn. — Jeanroy et Salverda de Grave p. 81.

(**23. N'Uc de Saint Circ, ara m'es avengut**
fällt weg; s. 457, 2a.)

24. N'Ugo, vostre semblan digatz
Tenzone (Partimen) mit dem Grafen von Rodez, s. 185, 2.

25. Nuilla ren que mestier m'aja
A 155 (451 u. Arch. 34, 174; MG. 1141), C 226 (MG. 718), D 78—279, I 128 (MG. 717), K 113, N 107–146 (MG. 1140), N^2 5 (III 2, Arch. 101, 374), R 26—220, a^1 279 (25); anonym J 13 (*c.* 33–35, Riv. 1,41); Str. *On hom plus vei ni ensaja* anonym P 66 (*c.* 164, Arch. 50, 283) = Bartsch 461, 184.
Canz. — Jeanroy et Salverda de Grave p. 40. Kolsen, Zwei prov. Sirventese p. 22.

26. Nuls hom no sap d'amic, tro l'a perdut fins
A 154 (445), B 94 (MG. 78), C 225, D 78—277, D^c 257 (174, AdM. 14, 203), E 163 (MG. 1135), Fa 61 (78), G 83 (p. 260), I 128, K 113, L 9, N^2 5 (III 3, Arch. 101, 375), P 34 (108, Arch. 49, 315), R 26—221[1]; Peire Milon N 104—139; anonym O 39 (63), P 61 (*c.* 109, Arch. 50, 276); die Torn. *En Savaric, ges m'amor non partria* in D^c 257 (181, AdM. 14, 205) steht bei Bartsch unter 457, 13 besonders aufgeführt.
Canz. — (Choix 5, 224.) Jeanroy et Salverda de Grave p. 35.

26a. Passada es la sasos
H 49 (in 167).
[fehlt Bartsch] Cobla. — Krit. hgb. Bartsch, Chrest. col. 326. Jeanroy et Salverda de Grave p. 111.

27. Pei Ramonz ditz | e de trobar se gaba
H 52 (205 u. Arch. 34, 409; MG. 1163^B).
Spottlied (zwei Coblas) auf einen Dichter Pei Ramon (Peire Raimon de Toloza?), vgl. Art. 321. — Jeanroy et Salverda de Grave p. 105 (vgl. p. 161).

28. Peire Guillem de Luserna
H 52 (202, Arch. 34, 408); drei Verse (*Mesura no vol*) in D^c 257 (182, AdM. 14, 205).
Sirv. (von zwei Coblas u. Torn.) als Antwort auf 344, 5. — Casini, Propugnatore 18 I 167. Krit. hgb. Jeanroy, Rlr. 40, 394. Jeanroy et Salverda de Grave p. 133. Bertoni, Trov. d'Italia p. 276.

29. Per viutat e per non caler
P 61 (*c.* 102, Arch. 50, 275). — Gröber, Rom. Studien 2, 650 u. 665 vermutet, daß hierzu 461, 74 u. 457, 31 gehören; doch s. Maus, P. Cardenals Strophenbau p. 43 f.
Cobla. — Jeanroy et Salverda de Grave p. 110.

30. Physica et astronomia
H 53 (212 u. Arch. 34, 410; MG. 1163^E).
Cobla, beantwortet durch 209, 3. — Jeanroy et Salverda de Grave p. 124.

31. Qui vol terr' e prez conqerer
P 61 (*c.* 101, Arch. 50, 275).
Cobla, vgl. 457, 29. — Jeanroy et Salverda de Grave p. 109.

32. Raimonz, en trobar es prims
H 52 (206 u. Arch. 34, 409; MG. 1163^C).

[1]) Doch auch in Ve. Ag. I, fol. LXXIj, unter Nuch de sent circh (!); vgl. auch Miscellània Prat de la Riba p. 433.

Cobla. — Jeanroy et Salverda de Grave p. 107.

33. Seign'en coms, no·us cal es- Seigner, S. en **majar**
A 184 (525 u. Arch. 34, 185; MG. 1144), D 149—517, H 49 (in 167, die razo zugleich vida des Grafen von Rodez), I 158, K 144, d 313—149; Überschriften: Uc de S. Circ AHIKd, lo vescoms de Torena D — e·l coms de Rodes AH, e seingner coms I.
Coblaswechsel (vielleicht = zwei Tenzonen) mit dem Grafen von Rodez = 185, 3. — Choix 5, 122. MW. 2, 157. Mahn, Biogr. p. 61. Krit. hgb. Bartsch, Chrest. col. 175 (A) u. 325 (H). Jeanroy et Salverda de Grave p. 122 u. 120.

34. Servit aurai longamen **franchamen**
A 155 (449), C 226, D 77–275, Fa 61 (79), I 129, K 115, N[2] 8 (III 10, Arch. 101, 379), R 26—222.
Canz. — Choix 3, 332. MW. 2, 149. Jeanroy et Salverda de Grave p. 30.

35. Ses dezir e ses razo
A 156 (454 u. Arch. 34, 175; MG. 1160), C 226 (MG. 1159), D 79—282, I 129 (MG. 1158), K 115, N[2] 7 (III 8, Arch. 101, 378), R 26—218; Str. *Domna, eu sui d'aital faisso* H 49 (in 167) angeführt, anonym T 87, von Bartsch unter 457, 11 und nochmals als 461, 88 genannt.
Canz. — Jeanroy et Salverda de Grave p. 55.

36. Si ma dompna n'Alais de Vidallana
H 54 (220 u. Arch. 34, 411; MG. 1163[F]); ein Vers (*Na Salvaga*) in b I 6 und die beiden letzten Verse (*Que l'onramens*) in b I 1 u. ϰ 79 (Mussafia p. 248).
Cobla mit Torn., beantwortet durch 310, 3. — Monaci, Testi ant. prov., col. 89 u. Poesie prov. di trov. it. p. 11. Jeanroy et Salverda de Grave p. 129. Bertoni, Trov. d'Italia p. 254.

(**37. Tal dompna sai q'es de tant franc usatge**
Strophe aus 167, 52.)

38. Tant es de paubr' acoindansa
I 197 (MG. 1161), K 183, d 313—150.
Sirv. — Merkel, Manfredi I e Manfredi II Lancia p. 145. Jeanroy et Salverda de Grave p. 83. — S. auch Schultz-Gora, Ein Sirv. von G. Figueira p. 31.

39. Totz fis amics a gran dezaventura
D[c] 257 (179, AdM. 14, 204); anonym J 13 (*c. e.* 40 u. 41, Riv. 1, 42).
Zwei Coblas. — Jeanroy et Salverda de Grave p. 79.

40. Tres enemics e dos mals seignors ai
A 154 (447), C 224, D 77 –273, E 163, F 23 (82), G 82 (p. 256), I 130, K 115, L 10, N 108—147, N[2] 8 (III 12, Arch. 101, 381), P 34 (109, Arch. 49, 315), U 111 (Arch. 35, 439), a[1] 281 (27); anonym H 61 (270), O 29 (48); Str. *Com durarai* anonym J 14 (*c.* 43), zitiert H 47 (in 167);

Torn. *A la valent comtesa de Proensa* Ve. Ag. I, fol. LVIIIj. Canz. — Choix 3, 330. MW. 2, 148. Krit. hgb. Bartsch, Chrest. col. 173. Jeanroy et Salverda de Grave, Quatre chansons (Studi Rajna) p. 21 u. Poésies p. 10.

41. Una danseta voil far

N 110—150 (MG. 291).
Dansa (‚Danseta'). — (Casini, Propugnatore 18 I 160.) Jeanroy et Salverda de Grave p. 100.

42. Un sirventes voill far en aquest so d'en Gui

C 227, D^a 200—728, R 20 —162.
Sirv. — Lex. rom. 1, 417. MW. 2, 151. Casini, Propugnatore 18 I 173. Krit. hgb. Zingarelli, Miscellanea . . . Caix-Canello p. 243 (vgl. Levy, Lit.-Bl. 1886, col. 331 u. Gaspary, Zts. 11, 273) und Intorno a due trovatori in Italia p. 1 (vgl. Jeanroy, AdM. 12, 284 u. Revue crit. 1900, I, 253), danach Monaci, Testi ant. prov., col. 88. Crescini, Manualetto p. 362 u. Manuale p. 311. F. Wittenberg, Die Hohenstaufen im Munde der Troub. p. 99 (vgl. p. 67). Jeanroy et Salverda de Grave p. 96. — S. noch De Bartholomaeis, Osservazioni ... p. 116 u. O. Schultz[-Gora], Zts. 9, 128, zur Datierung auch Gaspary, Gesch. der ital. Lit. 1, 484.

43. Valor ni prez ni honor non atrai

D^c 257 (180, AdM. 14, 204).
Cobla. — Krit. hgb. Appel, Rlr. 40, 420. Jeanroy et Salverda de Grave p. 104.

44. Vescoms, mais d'un mes ai estat

D^a 201—729; nach Audiau (s. unten!) ist der vescoms Raimund III. von Turenne.
Coblaswechsel (zwei Coblas) mit einem vescoms. — Krit. hgb. Appel, Rlr. 40, 420. Jeanroy et Salverda de Grave p. 118. Audiau, Bull. de la Soc. scientif. . . . de la Corrèze 46, 36. — Vgl. noch Schultz-Gora, Zts. 23, 574 u. Tobler, Lit.-Bl. 1903, col. 165.

Andere Attributionen:

46, 1 Ab joi et ab joven m'apais (Beatritz de Dia)
133, 1 Abril | ni mai | non aten | de far vers (Elias Cairel)
205, 4 a Per vos, bela douss' amia (Guillem Augier Novella)
273, 1 S'ira d'amor tengues amic jauzen (Jordan Bonel)
326, 1 Tot francamen, domna, veing denan vos (Peire de Barjac)
133, 14 Totz mos cors e mos sens (Elias Cairel).

Hierzu kommt wohl ein Liebesbrief (vgl. Grdr. p. 41):

Bella donna gaja e valentz

Hs.: L 56 (Arch. 34, 432 u. MG. 1136), anonym zwischen 457, 3 u. 457, 1, als *salutz* bezeichnet.
Choix 5, 226. Jeanroy et Salverda de Grave p. 143.

Ugier s. Art. 205.

Über **Hugolin de Forcalquier** s. Thomas, Francesco da Barberino p. 142 u. Chabaneau, Biogr. p. 296, auch E. Müller, Die altprov. Versnovelle p. 137. — Vgl. Bartsch, Grdr. p. 64.

458. Uguet.

Nach Milá y Fontanals, Trov. en Esp. p. 331 und Andraud, Raimon de Miraval p. 135 mit Uc (Uguet) de Mataplana identisch.

1. **Scometre·us voill, Reculaire** C., Esc.

A 180 (512), D 145—503, I 158, K 144, L 3; Überschriften: N'Uguetz e Reculaire A, n'Uc et en Reculaire I, N'Uget et en Reculaire K, Tenchos de n'Uget ab Reculaire L, n'Uget D. Tenzone mit Reculaire = 417, 1. — Milá y Fontanals, l. c. p. 332 (L).

459. Vaquier.

Bergert, Damen p. 62 (unter Guilielma).

1. **De las serors d'Enguiran** la *Pillet*

a[1] 570 (312, Studj di fil. rom. 8, 473), la tenzo d'en Vaqier e de Catalan. — Vielleicht Enguiran = Enguerrand; Kolsen: en Guiran. [Bartsch unbek.] Tenzone mit Catalan = 110, 1. — Krit. hgb. Kolsen, Dichtungen p. 222.

460. Vescoms de Torena.

Nach Jeanroy et Salverda de Grave, Uc de Saint-Circ p. 161 ist er Raimund IV., nach Audiau, Bulletin de la Soc. scientif. ... de la Corrèze 46, 32 A. 3 aber Raimund III. von Turenne (vor 1200—nach 1235).

1. **En vostr' ais me farai vezer** as

A 184 (524), D 148—516, I 158 (MG. 116), K 144, d 313—148; Überschriften: Lo vescoms de Torena e N'Uc de Sain Circ A, n'Uc de San Circ e seingner Coms I; Lo vescom de Torena D, N'Uc de Saint Circ Kd. Tenzone mit Uc de Saint Circ = 457, 14. — (Choix 5, 122. MW. 3, 376.) Krit. hgb. Jeanroy et Salverda de Grave p. 114. Audiau, Bull. de la Soc. scientif. ... de la Corrèze 46, 33. Audiau et Lavaud, Nouv. Anthol. p. 209.

Ihm wird noch attribuiert:

457, 33 Seign'en coms, no·us cal esmajar (Uc de Saint Circ und Lo coms de Rodes).

Lo vesques de Basaz s. Art. 94.

Lo vesques de Clarmon s. Art. 95.

461. Anonyma.

(1. **Ab aisso m'a joi e deport rendut**
gehört zu 202, 9.)

2. **Ab lo cor trist environat**
lo *fehlt* d'esmay
a 166; zu einer weiteren Hs. s. Bertoni, Archiv. roman. 2, 402. Planch (einer Dame auf den Tod des Geliebten), katal. — Stengel, Die beiden ältesten prov. Gramm., Vorrede p. VII. Torres Amat, Dictionnario critico de los escritores catalanes p. 369. — S. noch Chabaneau, Rlr. 18, 18; Stengel, Rlr. 45, 52; Springer, Klagelied p. 31 u. 61; Gabrielle Kussler-Ratyé, Arch. roman. 1, 522 (Besserungen zum Text).

3. **Ab la gensor que sia**
C 383 (MG. 4).
Alba (‚ses titol'). — Bartsch, Leseb. p. 102. Heyse, Studia Romanensia p. 44. — S. Stengel, Zts. 9, 410 u. 10, 160 Anm.

(4. **Ab los jauzenz deu hom esser jojos**
aus 450, 3.)

5. **A chantar m'er un discort**
-tz
N 49—21 (MG. 282).
Descort.

6. **Ades vei pejurar la gen**
L 114 (Arch. 34, 434).
Sirv. — Krit. hgb. Kolsen, Zwei prov. Sirventese p. 5; vgl. Lewent, Zts. 40, 371.

7. **A Deu coman vos e·l vostre ric preç**
N 11—4 (MG. 278).
Canz. — Choix 2, pl. III, n. V (Facsim.).

8. **Aicel que non es aizit**
T 103, unter Liedern von P. Cardenal.
Cobla. — Krit. hgb. Appel, Prov. Inedita p. 315.

8a. **Axi com cell qu'ell mar es perilats**
honrats, trespassats, anats
M 225 (fehlt Index u. Vat. 3205), nach Sirv. von P. Cardenal von späterer Hand ohne Überschrift eingetragen. Gehört dazu 461, 76?
[fehlt Bartsch] Canz. — Klein, Der Troub. Blacassetz p. 23.

9. **Aissi cum eu sab triar**
Ensi *Hs.*
W 196♩ (p. 399).
Cobla. — Krit. hgb. Appel, Prov. Inedita p. 316.

10. **Aitan con hom esta ses pensamen**
P 60 (*c.* 83, Arch. 50, 273).
Cobla.

11. **Albres, cant es en flor**
Us a. *Kolsen*
T 109 (MG. 1234), unter Liedern von P. Cardenal.
Cobla. — Krit. hgb. Kolsen, Zwei prov. Sirventese p. 11.

12. **A l'entrade del tens clar** — *eya*
X 82♩ (Riv. mus. ital. 2, 21, auch in Musica allegra).
Balada. — Le Roux de Lincy, Chants historiques franç. 1, 79. Krit. hgb. Bartsch, Chrest. col. 121. Crescini, Manualetto p. 243 u. Manuale p. 205. Appel, Chrest. p. 86. Anglade, Les troub. de Toulouse p. 136 und Anthol. p. 11. Audiau et Lavaud, Nouv. Anthol. p. 315.

Übers. bei Jeanroy, Anthol. p. 142. Weitere Angaben zur Melodie s. Crescini, Manuale p. 206, ferner Aubry et Castéra, Chansons de troubadours p. 2 und Tiersot, Hist. de la chanson popul. en France p. 42 (?).

13. A l'entrada del tans florit

W 191♩ (p. 396).
Canz. — Krit. hgb. Appel, Prov. Inedita p. 316.

14. Alexandres fon le plus conquerens

T 108 (MG. 1253, 3), unter P. Cardenal (nach 335, 59); dazu ist offenbar 2te Str. *S'ieu agues aquetz vons fazer pailensa* (!!) T 108 (MG. 1253, 4). — Nach Kolsen, Zwei prov. Sirventese p. 1 A. 2 ist 461, 14 = 335, 59 III.
Cobla.

15. Amics non es hom, si non par
Homps amix ni *Bartsch*

P 60 (c. 82, Arch. 50, 273); unter Liedern von P. Cardenal T 106.
Cobla. — Krit. hgb. Kolsen, Zwei prov. Sirventese p. 12.

16. Amix privatz, gran gerra vei mesclar

M 262 (MG. 318).
Tenzone (Partimen). – Krit. hgb. Kolsen, Zts. 47, 242. — S. noch Maus, P. Cardenals Strophenbau p. 15 und zu „Amics Privatz" (als pseudonyme réciproque) Stroński, AdM. 25, 291.

17. Amors, | dousors | mi assaja

W 199 (p. 401), kein eigentlicher Binnenreim.
Descort. — Krit. hgb. Appel, Prov. Inedita p. 318.

18. Amors es us amoros pensamens
un -en

f Schlußblatt (Zts. 4, 358).
Cobla.

18a. Amors m'a fach novelamen asire

Turin, Bibl. Naz. L. II. 18, f. 209 v⁰ (Rom. 27, 143).
[fehlt Bartsch] Canzone.

(**19. Amors manda qe ieu am Jaufre**

N 9 — unter 3, gehört zu 461, 89.
Fragment aus dem Roman Jaufre. — Krit. hgb. Suchier, Denkm. 1, 304. Vgl. Grdr. p. 17.)

20. Amors m'a pres per la ventalgha
-r m'ai

Q 24 (nach 59, p. 49 u. Zts. 4, 507).
Cobla. — Krit. hgb. Kolsen, Dichtungen p. 212 A. 1.

20a. Amors m'art con fuoc ab flama
am *Beck*

W 187♩.
[fehlt Bartsch] Dansa. — Mel. bei Beck, Melodien p. 63 u. 191.

(**21. Amors vol drut cavalcador**

zu 233, 1 bzw. 80, 8a (?).)

(**22. Anc al temps d'Artus ni d'ara**

s. 10, 7a.)

23. Anc non conqis hom valens gran lauzor
Bartsch valen

P 61 (c. 100, Arch. 50, 275).
Cobla. — Krit. hgb. Kolsen, Zwei prov. Sirventese p. 12.

24. An cō dompne bella et plasent

Q 42 (114, p. 85 u. Zts. 4, 510).
Cobla.

(**25. Anc tant non guazanhiei en re**

gehört zu 335, 11.)

(**26. Ar ez vengut de Françe**

Str. aus 335, 25.)

27. Ar es venguz terminis e sasos Or *Hs.*
P 60 (*c.* 77, Arch. 50, 273).
Cobla.

(**27a. Arnaldon, per na Johana**
s. 461, 147.)

(**28. Arondeta, de ton chantar m'azir**
s. 210, 2a.)

28a. Ar vei tot quant es verdejar
J 12 (*c. e.* 8, auch Riv. 1, 40).
[fehlt Bartsch] Cobla, vgl. 461, 237.

(**29. A son obs m'a de bon cor retengut**
Str. aus 202, 9.)

30. A tota donna fora sens fe casen (!); *Bartsch* sen
T 107, unter Liedern von P. Cardenal.
Cobla. — Krit. hgb. Appel, Prov. Inedita p. 320.

(**31. A tote gen donray conseil lejal**
wahrscheinlich aus 396, 6.)

31a. A tot mon amic clam merce
J 14 (*c. e.* 73, auch Riv. 1, 44).
[fehlt Bartsch] Cobla. — Krit. hgb. Kolsen, Zwei prov. Sirventese p. 13; vgl. Lewent, Zts. 40, 373.

32. Atrestan leu pot hom ab cortezia h. regnar
G 129 (p. 428, Arch. 35, 107), J 13 (*c.* 15), N 101–132, P 65 (*c.* 161, Arch. 50, 283), Q 52 (nach 142, p. 105) und 107 (261, p. 205), *α* 32533.
Cobla. — Krit. hgb. Kolsen, Zts. 38, 286.

33. Auzit ai dir, e vay mi remenbrant
f 20.
Cobla. — Krit. hgb. P. Meyer, Dern. Troub. p. 111.

34. A vos que sabetz mais valer
K XI.
Cobla. — Krit. hgb. Appel, Lit.-Bl. 1888, col. 319.

35. A vos volgra metre lo veit qe·m pent
G 129 (p. 432).
Cobla. — Krit. hgb. Appel, Rlr. 40, 423.

35a. Belle done, a l'aide (?) de vos
X 149.
[fehlt Bartsch] Cobla.

36. Bella dona, a vos non tenc gens ara
Q 112 (295, p. 215 u. Zts. 4, 520).
Cobla.

37. Bella domna cara
W 117♩.
Acort. — (Parn. occ. p. 388. MW. 3, 379.) Krit. hgb. Chabaneau, Rlr. 32, 575. — Zur Mel. s. Beck, Melodien p. 113, 8.

38. Bella dompna, car anc fui vostre druz *Hs.* sui
P 62 (*c.* 114, Arch. 50, 277).
Cobla.

(**39. Bela domna, ges no·m par**
Str. aus 457, 12.)

(**40. Bella dompna, si·us plaz**
s. 15a, 1.)

41. Bel m'es que chant, quan vei Biau del fau
W 198 (p. 400).
Cobla, vgl. 293, 33. — Krit. hgb. Kolsen, Zwei prov. Sirventese p. 13.

(**42. Bel m'es oimais**
s. 16, 7a.)

(**42a. Bels paires cars, non vos veireis am mi**
(!), vei res *Bartsch*
Chig. C. V. 151, f. 74r⁰ u. v⁰, (bei Monaci tav. VII u. VIII; Text bei Bartsch p. 23, Sardou p. 38; Noten bei Sardou p. 98 bzw. p. 106).
[Bartsch p. 6.] Anfang einer Romanze.)

43. Bels segner Deus, s'ieu vos soi enojos
N 289—464.
Tenzone zwischen einem Rostang u. dem Herrgott. — Krit. hgb. Suchier, Denkm. 1, 336.

(**43a. Bels seiner, paire glorios, Cui tot qant es deu obesir**
Chig. C. V. 151, f. 84r⁰ (bei Monaci tav. XVII; Text bei Bartsch p. 50, Sardou p. 86; Noten fehlen).
[Bartsch p. 11] Anfang eines geistlichen Liedes.)

(**44. Ben m'agrad' e m'abellis**
Str. aus 366, 9.)

44a. Ben meravill d'aqest segle dolen
P 64 (*c.* 140 u. Arch. 50, 280). [fehlt Bartsch] Cobla.

(**45. Be·m meraveil d'en Sordel e de vos**
s. 330, 3a.)

(**46. Ben camja civada per jueil**
gehört zu 335, 17.)

47. Ben es grans danz de cortesia
P 64 (*c.* 136, Arch. 50, 280). Cobla.

48. Ben es nescis e dezaventuros neci
P 62 (*c.* 112, Arch. 50, 276), f 20, *α* 33579.
Cobla. — Krit. hgb. P. Meyer, Dern. Troub. p. 109 (f) und p. 110, A. 1 (*α*). Germania II, 517 (? *α*). Kolsen, Zts. 38, 287.

(**49. Be volgr' aguessem un segnor**
Str. aus 156, 11.)

(**50. Be volgra que·m venques merces**
s. 96, 2.)

(**51. Be volgra, s'a Dieu plagues**
s. 106, 10.)

(**51a. Be volgra, s'esser pogues, Qu'amors si gardes d'aitan**
s. 244, 1a.)

52. Ben volgra, si far si pogues
f 8; beg. *Ben volria que Dieus agues* in T 104 (MG. 1259), unter Liedern von P. Cardenal, von dem die Cobla der Idee nach gewiß ist = 461, 53.
Cobla. — Krit. hgb. Bartsch, Denkm. p. 141. P. Meyer, Dern. Troub. p. 143. Vossler, P. Cardinal, Sitzungsber. 1916, p. 50.

(**53. Ben volria que Dieus agues**
s. 461, 52.)

54. Bona dona, a Deu vos coman *Hs.* -ad
Q 112 (296, p. 215 u. Zts. 4, 520); beg. *Bella dompna, a Dieu vos coman* (und *Planhen m'en vauc e sospiran*) in J 14 (*c. e.* 47 u. 48, auch Riv. 1, 42—43, wo Var. von Q).
Zwei Coblas. — Krit. hgb. Kolsen, Zts. 38, 287 (eine Cobla).

55. Bona genz, vejas cal via
B. domna g. *Bartsch*
T 108, unter Liedern von P. Cardenal; nach Vossler, P. Cardinal p. 30 A. 3 wahrscheinlich von ihm.

Cobla (‚Spruch' nach Vossler). — Krit. hgb. Appel, Prov. Inedita p. 321.

56. Bona domna, tan vos ai fin coratge
R 35 — 292 (Selbach, Streitgedicht p. 102), unter Tenzonen. Tenzone zwischen einer „domna" u. einer „donzela". – Krit. hgb. O. Schultz [-Gora], Dichterinnen p. 29; vgl. p. 9. – S. noch Kolsen, Guiraut v. Bornelh p. 35 und Chabaneau, Biogr. p. 328 A. 1.

57. Bona domna voill
G 130 (p. 437; auch Bertoni, Q, p. XLV A. 1); eine Silbe fehlt im Anfangsvers, vielleicht *De bona* . . . . ?
Cobla.

58. Bonna dona, vostre preç fo triaç
Q 42 (113, p. 84, auch Zts. 4, 510); nach Bartsch dieselbe Strophenform wie 461, 245.
Cobla.

(**59. Bona domna, vostr' onrada valors**
gehört zu 187, 1.)

60. Breumen conseil a qi pren regimenz
-en *Bartsch*
P 61 (*c.* 98 u. Arch. 50, 275).
Cobla mit Torn. — Krit. hgb. Kolsen, Zwei prov. Sirventese p. 15; vgl. Lewent, Zts. 40, 373.

61. Cadauns deu son amic enantir
Q- *Hs.*
P 60 (*c.* 87 u. Arch. 50, 274).
Cobla. — Krit. hgb. Kolsen, Zwei prov. Sirventese p. 16.

(**62. Car mi fagli cujar**
gehört zu 242, 20.)

63. Cavalier, puis vol sa vesta
P 61 (*c.* 99, Arch. 50, 275).
Cobla. — (Zurechtgem. Text) Kolsen, Arch. 145, 275.

64. Cel joglar mi fant grant pavor
Bete *Hs*; Cest *Appel*
Y 1.
Cobla. – Krit. hgb. Appel, Prov. Inedita p. 321.

65. Sell qe degron eser pastor
degr' *Bartsch*
T 87; Str. *Eu enten ce Dieus comandes* (ibid.) von Bartsch unter 461, 118 besonders aufgeführt.
Zwei Coblas eines Sirv. — Krit. hgb. Appel, Prov. Ined. p. 322.

(**66. Cel qui son petit poder**
gehört zu 305, 6.)

67. Celui qui non tem vergoigna
Aicel *Kolsen*
F 61 (182), auch (noch nicht bemerkt) G 31 (p. 96).
Cobla mit Torn. — Krit. hgb. Kolsen, Zwei prov. Sirventese p. 16.

67a. Sill qu'es caps e guitz
W, im Anschluß an 10, 45.
[fehlt Bartsch] Descort. — Krit. hgb. Zingarelli, Intorno a due trovatori in Italia p. 71.

68. Clara dompna, vostre cors lis e clar
f 27.
Canz. (zwei Coblas u. Torn.). — Krit. hgb. P. Meyer, Dern. Troub. p. 122.

69. Coindeta sui, si cum n'ai greu cossire
Q 5 (9, p. 10, MG. 153bis).
Balada. — Choix 2, 242. Galvani, Osservazioni p. 170. Hist. lit. 18, 545. Bartsch, Leseb. p. 108 u. krit. hgb. Chrest. col. 269. Appel, Chrest. p. 86. Übers. bei Jeanroy, Anthol. p. 143.

Vgl. noch Jeanroy, Les origines de la poésie lyrique en France p. 413.

70. Com plus fin' amors mi destreng
O c. u pl. amar *Bartsch*

N 48—19.
Descort. — Krit. hgb. Constans, Rlr. 20, 134.

70a. Cor (Quor) qu'om trobes Florentis orgoillos

C 45; von Bartsch zu Unrecht P. Vidal zugeschrieben.
[Bartsch 364, 41.] Miei-Sirv. — Choix 4, 186. MW. 1, 235. Krit. hgb. Bartsch, P. Vidal p. 135; vgl. p. XCIV. Monaci, Testi ant. prov., col. 94. Bartsch bei Schirrmacher, Die letzten Hohenstaufen p. 657. — Vgl. Diez, Leben u. Werke p. 146.

(**71. Cuira (*l.* aura?) liatz (*l.* li atz?) bons estandartz**
aus 335, 40.)

(**72. D'amors a bon (?) pietat gran**
= 349, 3.)

73. D'amor m'estera ben e gent
beli *Hs.*

Q 5 (8, p. 10).
Balada. — Krit. hgb. Bartsch, Chrest. col. 268. Audiau et Lavaud, Nouv. Anthol. p. 317. — Vgl. Jeanroy, Les origines de la poésie lyrique en France p. 412.

(**73a. Da pe de la montaina**
Chig. C. V. 151, f. 84 v⁰♩ (bei Monaci tav. XVIII; Text bei Bartsch p. 51, Sardou p. 88; Noten bei Sardou p. 103 bzw. p. 111). — Das erste Mal erwähnt als

Al pe de la montaina
f. 74 v⁰ (Monaci tav. VIII; Text bei Bartsch p. 24, Sardou p. 38; ohne Noten).
[Bartsch p. 6] Anfang einer Romanze. — Vgl. R. Ortiz, Zts. 49, 562.)

74. De ben aut pot hom bas cazer

J 14 (*c. e.* 67, Riv. 1, 44), P 64 (*c.* 144, Arch. 50, 281).
Cobla, vgl. 457, 29. — Krit. hgb. Kolsen, Zts. 38, 288.

74a. De gran dolor cruzel' ab
O mortal pena

Barcelone, Arch. de la Couronne d'Aragon, ms. no. 27 du fonds de San Cugat del Valles; vgl. Massó Torrents, Misc. Prat de la Riba p. 454.
[fehlt Bartsch] Planch. — Milá y Fontanals, Trov. en España p. 495 Anm. Krit. hgb. Chabaneau, Rlr. 32, 578.

75. Del cap li trairai la lenda
Bartsch benda

G 129 (p. 432).
Cobla. — (Jahrb. 11, 2.) Krit. hgb. Appel, Rlr. 40, 423.

76. Dels .V. bons aibs per c'oms es plus honratz

f 20.
Cobla. — Krit. hgb. P. Meyer, Dern. Troub. p. 111.

76a. Dels plazers plazens (*l.* plazens plazers)

J 13 (*c. e.* 37 u. 38, Riv. 1, 42); Str. II beg. *Greus m'es l'esteners.*
[fehlt Bartsch] Zwei Coblas.

(**77. Derenan m'er a tener**
aus 366, 9.)

78. Destrics e dols q'usqecs me bec
Binnenreim Bartsch

P 56 (*c.* 11, Arch. 50, 264).
Cobla.

79. De tan tenc per nesci Andreu
E
G 130 (p. 435, Arch. 35, 109), Q 108 (277, p. 208); Peire Cardenal f 35, unter Liedern von ihm T(?).
Cobla. – P. Meyer, Dern. Troub. p. 67 A. 3. Krit. hgb. Kolsen, Zts. 38, 288. — Vgl. Maus p. 38.

79a. De tot' autra pudor cre
J 14 (*c. e.* 72, auch Riv. 1, 44). [fehlt Bartsch] Cobla. — Krit. hgb. Kolsen, Dichtungen p. 198 A. 1.

80. De tot qan m'a o fes en
E *Hs.* aiqest an
P 55 (*c.* 5, Arch. 50, 263). Cobla gegen Sordel.

81. Deus sal la terra e·l pa[ïs]
H 45 (148); die Ergänzung ist unsicher, wahrscheinlich *palai* oder *palatz*. — Nach Gauchat und Kehrli p. 560 u. Kolsen von einer Dichterin.
Cobla. — Krit. hgb. Kolsen, Zts. 38, 289.

82. Deus vos sal, dels pez sobeirana
G 129 (p. 431).
Cobla, Parodie v. 461, 83. — Krit. hgb. Appel, Rlr. 40, 423.

83. Deus vos sal, de pretz sobeirana
gart, dona de p. sobran
G 129 (p. 431, Arch. 35, 108), J 13 (*c. e.* 11), Q 108 (270, p. 207), T 88.
Cobla. — Krit. hgb. Kolsen, Dichtungen p. 206.

84. Dezirat ai, ancar dezir
Q 40 (108, p. 81, auch Zts. 4, 509); unter Liedern von P. Cardenal T 96.
Cobla.

85. Dol me las dens
deus *Hs.*
P 65 (*c.* 150, Arch. 50, 282).
Cobla.

86. D'ome fol ni desconoissen
e
G 129 (p. 430, Arch. 35, 108), J 13 (*c.* 17 u. 18), L 144 (Arch. 34, 438), N 100—126, P 61 (*c.* 106 u. 107, Arch. 50, 276), Q 107 (265, p. 206), *α* 30538 u. 30557 (MG. I 210); Daude de Pradas f 36.
Zwei Coblas. – Krit. hgb. Kolsen, Zts. 38, 284.

87. Domna, Deus sal vos e vostra valor
G 129 (p. 431, Arch. 35, 108), J 13 (*c. e.* 10), Q 108 (269, p. 207), T 88 (Arch. roman. 1, 136), *α* 31460.
Cobla. — Krit. hgb. Kolsen, Zts. 38, 289.

(**88. Domna, eu son d'aital faisso**
s. 457, 11 bzw. 457, 35.)

(**89. Donpna, la vostra gran beutat**
N 9—3.
Fragment aus dem Roman Jaufre, vgl. 461, 19. — Krit. hgb. Suchier, Denkm. 1, 301. Vgl. Grdr. p. 17.)

90. Domna, mesatg' eu sui
-z *Hss.*
G 130 (p. 437 und Arch. 35, 110, auch Bertoni, Q p. XLV A. 1), Q 42 (112, p. 84).
Cobla. — Krit. hgb. Kolsen, Zts. 38, 289.

91. Dona, no·i avetz desonor
α 33522.
Cobla.

92. Donna, pos vos ay chausida
W 1♩.
Cobla. — Krit. hgb. Appel,

Prov. Ined. p. 322. Zur Melodie s. Beck, Melodien p. 113, 10.

(**93. Dompna, c'aves la segnoria** s. unter Alegret.)

94. Dompna qe d'autra s'escuda
Bartsch ses cuda
F 61 (183).
Cobla. — Krit. hgb. Kolsen, Zwei prov. Sirventese p. 17.

95. Domna que de cognat fai drut
sap far de c. d.
J 12 (*c. e.* 2, Riv. 1, 39), N 85—91, P 64 (*c.* 141, Arch. 50, 280), Q 36 (94, p. 73, auch Zts. 4, 508), T 87.
Cobla. — Krit. hgb. Kolsen, Zts. 38, 290.

96. Domna que va ves Valensa
T 107 (MG. 1260), unter Liedern von P. Cardenal.
Cobla. — Krit. hgb. Bartsch, Denkm. p. 141.

97. Dompna, s'ieu vos clamei amia
P 61 (*c.* 110, Arch. 50, 276).
Cobla.

98. Dos gratz conquer hom ab
Bos, Tos granç un do
G 130 (p. 437 und Bertoni, Q p. XLV A. 1; Arch. 35, 110), J 12 (*c. e.* 5), N 85—90, P 61 (*c.* 108, Arch. 50, 276), Q 36 (97, p. 73 und Zts. 4, 508), *α* 32000.
Cobla. — Krit. hgb. Kolsen, Zts. 38, 291.

(**99. Dretz dis a totz que vivam justamen**
aus 335, 13.)

99a. Drutç qui vol dreitament amar
N 86—94.
[fehlt Bartsch] Cobla aus einer Alba. — Krit. hgb. Suchier, Denkm. 1, 318.

100. D'un deduit
W 193♩ (p. 397), verstümmelt, von der Musik nichts übriggeblieben.
? — Appel, Prov. Inedita p. 323.

101. E donc que val aquest amars
α 31768 (MG. I 216).
Cobla.

102. Eissamen com la pantera
Ensement *Hs.* panthere *Hs.*
W 199♩ (p. 402). — G. Paris, G. de Dole p. CXX A. 1 denkt an Richart de Berbezill; s. dazu Chabaneau - Anglade, Les chansons du troub. Rigaut de Barbezieux p. 35 und Anglade, Rlr. 60, 233.
Zwei Coblas einer Canz. — Krit. hgb. Bartsch, Chrest. col. 252. Chabaneau-Anglade, l. c. p. 93 u. Rlr. 60, 291. Zur Deutung von Str. I s. auch Kolsen, Arch. 145, 275.

(**102a. El bosc d'Ardena justa·l palais Amfos**
ausor *Bartsch*
A la venestra de la plus auta tor
Chig. C. V. 151, f. 72 v°♩ (Mel. Riv. mus. it. 3, 233; Noten bei Monaci tav. VI, Sardou p. 97 bzw. p. 105; Text bei Bartsch p. 19, Sardou p. 32).
[Bartsch p. 6] Anfang einer Romanze.)

102b. El mon mais grans jois non es
V 26 (Arch. 36, 380).
[fehlt Bartsch] Cobla.

103. Enaisi com la tramontana
Aisi *Kolsen*
P 64 (*c.* 146, Arch. 50, 281).
Cobla. — Krit. hgb. Kolsen, Zwei prov. Sirventese p. 18; vgl. Lewent, Zts. 40, 373.

103a. En aquel temps que vezem verdezir
Rom. de la Violette v. 322 ff. in der Hs. Bibl. Nat. fr. 1374, beg. *En iqual tans que never d'ausir.*
[fehlt Bartsch] Sechs Verse.

104. En aquest son gai e leugier
gai sonet(z)
M 249, N 49—20, S 242—158.
Descort, vgl. 124, 10 u. 344, 3. — Krit. hgb. Appel, Zts. 11, 216. Guarnerio, Pietro Guglielmo di Luserna p. 39.

105. En Belençer, ja no·m tenga merces
ça *Hs.*
Q 109 (283, p. 209 u. Zts. 4, 519; Restori, Palais p. 13).
Cobla, s. 315, 1. — Zur Erklärung s. noch Jeanroy, Revue des Pyrénées 1893, p. 12 A. 3.

106. En Bonasa, puis jeu sabetz trobar
P 63 (*c.* 125, Arch. 50, 278).
Cobla.

107. En chantan m'aven a retraire
G 142.
Planch auf den Tod des Patriarchen Gregor von Aquileja. — Jahrb. 11, 3. P. Meyer, Miscellanea Caix-Canello p. 231. Monaci, Testi ant. prov., col. 101 und Poesie prov. di trovad. ital. p. 21. Bertoni, Trov. d'Italia p. 478 (vgl. p. 138). — S. auch Bertoni, G p. XX u. bes. p. XXII, Springer, Klagelied p. 66 und die Literaturangaben von L. Suttina, Rom. 54, p. 4 Anm.

107a. Encor abes mains de valor
W 192 (p. 396), dazu mod. Randbem. Bernars de Ventadour.
Cobla.

(**108. En faire grau vassalatge**
aus 106, 2.)

108a. En gran pantax, Folcher, vos vey estar
Hs. Nürnberg 62^c^, cobla 2.
Cobla. — Hgb. Suchier, Zts. 15, 513.

(**109. En la vostre maintenence**
aus 155, 10.)

(**110. En petit d'ora ven grans bens**
aus 34, 2.)

111. En tal hai mess mo cor e mo conssir
L 101 (Arch. 34, 433).
Canz. — Krit. hgb. Kolsen, Zts. 38, 281; vgl. Spitzer, AdM. 26, 490 u. Bertoni, Arch. roman. 1, 135.

112. Entre·ls deslejals baros mi platz rabasta
T 108, unter Liedern von P. Cardenal.
Zwei Coblas. — Krit. hgb. Appel, Prov. Inedita p. 323.

113. En un vergier sotz fuella d'albespi
C 383 (MG. 132).
Alba. — Choix 2, 236. Hist. lit. 18, 544. Bartsch, Leseb. p. 104 u. krit. hgb. Chrest. col. 107. Lommatzsch, Prov. Liederb. p. 65. Appel, Chrest. p. 90. Anglade, Anthol. p. 13. Audiau et Lavaud, Nouv. Anthol. p. 241. Übers. bei Diez, Poesie p. 133 u. Jeanroy, Anthol. p. 146. — S. noch Stengel, Zts. 9, 409.

113a. Ergoils contra major forsa
E lgoils *Hs.*
D^b 242 c, nach 335, 59. — Zu einem verlorenen Gedicht P. Cardenals gehörig?

[fehlt Bartsch] Cobla. — Bertoni, Arch. roman. 1, 101 und Zts. 40, 352.

114. E s'ieu aghes penduiz aut al ven

P 64 (*c.* 131 u. Arch. 50, 279; Riv. Sarda 1, 396).
Cobla. — Krit. hgb. Bertoni, Arch. roman. 3, 136 u. schon Rom. 45, 262. — Vgl. Archiv. roman. 15, 39 Anm.

115. Eu contraditz so c'om ten a
Ieu *Hs.* boban
buben

T 104 (MG. 1261), unter Liedern von P. Cardenal.
Cobla. — Krit. hgb. Bartsch, Denkm. p. 141.

116. Eu don per conseill als gelos
Ei al

P 64 (*c.* 139, Arch. 50, 280), T 87.
Cobla.

117. Eu en sai un flac e mal ......
unles. Wort; Reim -at?

Y 1; scheint Fortsetzung zu 461, 163, nach Chabaneaus Notizen aber Str. 3 von 335, 5 zu sein.
Cobla.

(**118. Eu enten ce Dieus comandes** gehört zu 461, 65.)

(**119. Eu no trob que·m reprenda** = 461, 182 [u. 395, 1].)

120. Eu vorria star joven e viver
Volri' estar *Kolsen* jauzen
gaujos *Kolsen; l.* jojos?

P 65 (*c.* 155, Arch. 50, 282).
Cobla, vgl. 372, 3. — Krit. hgb. Kolsen, Zwei prov. Sirventese p. 19; vgl. Lewent, Zts. 40, 374 u. Schultz-Gora, Arch. 139, 271.

121. Fes es perduda entre las gens

P 61 (*c.* 92, Arch. 50, 274).
Cobla. — Krit. hgb. Kolsen, Zwei prov. Sirventese p. 19; vgl. Lewent, Zts. 40, 375.

122. Finament

W 213♩, δ 74♩.
[Bartsch p. 38] Lai Nonpar. — Krit. hgb. Bartsch, Zts. 1, 66. Zur Mel. s. Beck, Melodien p. 27.

123. Flors de paradis, | regina de bon aire

R 63–522 bis, hinter Raymbaut de Vaquieyras (vgl. P. Meyer, Dern. Troub. p. 182 A. 1), Z 156, ferner Florenz, Bibl. Laurenziana, Ashburnham 105b, fol. 21r⁰ (Rlr. 45, 353) und Siena, Bibl. Comunale H, III, 3 [1]), letztes Blatt v⁰ (Rlr. 37, 245, nachgewiesen von P. Rajna, Giorn. di fil. rom. 1, 84).
Marienlied, s. 217, 2. — Krit. hgb. Bartsch, Denkm. p. 63. S. auch P. Meyer, Rom. 31, 596 und Massó Torrents, Miscellània Prat de la Riba p. 454.

123a. Folcher, considrer

Hs. Nürnberg 62c, cobla l.
[fehlt Bartsch] Cobla. — Hgb. Suchier, Zts. 15, 513.

123b. Fraire, tuit li sen e·l saber
tot(z) lo

J 12 (*c. e.* 1, Riv. 1, 93), α 32052.
[fehlt Bartsch] Cobla. — Krit. hgb. Kolsen, Zwei prov. Sirventese p. 20; vgl. Lewent, Zts. 40, 375. — S. auch Maus p. 43.

Gehört hierher: **La gaite de la tor** (hgb. von Restori, Messina 1904)?

[1]) u bei Jeanroy, Bibliogr. somm. p. 30.

123c. Gasquet, vai t'en en Proensa
E 220 (MG. 1130), Gasquet et en Blacatz.
[Bartsch 97, 5 = 164, 1] Drei Coblas u. Torn. — Krit. hgb. Soltau, Zts. 23, 224.

124. Gent me nais
W 212♩, δ 72♩.
[Bartsch p. 38] Lai Markiol. — Krit. hgb. Bartsch, Zts. 1, 61. Zur Mel. s. Beck, Melodien p. 27 u. Gennrich, Zts. 39, 341. (Ein frz. Gegenlai bei Raynaud Nr. 192.)

(**125. Gent mi saup mon fin cor enblar**
s. 437, 9 u. 7.)

126. Ges al meu grat non sui joglar
P 63 (*c.* 127 u. Arch. 50, 279; Riv. Sarda 1, 395).
Cobla. — Monaci, Testi ant. prov., col. 95 (zusammen mit 461, 193 u. 246).

127. Ges com eschiu nuls per no mondas mans
P 56 (*c.* 19, Arch. 50, 265).
Zwei Coblas.

128. Ges eu no posc a totz plazer
T 87.
Cobla. — Krit. hgb. Appel, Prov. Inedita p. 324.

129. Ges eu no tenc totz los lares per fort pros
fols *Q, in G verballhornt*
G 129 (p. 433, Arch. 35, 109), N 101—134, Q 108 (272, p. 207), T 87.
Cobla. — Krit. hgb. Kolsen, Zts. 38, 291.

130. Ges li poder no·s parton per egal
G 129 (p. 428, Arch. 35, 107), J 13 (*c. e.* 14), N 85—87, P 61 (*c.* 103, Arch. 50, 275), Q 52 (nach 142, p. 105), f 8 u. 20; Çirardus Q 107 (260, p. 205).
Cobla. — P. Meyer, Dern. Troub. p. 110 (nach f). Krit. hgb. Kolsen, Zts. 38, 292.

(**131. Ges non fail, quan s'aven**
aus 10, 40.)

132. Ges per frachura de saber
α 32 458.
Cobla.

133. Ges per lo dit non er bos prez saubuz
P 64 (*c.* 130 u. Arch. 50, 279; Riv. Sarda 1, 396).
Cobla. — Krit. hgb. Kolsen, Zwei prov. Sirventese p. 21.

133a. Girart careifas coitos
D^b 243, nach einem Liede P. Cardenals (335, 53).
[fehlt Bartsch] Cobla. — Krit. hgb. Bertoni, Zts. 36, 345.

133b. Glorios Dieus, don totz bens ha creysensa
γ 14.
[Bartsch p. 77] Planch auf den Tod Roberts von Anjou, Königs von Neapel und Sizilien. — Krit. hgb. Bartsch, Denkm. p. 50 u. Chrest. col. 399. Monaci, Testi ant. prov., col. 105. — Vgl. Springer, Klagelied p. 11 u. 73 und Bergert, Damen p. 62.

134. Gran dezir ay de ben jazer
α 31 267 (MG. I 213).
Cobla.

135. Grans gaugz m'ave la noit, quan sui colgatz
G 130 (p. 433, Arch. 35, 109), N 101—129, Q 108 (273, p. 207).

Cobla. — Krit. hgb. Kolsen, Zts. 38, 292.

136. Gran plazer ai, can truop que mi reprenda

f 8.
Cobla. — Krit. hgb. P. Meyer, Dern. Troub. p. 143.

137. Greu trob' om natural sen

P 61 (*c.* 93, Arch. 50, 274).
Cobla.

(**138. A! mi no fai chantar foilla ni flors**

s. 16, 5 a.)

139. Hom deu gardar so qe a gazainhat

P 61 (*c.* 95, Arch. 50, 275).
Cobla. — Krit. hgb. Kolsen, Zwei prov. Sirventese p. 21.

(**140. Hom, quar no·t sove**

aus 335, 38.)

140a. Ja·l malparlier no po hom tant ferir

N 86—95.
[fehlt Bartsch] Cobla. — Krit. hgb. Suchier, Denkm. 1, 318.

141. Ja non cugei qe m'aportes
Gia *Hs.* **ogan**

P 63 (*c.* 121, Arch. 33, 311).
Sirv. von vier Str. u. Torn. — Krit. hgb. Ferruccio Blasi, Archiv. roman. 15, 44. Zur Datierung s. Bertoni, Trov. d' Italia p. 31.

(**141a. Jha non ti quier que mi fasas perdo**
D'aquest pecat, seyner, qu'ieu hanc feses

Chig. C. V. 151, f. 79 v⁰♩ (bei Monaci tav. XIII; Text bei Bartsch p. 37, Sardou p. 62; Noten bei Sardou p. 100 bzw. p. 109).
[Bartsch p. 11] Anfang eines geistlichen Liedes.)

142. Joglaret, qant passarez
Gio- *Hs.*

P 65 (*c.* 154, Arch. 50, 282).
Zwei Coblas. — Krit. hgb. Witthoeft, Sirv. joglaresc p. 65.

142a. Joi e chanç e solaç (E amors certana)

N 47—15. — Zur Attribution (Elias Cairel) s. Stroński, Elias de Barjols p. XXVII Anm. und Jaeschke, Elias Cairel p. 51 A. 17.
[fehlt Bartsch] Descort, vgl. 242, 40. — Krit. hgb. Constans, Rlr. 20, 132 und Suchier, Denkm. 1, 315.

143. La beutat nominativa
Pelh *Kolsen*

K 185 (MG. 110).
Eine Art Descort. — Hist. lit. 32, 76. Krit. hgb. Kolsen, Dichtungen p. 220.

144. Lai un fis prez nais e floris e grana

N 46—14.
Descort. — Krit. hgb. Constans, Rlr. 20, 130.

(**144a. Lasa, en can grieu pena**

Chig. C. V. 151, f. 84 v⁰♩ (Mel. Riv. mus. ital. 3, 234; Monaci tav. XVIII, Text bei Bartsch p. 51, Sardou p. 86; Noten bei Sardou p. 102 bzw. p. 110).
[Bartsch p. 6] Anfang einer Romanze.)

145. L'autrier al quint jorn d'april

f 42.
Pastourelle. — Krit. hgb. P. Meyer, Dern. Troub. p. 112. Levy, Rlr. 21, 57. Audiau, La pastourelle p. 123.

146. L'altrier cuidai aber druda
W 199♩ (p. 401; Stengel bei Pleines, Hiat u. Elision p. 82 Anm.).
Sirventesartige Parodie einer Canz. — Zur Mel. s. Beck, Melodien p. 27 u. 65, auch p. 111, 2 u. 191.

147. L'altrer fui a Calaon
Galtrer *Hs.* accaleon *Bartsch*
Q 4 (3, p. 8 und Arch. 33, 420, mit *tençon* bez.), dazu (nach Pillets Ansicht) *Arnaldon, per na Johana* Q 4 (4, p. 8) und *Ki de placers e d'onor* (*donar* Hs.) Q 4 (5, p. 8); besonders Lewent, Zts. 39, 619 zeigt aber, daß es sich um drei verschiedene Gedichte auf Johanna von Este handelt, von denen das erste aus Cobla und Tornada und die beiden andern aus je zwei Coblas bestehen (= 461, 27 a und 209 a).
Drei Loblieder auf Johanna von Este. — Krit. hgb. Lewent, l. c. — Zu Arnaldon (Arnaut Catalan?) und Johanna von Este s. Schultz[-Gora], Zts. 9, 129 A. 12; Bertoni, Giorn. stor. d. lett. ital. 62, 267, auch Rlr. 56, 420 und Trov. d'Italia p. 18; Bergert, Damen p. 97. Jeanroy, Revue historique 164, 12.

148. L'autrier m'iere levatz
-ais
X 91♩ (Musik bei Restori, Musica allegra), ζ 138 v⁰ Nr. 306 (Arch. 43, 241).
Pastourelle. — Krit. hgb. Bartsch, Romanzen u. Pastourellen 2, 13. Über die Herkunft s. Gauchat, Rom. 22, 380.

148a. Li jalous per tout sunt fustat
a, partout
Hs. Montpellier H 196, f. 218v⁰♩ Nr. 169 (Zts. 4, 61; Mel. Riv. mus. ital. 3, 238).
Dreistimmiges Motett. — P. Meyer, Rom. 1, 405. Raynaud, Recueil de motets 1, 151. — Zur Mel. s. noch Beck, Melodien p. 26 (zur Hs. Bibl. Nat. fr. 25532) u. 27, auch p. 62 u. 116, 49 und La musique des troub. p. 117.

149. Locs es qu'om chant e qu'om s'en lais
G 129 (p. 432, Arch. 35, 109), J 13 (*c. e.* 12), N 101—133, Q 108 (271, p. 207), *a* 31445 (MG. I 214).
Cobla. — Krit. hgb. Kolsen, Zts. 38, 293.

150. Lo dous chans que l'auzels crida
Li, Lou -e
W 203♩ (p. 403).
Cobla. — Krit. hgb. Appel, Prov. Inedita p. 326.

151. Lo nostre cap e seigner spirital
Le *Hs.*
P 65 (*c.* 147, 1 u. 2, Arch. 50, 281).
Zwei Coblas.

152. Lo premer jor que vi
Lou *Hs.*
W 201♩ (p. 402).
Cobla. — Krit. hgb. Appel, Prov. Inedita p. 326.

(**153. Le pros | dels pros | me plazeria**
gehört zu 335, 6.)

154. Lo sen volgra de Salamo
J 12 (*c. e.* 4, Riv. 1, 40), N 101—127, P 61 (*c.* 104, Arch. 50, 276), Q 36 (96, p. 73 u. Zts. 4, 508), T 69, *α* (?).
Cobla, vgl. 372, 3. — Krit. hgb. Kolsen, Zts. 38, 294.

155. Ma domna am de bona guiza Amar la vuelh

G 130 (p. 435, Arch. 35, 109), Q 108 (276, p. 208), T 87 (Arch. roman. 1, 135), α 34 210 (beg. *Icu am midon de bonu guia*); Peire Cardenal f 35 (Arch. roman. 1, 135).
Cobla. — Krit. hgb. Appel, B. von Ventadorn p. 312. Kolsen, Zts. 38, 294.

(**156. Ma dosne fu al comencar**
Str. aus 70, 19.)

(**157. Mais deu esser savis hom encolpaz**
s. 106, 24.)

(**158. Mais deu hom amar vencedor**
aus 335, 7.)

159. Majer mercat es que de juell
f 8. — Ob zu 335, 17 gehörig? Vgl. Appel, B. von Ventadorn p. CX, unter 12.
Cobla. — Krit. hgb. P. Meyer, Dern. Troub. p. 143.

(**160. Maltrag d'amor no seran ja tan gran**
aus 366, 34.)

(**161. Mantas saisos mou acort e mon cor**
Str. aus 457, 16.)

162. Mant home son ades plus cobetos
P 55 (c. 2, 2 u. Arch. 50, 263). — Nach Kolsen, Zwei prov. Sirventese p. 1 A. 2 = 461, 173, Str. II.
Cobla.

(**163. Mant ric home en aychest si mal stant**
aus 335, 57; s. auch 461, 117.)

(**164. Mas d'una ren m'er vengutz pensamens**
aus 450, 3.)

164a. Ma volontatz me mou guerr' e trebaill
C 44.
[Bartsch 364, 26] Sirv. – (Choix 5, 340. MW. 1, 234.) Krit. hgb. Bartsch, Peire Vidal p. 135 (vgl. p. XCIV). — S. auch Diez, Leben u. Werke p. 145.

165. Mens pretz si puosc, quant Mons **hom pot far**
D^b 240, nach einem Liede P. Cardenals (335, 20), ferner P 60 (c. 85, Arch. 50, 273), T 87.
Cobla. — Bertoni, Zts. 36, 345 A. 1 u. Rlr. 56, 496 A. 1. Krit. hgb. Lewent, Arch. 130, 324.

166. Mort m'an li semblan que ma dona·m fai
Q 5 (7, p. 9).
Balada. — Krit. hgb. Bartsch, Chrest. col. 267. Appel, Chrest. p. 85.

(**167. Mos coratges m'es camjatz**
= 16, 17a.)

(**168. Mons enemis don Deu mal' aventura**
s. 335, 59.)

(**169. Mout aurai estat lonjamen A pessar d'un ric pessamen**
R 141 v° b (MG. 112), 88 Verse, nach lat. Quelle und vom Verfasser als *conte* bezeichnet, nicht lyrischen Charakters und daher zu streichen.
Gedichtfragment, didaktisch. — P. Meyer, Rom. 1, 414.)

169a. Mout fosson doz mei fussent **cossirier**
W 189 (p. 392, Mel. nach Restori nicht erhalten).
[fehlt Bartsch] Cobla.

170. Mout home son qe dizon q'an amicx
P 55 (c. 1, 1 u. Arch. 50, 262),

dazu *Omes trobi fort acundans dels ricx* P 55 (*c.* 1, 2 u. Arch. 50, 262), von Bartsch unter 461, 183 aufgeführt (vgl. auch Kolsen, Zwei prov. Sirventese p. 1 A. 2).
Zwei Coblas.

170a. Mout m'abelist l'amoros pensament
δ 181♩; Hs. Montpellier H 196, f. 152 r⁰♩ Nr. 109, 2 (Zts. 4, 45) und Bibl. de l'Arsenal 6361 (copie La Clayette), f. 733.
[fehlt Bartsch] Motett, vgl. 155, 22. — P. Meyer, Rom. 1, 406. Raynaud, Recueil de motets 1, 89. Zur Mel. s. noch Beck, Melodien p. 62 (vgl. p. 27).

170b. Molt m'agrada trobar d'invern ostage
N 107—144.
[fehlt Bartsch] Cobla. — Krit. hgb. Suchier, Denkm. 1, 320.

170c. Molt m'es bel e clar
Stand W 193 nach zwei Liedern von Bernart de Ventadorn. Vielleicht identisch mit 461, 100?

(**171. Mout me ten car amors**
aus 330, 19a.)

(**172. Mout se feira de chantar bo recreire**
= 315, 4.)

173. Mult deuria per aver esser pros
P 55 (*c.* 2, 1 u. Arch. 50, 262).
Cobla, vgl. 461, 162.

174. N'Auriflama, car vos es flamejans
f 27.
Canz. (zwei Coblas u. Torn.). — Krit. hgb. P. Meyer, Dern. Troub. p. 122.

(**175. Necs pasasoi qi ame corrament**
Q 112 (298, p. 216, auch Stengel, Zts. 5, 92); Stengel identifiziert es mit c. 1 von Gace Bruléz, N'est pas a soi (Arch. 43, 265). Cobla.)

(**176. No·m platz rics hom, si non es amoros**
s. 345, 2.)

177. Non puesc mudar non plainha ma rancura nom *Bartsch*
f 42.
Klage eines Aussätzigen. — Krit. hgb. P. Meyer, Dern. Troub. p. 118.

(**178. No sap de domnei pauc ni pro**
aus 124, 2.)

(**179. Non sab qe·s fai fols gilos esperduz**
aus 124, 8.)

180. Nuls hom non deu d'amic ni de segnor
P 62 (*c.* 119, Arch. 33, 310).
Sirv. (fünf Str. u. Torn.). — Zur Datierung s. Bertoni, Trov. d'Italia p. 19.

181. Nuls homs non deu tardar de far son pro
P 60 (*c.* 90, Arch. 50, 274).
Cobla. — Krit. hgb. Kolsen, Zwei prov. Sirventese p. 22. Zum letzten Verse (v. 8) s. Schultz-Gora, Arch. 139, 222.

182. Oimais non trop qui·m reprenda
Ueimais *Hs.*
T 108, unter Liedern von P. Cardenal; hiermit identisch *Heu no* (*ni* Hs.) *trob que·m reprenda* in Y 1 = 461, 119.
Cobla, vgl. 395, 1.

(**183. Omes trobi fort acundans dels ricx**
s. 461, 170.)

(**184. On hom plus vei ni ensaja**
aus 457, 25.)

185. O re del cel, mia gran colpa
gram *Hs.*

Q 66 (171, p. 128, auch Zts. 4, 513); Stengel, Zts. 5, 92 hält es für norditalienisch.
Gebet, viell. italienisch.

186. Parages es cortezi' e mezura

P 60 (*c.* 88, Arch. 50, 274).
Cobla. — Krit. hgb. Kolsen, Zwei prov. Sirventese p. 23.

187. Paure seinhor de bona volontat

f 20.
Cobla. — Krit. hgb. P. Meyer, Dern. Troub. p. 110.

188. Per auzir e per entendre

P 66 (*c.* 165, Arch. 50, 284).
Cobla. — Krit. hgb. Kolsen, Dichtungen p. 160.

189. Per fin' amor ses enjan

O 26 (42 u. Arch. 34, 375; MG. 669), unter Pons de Capdoill.
Canz. — Krit. hgb. Tobler, Jahrb. 1, 212; vgl. AdM. 17, 31 A. 3.

(**190. Per gran franchisa me conven chantar**

O 42 (67, Arch. 34, 375).
Canz., anscheinend franz.)

191. Per joi que d'amor m'avegna

N 229—359. — Nach Schultz [-Gora], Dichterinnen p. 4 und R. Lavaud, Troub. cantaliens 2, 517 Anm. vielleicht von Castelloza.
Canz. (Lied einer Frau), vgl. 366, 26. — Parn. occ. p. 387. MW. 3, 378. R. Lavaud, l. c. p. 516.

192. Per musart l'ai e per fol

P 60 (*c.* 86, Arch. 50, 274).
Cobla. — Krit. hgb. Kolsen, Zwei prov. Sirventese p. 23.

192a. Par vous m'esjau
Per *Jeanroy*

Paris, Bibl. Nat. 24406, f. 151r (Jeanroy, Bibliogr. p. 27); der provenzal. Ursprung ist nicht ganz sicher, wohl Zwischenregion oder entstellt.
[fehlt Bartsch] Marienlied. — Krit. hgb. Jeanroy, AdM. 12, 67; Mel. p. 70 (Aubry).

193. Per zo non voil desconortar

P 63 (*c.* 128, 1 u. Arch. 50, 279; Riv. Sarda 1, 395).
Cobla, s. 461, 246. — Monaci, Testi ant. prov., col. 95 (unter 461, 126).

193a. Plazens plasers, tant vos am e·us dezir

Hs. H (Madrid) von β^3, am Schlusse.
[fehlt Bartsch] Cobla. – P. Meyer, Rom. 6, 353, danach Stengel, Grammatiken p. 145.

194. Pos la douza sasons gaja

N 50—22 (MG. 283).
Descort.

195. Pos la dousor del temps gay

f 30.
Dansa. — Krit. hgb. P. Meyer, Dern. Troub. p. 116.

195a. Poi qe neve ni glazi
glaza

a[1] 615 (letztes Lied der Hs., kein Text; Giorn. stor. d. lett. ital. 38, 298), als *chanzon* bezeichnet.
[fehlt Bartsch] Descort. – Krit. hgb. Bertoni, Giorn. stor. d. lett. ital. 38, 302. Savj-Lopez u. Bartoli, Altital. Chrest. p. 43.

196. Pos qu'ieu vey la fuella
fuoilla?

W 1.
Zwei Coblas einer Canz. (ver-

stümmelt). — Krit. hgb. Appel, Prov. Inedita p. 328. Zur Mel. s. Beck, Melodien p. 113, 9.

197. Pos vezem que l'iverns s'irais
Poc ve gent -r

W 190J (p. 393). – Nach Appel, Jeanroy (AdM. 3, 86), Anglade und Kolsen (Zwei prov. Sirventese p. 1 A. 2) vielleicht von Peire Vidal; nach Lewent, Zts. 40, 368 A. 2 ist Vidals Autorschaft aber recht zweifelhaft.
Canz. (‚vers', überschr.: *Li sons dervés de l'homen sauvage*). — Krit. hgb. Appel, Prov. Ined. p. 329. Anglade, Peire Vidal p. 152 (vgl. introd. p. VIII u. p. 180).

198. Pres soi ses faillencha

L 105 (MG. 154).
Dansa. — Choix 2, 244. Galvani, Osservazioni p. 174. Krit. hgb. Bartsch, Chrest. col. 270.

(**199. Qal benenansa**
gehört zu 335, 43.)

200. Quant escavalcai l'autrer

Q 4 (6, p. 8, Arch. 33, 421), als *balada* bezeichnet.
Pastourelle.

(**200a. Cant eu recort las grans honors e·ls bes**
aus 167, 40.)

200b. Quan hom ves de seingnor

P 61 (*c.* 94, Arch. 50, 275).
[fehlt Bartsch] Cobla. — Zum Metrum vgl. 335, 31.

201. Quant lo gilos er fora, bel ami, vene-vos a mi

Q 5 (10, p. 11, Zts. 4, 503).
Balada. — Krit. hgb. Appel, Chrest. p. 85. Jeanroy, Origines de la poésie lyrique en France p. 413.

202. Quand lo pels del cul venta
pel li v.

G 129 (p. 432), J 14 (*c. e.* 71, Riv. 1, 44).
Cobla. — Krit. hgb. Appel, Rlr. 40, 424.

203. Quan lo rossinhols s'escria

C 383 (MG. 89).
Alba. — Bartsch, Leseb. p. 103. Krit. hgb. Appel, Chrest. p. 90.

203a. Cant me done l'anel daurat

O 73 (in Nr. 116, Arch. 34, 378).
[fehlt Bartsch] Zwei Coblas, vgl. 461, 205.

204. Quan Proensa ac perduda proeza

C 386.
Canz. — Chabaneau, Biogr. p. 312 A. 3. Krit. hgb. O. Schultz [-Gora], Dichterinnen p. 31 (vgl. p. 15).

205. Can vei la flor sobre·l sambuc

O 72 (116, Arch. 34, 378), Folchet. certissima Reg. (nach 155, 13); nur vier Strophen gehören dazu.
Canz., vgl. 461, 203 a.

206. Quan vei les praz verdesir

W 198 (p. 400).
Lied einer Frau. — Krit. hgb. Bartsch, Chrest. col. 249; vgl. Grdr. p. 35.

207. Q'eu mal grat n'aja qi la costuma y mes

P 61 (*c.* 97, Arch. 50, 275).
Cobla.

208. Qui a plus fort de lui fa desmesura

Y 1. — Aus 155, 21? Nach Chabaneau aus 335, 59.
Cobla.

209. Qui cuit' esser per promettre fort pros
P 60 (*c.* 84, Arch. 50, 273).
Cobla. — Krit. hgb. Kolsen, Zwei prov. Sirventese p. 24.

(**209a. Ki de placers e d'onor**
s. 461, 147.)

210. Qui enten en amar
α 31970.
Zwei Verse.

210a. Qui laisa per sa moiler
N 86—93.
[fehlt Bartsch] Cobla. — Krit. hgb. Suchier, Denkm. 1, 318.

211. Qui·l segle·s pleu, non es pas ben senatz
P 60 (*c.* 91, Arch. 50, 274).
Cobla. — Krit. hgb. Kolsen, Zwei prov. Sirventese p. 24; vgl. Lewent, Zts. 40, 376.

211a. Qui non ama, non cuza esser amatz
F 62 (185).
[fehlt Bartsch] Cobla und Torn. — Krit. hgb. Kolsen, Zwei prov. Sirventese p. 25.

(**212. Qu'ira et vena deu**
N 100—124.
Rätsel in Prosa. — Hgb. Suchier, Denkm. 1, 319. Auflösung von Tobler, Archiv?)

213. Qui s'azauta de far enueiz
P 60 (*c.* 89, Arch. 50, 274).
Cobla. — Krit. hgb. Kolsen, Zwei prov. Sirventese p. 26; vgl. Lewent, Zts. 40, 377.

213a. Qui ves bon rei si prezenta (, sobrementa)
J 14 (*c. c.* 68 u. 69, Riv. 1, 44).
[fehlt Bartsch] Zwei Coblas.

214. Qui vol conquerer pretz verais aver
-ai
G 129 (p. 429, Arch. 35, 107), J 13 (*c.* 16), P 66 (*c.* 162, Arch. 50, 283); Çirardus Q 107 (262, p. 205).
Zwei Coblas. — Krit. hgb. Kolsen, Zts. 38, 285.

215. Qui vol savi viure membradament
f 14.
Bußlied. — Krit. hgb. P. Meyer, Dern. Troub. p. 123.

215a. Rayson fore, si fos costume
Hs. des Daurel et Beton, f. lxxvij v⁰.
[fehlt Bartsch] Cobla. — P. Meyer, ib. p. XC.

215b. Rics hom aschargat
D^b 240, hinter 335, 20; zu einem verlorenen Gedicht P. Cardenals gehörig?
[fehlt Bartsch] Cobla. — Bertoni, Archiv. roman. 1, 101 u. Zts. 40, 352.

(**216. Seigner Jordan, se vos lais Alamagna**
s. 54, 1.)

217. Seigner juge, ben aug dir a la gen
P 64 (*c.* 129 u. Arch. 50, 279; Riv. Sarda 1, 396); der *juge* ist wohl der von Galur (461, 246).
Cobla. — Krit. hgb. Kolsen, Zwei prov. Sirventese p. 27; vgl. Lewent, Zts. 40, 377.

(**218. Seigner Marco, Alexandres per dar**
Tornada zu 461, 239.)

219. Seigner n'enfantz, s'il vos platz
F 102 (211); Stengel, Die prov. Blumenlese der Bibl. Chigiana p. 75 denkt an Aimeric de Peguillan oder Guillem de Montaignagol.

Sirv. — Krit. hgb. Tobler, Sitzungsber. der Kgl. Preuß. Akad. d. Wiss. zu Berlin, phil.-hist. Kl., XVII (1900), p. 238.

220. Seigner Savarix, Tibauz vos a faiz peigner -t *Hs.*
P 65 (*c.* 160, Arch. 50, 283).
Cobla.

(**220a. Si be·m soi forfaitz ni mespres**
aus 370, 9.)

221. Si com al larc dona Dieus que despenda
f 20.
Cobla. — Krit. hgb. P. Meyer, Dern. Troub. p. 111.

(**221a. Si com l'enclaus**
zu 364, 40.)

222. S'ieu saubes tan (ben) dir com voler
P 61 (*c.* 105, Arch. 50, 276), T 88.
Cobla. — Krit. hgb. Kolsen, Zwei prov. Sirventese p. 28.

223. Si gais solatz ab bels ditz
P 60 (*c.* 80, Arch. 50, 273).
Cobla. — Krit. hgb. Kolsen, Zwei prov. Sirventese p. 29; vgl. Lewent, Zts. 40, 378.

224. Si tot chantar non m'enansa
f 46.
Dansa. — Krit. hgb. P. Meyer, Dern. Troub. p. 115.

225. Si ves home e no saps cui
J 14 (*c. e.* 74, Riv. 1, 45), L 144 (Arch. 34, 438), N 100—125; unter Liedern von P. Cardenal in T 95. — Vossler, P. Cardinal, Sitzungsber. p. 189: 461, 225 = 335, 53 (?).
Cobla (gar nicht strophisch). — Krit. hgb. Kolsen, Dichtungen p. 207.

226. Sui e no suy, fuy e no fuy
C 384 (MG. 98).
Devinalh. — Krit. hgb. Appel, Chrest. p. 82.

227. Tals conois busc' en autrui oill busca, busqan
P 60 (*c.* 76, Arch. 50, 272), α 32553.
Cobla. — Krit. hgb. Kolsen, Zwei prov. Sirventese p. 29.

228. Tals lauza Dieu e salmeja
P 60 (*c.* 81, Arch. 50, 273).
Cobla. — Krit. hgb. Kolsen, Zwei prov. Sirventese p. 30.

(**229. Tan franc cors de domn' ai trobat**
= 282, 24.)

230. Tant es gay' es avinentz
W 78♩.
Zwei Coblas einer Canz. (verstümmelt). — Krit. hgb. Appel, Prov. Inedita p. 331. Zur Mel. s. Beck, Melodien p. 113, 11.

231. Tan es tricer' e deslials, amor[s] (= etz)
H 57 (258, Arch. 34, 417).
Parodie von 370, 1 (2 Coblas u. Torn.).

(**231a. Terra pot hom laissar**
aus dem *Enseignamen* von Arnaut de Maroill, s. Art. 30 am Schlusse.)

232. Tota beutat e tota cortesia -tz
G 129 (p. 431, Arch. 35, 108), Q 107 (268, p. 207).
Cobla. — Krit. hgb. Kolsen, Zts. 38, 295.

(**233. Tota domna que aja cor d'amar**
= 82, 88.)

234. Totas onors e tug fag benestan
I 199 (MG. 1165), K 185, nach

Sirventesen von Aimeric de Peguillan.
Planch auf König Manfreds Tod, vgl. Art. 10 am Schlusse. — (Choix 5, 12. MW. 2, 175.) Bartsch bei Schirrmacher, Die letzten Hohenstaufen p. 660. Monaci, Testi ant. prov., col. 96. Merkel, Atti e Mem. della R. Accad. dei Lincei, classe di scienze mor., stor. e filol., ser. IV, vol. IV (Roma 1888), p. 321 Anm., dazu Torraca, Studi sulla lirica ital. del Duecento p. 335. Krit. hgb. Zingarelli, Re Manfredi nella memoria di un trovatore, Palermo 1907 (Nozze Bonanno-Pitrè); vgl. Jeanroy, AdM. 20, 158. Bertoni, Rom. 43, 167 und I trov. d' Italia p. 480 (vgl. p. 140). — Vgl. noch Springer, Klagelied p. 72 u. Zingarelli, Intorno a due trovatori in Italia p. 40.

235. Tout enaissi com Deus fo emcolpaç
Y 1.
Cobla. — Krit. hgb. Appel, Prov. Inedita p. 331.

236. Tot aissi soi desconsellatz
enaissi dezacons-
T 100, unter Liedern von P. Cardenal, der nach Vossler, P. Cardinal, Sitzungsber. p. 172 Anm. der Verfasser sein kann.
Descort. — Krit. hgb. Appel, Prov. Inedita p. 332.

237. Tot lo mon vei reverdejar
G Schutzblatt (p. XXIII), T 87.
Cobla (vgl. 461, 165 u. 28a?). — Krit. hgb. Appel, Prov. Ined. p. 334.

238. Tot m'enoja quant aug ni vei
T 97, unter Liedern von P. Cardenal.
Cobla. — Krit. hgb. Appel, Prov. Inedita p. 335.

239. Tres causas son qe devon baron far
F 61 (184), dazu als Torn. *Seigner Marco, Alexandres per dar* in F 62 = 461, 218.
Cobla mit Torn. — Krit. hgb. Kolsen, Zwei prov. Sirventese p. 31; vgl. Lewent, Zts. 40, 378.

240. Trop val en cort bells escoutars
cor
P 60 (*c.* 79, Arch. 50, 273).
Cobla. — Krit. hgb. Kolsen, Zwei prov. Sirventese p. 32; vgl. Lewent, Zts. 40, 378.

241. U fotaires qe no fo amoros
G 128 (p. 428). — Nach Bertoni, Due congetture su due poeti, Rlr. 56, 6 könnte *Tremoleta* der Verfasser sein.
Zwei Coblas. — (Jahrb. 11, 1.) Krit. hgb. Appel, Rlr. 40, 424.

242. Una genz es d'un enojos talan
de molt e. *Bartsch*
P 64 (*c.* 138, Arch. 50, 280).
Cobla. — Krit. hgb. Kolsen, Zts. 38, 295.

243. Una gens es q'es d'aitan fort poder
P 64 (*c.* 137, Arch. 50, 280).
Cobla. — Krit. hgb. Kolsen, Zts. 38, 296.

244. Una ren ai conoguda
T 107, unter Liedern von P. Cardenal.
Zwei Coblas. — Krit. hgb. Appel, Prov. Inedita p. 335.

245. Un cavaler conosc qe l'altrer vi
Q 40 (107, p. 81 u. Zts. 4, 509).
Cobla. — Krit. hgb. Kolsen, Zts. 38, 296.

245a. Us homes i a nualhos
α 33319.
[fehlt Bartsch] Vier Verse.

246. Va, cobla, al juge de Galur
P 63 (*c.* 128, 2 u. Arch. 50, 279; Riv. Sarda 1, 396). — Scheint Torn. zu 461, 193 zu sein, ist es aber nicht; nach Kolsen, Zwei prov. Sirventese p. 1 A. 2 zu 461, 217 gehörig.
Tornada. — Monaci, Testi ant. prov., col. 95 (unter 461, 126).

247. Vai, Hugonet, ses bistensa
C 386.
Sirv. — Lex. rom. 1, 512. Parn. occ. p. 392. MW. 3, 376. Milá y Fontanals, Trov. en Esp. p. 141. Übers. bei P. Meyer, Hist. Gén. de Languedoc 8, 446 u. Jeanroy, Anthol. p. 97. Zur Datierung s. Bertoni, AdM. 25, 63.

(**247a. Vein, aura douza, que vens d'outra la mar**
Chig. C. V. 151, f. 80r⁰ (bei Monaci tav. XIII; Text bei Bartsch p. 39, Sardou p. 66; Noten bei Sardou p. 101 bzw. p. 110). [Bartsch p. 6] Anfang einer Romanze. — Vgl. R. Ortiz, Zts. 49, 562.)

248. Venguda es la sazons
Vengud' ar *Kolsen*
P 60 (*c.* 78, Arch. 50, 273).
Cobla. — Krit. hgb. Kolsen, Zts. 38, 296.

249. Venguz e'l tens c'om lausa
T— **la folia**
P 64 (*c.* 135, Arch. 50, 280).
Cobla.

250. Vilans dic qu'es de sen eissitz
-n del
G 130 (p. 436 u. Bertoni, Q p. XLV A. 1; Arch. 35, 110), J 12 (*c. e.* 3, Riv. 1, 39), P 60 (*c.* 75, Arch. 50, 272), Q 36 (95, p. 73; Zts. 4, 508), T 88.
Cobla. — Krit. hgb. Kolsen, Zts. 38, 297.

(**251. Vos, dosne, ab un dolz regart**
aus 194, 7.)

251a. . . . . . . pellaç, herege q̃ ne jura
Y 3.
[fehlt Bartsch] Cobla.

In G Schutzblatt (p. XXIII) stehen noch ein paar Verse: **Valor e ric coraces . . . . .**

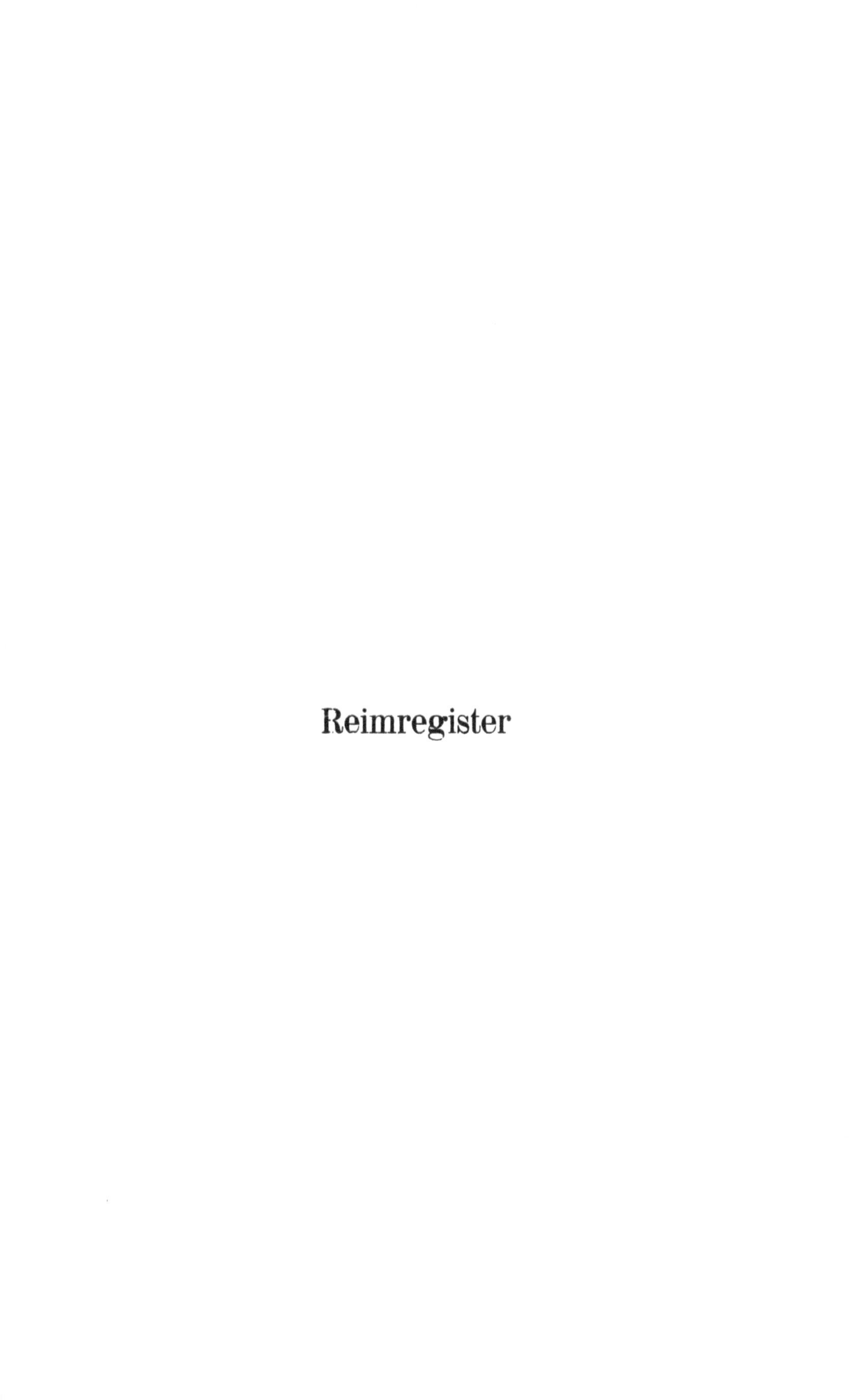

Reimregister

-ą, -â, -ąn [s. auch *-ai*]

29, 2 Anc eu no l'aic, mas ela m'a
82, 35 De femnas drudeiras i a
210, 4 Be fo ver qu'en Bergueda
65, 1 Ab cor lejal, fin e certa
293, 2 A l'alena del ven doussa
434, 15 Totz | hom deu far aquo que·l vielhs sers fa
Binnenreim, s. Verweis. — S. auch *fai*.
418, 1 En aquest son qu'eu trop leugier e pla
364, 49 Tart mi veiran mei amic en Tolza

-aba

457, 27 Pei Ramonz ditz | e de trobar se gaba
Binnenreim, s. Verweis.

-ac

119, 7 Pos sai etz vengutz, Cardaillac

-ach (*befach*) s. -ag (*forfag*, *plag*) [für -acha wäre nur *gaita* unter *-aita* zu nennen]

-ada

15, 1
392, 1) Ara·m digatz, Rambautz, si vos agrada
92, 1 Mauret, al Dalfin agrada
437, 8a Ben deu esser bagordada
249, 1 Aissi com cel qu'a la lebre cassada
234, 8 D'una domn' ai auzit dir que s'es clamada
210, 7 Chanson ai comensada
434, 7 En mal punh fon creada
434a, 34 Nol prenatz los fals marit iana delgada
246, 46 Pros domna enamorada
434, 4a Com es ta mal enseynada
10, 9 Anc tan bela espazada
217, 1a Anc tan bel colp de joncada
119, 5 Mauret, Bertrans a laissada
306, 2 Eu veing vas vos, seigner, fauda levada
392, 7 Bella, tant vos ai prejada
248, 7 Aissi quon es sobronrada
248, 84 Vertatz es atras tirada

313, 1 (= 201, 4)	Guillem, razon ai trobada
293, 25	Estornel, coill ta volada

-ag, -ach [ev. auch **-ait**]

246, 44	Per respeg d'alcun befag
132, 3	Amors, que vos ai forfag
82, 65	Moutz omes trobi de mal plag

-agra

242, 54	Ops m'agra, (si m'o consentis)
434a, 18	De vi gras e de carn magra

-ai (-ay) [s. auch *-a*]

319, 4	Bela domna plazens, ai
242, 28	Car non ai (joi que m'aon)
244, 4	Lo fi cor qu'ie·us ai (m'auci, domna gaja)
101, 13	S'eu d'ir' ai (mens | que razos no·n aporta) Doppel-Binnenreim.
457, 40	Tres enemics e dos mals seignors ai
457, 43	Valor ni pretz ni honor non atrai
202, 4	Comensamen comensarai
10, 10	Ara par be que valors si desfai
461, 2	Ab lo cor trist environat d'esmai
70, 17	En consirier et en esmai
106, 23	S'e·us essai (ad amar)
248, 5	Aissi com cel que francamen estai
355, 20	Us novels pensamens m'estai
366, 2	Atressi co·l cignes fai
461, 166	Mort m'an li semblan que ma dona·m fai
70, 33	Pel dous chan que·l rossignols fai s. auch *fa*.
389, 8	Amors, com er? que farai
442, 1	De chantar farai (Una esdemessa)
406, 41	Tal chansoneta farai
248, 1	Ab lo temps agradiu, gai
244, 8	Per amor soi gai
461, 195	Pos la doussor del tems gay
355, 13	Pos vei parer la flor el glai
27, 4	Anc per nul temps | no·m donet jai Binnenreim, s. Verweis.
133, 1	Abril | ni mai (non aten | de far vers)
437, 4a	Er encontra·l temps de mai
262, 2	Lanquan li jorn son lonc en mai
70, 27	Lonc temps a qu'eu no chantei mai s. auch *mais*.

167, 11 Be for' oimai (segon ma conoissensa)
s. auch *oimais.*
63, 4 Ben es dregz qu'eu fass' oimai
69, 2 Lo plazers qu'als plazens plai
s. auch *platz.*
244, 14 Si la bela que·m plai no·m plai
47, 3 Aital domna com eu sai
242, 26 Be vei e conosc e sai
238, 3 Pomairols, dos baros sai
106, 3 Ad ome meills no vai

-aigna (-anha)

82, 72 Per fol tenc qui s'acompaigna
[461, 216 Seigner Jordan, se vos lais Alamaigna]
375, 12 L'adreitz solatz e l'avinens compaigna
364, 28 Mout es bona terr' Espaigna
364, 20 En una terr' estraigna
366, 31 Si be·m sui loing et entre gent estraigna
210, 21 Un sirventes nou voill far en rim' estraigna
461, 73a Da pe de la montaina
282, 26a ... npsa ... enten q̄ ... me st ... na (Reim -agna)

-aigner

16, 18 Mout es greus mals don om no s'auza plaigner

-aill (-alh)

242, 53 Nula res | a chantar no·m faill
Binnenreim, s. Verweis.
392, 26 Nuills hom en re no faill
82, 80 Savis hom en re tan no faill
80, 44 Un sirventes on· motz no faill
293, 4 Al prim comens de l'ivernaill
461, 164a Ma volontatz me mou guerr' e trebaill

-ailla

236, 5a Pos n'Aimerics a fag far mesclans' e bataills
76, 20 Tuit nos cujavam ses failla
461, 20 Amors m'a pres per la ventailla

-aing [s. auch *-anc*]

364, 30 Neus ni gels ni ploja ni faing
s. auch *fanc.*
376, 2 Quan pes qui sui, fui so que·m fraing
167, 2 Ab consirier plaing
229, 3 N'Obs de Biguli se plaing
10, 25 En amor trop alques en que·m refraing

234, 12a	Lo plus iratz remaing
204, 4	Vera merces e drechura sofraing

-aire

349, 2	A vos, merces, voill retrar mon afaire
364, 1	Ab l'ale tir vas me l'aire
434a, 51	Pus fis amayre
434a, 59	Si com mi dons es belayre
293, 5	Al so desviat chantaire
262, 7	Qui no sap esser chantaire
119, 9	Vergoign' aura breumen nostr' evesques chantaire
189, 2 (= 76, 6)	De vos mi rancur, compaire
210, 17	Reis, s'anc nuls temps fotz francs ni larcs donaire
104, 2	Lanquan lo dous temps s'esclaire
106, 4	Ad ops d'una chanso faire
389, 13	Ar m'er tal un vers a faire
202, 2	Be·m agr' ops qu'eu saubes faire
334, 1	D'un sirventes faire
355, 9	No·m posc sofrir d'una leu chanso faire
246, 50	Qui s'azauta d'envitz faire
335, 45	Qui ve gran maleza faire
82, 85	S'ieu dic lo ben et hom no·l me ve faire
82, 92	Una decretal voill faire
	s. auch *far.*
401, 4	Belh senher Dieus, quora veyrai mo fraire
210, 1	Amics marques, enquera non a gaire
406, 27	Enquer non a gaire
56, 1	Fis amics sui, mas enquer non a gaire
80, 26	Mon chan fenisc ab dol et ab maltraire
335, 2	Aissi com hom plaing son fill o son paire
458, 1 (= 417, 1)	Scometre·us voill, Reculaire
3, 1	Ara·m do Deus que repaire
323, 23	Rossignol, el seu repaire
82, 27	Bertran lo Ros, eu t'aug cobla retraire
461, 107	En chantan m'aven a retraire
206, 2	Fortz tristors es e salvaj' a retraire
10, 42	Pos descobrir ni retraire
305, 9	Be m'enoja per saint Salvaire
335, 27	Jezu Crist, nostre salvaire
210, 22	Us trichaire
70, 4	Amors, e! que·us es vejaire
422, 2 (= 105, 1)	Cabrit, al meu vejaire
404, 5	No posc mudar no diga mon vejaire

-ais

46, 1 Ab joi et ab joven m'apais
242, 32 Dels bels digz menutz frais
156, 8 Ma bela domna, per vos dei esser gais
370, 10 Mais no·m cug que sos gais
244, 11 Qui en pascor no chanta, no·m par gais
202, 10 Pos vei que reverdeja·l glais
112, 2 Ges per lo freg temps no m'irais
330, 7 Iratz chant e chantan m'irais
461, 197 Pos vezem que l'iverns s'irais
133, 10 Quan la freidors | irais (l'aura doussana)
323, 17 En estiu, quan crida·l jais
392, 12 D'una domna·m toill e·m lais
242, 36 Ges aissi del tot no·m lais
167, 30a Ja no crezatz qu'eu de chantar me lais
461, 149 Locs es qu'om chant e qu'om s'en lais
273, 1b Non estarai qu'un vers no lais
364, 35 Per pauc de chantar no me lais
332, 2 Sirventes e chansos lais

s. auch *laisse.*

330, 2 Be deu estar ses gran joi tostemps mais
356, 2 Douss' amiga, no·n posc mais

s. auch *mai.*

434, 7e Joys ne solaz, pascors, abrils ne mays
461, 124 Gent me nais
16, 7a Bel m'es oimais

s. auch *oimai.*

352, 2 Ja de razo no·m cal metr' en pantais
173, 10 Pres sui et en greu pantais
306, 4 Vostr' ales es tan putnais
323, 16 Deus, vera vida, verais
461, 214 Qui vol conquerer pretz verais

-aissa

173, 1a Ara quan l'iverns nos laissa

-aisse

389, 15 Ar quan s'emblo·l foill del fraisse
352, 1 Dels joglars servir mi laisse

s. auch *lais.*

[-ait, ev. s. -ag]

-aita

106, 14 Eu sui tan corteza gaita

-aja

457, 25 Nuilla ren que mestier m'aja

461, 17 Amors, | dousors | mi assaja
Kein eigentlicher Binnenreim, sondern verschiedene Strophen; s. Verweis.
[461, 184 On hom plus vei ni ensaja]
323, 6 Bel m'es dous chans per la faja
457, 1 Aissi cum es coind' e gaja
238, 1 (= 106, 11) Cadenet, pro domn' e gaja
244, 4 Lo fi cor qu'ie·us ai | m'auci, domna gaja
Binnenreim, s. Verweis.
461, 194 Pos la doussa sazos gaja
244, 16 Si no·m secor domna gaja
392, 9 Calenda maja
234, 5 Bel m'es oimais qu'eu retraja
27, 4a Ben es razos qu'eu retraja

-al

6a, 1 (= 175a, 1) Si paradis et enferns son aital
364, 4 Anc no mori per amor ni per al
389, 9 Ans que l'aura bruna·s cal
80, 12 Domna, pos de mi no·us cal
396, 6 Mon chantar voill retrair' al comunal
461, 130 Ges li poder no·s parton per egal
443, 3 Membraria·us del jornal
[461, 31 A tota gen donrai conseill lejal]
335, 16 De cels qu'avetz el sirventes dig mal
419, 1 Dui cavalier-joglar mi dison mal
461, 117 Eu en sai un flac e mal
192, 2a (= 147, 2) Falco, en dire mal
82, 62 Mais parla hom tostemps d'un mal
246, 45 Pieitz fa un petit de mal
305, 8 Be m'enojan per saint Marsal
223, 2 Atrestan be·m tenc per mortal
154, 3 No pot aver sen natural
10, 40 Per razo natural
82, 83 S'ieu ai faillit per razo natural
353, 1 Al Dalfi man qu'estei dins son ostal
364, 36 Plus que·l paubres, quan jai el ric ostal
82, 75 Qui no perve el dan perpetual
461, 151 Lo nostre cap e seinher spirital
s. auch *espirital*.
71, 2 Lo pair' e·l fill e·l saint espirital
s. auch *spirital*.
82, 74 Qui a riqueza e no·n val

126, 2 Vil sirventes leugier e venassal
452, 1 De motz ricos non tem Peire Vidal

-ala

246, 8 Bona fes e mala
434a, 75 Tu mal me fay sala

-alh (*falh*) s. **-aill**

-als, auch **-aus** aus *-als*

82, 39 D'omes atrobi totz aitals
10, 28 Gaucelm Faidit, de dos amics corals
(= 167, 24)
173, 14 Una grans amors corals
246, 25 Fals semblans e motz deslials
461, 231 Tant es tricer' e deslials
282, 2 En chantan d'aquest segle fals
374, 2 Sirventes non es lejals
82, 91 Totz trops es mals, (e qui lo trop no peza)
421, 3 Atressi cum Persevaus
246, 74 Tres enemics principals

-am

156, 12a Seigner Deus, que fezist Adam
434, 8 Manh ric me demando si am
451, 1 Amics Marcabrun, car digam
(= 293, 6)
162, 1 Aissi com hom tra l'estam
242, 25 Be cove, pos ja baissa·l ram

-ạma

246, 4 Alcun son trop major de fama
461, 20a Amors m'art con fuoc ab flama
242, 57 Quan branca·l brondels e rama

-ams

242, 58 Quan creis la fresca foill' e·l rams

-aṇ (*Berguedan, Tolzan*) s. **-â** (*certa, pla*)

-an (mit festem *n*)

155, 3 A! quan gen vens et ab quan pauc d'afan
155, 7 Chantars mi torn' ad afan
167, 27 Gen fora contra l'afan
80, 22 Guerr' e pantais vei et afan
364, 33 Per meills sofrir lo maltrag e·l afan
167, 59 Tant ai sofert longamen grant afan

248, 64	Pos aman
174, 1	A la plus longa nog de l'an
461, 80	De tot qan m'a o fes en aiqest an
85, 1	Gordo, ie·us fatz un sol sirventes l'an
367, 2	Major paor agues l'altr'an
434, 16	Un vers farai dels quatre temps de l'an
248, 51	L'autrier trobei la bergeira d'antan
416, 5	Qui voï vezer bel cors e benestan
461, 234	Totas honors e tug faig benestan
243, 11	Una doussa res benestan
189, 5 (= 76, 14)	Pos anc no·us valc amors, seign'en Bertran
461, 115	Eu contraditz so qu'om ten a boban
375, 1	Aissi m'es pres cum celui que cercan
112, 1a	Ab lo pascor | m'es bel qu'eu chan Binnenreim, s. Verweis.
234, 3	Aissi com es bela cil de cui chan
242, 6	A l'onor Deu torn en mon chan
10, 8	Anc mais de joi ni de chan
167, 6	Anc no·m parti de solatz ni de chan
434a, 4	Aram luyna joy e chan
112, 1c	Assatz es or' oimai qu'eu chan
286, 1 (= 70, 14)	Bernart de Ventadorn, del chan
234, 6	Compaignon, ab joi mou mon chan
167, 20	De solatz e de chan
366, 16	Eu no lauzarai ja mon chan
80, 17	Foilleta, pos mi prejatz que eu chan
282, 9	Ges no sui forsatz qu'eu chan
70, 31	Non es meravilla s'eu chan
389, 33	Parliers ... (-ana) ... en chan
242, 56	Plaing e sospir | e plor e chan Binnenreim, s. Verweis.
167, 53	Si tot m'ai tarzat mon chan
70, 45	Tuit cil que·m pregon qu'eu chan
366, 34	Tuit mei consir son d'amor e de chan
446, 2	Un sirventes nou qu'om chan
242, 5	Alegrar me volgr' en chantan
167, 7	Ara cove | que·m conort en chantan Binnenreim, s. Verweis.
156, 2	Auzel no trop chantan
155, 4	A vos, midons, voill retrair' en chantan
461, 54	Bona domna, a Deu vos coman
296, 1a	Domna, a vos me coman
132, 4a	Be fui conoissens a mon dan
167, 22	Fortz cauza es que tot lo major dan

65, 3	Si tot m'ai pres un pauc de dan
406, 43	Tostemps enseing e mostri al meu dan
139, 1	Amic Arver, d'una re vos deman
(= 35, 1)	
401, 3	A penas vau en loc qu'om no·m deman
87, 1	Bona domna, d'una re que·us deman
372, 4	Bona domna, un conseill vos deman
16, 16	Gaucelm Faidit, eu vos deman
(= 167, 25)	
82, 10	Joan Fabre, eu ai fag un deman
75, 5	Mong', eu vos deman
(= 303, 2)	
10, 37	N'Elias, conseill vos deman
(= 136, 5)	
384, 1	Savaric, e·us deman
(= 432, 3)	
436, 3	Seign'en Jacme Grills, e·us deman
(= 258, 1)	
406, 46	Tuit cill que van demandan
330, 19	Tuit van chanso demandan
133, 11	Qui saubes dar tan bo conseill denan
106, 21	S'eu oimais deserenan
11, 2	Fis e lejals e senes tot engan
461, 189	Per fin' amor ses enjan
335, 57	Tostemps azir falsetat et engan
266, 5	El dous temps quan la flors s'espan
167, 49	Quan la foilla sobre l'albre s'espan
70, 38	Quan la vertz foilla s'espan
82, 4	Aissi com cel que·s met en perill gran
80, 4	Ara sai eu de pretz quals l'a plus gran
[461, 72	D'amor a bon pietat gran]
349, 3	En amor trop pietat gran
[461, 160	Maltrait d'amor no seran ja tan gran]
74, 16	Si·l mons fondes, a meravilla gran
82, 87	Tals vai armatz et a cors bel e gran
459, 1	De las serors d'en Guiran (d'Enguiran)
(= 110, 1)	
434, 1a	A la pluga, a·l vent iran | Çels que muyllers an
27, 6	Lan-(quan | vinc en Lombardia)
227, 2	A l'avinen mazan
366, 4	Be·m cujava que no chantes ogan
461, 141	Ja no cugei que m'aportes ogan
366, 14	D'un sonet vau pensan
322b, 1	Car vei en Peironet ploran
[364, 17a	Dompna, tot jorn vos vau preyan]
27, 6	Lan- | quan (vinc en Lombardia)

82, 48 D'omes trop que van rebuzan
355, 7 Enquera·m vai recalivan
461, 33 Auzit ai dir, e vay mi remenbrant
434a, 80 Usan | chantan. pensan. dreçan. riman
Binnenreim, s. Verweis.
213, 2 Anc mais no·m fo semblan
194, 2 Ara·m digatz vostre semblan
(= 136, 1)
243, 5 Bel semblan
47, 5 De la gensor qu'om vej' al meu semblan
344, 3a En Sordel, que vos es semblan
(= 437, 15)
178, 1 Jauseume, quel vos est semblant und
(= 167, 30b) Gaucelm, lo qual vos es semblan
282, 12 Jojos d'amor, farai de joi semblan
201, 4b Lafranc, digatz vostre semblan
(= 282, 12a)
82, 60 Lo savis ditz qu'om no deu per semblan
74, 14 Pron si deu mais pensar al meu semblan
150a, 1 Seigner Arnaut, vostre semblan
(= 25, 3 u. 201, 7)
265, 3 Vostra domna segon lo meu semblan
[461, 163 Mant ric home en aychest si mal stant]
106, 1 Ab lejal cor et ab umil talan
377, 1 De chantar dei aver talan
109, 2 Ja de chantar no degr' aver talan
167, 57 Tan fort me creis amors en ferm talan
76, 21 Una chanso dimeja ai talan
461, 242 Una genz es d'un enojos talan
s. auch *talen*.
389, 37 Pos trobars plans | es volguz tan
Binnenreim, s. Verweis.
225, 9 No sap per que va son joi plus tarzan
434a, 80 Usan (chantan. pensan. dreçan. riman)
242, 29 Chans en broill | ni flors en vergan
Binnenreim, s. Verweis.
242, 42 La flors del vergan
293, 41 Pos ses foilla son li vergan
404, 8 Quan la neus chai e gibron li verjan
80, 34 Quan la novela flors par el verjan

-ana

124, 5 Bela m'es la votz autana
34, 3 Mout dezir l'aura doussana
133, 10 Quan la freidors | irais | l'aura doussana
2 Binnenreime, s. 2 Verweise.

293, 21	Bel m'es quan la foilla fana
63, 3	Bel m'es lan latz la fontana
262, 5	Quan lo rius de la fontana
461, 144	Lai on fis prez nais e floris e grana
461, 147 (= 461, 27a)	Arnaldon, per na Johana
242, 4	Aital chansoneta plana
210, 8	Chansoneta leu e plana
461, 83	Deus vos sal, de pretz sobeirana
461, 82	Deus vos sal, dels pez sobeirana
410, 1	Amics Gaucelm, si anatz en Toscana
461, 103	Enaissi com la tramontana
457, 36	Si ma domna n'Alais de Vidallana

-anc (s. auch *-aing*)

80, 2	Al dous nou termini blanc
389, 27	Entre gel e vent e fanc s. auch *faing.*
406, 3	Aissi·m ten amors franc

-anca, -ancha

364, 15	Car' amiga, douss' e franca
391, 1	Coms proensals, si s'en vai domna Sancha

-ancha (*Sancha*) s. **-anca**

-ancas

29, 3	Ans que·l cim reston de brancas

-anda

242, 69	S'ie·us quier conseill, bel' amig' Alamanda
202, 11	Quan la bruna biza branda
297, 4	Dregz de natura comanda
124, 14	Pos amors vol e comanda
434a, 49	Pus amors vol que faça sa comanda
158, 1	S'en Aimerics te demanda
335, 61	Tot farai una demanda
297, 8	Temps es qu'eu mon sen espanda
406, 47	Un sonet m'es bel qu'espanda
80, 13	D'un sirventes no·m cal far longor ganda
154, 2b (= 248, 43)	Guirautz, domn' ab beutat granda
70, 26	Lanquan vei per mei la landa
80, 18	Gen part nostre reis liuranda

-andra

355, 8	Lo dous chan qu'au de la calandra

-anha (*acompanha*) s. -aigna

-ans (*-aṇs* s. *-âs*)

10, 51	Si tot m'es greus l'afans
293, 34	Oimais dei esser alegrans
434a, 27	Greus dolors es entre dos fis amans
434a, 64	Si tot no say Tristanz l'amanz
133, 3	Estat ai dos ans
248, 68	Qui·m disses, non a dos ans
82, 3	Aissi com cel qu'entre·ls plus assajans
10, 24	Eissamen com l'azimans
330, 14	Pos partit an lo cor en Sordels e'n Bertrans
9, 6	Anc pos que jois ni chans
242, 40	Jois e chans(e solatz)
242, 66	S'ara no poja mos chans
242, 71	Si·m plagues tan chans
47, 11	Tan m'abelis jois et amors e chans
451, 2	No·m posc mudar, bels amics, qu'en chantans
173, 11	S'eu anc jorn dis clamans
434, 14	Tans | afans | pezans | ni dans
	Binnenreim, s. Verweis.
47, 12	Totz temoros e doptans
202, 12	S'eu conogues que·m fos enans
434a, 77	Un bon vers agra obs a far enans
96, 7a	Mos volers es quez eu m'eslans
206, 1	Esperansa de totz ferms esperans
461, 174	N'Auriflama, car vos es flamejans
266, 1	Aissi co·l malanans
234, 17	S'eu tot me soi un petit malanans
421, 2	Atressi cum l'olifans
364, 6	Atressi co·l perillans
246, 55	Salamos nos es recomtans
304, 2	Be volgra fos mos cors tan regardans
70, 21	Ges de chantar no·m pren talans
	s. auch *talens*.
434, 14	Tans (afans | pezans | ni dans)

-ansa (-anza)

457, 38	Tant es de paubr' acoindansa
46, 5	Fis jois me don' alegransa
366, 18	La gran alegransa
246, 39	Mals tragz dona alegransa
409, 4	No·m posc partir | de joi ni d'alegransa
	Binnenreim, s. Verweis.
377, 5	Si tot no·m ai al cor gran alegransa

133, 13 So que·m sol | dar alegransa

Binnenreim, s. Verweis.

434, 14a Tant ay el cor d'alegrança
401, 8 Qui vol aver complida amistansa
10, 2 Ades vol de l'aondansa
[461, 199 Qual benanansa]
167, 17 Cora que·m des benanansa
167, 31 Jauzens en gran benanansa
240, 7 Nuls hom no sap que s'es grans benanansa
10, 14 Car fui de dura coindansa (dur' acoindansa)'
293, 18 Dirai vos senes doptansa
293, 37 Per savi·l tenc ses doptansa
293, 14 Contra l'ivern que s'enansa
461, 224 Si tot chantar non m'enansa
205, 3 Erransa
249, 5 Tot en aital esperansa
246, 62 Si vols far ver' esproansa
16, 12 En amor ai tan petit de fiansa
[461, 26 Ar es vengut de Fransa]
156, 9 Nicolet, gran malanansa
(= 310, 2)
450, 4 Cortezamen mou en mon cor mesclansa
282, 1b Amics Simon, si·us platz, vostra semblansa
(= 436, 1a)
82, 7 Amors, per aital semblansa
234, 12 En Guillems de Saint Disder, vostra semblansa
244, 12 Sa gaja semblansa

stant s. unter *-an.*

-anta

80, 3 Anc no·s poc far major anta
389, 12 Ara no siscla ni chanta
293, 11 Bel m'es quan la rana chanta
434a, 63 Si tot m'esmay can la cigala canta

-ap

231, 3 Magret, pojat m'es el cap
(= 223, 5)
406, 18 Cel cui jois taing ni chantar sap

-ar

246, 10 Bon es aver acampar
434a, 40 Nuncha querria eu achar
364, 2 Ajostar(e lassar)
107, 1 Ar es sazos qu'om si deu alegrar
376, 1 Locs es qu'om si deu alegrar
299, 1 Tan sui marritz que no·m posc alegrar

269, 1 Un guerrier, per alegrar
461, 99a Drutç qui vol dreitament amar
434a, 24 Estrayrem volia | De mi dons amar
Binnenreim, s. Verweis.
183, 8 Mout jauzens me prenc en amar
461, 210 Qui enten en amar
256, 1 S'eu fos ta savis en amar
106, 23 S'e·us essai | ad amar
Binnenreim, s. Verweis.
96, 11 Si·m fai amors ab fizel cor amar
434a, 65 Si voletz quem laix d'amar
101, 14 Tant auta domna·m fai amar
82, 88 Tota domna que aja cor d'amar
[461, 233 Tota dona que aya cor d'amar]
434a, 74 Trop m'enug de cortz anar
289, 1 Mal veg trop apareillar
9, 12 Meravill me com pot hom apelar
248, 76 Seign'en Enric, us reis un ric avar
(= 18, 1 = 140, 2)
80, 39 Seigner en coms, a blasmar
335, 35 Lo segle vei camjar
355, 1 Ab so gai, plan e car
154, 1 Al bo rei qu'es reis de pretz car
457, 12 Enaissi cum son plus car
244, 3 Ges ancara | na Cors-car
Binnenreim, s. Verweis.
242, 1 A be chantar (coven amars)
27, 2 Als entendens de chantar
406, 5 Anc non atendei de chantar
392, 4a Ar pren comjat per tostemps de chantar
242, 30 De chantar (ab deport)
242, 31 De chantar (me for' entremes)
30, 12 En mon cor ai un novelet chantar
242, 33 En un chantar (que dei de ces)
194, 7 Estat aurai de chantar
282, 7 Eu no chan ges per talan de chantar
210, 11 Eu no cuidava chantar
231, 2 Laissatz m'era de chantar
155, 13 Meravill me com pot nuls hom chantar
248, 57 No cugei mais d'esta razo chantar
248, 60 Ogan no cugei chantar
[461, 190 Per gran franqueza me coven chantar]
319, 7 Razos non es que hom deja chantar
364, 43 Si·m laissava de chantar
167, 55 Solatz e chantar
242, 75 Solatz, jois e chantar

248, 88	Yeu cujava soven d'amor chantar
461, 12	A l'entrada del temps clar
319, 3	Ar que·l jorn | son bel e clar
	Binnenreim, s. Verweis.
461, 68	Clara dompna, vostre cors lis e clar
461, 170c	Molt m'es bel e clar
242, 11	A penas sai comensar
293, 15	Cortezamen voill comensar
96, 6	Guerra mi plai, quan la vei comensar
[461, 156	Ma domna fo al comensar]
335, 67	Un sirventes novel voill comensar
82, 19	Ab son amic si deu hom conseillar
434a, 14	Com fis destreitz qui nos pot cosseyllar
246, 51	Qui se volgues conseillar
124, 15	Qui finamen sap consirar
[461, 62	Car mi failli cujar]
437, 23	Per re no·m posc d'amor cuidar
375, 18	Qui per nesci cuidar
434, 9b	Prometre ses dar
[461, 218	Seigner Marco, Alexandres per dar]
437, 3	A leis posc ma mort demandar
96, 9	Per cinc en podetz demandar
461, 193	Per zo no voill desconortar
80, 35	Quan vei pels vergiers desplejar
101, 11	Qui a talen de donar
177, 1	Greu m'es a durar
[437, 9	Ben me saup mon fin cor emblar]
[461, 125	Gen me sap mon fin cor emblar]
246, 48	Qui en anel d'aur fai veir' encastonar
95, 1	Coms que vol enseignar
434a, 10	Ben deu si eys de tot mal escusar
167, 48	Per l'esgar
457, 33 (= 185, 3)	Seign'en coms, no·us cal esmajar
236, 7	Qui sap sofrent esperar
461, 108a	En gran pantax, Folcher, vos vey estar
82, 89	Totz maïstres deu estar
210, 3	Ar voill un sirventes far
437, 7	Bel m'es ab motz leugiers a far
217, 2	D'un sirventes far
248, 37 (= 226, 4)	Guillem de Mur, que cuja far
225, 6	Leu chansoneta m'er a far
461, 165	Mens pretz si puosc, quant hom pot far
248, 59	No posc per re | lo be | que conosc far
	Doppelter Binnenreim, s. Verweis.

461, 239	Tres cauzas son que devon baron far
401, 9	Un sirventes, si pogues, volgra far
457, 41	Una danseta voill far
375, 27	Us gais conortz me fai gajamen far
82, 17	Vil sirventes de vil ome voill far
	s. auch *faire*.
335, 9	Atressi com per fargar
57, 2	En Guillem Fabre sap fargar
421, 4	Be·m cuidava d'amor gardar
437, 31	Si co·l malaus que no se sap gardar
434a, 73	Tots nobles seyns deuria be gardar
82, 52	Enaissi com en gazaignar
82, 78	Qui vol paradis gazaignar
50, 2	Si vols amics al segle gazaignar
248, 30	Fortz guerra fai tot lo mon guerrejar
242a, 1	Cabra joglar
123, 1	En re no me semblatz joglar
243, 7a	Fadet joglar
461, 126	Ges al meu grat non sui joglar
434a, 57	Si cel que ditz entre saig e jutglar
335, 66	Un sirventes fauc en loc de jurar
[461, 231a	Terra pot hom laissar]
364, 2	Ajostar | e lassar
	Binnenreim, s. Verweis.
173, 12	S'eu vos voill tan gen lauzar
10, 52	Totz hom qu'aisso blasma que deu lauzar
434, 1	A greu pot hom conoisser en la mar
379, 1	Aissi cum la naus en mar
392, 5a	Altas undas que venez suz la mar
167, 19	Del gran golfe de mar
461, 247a	Vein, aura douza, que vens d'outra la mar
155, 8	En chantan m'aven a membrar
434a, 15	De Deu nos deu nuyll hom maravellar
372, 5	Mainta gen fatz meravillar
437, 20a	Mant home·m fan meravilhar
193, 1	Diode, be sai mercandejar
461, 16	Amics privatz, gran guerra vei mesclar
182, 2	Mas qui a flor se vol mesclar
138, 1	A la cort fui l'autrier del rei navar
10, 30	Ja no cugei que·m pogues oblidar
461, 15	Amics non es hom, si non par
[461, 39	Bela domna, ges no·m par]
182, 1	Frances qu'al mon de gran cor non a par
437, 20	Lo reproviers vai averan, so·m par
57, 3	Nostre reis qu'es d'onor ses par
244, 10	Pos ses par

70, 39	Quan l'erba fresc' e·l foilla par
357, 1	Seigner, reis qu'enamoratz par
389, 18	Assatz sai d'amor ben parlar
82, 30	Bon es qui sap per natura parlar
323, 14	De Deu no posc pauc be parlar
82, 43	D'omes trobi que ab lor gen parlar
364, 44	Si saubesson mei oill parlar
434, 12	S'ieu fos tan ricx | que pogues gen passar
	Binnenreim, s. Verweis
437, 12	Domna, meills qu'om no pot pensar
375, 16	Meills qu'om no pot dir ni pensar
82, 67	Nuls hom no deu trop en la mort pensar
325, 1	Peire Salvatg', en greu pensar
246, 67	Tant no posc legir ni pensar
248, 87	Xristias vei perillar
	pessar u. *pezar* s. *pensar*.
437, 18	Lai al comte mon seignor voill pregar
434a, 41	Nuylls hom savis no deu seynor preyar
392, 3	Ara pot hom conoisser e proar
389, 25	Domna, si m'auzes rancurar
16, 15a	Forfagz vas vos qu'eu no m'aus razonar
112, 1b	Ab lo temps que fai refrescar
81, 1	Quan vei lo temps renovelar
242, 55	Per solatz reveillar
461, 237	Tot lo mon vei reverdejar
404, 3	D'amor no·m posc departir ni sebrar
10, 50	Si com l'arbres que per sobrecargar
406, 10	Ara no m'en posc plus tardar
101, 17	Un nou sirventes ses tardar
82, 16	Tans rics clergues vei trasgitar
461, 9	Aissi com eu sab triar
197, 1a (= 52, 1)	Ar parra si sabetz triar
248, 16 (= 100, 1)	Auzit ai dir, Bofill, que saps trobar
461, 106	En Bonasa, puis jen sabez trobar
194, 12	Ja no cuidei trobar
74, 8	Mal aja cel que m'apres de trobar
393, 3	Se Lestanqer ni Otons sap trobar
392, 4	Ara quan vei verdejar
461, 28a	Ar vei tot quant es verdejar
331, 1	En abril, quan vei verdejar

-ara

29, 13	L'aur' amara (fa·ls broills brancutz)
243, 9	Si tot l'aura s'es amara

244, 3	Ges ancara(na Cors-car)
10, 7a (= 461, 22)	Anc al temps d'Artus ni d'ara
461, 36	Bela domna, a vos non tenc gens ara
461, 37	Bela domna cara
70, 3	Amors, enquera·us pregara

-arc

174, 7	Lo mes e·l temps e l'an deparc
434a, 72	Totz homs fay mal qui veya en embarch

-arda

288, 1	Nom volgr' aver per Bernart na Bernarda
362, 3	Vezer volgra n'Ezelgarda
54, 1 (= 271, 1)	Lombartz volgr' eu esser per na Lombarda

-arga, -arja

457, 10	De vos me sui partitz, mals focs vos arga
80, 24a (= 80, 29?)	Mal o fai domna, cant d'amar s'atarja
80, 29	No posc mudar un chantar non esparga
214, 1	Car sai petit, mi met en razo larga
29, 17	Si·m fos amors de joi donar tan larga

-arja s. **-arga**

-ari

246, 42	Oc e no son dui contrari

-arle

410, 3	Ar es dretz | qu'eu chant e parle

-ars

242, 1	A be chantar | coven amars Binnenreim, s. Verweis.
461, 101	E donc que val aquest amars
437, 8 (= 306, 3)	Be·m meravill com negus honratz bars
242, 17	Ar auziretz | encabalitz chantars Binnenreim, s. Verweis.
410, 2	Ar es ben dretz | que vailla mos chantars Binnenreim, s. Verweis.
242, 20	Be m'era bels chantars
434a, 23	Eras veyrets mots prims e cars
434a, 25	Francs reys humils e cars
121, 1	Las! so que m'es al cor plus fis e cars
389, 38	Pos vei que·l clars (temps s'abriva)
461, 240	Trop val en cort bels escoutars

434, 9 No val jurars (lai on falh lialtatz)
174, 5 Eu no sui pars (als autres trobadors)
434a, 45 Peccatz mortals me par ques de son pars
370, 8 Ir' e pezars (e domna ses merce)
82, 36 De trachoretz sai vei que lor trichars
248, 72 Res no·m val mos trobars

-art

369, 1 (= 254, 1a) Qual penriatz, seigner n'Isnart
335, 11 Be teing per fol e per muzart
[461, 251 Vos, domna, ab un dous regart]

-artz

[461, 71 Cuira liatz bons estandartz]
335, 40 Per fols tenc Poilles e Lombartz
80, 20 Ges de far sirventes no·m tartz

-ąs

fas s. *fatz*.

242, 79 Tot suavet e del pas
219, 1 Si·l gens cors d'estiu es remas

-âs, bzw. -aṇs

461, 127 Ges com eschiu nuls per no mondas mans
48, 1 Mal' aventura do Deus a mas mas
364, 14 Bon' aventura do Deus als Pizas
22, 1 En Chantarel, sirventes ab motz plas
389, 37 Pos trobars plans (es volguz tan)
457, 6 Be·m meraveill s'eu conegutz es sans
330, 15a Rics pretz ferms e sobeiras

-assa

341, 1a Messier Matfres, no·us desplassa
297, 3 De midons posc eu dir en tota plassa

-asta

461, 112 Entre·ls deslejals baros mi platz rabasta

-at

12b, 1 (= 170, 1) Gaudi, de donzela m'agrat
246, 77 Us hom es qu'a ajostat
82, 47 D'omes trop que per amistat
82, 68 Nuls hom no port' amistat
461, 215b Rics hom aschargat
[461, 89 Domna, la vostra gran beutat]
82, 54 Hom de be segon beutat
364, 46 Tant ai longamen cercat

305, 16	Pos Peire d'Alvergn' a chantat
47, 1	Ab la fresca clardat
337, 1	Si co·l soleills nobles per gran clardat
434a, 78	Un vers ay comensat
422, 1	Ab tan de sen cum Deus m'a dat
461, 203a	Cant me done l'anel daurat
427, 1	Ab dous dezir ay desirat
248, 89	Yverns no·m te de chantar embargat
246, 40	Mans se feignon enamorat
103, 3	Un joc novel ai entaulat
70, 32 (= 366, 23)	Peirols, com avetz tant estat
457, 44	Vescoms, mais d'un mes ai estat
82, 81	Sel que ditz qu'eu fatz foldat
461, 148a	Li jalous per tout sunt fustat
461, 139	Hom deu gardar so que a gazanhat
231, 1	Auzir cugei lo chant e·l crit e·l glat
136, 1a (= 194, 4)	En Gui, digatz al vostre grat
447, 1	En Raimon, be·us tenc a grat
75, 4 (= 263, 1)	Javare, anc a mercat
434a, 33	Mon chan comenz d'ira mesclat
248, 86	Xristian son per Jhesu Crist nomnat
30, 24	Tot quant eu fauc ni dic que·m si' onrat
246, 31	Ieu ai vist ome plagat
80, 14	Eu chan, que·l reis m'en a pregat
443, 1	Comtor d'Apchier rebuzat
305, 17	Seigner, s'aguessetz reignat
9, 17	Pos Deus nos a restaurat
435, 1 (= 301, 1)	Mir Bernart, mas vos ai trobat
282, 24 (u. 461, 229)	Tan franc cors de domn' ai trobat
461, 187	Paure seinhor de bona volontat
106, 22	S'eu pogues ma volontat

-ata

98, 1 (= 97, 10)	Seign'en Blacatz, pos per tot vos faill barata

-atge (-atje)

205, 5	Ses alegratge
76, 22	Un sirventes farai ses alegratge
81, 1a	Un sirventes voil obrar d'alegratge
282, 14 (= 200, 1)	Na Guillelma, maint cavalier aratge

248, 75 Seign'en Enric, a vos don avantatge
(= 140, 1 = 296, 4)
293a, 1 Be for' ab lui aunit lo ric barnatge
(= 293, 10)
293, 28 Lanquan foillon li boscatge
213, 7 Mout m'alegra doussa votz per boscatge
106, 2 A! co·m dona ric coratge
461, 56 Bona domna, tan vos ai fin coratge
249, 2 D'una razo, Peironet, ai coratge
(= 367, 1)
189, 4 Pos al comte es vengut en coratge
121, 2 Sel fis amors tenia·l meu coratge
167, 52 Si anc nuls hom per aver fi coratge
[457, 37 Tal dompna sai q'es de tant franc coratge]
413a, 1 Vos dos Guillems, digatz vostre coratge
(= 201, 6)
401, 7 Quascus planh lo sieu dampnatge
205, 2 Cascus plor' e plaing son dampnatge
109, 3 Mout avetz fag lonc estatge
167, 46 Pel messatgier que fai tan lonc estatge
457, 17 Guillems Fabres nos fai en brau lignatge
335, 68 Un sirventes trametrai per messatge
461, 170b Molt m'agrada trobar d'invern ostage
184, 1 Amics n'Arnautz, cen domnas d'aut paratge
(= 25, 1)
238, 2 En Raïmbaut, pro domna d'aut paratge
(= 388, 2)
390, 1 A penre m'er lo conort del salvatge
167, 34 Lo rossignolet salvatge
305, 3 Aissi com cel qu'es en mal seignoratge
80, 7 Bel m'es quan vei camjar lo seignoratge
[461, 108 En faire gran vassalatge]
119, 6 Perdigos, ses vassalatge
(= 370, 11)
434, 5 Cuenda chanso, plazen ses vilanatge
282, 6 Estier mon grat mi fan dir vilanatge

-atges

16, 13 En amor trop tan de mals seignoratges
9, 21 Tant es d'amor onratz sos seignoratges

-atre

236, 10 Una, doas, tres e quatre

-atz

82, 49 D'omes vei rics et abastatz
335, 62 Totz lo mons es vestitz et abrazatz

409, 2	Deus, aidatz
30, 3	Aissi com cel qu'am' e non es amatz
296, 2 (= 248, 39)	Guiraut Riquier, a cela que amatz
461, 211 a	Qui non ama, non cuza esser amatz
437, 14	Domna valen, salutz et amistatz
434 a, 26	Fyll, eras pus en escolas anatz
293, 39	Pos l'iverns d'ogan es anatz
156, 10	Quan be me sui apensatz
377, 6	Tan sui apensatz
372, 2	Anc mais nuills hom no fon apoderatz
364, 45	Son ben apoderatz
192, 4	Seigneiras e cavals armatz
355, 15	S'eu fos aventuratz
416, 3	Ar agues eu, domna, vostras beutatz
132, 7	Car compri vostras beutatz
189, 3	Fis pretz e vera beutatz
10, 53	Us jois novels, complitz de grans beutatz
254, 1	Del sonet d'en Blacatz
106, 24	S'eu trobava mon compair' en Blacatz
254, 2	Trop respont en Blacatz
434 a, 13	Cantas vetz soy blasmatz
76, 11	Lo segles m'es camjatz
16, 17 a (= 461, 167)	Mos coratges m'es camjatz
119, 8	Reis, pos vos de mi chantatz
106, 13	De nula re non es tan grans cardatz
335, 26	Ges eu no·m sui de maldir castiatz
96, 8	Oimais non er Bertrans per me celatz
242, 64	Reis glorios, verais lums e clartatz
461, 135	Grans gaugz m'ave la noit, quan sui colgatz
97, 1	Be fui mal conseillatz
246, 66	Tant es lo mons costumatz
248, 4	Ad un fin aman fon datz
155, 9	Fin' amors a cui me sui datz
23, 1	Per maintas guizas m'es datz
461, 236	Tot aissi sui desconseillatz
166, 1	Cor qu'eu chantes dezamatz
392, 19	Ja bom pres ni dezeritatz
156, 4 (= 97, 2)	En chantan voill que·m digatz
201, 4 a	Guigenet, digatz (consi·us vai d'amia)
185, 2 (= 457, 24)	N'Ugo, vostre semblan digatz
167, 47 (= 370, 12)	Perdigo, vostre sen digatz

76, 17 Seigner coms, e·us prec que·m digatz
(= 184, 3)
434, 2 A vos me sui, | bona dona, donatz
Binnenreim, s. Verweis.
248, 65 Pos astres no m'es donatz
82, 46 D'omes trop fort enamoratz
432, 2 Gaucelm, tres jocs enamoratz
(= 167, 26 = 449, 1a)
82, 14 Si anc nul temps fui ben encavalcatz
248, 52 Lo mons par enchantatz
[461, 157 Mais deu esser savis hom encolpatz]
404, 10 S'eu fos encolpatz
461, 235 Tot enaissi com Deus fo encolpatz
194, 16 N'Ebles, pos endeptatz
(= 129, 4)
82, 42 D'omes trobi fols et esservelatz
292, 1 Fraire Berta, trop sai estatz
(= 73, 1)
248, 54 Marques, una partida·us fatz
(= 296, 3)
330, 19a Un sonet novel fatz
437, 16 Entre dolsor et amar sui fermatz
335, 34 Lo sabers d'est segl' es foudatz
155, 20 Si com cel qu'es tan greujatz
248, 48 Karitatz (et amors e fes)
242, 21 Be m'era de chantar laissatz
(= 242, 20)
364, 16 De chantar m'era laissatz
389, 3 Aissi mou | un sonet nou, | on ferm e latz
Binnenreime, s. Verweis.
461, 148 L'autrier m'era levatz
434, 9 No val jurars | lai on falh lialtatz
Binnenreim, s. Verweis.
366, 7 Car m'era de joi loignatz
335, 64 Un estribot farai que er mout maistratz
209, 2 En Gui, a tort me menassatz
74, 10 Mout fort me sui d'un chan meravillatz
76, 13 Nuls hom no deu esser meravillatz
248, 83 Tan vei qu'es ab joi pretz mermatz
335, 32 Lo jorn qu'eu fui natz
461, 76 Dels .V. bons aibs per c'oms es plus honratz
167, 32 Lo gens cors onratz
155, 27 Us volers outracuidatz
248, 56 Mout me tenc be per pagatz
77, 1 Amic Guibert, ben a set ans passatz
(= 195, 1)

396, 1 Ar a ben dos ans passatz
77, 1a Auzit ai dir qu'el temps ques es passatz
437, 29 Qui be·s membra del segle qu'es passatz
242, 35 Gen m'estava e suau et en patz
82, 53 En aisso vei qu'es bona paubretatz
174, 10 Seignors, per los nostres peccatz
461, 8a Axi com cell qu'ell mar es perilats (honrats, trespassats, anats)
204, 2 Ar farai, si tot no·m platz
448, 1 Baussan (Dalfin), respondetz mi, si·us platz
(= 119, 1 u. 45, 1)
15a, 1 Bela domna, si·us platz
(= 461, 40)
227, 7 Bernart de la Bart', ancse·m platz
(= 58, 2)
10, 16 Chantar voill. — per que? — ja·m platz
102, 2 Guerr' e trebaills e brega·m platz
97, 6 Lo bels dous temps mi platz
30, 18 Lo gens temps m'abelis e·m platz
282, 15 N'Anric, no m'agrada ni·m platz
(= 139, 2)
434a, 35 Nom platz (que pratz | ne may | oymay | atenda)
414, 1 Seign'en Jaufre, respondetz mi, si·us platz
(= 261, 1)
282, 22 Seign'en Tomas, tan mi platz
461, 219 Seigner n'enfans, s'il vos platz
364, 48 Tan mi platz (jois e solatz)
s. auch *plai.*
74, 12 On hom plus aut es pojatz
66, 1 Bel m'es quan vei pels vergiers e pels pratz
101, 7 Ges no m'es greu, s'eu no sui re prezatz
82, 57 Huei non es hom tan pros ni tan prezatz
225, 10 Nuls hom no val ni deu esser prezatz
449, 4 Seigner Bertrans, us cavaliers prezatz
(= 75, 7)
248, 62 Per proar si pro privatz
114, 1 N'Ugo, cauzetz, avans que respondatz
(= 448, 2)
461, 211 Qui·l segle·s pleu, non es pas ben senatz
17, 1 Aissi com cel qu'es vencutz e sobratz
173, 3 Car no·m abelis solatz
167, 15 Chant e deport, joi, domnei e solatz
101, 5 Enquer cab sai chans e solatz
461, 142a Joi e chanç e solaç (E amors certana)
242, 40 Jois e chans | e solatz
Binnenreim, s. Verweis.

30, 14 La cortezi' e·l gaiez' e·l solatz
154, 4 Per amor e per solatz
133, 8 Per mantener joi e chant e solatz
242, 65 S'anc jorn agui joi ni solatz
282, 23 Si mos chans fos de joi ni de solatz
364, 48 Tan mi platz | jois e solatz
Binnenreim, s. Verweis.
335, 33 Lo mons es aitals tornatz
461, 58 Bona domna, vostre pretz fo triatz
434, 7d Gentils domna, vençans humilitatz
159, 1 Cor ai e volontatz
76, 8 D'un sirventes mi ve grans volontatz

-au (*-au* aus *-al* s. ev. unter *-al*)

364, 24 Ges pel temps fer e brau
124, 9a El temps que·l rossignols s'esjau
364, 27 Mos cors s'alegr' e s'esjau
461, 192a Par vous m'esjau
396, 4 Entr' ir' et alegrier m'estau
461, 41 Bel m'es que chant, quan vei del fau
293, 33 Lo vers comens, quan vei del fau
396, 5 Ges, si tot es tan suau
173, 9 Per amor del bel temps suau

-aur

364, 38 Pos ubert ai mon ric tezaur

-aura

304, 1 Be m'a lonc temps menat a guiza d'aura

-aus (*-aus* aus *-als* s. *-als*, z. B. Persevaus)

9, 5 Al prim pres dels breus jorns braus
406, 6 Anc trobars clus ni braus
29, 9 En breu brizara·l temps braus
461, 221a Si com l'enclaus
30, 26 Us jois d'amor s'es en mon cor enclaus

-aut

392, 15a Engles, ben tost venget n'Aimar l'asaut
392, 10 D'amor no·m lau, qu'anc no pogei tant aut
209, 1 Be·m meravill de vos, en Raïmbaut
392, 31 Tuit me pregon, Engles, qu'eu vos don saut

-auta

246, 65 Tal ome am que sos aibs no m'azauta

-auza (-ausa)

443, 2 Comunal, en rima clauza

-ava

248, 49	L'autre jorn m'anava
194, 15	L'autrier cavalcava
244, 13	S'eu en pascor no chantava
265, 2 (= 310, 1)	En Nicolet, d'un sogne qu'eu sognava

-ay (*gay*) s. **-ai** (ev. auch *-aya* s. *-aja*)

-azi

461, 195a	Poi qe neve ni glazi

ẹ, ê, ẹṇ

[461, 131	Ges no faill, quan s'aven]
70, 16	Conortz, ara sai eu be
392, 16a	Gaita be(, gaiteta del castel)
82, 11	Moutas de vetz pensa hom de far be
248, 59	No posc per re | lo be (que conosc far)
246, 64	S'us hom sabia mal ses be
335, 52	Tals cuja be
167, 7	Ara cove (que·m conort en chantan)
305, 9a	Cel qui quier conseill e·l cre
461, 79a	De tot' autra pudor cre
246, 41	Moutas vegadas s'endeve
443, 2b	Mals albergiers denairada de fe
[461, 19	Amors manda que ieu am Jaufre]
106, 7	Amors, e com er de me
457, 9	Dels oills e del cor e de me
261, 1a (= 248, 40)	Guiraut Riquier, digatz me
	s. auch *mi.*
461, 31a	A tot mon amic clam merce
104, 1	Deus et amors e merce
370, 8	Ir' e pezars | e domna ses merce
	Binnenreim, s. Verweis.
74, 6	Jesu Crist per sa merce
244, 5	Na Ses Merce
	s. auch *merci.*
[461, 25	Anc tan no gazaignei en re]
372, 4b	La maier temenza | q'eu aia de re
	Binnenreim, s. Verweis.
248, 59	No posc per re (lo be | que conosc far)
404, 10	S'eu fos encolpatz | Vas amor de re
	s. auch *rei.*
155, 2	A pauc de chantar no·m recre
167, 29	Ges no·m toill ni·m recre
210, 13	Lai on hom meillur' e reve

374, 1 Non a tan poder en se
[461, 140 Hom, quar no·t sove]
132, 11 Pos vei que nul pro no·m te
416, 4 A vos, meillz de meill, q'om ve
375, 24 Tan mi destreing us desconortz qui·m ve

-ęc

461, 78 Destrics e dols qu'usquecs me bec

-ẹc

17, 2 Ara pareisson l'arbre sec

-ẹcha

88, 2 Gausbert, razon ai adrecha
(= 173, 5 = 75, 3)

-ęcs

29, 15 Pos en Raimons e'n Turcs Malecs

-ęg

246, 29 Hom que per pauc de profeg

-ẹg (auch *-ẹi*)

10, 47 Ses mon apleg (no vauc ni ses ma lima)
deg s. *dei.*
242, 70 Si·l cors no·m ministr' a dreg
248, 47 Kalenda de mes caut ni freg
s. auch *freis.*

-ęgla

246, 11 Bos noirimens dona regla

-ęguas

246, 2 Aitan cert com a tres leguas

-ẹgz (*ẹigz, -ẹitz, -ẹis, -ẹtz*)

74, 3 Ben es adregz
[389, 29 Estat ai fis amics adreis]
(= 389, 36)
242, 47 Los aplegz (ab qu'eu soill)
392, 25 No posc saber per que·m sia destregz
410, 2 Ar es ben dretz (que vailla mos chantars)
314, 1 Assatz es dregz (pos jois no·m pot venir)

-ęi

273, 1a Anc mais aissi finamen non amei
192, 3 Mantel vil de croi fil, a mon dan vos comprei

-ẹi (*-ey, -eg*)

406, 12	Bel m'es qu'eu chant e coindei
63, 1	Amar dei
389, 30	Joglar, fe qued eu dei
215, 1	Valors e beutatz e dompnei
266, 11	Si·m vai be ques eu non envei
227, 4	Ara m'es bel | qu'om s'esbaudei
	Binnenreim, s. Verweis.
30, 11	Cui que fin' amors esbaudei
335, 48	Razos es qu'eu m'esbaudei
183, 4	Compaigno, no posc mudar qu'eu no m'esfrei
210, 2	Ara mens que la neu e·l frei
	s. auch *freg.*
335, 36	Maint baro ses lei
242, 48	M'amiga·m men' estra lei
434a, 52	Pus li rey laxon la ley
202, 7	Eu ai ja vista mainta rei
	s. auch *re.*
434a, 82	Volgr' agesson li rey
461, 238	Tot m'enoja quant au ni vei
293, 7	Ans que·l terminis verdei

-ẹigna

366, 26	Per dan que d'amor m'aveigna
461, 191	Per joi que d'amor m'aveigna
101, 2	Ai Deus! s'a cor que·m destreigna
366, 3	Be dei chantar, pos amors m'o enseigna
282, 11	Hom que de domna se feigna
372, 4a	Ja nuls amanz no·s fegna
375, 4	Ben es fols cel que reigna
236, 1	Bon' aventura mi veigna

-ẹigner

133, 4	Fregz ni ven | no·m pot destreigner
	Binnenreim, s. Verweis.
461, 220	Seigner Savarics, Tibauz vos a faiz peigner

-ẹill, -ẹlh

230, 1	Gen m'apareill
210, 6	Bernartz ditz de Baisseill
389, 10a (= 242, 14)	Ara·m platz, Guiraut de Borneill
246, 18	D'omes trop que donan conseill
341, 1	Messier Matfre, pos de conseill
70, 7	Ara no vei luzir soleill

297, 2	Compair', aitan com lo soleill
183, 12	Un vers farai, pos me someill
389, 24	Compaigno, qui qu'en irais ni·n veill
450, 6	Lanquan son li rozier vermeill

-ẹilla

293, 12	Bel m'es quan s'azombra·l treilla

-ẹing, -ẹnh

406, 7	A penas sai don m'apreing
	s. auch *apren.*
461, 70	Com plus fin' amors mi destreng
434a, 46	Pels amans ditz c'amors tan los destreyn
227, 5	A trop gran fereza·m teing
167, 36	Mas la bela de cui mi mezeis teing
397, 1	Turc Malec, a vos mi teing

-ẹinz

389, 22	Cars, dous e feinz (del bederesc)

-ẹira

248, 50	L'autrier trobei la bergeira
457, 5	Antan fetz coblas d'una bordeleira
437, 33	Si tot m'assaill de sirventes Figueira
285, 1 (= 364, 19)	Emperador avem de tal maneira
364, 40	Quant hom onratz torna en gran paubreira
315, 3	Mout m'enoja d'una gen pautoneira
457, 22	Na Maria es gent' e plazenteira
335, 24	Eu trazi pegz que si portava queira
98, 2 (= 97, 11)	Seign'en Blacatz, talant ai que vos queira

-ẹiras

248, 15	A Saint Pos de Tomeiras

-ẹire

315, 4 (= 461, 172)	Mout se feira de chantar bo recreire

-ẹis?

434, 9c	Pus on vey leys

-ẹis

adreis s. *adregz.*

389, 36	Pos tals sabers mi sors e·m creis

406, 8 Ar ab la forsa dels freis
s. auch *freg, frei.*
293, 22 Emperaire, per mi mezeis
80, 30 Nostre seigner somonis el meteis
82, 29 Bes e mals, cascus pareis
242, 22 Be·m plairia, seigner en reis
(= 23, 1 a)

[-ẹit s. ev. -ẹg]
-ẹitz s. -ẹgz
(-ẹia), -ẹja

282, 8 Ges eu no sai com hom guidar se deja
142, 1 Lo dezirier e·l talant e l'enveja
70, 29 Lo rossignols s'esbaudeja
437, 32 Si com estau tain qu'esteja
240, 3 Amors mi destreing e·m greja
344, 5 Qui na Cuniça guerreja
377, 4 Mandat m'es que no·m recreja
461, 228 Tals lauza Dieu e salmeja
442, 2 Si co·l flacs molins torneja
47, 6 Domna, la gensor qu'om veja
225, 5 Ges per malvestat qu'ar veja

-ẹl (auch -ẹlh)

217, 4 c N'Aimeric, que·us par del pro Bertram d'Aurel
(= 10, 36)
124, 9 El temps d'estiu, quan s'alegron l'auzel
242, 46 Lo dous chans d'un auzel
227, 4 Ara m'es bel (qu'om s'esbaudei)
389, 17 Assatz m'es bel
453, 1 En Peire, per mon chantar bel
(= 335, 23)
364, 29 Mout m'es bon e bel
74, 2 Atressi com lo camel
392, 16 a Gaita be, | gaiteta del castel
Binnenreim, s. Verweis.
392, 5 Ar vei escur e trebol cel
305, 11 L'autre jorn m'en pogei el cel
323, 21 Lauzatz si' Emanuel
282, 1 d Be·m meravill del marques Moruel
183, 1 Ab la doussor del temps novel
63, 7 Farai un vers ab so novel
140, 1 c Guillem, d'un plag novel
(= 226, 6 a)
323, 24 Sobre·l veill trobar e·l novel

[fehlt Bartsch] Cobla. — Bertoni, Arch. roman. 1, 101 und Zts. 40, 352.

114. E s'ieu aghes penduiz aut al ven
P 64 (*c.* 131 u. Arch. 50, 279; Riv. Sarda 1, 396).
Cobla. — Krit. hgb. Bertoni, Arch. roman. 3, 136 u. schon Rom. 45, 262. — Vgl. Archiv. roman. 15, 39 Anm.

115. Eu contraditz so c'om ten a
Ieu *Hs.* **boban**
buben
T 104 (MG. 1261), unter Liedern von P. Cardenal.
Cobla. — Krit. hgb. Bartsch, Denkm. p. 141.

116. Eu don per conseill als gelos
Ei al
P 64 (*c.* 139, Arch. 50, 280), T 87.
Cobla.

117. Eu en sai un flac e mal ......
unles. Wort; Reim -at?
Y 1; scheint Fortsetzung zu 461, 163, nach Chabaneaus Notizen aber Str. 3 von 335, 5 zu sein.
Cobla.

(**118. Eu enten ce Dieus comandes** gehört zu 461, 65.)

(**119. Eu no trob que·m reprenda** = 461, 182 [u. 395, 1].)

120. Eu vorria star joven e viver
Volri' estar *Kolsen* **jauzen**
gaujos *Kolsen; l.* jojos?
P 65 (*c.* 155, Arch. 50, 282).
Cobla, vgl. 372, 3. — Krit. hgb. Kolsen, Zwei prov. Sirventese p. 19; vgl. Lewent, Zts. 40, 374 u. Schultz-Gora, Arch. 139, 271.

121. Fes es perduda entre las gens
P 61 (*c.* 92, Arch. 50, 274).
Cobla. — Krit. hgb. Kolsen, Zwei prov. Sirventese p. 19; vgl. Lewent, Zts. 40, 375.

122. Finament
W 213♩, δ 74♩.
[Bartsch p. 38] Lai Nonpar. — Krit. hgb. Bartsch, Zts. 1, 66. Zur Mel. s. Beck, Melodien p. 27.

123. Flors de paradis, | regina de bon aire
R 63–522 bis, hinter Raymbaut de Vaquieyras (vgl. P. Meyer, Dern. Troub. p. 182 A. 1), Z 156, ferner Florenz, Bibl. Laurenziana, Ashburnham 105^b, fol. $21r^0$ (Rlr. 45, 353) und Siena, Bibl. Comunale H, III, 3[1]), letztes Blatt v^0 (Rlr. 37, 245, nachgewiesen von P. Rajna, Giorn. di fil. rom. 1, 84).
Marienlied, s. 217, 2. — Krit. hgb. Bartsch, Denkm. p. 63. S. auch P. Meyer, Rom. 31, 596 und Massó Torrents, Miscellània Prat de la Riba p. 454.

123a. Folcher, considrer
Hs. Nürnberg 62^c, cobla 1.
[fehlt Bartsch] Cobla. — Hgb. Suchier, Zts. 15, 513.

123b. Fraire, tuit li sen e·l saber
tot(z) lo
J 12 (*c. e.* 1, Riv. 1, 93), *α* 32052.
[fehlt Bartsch] Cobla. — Krit. hgb. Kolsen, Zwei prov. Sirventese p. 20; vgl. Lewent, Zts. 40, 375. — S. auch Maus p. 43.

Gehört hierher: **La gaite de la tor** (hgb. von Restori, Messina 1904)?

[1]) u bei Jeanroy, Bibliogr. somm. p. 30.

372, 3	Ar agues eu mil marcs de fin argen
133, 1	Abril | ni mai | non aten (de far vers)
242, 34	Gen | m'aten
	Binnenreim, s. Verweis.
173, 7	Oimais de vos non aten
421, 7	Pauc sap d'amor qui merce non aten
109, 1	Amics, si·us trobes avinen
248, 28	Falco, domna avinen
(= 147, 1)	
12, 1	Na Carenza al bel cors avinen
(= 108, 1)	
106, 18	Oimais m'auretz avinen
[406, 17	Car vos am tan, domna, celadamen]
(= 30, 16)	
82, 25	Ara posc be conoisser certamen
	s. auch *certamens.*
246, 17	Deus donet comandamen
217, 6	Pel joi del bel comensamen
216, 2	Pos dels majors | princeps auzem conten
	Binnenreim, s. Verweis.
[461, 175	Necs pasasoi qui ame corrament]
183, 3	Compaigno, farai un vers tot covinen
434a, 67	Tan fol cuion que sia covinent
461, 86	D'ome fol ni desconoissen
106, 25	Tals reigna dezavinen
461, 44a	Ben meravill d'aqest segle dolen
133, 5	Lo rossignols chanta tan doussamen
243, 10	Tan doussamen
342, 2	Com cel que fon rics per encantamen
406, 42	Tals vai mon chant enqueren
230, 3	Pos l'amors s'ensen
437, 26	Pos trobat ai qui conois et enten
82, 41	D'omes trobi de gros entendemen
82, 70	On hom mais a d'entendemen
189, 1	Comte Karle, e·us voill far entenden
339, 2	Com cel qu'es pres e sap, son escien
226, 8	Guiraut Riquier, segon vostr' escien
(= 248, 42)	
335, 13	Caritatz es en tan bel estamen
(u. 461, 99)	
404, 6	Per qual forfait o per qual faillimen
236, 6	Quant hom reigna vas celui falsamen
82, 1	Aissi com am plus finamen
437, 5	Atrestan dei ben chantar finamen
461, 122	Finament
101, 8a	Luquetz, si·us platz mais amar finamen

242, 34 Gen(m'aten)
461, 6 Ades vei pejurar la gen
242, 19 Be for' oimais dregz el temps gen
167, 12 Be·m platz e m'es gen
461, 73 D'amor m'estera ben e gent
339, 3 Midons, cui fui, doman del sieu cors gen
366, 22 Nuls hom no s'auci tan gen
461, 217 Seigner jutge, ben aug dir a la gen
289, 3 Totz hom que vol en si governamen
112, 2a Lo plaing comens iradamen
375, 6 Cora que·m tengues jauzen
461, 120 Eu volria star joven e viver jauzen
330, 16 Si·m ten amors | ab dous plazer jauzen
Binnenreim, s. Verweis.
273, 1 S'ira d'amor tengues amic jauzen
201, 5 Seigner Arnaut, d'un joven
(= 25, 2)
305, 4 Aissi com cel qu'om men' al jutjamen
297, 1 Cel que ditz que lejalmen
10, 17 D'aisso don hom a longamen
145, 1 Dui cavalier an pregat longamen
(= 279, 1)
10, 27 En greu pantais m'a tengut longamen
457, 15 Estat ai fort longamen
[461, 169 Mout aurai estat lonjamen]
457, 34 Servit aurai longamen
s. auch *lonjamenz.*
167, 51 Razon e mandamen
225, 14 Seign'en Sordel, mandamen
(= 437, 30)
80, 41 Si tuit li dol e·l plor e·l marrimen
461, 215 Qui vol savi viure membradament
335, 49 Rics hom que greu ditz vertat e leu men
366, 28 Pos flum Jordan ai vist e·l monimen
364, 50 Una chanson ai facha mortamen
434a, 48 Princepc enic e bibse (*l.* bisbe) negligen
183, 7 Farai un vers de dreg nien
305, 7 Autra vetz fui a parlamen
82, 66 Non es amics qui non o fai parven
406, 39 Si·m fos de mon chantar parven
461, 35 A vos volgra metre lo veit qe·m pent
461, 10 Aitan com hom esta ses pensamen
355, 6 De fin' amor son tuit mei pensamen
115, 1 En greu esmai et en greu pensamen
370, 5 Entr' amor e pensamen
312, 1 Estat aurai lonc temps en pensamen

461, 170a	Mout m'abelist l'amoros pensament
163, 1	Nog e jorn sui en pensamen
248, 3	Ab plazen
461, 24	An cō dompne bella et plasent
330, 3	Be farai chanso plazen
323, 10	Be m'es plazen
80, 42	Un sirventes farai novel plazen
425, 1 (= 255, 1)	Vos que amatz cuenda domn' e plazen
213, 6	Lo jorn que·us vi, domna, premeiramen
404, 11	Vas vos soplei, domna, premeiramen
461, 60	Breumen conseill a qui pren regimen[z]
27, 4b	Deus verais, a vos mi ren
242, 39	Ja·m vai revenen
450, 7	Pos l'adreitz temps ven chantan e rizen
97, 4 (= 388, 3)	En Raembaut, ses saben
10, 3 (= 16, 3)	Albert, cauzetz al vostre sen
76, 1	Amic Guigo, be m'azaut de ton sen
82, 8	Atressi fai gran foldat qui ab sen
323, 8	Bel m'es, qui a son bo sen
94, 1	Cor, poder, saber e sen
6, 1	En amors a tal plazer sen
366, 17 (= 167, 23)	Gaucelm, digatz m'al vostre sen
461, 137	Greu trob' om natural sen
457, 19	Ma domna cuit fassa sen
421, 8	Pos qu'en midons es tan d'onor e sen
242, 63	Razon e loc | e cor e sen Binnenreim, s. Verweis.
206, 4	Seignors, aujatz, qu'avetz saber e sen
57, 4	S'eu agues tan de saber e de sen
434a, 28	Hom no pot far sirventes mas sirven
10, 6 (= 16, 5)	Amics n'Albertz, tensos soven
155, 1	Amors, merce! no moira tan soven
339, 1	Amors me ven assaillir tan soven
194, 3	Be feira chansos plus soven
10, 41	Per solatz d'autrui chan soven
248, 71	Razos m'adui | voler qu'eu chan soven Binnenreim, s. Verweis.
406, 38	S'eu en chantar soven
389, 1	Ab nou cor et ab nou talen
377, 2	D'un sirventes a far ai gran talen s. auch *talan*.

427, 6 Si com trobam clar el vielh testamen
282, 1c Anc mais nuls hom no trais aital tormen
10, 23 Domna, per vos estauc en greu tormen
359, 1 Amics Rainaut, una domna valen
(= 415, 1)
197, 1 Bertran, s'eu crit per cels que son valen
461, 114 E s'ieu agues pendutz aut al ven
133, 4 Fregz ni ven (no·m pot destreigner)
335, 60 Tot enaissi com fortuna de ven
392, 8 Be sai e conosc veramen
155, 16 Per Deu, amors, be sabetz veramen
58, 3 Eu no cugei a trestot mon viven

Adverbia auf *-mẹns* s. unter *-ẹns*.

-ẹna

30, 10 Bel m'es quan lo vens m'alena
281, 7 Pos vei que·l temps s'asserena
74, 17 Si tot m'estauc en cadena
449, 3 Per grazir la bon' estrena
389, 41 Un vers farai de tal mena
80, 9 Cazutz sui de mal en pena
461, 74a De gran dolor cruzel' ab mortal pena
[461, 144a Lasa, en can grieu pena]
349, 8 S'eu anc d'amor sofers ni mal ni pena
434, 11 Qui bon frug vol reculhir be semena

-ẹncha

155, 25 Vermillon, clam vos fatz d'un' avol pega pencha

-ẹnda

74, 11 No laissarai qu'en chantar non atenda
434a, 35 Nom platz | que pratz | ne may | oymay | atenda
461, 75 Del cap li trairai la lenda
461, 221 Si com al larc dona Dieus que despenda
406, 22 Chans, quan non es qui l'entenda
366, 12 Del seu tort farai esmenda
66, 3 Ja no voill do ni esmenda
377, 7 Totz temps de tota fazenda
106, 17 No sai qual conseill mi prenda
96, 10 Per merce·ill prec qu'en sa merce mi prenda
434a, 47 Per que nom daran renda
[461, 119 Eu no trob que·m reprenda]
461, 136 Gran plazer ai, can truop que mi reprenda
395, 1 Non trob qu'en re me reprenda
461, 182 Oimais no trop qui·m reprenda

-ẹndre, auch -ẹnre

404, 9 Raimon Jordan, de vos eis voill aprendre
364, 36a Pus que d'amor non pusch defendre
242, 38 Honratz es hom per despendre
457, 8 Chansos qu'es leus per entendre
(u. 82, 79)
167, 14 Cascus hom deu conoisser et entendre
246, 27 Hom be parlans deu mais entendre
62, 1 Leu chansonet' ad entendre
461, 188 Per auzir e per entendre
258, 1a Pero car vos feignetz de sotilment entendre
211, 1 Si co·l majestre vai prendre
246, 15 Cobes e larcs aug cais tot jorn reprendre
74, 15 S'eu trobes plazer a vendre

-ẹndres

242, 10 Ans que veigna·l nous frugz tendres

-ẹnh s. -ẹing

-ẹnre s. -ẹndre (*repenre*)

-ẹns (auch -ẹntz)

461, 230 Tant es gay' es avinentz
106, 5 Ai! doussa flors benolens
[457, 2 Als bels captenemens]
82, 37 Deus fetz Adam et Eva carnalmens
173, 6 Merces es e cauzimens
82, 90 Totz trops es mals, enaissi certamens
s. auch *certamen*.
70, 1 Ab joi mou lo vers e·l comens
134, 2 En cor ai que comens
335, 65 Un sirventes ai en cor que comens
242, 41 Jois sia comensamens
5, 3 Si amors fos conoissens
461, 14 Alexandres fon lo plus conquerens
461, 85 Dol me las dens
411, 1 Amors non es vils ni desconoissens
41, 1 No sai qui·m so, tan sui desconoissens
82, 84 S'ieu be plagues als pecs desconoissens
142, 2 Qui no dizia·ls fagz dolens
437, 13 Domna, tot eissamens
406, 29 Forniers, per mos enseignamens
30, 16 La grans beutatz e·l fis enseignamens
(u. 406, 17)
416, 2 Aissi com arditz entendens
82, 28 Bertran lo Ros, tu est hom entendens

144, 1 Jozi, digatz vos qu'etz hom entendens
(= 277, 2)
74, 13 Pos eu mi feing mest los prims entendens
406, 14 Ben aja·l cortes esciens
129, 3 Gui, e·us part mon esciens
(= 194, 10)
242, 12 Aquest terminis clars e gens
342, 1 Ar levatz sus, franca corteza gens
246, 13 Catre maneiras son de gens
461, 121 Fes es perduda entre las gens
364, 22 Ges car estius | es bels e gens
Binnenreim, s. Verweis.
289, 1a Meravillar no·s devon pas las gens
434a, 68 Tart fa hom mal pus sia entre bonas gens
406, 36 Res contr' amor non es guirens
437, 2 Aitan ses plus viu hom quan viu jauzens
10, 48 S'eu anc chantei alegres ni jauzens
293, 44 Soudadier, per cui es jovens
2, 2 Si tot m'ai estat longamens
s. auch *longamen.*
225, 1 A Lunel lutz una luna luzens
82, 40 D'omes i a, e sai·n un majormens
96, 1 Amics Guillems, lauzan etz maldizens
405, 1 Ab grans dolors et ab grans marrimens
401, 1 Ab grans trebalhs et ab grans marrimens
389, 2 Ab vergoigna, part marrimens
246, 19 D'omes vei qu'an a totz jorns mens
101, 13 S'eu d'ir' ai | mens (que razos no·n aporta)
Doppel-Binnenreim.
84, 1 Totz tos afars es niens
(= 355, 19)
30, 13 Franquez' e noirimens
96, 10a Si·l mals d'amor m'auci ni m'es nozens
204, 3 El nom de Deu, qu'es pair' omnipotens
248, 44 Humils, forfagz, repres e penedens
26, 1 Pessius, pessans, peccans e penedens
pens s. *pęs.*
461, 18 Amors es us amoros pensamens
404, 2 Ben es camjatz ara mos pensamens
375, 13 L'amoros pensamens
457, 20 Mains greus durs pensamens
(u. 457, 2)
[461, 164 Mas d'una ren m'er vengutz pensamens]
155, 22 Tan m'abelis l'amoros pensamens
434a, 6 Ar vers faray que playra als plasenz
242, 23 Ben era dous e plazens
236, 2 Chanson ab gais motz plazens

450, 3 Coindas razos e novelas plazens
154, 2 Domna bona, bel' e plazens
225, 13 Qui vol esser agradans ni plazens
248, 74 Seign'en Austorc del Boy, lo coms plazens
(= 38, 1 = 140, 1 d)
248, 81 Tan m'es l'onratz verais ressos plazens
406, 30 Grans mestiers m'es razonamens
289, 2 Si com lo jorns mout clars e resplandens
226, 7 Guiraut Riquier, pos qu'etz sabens
(= 248, 41)
246, 57 Seneca, que fon hom sabens
386, 2 Deus es amors e verais salvamens
346, 1 Ara pos vei que m'aonda mos sens
248, 14 Ara s'esfors, n'Envejos, vostre sens
(= 141, 1)
461, 30 A tota domna fora sens
409, 3 Domna, quar conoissens' e sens
76, 12 Mout m'es greu d'en Sordel, car l'es faillitz sos
335, 41 Pos ma boca parla sens
248, 66 Pos sabers no·m val ni sens
242, 74 Si sotils sens
133, 14 Totz mos cors e mos sens
434, 4 Cavayers e sirvens
436, 4 Segn'en Lafranc, car es sobresabenz
(= 282, 21 a)
454, 1 D'un sirventes m'es pres talens
183, 10 Pos de chantar m'es pres talens
s. auch *talans.*
406, 25 Dels quatre mestiers valens
283, 2 Raimon, una domna pros e valens
(= 393, 2)
319, 8 Si tot no·m fatz tan valens
434 a, 81 Volets aver be lau entrels valens
82, 56 Hostes, ab gaug ai volgut veramens
Adverbia auf *-mẹn* s. unter *-ẹn.*

-ẹnsa (auch -ẹnza)

392, 14 El so que plus m'agensa
322 a, 1 En aquel so que·m plai ni que m'agensa
(= 201, 1)
154, 2 a Guiraut, pos em ab seignor cui agensa
(= 248, 38)
380, 2 Per oblidar sela que plus m'agensa
76, 15 Pos chanso far no m'agensa
52, 5 Seigner Blacatz, be mi platz e m'agensa
(= 97, 12)

336, 1 Oimais no·m cal far plus long' atendensa
437, 19 Lai a'n Peire Guillem man ses bistensa
461, 247 Vai, Hugonet, ses bistensa
30, 15 La franca captenensa
323, 2 Ab fina joja comensa
366, 1 Ab gran joi mou maintas vetz e comensa
434a, 2 Apres lo vers comença
330, 9 Lo bels terminis comensa
421, 6 Lo nous mes d'abril comensa
293, 32 Lo vers comensa
392, 27 Quan lo dous temps comensa
282, 21 Raimon Robin, eu vei que Deus comensa
(= 408, 1)
82, 6 Aissi m'a dat fin' amors conoissensa
246, 7 Be corteza conoissensa
167, 11 Be for' oimai | segon ma conoissensa
Binnenreim, s. Verweis.
305, 14 Mos sens e ma conoissensa
310, 3 N'Uc de Saint Circ, sabers e conoissensa
246, 58 Sens e sabers e conoissensa
461, 133b Glorios Dieus, don totz bens ha creysensa
298, 1 Seigner Bertran, per la desconoissensa
(= 84, 1a)
344, 1 Ai! vergena, en cui ai m'entendensa
449, 5 Ses totz enjans e ses fals' entendensa
47, 9 S'eu anc per fol' entendensa
404, 12 Vas vos soplei, en cui ai mes m'entensa
(= 243, 3)
236, 8 Seigner n'Imbertz, digatz vostr' esciensa
(= 250, 1)
155, 10 Greu feira nuls hom faillensa
(u. 461, 109)
461, 198 Pres sui ses faillensa
246, 54 Riquezas grans fan far mainta faillensa
434a, 19 Dona de plasença, | sofrença, | guirença
Binnenreim, s. Verweis.
137, 1 Pois pretz s'en fui, que no troba guirensa
[461, 109 En la vostra mantenensa]
434a, 19 Dona de plasença (sofrença, guirença)
461, 123c Gasquet, vai t'en en Proensa
(= 97, 5 = 164, 1)
364, 37 Pos tornatz sui en Proensa
319, 1 Ab marrimen et ab mala sabensa
16, 17 Monges, cauzetz, segon vostra sciensa
(= 303, 1)
282, 19 Quant en bo loc fai flors bona semensa

101, 9 Mout a que sovinensa
372, 4b La maier temenza (q'eu aia de re)
461, 96 Domna que va ves Valensa
82, 50 El mon non a domna qu'ab gran valensa
225, 11 On mais a hom de valensa
248, 78 Si chans me pogues valensa
335, 44 Qui·s vol tal fais cargar que·l fais lo vensa
246, 69 Tota domna qu'amors vensa

-ẹnt s. -ẹn

-ẹntz s. -ẹns

-ẹnta

223, 5a (= 80, 27) Mout me plai quan vei dolenta
461, 213a Qui ves bon rei si prezenta (, sobrementa)
132, 13 Una valenta
70, 37 Quan la douss' aura venta
461, 202 Quan lo pels del cul venta
356, 8 Tan no plou ni venta

-ẹr

323, 12 Chantarai, pos vei qu'a far m'er
16, 20 Pos en ben amar m'esmer
389, 19 Be sai qu'a cels seria fer
236, 9 Si mos fis cors fos de fer
186, 1a (= 382, 1 = 152, 1) Porcier, cara de guiner

-iẹr

437, 28 Quan qu'eu chantes d'amor ni d'alegrier
168, 1 Pos fin' amors mi torn' en alegrier
320, 1 Anc de Rolan ni del pro n'Aulivier
461, 200 Quant escavalcai l'autrier
282, 25 Un avinen ris vi l'autrier
335, 5 Anc no vi Breto ni Baivier
410, 5 De l'orgoillos Berenguier
82, 86 Tals port' espaza e bloquier
388, 1 (= 16, 4) Albertet, dui pro cavalier
16, 15 (= 322, 1) En Peire, dui pro cavalier
350, 1 (= 165, 3) Gaucelm, que·us par d'un cavalier
293, 19 Doas cuidas ai, compaignier
143, 1 Guigo, donan sai que conquier

46, 3 (= 389, 6)	Amics, en gran consirier
366, 6	Camjat m'a mon consirier
34, 1	En esmai et en consirier
46, 4	Estat ai en greu consirier
461, 169a	Mout fosson doz mei cossirier
420, 1	Dalfin, ie·us voill deresnier
364, 18	Drogoman seigner, s'agues bo destrier
335, 3	Al nom del seignor drechurier
335, 63	Un decret fauc drechurier
162, 3	L'autrier trobei lonc un foguier
16, 2	Ab so gai e leugier
344, 3	En aquest gai sonet leugier Me voill en chantan esbaudir
461, 104	En aquest son gai e leugier
124, 10	En un sonet gai e leugier
197, 2	N'Esquileta, car m'a mestier
80, 15	Eu m'escondisc, domna, que mal no mier
461, 210a	Qui laisa per sa moiler
282, 20	Quan vei far bo fag plazentier
154, 5	Quan beutatz me fetz de premier
10, 31	Lanquan chanton li auzel en primier
80, 36	Rassa, mes se son premier
55, 1	Ar quan li rozier
305, 2	Aissi com cel qu'a plag mal e sobrier
293, 3	Al departir del brau tempier
293, 1	A la fontana del vergier
281, 2	Ar quan florisson li vergier
366, 27	Pos de mon joi vertadier

-ẹr

82, 44	D'omes trobi que de cors e d'aver
243, 7	El mon no pot aver
392, 23	Leu pot hom gaug e pretz aver
101, 8	Lo majer sens qu'om en se posc' aver
335, 46	Qui vol aver
82, 82	Si alcus vol la som' aver
101, 16	Una gran desmezura vei caber
409, 1	Ancse m'avetz tengut a non caler
457, 29	Per viutat e per non caler
461, 74	De ben aut pot hom bas cazer
457, 31	Qui vol terr' e pretz conquerer
461, 123a	Folcher, considrer
349, 9	Si com lo metge fa crer
242, 2	Ab semblan me fai decazer
266, 10	Plaignen, ploran, ab desplazer

246, 3 Aitan be taing per dever
366, 9 Cora que·m fezes doler
(dazu 461, 44 u. 77)
243, 8a Los greus dezirs que·m solon far doler
132, 10 Pos la bela que·m fai doler
167, 28 Ges de chantar non aten ni esper
52, 3 Gaucelm, no·m posc estener
(= 165, 2)
461, 134 Gran dezir ai de be jazer
323, 18 Gent es, mentr' om n'a lezer
70, 43 Quan vei l'alauzeta mover
443, 4 Mos Comunals fai be parer
(= 162, 5)
167, 44a Oimais taing que fassa parer
167, 21 D'un dous bel plazer
461, 128 Ges eu no posc a totz plazer
246, 33 Ieu me tenc a gran plazer
210, 14 Mais volgra chantar a plazer
9, 16 Pos de joi mou e de plazer
248, 70 Qui veilla ses plazer
281, 8 S'a mon Restaur pogues plazer
335, 51 Si tot non ai joi ni plazer
362, 2 So qu'az autre vei plazer
(u. 362, 1)
242, 78 Tostemps me sol | plus jois plazer
Binnenreim, s. Verweis
[461, 66 Cel qui son petit poder]
364, 39 Quant hom es en autrui poder
461, 243 Una gens es qu'es d'aitan fort poder
9, 13 No·m laissa ni·m vol retener
434a, 36 Nom pusch de xantar retener
65, 2 Ai! s'eu pogues m'aventura saber
305, 6 Ara pot ma domna saber
(u. 461, 66)
243, 2 Celeis cui am de cor e de saber
370, 4 Cil cui plazon tuit bo saber
406, 26 De trobar ai tot saber
282, 4 Entre mon cor e me e mon saber
461, 123b Fraire, tuit li sen e·l saber
461, 132 Ges per frachura de saber
330, 15 Pos que tug volon saber
379, 2 Si ai perdut mon saber
335, 58 Tostemps vir cuidar en saber
366, 33 Tot mon engeing e mon saber
167, 38 Mout a amors sobrepoder
375, 5 Be sai que per sobrevoler

82, 63	Major fais no pot sostener
204, 1	Ara farai, no·m posc tener
248, 17	Be·m degra de chantar tener
[461, 77	Derenan m'er a tener]
461, 34	A vos que sabetz mais valer
47, 4	Bona domna, cui rics pretz fai valer
70, 15	Chantars no pot gaires valer
101, 10	Per tot so qu'om sol valer
248, 80	Si ja·m deu mos chans valer
266, 3	Ara podem tug vezer
460, 1 (= 457, 14)	En vostr' ais me farai vezer
457, 14 (= 460, 1)	En vostr' ais me farai vezer
392, 20	Ja no cugei vezer
356, 7	Seign'en Raïmbaut, per vezer
282, 16	No sai si·m chan, pero eu n'ai voler
461, 222	S'ieu saubes tan (ben) dir com voler
167, 56	S'om pogues partir son voler
375, 23	Tan m'a donat fin cor e ferm voler

-ẹra

364, 3	Amors, pres sui de la bera
202, 5	De be gran joja chantera
434a, 50	Pus chan era | E s'esmera | D'amar mos fis cors enquera
434a, 50	Pus chan era (E s'esmera D'amar mos fis cors enquera)
409, 5	Si·m fos grazitz mos chans, eu m'esforsera
461, 102	Eissamen com la pantera

-ęra

389, 40	Una chansoneta fera

-erc (-ęrc?)

21, 2	Quan reverdejon li conderc

-ęri

29, 10	En cest sonet coind' e leri

-ęrn

330, 6	En la mar major sui e d'estiu e d'ivern

-ęrna

88, 1	Ara quan plou et iverna
457, 28	Peire Guillem de Luzerna

-ẹrra

82, 64	Mal fai qui 'nclau ni enserra
392, 32	Truan, mala guerra
294, 2	Una re·us dirai, en Serra

-ẹrs

173, 4	Gasc, pecs, laitz joglars e fers
133, 1	Abril | ni mai | non aten | de far vers Binnenreime, s. 3 Verweise.
323, 9	Bel m'es qu'eu fass' oimais un vers

-iẹrs

437, 11 (= 76, 7)	Doas domnas amon dos cavaliers
406, 24	D'amor es totz mos consiriers
74, 5	Entre totz mos consiriers
9, 11	Ja no creirai qu'afans ni consiriers
406, 31	Lonc temps ai avutz consiriers
281, 1	Al cor m'estai l'amoros deziriers
437, 27	Quan plus creis, domna,·l deziriers
174, 3	Crezens, fis, verais et entiers
389, 5	Als durs, crus, cozens lauzengiers
406, 15	Ben aja·l messatgiers
234, 7	Domna, eu vos sui messatgiers
330, 21	Us covinens gentils cors plazentiers
63, 7a	Quan la ploj' e·l vens e·l tempiers
80, 16	Foilleta, ges autres vergiers
281, 6	Mout chantera de joi e volontiers
366, 21	Mout m'entremis de chantar volontiers

-ẹ̣rs

335, 20	D'un sirventes far sui aders
242, 8	Amars, onrars e carteners
461, 76a	Dels plazers plazens (*l.* plazens plazers)
220, 1	A Deu, en cui es totz poders
248, 10	Amors, pos a vos faill poders
101, 15	Temps e loc a mos sabers
323, 15	Dejosta·ls breus jorns e·ls loncs sers
167, 33	L'onratz jauzens sers
411, 4	Lus e dimartz, matis e sers
234, 1	Ab mil volers (doblatz de fin' amor)
248, 61	Ops m'agra que mos volers

-ẹrsa

389, 16	Ar s'espan la flors enversa

-ęrt

404, 13 Vert son li ram e de foilla cubert

-ẹrt

323, 1 Abans que·l blanc poi sion vert

-ęrtz

389, 31 Lonc temps ai estat cubertz

-ẹrtz

167, 10 Ar es lo mons vermeills e vertz

-ęs

335, 50 S'eu fos amatz o ames
10, 49 S'eu tan be non ames
434a, 83 Volgra mi dons m'azires
70, 20 Gent estera que chantes
[461, 118 Eu enten que Deus comandes]
63, 2 A! seignor, qui so cuges
227, 10 Ja tan no cugei que·m trigues

-ẹs, -ês, auch -ẹṇs

457, 3 Anc enemics qu'eu agues
[461, 53 Be volria que Dieus agues]
248, 79 S'ieu ja trobat non agues
355, 3 Ar ai be d'amor apres
370, 9 Los mals d'amor ai eu be totz apres
364, 30a (= 242, 50) Non es savis ni gaire ben apres
317, 1 Valens seigner, reis dels Aragones
[461, 110 En petit d'ora ven grans bens]
[461, 200a Cant eu recort las grans honors e·ls bes]
375, 21 Si totz los gaugz e·ls bes
242, 33 En un chantar | que dei de ces
Binnenreim, s. Verweis.
183, 5 Compaigno, tant ai agutz d'avols conres
210, 6a Cavalier, un chantar cortes
386, 3 En aquest sonet cortes
234, 15 (u. 70, 34) Per Deu, amor, en gentil loc cortes
456, 2 Si anc me fe amors que·m desplagues
7, 1 Entre dos reis vẹi mogut et empres
242, 31 De chantar | me for' entremes
Binnenreim, s. Verweis.
30, 6 Aissi com mos cors es

434a, 5 Ara rasos ses
335, 14 Cel que fetz tot quant es
461, 102b El mon mais grans jois non es
375, 8 En honor del pair' en cui es
389, 28 Escoutatz, mas no sai que·s es
437, 21 No posc mudar quan locs es
82, 94 Vers es que bona cauza es
248, 48 Karitatz | et amors e fes
Binnenreim, s. Verweis.
248, 67 Quar dregz ni fes
366, 13 D'un bo vers vau pensan com lo fezes
386, 1 Ad un nostre Genoes
10, 33 Longamen m'a trebaillat e malmes
229, 2 N'Aimeric, digatz que·us par d'aquest marques
(= 10, 35)
210, 18 Talans m'es pres d'en marques
364, 47 Tant an be dig del marques
96, 2 Be volgra que venques merces
(u. 461, 50)
461, 105 En Belençer, ja no·m tenga merces
70, 5 Anc no gardei sazo ni mes
364, 8 Baro, Jezus, qu'en crotz fo mes
70, 10 Bel m'es qu'eu chant en aquel mes
101, 6 Fis e lejals mi sui mes
34, 2 Lo joi comens en un bel mes
(u. 461, 110)
69, 3 Mals fregz s'es els rics crois mes
167, 40 Mout m'enoget ogan lo coindetz mes
461, 207 Qu'eu mal grat n'aja qui la costuma y mes
434, 13 Si tot s'es braus l'airs el mes
[461, 220a Si be·m soi forfaitz ni mespres]
411, 5 Vers es c'aman pot hom far nessies
434, 7b Entre Caldes e Penedes
434a, 44 Paratges a molt perpres
63, 6 D'entier vers far eu no pes
210, 10b En Gauseran, gardatz qual es lo pes
(= 342b, 1)
315, 1 Adreg fora, si a midons plagues
173, 1 Amors, s'a vos plagues
[461, 51 Be volgra, s'a Dieu plagues]
253, 1 Domna n'Almucs, si·us plagues
227, 9 Enqueras, si·l plagues
443, 2a Comunal veill, flac, plaides
443, 5 Veills Comunals plaides
244, 1a Be volgra, s'esser pogues, || Qu'amors si gardes d'aitan
106, 10 Be volgra, s'esser pogues, || Tot lo mal qu'ai fag desfar

461, 52 (u. 461, 53)	Be volgra, si far si pogues
202, 3	Chantan dissera, si pogues
10, 46	Qui sofrir s'en pogues
50, 1	Aissi com cel que ses forfag es pres
223, 4	Ma domna·m te pres
82, 55	Hom quant es per forfag pres
340, 1	Peironet, be vos es pres
74, 1	Aissi co·l focs consuma totas res
242, 53	Nula res (a chantar no·m faill)
32, 1	Be volgra midons saubes
20, 2	Domna n'Iseutz, s'eu saubes
248, 27	En tot quan qu'eu saupes
343, 1	Peironet, en Savartes
406, 11	Bajona, per sirventes
242, 27	Cardaillac, per un sirventes
156, 6	Far voill un nou sirventes
217, 4	Ja de far nou sirventes
217, 4a	Ja de far un sirventes
457, 21	Messonget, un sirventes
437, 34	Sol que m'afi ab armas tostemps del sirventes
156, 14	Una chanso sirventes
80, 45	Voluntiers feira sirventes
392, 30	Si ja amors autre pro no·m tengues
167, 4	Al semblan del rei ties
248, 69	Qui·s tolgues
124, 18	Trop be m'estera, si·s tolgues
227, 6	Be·m plagr' oimais qu'ab vos, domna,·m valgues
335, 12	Be volgra, si Deus o volgues
132, 9	Morir pogr' eu, si·m volgues

-ęsc

389, 22	Cars, dous e feinz | del bederesc
	Binnenreim, s. Verweis.

-ęsca

66, 4	Una sirventesca

-ęssa

442, 1	De chantar farai || Una esdemessa

-ęst

151, 1 (= 111, 2)	Cavaire, pos bos joglars est

-ęsta

461, 63	Cavalier, pus vol sa vesta

-ęt

124, 3	Anc mais hom tan be non amet

-ẹt

406, 19	Cel qui de chantar s'entremet
246, 49	Qui sap gardar fag e dig de secret

-ẹta

227, 8	D'una leu chanso ai cor que·m entremeta
217, 8	Un nou sirventes ai en cor que trameta

-ẹtre

281, 3	D'un salut me voill entremetre
234, 16	Pos tan mi fors' amors que mi fai entremetre

-ętz

406, 33	Pos de mon chantar dizetz
461, 7	A Deu coman vos e·l vostre ric pretz
293, 23	Emperaire, per vostre pretz

-ẹtz

242, 17	Ar auziretz (encabalitz chantars)
	dretz s. *dregz.*
461, 142	Joglaret, quant passaretz
392, 22	Leus sonetz, | si cum soill

-ęu oder **-ięu**

236, 3	De saint Marti me clam a saint Andreu
461, 79	De tan tenc per nesci Andreu
293, 16	D'aisso laus Deu
246, 38	Mals temps fai reconoisser Deu
282, 17	Oi! mair' e filla de Deu
[461, 212	Qu'ira et vena deu]
132, 12	Si·l bela·m tengues per seu

-ęus

119, 4	Lo vesques trob' en sos breus
311, 1	Ai! qual merce fera Deus
132, 6	Bon' aventura do Deus
95, 3	Per Crist, si·l sirvens fos meus
242, 60	Quan lo fregz e·l glatz e la neus

-ẹza, -ẹsa

439, 1	Ir' e dolors s'es dins mon cor asseza
82, 26	Atressi ven hom paubres en auteza
335, 8	A totas partz vei mescl' ab avareza

335, 1 Ab votz d'angel, lengu' esperta, no bleza
82, 23 Anc negun temps, et aisso es certeza
80, 1 Ai, Lemozis, franca terra corteza
76, 10 L'escurgacha me fa tan gran fereza
335, 6 Aquesta gens, quan son en lor gajeza
(u. 461, 153)
305, 15 Mout mi platz deportz e gajeza
19, 1 En Blacasset, bo pretz e gran largueza
(= 96, 4)
297, 5 Gardan dreg e lejaleza
40, 1 Ai! Deus, per qu'as facha tan gran maleza
236, 3a En vos ai meza
366, 20 M'entension ai tot' en un vers meza
246, 53 Rics hom qu'enten en gran nobleza
259, 1 Non es razos qu'eu dej' aver pereza
82, 5 Aissi com cel que trabuca e peza
80, 31 Pos als baros enoja e lor peza
82, 91 Totz trops es mals | e qui lo trop no peza
Binnenreim, s. Verweis.
244, 1 Domna, si tot no·us es preza
290, 1a D'un sirventes m'es grans volontatz preza (Qu'eu trameta al pro rei dels Poilles)
66, 2 D'un sirventes m'es grans volontatz preza (Rics omes flacs, e no sai que·us disses)
389, 39 Si·l cors es pres, la lengua non es preza
461, 204 Quan Proensa ac perduda proeza
82, 73 Qui adonar no se vol a proeza
266, 2 Aissi com cel qu'es vengutz en riqueza

-i, -î

461, 113 En un vergier sotz foilla d'albespi
461, 201 Quant lo gilos er fora, | bel ami, | vene-vos a mi
s. auch *amic*.
266, 6 Francs reis frances, per cui son Angevi
244, 2 Gen m'auci
225, 8 Non estarai per ome que·m casti
262, 3 No sap chantar qui·l so no di
s. auch *ditz*.
293, 35 Pax! in nomine Domini
82, 33 Cobla ses so es enaissi
229, 1a Amics Ferrairi
(= 150, 1)
457, 42 Un sirventes voill far en aquest so d'en Gui
330, 20 Un vers voill comensar el so de messer Gui
293, 17 Dirai vos en mon lati
174, 6 L'autre dia, per un mati

415, 2 Mon bel cenhor, ge vos criee merci
s. auch *merce.*
[461, 42a Bels paires cars, non vos veireis am mi]
192, 1 Ben avetz auzit qu'en Ricas Novas ditz de mi
s. auch *me.*
246, 14 Cert es, qui a mal vezi
335, 53 Seigner n'Eble, vostre vezi
461, 152 Lo premier jorn que vi
370, 14 Trop ai estat mon Bon Esper no vi
461, 245 Un cavalier conosc que l'altrier vi

-ia

16, 6 Atrestal vol faire de mi m'amia
437, 10 Bertran, lo joi de domnas e d'amia
(= 76, 2)
461, 97 Domna, s'ieu vos clamei amia
201, 4a Guigenet, digatz | consi·us vai d'amia
Binnenreim, s. Verweis.
197, 1b Joris, cil cui deziratz per amia
(= 277, 1)
205, 4a Per vos, bela douss' amia
10, 43 Pos ma bela mal' amia
427, 7 Tant es plasent nostr' amia
236, 12 Us amics et un' amia
(= 437, 38)
457, 30 Physica et astronomia
30, 5 Aissi com cel que tem qu'amors l'aucia
10, 13 Bertram d'Aurel, s'aucizia
167, 44 N'Uc de la Bacalaria
(= 449, 2)
282, 1a Amics Rubaut, de leis qu'am ses bauzia
(= 429, 1)
424, 1 Ar chauzes de cavalaria
(= 393, 1)
63, 5 Compaigno, per compaignia
240, 4 Ara sabrai s'a ges de cortezia
461, 32 Atrestan leu pot hom ab cortezia
461, 47 Ben es grans dans de cortezia
82, 51 Enaissi com cortezia
75, 2 En Bernartz, grans cortezia
(= 52, 2)
246, 20 En totz afars taing cortezia
246, 26 Gaug e solatz e cortezia
246, 47 Qui ama cortezia
30, 20 Sabers e cortezia
461, 232 Tota beutat e tota cortezia

434a, 7	A tot payre deuria
372, 1	Aitan sospir mi venon noit e dia
112, 1 (= 199, 1)	Car vei fenir a tot dia
242, 52a	No·s pot sofrir ma lenga qu'ill no dia
434, 9a	Pres d'un jardi encontrey l'altre dia
308, 1	Si tot d'amors sui destregz nog e dia
421, 9	Tot atressi cum la clartatz del dia
344, 4	No·m fai chantar amors ni drudaria
106, 20	S'eu ar endevenia
461, 203	Quan lo rossinhols s'escria
248, 85	Volontiers faria
266, 9	Ogan ab freg que fazia
74, 9	Mout fai sobreira folia
461, 249	Venguz e'l tens c'om lausa la folia
375, 2	Ar nos sia capdoills e garentia
246, 37	La plus lial garentia
434, 7a	Entr' Arago e Navarra jazia
76, 23	Us cavaliers si jazia
246, 9	Bona fi fai qui ab bon albre·s lia
27, 6	Lan- | quan | vinc en Lombardia Doppel-Binnenreim, s. Verweis.
437, 37	Totz hom me van dizen en esta maladia
267, 1 (= 127, 1)	Qui vos dara respeg, Deus lo maldia
331, 2	Mei oill an gran manentia
282, 10	Glorioza sainta Maria
335, 70	Vera vergena Maria
156, 15	Vers Deus, el vostre nom e de sancta Maria
217, 1b	Bertram d'Aurel, si moria
266, 4	Cossi moria
156, 5	Eu no mudaria
427, 3	La dousa paria
[457, 13	En Savaric, ges m'amor non partria]
246, 56	Seneca dis, que saup philozophia
436, 2 (= 13, 1)	N'Albert, chauzetz la qual mais vos plairia
[461, 153	Lo pros | dels pros | me plazeria]
101, 11a (= 433, 1)	Scotz, quals mais vos plazeria
132, 5	Bels Gazaings, s'a vos plazia
9, 20	S'a midons plazia
79, 1	N'Aimeric, laissar poiria
246, 35	Jocs e putaria
280, 1	Seigner, cel qui la putia
[461, 93	Domna, qu'avetz la seignoria]

74, 7	L'autrier, quan mos cors sentia
106, 6	Aitals com eu seria
95, 2	Peire de Maensac, ges lo reis no seria
461, 3	Ab la gensor que sia
434a, 58	Si com l'aygua tra peitz que res que sia
227, 11	Per re no·m tenria
209, 3	Liautatz ses tricharia
248, 22	D'Astarac venia
434a, 8	Axi com cel c'anan erra la via
461, 55	Bona gens, vejatz cal via
194, 13	L'autre jorn cost' una via
82, 71	Per fol tenc qui longa via
106, 19	Pos jois mi met en via
47, 7	Domna, si totz temps vivia
434a, 24	Estrayrem volia (de mi dons amar)
46, 2	A chantar m'er de so qu'eu no volria
192, 5 (= 186, 1)	Seigner coms, saber volria

-ibres

434a, 56	Segons que ditz e no men aquest libres

-ic

9, 8	Cel que promet a son coral amic
246, 34	Ieu no tenc ome per amic
82, 69	Nuls hom tan be no conois son amic
246, 28	Hom deu lauzar son amic
	s. auch *ami.*
293, 43	Seigner n'Audric
410, 4	A totz maritz mand e dic
406, 44	Tot quan fatz de be ni dic
371, 1	Felon cor ai et enic
70, 24	Lanquan foillon bosc e garric
133, 9	Pos cai la foilla del garric
30, 7	Anc mais tan be chantars no·m lic

-icha

16, 11	Domna pros e richa

-ics (-icx)

461, 170	Mout home son que dizon qu'an amicx
246, 52	Qui vol aver ganre d'amics
242, 72	Si·m sentis fizels amics
	s. auch *amis.*
427, 8	Tot enaisi con es del balasicz
246, 21	Entr' amics et enemics
[461, 183	Omes trobi fort acundans dels ricx]
434, 12	S'ieu fos tan ricx (que pogues gen passar)

-ida

70, 23	La doussa votz ai auzida
461, 92	Domna, pos vos ai chausida
461, 150	Lo dous chans que l'auzels crida
16, 14	En mon cor ai un' aital encobida
398, 1	Senhors, l'autrier vi ses falhida
1, 1 (= 406, 32)	Miraval, tenso grazida
293, 36	Per l'aura freida que guida
293, 26	Ges l'estornels no s'oblida
248, 36 (= 226, 3)	Guillem de Mur, cauzetz d'esta partida
63, 8	Quan l'erb' es reverdezida
246, 43	On mais m'esfors cascun jorn d'aver vida
30, 22	Si com li peis an en l'aiga lor vida

-iech (profiech) s. **-ęg**
-ier s. **-ęr**
-iers s. **-ęrs**
-ieu: 1. aus **-ęu** in *deu* s. **-ęu**
2. aus **-iu** in *estieu* s. unter **-iu**
(ev. **-ieus** aus **-ęus** unter **-ęus**)

-iga

53, 1	No posc mudar qu'eu no diga

[**-ie** (nicht provenz.)]

437, 22	Non sai que je die
202, 8	Lanquan vei florir l'espiga

-igne

411, 3	Entre·l taur e·l doble signe

-il, bzw. -iu aus *-il*

133, 1	Abril (ni mai | non aten | de far vers)
206, 3	L'autrier, a l'intrada d'abril
461, 145	L'autrier al quint jorn d'abril
133, 6	Mout mi platz lo dous temps d'abril
332, 1	Quan lo dous temps d'abril
	s. auch *abriu.*
102, 1	Ara pos iverns es el fil
406, 45	Trop an chauzit mei oill en loc onriu
245, 2	Si per malvatz seignoril
282, 5	Escur prim chantar e sotil
242, 45	Leu chansonet' e vil

-ila

154, 7 Tan fin' amors totas oras m'afila

-im

389, 4 Al prim (que·ill cim | sorzen sus)
29, 6 Chanso do·ill mot son plan e prim
225, 3 Bel m'es quan d'armatz aug refrim

-ima

10, 47 Ses mon apleg | no vaue ni ses ma lima
Binnenreim, s. Verweis.
389, 26 En aital rimeta prima
174, 8 Lo vers dei far en tal rima

-ims

457, 32 Raimonz, en trobar es prims

-ina

293, 31 L'iverns vai e·l temps s'aizina
434a, 54 Reys castelas, tota res mor e fina
338, 1 Domna, dels angels regina

-intra

233, 2 Ben grans avoleza intra
74, 4 En tal dezir mos cors intra
29, 14 Lo ferm voler qu'el cor m'intra

-ip

371, 2 Per aqest cors, del teu trip
(= 149a, 1)

-ir

248, 9 Amors m'auci, que·m fai tant abelir
323, 13 Cui bo vers agrad' a auzir
44, 1 Domna, platz vos el vers auzir
194, 18 N'Elias, de vos voill auzir
(= 136, 6)
335, 47 Qui volra sirventes auzir
210, 2a Arondeta, de ton chantar m'azir
(= 461, 28)
210, 20 Un sirventes ai en cor a bastir
434a, 79 Un vers vuyll novellament bastir
330, 17 So don me cuidava bordir
404, 4 Lo clar temps vei brunezir
112, 3a Pos nostre temps comens' a brunezir
124, 6 Be·n aj' amors, car anc me fetz cauzir
364, 12 Ben aja eu, car sai cobrir

370, 3 Ben ajo·l mal e·l afan e·l consir
392, 11 Del rei d'Arago consir
461, 111 En tal ai mes mon cor e mon consir
160, 1 Ges per guerra no·m cal aver consir
30, 19 Mout eron dous mei consir
355, 10 Pensamen ai e consir

s. auch *consire.*

167, 39 Mout a poignat amors en mi delir
155, 6 Chantan volgra mon fi cor descobrir
205, 7 Totz temps serai sirvens per deservir
246, 75 Trop parlar fai desmentir
248, 21 Creire m'an fag mei dezir
124, 7 De lai on son tuit mei dezir
461, 84 Dezirat ai, ancar dezir
243, 8 Li mei dezir
461, 193a Plazens plasers, tant vos am e·us dezir
124, 17 Tan sent al cor un amoros dezir
375, 26 Un gai descort tramet leis cui dezir
185, 1 Ad un romeu auzi comtar e dir
180, 1 A l'onrat rei Frederic terz vai dir
242, 18 Be deu en bona cort dir
440, 1 Bels dous amics, ben vos posc en ver dir
210, 4a Be·m volria qu'om saupes dir
246, 24 Fals' amor no si pot dir
434a, 42 Nuylls homs no pot tan bo mot com no dir
236, 5 Plus que las domnas qu'eu aug dir

s. auch *dire.*

461, 61 Cadauns deu son amic enantir
167, 1 Ab chantar me dei esbaudir
406, 4 Amors me fai chantar et esbaudir
246, 61 Si per chantan esjauzir
356, 4 Ges no posc en bo vers faillir
461, 140a Ja·l malparlier no po hom tant ferir
183, 11 Pos vezem de novel florir
9, 3 Aissi co·l pres que s'en cuja fugir
364, 31 Nuls hom no pot d'amor gandir
281, 5 Ges de chantar no·m voill gequir
434a, 76 Una re dey a Deu grazir
434a, 39 No val pascors al mal d'amor guerir
101, 12 S'eu ai perdut, no s'en podon jauzir
27, 1 (= 9, 2) Aimeric, cill que·us fai aman languir
441, 1 (= 51, 1) Bernado, la genser dona que·s mir
248, 19 Be·m volgra d'amor partir
184, 2 Carn-et-ongla, de vos no·m voill partir

409, 4 No·m posc partir (de joi ni d'alegransa)
82, 13 Ronci, cen vetz m'avetz fag penedir
82, 38 Deus no laissa mal a punir
210, 16 Quan vei lo temps camjar e refreidir
335, 18 De sirventes soill servir
124, 16 Si per amar ni per servir
70, 13 Be·m cugei de chantar sofrir
244, 6 No posc plus sofrir
167, 60 Totz me cuidei de chansos far sofrir
450, 2 Ara·m nafron li sospir
421, 5a En chantan [eu] plaing e sospir
242, 56 Plaing e sospir (e plor e chan)
381, 2 Valent donna per qu'ieu planc e sospir
10, 18 D'avinen sap enganar e traïr
389, 34 Peire Rogiers, a trassaillir
314, 1 Assatz es dregz, | pos jois no·m pot venir
Binnenreim, s. Verweis.
205, 4b Quan vei lo dous temps venir
461, 103a En aquel temps que vezem verdezir
461, 206 Quan vei los pratz verdezir

-ira

406, 35 Qui bona chanso consira
434a, 71 Tot can cors dezira
112, 3 Per fin' amor m'esjauzira
70, 18 En maint geing se volv e·s vira
s. auch *vire*.

-ire

9, 19 Quan mi perpens ni m'albire
461, 18a Amors m'a fach novelamen asire
327, 1 Ab greu consire (Et ab greu marrimen)
67, 1 Ab greu consire (Fau sirventes cozen)
30, 4 Aissi com cel que anc non ac consire
461, 69 Coindeta sui, si cum n'ai greu consire
213, 5 Lo dous consire
70, 35 Per meills cobrir lo mal pes e·l consire
s. auch *consir*.
30, 8 Anc vas amor no·s poc res contradire
242, 18a Be deu hom castian dire
305, 10 Fort m'enoja, so auzes dire
82, 93 Us hom pot ben en tal cas vertat dire
s. auch *dir*.
[434, 6a De pen' en mal e de mal en martire]
434a, 1 A Deu sera nuylls hom fals ne trazire
70, 30 Lo temps vai e ven e vire
s. auch *vira*.

-is, -îs

[461, 44 Be m'agrada e m'abelis]
406, 9 Ara m'agr' ops que m'aizis
112, 4 Quan l'aura doussa s'amarzis
242, 3 Ailas, com mor! — que as, amis
s. auch *amicx.*
59, 1 Tot aissi·m pren com fai als Assesis
167, 20a D'un' amor on s'es assis
356, 9 Tant ai mon cor en joi assis
155, 12 Ja no volgra qu'om auzis
335, 10 Bel m'es qu'eu bastis
434, 7c Entre Lerida e Belvis
389, 11 Ara·m so del tot conquis
242, 54 Ops m'agra, | si m'o consentis
Binnenreim, s. Verweis.
356, 3 Entr' ir' e joi m'an si devis
293, 40 Pos mos coratges s'esclarzis
217, 7 Totz hom qui be comens' e be fenis
80, 8 Be·m platz car trega ni fis
323, 7 Bel m'es, quan la roza floris
136, 2 Gaucelms, eu mezeis garentis
167, 50 Quant vei reverdir les jardis
80, 19 Ges de disnar no for' oimais maitis
323, 3 Al dessebrar del païs
461, 81 Deus sal la terra e·l pa[ïs]
461, 123 Flors de paradis, (regina de bon' aire)
305, 12 L'autrier fui en paradis
136, 3 Manens fora·l francs pelegris
242, 76 Sol qu'amors me plevis
411, 2 Bel m'es, quan l'erba reverdis
162, 6 Quan foill' e flors reverdis
315, 2 Be·m plai lo chantars e·l ris
434, 6 Del mon volgra que sos noms dreitz seguis
167, 3a A jutjamen de sos vesis
356, 6 Per far esbaudir mos vezis
27, 3 Amors, rics fora s'eu vis
167, 13 Ben auria ops pas e vis
213, 8 Ogan res qu'eu vis

[ev. -isa s. -iza]

-issa

293, 30 L'autrier jost' una sebissa

-ista

246, 76 Trop volontatz tol la vista

-it

461, 8	Aicel que non es aizit
25, 1a (= 58, 1)	Bernart de la Barta,·l cauzit
364, 7	Baro, de mon dan covit
111, 1 (= 99, 1)	Bonafos, eu vos envit
388, 4 (= 167, 8)	Ara·m digatz, Gaucelm Faidit
461, 13	A l'entrada del temps florit
3, 4	Ja ogan pel temps florit
366, 29	Quant amors trobet partit
124, 12	No·m posc mudar que no·m ressit

-itz

9, 4	Aissi com hom pros afortitz
30, 1	A grant onor viu cui jois es cobitz
297, 5a (= 431, 1)	Greu es nuls hom tan complitz
389, 21	Brais, chans, quils, critz
29, 8	Dous brais e critz, (lais e chantars e voutas)
167, 43	No·m alegra chans ni critz
335, 38	No crei que mos ditz
457, 27	Pei Ramonz ditz (e de trobar se gaba)
10, 45	Qui la vi, en ditz
461, 223	Si gais solatz ab bels ditz
	s. auch *di.*
461, 250	Vilans dic qu'es de sen eissitz
10, 34	Maintas vetz sui enqueritz
416, 1	Aissi co·l fortz castels ben establitz
449, 1 (= 91, 1)	Digatz, Bertran de San Felitz
262, 1	Bels m'es l'estius e·l temps floritz
70, 40	Quan lo boscatges es floritz
101, 4	En loc de verjans floritz
167, 45	Pel joi del temps qu'es floritz
80, 32	Pos lo gens terminis floritz
355, 14	Pos vezem boscs e broills floritz
281, 10	Totz m'era de chantar gequitz
364, 17	Deus en sia grazitz
248, 45	Jamais non er hom en est mon grazitz
406, 37	S'a dreg fos chantars grazitz
372, 8	Se chantars fos grazitz
167, 54	Si tot nonca s'es grazitz
167, 9	Ara nos sia guitz
461, 67a	Sill qu'es caps e guitz

226, 2 D'un sirventes far mi sia Deus guitz
266, 8 Lo seigner qu'es guitz
124, 4 Be deu esser solatz marritz
248, 23 De far chanso sui marritz
282, 18 Pensius de cor e marritz
246, 72 Totz hom me par be noiritz
10, 22 De tot en tot es ar de mi partitz
355, 17 Si com l'enfans qu'es alevatz petitz
242, 15 Ara quan vei reverdezitz
243, 6 Bels seigner Deus, co pot esser sofritz
49, 1 Aveglas trichairitz

-iu

293, 24 En abriu (s'esclairo·ill riu | contra·l pascor)
293, 29 L'autrier, a l'issida d'abriu
s. *abril.*
230, 1a Del joi d'amor agradiu
(= 383, 1)
234, 15a Pos major dol ai que autre caitiu
406, 13 Be m'agrada·l bels temps d'estiu
364, 11 Be·m pac d'ivern e d'estiu
406, 45 Trop an chauzit mei oill en loc onriu
319, 6 L'autrier m'anav' ab cor pensiu
293, 24 En abriu | s'esclairo·ill riu (contra·l pascor)
248, 46 Jhesus Cristz, fills de Deu viu

-iure

29, 11 Lanquan son passat li giure

-ius

335, 39 Non es cortes, ni l'es pretz agradius
248, 8 A mon dan sui esforcius
364, 9 Bels amics cars, ven s'en vas vos estius
364, 22 Ges car estius (es bels e gens)
406, 34 Pos ogan no·m valc estius
406, 28 Entre dos volers sui pensius
101, 3 Ar quan vei glassatz los rius

-iva

[389, 23 Car vei que clars | chans s'abriva]
389, 38 Pos vei que·l clars | temps s'abriva
Binnenreim, s. Verweis
103, 2 Midons m'es emperativa
167, 64 Una dolors esforsiva
406, 40 Si tot s'es ma domn' esquiva
427, 2 D'amor de joy genitiva

461, 143 La beutat nominativa
307, 1 Coms de Tolsan, ja non er qu'ie·us o pliva

-ivas

246, 12 Catre cauzas son fort nominativas

-iza

71, 1a Lanquan cor la doussa biza
205, 4 (= 201, 3) Guillem, prims est en trobar a ma guiza
461, 155 Ma domna am de bona guiza
246, 59 S'eu auzes dire a ma guiza

-ọ, -ô, -ọn

132, 2 Amors, be·m platz e·m sap bo
406, 10a Ar aven maint teto bon
76, 4 De l'arcivesque mi sap bo
392, 18 Guerras ni plag no son bo
242, 80 Un sonet fatz malvatz e bo
461, 147 L'autrier fui a Calaon
248, 11 (= 300, 1) A'n Miquel de Castillo
83, 2 Ja no creirai d'en Gui de Cavaillo
389, 7 A mon vers dirai chanso
16, 1 Ab joi comensi ma chanso
248, 13 Anc non aigui nul temps de far chanso
240, 5 Aujatz la derreira chanso
167, 18 De faire chanso
132, 8 Mas comjat ai de far chanso
124, 11 No cuidei mais ses comjat far chanso
364, 34 Per ces dei una chanso
10, 44 Quan que·m fezes vers ni chanso
174, 4 Dezamparatz, ses compaigno
305, 13 Manens e frairis foron compaigno
461, 98 Dos gratz conquer hom ab un do
[461, 88 Domna, eu son d'aital faisso]
[457, 11 Domna, eu sui d'aital faisso]
370, 13 Tot l'an mi ten amors d'aital faisso
335, 28 L'afar del comte Guio
47, 10 S'eu sabi' aver guizardo
434a, 53 Qui vezia son dan dins ma mayso
210, 10a E fetz una mespreizo
210, 19 Trop ai estat sotz coa de mouto
[461, 141a Jha non ti quier que mi fasas perdo]
167, 5 Anc no cugei qu'en sa preizo
82, 22 Anc de joc no vi far son pro

[461, 178	No sap de domnei pauc ni pro]
461, 181	Nuls hom no deu tardar de far son pro
233, 5 (= 97, 9)	Seigner Blacatz, de domna pro
248, 12	Anc mais per aital razo
82, 9	Cor, digatz me per qual razo
29, 7	D'autra guiz' e d'autra razo
420, 2	Ja nuls hom pres no dira sa razo
155, 15	Oimais no·i conosc razo
457, 35	Ses dezir e ses razo
389, 38a	Si de trobar agues meillor razo
155, 23	Tan mou de corteza razo
82, 18	Un sirventes de vil razo
329, 1	Bel m'es quant aug lo resso
246, 22	Escrig o trop en Salamo
461, 154	Lo sen volgra de Salamo
457, 4	Anc mais no vi temps ni sazo
396, 2	Ara, pos ai loc e sazo
246, 6	Auzit ai dir mainta sazo
434a, 20	En breu sazo
364, 21	Estat ai gran sazo
246, 32	Ieu conseguei temps e sazo
375, 9	Ges per la coindeta sazo
375, 19	S'eu fi ni dis nuilla sazo
167, 3	Ab nou cor et ab novel so
192, 2	Doas coblas farai en aquest so
437, 24	Plaigner voill en Blacatz en aquest leugier so
124, 2 (u. 461, 178)	Amors m'envida e·m somo
173, 15	Us jois sobriers mi somo
167a, 1	Cozin, ab vos voill far tenso
97, 7 (= 364, 32)	Peire Vidal, pos far m'ave tenso
323, 22	Lo seigner que formet lo tro

-obla (ǫ oder ọ?)

401, 5	Dieus m'a dada febre tersana dobla

-ǫc

126, 1	En talent ai qu'un sirventes encoc
242, 63	Razon e loc (e cor e sen)

-ǫcha

21, 1	Mentre que·l talans mi cocha

-ǫcs

29, 4 Ar vei vermeills, vertz, blaus, blancs, grocs
202, 1 Be for' oimais sazos e locs

[-ǫg] -oit

454, 2 (= 96, 5) En Blacasset, eu sui de noit

[-ǫgz] -ueiz

461, 213 Qui s'azauta de far enueiz

-ọigna

461, 67 Celui qui non tem vergoigna

-ǫill, auch diphthongiert zu *-ueil, -uelh, -uell*

450, 1 Ab plazer recep e acuoill
282, 13 Lantelm, qui·us onra ni·us acoill
242, 29 Chans en broill (ni flors en vergan)
202, 6 El temps d'estiu, quan par la flors el broill
283, 1 Lanfranc, qui·ls vostres fals digz coill
76, 5 De la sal de Proensa·m doill
352, 3 Una leis qu'es d'escoill
213, 1 Aissi com cel que baissa·l foill
70, 41 Quan par la flors josta·l vert foill
11, 3 Quan si cargo·l ram de vert foill
[461, 46 Ben camja civada per jueil]
461, 159 Majer mercat es que de juell
437, 1 Ailas! e que·m fan mei oill
461, 227 Tals conois busc' en autrui oill
197, 3 (= 76, 24) Vist ai, Bertran, pos no·us viron mei oill
375, 15 Ma domna·m ditz qu'eu fatz orgoill
366, 11 D'eissa la razo qu'eu soill
248, 29 Fis e verais e plus ferms que no soill
392, 22 Leus sonetz, | si cum soill
Binnenreim oder Endreim? s. Verweis.
242, 47 Los aplegz | ab qu'eu soill
Binnenreim, s. Verweis.
47, 8 Plus ai de talan que no soill
372, 6 Plus gais sui qu'eu no soill
11, 4 S'eu no·m lau d'amor tan com soill
335, 17 (u. 461, 46) De sirventes faire no·m toill
242, 37 Ges de sobrevoler no·m toill
80, 6a A totz dic qe ja mais non voil
461, 57 Bona domna voill

436, 1 (= 282, 1) Car es tan conoissens, vos voill

-ǫilla, -uella

70, 9 Bel m'es quant eu vei la broilla
237, 1 Quan lo brans fregz ivorns despoilla
29, 16 Quan cai la foilla
70, 42 Quan vei la flor, l'erba vert e la foilla
70, 25 Lanquan vei la foilla
461, 196 Pos qu'ieu vey la fuella
434a, 84 .... nos toylla | Amors com pus gelos nos desacoylla
366, 8 Cora qu'amors voilla

-ǫills

29, 5 Autet e bas entre·ls prims foills
30, 25 Us gais amoros orgoills

-ǫing

246, 73 Totz hom se deu donar soing

-ọing

172, 1 Breu vers per tal que meins i poing

-ǫja

335, 19 D'Esteve de Belmon m'enoja
70, 44 Tant ai mon cor ple de joja
80, 37 Rassa, tan creis e mont' e poja

-ǫl

304, 4 Subra fusa ab cabirol
80, 28 Mout m'es deissendre carcol
401, 6 (= 268, 1) Joan Miralhas, si Dieus vos gart de dol
10, 32 Li fol e·l put e·l fillol
461, 192 Per musart l'ai e per fol
364, 25 La lauzet' e·l rossignol
242, 49 No·m platz chans de rossignol
3, 2 Ara·m vai meills que no sol
242, 62 Qui chantar sol
246, 60 Si fos tan bos segles com sol
133, 13 So que·m sol (dar alegransa)
242, 78 Tostemps me sol (plus jois plazer)
335, 30 Las amairitz, qui encolpar las vol

-ǫla

293, 38 Pos la foilla revirola

-ǫlpa

461, 185 O re del cel, mia gran colpa
82, 61 Mais faill qui blasma ni encolpa

-ǫmba

133, 2 Ara no vei poi ni comba

-ǫn (mit festem n; **-ǫn̦** s. *-ǫ*, *-ô*)

242, 28 Car non ai | joi que m'aon
Binnenreim, s. Verweis.
434a, 66 Ta flamart sa flama o flomon
101, 1 Ab gran dreg son maint gran seignor del mon
223, 1 Aiga poja contra mon

-ǫna

[364, 6a Axi com cell qui del tot s'abandona]
406, 1 A Deu me coman, Bajona
248, 58 No·m sai d'amor si m'es mala o bona
210, 17a Sirventes ab razo bona
355, 12 Pos lo prims vergans botona
245, 1 Ges si tot m'ai ma volontat felona
438, 1 Falconet, de Guillalmona
(= 148, 2)
366, 19 Mainta gens me malrazona
335, 29 L'arcivesques de Narbona
47, 2 Aissi com hom que seigner ocaizona
236, 11 Un sirventes farai d'una trista persona
242, 77 Tals gen prezic' e sermona

-ǫncs

406, 23 Contr' amor vauc durs et enbroncs
213, 3 Ar vei qu'em vengut als jorns loncs

-ǫnda

293, 12a Bel m'es quan s'esclarzis l'onda
106, 18a Plus que la naus qu'es en la mar prionda

-ǫp

103, 1 Mesier Rostaing, pensan en prop
427, 5 Quant tot trop tart, tost quant plac trop

-ǫr

457, 16 Gent an saubut mei oill vencer mon cor
(u. 461, 161)

428, 1	La douss' amors qu'ay al cor
[461, 161	Mantas sazos mou acort e mon cor]

-ọr

246, 28	Escrig trop en un nostr' actor
30, 2	A guiza de fin amador
106, 16	Meravill me de tot fin amador
194, 17	N'Elias, a son amador
(= 136, 4)	
401, 2	A Dieu done m'arma de bon' amor
234, 1	Ab mil volers | doblatz de fin' amor
	Binnenreim, s. Verweis.
106, 8	Ans que·m jauzis d'amor
242, 13	Ar ai gran joi, quan remembri l'amor
335, 7	Ar mi posc eu lauzar d'amor
(u. 461, 158)	
234, 4	Be chantera, si m'estes be d'amor
421, 5	Be volria saber d'amor
437, 6	Bel cavalier me plai que per amor
10, 15	Cel que s'irais ni guerrej' ab amor
9, 10	Consiros com partitz d'amor
80, 11	Cortz e guerras e joi d'amor
248, 24	De midons e d'amor
392, 13	Eissament ai guerrejat ab amor
248, 31	Gaug ai, car esper d'amor
236, 4	Ges cil que·s blasmon d'amor
437, 17	Gran esfortz fai qui ama per amor
276, 1	Longa sazon ai estat vas amor
248, 53	Los bes qu'eu trop en amor
167, 41	Mout volontiers chantera per amor
252, 1	N'Elias Cairel, de l'amor
(= 133, 7)	
5, 2	No·m lau de midons ni d'amor
10, 29	Hom ditz que gaugz non es senes amor
173, 8	Partit de joi e d'amor
9, 15	Per Crist, s'eu crezes amor
349, 4	Per pratz vertz ni per amor
437, 25	Pos no·m tenc per pagat d'amor
82, 76	Qui per bo dreg se part d'amor
397a, 1	Qui vol jauzir de donas e d'amor
372, 6a	Seigner Blacatz, pos d'amor
(= 97, 13)	
203, 1	Sens ditz que·m lais de chantar e d'amor
242, 69a	Si ja d'amor (pogues aver lauzor)
244, 15	Si·l dous jois d'amor
434a, 61	Si per amar leyalmen ab amor

173, 13 Si res valgues en amor
248, 82 Tan m'es plazens lo mals d'amor
167, 58 Tan sui ferms e fis vas amor
437, 36 Tostemps serai ves amor
155, 24 Tostemps, si vos sabetz d'amor
(= 444, 1)
407, 1 Tota domna que·m don s'amor
167, 63 Trop malamen m'anet un temps d'amor
434, 6b En may, can per la calor
5, 1 Ges per freg ni per calor
10, 4 A lei de fol camjador
[461, 21 Amors vol drut cavalcador]
174, 11 Un vers voill far chantador
349, 7 Quant hom troba dos bos combatedor
28, 1 Be·m plai us uzatges que cor
461, 91 Domna, no·i avetz desonor
437, 4 Ar ai proat qu'el mon non a dolor
16, 7 A vos voill mostrar ma dolor
381, 1 Ben dey viure tostemps am gran dolor
364, 13 Be viu a gran dolor
242, 51 No posc sofrir qu'a la dolor
82, 12 Per espassar l'ira e la dolor
392, 9a Conseil don a l'emperador
77, 2 Eu ame tal ques un emperador
242, 52 No sai rei ni emperador
82, 20 Alcun nesci entendedor
171, 1 Peire Bermon, maint fin entendedor
(= 330, 11)
167, 42 N'Albert, eu sui en error
(= 16, 19)
461, 11 Albres, quant es en flor
9, 9 Domna, flor
281, 4 Eu sai la flor plus bela d'autra flor
389, 32 No chan per auzel ni per flor
457, 7 Ben fai granda folor
306, 1 Cascus deu blasmar sa folor
248, 20 Coms d'Astarac, ab la gensor
(= 179, 1)
10, 12 Atressi·m pren com fai al jogador
82, 2 Aissi com cel qu'atrob' en son labor
461, 23 Anc no conquis hom valens gran lauzor
242, 69a Si ja d'amor | pogues aver lauzor

Binnenreim, s. Verweis.

120, 1 De meg sirventes ai legor
155, 5 Ben an mort mi e lor
217, 1 Del preveire major

57, 1 Be volria de la meillor
80, 10 Cel que camja bo per meillor
218, 1 N'Eble, ar cauzetz la meillor
(= 128, 1)
461, 147 Ki de placers e d'onor
(= 461, 209 a)
461, 64 Cel joglar mi fant grant paor
217, 5 No·m laissarai per paor
227, 1 Ab lo pascor
112, 1 a Ab lo pascor (m'es bel qu'eu chan)
335, 4 Anc mais tan gen no vi venir pascor
225, 2 Ar ab lo coinde pascor
69, 1 Be m'agrada·l temps de pascor
80, 8 a Be·m platz lo gais temps de pascor
(u. 461, 21)
16, 8 Bo chantar fai al gen temps de pascor
293, 24 En abriu | s'esclairo·ill riu | contra·l pascor
Zwei Binnenreime, s. Verweis.
270, 1 L'autrier el dous temps de pascor
266, 7 L'autrier el gai temps de pascor
70, 28 Lo dous temps de pascor
410, 6 Per l'avinen pascor
9, 18 Pos lo gais temps de pascor
242, 68 Ses valer de pascor
375, 25 Tuit dizon qu'el temps de pascor
461, 65 Cel que degron esser pastor
(u. 461, 118)
335, 31 Li clerc si fan pastor
434 a, 31 Man semblon l'enjana-pastor
223, 3 Enaissi·m pren com fai al pescador
330, 1 a Ab marrimens angoissos et ab plor
210, 9 Consiros chant e plaing e plor
156, 11 Quan cug chantar, eu plaing e plor
(u. 461, 49)
183, 2 Be voill que sapchon li pluzor
434 a, 30 Li cavaler e li prezicador
335, 42 Predicator
22 a, 1 Ai! domnas e seignor
305, 1 Aissi com cel qu'a estat ses seignor
404, 1 Aissi com cel qu'en poder de seignor
70, 6 Ara·m conseillatz, seignor
235, 1 A vos cui tenc per domn' e per seignor
434, 3 Baile, jutge, cosselhier d'aut senhor
132, 4 Be deu hom son bo seignor
[461, 49 Be volgr' aguessem un seignor]
82, 31 Bontatz d'amic e de seignor

396, 3	De servir a bon senhor
461, 180	Nuls hom no deu d'amic ni de seignor
10, 38	Nuls hom non es tan fizels vas seignor
174, 9	Patz passien ve del seignor
244, 9	Pos ara sui ab seignor
70, 36	Pos mi pregatz, seignor
461, 200b	Quan hom ves de seingnor
355, 16	Si com celui qu'a servit son seignor
240, 2	A lei de bo servidor
96, 3	Cil que·m te per seu servidor
216, 1	On mais vei, plus trop sordejor
162, 8	Veill Comunal, ma tor
217, 4b	Ja non agr' obs que mei oill trichador
434a, 62	Si per tristor
434a, 21	En lurs chantars dizon man trobador
225, 7	Non an tan dig li primier trobador
8, 1 (= 354, 1)	Peire del Poi, li trobador
225, 4	Del tot vei remaner valor
461, 87	Domna, Deus sal vos e vostra valor
461, 107a	Encor abes mains de valor
74, 18	Totz hom qu'enten en valor
167, 62	Tuit cil que amon valor
[461, 158	Mais deu hom amar vensedor]
335, 55	Tartarassa ni voutor

-ọra

461, 201	Quant lo gilos er fora

-ọra

366, 15	En joi que·m demora
370, 15	Verges, en bon' ora

-ọrdre

389, 10	Apres mon vers voill sempr' ordre

-ọri

233, 4	Razon e dreg ai, si·m chant e·m demori

-ọria (?)

434a, 43	Obra sobtil prim' e trasforia

-ọrn

319, 3	Ar que·l jorn (son bel e clar)
230, 2	La clara lutz del bel jorn
2, 1	Paris viscoms, legz e sojorn

323, 4 (= 70, 2)	Amics Bernartz de Ventadorn
70, 12	Be m'an perdut lai enves Ventadorn

-ọrs

52, 4 (= 131, 1)	N'Elias, de dos amadors
68, 1	Per enseignar los nescis amadors
375, 17	Per joi d'amor e de fis amadors
167, 61	Tot so que pert pels truans amadors
187, 1 (= 192, 6)	Vos que·m semblatz dels corals amadors
248, 6	Aissi pert poder amors
240, 1	A la mia fe, amors
82, 21	Als demandans respondi qu'es amors
461, 17	Amors (, dousors | mi assaja)
242, 9	Amors (, e si·m clam de vos)
370, 1	Anc no cugei que·m pogues far amors
9, 7	Ara·m destreing amors
240, 6	Be·m ten en son poder amors
173, 2	Be·s cuidet venjar amors
456, 1	Cora que·m desplagues amors
240, 6a	En Giraldon, un joc vos part d'amors
282, 3	En mon fi cor reigna tan fin' amors
213, 4	En pensamen mi fai estar amors
194, 6	En tanta guiza·m men' amors
392, 17	Ges, si tot ma domn' et amors
167, 30	Jamais nul temps no·m pot re far amors
194, 11	Ja no cuidei que·m desplagues amors
155, 14	Mout i fetz gran peccat amors
[461, 171	Mout mi ten car amors]
434, 10	Pus semblet genier amors
392, 29 (= 116, 1)	Seigner Coine, jois e pretz et amors
436, 5 (= 282, 21b)	Segn'en Lafranc, tant m'a sobrat amors
372, 7	Sens e sabers, auzirs e fin' amors
30, 23	Si·m destreignetz, domna, vos et amors
330, 16	Si·m ten amors (ab dous plazer jauzen)
434a, 69	Tener volria la via caura xantan presentan camors
421, 10	Tuit demandon qu'es devengud' amors
249, 3	Esparviers et austors
330, 5	Be volgra de totz chantadors
249a, 1 (= 426, 1)	Rofin, digatz m'ades de cors
10, 39	Nuls hom no sap que s'es gaugz ni dolors

262, 4	Pro ai del chant enseignadors
356, 1	Al pareissen de las flors
16, 5a (= 461, 138)	A! mi no fai chantar foilla ni flors
168, 1a	El temps quan vei cazer foillas e flors
80, 38	S'abrils e foillas e flors
133, 10	Quan la freidors (irais | l'aura doussana)
156, 12	Quan lo dous temps ven e vai la freidors
216, 2	Pos dels majors (princeps auzem conten)
70, 22	Ja mos chantars no·m er onors
309, 1	La valors es grans e l'onors
406, 2	Aissi cum es genser pascors
319, 2	Ara qu'es lo gais pascors
392, 24	No·m agrad' iverns ni pascors
319, 5	Ges pels crois reprendedors
233, 3	Nog e jorn ai dos mals seignors
223, 7	Trop meills m'es pres qu'a'n Golfier de las Tors
323, 11	Chantarai d'aquestz trobadors
174, 5	Eu no sui pars | als autres trobadors Binnenreim, s. Verweis.
375, 20	Si com celui qu'a pro de valedors
[461, 59	Bona domna, vostr' onrada valors]
30, 17	L'enseignamens e·l pretz e la valors
16a, 2	Na Maria, pretz e·l fina valors
30, 21	Ses joi non es valors

-ǫrsa

461, 113a	Ergoils contra major forsa
434a, 32	Mig vers faray leuger e pla ses força

-ǫrt

242, 30	De chantar | ab deport Binnenreim, s. Verweis.
235, 2	Per solatz e per deport
404, 7	Per solatz e per deport
80, 21	Ges no me desconort
76, 16	Qui que s'esmai ni·s desconort
461, 5	A chantar m'er un descort
392, 16	Engles, un novel descort
392, 21	Las frevols venson lo plus fort
356, 5	No sai don chant, e chantars plagra·m fort
242, 24	Ben es dregz, pos en aital port

-ọrt

389, 20	Be s'eschai qu'en bona cort

-ǫrta

455, 1 Ges, si tot bos pretz s'amorta
101, 13 S'eu d'ir' ai | mens | que razos no·n aporta
Doppelter Binnenreim, s. Verweise.
430, 1 Gran esfortz fai qui chanta ni·s deporta

-ǫrtz

210, 12 Joglars, no·t desconortz
205, 6 Sirventes avols e descortz
434 a, 9 Axi com cel qui ditz quel vis es fortz

-ǫrtz

29, 18 Sols sui qui sai lo sobrafan que·m sortz

-ǫs, -ôs

80, 25 Mieg sirventes voill far dels reis amdos
461, 102 a El bosc d'Ardena justa·l palais Amfos
10, 26 En aquel temps que·l reis mori n'Anfos
363, 1 Ab lejal cor amoros
30, 9 Bels m'es lo dous temps amoros
10, 21 Destregz cochatz, dezamatz amoros
[461, 176 No·m platz rics hom, si non es amoros]
194, 18 a Seigner Rainaut, vos qui·us faitz amoros
157, 1 Us dous dezirs amoros
461, 241 U fotaires qe no fo amoros
Anfos s. *Amfos.*
457, 20 a Messier Albric, so·m prega Ardizos
(= 16 a, 1)
223, 6 No valon re coblas ni arrazos
434 a, 16 Dels lays dels auzelos
434 a, 22 Entrels reys els baros
392, 15 Seigner n'Aimar, cauzetz de tres baros
(= 4, 1 u. 370, 12 a)
80, 43 Un sirventes fatz dels malvatz baros
167, 16 Com que mos chans sia bos
335, 21 Un sirventes qu'er megz mals e megz bos
11, 1 Aissi mou mas chansos
213, 1 a Al plus leu qu'eu sai far chansos
70, 8 A! tantas bonas chansos
370, 2 Be·m dizon, s'en mas chansos
406, 20 Cel qui no vol auzir chansos
134, 1 De bo loc movon mas chansos
10, 20 De fin' amor comenson mas chansos
3, 3 De solatz e de chansos
361, 1 En Gui d'Uisel, be·m plai vostra chansos

155, 11	Ja no·s cuit hom qu'eu camge mas chansos
167, 37	Mon cor e mi e mas bonas chansos
366, 27a	Pos entremes me sui de far chansos
349, 6	Pos que dal cor m'ave, farai chansos
461, 162	Mant home son ades plus cobeitos
335, 54	Tan vei lo segle cobeitos
461, 133a	Girart carcifas coitos
434a, 11	Can ara paucs avia compaynos
133, 12	Si com cel que sos compaignos
257, 1	Ailas! tan sui pessius e consiros
290, 1	Cora qu'eu fos marritz ni consiros
434a, 60	Si nuyll temps fuy pessius ne cossiros
335, 15	Dels quatre caps que a la cros
246, 71	Totz hom deu esser curos
461, 48	Ben es nescis e dezaventuros
82, 32	Cascun jorn trop plus dezaventuros
96, 3a	De guerra sui deziros
248, 63	Ples de tristor, marritz e doloiros
226, 1	De so don eu soi doptos
(= 248, 25 u. 296, 1)	
349, 1	Aissi m'ave com cel qui seignors dos
461, 43	Bels seigner Deus, s'eu vos sui enojos
140, 1b	Guillem de Murs, un enojos
10, 11	Ara parra qual seran envejos
248, 18	Be·m meraveill co non es envejos
231, 4	Quant aug chantar lo gal sus en l'erbos
234, 2	Aissi com a sas faissos
262, 6	Quan lo rossignols el foillos
106, 15	L'autrier lonc un bosc foillos
434a, 37	Non cuyavo nuls persona fos
242, 73	Si per mon Sobretotz no fos
406, 16	Bertran, si fossetz tan gignos
(= 83, 1)	
330, 8	Ja lauzengier, si tot si fan gignos
461, 116	Eu don per conseill als gelos
246, 30	Hom que se ren de sa moiller gilos
461, 43a	Bels seiner, paire glorios
335, 69	Un sirventes voill far dels autz glotos
[461, 4	Ab los jauzens deu hom esser jojos]
375, 3	Astrucs es cel cui amors te jojos
375, 14	Lejals amics cui amors te jojos
(u. 156, 7)	
205, 1	Bertran, vos qu'anar soliatz ab lairos
(= 79, 1a)	
97, 3	En Pelizier, cauzetz de tres lairos
(= 353, 2)	

421, 1 Atressi cum lo leos
386, 1a Cel qi salvet Daniel dels leos
248, 77 Seign'en Jorda, si·us manda Livernos
(= 272, 1 = 319, 7a = 403, 1)
246, 5 Alcus omes sai entre nos
358, 1 Guiraut Riquier, si be·us etz loing de nos
97, 8 Peirol, pos vengutz es vas nos
(= 366, 25)
461, 245a Us homes i a nualhos
461, 70a Cor qu'om trobes Florentis orgoillos
392, 28 Savis e fols, humils et orgoillos
335, 56 Tendas e traps, alcubas, pabaillos
80, 40 S'eu fos aissi seigner e poderos
392, 6 A vos, bona domna e pros
82, 24 Anc no fon hom tan savis ni tan pros
461, 129 Ges eu no tenc totz los larcs per fort pros
375, 11 Ja non er hom tan pros
461, 173 Mult deuria per aver esser pros
461, 209 Qui cuid' esser per prometre fort pros
335, 51a Si totz temps vols viure valens e pros
198, 1 Seigner prior, lo sains es rancuros
(= 385, 1)
210, 5 Ben ai auzit per quals razos
304, 3 Be volria, car seria razos
10, 19 De Berguedan, d'estas doas razos
(= 210, 10)
432, 1 Domna, be sai qu'oimais fora razos
194, 8 Ges de chantar no·m faill cors ni razos
434a, 55 S'agues tan be temps ne razos
282, 26 Un sirventes m'adutz tan vils razos
365, 1 Sendatz vermeills, endis e ros
461, 27 Ar es vengutz terminis e sazos
80, 5 Ar ve la coindeta sazos
364, 10 Be·m agrada la covinens sazos
234, 11 Estat aurai estas doas sazos
434a, 38 No say chantar mays ne cuynda sazos
457, 26a Passada es la sasos
31, 1 Quan lo temps brus e la freja sazos
155, 18 S'al cor plagues, be for' oimais sazos
102, 3 Si tot no·m es fort gaja la sazos
461, 248 Venguda es la sazos
71, 1 Iverns ven e·l temps tenebros
248, 33 Grans afans es ad ome vergoignos
345, 2 Eu chantera de gaug e volontos
(u. 461, 176)
167, 35 Maintas sazos es hom plus volontos

375, 22	So qu'om plus vol e plus es voluntos
305, 5	Amics Robertz, fe que dei vos
10, 7	Amors, a vos meteissa·m clam de vos
242, 9	Amors, | e si·m clam de vos
	Binnenreim, s. Verweis.
461, 35a	Belle done, a l'aide de vos
70, 11	Bels Monruels, aicel que·s part de vos
330, 8a (= 461, 45)	Be·m meravill d'en Sordel e de vos
366, 10 (= 119, 2)	Dalfi, sabriatz me vos
16, 9	Destregz d'amor veing denan vos
129, 2 (= 194, 5)	En Gui, digatz, la qual penriatz vos
295, 1 (= 194, 9)	Gui d'Uisel, be·m peza de vos
248, 34 (= 230a, 1)	Guillem Rainier, pos no posc vezer vos
434a, 29	Juglar, prec vos
208, 1	Lo vers mou mercejan ves vos
142, 3 (= 378, 1)	Seign'en Pons de Monlaur, per vos
366, 30	Seigner, qual penriatz vos
194, 19	Si be·m partetz, mala domna, de vos
248, 80a	Si·us etz tan loing, mos cors es pres de vos
326, 1	Tot francamen, domna, veing denan vos
375, 10	Humils e francs e fis soplei ves vos

-ọst

242, 44	L'autrier, lo primier jorn d'aost

-ǫtz

394, 1	Sirvens sui avutz et arlotz

-ọtz

355, 4	Ara pos l'iverns fraing los brotz
[461, 99	Dretz dis a totz (que vivam justamen)]
434, 15	Totz (hom deu far aquo que·l vielhs sers fa)

-ǫu

389, 3	Aissi mou (un sonet nou, | on ferm e latz)

-ǫuta

243, 4	Ara s'es ma razos vouta

-ǫutas

29, 8 Dous brais e critz, | lais e chantars e voutas
Binnenreim, s. Verweis.

-ǫva

183, 6 Farai chansoneta nova

-ọza

246, 70 Tot enaissi com peira precioza

-û

16b, 1 Tot a estru

-uc

227, 3 Ara pos vei mon ben astruc
302, 1 Reis feritz de merda pel çuc
229, 4 On son mei guerrier dezastruc
71, 3 Pos vei lo temps fer, frevoluc
80, 24 Mailoli, joglar malastruc
461, 205 Quan vei la flor sobre·l sambuc
284, 1 Ar ai eu tendut mon trabuc

-ucha

242, 59 Quan la brun' aura s'eslucha

-ucs

389, 14 Ar no sui ges mals et astrucs

-uda

124, 13 Pos merces no·m val ni·m ajuda
457, 18 Longament ai atenduda
461, 244 Una ren ai conoguda
461, 146 L'autrier cuidai aver druda
461, 94 Domna que d'autra s'escuda
234, 14 Malvaza m'es la moguda
82, 34 Conoissensa vei perduda
238, 1a En Maenard Ros, a saubuda
(= 291, 1)

-ue s. **-ǫ**, **und** zwar:

-ueil s. *-ǫill*
-ueiz s. *-ǫgz*
-uelh s. *-ǫill*
-uell s. *-ǫill*
-uella s. *-ǫilla*
-uenh s. *-ǫing*

-ufa

293, 42 Quan l'aura doussana bufa

-ug (-uch)

293, 8 Assatz m'es bel del temps essug
29, 12 Lanquan vei foill' e flor e frug

brutz (zu *brug*) s. *-utz.*

-uga

132, 7a (= 419, 2) En Jaufrezet, si Deus joi vos aduga

-ui

248, 71 Razos m'adui (voler qu'eu chan soven)
265, 1a (= 437, 10a) Digatz mi s'es vers so qu'om brui
461, 225 Si ves home e no saps cui

(-ui = -ug?)

461, 100 D'un dedui
461, 226 Sui e no sui, fui e no fui
434, 2 A vos me sui (, bona dona, donatz)
461, 90 Domna, messatg' eu sui

-ula

446, 1 Mal mon grat fatz serventula

-uma

461, 215a Rayson fore, si fos costume

-ur

461, 246 Va, cobla, al juge de Galur
293, 13 Bel m'es quan son li frug madur
364, 23 Ges del joi qu'eu ai no·m rancur
80, 33 Pos Ventadorns e Comborns ab Segur

-ura

349, 5 Pos l'us auzels envas l'autre s'atura
246, 1 Aissi com per aventura
434a, 1a Al fals gelos don Deus mal' aventura
406, 15a Ben sai que per aventura
344, 2 Be·s met en gran aventura
106, 12 Camjada s'es m'aventura
194, 14 L'autre jorn per aventura
[461, 168 Mons enemis don Deu mal' aventura]
335, 43 (u. 461, 199) Quals aventura

335, 59 Tostemps volgra·m vengues bon' aventura
(u. 461, 168)
246, 36 La plus falsa cobertura
234, 9 El mon non a neguna creatura
335, 25 Falsedatz e desmezura
(u. 461, 26)
461, 208 Qui a plus fort de lui fa desmesura
457, 39 Totz fis amics a gran dezaventura
364, 42 S'eu fos en cort on hom tengues drechura
9, 1 Ailas! per que viu longamen ni dura
342, 3 Entre que·m pas e·m vauc per ombr' escura
380, 1 Marritz cum homs mal sabens ab frachura
58, 4 Foilla ni flors, ni cautz temps ni freidura
461, 251a . . . . . . pellaç, herege q̄ ne jura
293, 9 Aujatz de chan com enans' e meillura
248, 26 En re no·s meillura
461, 186 Paratges es cortezi' e mezura
246, 16 De razon es e de natura
82, 45 D'omes trobi que son de vil natura
246, 68 Tart e tost son doas cauzas per natura
366, 5 Be no val hom joves que no·s perjura
248, 73 Sancta verges, maires pura
461, 177 Non puesc mudar non planha ma rancura
225, 12 Per lo mon fan l'un dels autres rancura
243, 1 Ab la verdura

-urs

323, 19 Lo foills e·l flors e·l frugz madurs

-us, -ûs

119, 3 Joglaretz, petitz Artus
246, 63 So nos retrais Marcabrus
375, 7 De totz caitius sui eu aicel que plus
389, 4 Al prim | que·ill cim | sorzen sus
Binnenreim, s. Verweis.
392, 2 Ara·m requier sa costum' e son us
231, 1a A tornar m'er enquer al premier us

-ut

242, 43 Las, com m'ave, Deus m'ajut
202, 9 No pot esser sofert ni atendut
(dazu 461, 1 u. 461, 29)
241, 1 N'Uc de Saint Circ, ara m'es avengut
461, 95 Domna que de cognat fai drut
76, 19 S'eu agues virat l'escut
80, 23 Lo coms m'a mandat e mogut

457, 26 Nuills hom no sap d'amic, tro l'a perdut
(u. 457, 13)
[461, 1 Ab aisso m'a joi e deport rendut]
[461, 29 A son ops m'a de bon cor retengut]
132, 1 Amors, be m'avetz tengut
242, 16 Ara si·m fos en grat tengut
43, 1 Ar em al freg temps vengut
(u. 20, 1)
457, 2a Amic Giraut, tan me fai de vertut

-utz

124, 8 Del bel dezir que jois novels m'adutz
(u. 461, 179)
355, 18 Tostemps aug dir qu'us jois autre n'adutz
456, 2a Uns novels jois m'adutz
155, 21 Si tot me sui a tart aperceubutz
315, 5 Un estribot farai don sui aperceubutz
29, 13 L'aur' amara | fa·ls broills brancutz
Binnenreim, s. Verweis.
434a, 12 Can aug en cort tritz e mazans e brutz
248, 2 Ab pauc er decazutz
461, 38 Bela domna, car anc fui vostre drutz
242, 67 S'es chantars ben entendutz
70, 19 Estat ai com hom esperdutz
(u. 461, 156)
[461, 179 No sap que·s fai fols gilos esperdutz]
248, 55 Mentaugutz
76, 9 Ja de chantar nul temps no serai mutz
87, 2 De sirventes aurai ganre perdutz
461, 133 Ges per lo dit non er bos pretz sabutz
406, 21 Chansoneta farai vencutz
149, 1 En Falconet, be·m platz car etz vengutz
(= 148, 1)
82, 59 La premeira de totas las vertutz
297, 7 Retenemens es mout nobla vertutz
248, 35 Guillem de Mur, ...

Druck von Ehrhardt Karras G.m.b.H., Halle (Saale).

MEDIOEVI

Collana diretta da Paolo Borsa e Roberto Tagliani

Sezione I – Monumenta

1. Alfred Pillet, *Bibliographie der Troubadours*, ergänzt, weitergeführt und herausgegeben von Henry Carstens. Ristampa anastatica dell'edizione Halle, 1933, con uno scritto di Maria Luisa Meneghetti e un aggiornamento del *corpus* testimoniale di Stefano Resconi, 2012.

2. *Andreae Capellani regii Francorum de amore libri tres*, recensuit Emil Trojel. Ristampa anastatica dell'edizione Copenhagen, 1892 (in prep.).

Sezione II – Novissima

1. Carla Bino, Roberto Tagliani, *Con le braccia in croce. La* Regola *e l'*Ufficio della Quaresima *dei disciplini di Breno*, nuova edizione riveduta e ampliata, 2012.

2. Paolo Borsa, *Poesia e politica nell'Italia di Dante*, 2012.